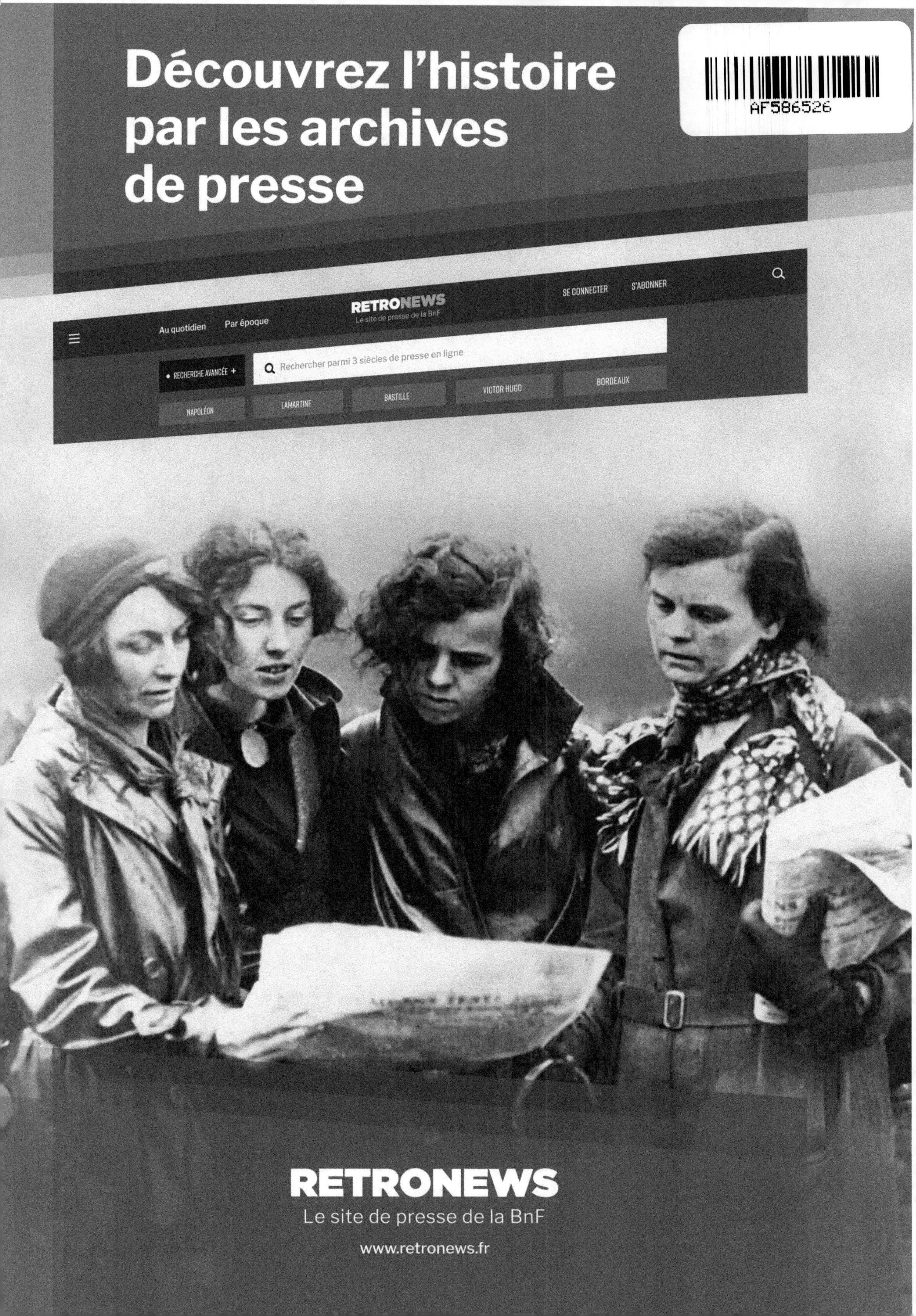

DEUXIÈME ANNÉE. — N° 24. 1er JANVIER 1898 LE NUMÉRO : 50 CENT.

L'ÉCHO DU MERVEILLEUX

REVUE BIMENSUELLE

MÉROVAK

Mérovak, le personnage barbu et chevelu qui notre savant collaborateur, M. le Dr Corneille, a voulu voir un médium musicien (1), est à Paris depuis quelques semaines.

Il a déjà fait parler de lui; et beaucoup qui ignorent encore les facultés spéciales dont il est doué, connaissent déjà son étrange figure de mage errant.

On ne lui sait jusqu'à présent qu'un domicile, les tours de Notre-Dame, où il cohabite, dans une intimité familiale, avec le sonneur Hérold et son chat Quasimodo.

Une jeune conférencière, Mlle Frédérique Hucher dans une agréable causerie, l'a présenté au public de la Bodinière.

M. Jean Lorrain, avec une ironie bienveillante, l'a coiffé d'une épithète : *l'Homme des cathédrales*.

Mérovak a tout ce qu'il faut maintenant pour exciter la curiosité des salons.

Est-il digne de cette curiosité? La question est embarrassante. Au sortir de la Bodinière, où il avait exécuté, avec une prestigieuse maëstria, plusieurs morceaux d'une extrême complication, j'entendais dire :

— Peuh! un malin — un admirable virtuose, qui a trouvé un moyen de se lancer, en se disant inspiré. Il n'y a rien de merveilleux dans son cas.

D'autre part, j'ai reçu de compositeurs en renom, d'organistes célèbres, des lettres qui, toutes en termes divers, s'exprimaient ainsi :

— « N'engagez pas trop votre plume sur ce sujet nébuleux. Je l'ai entendu au piano et à l'orgue et lui ai parlé pendant plusieurs heures, dans une maison amie. Ce n'est pas, à mon avis, un cas de médiumnité probant, au moins en ce qui concerne la musique, composition et exécution. Il joue et rejoue les mêmes choses qu'il sait par cœur; il cherche gauchement à les adapter à l'instru-

1. Voir dans le numéro du 15 août 1897 l'article intitulé *Un cas de médiumnité musicale*, par le Dr Corneille.

ment comme le peut faire le premier médiocre pianiste venu. Non, ce n'est pas là l'exécution inspirée, inconsciente et médianimique, c'est-à-dire mécanique et sans participation intellectuelle de l'exécutant. Quant à la composition, elle peut lui être inspirée par un esprit quelconque, quelque vague symphoniste mort au cours de son apprentissage musical, mais soyez sûr que cela émane d'un piètre musicien et que ce fatras n'offre pas le moindre intérêt artistique ni technique. J'ai connu nombre de pianistes aux doigts cascadeurs et à l'intelligence anti-musicale qui produisaient les mêmes effets en laissant vagabonder leurs doigts sur le clavier en des improvisations incohérentes comme celles de Mérovak et simplement dues à « la folle du logis ». Enfin, si l'on allait apprendre un beau jour que Mérovak a tapoté du piano comme tout le monde dans sa prime jeunesse on serait gêné d'avoir cru trop hautement à sa passivité, et je me fais un devoir de vous le dire en musicien de carrière que j'ai le malheur d'être ! »

***

Voilà, on l'avouera, un jugement plutôt sévère. J'ai tenu cependant à le reproduire, parce qu'on ne saurait trop, en pareille matière, s'éclairer de toutes les opinions.

Bien que — comme tout le monde! — j'aie appris quelque peu le piano dans ma prime jeunesse, je sens trop mon incompétence musicale, pour donner mon avis personnel sur la valeur intrinsèque des inspirations de Mérovak. Je ne discute donc pas sur ce point le jugement de mes correspondants. C'est affaire d'appréciation.

Mais il est une remarque que, à mon sens, les plus sceptiques auditeurs de Mérovak auraient dû faire.

Il suffit de suivre son jeu, d'examiner son doigté, pour constater, d'emblée, son ignorance absolue de ce qu'enseignent d'ordinaire les professeurs de piano. Son jeu et son doigté sont déconcertants, absurdes, impossibles à reproduire. Ou, plutôt, ils n'existent pas. On a bien la sensation que ses doigts marchent tout seuls sans qu'aucune méthode les guide.

Si les assistants de la séance de la Bodidière et si l'éminent compositeur dont j'ai reproduit « la sentence », avaient *vu* jouer Mérovak au lieu de l'entendre seulement, je suis persuadé qu'ils auraient à son endroit une tout autre impression.

Mais de là à dire, avec le Dr Corneille, « qu'un être invisible, une intelligence *extérieure* se sert des doigts de Mérovak pour produire des effets musicaux auxquels le musicien visible est complètement étranger » il y a loin.

Je crois tout au plus qu'il y a là un phénomène troublant, inexpliqué, qu'il faudrait peut-être rattacher à celui du dédoublement de la personnalité.

Heureusement ce n'est pas mon rôle de chercher la cause des faits. D'autres que moi le rempliront mieux.

J'ai voulu simplement prouver que les appréciations que j'ai entendu émettre depuis que Mérovak est à Paris ne pouvaient, *à priori*, être exactes et justes, puisqu'elles ne tenaient pas compte d'un fait — à mon sens prépondérant — celui de son invraisemblable doigté.

GASTON MERY.

La lumière sous le boisseau

A M. le Dr Corneille.

Dans un article (1), paru au numéro du 1er décembre dernier de l'*Echo du Merveilleux* M. le Dr Corneille déclare qu'à son avis, les occultistes doivent taire les plus remarquables et les plus probantes des expériences psychiques qu'ils obtiennent.

Je pense le contraire.

La première raison du Dr Corneille est qu'en gardant le silence, les savants empêcheront les hommes pervers d'abuser de la force psychique.

Cette raison est une illusion.

On a déjà assez divulgué, au XVIIIe et au XIXe siècles, pour que des pervers puissent aisément parvenir à manier la force psychique.

En outre, les mauvais esprits ne sont que trop disposés à guider les vrais pervers dans le chemin de la magie noire.

Ce silence, préconisé par le Dr Corneille, n'empêcherait donc pas les vrais pervers de nuire invisiblement

1. Cet article a déchaîné des orages... J'ai reçu une vingtaine de protestations, toutes courtoises bien entendu, contre les idées de notre prudent et savant collaborateur. La note de M. Albert Jounet m'a semblé résumer un sentiment assez général. C'est pourquoi je la reproduis aujourd'hui.

G. M.

et n'aboutirait qu'à laisser ignorantes et désarmées leurs victimes.

La seconde raison du Dr Corneille est que, si lui et les autres occultistes expérimentateurs d'invisible parlaient, le peuple perdrait « dans le dédale obscur de leurs théories confuses, le peu de croyances qui lui restent. »

Mais rien ne prouve que les phénomènes s'expliquent exclusivement et irréfutablement par vos théories.

Et puisque vous jugez vous-mêmes vos théories explicatives encore obscures et confuses, gardez-les pour vous.

Dites seulement vos phénomènes et le moyen de les obtenir.

Car je soutiens, moi, que les phénomènes expérimentés publiquement et alors expliqués non plus par vos théories mais par la science rigoureuse, positive, et par la Religion, loin de détruire les croyances, contribueraient au final triomphe de la Religion et prépareraient l'avènement du Christ de gloire.

En effet, les phénomènes ont un agent naturel, la force psychique, répandue à la fois dans l'homme, les animaux, l'atmosphère, etc., et des agents surnaturels, mauvais (les mauvais esprits) et bons (les bons esprits, les saints et Dieu).

Mais, est-il possible, lorsqu'on explore l'invisible, de se cantonner toujours dans le domaine naturel?

Je crois que c'est très difficile et même impossible.

On arrive, tôt ou tard, à voir apparaître le surnaturel mauvais et le surnaturel divin.

Et voilà pourquoi je pense que l'étude publique des phénomènes psychiques servirait au triomphe de la Religion.

C'est que, peu à peu, les hommes arriveraient à se convaincre de l'existence du surnaturel double, mauvais et divin, et à réfléchir *très sérieusement*.

La frivolité sceptique et sensuelle de la vie moderne serait blessée à mort.

Mais l'étude publique des phénomènes psychiques contribuerait au triomphe de la Religion pour une autre raison, encore plus décisive.

A mesure que l'Humanité approfondirait le surnaturel, la prépondérance de Dieu deviendrait incontestable, la faiblesse du surnaturel mauvais devant le surnaturel divin éclaterait.

Car, plus on se rapproche de Dieu, plus sa puissance éclate.

Or, le surnaturel est plus près de Dieu que le naturel.

Transporter la lutte entre le Bien et le Mal de la sphère naturelle à la sphère surnaturelle, c'est transporter la lutte sur le terrain propre de Dieu et l'obliger, en quelque sorte, à intervenir invinciblement.

Dieu aime qu'on lui force la main. (Voyez, dans l'Evangile, la Chananéenne, la parabole du Juge inique, et plusieurs autres endroits.)

Faisons passer, au moins en partie, l'activité humaine du visible à l'invisible et le règne de Dieu s'emparera de l'Humanité.

ALBERT JOUNET.

CHEZ MADAME BAILLY [1]

L'Echo du Merveilleux s'étant donné pour tâche de n'offrir que des faits à ses lecteurs, c'est avec un véritable plaisir que je viens, — après mon excellent confrère Gaston Mery — relater pour eux le fait très véridique que fut ma visite chez Mme Bailly.

Je m'y rendis au mois de juin dernier, si ma mémoire est fidèle. Ce serait manquer à l'exactitude que m'impose ce récit, de ne point ajouter que j'y allai en curieux et en sceptique, par pure complaisance mondaine, afin d'accompagner une personne amie qui, ayant entendu dire merveille de l'art divinatoire de Mme Bailly, brûlait de la consulter et redoutait de pénétrer seule dans l'antre de la pythonisse! On serait donc mal venu à prétendre que ce que je vais raconter est l'œuvre d'un de ces esprits crédules qui prennent pour des révélations les fantaisies de leur pensée... ou les espoirs de leurs rêves...

Jamais je n'avais mis les pieds chez la plus infime devineresse. Je me plaisais donc à imaginer certain apparat entourant ce geste toujours impressionnant qui consiste à soulever le voile de l'avenir. Idée de romancier! « L'antre » est une petite salle à manger si propre qu'on se croit transporté dans un des cadres favoris de nos vieux peintres flamands, et la « pythonisse » m'apparut sous les traits plutôt sympathiques d'une brave femme d'âge moyen, qui arrangeait des fleurs dans un vase. Impossible, on le comprend, de trouver un décor plus simple, intime, presque familial, différent en tout de la mise en scène savante qu'on assure être propre aux professionnels de la bonne aventure.

On m'avait dit aussi que les cartomanciennes et autres variétés du genre excellent à faire causer leurs clients et leur servent ensuite, sous une autre forme, les renseignements que ces gens naïfs ont débonnairement fournis. Je me rappelai que le silence est d'or, et j'eus soin, je l'atteste, de n'articuler aucune parole sans avoir au préalable, tourné ma langue le nombre de fois recommandé par la sagesse des nations. — Ceci posé, afin que le moindre doute ne puisse subsister quant à l'absolue certitude des choses vraiment très surprenantes que me dit Mme Bailly.

Elle prépare son marc de café, et me prie de souffler dessus, comme l'a indiqué M. Gaston Mery dans le précédent fascicule de l'*Echo*. Puis, armée d'un crayon, elle commence à déchiffrer les petites figu-

1. Mme Bailly habite à Paris, 13, avenue de la République.

rations singulières où sont écrits, paraît-il, les événements de ma vie...

— Votre père, me dit-elle d'abord, a tel âge... Et votre mère a sept ans de moins.

C'est tellement exact et précis que j'en suis stupéfié. Mais elle continue sur le même ton, lentement, avec tranquillité, en personne qui lit, *qui voit...* Car elle me raconte l'histoire des miens, des faits intimes, lointains déjà, que nul ne peut connaître. Elle me dépeint, aussi scrupuleusement qu'un psychologue, le caractère de mon père, celui de ma mère, et passant au mien, me révèle toutes ses particularités comme si elle m'avait suivi depuis ma toute petite enfance.

J'avoue que ma stupéfaction s'accentuait. Cependant, je me gardais d'en rien laisser filtrer, lorsque Mme Bailly ajouta :

— Vous avez une somme de 800 francs à toucher avant quinze jours.

C'était encore vrai. Je ne pus me tenir de m'informer :

— Comment devinez-vous cela ?...

Elle me répondit gravement :

— C'est là?...

Et du bout de son crayon me montra le chiffre 800 très distinct. Il y avait bien d'autres choses au fond de cette merveilleuse assiette !... Une multitude de têtes, — tous les confrères que je rencontrerai dans ma vie littéraire! — de petits profils d'amis qu'elle analysa très subtilement, définissant le rôle qu'ils occupent dans mon existence et esquissant rapidement, avec justesse, leur position, leur famille, etc... Puis, nombre de sinuosités qui sont des voyages, une clé, des chiffres, — celui des économies que je ferai... Mme Bailly entre alors dans le détail de mes occupations journalières; sans hésitation, elle me dit à quel moment j'ai fini tel travail et depuis quand j'ai commencé tel autre... Et elle conclut :

— Maintenant, vous allez vous reposer... Vous allez partir vers le milieu du mois prochain...

— Vous voici en défaut, assurai-je.

Et je le croyais sincèrement, car je ne devais que m'absenter fort peu, dans le courant de septembre.

Elle secoua la tête.

— Non... Vous croyez ne partir que dans deux mois ou un peu plus, mais des événements se produiront qui vous forceront d'avancer votre voyage. Vous partirez au milieu du mois prochain, et resterez bien plus longtemps que vous ne pensez.

Cela s'est réalisé; mes plans, subitement modifiés par la force des choses, firent que je partis le 15 *juillet* et mon absence fut, en effet, plus longue que je ne le prévoyais.

Mme Bailly m'a fait encore d'autres prédictions; si elles se réalisent également, j'aurai la satisfaction de l'apprendre aux lecteurs de l'*Echo*. Mais il reste absolument certain que, pour le passé, Mme Bailly n'a été, en ce qui me concerne, que la traductrice fidèle du livre du Destin...

Je me propose, d'ailleurs, de revenir sur ce sujet quand j'aurai revu Mme Bailly, et comparé, pour l'avenir, ses affirmations avec celles de Mme de Thèbes, par exemple. Je cite ce nom parce qu'il a autorité en la matière, et, dans l'inconnu où nous marchons, toute expérience sincère est digne d'être tentée. Nous saurons peut-être, un jour...

En attendant, je ne fais aucune difficulté d'avouer que Mme Bailly a causé à mon habituel scepticisme la plus extrême surprise. — Je n'amplifie pas, je ne commente pas : je constate.

PAUL JUNKA.

LES PRÉDICTIONS

M. Francisque Sarcey, dans La Dépêche *du 19 décembre dernier, cherche noise aux amateurs du Merveilleux. Je crois que la plus spirituelle réponse que nous puissions faire à M. Sarcey est de reproduire purement et simplement son article, qui révèle une sûreté d'informations véritablement prodigieuse. Le voici :*

On est sûr en ce moment d'intéresser le public en lui parlant d'occultisme. Les journaux qui traitent ces questions abstruses sont fort nombreux et très achalandés. La plupart affectent leur croyance au merveilleux d'une phraséologie scientifique. Quelques-uns sont plus francs, ainsi l'*Echo du Merveilleux*, qui semble être l'organe — un organe convaincu — des diseurs et des diseuses de bonne aventure.

J'y lisais ces jours-ci, dans le dernier numéro, un article qui m'a paru bien plaisant sur la divination par le marc de café. L'auteur, M. Gaston-Mery, raconte avec sa science imperturbable, qu'il est allé en consultation chez une dame Bailly, qu'elle a versé du marc dans une assiette, qu'elle lui a ordonné d'imprégner ce marc de son souffle, de son âme, de sa personnalité; qu'à la suite de cette épreuve, il a vu diverses figures se dessiner sur le fond de l'assiette; que la devineresse lui a expliqué ces figures, où elle lisait couramment l'avenir.

— Et comment vous y prenez-vous pour les interpréter? Est-ce par science, comme les graphologues, par exemple.

— Non, c'est par inspiration.

M. Gaston Mery nous affirme que la pythonisse, sur la simple inspection des figures formées par le marc, lui a dit toute sa vie et ne s'est pas trompé d'un fait; qu'elle lui a fait ensuite des prédictions, qui se sont trouvées d'accord avec celles qu'il avait déjà cueillies chez d'autres diseuses de bonne aventure, qui opèrent par d'autres moyens.

« Cette concordance, nous demande-t-il, ne vous semble-t-elle pas étonnante? » Ce qui me semble étonnant, c'est qu'on aille chez les somnambules, chez les cartomanciennes et autres farceuses qui vous tirent pour cent sous ou pour vingt francs votre bonne aventure. Il faut être bien crédule!

Que de gens crédules en ce monde! Je reçois beaucoup, et, naturellement, je reçois de préférence les personnes qui appartiennent au théâtre. Je ne sais pas s'il en est de même dans la bourgeoisie; mais vous ne sauriez croire combien dans ce monde d'acteurs et d'actrices — d'actrices surtout, cela va sans dire, — on est friand de l'avenir révélé par les héritières des vieilles bohémiennes du temps jadis. Il n'y a pas une de ces dames qui n'ait sa diseuse de bonne aventure dont elle conte des prédictions qui l'ont stupéfiée, car l'événement les a réalisés.

Elles sont là trois ou quatre qui écoutent, les yeux luisants, les lèvres ouvertes :

— Ah! vraiment, ma chère! Vous m'y conduirez, nous irons ensemble.

Et l'on prend rendez-vous. Et il se trouve toujours là un homme qui s'offre, moitié figue moitié raisin, à les accompagner.

— Eh bien! lui dis-je, après l'expédition, comment ça s'est-il passé?

— Ça a été très amusant. On leur a prédit un tas de choses, et elles sont revenues émerveillées. Elles ont toutes voulu le grand jeu. Et on leur en a donné, je vous assure, pour mon argent.

Il est bien rare que, dans ces escapades, il ne se trouve pas quelqu'une de ces dames qui ait perdu un bijou, et qui n'en demande des nouvelles à la diseuse de bonne aventure. Oh! s'il ne s'agissait que d'un amant perdu, la pythonisse donnerait tout de suite des renseignements ou des espérances. Mais jamais elle n'a indiqué où se trouvait soit une montre volée, soit un bracelet égaré. N'importe! rien n'ébranle la confiance de ces dames, non plus que celle de M. Gaston Mery. La foi ne se commande pas, dit-on; le scepticisme non plus.

Les revues sérieuses ouvrent parfois aussi leurs colonnes à l'occultisme. Il faut bien se conformer au goût du jour. Ainsi vous trouverez dans le dernier numéro de *la Revue des Revues* (un des meilleurs recueils qui se publient en France) un article signé de M. le docteur L. Caze. Il s'agit d'une prédiction qui remonterait au XVIe siècle et dans laquelle sont prédits la vie, le mariage, la carrière, la mort de Napoléon et quelques-uns des faits qui l'ont suivie ou qui la suivront encore; mais la prophétie n'est pas accomplie jusqu'au bout.

Vous savez que le XVIe siècle est l'époque où Michel de Notre-Dame plus connu sous le nom de Nostradamus, composait ses fameux quatrains. La prédiction dont je parle serait du même temps, et elle aurait pour auteur un certain Noël Olivarius, qui était médecin et archéologue.

M. L. Caze conte que le manuscrit qu'il a laissé fut découvert pendant la Révolution par François de Metz, secrétaire général de la commune de Paris, au cours des perquisitions opérées dans les bibliothèques des Bénédictins. François de Metz trouva le livre si étrange qu'il le copia, et la tradition veut que cette copie fut remise aux mains de l'empereur après son couronnement.

De l'original, on ne dit rien. Qu'est devenu cet original? Ce manuscrit n'a pas dû être égaré. Il était trop précieux à tous égards. Comment se fait-il qu'il n'en soit plus question? On ne connaît que la copie. Voilà déjà qui me met en défiance.

Cette copie aurait été donnée à l'empereur après son couronnement. Je m'explique dès lors assez aisément comment le prophète, quel qu'il fut, a prédit les événements antérieurs à cette date. Il avait, sans doute, d'excellentes raisons pour ne pas se tromper. On prédit à coup sûr lorsqu'on prédit après coup.

Mais la prétendue prophétie de maître Olivarius pousse beaucoup plus loin, puisqu'elle prédit de la façon la plus claire la guerre de Russie, l'internement à l'île d'Elbe, les Cent-Jours, la chute définitive à Waterloo et le rétablissement des fils de saint Louis sur le trône de France.

Mais l'anecdote qui veut que Napoléon et Joséphine aient lu ensemble le manuscrit à la Malmaison, après le couronnement, est-elle authentique? Sur quel témoignage s'appuie-t-elle? Un détail me tracasse. Vers la fin de son article, M. le docteur L. Caze dit :

« Personne ne sait ce qu'est devenu le manuscrit. Il fut imprimé en 1815 et inséré dans les Mémoires de Joséphine, édition de 1820. »

Eh! eh! s'il fut imprimé en 1815, voilà déjà qui explique suffisamment la lucidité du prophète, prédisant la chute de l'Empire et le rétablissement des Bourbons.

Il est vrai que la prédiction ne s'arrête pas à 1815; elle pousse bien plus avant et soulève le voile d'un avenir lointain. Mais c'est une remarque à faire : La prophétie, qui est d'une précision merveilleuse jusqu'en 1815, est beaucoup plus incertaine à partir de cette date. Aucun des grands événements dont notre fin de siècle a été témoin n'y est même entrevu.

Permettez-moi de vous copier quelques lignes de cette partie du manuscrit. Nous sommes en 1815 :

« La fleur du lys est maintenue; mais les derniers restes du vieux sang seront toujours en danger. Alors un jeune guerrier s'avancera vers la grande ville. Il portera un coq et un lion sur sa cotte de mailles. Et la lance lui sera donnée par le grand prince de l'Orient. Il sera merveilleusement aidé par le peuple guerrier de la France-Belgique, qui se réunira au peuple de Paris pour mettre fin aux troubles, pour réconcilier les soldats et pour tout couvrir de la branche d'olivier. »

Il serait difficile de saisir dans ces lignes énigmatiques la moindre allusion à la guerre de 1870, qui aurait bien mérité, ce semble, que le prophète y arrêtât nos yeux.

C'est que les prophètes sont merveilleux pour prêcher le passé; leur vue se trouble quand il s'agit de l'avenir. Ils en savent alors autant que les somnambules, les cartomanciennes, les devineresses de tout poil et de toute couleur.

C'est saltimbanque et compagnie.

FRANCISQUE SARCEY.

LE SUJET DU DR FERROUL

Paris, le 15 décembre 1897.

Monsieur,

L'expérience du Dr Ferroul que vous rapportez tout au long d'après le récit du Dr Grasset à la *Semaine médicale* va sans doute intriguer prodigieusement vos lecteurs. J'ai pensé leur être agréable en leur communiquant quelques *tuyaux* sur cette affaire.

Le sujet de M. Ferroul s'appelle Anna Brieu. Cette femme est repasseuse à Narbonne où elle est née il y a vingt-sept ans. Elle est de physionomie douce, d'une pâleur et d'une maigreur extraordinaires. En 1893, M. Ferroul fut appelé à lui donner ses soins à l'occasion d'un attaque de nerfs... Bientôt il fut amené à faire sur elle des expériences d'hypnotisme transcendant qui bientôt, grâce à l'entraînement, furent couronnées du plus éclatant succès.

Chose curieuse, M. Ferroul, seul, obtient avec Anna ces résultats merveilleux. Les autres médecins qui l'ont endormie n'ont obtenu avec elle que les phénomènes ordinaires de l'hypnose. — Le procédé de M. Ferroul est pourtant bien rudimentaire. Une simple passe sur les yeux d'Anna et la voici en état de somnambulisme lucide. Elle s'exprime alors à voix basse, d'un air confidentiel, en employant le tutoiement des enfants. Elle souligne ce qu'elle dit en appuyant le doigt sur son nez.

Pour se donner une idée des facultés extraordinaires de ce sujet, il faut se reporter au roman de Dumas père, intitulé : *Joseph Balsamo*. On sait, que d'après le célèbre romancier, Cagliostro avait pour femme Lorenza Feliciani dont il utilisait la voyance précieuse pour le plus grand bien de ses intérêts. Cette femme voyait à distance et, dans ces conditions, percevait les discours les plus secrets, lisait les lettres à mesure qu'on les traçait, etc... Eh bien ! tout cela, Anna Brieu peut le répéter.

L'exemple le plus typique est le cas dit de la sous-préfecture. Le sous-préfet de Narbonne, en juillet 1894, ayant eu chez lui un conciliabule avec un agent de la sûreté venu de Carcassonne et le commissaire central de Narbonne, M. Ferroul qui avait été l'objet de cet entretien en rapporta la teneur tout au long dans son journal, la *République sociale*, aux dates du 19 juillet et du 22 juillet.

Le sous-préfet jugea la chose si grave qu'il punit sévèrement deux agents dont il crut devoir soupçonner la discrétion. — A la suite de cette affaire le *Courrier de Narbonne* insérait cette note suggestive : « M. Ferroul nous a affirmé que si M. le sous-préfet le désirait il prenait l'engagement de publier par la voie des journaux les conversations qui se tiendront à des heures fixées dans les bureaux de la sous-préfecture ».

Un cas de voyance plus extraordinaire encore est le suivant : « Un ami de M. Ferroul étant parti à Poitiers (*à 750 k. de Narbonne*), l'expérimentateur quelques jours après transporta Anna Brieu à la gare de Poitiers. Il apprit ainsi chez quelles personnes son ami se rendait, l'adresse exacte de ces personnes... Le Dr Ferroul ayant demandé si chez ces personnes il n'y avait pas un calendrier, le sujet répondit qu'il en voyait un marquant: « Ville de Paris, 1er octobre, menu du jour, tels plats, tels plats ». M. Ferroul télégraphia à tout hasard à l'adresse indiquée, sollicitant l'envoi du calendrier. Or, il se trouva que tout était conforme aux déclarations d'Anna.

Dans une autre circonstance, Anna lut à distance une lettre que l'on écrivait au Dr Ferroul. Le lendemain ce dernier recevait la lettre en question. La teneur de celle-ci était absolument conforme à la dictée de la voyante ainsi que les témoins ont pu le constater par la comparaison des pièces.

Voilà assurément les trois faits les plus typiques de cet étrange cas de voyance. Le fait rapporté par M. Grasset et arrivé dans des conditions scientifiques précises les remet aujourd'hui en pleine lumière d'actualité.

Veuillez agréer, je vous prie, Monsieur, l'assurance de mes meilleurs sentiments.

QUAERENS.

STANISLAS DE GUAITA

Je n'ai connu que l'année dernière Stanislas de Guaita, qui vient de mourir. C'était au moment où j'écrivais ma brochure sur Vingtras. J'étais allé lui demander de me prêter quelques-uns des ouvrages du « prophète ». Stanislas de Guaita mit aimablement sa bibliothèque à ma disposition. Un vrai trésor, cette bibliothèque, toute composée de livres rares... introuvables !

Je lui fis deux ou trois visites depuis. Un jour du printemps dernier, il m'emmena chez Gastinne-Rennette. Depuis que sa santé lui empêchait de se livrer à son sport favori : l'épée, Stanislas de Guaita s'était rejeté sur le pistolet. C'était un tireur *di primo cartello*. Et, chose étrange, il semblait plus fier de son adresse de tireur que de sa très grande réputation d'crivain.

Dans les Champs-Elysées ensoleillés nous bavardions. Il me parla des neuf cents lettres inédites d'Elipha Lévy qu'il avait en sa possession, et dont il préparait la publication. Il me parla aussi de l'abbé Boulan, et du procès qui fut instruit, entre Martinistes, au lendemain de sa mort. Il me parla d'histoires d'envoûtement.

— On fait courir, de par le monde, lui dis-je, le bruit que vous avez, comme Socrate, un démon familier — mais un démon visible, qui accourt au moindre appel.

Guaita haussa les épaules et sourit.

— Il y a pourtant, déclara-t-il un fond de vrai dans ce racontar. Pendant une assez longue période, j'ai vu apparaître, presque chaque jour, une forme blanche, une forme de jeune fille qui semblait sortir d'un placard, et qui allait s'accouder sur le buffet de ma salle à manger. Elle ne prononçait jamais une parole, mais poussait des plaintes. Et, du doigt, d'un geste automatique, montrait un point du plancher. J'ai toujours pensé que cette forme était le corps astral d'une personne assassinée et, sans doute, enterrée dans la cave de la maison que j'habite, 20, avenue Trudaine. Je n'ai jamais osé demander au propriétaire de faire des fouilles... Je suis sûr cependant de n'avoir pas été la dupe d'une hallucination. Ma gouvernante, entrant un jour dans la pièce où se trouvait le fantôme, l'aperçut comme moi, et s'évanouit de saisissement. Edouard Dubus, le vit, lui aussi; plusieurs de mes camarades également l'ont vu. Mais j'aime mieux qu'on ne parle pas de ces faits...

Stanislas de Guaita redoutait tout ce qui eût pu attirer l'attention badaude sur lui. Il avait une horreur profonde de la réclame.

Voici au surplus, l'interview de Papuss que je publiai, ces jours derniers dans la *Libre Parole* :

— Quel est, à votre avis, demandai-je, le caractère spécial de l'œuvre de Guaita?

— Ce qui le distingue par-dessus tout, c'est son style aussi châtié qu'élégant. Guaita avait débuté par deux volumes de vers : *La Muse Noire* et *Rosa Mystica*, et il a toujours gardé de ses origines littéraires le goût de la forme impeccable. Ajoutez à cela la réserve qu'il n'a cessé de montrer devant la réclame et le succès facile. Très artiste, très érudit, il était aussi très modeste.

Ses études principales ont porté sur le Satanisme. En profond métaphysicien et en amoureux des controverses théologiques qu'il est, il a dirigé ses efforts vers la solution du passionnant problème de l'origine du mal. La série de ses livres publiés sous le titre général du « Serpent de la Genèse », comprend trois grands ouvrages où les voiles de la tradition ésotérique sont progressivement déchirés. *Au seuil du Mystère* montre aux lecteurs qu'il existe une voie scientifique pour parvenir à la foi; le *Temple de Satan* précise cette voie en signalant les dangers de la demi-science et des fausses interprétations, et en mettant au grand jour la figure de cet aliéné que fut le prêtre apostat Jean-Baptiste B..., avec des documents irréfutables.

— N'est-ce pas ce livre qui provoqua un duel entre Guaita et un journaliste?

— Non, c'est plus tard, à la mort de ce B..., que Guaita fut accusé de l'avoir *envoûté*. Cette fable absurde se termina par quelques duels où le journaliste fut blessé.

— Quelle est donc cette société que présidait Guaita?

— C'est l'*ordre kabbalistique de la Rose+Croix*, dont les membres sont exclusivement recrutés à l'examen. Cet examen porte sur la langue hébraïque, le symbolisme des diverses religions et l'histoire des initiations anciennes et modernes. Guaita prit, en effet, une part des plus actives à l'organisation de ces grandes associations internationales d'intellectuels qui ont pris à cœur la lutte contre le matérialisme et l'athéisme, les principaux facteurs du gâchis social actuel. Au début (il y a quinze ans), on rit un peu de l'audace de ces jeunes gens qui entreprenaient une telle croisade. Aujourd'hui, l'armée des trente mille intellectuels, appuyée par quinze revues, en toutes langues, groupée sous la bannière de l'ordre Martiniste et de l'Union idéaliste universelle, a porté un tel coup à la science matérialiste qu'elle n'en a plus pour longtemps. Guaita prit une part très grande à ce mouvement et, avec la plus grande modestie, il resta dans l'ombre aux jours de victoire.

— Il travaillait donc beaucoup?

— Lisez son dernier ouvrage, la *Clef de la Magie noire*, et vous verrez quel énorme labeur représente un tel volume. Il y a loin de là à ces rêveries que M. Zola, qui n'est pas assez informé sur ce point, attribue aux occultistes!

— Croyez-vous que le vide causé par cette mort sera vite comblé?

— Je ne le pense pas. Nul de nous ne possède les qualités de cœur et de cerveau qui faisaient de Guaita un maître aussi élevé que l'ami était précieux. Par bonheur, ses œuvres nous restent et montreront aux jeunes générations où peut aboutir la recherche ardente et désintéressée du vrai en vue du bien.

Je suis loin de partager les idées de Guaita. Quand nous discutions ensemble, nous ne pouvions jamais nous mettre d'accord sur un seul point. Mais si je rejetais sa doctrine, je goûtais son caractère, — et malgré la distance qui séparait nos croyances, j'estime que je devais à ce savant modeste, à ce chercheur infatigable, à cet explorateur très courageux du merveilleux, l'hommage sincère que je lui adresse aujourd'hui.

G. M.

UN ÉLÈVE DES FAKIRS

PAPUSS

Volontiers, n'eût été la crainte de déplaire à mon aimable collaborateur George Malet, j'eusse intitulé ce récit : *Reportage sur un cercueil*. C'est dans un cercueil, en effet, que vient de rester enfermé pendant neuf jours et neuf nuits cet élève des fakirs nommé Papuss, actuellement à Paris.

Je ne sais jusqu'à quel point est probante l'expérience à laquelle j'ai assisté, ni ce que la science peut y gagner; au moins me paraît-elle curieuse à décrire.

Le « professeur » Papuss n'a, avons-nous besoin de le dire, absolument rien de commun avec le savant docteur Papuss que connaissent tous les lecteurs de l'*Echo*. C'est un solide gaillard d'une trentaine d'années. Le regard énergique, la moustache rasée et la touffe de barbe dont s'orne le menton, dénoncent l'origine *yankee*. Papuss « travailla » d'abord, suivant son expression, avec le jeûneur Succi. Puis, trouvant sans doute que ce métier ne nourrissait pas son homme, il partit pour les Indes où il pût étudier de près les pratiques des fakirs. Il avoue d'ailleurs modestement « ne pas leur venir à la cheville », mais possède l'extraordinaire faculté de se mettre de lui-même, sans aucun secours, à l'état cataleptique.

L'expérience à laquelle il vient de se livrer a commencé le samedi 18 décembre, dans le local de l'exposition de l'industrie, boulevard Bonne-Nouvelle, devant une assistance composée en grande partie de médecins.

Peu de monde lorsque j'arrive. Au milieu de la salle, posé sur deux tréteaux, un cercueil sans couvercle, sur lequel de petites lampes électriques projettent une lumière verdâtre que soulignent encore des tentures vertes. La mise en scène est d'aspect peu réjouissant.

Le cercueil, dont le fond est tendu d'une étoffe assez épaisse, contient un oreiller, deux thermomètres et un flacon d'éther; de chaque côté se trouve un ventilateur de petite dimension. Papuss absorbe l'éther avec la plus grande facilité, et c'est de vapeurs d'éther seulement qu'il se « nourrira » pendant neuf jours. Le matin il a fait un léger déjeuner : un riz de veau et une crème.

Il nous explique qu'il restera en catalepsie pendant un nombre d'heures indéterminé auquel succédera un état de veille de durée également variable, qu'il retombera de nouveau en catalepsie, et ainsi de suite.

La salle s'étant remplie, Papuss passe dans la pièce voisine et procède à sa toilette. Il quitte ses vêtements, ne gardant qu'un maillot et un caleçon, et s'entoure de bandelettes de toile qui, en enserrant fortement toutes les parties du corps, sont destinées à empêcher un trop grand abaissement de température. Puis il s'étend sur un matelas. Pendant plusieurs minutes il se contracte en de brusques soubresauts ; impossible de voir la figure qui est cachée, elle aussi, sous les bandes de toile. Lorsque tout mouvement a cessé, le corps, d'une rigidité cadavérique, est transporté dans le cercueil.

Un des spectateurs lui enfonce alors à plusieurs reprises, dans le bras et dans l'épaule, une longue épingle de cravate, sans que puisse être perçu le moindre tressaillement.

On recouvre le cercueil avec deux grandes plaques de verre que l'on attache, et l'on pose sur les liens une quantité de scellés destinés à rendre toute fraude impossible. Un interstice est ménagé à hauteur du visage, afin de permettre le passage aux vapeurs d'éther sulfurique que l'on fera respirer au « professeur. »

Lui fait-on parvenir des aliments par la même ouverture?

Je ne le crois pas, car il existe un comité de surveillance fonctionnant d'une façon très sérieuse, et l'expérience semble présenter toutes les conditions de sécurité voulues. Ce n'est toutefois qu'une impression personnelle et je me garde de rien affirmer.

Je suis retourné à différentes reprises rendre visite au fakir, que j'ai trouvé presque chaque fois à l'état de veille. Aucune douleur ne se lisait sur son visage, débarrassé des bandelettes. Il a cependant, m'a-t-on dit, beaucoup souffert du froid pendant la nuit.

Papuss est sorti de son cercueil dimanche dernier, à 10 heures du soir, et fidèle à la promesse qu'il avait faite avant d'y rentrer, a fait plusieurs fois le tour de la salle en courant, les épaules chargées d'un poids d'environ 100 kilos.

Ceux qui croiront — c'est leur droit — la catalepsie simulée chez cet original américain, ne pourront du moins refuser de lui accorder une énergie et une volonté véritablement stupéfiantes!

GASTON CROSNIER.

UNE MAISON HANTÉE

A Marseille

Il ne se passe guère de semaines que nous n'ayons à enregistrer des phénomènes analogues, semble-t-il, pour la forme à ceux qui se produisirent à Valence-en-Brie et à Yseures. Les faits suivants se sont passés tout dernièrement à Marseille, rue Vincent-le-Blanc, n° 11, dans l'appartement occupé par M. Nivière. Nous en empruntons le récit à notre confrère du *Petit Marseillais* M. Léon Boudouresque, qui a interviewé l'infortuné locataire.

« M. Nivière est navigateur de son état. Quelques jours avant la Saint-Michel dernière, il s'embarqua sur la *Provence* et quitta Marseille où il est revenu seulement depuis huit jours. A la Saint-Michel, Mme Nivière déménagea de la rue de la République, que le ménage habitait depuis longtemps, et vint s'installer dans cet appartement de la rue Vincent-Le-Blanc avec ses deux enfants et sa bonne — la grande jeune fille qui m'a ouvert tout à l'heure et qui prend part, d'ailleurs, maintenant à notre entretien.

« La première nuit qui suivit l'emménagement, vers minuit, Mme Nivière fut réveillée en sursaut par sa bonne qui, tout effarée, lui dit que son lit venait de rouler subitement tout seul au milieu de sa chambre, qu'elle-même avait été comme soulevée au-dessus du matelas. Au même instant, les deux femmes entendirent très nettement des coups frappés contre les vitres de la cuisine. Puis ce furent les cloisons qui résonnèrent comme sous le choc d'un gros marteau dont la tête eût été enveloppée de chiffons ; puis la table de nuit oscilla de droite à gauche, en un large mouvement de pendule, paraît-il, sans se renverser cependant; enfin un remue-ménage universel.

« Brusquement tout cessa. Peu rassurées — on serait effrayé à moins — Mme Nivière et sa bonne passèrent la nuit à se demander si elles n'étaient pas victimes de quelques fumistes. Le lendemain matin, elles racontèrent la chose : les voisins avaient bien entendu le bruit, mais tous affirmèrent qu'ils étaient incapables de jouer une aussi mauvaise farce à leurs co-locataires.

« Les mêmes faits se reproduisirent les nuits suivantes, mais, — détail à remarquer — le phénomène ne se manifestait qu'autant que la bonne était présente dans l'appartement.

« Octobre et novembre s'écoulèrent ainsi, Mme Nivière ne cessant de se plaindre aux voisins des bruits nocturnes — et quelquefois diurnes — qui la troublaient chez elle, les voisins entendant bien, de temps en temps, ces bruits, mais n'y attachant cependant pas une importance trop grande.

« La semaine passée, M. Nivière revint. On lui dit la chose ; il pouffa de rire, ne voulut rien croire, traita tout cela d'imaginations de femmes peureuses et... dès le lendemain de son arrivée il avait complètement changé d'opinion ; son lit avait changé de place tout seul, à lui aussi ; il avait vu de ses yeux sa table de nuit se dodeliner sur ses pieds et il avait entendu de ses oreilles les coups frappés dans les cloisons !

« Son incrédulité en fut ébranlée; mais elle disparut complètement, dimanche, lorsqu'il constata, à son réveil, qu'un poêle en fonte qu'il avait attaché lui-même la veille avec de fortes ficelles était brisé en plusieurs morceaux.

« Ce n'est pas tout: dimanche également, vers midi, comme la famille venait de déjeuner et M. Nivière de se lever, le dernier de la table, non loin de laquelle se tenait la bonne, patatras, un fracas terrible retentit derrière lui ; il se retourne et trouve renversée, les quatre pieds en l'air, la table sur laquelle il venait de manger !

Ce n'est pas tout encore : le même jour dans l'après-midi, M. et Mme Nivière, assis avec leur bonne autour de la même table redressée, jouaient au loto dans la cuisine. Soudain la batterie, accrochée au mur, s'ébranle, le cadre en bois qui la soutient se soulève, les crochets s'arrachent et les casseroles roulent sur le sol, tout comme dans la cuisine d'un navire, dans un gros coup de roulis

« M. Nivière était convaincu : dès le lendemain, il allait trouver le directeur de la Compagnie Immobilière et le priait de lui donner un autre appartement. Un inspecteur de la compagnie fut commis pour faire une enquête; il l'a faite; elle n'a rien révélé mais depuis ce jour tout est rentré dans l'ordre,

« Tel est le récit qu'a bien voulu me faire M. Nivière, complètement persuadé aujourd'hui que sa maison est hantée. Lui et sa famille sont-ils victimes d'un habile fumiste ? La bonne, dont la présence dans l'appartement est nécessaire indispensable même, pour la production du phénomène est-elle un *médium*?

« On comprendra qu'il ne m'appartient pas de prononcer en pareille matière. Le certain est que les faits qui sont rapportés plus haut, m'ont été affirmés vrais par M. Nivière, Mme Nivière et leur bonne, qui en sont très effrayés. »

Ajoutons qu'un de nos amis, M. X. Reynaud, membre de la Société des études psychiques de Marseille, se propose de passer plusieurs nuits dans l'appartement hanté, et de nous adresser, s'il recueille des détails intéressants, un compte rendu de ses observations que nous publierons.

ICONOGRAPHIE FLUIDIQUE

TROISIÈME ARTICLE (1)

2° Expériences sans appareils.

Dans mon précédent article, j'ai rendu compte des expériences d'iconographie fluidique faites, à ma connaissance, au moyen d'un appareil photographique ordinaire, c'est-à-dire d'une chambre noire munie de son objectif.

Aujourd'hui, j'ai à initier nos lecteurs à l'obtention d'images, parfois, d'objets connus, mais, le plus souvent, de figurations obtenues en impressionnant une plaque sensible soit dans l'obscurité, soit en pleine lumière, sans le concours d'aucun instrument employé en photographie et tout simplement en enveloppant la dite plaque dans un étui ne laissant pénétrer, bien entendu, ni lumière solaire, ni lumière artificielle, ni même la lumière que le Dr Gustave Lebon a appelé si originalement « lumière *noire* ».

Tandis que mon précédent article s'adressait spécialement aux photographes, aujourd'hui c'est donc de la photographie pour tous que nous allons traiter, puisqu'il suffit de se pourvoir de plaques photographiques communément employées pour obtenir des enregistrements psychiques.

Ces enregistrements sont de trois sortes :

1° Graphies et iconographies des états d'âme;

2° Iconographies voulues par la pensée;

3° Graphies et iconographies imprévues, non cherchées.

Pour citer quelques exemples de ces divers phénomènes, c'est encore à M. le commandant Tegrad et à M. le Dr Baraduc qu'il faut faire des emprunts.

Le premier avait placé, durant vingt minutes, une plaque au-dessus du front de Mme D., pendant un sommeil magnétique et, au développement, il est apparu un oiseau parfaitement formé.

Le second, après avoir fixé à la tête du lit d'une jeune fille une plaque sensible, développant celle-ci le lendemain, voyait apparaître, dans une sorte de nuage, le buste très ressemblant de la mère que cette jeune fille avait perdue depuis quelque temps.

J'ai déjà cité la bouteille graphiée, par deux fois, par le commandant Tegrad avec les marques distinctives de la force vitale employée pour obtenir ces empreintes et l'apparition simultanée, lors de la seconde expérience, de la tête d'une femme qui s'est appelée « Sophie » et qui n'avait été nullement cherchée.

A propos de cette Sophie, le commandant Tegrad lui avait demandé, par la voie spirite, de tracer, comme témoignage de son entité, la première lettre de son nom dans un angle déterminé de la plaque présentée par lui et le développement de cette plaque fit apparaître un S majuscule à l'endroit indiqué.

Pour confirmer cette première expérience, il demanda ensuite, sur une nouvelle plaque, l'inscription de la seconde lettre — O — qui apparut tout aussi nette que la première.

Tenant à sa bouteille, M. le commandant Tegrad tenta maintes fois sans succès de la graphier de nouveau; mais, dans l'une de ses tentatives, au lieu d'une bouteille, il obtint l'image d'une canne, à poignée courbée, absolument identique à une canne qu'il tient d'une parente, alors qu'il ne songeait, pendant l'impressionnement, ni à cette canne, ni à cette parente.

Je citerai encore une grappe de laurier obtenue sur une plaque influencée par Mme D., qui est médium, pendant qu'elle était dans son jardin, où il existe, en effet, des lauriers roses auxquels elle ne pensait nullement au cours de l'impressionnement.

Profitant, un jour, du passage d'un magnétiseur forain, du nom de Festa, le commandant le fait venir chez lui pour se livrer à quelques expériences. Il lui fait toucher une plaque photographique qui n'amène aucun résultat. Mais Festa lui fait remarquer qu'il a le pouvoir d'endormir par le regard, en d'autres termes d'hypnotiser. Il lui présente alors une pièce de cinq francs en argent, lui demandant de fixer son regard sur cette pièce pendant quelques minutes, puis de le reporter aussitôt avec énergie sur la plaque qu'il lui présentait en même temps sous enveloppe. Or, au développement, l'on constata la figuration d'un rond lumineux nettement accusé.

---

1. Voir les numéros 21 et 22.

Comme autre expérience, il plaça une pièce de cinq francs de Sardaigne sur une plaque photographique et, posant une main par-dessus pendant dix minutes, il obtint non seulement la silhouette lumineuse de la pièce, comme dans l'expérience précédente, mais encore les détails de la gravure apparaissaient si nettement, que l'on distinguait parfaitement l'image de la croix de Sardaigne qui forme le revers de cette pièce.

Fig. 1

En ce qui concerne la figuration des états d'âme, je citerai les expériences suivantes.

Lors d'un violent accès de colère occasionné par un incident pénible dont le commandant Tegrad était témoin, une plaque fut placée pendant quelques minutes sur le front de la personne en proie à cette crise et le développement de cette plaque produisit la graphie d'un tourbillonnement intense ressemblant assez à un tornados. Une remarque à noter, à cette occasion : c'est que ce tourbillon qui figurait un mouvement violent, loin d'avoir été pris par instantané, était graphié, sans apparence de flou, sur une plaque qui avait posé plusieurs minutes. Nous aurons l'occasion d'enregistrer encore le même fait dans d'autres circonstances.

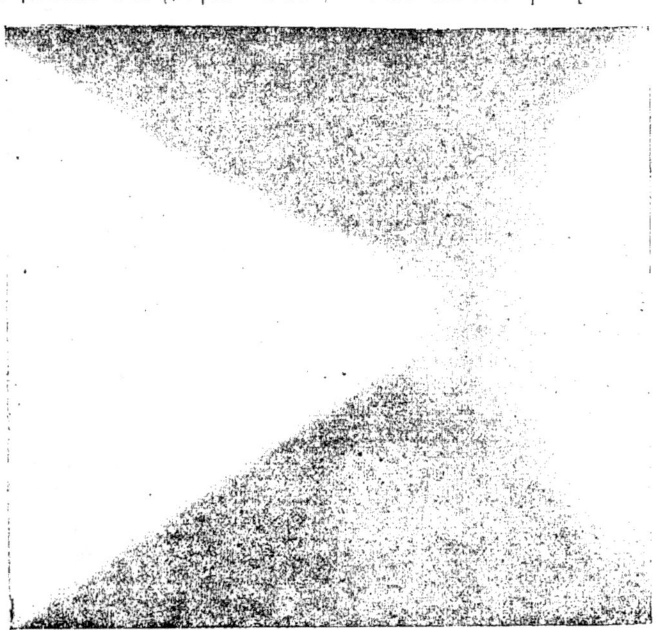

Fig. 2

M. le Dr Baraduc, ayant à constater l'état d'âme de deux personnes — la mère et la fille — plaça sur le front de chacune d'elles pendant quelques minutes, une plaque photographique. Celle impressionnée par la mère, qui est d'un caractère très exubérant, très expansif, produisit un rayonnement intense, partant d'un centre et rappelant celui de la lumière électrique à arc; tandis que la plaque impressionnée par la fille, très concentrée et empreinte d'une grande tristesse, fournit une figuration toute différente. Ce n'est plus un rayonnement expansif; c'est, au contraire, la graphie d'un tout fortement comprimé en tous sens, assez semblable à l'image d'une cervelle ou d'un paquet d'intestins.

Mais comme phénomène du même ordre plus étrange encore, je citerai, pour clore cette série, le cliché que j'ai obtenu avec la famille Sabourault et qui déconcerte les sommités du psychisme et de l'occultisme que j'ai consultées.

Pour que chaque lecteur puisse juger de l'étrangeté de cette expérience, nous donnons ci-contre la photogravure d'une épreuve tirée sur ce cliché (fig. 1), ainsi que du cliché même (fig. 2) que nous avons obtenu dans les conditions suivantes:

Dans un colloque que nous avions, M. Baclé et moi, entamé par voie spirite à l'aide de la petite Renée, avec l'entité familière aux Sabourault qui se fait appeler « Losanne », nous avions demandé à celui-ci de consentir à manifester son existence réelle par une graphie quelconque sur une plaque photographique, et, comme il avait fini par y consentir, nous avions demandé encore à quel endroit il conviendrait de la placer.

— Dans le lit de Mme Sabourault, — nous répondit-il.

— Mais pourquoi pas dans celui de Renée, — objectâmes-nous?

— Parce que ce sera plus fort; mais ce sera long, je vous en préviens.

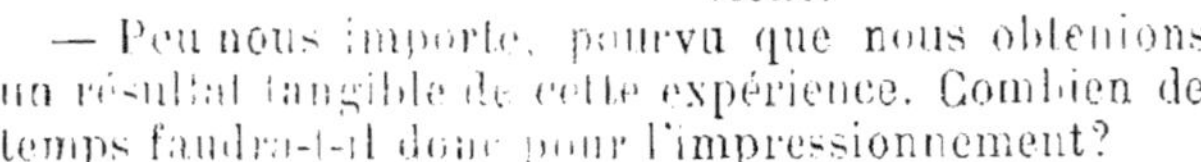

— Peu nous importe, pourvu que nous obtenions un résultat tangible de cette expérience. Combien de temps faudra-t-il donc pour l'impressionnement?

— Huit jours.

— Soit, répondis-je.

En même temps, je remettais avec la plaque convenue, une boîte de bois fermée, enveloppée de plusieurs doubles de papier et scellée à la cire. Cette boîte contenait une autre plaque 8 × 9, enfermée elle-même dans une double enveloppe de papier noir plié et soigneusement collé sur les bords ouverts. Personne que moi ne connaissait le contenu de cette boîte. Je priai alors M. Sabourault de placer la plaque, ainsi que la boîte, le soir même, dans le lit qu'il partage avec sa femme et de laisser le tout à la même place jusqu'à ce que je vienne rechercher ces objets.

A l'expiration du huitième jour, j'allai reprendre les plaques déposées la semaine précédente, et je constatai que toutes les enveloppes et les empreintes du cachet étaient parfaitement intactes.

Avant de me retirer, je demandai à Losanne, toujours par l'intermédiaire de la petite Rénée mise en transe, si je trouverais quelque chose sur ces plaques et, dans ce cas, ce que j'y trouverais.

Mais je ne pus obtenir que l'affirmation d'un résultat certain sans pouvoir connaître par avance l'image que produirait le développement.

En m'entourant de toutes les précautions les plus minutieuses, je me suis donc mis en mesure de développer le cliché placé dans la boîte scellée et, après trente-cinq minutes de manipulations, j'obtins l'image que reproduisent nos photogravures.

Sur la plaque impressionnée, l'on remarque la graphie de deux cônes parfaitement symétriques dont les bases opposées partent exactement des quatre angles de la plaque et dont les sommets aboutissent sur un même plan.

A quel moment ces deux cônes ont-ils été impressionnés? A-t-il fallu pour cela les huit jours d'exposition; ou bien l'impressionnement a-t-il eu lieu à un moment donné et, une fois la plaque impressionnée, est-elle devenue insensible à tout autre impressionnement? Telles sont les diverses questions que l'on peut se poser.

Il est à observer, encore, que l'un des deux présente une luminosité beaucoup plus intense que l'autre et que celui-là, en raison sans doute de sa plus grande énergie lumineuse, semble pénétrer à une certaine profondeur dans celui qui lui est opposé.

Il est à peine besoin d'ajouter, pour ceux de nos lecteurs qui ne sont pas familiarisés avec les procédés photographiques, que rien, ni dans le mode de paquetage, ni dans les manipulations de laboratoire, n'aurait pu produire une semblable figuration.

Que veulent donc signifier ces cônes?... Le champ des interprétations est ouvert. A la prochaine séance de la Société psychique, les diverses enveloppes de la plaque, ainsi que l'emballage final, qui ont été conservés, seront soumis à l'appréciation des assistants et nous rendrons compte, dans le prochain numéro de l'*Echo du Merveilleux*, de l'impression que cette expérience aura occasionnée et de l'interprétation qui en sera donnée.

J'espère aussi être en mesure, pour le prochain numéro, de mettre sous les yeux de nos lecteurs des photogravures micrographiques des autres clichés obtenus chez la famille Sabourault.

Enfin, si la place ne me manque pas, je décrirai le mode de procéder ainsi que le matériel nécessaire à ces expériences.

CH. VARAIGNE.

LA QUINZAINE A TILLY

DIMANCHE, 12 DÉCEMBRE. — Les extases ont été nombreuses aujourd'hui. Marie Martel et Louise Polinière ont eu, chacune, une vision qui a duré près d'une heure. M. G... en a eu plusieurs.

Dans une de ses extases, M. G... a vu écrit le mot : *Priez*. Il l'a répété trois fois, sa voix allant crescendo. Il a vu également la Basilique, dont il a visité l'intérieur, avec arrêt à l'emplacement où Marie Martel se met à genoux d'ordinaire.

La description qu'il donne de l'intérieur de la Basilique est conforme à celle de Marie Martel.

M. G... ne doit plus avoir que deux visions, la première le 2 février, la seconde au mois de mars.

Louise Polinière est arrivée au Champ après les vêpres. Pendant son extase, elle a prié beaucoup, à voix très basse. Elle a demandé des miracles et des grâces particulières. Elle a vu un couvent de Carmélites et sainte Thérèse.

Marie Martel est arrivée quelques instants après Louise. Elle demande à la Vierge de détourner les fléaux qui nous menacent. Elle annonce des calamités sur Paris.

LUNDI, 13 DÉCEMBRE. — Il est 3 heures au moment où Marie Martel arrive au champ Lepetit.

A peine entrée dans la pâture, la voyante est saisie par l'extase; la vision lui apparaît et semble l'attendre. Marie qui, à son arrivée, pouvait à peine marcher tellement elle était souffrante — elle était soutenue par deux personnes — semble tout à coup transfigurée et guérie. Elevant les mains, elle s'élance et ne s'arrête qu'à la place ordinaire de ses visions, où elle tombe à genoux.

Elle récite quelques *ave* et prononce quelques invocations; puis, se tournant sur la droite, elle marche à genoux l'espace de quelques mètres. « Epargnez-nous, dit-elle, ma Bonne Mère, épargnez-nous! » Elle invoque Notre-Dame-des-Victoires et Notre-Dame-de-Bon-Secours, parle des ténèbres qui l'enveloppent : « Oh! que c'est noir, ma Bonne Mère! » Elle entend le tonnerre et voit les éclairs : « Oh! ne faites pas aller le tonnerre, il me fait trop peur! » La voix de la visionnaire est suppliante et l'expression de son visage exprime la tristesse.

Marie se remet à prier. Bientôt, elle fait à sa vision la demande suivante : « Au nom de Jésus, Fils de David, je vous adjure de me dire si vous êtes la Mère du Bon Jésus! »

Soudain, sa figure devient joyeuse et elle répète ces mots : « Je suis l'Immaculée Conception » qu'elle vient d'entendre.

Elle récite ensuite une dizaine de chapelets, invoque Jeanne d'Arc sous le nom de Vénérable, Jésus et la Vierge. Puis on saisit les paroles suivantes : « Cent cinquante de délivrés... que faut-il faire?... Je ne sais pas... Leur accorder le saint sacrifice de la messe est ce qu'il y a de plus efficace. » (Elle parle des âmes du purgatoire dont elle voit cent cinquante délivrées.)

Après ces paroles, l'extatique fait très doucement le signe de la croix et invoque Notre-Dame de l'Espérance : « Nous espérons tous en vous... Faites un miracle... Jésus ne peut rien vous refuser... Quelque petit qu'il soit, ça ferait revenir au Bon Jésus ceux qui ne croient pas...

« Epargnez-les, je vous en supplie... Je n'ai pas besoin d'amis... vous seule me *suffit* (sic)... Je vous défendrai. Je n'aurai pas peur. J'ai confiance en vous, vous serez mon soutien. Pour vous je souffrirai tout... Donnez-moi la force... J'accepte tout ce qui vous fera plaisir... Je n'ai pas de patience... Au nom de Jésus, Fils de David, accordez-nous toutes ces grâces. »

Elle demande plusieurs grâces particulières. Pendant ce colloque, sa physionomie, d'abord heureuse, devient tout à coup triste. On entend : « Ils ne croiront que par les châtiments... Ils prieront bien... Ils reviendront à la prière... On reconnaîtra les méchants... Le monde ne veut pas croire aux châtiments... Donnez-leur la contrition... Au nom de Jésus, pardonnez-nous!... Ayez pitié de nous... Ayez pitié de la France, puisqu'elle est coupable... Pitié pour Paris... Retenez le bras de votre Divin Fils... Après que ce sera passé, ils n'y penseront plus... Pardonnez-nous... Pardonnez-nous à tous! » Elle invoque plusieurs fois saint Michel et saint Gabriel, puis la Reine du très saint Rosaire, et fait un deuxième signe de croix.

La visionnaire élève les mains comme pour saisir quelque chose. On entend : « Comme c'est froid! C'est comme de la neige... Comme vous êtes près de nous, montrez-vous à tous... Apparaissez à tous, vous et vos beaux anges... Il y en aurait qui croiraient tout de même. » Ce sont ensuite des invocations à Jésus, Fils de David, etc. Marie reçoit l'ordre de revenir le 25 : « Ce sera bien long... pas avant? » dit-elle. L'extase, qui a duré cinquante-neuf minutes, se termine sur les invocations à la Vénérable Jeanne d'Arc et à la Reine du très saint Rosaire.

Aussitôt l'extase terminée, la voyante, qui ne ressent aucune fatigue, prend son chapelet et récite une dizaine. L'émotion est telle que personne ne songe à quitter le Champ et que l'on continue la récitation de la prière dans le plus grand recueillement.

L'annonce des malheurs qui doivent nous frapper si l'on ne revient pas à Dieu et à la prière, fait que chacun prie de tout son cœur.

Après l'extase, la voyante recommande de faire bénir des cierges ou des bougies, en prévision du temps des ténèbres.

Mardi, 14 décembre. — Au commencement de son extase, Louise parle beaucoup, mais très bas; puis sa voix s'élève. Elle prononce : « Grande catastrophe sur Paris... O Bonne Mère, sauvez les malheureux. » Louise voit des maisons tomber. Il y en a des rues entières. Puis elle aperçoit le mot « priez » écrit trois fois. Des médailles miraculeuses sont près de la vision. Louise fait la demande suivante : « Je vous en supplie, Bonne Mère, dites-moi ce que vous êtes... Si vous êtes la Mère de Dieu? » Elle lit : « *Je suis l'Immaculée Conception.* »

Mercredi, 15 décembre. — Après quelques invocations, Louise en extase dit : « Comme vous êtes entourée de fleurs!... Comme vous êtes entourée de beaux lis! » Elle invoque sainte Thérèse. A ce moment, la main gauche se lève et les doigts semblent tenir un cierge. Louise voit l'intérieur du couvent. Elle dit : « Il y a beaucoup de monde à travers la grille, » et prononce le mot « Seigneur » plusieurs fois; puis elle semble écouter. Elle reprend ensuite : « Vous faites une belle prière... Je ne peux pas l'apprendre... Ah! qu'ils sont heureux de pouvoir vous entendre... » Elle entend également le son des cloches, car elle dit : « Pourquoi qu'on sonne? C'est le salut de pénitence. » Elle récite les litanies et se frappe trois fois la poitrine.

La vision apparaît toujours à Louise dans un nuage d'or. Il y a un rosier autour de l'apparition.

Jeudi 16 décembre. — Louise Polinière entre en extase à la seconde dizaine de chapelet. On entend ces paroles : « Bonne mère, vous faites tomber vos belles étoiles... comme vos grâces tombent sur nous... Je vous en supplie, donnez-nous des miracles, pour que tout le monde croie en vous... guérissez l'aveugle... faites voir à tous les yeux vos belles étoiles... donnez-nous la plus petite preuve pour que tout le monde croie en vous... Bonne mère, guérissez les malades, guérissez les infirmes, guérissez les aveugles pour qu'ils croient en vous. Convertissez les familles... dites-nous où est la source?... faites-en jaillir une goutte sur les yeux des malades, sur les yeux de l'aveugle... Consolatrice des affligés, priez pour nous... Comme tout le monde devrait bien voir tomber toutes vos belles étoiles... Ils ne croiront pas en vous sans cela... Oui, je vais les prendre... donnez-leur l'inspiration, à tous les peuples... faire des neuvaines... Dites-moi qui c'est que ce saint-là?... est-ce cet homme que vous m'avez déjà montré, qui a dit ce vœu?... qui a fait ce vœu?... convertissez-nous... c'est le bonheur de la pauvre France... Donnez-nous un peu de soutien, nous avons recours à vous, bienheureuse Mère... O mon Jésus que vous êtes aimable!... (Ici la voyante récite les litanies de la Sainte Vierge, et le souvenez-vous) (3 fois) Mère remplie de grâces priez pour nous... donnez-nous votre sainte bénédiction (Louise fait le signe de la croix). Venez-nous éclairer, Mère de Dieu... Sainte Anne priez pour nous... Pourquoi y a-t-il une religieuse habillée en blanc qui a une couronne d'épines sur la tête?... comme elle est éblouissante... jamais je n'en avais vu habillées en blanc... je ne la connais pas... est-ce possible?... une des douze petites filles... elle a bien grandi depuis que je l'ai vue parmi toutes les élèves... toujours auprès de vous bonne Mère... Vierge tutélaire.

« Pourquoi, Bonne Mère, que les moutons viennent aujourd'hui? Pourquoi il y en a un qui gratte la terre?

« Bonne Mère, accordez des grâces à ceux qui se recommandent à vous.... de grandes grâces seront accordées par la médaille miraculeuse....

«Hélas Bonne Mère, comment que je ferai, moi qui n'ai jamais sorti... Vous viendrez m'inspirer... Ils ne voudront jamais me croire... Jamais je n'aurais cru avoir ce désir là.... Lui dire tout...

« Ma bonne Mère, vous me demandez un grand sacrifice, mais je le ferai pour votre gloire et pour votre amour... Je serai toute à vous.... Vous me soutiendrez... Merci, merci, je suis bien heureuse.... C'est pour cela que vous m'avez dit de revenir jusqu'à samedi.... (L'extase est terminée à 3 heures; elle avait commencé à 2 heures moins le quart.

Vendredi 17 décembre. — Il est une heure, l'extase commence à la trosième dizaine, la voyante dit ces mots « Je vois tomber vos belles étoiles... Faites-les voir à plusieurs.... Pourquoi le petit agneau gratte toujours... Donnez-nous des miracles pour qu'on croie en vous.... Bonne Mère, guérissez tous les pauvres malheureux qui se recommandent à vous... Dites-nous où est la fontaine.... Sainte Anne, saint Joachim, saint Jean l'évangéliste, priez pour nous... cinq marches... Comme les malades se penchent, comme ils descendent dans la piscine... Guérissez-les... L'eau de votre fontaine va guérir nos malades ... Le mouton est auprès de votre fontaine... Comme votre fontaine coule à flots... Comme vos beaux lis tombent... Donnez-nous une goutte de votre eau pour guérir nos malades, je vous en supplie... Bonne Mère, donnez-nous des miracles, pour les faire croire, puisqu'ils disent que c'est le démon »...

La voyante paraît écouter sa vision pendant plusieurs minutes, elle sourit, puis fait le signe de la croix, comme quand la Sainte Vierge bénit la foule.

L'extase a duré environ cinquante minutes.

Samedi 18 décembre. — La voyante entre en extase à 5 heures moins un quart environ. « Comme vos étoiles tombent... vous avez une belle couronne d'or... Bonne mère, donnez-nous des miracles pour faire voir que c'est vous... Marie, refuge des pêcheurs, priez pour nous... Pourquoi que le mouton y gratte toujours?...

« Bonne mère, guérissez les pauvres malades, « Donnez-nous des preuves pour faire croire la vérité, pour faire voir que c'est vous... Mère remplie de grâces, priez pour nous (5 fois). Bonne mère, faites éclaircir la vérité, puisqu'ils disent que c'est le démon... Comme vos étoiles tombent... faites-les voir à plusieurs... Comme on devrait bien les voir tomber... O Marie Immaculée, priez pour nous... Petit Jésus de Prague ayez pitié de nous... Je vous en supplie, donnez-nous l'espérance... vos belles fleurs, vos beaux lis... grâce!... grâce!... grâce!... Seigneur, nous sommes obligés de revenir à vos pieds!... (3 fois).

« Il fait noir, il me semble que je vois des tableaux...

« Une goutte d'eau pour mettre dans les yeux des aveugles... consolez les affligés... O Jésus, votre France vous donne bien de la peine...

« *Offrandes à Marie*... (Louise dit avoir vu une couronne d'or aux pieds de la Sainte Vierge avec cette inscription).

« Ma bonne mère que c'est beau... que c'est brillant... »

La voyante fait le signe de la croix, l'extase est terminée.

Jeudi 23 décembre. — Louise Polinière a une vision de cinquante minutes ; trente personnnes sont présentes.

La voyante, dans l'attitude de la contemplation, ne fait d'abord aucun mouvement et ne prononce aucune parole; ses doigts restent fixées sur les grains de son chapelet... Ses paupières s'agitent plusieurs fois et s'entreferment. A ce moment la voyante voit tomber des étoiles, et elle commence à parler mais très bas. Il en a été de même durant toute la durée de la vision et l'on n'a pu saisir que quelques invocations. Louise a vu le couvent des Carmélites.

Samedi 25 décembre. — A 4 h. 1/2 précises Louise commence la récitation du chapelet. Malgré le froid très vif, plus de cent personnes sont présentes et prient près de la chapelle. A la deuxième dizaine, les yeux de la voyante qui sont baissés se relèvent. Un sourire se dessine sur son visage. La vision lui apparaît. Comme à son extase de jeudi, les paupières de Louise battent. La voyante a dit ensuite avoir vu des étoiles tomber à ce moment.

Le regard s'abaisse. On entend prononcer : « Un ange descend. » Les mains de la visionnaire s'écartent, puis la main droite s'élève un peu, et Louise vient se placer près d'une petite fille malade. Tous les regards des assistants sont tournés de ce côté. On voit Louise se lever, s'avancer et poser ses mains sur la tête de l'enfant et, avec le pouce, tracer par trois fois sur le front la forme d'une croix. Chacun est ému. La visionnaire après avoir tracé cette forme de croix, étend les mains placées l'une sur l'autre et semble donner la bénédiction à l'orientale. Elle dit : « Bon ange, guérissez-la. » Elle revient se placer à la place qu'elle vient de quitter et se met à genoux en demandant : « Quelle est cette petite fille ? » Elle prononce : « C'est la petite Marthe. » Elle dit d'une voix assez forte : « Chrétiens à genoux. » Chacun s'empresse de se mettre à genoux. Elle attire à elle la petite malade, elle la fait mettre à genoux devant elle, puis demande à la vision : « Donnez vos bénédictions sur nous ». Et fait un signe de croix.

Se tournant à gauche, elle demande la guérison des malades... Elle voit la basilique où elle entend le son des cloches... La main gauche se lève, veut saisir quelque chose ; les deux premiers doigts se ferment ; et la voyante, avec cette main, fait le tour de son chapelet et semble attacher quelque chose à la croix. Elle parle encore mais très bas. Puis, le regard élevé, elle demande que tout le monde voient la belle couronne qui vient de se former. La vision cesse, elle a duré une heure dix minutes.

Durant cette vision, Louise dit avoir vu la Vierge entourée d'un rosier et six anges placés à ses côtés.

Un ange est descendu ; il est venu se placer près d'elle et a posé sur la tête de l'enfant une espèce de relique que la voyante désigne sous le nom d'une étoile, Louise a vu également une médaille, très grande, et sur laquelle était représenté l'enfant Jésus.

A la fin de la vision, une couronne c'est formée et est montée en même temps que le nuage.

Durant l'extase de Louise, arrive Marie Martel qui a une vision de trente-trois minutes consacrée à la prière. La voyante demande à sa vision d'arrêter le bras de Jésus et de nous préserver des fléaux qui doivent arriver. Paris est toujours menacé, ainsi que d'autres endroits. Marie parle aussi de famine.

La voyante voit l'enfant Jésus et une étoile formant une longue traînée lumineuse ; des fleurs et des lis tombent en abondance.

Y

CHEZ LA VOYANTE

Lundi 13 décembre 1897.

L' « Ange » parle de sa mission.

On ne pourra plus nier.
Un miracle va se passer
Il faudra attester.

Un Juif jouera un rôle auprès de la Voyante.

Je vois qu'un Juif sera mêlé....
Un rôle lui sera donné.
Il ne va pas la quitter.
Il sera à ses côtés...
C'est un homme pas âgé...
Il va vous être montré...

Pour la première fois, je crois, l' « Ange » parle de l'intervention d'un Bonaparte.

Un Bonaparte s'allier
A ce que Dieu a donné...
Mais ce parti sera ôté
Il ne doit pas durer...
Un Bonaparte s'allier,
Je ne peux pas le nommer...
En France il ne peut entrer.

L' « Ange » a souvent dit que,

Avant le roi des lys,
Un doit passer.

Mais il n'avait jamais dit comment s'approcherait du pouvoir ce prince. L' « Ange » le dit maintenant :

Aux rouges, il va aller,
Pour pouvoir monter.
Mais sa mort sera votée,
Par le peuple votée!...
Que d'orgies vont se passer
Quand il voudra monter!
Que de monstruosités!...

Je le vois se parjurer
Pour pouvoir arriver...
Comme saint Pierre, il doit renier
Quand le coq va chanter...
L'ambition va le guider,
L'avarice à côté...
Sous son règne je vois le sang couler
Je vois des affamés.

Puis, passant à des événements plus particuliers, la Voyante annonça :

A Saint-Denis, des troubles se passer,
Du tumulte s'élever

Elle parla ensuite d'une immense catastrophe.

Ça vous est approché
Des flammes vont y aller.

La Voyante prédit également la fermeture de nombreuses églises, la fermeture de la Madeleine notamment.

LUNDI 20 DÉCEMBRE 1897.

L « Ange » revient avec insistance sur la catastrophe qu'elle a déjà annoncée. Il donne de nouveaux détails.

Un incendie s'élever
Des enfants y seront brûlés...
L'autre ne sera rien à côté
Je vois des mères éplorées...
C'est un endroit qui n'est pas haut monté...
Le vent va y aider
Et l'eau va manquer...
Les chairs vont s'émietter...
Beaucoup de livres seront brûlés,
Des parchemins aisés...
C'est une calamité :
Des enfants vont y aller
De velours habillés.
Car c'est une fête aisée...
La richesse est donnée...
Dieu, on va l'accuser.
Jésus est irrité,
Jésus est blasphémé
Il faut bien vous rappeler
Que son sang il a donné.

Nouveaux détails aussi sur les troubles à Saint-Denis.

Les croix qu'on a ôtées
Il faudra les replacer.

Sur Tilly :

Une chose doit s'y passer.
Je vous vois tous aller...
Des miracles vont se passer
Du ciel seront envoyés...
Des prodiges vont se passer.

Puis, revenant sur sa mission, l'« Ange » annonce que l'Espagne et l'Allemagne vont y aider. A ce propos, elle annonce qu'à l'Empereur

Un autre fils va être donné.

A noter enfin ces mots, pour les personnes trop curieuses.

Toute vaine curiosité
Je ne vais plus contenter.

G. M.

ÇA ET LA

La Conférence de Mme K. Stella. — Mme K. Stella a commencé en matinée, au *Grand Guignol*, rue Chaptal, une série de conférences sur la science astrale. La première qui a eu lieu. la semaine dernière, devant un public très choisi a été très goûtée.

*
* *

Un singulier phénomène. — Nous lisions, la semaine dernière, dans le *Journal de Courtrai* :

« Le bruit courait cette semaine en ville qu'un phénomène extraordinaire s'était produit.

« Renseignements pris, nous nous sommes rendus sur les lieux et nous relatons ici les choses telles que nous les avons apprises.

« Au n° 25 du chemin du Congo, habite le nommé Margo Théophile, gardien de prison. La famille se compose des époux et de plusieurs enfants.

« L'aînée des enfants, une fillette de quatorze à quinze ans, est maladive depuis quelque temps et son état nécessite l'intervention d'un médecin et des soins constants. Or, dans la nuit de lundi à mardi, la seconde fillette, répondant au nom de Gabrielle, âgée de onze ans, se plaignait de douleurs violentes au pied droit.

« Le mardi matin, on fit prendre à l'enfant des bains de pied avec du son, mais à peine avait-elle plongé le pied dans l'eau qu'elle ne put supporter les douleurs ; la mère examinant le pied pour voir ce qui pouvait occasionner le mal, vit comme un éclat de bois qui sortait du talon. Voilà la cause du mal, se disait la femme, et elle en retirait le morceau de bois qui avait la forme d'une allumette et une longueur d'environ 4 centimètres.

« L'enfant remit le pied dans l'eau et quelques minutes après... même scène... encore un morceau de bois, d'une longueur double, sort du talon ! cette fois il avait la forme d'une allumette avec bout rosé. Dans la journée, cette scène se renouvelle tant de fois, qu'à la soirée plus de quarante morceaux de bois étaient sortis du pied ! !

« Les parents ne comprennent rien à ces faits extraordinaires, et, croyant leur enfant ensorcelée, consultèrent les voisins qui leur dirent qu'ils étaient le jouet de quelque mauvais esprit.

« Le mercredi la scène se répétait plus fréquemment encore que la veille : plus de quatre-vingts morceaux de bois étaient déjà sortis du talon et du creux du pied ; ils avaient tous une forme différente : les uns n'étaient que des copeaux enroulés ; les autres avaient un diamètre variant de un à trois centimètres ; on nous a même rapporté que des bouts de fil étaient sortis de ce pied phénoménal.

« Bientôt cette nouvelle se répandit par toute la ville ; plusieurs personnes digne de foi ont été témoins des faits que nous venons de relater.

« Voilà les faits vraiment extraordinaires que nous avons appris et que nous rapportons tels que nous les ont racontés les parents de l'enfant, sans y ajouter le moindre commentaire.

« Ajoutons néanmoins pour finir, que la sortie de ces morceaux de bois ne laissaient aucune trace sur le pied ; pas de blessure, pas de sang, pas de suppuration — rien.

« Que faut-il conclure de tout cela ? »

Un rédacteur du *Journal de Roubaix* a été faire une enquête à Courtrai à propos du récit ci-dessus. Il le confirme entièrement, cite des témoins et ajoute ces détails :

« D'après nos renseignements, c'est au cours d'une promenade en ville que l'enfant ressentit une douleur au talon droit. Rentré chez elle, son père la fit mettre au lit en disant : « Nous verrons demain matin si ton pied te fait encore mal. »

« Le lendemain, la douleur s'accentuant, le père examina le pied et découvrit, au milieu du talon, un petit morceau de bois piqué dans la chair. Il le retira et gronda la fillette pour avoir couru nu-pieds malgré sa défense. L'enfant protesta, assurant qu'elle gardait toujours ses bottines.

« Gabrielle Margo est une jolie petite fille dont le minois intelligent est plein de douceur calme. A voir ses grands yeux, aux regards bien francs il semble qu'elle ne peut pas mentir.

« La pauvre enfant ne paraît pas trop étonnée des nombreuses visites qu'elle reçoit depuis plusieurs jours, ni des interrogatoires auxquels on la soumet.

« Les parents sont des personnes honnêtes, aimées et respectées par tous ceux qui les connaissent. Ils occupent une petite maison d'ouvriers, à l'ameublement bien simple, presque pauvre.

— Tous les membres de la famille Margo paraissent très gênés de se qui passe ; le père est devenu malade.

« Ajoutons, pour compléter le récit qu'on vient de lire, que les morceaux de bois ont cessé de sortir du talon de la petite fille depuis jeudi soir. »

***

La Chiromancie et les étrennes. — Tous ceux qui vont rendre visite à Mme de Thèbes s'en reviennent émerveillés. La chose n'est point pour nous surprendre, nous qui connaissons la science de la célèbre chiromancienne.

Un de nos confrères, longtemps sceptique à l'endroit de la chiromancie, fut convaincu dès qu'il eut vu Mme de Thèbes.

« Depuis, disait-il ces jours derniers dans le *Gaulois*, à chaque fin d'année je m'en vais la consulter. Elle examine les changements qui ont pu se produire dans les lignes de ma main, et elle me sert à arrêter une ligne... de conduite pour l'année qui va s'ouvrir. »

Citons aussi de cette conversation avec Mme de Thèbes, ce passage, de toute actualité au moment des étrennes :

« Certains objets transmettent la chance, comme d'autres présagent la déveine. Ainsi vous vous imaginez être très aimable en envoyant des fleurs à une femme... Ce sera tout le contraire si vous lui envoyez des tulipes, qui présagent grand malheur, ou des bruyères, qui veulent dire tristesse. Des roses, à la bonne heure. Mais ce qui vaut encore mieux, c'est du gui. Entourez votre bouquet de gui d'un ruban rouge, car le rouge est une excellente couleur, et envoyez. C'est un cadeau qui vaut les bijoux les plus précieux. »

Passons aux bijoux.

« L'argent qui donne de l'imagination est souverain pour les brunes, en général positives, tandis que l'or ou l'étain donnent de la raison aux blondes, créatures de rêve. Le rubis, la topaze brûlée, l'améthyste, sont des pierres excellentes. L'émeraude et l'opale sont des pierres déplorables. »

Voilà donc nos aimables lectrices prévenues ! Souhaitons-leur de recevoir beaucoup de fleurs et de bijoux « porte-veine ».

***

Une Maison hantée dans le Tyrol. — On nous écrit d'Inspruck :

Il n'est question à Brixen et dans la région environnante que des faits étranges dont l'auberge et hôtel de Vahrn est le théâtre.

Vahrn est un petit village situé à trois kilomètres de Brixen. L'incomparable beauté du paysage en a fait un lieu de villégiature très aimé où un grand nombre de Viennois se donnent rendez-vous à la saison. On y descend à l'hôtel un peu rustique du « Waldsacker » c'est-à-dire du « champ en forêt » ainsi nommé parce qu'il est construit au milieu d'une immense clairière enveloppée d'un beau bois de châtaigniers. Malgré cette description poétique du lieu, je ne vous engagerai pas à venir passer là vos étés, Vous y trouverez un voisinage hébraïque qui rendrait odieux les plus beaux sites du monde, et la cuisine n'y vaut pas mieux que dans le reste des pays de langue allemande.

Donc, il y a quelques années, le propriétaire fit faillite et puis décéda non sans laisser quelques dettes. Un autre propriétaire s'installa et l'on n'entendit rien raconter d'anormal sur la maison du champ en forêt. Toutefois l'opinion commune est qu'il y eut dès lors les mêmes désordres nocturnes qu'aujourd'hui ; seulement le propriétaire aurait acheté le silence du personnel afin de se défaire de l'immeuble sans perdre sur le marché.

Or, depuis quelques semaines, voici ce qui se passe. A peine les gens sont-ils au lit et les lumières éteintes qu'on entend des rumeurs vagues se promenant d'étage en étage par les couloirs et les escaliers. Les portes craquent ; il semble que les murs tremblent traversés et parcourus intérieurement par des secousses prolongées. On entend des voix qui se plaignent, qui gémissent et qui pleurent avec des hoquets de sanglots.

Entourée de son personnel, l'aubergiste fait chaque soir la tournée des portes. Elle ferme à double tour non seulement à l'extérieur, mais chaque porte des chambres, en sorte qu'il n'est possible ni de pénétrer du dehors, ni de sortir d'une chambre pour circuler dans la maison. Ces précautions ne servent à rien. Le vacarme lugubre commence, continue et s'achève sans qu'on sache comment.

Le patron a décidé un charpentier du lieu, gaillard aussi éveillé que vigoureux et résolu à passer une nuit dans la maison. Le lendemain, l'homme a déclaré qu'il ne coucherait plus là quand on le paierait dix florins (vingt et un francs) par nuit. Les scènes mystérieuses se sont reproduites chaque nuit plus retentissantes que jamais.

Dans cette extrémité, le propriétaire et sa femme s'en furent à Brixen au couvent des capucins et demandèrent si deux pères consentiraient à venir chez eux un soir pour y faire ce qu'ils jugeraient bon. Deux révérends se transportèrent en effet à Vahrn dans l'après-midi et dînèrent à l'hôtel. Après le repas, ils sortirent, bénirent la maison du dehors, rentrèrent et la bénirent à l'intérieur, puis se mirent au lit. On n'entendit rien cette nuit-là qui était celle du 9 au 10 décembre et depuis lors le mystère semble évanoui. La tranquillité est revenue.

Toutefois les propriétaires ne se déclarent pas satisfaits. Ils soutiennent que leur prédécesseur, celui qui succéda au devancier mort en déconfiture, avait connaissance de l'incompréhensible prodige. Ils se proposent de le poursuivre en justice, car ils s'estiment dupés, et, ayant payé la maison 45.000 florins, ils protestent qu'ils ne l'eussent jamais prise surtout à pareil prix, si on ne leur eût caché ce qu'ils ont appris en entrant.

L'affaire en est là et je ne puis vous dire si elle aura une suite devant les tribunaux, ce que je ne manquerai pas de vous faire savoir le cas échéant et en temps voulu.

***

Lacordaire et les sciences occultes. — Deuxième conférence de l'année 1846.

« ... Je nommerai ces forces occultes auxquelles on fait allusion : on les appelle les forces magnétiques. Eh ! bien, j'y crois parfaitement. Je crois que leurs effets ont été constatés, quoique d'une manière incomplète, et qui, probablement, le sera toujours, par des hommes instruits et même chrétiens. Je crois que le secret n'en a jamais été perdu sur la terre, et qu'il s'est transmis d'âge en âge ; qu'il a donné lieu à une foule d'actions mystérieuses dont la trace est facile à reconnaître ; et qu'aujourd'hui seulement il a quitté l'ombre des transmissions souterraines, parce que le siècle présent a été marqué au front du signe de la publicité.

« Je crois que ces effets, dans la grande généralité des cas, sont purement *naturels*. Par une préparation divine contre l'orgueil du matérialisme, par une insulte à la science qui date de plus haut qu'on puisse remonter, Dieu a voulu qu'il y eût dans la nature des forces irrégulières, irréductives à des formules précises, presque inconstatables par les procédés scientifiques. Il l'a voulu, afin de prouver aux hommes tranquilles dans les ténèbres des sens, qu'en dehors même de la religion il restait en nous des lueurs d'un ordre supérieur, des demi-jours effrayants sur le monde invisible, une sorte de cratère par où notre âme, échappée un moment aux liens terribles du corps, s'envole dans des espaces qu'elle ne peut sonder, dont elle ne rapporte aucune mémoire, mais qui l'avertissent assez que l'ordre présent cache un ordre futur devant lequel le nôtre n'est que néant. »

***

Vision de l'au-delà. — M. H. de Guigné nous adresse l'intéressante communication qu'on va lire :

« La petite commune de Saint-Leu, à l'île Bourbon, possède une des plus belles plages du monde, de sable blanc et rose, où, pendant les vacances, de nombreuses familles créoles viennent se reposer et prendre des bains.

« Non loin de cette plage et au pied de la montagne sur laquelle s'élève la chapelle de Notre-Dame de la Salette, ma grand'mère maternelle avait une maison agréablement située.

« C'était pendant les grandes vacances de fin d'année. Nous nous trouvions tous réunis dans cette demeure patriarcale. La douleur venait d'y faire son apparition ; ma bisaïeule était morte depuis un mois environ.

« Une nuit, je me réveillai, et quelle ne fut pas ma surprise en voyant assise sur un canapé, à deux pas de mon lit, celle qui nous avait quittés pour un monde meilleur. Elle avait les bras croisés sur la poitrine et nous regardait, ma sœur et moi, avec attendrissement.

« Je la contemplai sans éprouver la moindre crainte. Son corps était d'une transparence extraordinaire, quelque chose de vaporeux et de lumineux.

« Je fis lever ma sœur, plus âgée que moi de trois ans. Elle fut ainsi témoin de cette vision et, jusqu'aujourd'hui, elle en a conservé le souvenir.

« J'avais à cette époque six à sept ans. Je me souviendrai toujours de ce fait extraordinaire qui, à lui seul, suffirait à me faire croire à l'existence de cet au-delà si mystérieux. »

***

La vision de Charles XI, roi de Suède. — Notre confrère et ami, M. Cordier, de Fontainebleau, nous envoie une copie du procès-verbal authentique relatant la vision miraculeuse qu'eut, en 1676, le roi Charles XI :

« Moi, Charles XI, roi de Suède, dans la nuit du 16 au 17 septembre 1676, je fus tourmenté plus que de coutume par ma maladie mélancolique. Je me réveillai à 11 h. 1/2 quand, ayant dirigé les yeux par hasard vers ma fenêtre, je m'aperçus qu'il faisait une grande lumière dans la salle des Etats. Je dis au chancelier Bjelke, qui se trouvait dans ma chambre : « Qu'est-ce que cette lumière dans la salle des Etats ? Je crois qu'il y a du feu. » Le chancelier répondit : « Sire, ce n'est pas le feu, c'est la lune qui brille contre les vitres des fenêtres. » Le roi renouvela sa demande et il lui fut répondu de même. Mais comme il ne pouvait dormir et qu'il regardait sans cesse du côté de la salle, il lui sembla y voir remuer des figures.

« Alors il se leva, mit une robe de chambre, et ordonna au chancelier Charles Bjelke et au conseiller N. W. Bjelke, qui étaient près de lui, de descendre chez le vaguemestre pour lui dire de monter avec les clefs. Ce qui fut fait. Alors le roi, le vaguemestre, le chancelier, le conseiller et un autre conseiller, nommé Oxcinstiern, se rendirent dans la salle des Etats. Sur l'ordre que leur donna le roi d'ouvrir la porte, tous refusèrent, et même Oxcinstiern, qui passait pour un esprit fort. Le roi hésita un moment, puis : « Bons seigneurs, dit-il, si vous voulez me suivre, vous verrez ce qui se passe ici ; peut-être que le Bon Dieu veut nous révéler quelque chose.

— Oui », répondirent-ils en tremblant.

Et ils entrèrent tous. Ce qu'ils virent dans la salle les glaça d'horreur. Ils virent un jeune roi et ses conseillers autour d'une table ; le roi secouait la tête et ceux qui l'entouraient frappaient de la main sur de grands livres ; et ils avaient devant eux des bourreaux qui, les manches retroussées comptaient des têtes.

« Ceux qui mouraient ainsi étaient de jeunes gentilshommes, et le sang coulait si fort sur le plancher que le roi craignait que ses pantoufles en fussent trempées ; mais il n'en était rien. Surmontant son épouvante, il demanda au fantôme du jeune roi :

« Qu'est-cela ? Quand cela doit-il arriver ? »

Il lui fut répondu :

« Cela ne doit pas arriver de ton temps, mais au temps du sixième souverain depuis ton règne, et il sera de l'âge et de la figure que tu me vois... »

« Quand il eut fini de parler, tout disparut, et le roi resta seul avec ses conseillers. »

Le procès-verbal est signé :

Charles XI, roi actuel de Suède ; Charles Bjelke, chancelier ; N.-W. Bjelke, conseiller ; A. Oxcinstiern, conseiller ; Pierre Grauslen, vice-vaguemestre.

***

La stigmatisée d'Inzenzac. — D'une lettre de M. R... d'H..., lieutenant de vaisseau :

« Peut-être serez-vous aise d'avoir de la stigmatisée d'Inzenzac des nouvelles toutes fraîches ; je l'ai vue avant-hier vendredi.

« J'ai pu constater l'authenticité de tout ce que j'ai lu à son sujet dans *l'Echo*. Je me contenterai donc de vous signaler deux faits nouveaux.

« D'abord la malheureuse fille offre un spectacle moins affreux que celui dont les photographies du numéro du 1er juillet donnent une idée. Cela tient sans doute à ce que, depuis son retour du pèlerinage à Lourdes, elle a les yeux grands ouverts et parle, quand ses souffrances pitoyables lui laissent un instant de répit.

« Le deuxième fait consiste dans la présence sur la poitrine d'une croix sanglante qui, de petite dimension au début, atteint maintenant une longueur de 25 centimètres environ.

« On a déplié devant moi deux linges sur lesquels on avait pris les empreintes de ses stigmates. Chose vraiment surprenante : ces empreintes donnent le relief d'un *crucifix*; on y voit, en effet, le relief d'un Christ. Le sang se coagule donc en prenant cette forme sur la poitrine... »

***

D'après Nostradamus. — Un professeur de notre connaissance, M. Pierre L..., qui s'occupe très activement des prédictions de Nostradamus, a expliqué la guerre entre la Grèce et la Turquie.

Voici les principaux événements qu'il prédit pour l'avenir :

Mort du sultan, qui sera frappé d'un coup de poignard. Bombardement et prise de Constantinople par les Français et les Russes alliés. Envahissement de la région de Nancy par l'armée allemande; écrasement de la première armée française; résistance de la France, secours apporté à la France par le duc de Madrid; défaite de l'armée allemande, mort de l'empereur d'Allemagne et de son fils aîné dans le sud-est de la France. Sacre du roi de France à Reims, et ensuite à Aix-la-Chapelle. Prise du Maroc et envahissement de l'Algérie par les Anglais, au moment où l'armée allemande pénètre en France.

Certaines de ces prédictions montrent quelque analogie avec celles de Mlle Couédon. Attendons les événements.

GASTON GROSNIER.

A PROPOS
DE L'HISTOIRE DE MALBEC

ÉPILOGUE

Après avoir lu un maître article de Drumont, dans la *Libre Parole*, mes yeux tombèrent sur le sommaire de l'*Echo du Merveilleux*; un titre me frappa : « L'historiette de Malbec », signée Ch. Chauliac.

« — Tiens! tiens! Voilà qui n'est pas de l'inconnu pour moi... Voyons si c'est bien l'affaire de la rue Malbec, à Bordeaux, et que je voie aussi comment elle y est racontée. »

C'était bien cela. C'était bien l'aventure que je croyais, et justement, on y parlait de moi, on m'y prenait à partie. A ceci, rien d'étonnant, puisque, pendant cinq ans, j'ai eu l'honneur d'héberger cette « voyante » d'antan.

Seulement, pour dégager de suite ma responsabilité et rendre, à la vérité, un bon témoignage, je dois déclarer que je n'ai rien vu des faits rapportés, bien que je n'aie jamais mis en doute la bonne foi du rapporteur, et, en second lieu, que je ne suis pas davantage en possession de la Vierge « ambulante », ainsi que M. Chauliac paraît le croire.

Ces réserves faites, je crois utile de donner la suite du récit et des faits qui se sont déroulés chez moi, afin que la lumière se fasse complète sur l'intervention clandestine d'un habitant de l'autre monde dans les affaires de celui-ci.

Je fis la connaissance des V..., l'agent de change et sa femme, voici comme :

Mme V... accompagnait dans mon institution deux jeunes Polonaises dont je la croyais la tante. Elle me fit beaucoup d'avances d'abord, et bientôt en vint aux confidences, c'est-à-dire à me conter les prouesses de son « Esprit ». Elle m'intéressait et m'amusait, ayant de l'entrain, de l'originalité et beaucoup d'esprit naturel, mais peu d'instruction, ce qui, par parenthèse, dépitait passablement l'hôte singulier qui avait pris les rênes de son cerveau. Il aurait préféré un *médium* plus érudit.

Nous sommes au printemps de 1870. La guerre est proche. Le coup de foudre atteignit le pauvre V..., comme on l'a vu et comme il l'a raconté lui-même. Maladroitement, un ami lui conseilla de fuir : c'était une faute, je le sentais, mais ne connaissais alors assez ni lui ni sa position exacte pour donner un avis que, du reste, on ne me demandait pas. Ce ne fut que plus tard, quelques mois après, que, devenue l'amie des pauvres abandonnés, j'écrivis sans hésiter à l'exilé de venir aux Assises, le front haut, puisque son cas n'avait rien de déshonorant. Il fut acquitté haut la main.

Malheureusement, son avocat avait terminé sa plaidoirie en disant : « Messieurs, au surplus, si vous trouvez quelque chose d'incorrect, ne vous reste-t-il pas la Correctionnelle? »

C'était un mot de trop. Pour les besoins de la cause, syndics et consorts devaient s'en servir. Ce pauvre V... vit en perspective cet affreux cauchemar d'une nouvelle comparution, reprit le chemin de l'exil...

Pendant les cinq années de cet exil, j'ai pu étudier à l'aise le cas de cette singulière voyante qui habitait avec nous.

L' « Esprit » parlait par sa bouche, disait-elle, mais il était difficile de distinguer si le speaker était autre que la personne elle-même, sauf peut-être dans quelques cas que je vais rapporter, et dont le lecteur restera juge.

Tout d'abord, ce fait qui m'a le plus frappée :

La mort de ma grand'mère, dont elle avait indiqué l'heure et le jour, et qui arriva ainsi qu'elle l'avait annoncée.

Un mois après le départ de son mari Mme V..., inquiète, ne sachant où il s'était échoué, me dit soudain, au milieu d'une allée où nous nous promenions : « Bilbao!... Il y déjeune, dans ce moment, de deux œufs à la coque. » Je me mis à rire. Quelques jours après, nous recevions une lettre datée de Bilbao, et plus tard, nous sûmes que les œufs avaient été de la partie.

« Il croit, me dit-elle une autre fois, qu'il va mettre la main sur des mines d'étain, il cherche dans la montagne. » En lui écrivant — j'étais la machine à écrire, — je m'amusai à le plaisanter sur ces prétendues recherches. « C'est trop fort! nous répondit-il, on me surveille donc? » et il me plaisantait à son tour, non sans accabler *le vieux sorcier* d'épithètes fort peu parlementaires.

A la jeune Polonaise, son amie, Mme V, dit un jour : « Toi, tu épouseras un prince. — Et moi? fit sa fillette. — Eh bien! toi, quelque chose d'approchant, un comte ou un baron. » On en riait, et encore aujourd'hui, il ne faudrait pas ajouter à ce genre de prédictions trop d'importance. Il n'en est pas moins vrai que Mlle Hélène Kr...ka, la Polonaise, est devenue l'épouse morganatique de ce prince Alex. Wittgenstein dont la *Libre Parole* entretenait ses lecteurs à propos des alliances de cette famille. La prédiction se réalisa également pour sa fille et pour un de mes amis, qui l'avait interrogée dans le même sens. Pour ce qui est des détails sur lesquels on avait pressé la pythonisse de répondre, ils étaient absolument fantaisistes; mais voilà : ne voulant pas rester *à quia*, elle disait tout ce qui lui passait par la tête, et il n'était pas toujours facile de distinguer qui prenait la parole. Je m'en étais aperçue maintes fois, ce qui me rendait encore plus sceptique. Au surplus, je ne lui ai jamais rien demandé.

Mais, si je ne lui parlais pas — en tant qu' « esprit de la lune ou d'ailleurs » — car je causais naturellement avec Mme V..., lui me parlait volontiers et aurait voulu faire de moi une prosélyte... Hélas! je n'en devenais que plus réfractaire, et, frondeuse, démolissais souvent les théories de mon adversaire; car, au milieu de sermons et de tirades d'un effet superbe, il lui arrivait de glisser des hérésies et des bourdes splendides, soutenant, par exemple, qu'il y avait des « générations spontanées », ou qu'il était le *Christ*, là, assis dans ma chambre, à mes côtés!!!

C'est pour le coup que la partie était perdue et que j'étais définitivement fixée.

Si on vous dit : « Le Christ est ici dans l'intérieur de « votre maison, dit l'Evangile, ne le croyez pas... car il y « aura de faux christs et de faux prophètes, etc., etc. »,

Si l'on pouvait douter parfois qu'il y eût un tiers entre Mme V... et son interlocuteur, il n'y avait pas de doute possible sur la qualité de ce tiers, de cet hôte... éventuel. Qu'ils soient anonymes ou prennent un nom d'emprunt, tous ces visiteurs sont suspects et viennent, en général, de la même paroisse. Rarement, ils descendent du ciel, ou, alors, ils ont une marque de fabrique qui ne laisse aucune place au doute ou à l'illusion : tôt ou tard, le vrai croyant voit... le miracle ou l'artifice.

Dans le cas qui nous occupe, j'inclinais toujours à penser que la pauvre Mme V... prenait ses propres imaginations pour la voix de son « locataire », ou du moins les confondait souvent; néanmoins, certaines lueurs qui ne pouvaient venir d'elle, ainsi que tout ce qu'on a lu ici et qu'on m'avait raconté, ne laissaient pas que de me donner à penser et de me faire conclure à des infiltrations intermittentes de l'« Esprit » en question. D'ailleurs, il y avait eu l'intervention d'un spirite au début, et, si je ne fréquente pas chez « ceux (1) qui sont répandus dans l'air », je n'en crois pas moins à leur existence. Elle s'affirmait alors et s'affirme encore d'une manière plus accentuée en ce moment; en tout cas, bien assez pour mettre en rage les matérialistes du jour, aussi achèvent-ils d'y perdre le peu d'esprit qu'il leur restait. Quant aux autres, mieux avisés, ils ne peuvent manquer d'y trouver matière à réfléchir.

Une autre intervention que je me suis bien gardée de rapporter au médium, par exemple, lequel me paraît y avoir été absolument étranger, mérite d'être relatée.

Un jour de fatigue, étendue sur son lit, Mme V... me parla longtemps en langage sibyllin sur toutes sortes de sujets; elle avait les yeux fermés et paraissait dormir. Tout d'un coup, elle dit ou « Il » dit :

« — Que ne suis-je dans ta peau au lieu d'être dans la sienne? comme nous irions loin tous les deux! Tiens, regarde-la : que veux-tu que je fasse avec elle? une femme sans culture »... Il me donnait à entendre dans des termes trop flatteurs — toujours la même tactique — que j'aurais mieux fait son affaire ou « ses affaires ». Puis il s'en prenait à son physique, et, méchamment, détaillait les imperfections de son visage : « Vois ces lèvres, cette bouche », ici un qualificatif désobligeant et peu mérité. Bref, il fut très peu galant pour sa partenaire. Or, pour qui connaît la coquetterie féminine, on avouera — malgré ce rapport atténué — qu'il n'est pas naturel de parler ainsi de soi-même. Aussi étais-je tentée de conclure que, ce jour-là, ce devait être « l'autre ».

Mais voici qui me parut plus typique encore, et, pour moi, ce fut le mot de la fin ; aussi bien l'événement allait-il bientôt amener la fin de nos rapports.

Il ne restait à M. V. qu'une petite propriété de famille à laquelle le pauvre homme tenait comme à ses yeux. Dans toutes ses lettres il parlait du moyen de la conserver. On avait consulté, cherché, fait ce qu'on pouvait, impossible de trouver un joint. Elle fut mise en vente par le syndic. La femme, en pouvoir de mari, ne pouvait l'acheter; le mari, privé de ses droits civils, ne pouvait l'y autoriser. Que faire? Pour comble, lui, l'exilé qui avait mille fois maudit l'Esprit malfaisant et ne l'avait entendu que par l'organe d'un tiers ou de sa femme, nous écrivit une lettre désespérée ou plutôt une lettre furieuse, disant que ce « vieux saltimbanque » — ou toute autre expression analogue — avait eu l'audace de lui parler... à lui!!! Très distinctement, en plein jour, alors qu'il ruminait son affaire, cherchant un biais pour sauver ce dernier débris de son patrimoine, un asile pour les vieux jours, il avait entendu ces mots : « Tu ne l'auras pas, ton R... » (ici, le nom du cottage).

Connaissant V... qui correspondait fréquemment avec nous, venait à la maison *incognito* voir les siens, je le savais incapable de mentir et de s'emballer sur un tel sujet. Mais au lieu de partager son découragement, je lui écrivis, en substance : « Tranquillisez-vous donc. Si vraiment ce n'est pas une illusion d'acoustique, une hallucination de votre esprit, celui qui a parlé ne peut être que le méchant, « le père du mensonge ». Je conclus donc tout le contraire de ce qu'il prétend : vous l'aurez, votre R... c'est ma conviction. D'ailleurs, je ne serais pas fâchée de donner un démenti *à cet imposteur*, et je vais m'y employer de mon mieux. »

Bien entendu, je n'allai consulter ni spirite ni somnambule, mais un bon avoué — le leur — qui me dit : « Il n'y aurait qu'un seul moyen, c'est la procuration de command, mais il faut un ami sûr et vous savez que V... est loin... il est malheureux... où sont les amis?... et puis il faut aller en Périgord. D'ailleurs, c'est très pressé, il faudrait partir de suite. — J'irai, lui répondis-je, mes amis auront confiance en moi, je pars. »

Je quittai ma maison, mes affaires, ma classe, heureusement c'était un dimanche, et j'achetai la fameuse propriété! Un jour entier elle m'appartint, le lendemain je la rendais à mes amis, et le pauvre V... faisait, de ma part, le plus joli pied de nez qu'on puisse esquisser à « un vieil ivrogne ». Oui, « ivrogne », je crois bien que c'est ainsi qu'il le métaphorait.

Et maintenant, si vous me demandez la morale de cette histoire, je vous répondrai que je crois plus prudent de se méfier des esprits que de les écouter, et me permettrai de transcrire ici ce que j'écrivais à mon pauvre ami, l'agent de change culbuté :

« Vous ne croyiez ni à Dieu ni à diable : c'était la néga- « tion du surnaturel, vous êtes maintenant forcé d'y « croire... Que l'Ange des ténèbres se transforme en Ange « de lumière ; que Lucifer ou quelqu'un de sa bande pose, « avec plus ou moins de flair, pour un mort quelconque, « Napoléon ou Marat, pour un ange ou même pour le « Christ, son existence n'en prouve pas moins celle du « Dieu créateur, devant Qui tous les êtres doivent s'in- « cliner et l'adorer profondément. »

M. A. Valette.

1. Comme s'en exprime la Sainte Ecriture en parlant des mauvais esprits.

A TRAVERS LES REVUES

Le Spiritualisme moderne, *revue des sciences morales*. C'est le titre d'une nouvelle publication spirite. Son programme est des plus vastes. Jugez-en :

Le *Spiritualisme Moderne* embrasse à la fois la religion, la morale, la science, l'art, la politique et l'organisation sociale. Il vient prouver avec l'immortalité de l'âme l'évolution du principe spirituel et la pluralité des existences, la continuation de l'être, son étroite solidarité avec la nature entière, l'action et la réaction de l'individu sur la société et de la société sur l'individu.

Le *Spiritualisme Moderne*, en faisant de la religion une science et de la science une religion, ou mieux la *Vraie Religion*, est appelé à transformer la société, car lorsque la science, par l'extension du *magnétisme*, de l'*hypnotisme*, du *fait spirite*, etc., c'est-à-dire par la mise en lumière de la *science psychique*, viendra ériger la morale en *lois*, pour ainsi dire *physiques*, l'homme sera pris par son propre intérêt et forcé de faire le bien par égoïsme. — Cette époque sera grande par la marche qu'elle imprimera à l'esprit humain :

Les religions, éclairées par la lumière du Spiritualisme moderne, se réconcilieront et se confondront dans une doctrine fondamentale;

La science, faisant intervenir l'intelligence là où elle ne voyait que la matière et l'énergie, appliquera désormais aux besoins de l'homme des connaissances inspirées par une véritable perception des besoins intellectuels et matériels de l'humanité;

Et la société enfin orientée dans le sens réel de son évolution s'établira sur des bases logiques et rationnelles.

Il ne faut décourager personne. Nos confrères feront bien cependant de méditer le proverbe : qui trop embrasse, mal étreint.

La Revue Scientifique et Morale du Spiritisme publie le procès-verbal suivant :

Nous soussignés, certifions que le vendredi 29 octobre 1897, de 9 heures à 10 h. 1/2 du soir, chez M. et Mme Agullana, rue Gratiolet 4, à Bordeaux, en pleine lumière, soit avec une lampe suspension éclairée au pétrole et une deuxième lampe plus petite déposée sur la cheminée de la chambre, avons vu et entendu se produire les phénomènes suivants, *les deux petits médiums d'Agen étant étendus sur le lit* :

1° Des coups violents ont été frappés sur le lit et dans l'intérieur du lit, dans le sommier et sur tous les panneaux. Ces coups ont suivi une progression ascendante et sont arrivés à devenir effrayants.

2° Des roulements de tambour, des batteries connues, comme la marche au feu, ont été joués et cadencés par des coups sur le lit, dans le sommier et principalement sur les panneaux, du côté des pieds et sur le devant.

Les coups se sont prêtés à suivre et à reproduire, en même temps et sur le revers du panneau, tous les airs que cadençait, par des coups, la main d'un des témoins

A ce moment, les coups étaient frappés par des doigts tout au moins aussi agiles que ceux du témoin.

3° Des grattements d'ongle formidables sur les panneaux et dans l'intérieur du lit.

4° Des réponses intelligentes ont été données au moyen de coups frappés, en suivant les lettres de l'alphabet.

Les coups ont cadencé des airs connus comme *Au Clair de la Lune*, *Malborough*, et le chant de la *Marseillaise*. Ce dernier air a été reproduit trois fois de suite, avec une sorte de sentiment patriotique tel que les coups sont devenus effrayants; et les témoins assis au-devant du lit et le touchant ont dû se retirer vivement à 2/3 de mètre de distance.

5° Des frappements de mains énormes se sont alors produits au-dessus du lit, à environ un mètre.

6° Par coups frappés suivant les lettres de l'alphabet, on nous a dicté ensuite de baisser la lumière, ce que nous avons fait, et aussitôt et en même temps que des coups formidables se faisaient entendre à la fois dans tous les panneaux du lit, le lit a été violemment porté, à deux reprises différentes, à 60 centimètres du mur. Puis, toujours par coups frappés au moyen des lettres alphabétiques, on nous a dit que c'était fini.

En foi de quoi M. et Mme Agullana et M. Béchade, tous trois présents, ont signé le présent certificat.

S. Agullana, R. Agullana, L. Béchade.

Ce 29 octobre 1897.

Ce sont identiquement les mêmes phénomènes que ceux obtenus chez M. Sabourault.

La Paix Universelle. M Erny, l'auteur de ce livre lumineux *Psychisme Experimental*, commence une série « d'études d'occultisme et de psychisme ». La première est consacrée aux origines du mouvement spirite.

Illustrazione popolare donne dans un de ses derniers numéros les renseignements suivants sur la communauté des sorcières du Tyrol :

Les sorcières peuvent être de trois catégories :

I. — Sorcières nées, si la mère, appartenant déjà à la communauté, voua au diable sa progéniture avant qu'elle naquît; dans ce cas, la sorcière naît avec le « signe du diable », consistant en une tache noire sur une partie quelconque du corps.

II. — Sorcières l'étant devenues inconsciemment, si, avant l'administration du baptême, elles furent touchées par quelque sorcière, ou si le prêtre, en donnant le sacrement du baptême, fit quelque erreur ou n'observa pas toutes les prescriptions du rite.

III. — Sorcières volontaires, si, dans l'âge mûr, elles se sont données au diable par colère, lequel diable sut leur fournir les moyens indispensables à la sorcellerie.

Mais pour devenir sorcières de cette dernière catégorie, il faut se soumettre à une cérémonie compliquée et horrible : l'aspirante, en présence du diable et de la communauté des sorcières réunie sous un noyer ou dans un croisement de routes, doit dire trois fois le *Credo* en trois manières différentes. D'abord à rebours, en commençant par la dernière parole, ensuite en niant toutes les affirmations, enfin en interposant le « Diable » et ses actions où est nommé le sauveur du monde, et substituant à la sainte Eglise la « communauté des sorcières ».

La nouvelle sorcière doit ensuite dire le *Pater noster* noir, qui est une horrible suite de sacrilèges.

Il est de croyance courante que la « communauté des sorcières » soit réglée par des lois, traditions et coutumes curieuses et secrètes; qu'elle possède des recettes particulières aptes aux sorcelleries. Tout est écrit dans « l'Encyclique du diable » qui, dans la haute Germanie et en Scandinavie, est appelée Ciprianus ou Cifrianus (écriture à caractères de sang). Les contestations de la « communauté » sont débattues à la façon des procès dans les Conciles qui, chaque jeudi ou samedi (suivant les pays), se tiennent sous les noyers ou dans les croisements de route. Les moyens de transport pour comparaître à ces Conciles sont universellement les mêmes : chevauchées sur les manches à balai ou sur les gerbes de froment, les voies à parcourir sont les cheminées.

The Light publie un récit intéressant des expériences de télépathie faites par Mme Sara Underwood avec un sujet nommé Emma. Mme Underwood et Emma s'assirent à quelque distance l'une de l'autre en s'efforçant de dégager leur esprit de toute préoccupation étrangère à leur expérience. L'une devait fixer son attention sur un objet avec la volonté d'en reproduire l'image mentale dans le cerveau de l'autre, qui demeurerait les yeux fermés.

Mes premières expériences, dit Mme Underwood, furent faites le 20 décembre 1896. J'étais le « percipient », Emma était l'agent envoyeur. Elle me dit qu'elle fixerait son esprit sur l'un des objets de la chambre où nous nous trouvions; comme cette chambre contenait une foule de bibelots, j'avais peu de chance de trouver l'objet choisi. Je m'efforçais de mettre mon esprit dans un état aussi passif que possible et de ne voir distinctement que l'image présentée à ma vision mentale.

Il se passa quelque temps avant que je puisse distinguer quelque chose de défini. La première chose que je vis fut un appareil de chauffage de forme bizarre, mais je ne le distinguais pas très bien. Puis je vis une chaise que je remarquais parmi une douzaine d'autres qui se trouvaient là. Je ne pensais pas que ce fût l'objet choisi, mais quand je dis à Emma : « Je vois la chaise de Mme A... » elle frappa des mains en disant : « C'est ce que je désirais vous faire voir. »

Quand je lui parlai de l'appareil que j'avais vu en premier lieu, elle me dit : « J'y avais pensé d'abord, mais ensuite, je fis le choix de la chaise. »

Mme Underwood décrit treize expériences et termine ainsi :

Je donne ici le résultat de nos expériences, pour encourager les curieux à en faire soit par ce moyen-là, soit autrement.

Pour ma part, je suis assurée qu'il n'y a pas d'autres moyens pour obtenir des reproductions aussi nettes que les nôtres.

Dans toutes ces expériences, les meilleurs résultats ne sont obtenus que quand les deux esprits sont libres de tout souci; quand celui de l'agent concentre tout son pouvoir dans la seule idée qu'il désire communiquer au « percipient », et quand ce dernier à son tour garde son esprit dans un état complètement passif pour recevoir l'idée envoyée par l'agent.

Par toutes ces expériences, nous avons constaté qu'avant que les images se présentent à notre cerveau, nous sentions toutes deux comme une légère pression rappelant celle d'une batterie électrique au dessus du sourcil ou à une autre partie de la tête. Que ceci soit le résultat des vibrations de la pensée ou de quelque force occulte, je n'en sais rien, je ne constate que le fait.

Quand, au milieu d'une expérience, une personne quelconque entrait dans la chambre, le dérangement mental se faisait sentir immédiatement aux deux expérimentateurs, et le phénomène ne se produisait pas. C'était comme une force contraire qui dispersait les vibrations de la pensée.

Je ne peux pas m'expliquer plus clairement.

ERRATA

Les fautes suivantes se sont glissées dans le travail de Elbère No (Cartologie); nous prions nos lecteurs de bien vouloir les corriger :

N° 22.

P. 347, 2e colonne, ligne 9, lire :

... suivant le sens du numérotage en repassant toujours par la carte blanche.

Pour :

... suivant le sens indiqué par les flèches ci-dessus.

Même colonne, ligne 27, lire :

Vous expliquez la 1re rangée de droite à gauche, la 2e de bas en haut et la 3e de gauche à droite.

Pour :

Vous expliquez les cartes de chaque rangée dans l'ordre de leur numérotage.

LES LIVRES

Chez l'éditeur Lemerre, trois exquis volumes de poésies, par Marie de Valandré : *Au bord de la vie*, *le Livre de la fiancée*; *le Livre de l'épouse*. Joyeuses ou mélancoliques, ces poésies sont écrites dans un style pur, harmonieux, coloré. Simples et fraîches, elles ont le charme des fleurs des champs.

***

Russes et Français, par François Bournand, se distingue des nombreux ouvrages parus depuis plusieurs années sur le même sujet, en ce qu'il est avant tout et surtout l'histoire anecdotique des rapports franco-russes. Histoire complète, d'ailleurs, car l'auteur étudie la Russie à ses premiers débuts sur la scène du monde, depuis le onzième siècle jusqu'à nos jours, depuis le mariage d'une princesse russe avec un Français, jusqu'au voyage du tsar Nicolas II et de la Tsarine en France et aux événements de 1897.

Ce beau volume, très bien illustré, est précédé d'une préface de M. Flourens, ancien ministre des affaires étrangères. Grâce à son vif intérêt et aussi à son prix très abordable, il sera très certainement un des livres d'étrennes à succès de 1898. (Delagrave, éditeur.)

***

Très séduisant également le volume intitulé : *L'Illustration et les Illustrateurs*, par M. Emile Bayard. C'est l'histoire détaillée et anecdotique de l'art d'enjoliver par le dessin et la gravure les textes littéraires, et nous avons, depuis les origines jusqu'à nos jours, une galerie complète de toutes les notables personnalités qui se sont distinguées dans cette brillante carrière, avec une suite de spécimens originaux de nature à bien faire saisir les caractères qui diversifient le talent et l'esprit de chacun de ces artistes. (Delagrave éditeur.)

Plusieurs de nos lecteurs nous ont demandé s'il nous restait encore des collections complètes de l'Echo du Merveilleux.

Il nous en reste une cinquantaine que nous faisons brocher et que nous tiendrons à la disposition de nos amis au prix de 12 francs, franco de port.

Le Gérant : GASTON MERY.

IMP. NOIZETTE ET Cie, 8, RUE CAMPAGNE-PREMIÈRE PARIS

DEUXIÈME ANNÉE. — N° 25. 15 JANVIER 1898 LE NUMÉRO : 50 CENT.

L'ÉCHO

DU

MERVEILLEUX

REVUE BIMENSUELLE

Nous serions reconnaissant à ceux de nos lecteurs dont l'abonnement expire avec le présent numéro, de vouloir bien le renouveler dans la quinzaine, afin d'éviter toute interruption dans le service de la Revue.

Une Guérisseuse à la Villette

MADAME MATHIAS

C'était à la fin de l'année dernière. Nous causions, entre amis, de la résurrection du Merveilleux, et nous émettions à ce sujet des idées qui taient nouvelles et paradoxales il y a quelques années, qui ne sont plus maintenant que d'ordinaires lieux communs.

— Le Merveilleux ! disait l'un de nous, mais on le rencontre à chaque pas dans cette grande ville de Paris. Il n'est point de quartier qui ne possède sa voyante, son guérisseur ou son prophète...

— Cartomanciennes élèves de Mlle Lenormand, ou somnambules extra-lucides ? objecta quelqu'un.

— Non certes, celles-là sont trop connues et pas merveilleuses pour un sou ! Mais ce n'est pas d'elles que je parle. Je parle de gens dont la science ou le don mystérieux ont le pouvoir d'attirer, comme le fer attire l'aimant, les malades avides de santé, les désespérés affamés de consolations. Ces gens-là ne font pas de bruit, ils ne publient pas de notes dans les journaux, ils ne battent pas monnaie avec leur singulier pouvoir. Et cependant la foule se porte chez eux. Ceux qui souffrent les quittent soulagés. Ceux qui pleurent essuient en s'en allant leurs larmes.

— Un exemple ?...

— Le hasard m'a conduit dernièrement tout au bout de Paris, rue de Flandre, à la Villette, en un quartier où certes les mystiques et les croyants sont rares...

— Eh bien?

— Eh bien j'ai rencontré là une femme chez laquelle défilent quotidiennement plus de trente personnes. Cette femme est illettrée, elle ignore les plus élémentaires notions de la science médicale; et, cependant, elle guérit, elle soulage tout au moins, les malades qui viennent chaque jour en plus grand nombre lui demander son aide.

— Elle gagne beaucoup d'argent, sans doute, à ce métier?...

— Elle est dans la misère et ne demande rien à personne.

— Son nom?

— Mme Mathias.

La conversation sortit ainsi des généralités. Chacun se tut pour écouter notre ami qui se mit en termes enthousiastes à parler de Mme Mathias, de son pouvoir et de ses cures. Il nous dépeignit le domicile de la guérisseuse ; il nous énuméra les guérisons extraordinaires qu'elle avait accomplies. Bref, il piqua si fort ma curiosité, qu'au lendemain de cette soirée, j'allai sonner à la porte de Mme Mathias.

Il était deux heures et demie du soir.

Une vieille femme vint m'ouvrir, mais, dès le premier instant, elle me dit :

— Mâme Mathias ne reçoit plus.

— Et pourquoi, s'il vous plaît?

— Y a trop de monde déjà.

La porte était entrebâillée, je risquai un coup d'œil. Dans une sorte d'antichambre, grande à peine de deux mètres carrés, des personnes attendaient, assises sur de maigres planches de bois posées le long du mur. Je fis la moue.

— Et ce n'est pas tout! continua la vieille qui comprit ma grimace.

En même temps, elle ouvrit la porte de la salle à manger, et elle me montra dix autres visiteurs qui se morfondaient là.

Je me retirai. Dans l'escalier, des gens allaient, venaient, se lamentaient, parce qu'ils étaient arrivés trop tard pour la consultation. Certains habitaient Montrouge, Passy, la banlieue. Vraiment, mon ami n'avait pas exagéré le renom de Mme Mathias!

Je revins cinq fois, inutilement. Il y avait toujours trop de monde!

Enfin, la semaine dernière, la vieille dame introductrice eut pitié de moi, et elle m'autorisa à pénétrer dans la petite antichambre.

Pour passer le temps, je regardai mes voisins ou plutôt mes voisines, car il n'y avait là que des femmes : les unes, ménagères du quartier venues en hâte, sans avoir fait le moindre bout de toilette; les autres étrangères à la Villette; toutes différentes de vêtements et de conditions. A côté de moi, une femme obèse, aux cheveux gras entortillés dans un filet crasseux, étalait sa hideur. Elle avait la moitié du corps paralysé. Un de ses yeux était clos, l'autre louchait; sa lèvre pendait et bavait.

En face, une fillette accompagnée de sa maman, regardait dans la cour les ébats joyeux des gamins de la maison. Son regard était infiniment triste. La pauvre enfant, infirme des deux jambes, pouvait marcher à peine.

Dans un coin, une vieille matrone, outrageusement fardée, enlevait ostensiblement les bagues énormes qui recouvraient ses doigts, et elle les mettait dans sa poche. Avait-elle peur qu'on ne la volât? Deux petites bonnes, sournoisement, se moquaient d'elle.

De l'autre côté de l'hémiplégique, une dame mise avec une parfaite élégance, s'énervait dans l'attente.

A mon entrée, les conversations s'étaient tues. Elles reprirent bien vite.

— Oui, madame, dit la paralytique à la maman, je voyais clair à peine de l'œil qui me reste ouvert. Mme Mathias m'a fait quelques passes, je vois maintenant très bien. Je sens même des picotements dans le côté paralysé. Ça va mieux. Ça va bien mieux!

— Ma petite fille qui ne voulait pas autrefois se remuer, éprouve maintenant le besoin de marcher, répliqua la mère.

La grande dame écoutait anxieusement ces propos.

La vieille duègne s'inquiétait:

— Mme Mathias retrouve-t-elle les objets perdus ou dérobés?...

Mon tour vint.

Me voici auprès de la Guérisseuse. Très souffrante et très lasse, elle est dans son lit, et elle allaite un bébé. Je la regarde attentivement.

C'est une grande femme maigre, sèche et brune, aux méplats de la figure fortement accusés. Ses yeux, très beaux, sont clairs et droits, un peu fixes peut-être.

Son logement est semblable à celui de tant d'ouvriers de ces quartiers. Voici, sous le plafond bas et noir, le lit de bois, les chaises de paille, un canapé fané, une petite table de toilette, une voiture d'enfant qui tient lieu de berceau au bébé qui tette. D'autres enfants se querellent dans la pièce voisine — et piaillent. Au mur s'accrochent des images de sainteté.

Dès qu'elle me voit, Mme Mathias paraît oppressée. Elle me dit :

— Il me semble que mon cœur se décroche et tombe... Vous venez d'être malade... Vous avez souffert de quelque chose... là!...

Et elle se frappe la poitrine.

Je déclare :

— C'est exact!

Et c'est exact, en effet.

La conversation continue. Je pose quelques questions à Mme Mathias, auxquelles elle répond en un français barbare dans lequel l'adjectif est en perpétuel discorde avec le substantif, le verbe avec le complément, le surnaturel avec l'ordinaire bon-sens. Je ne ris point cependant aux assertions de la guérisseuse. Elle me raconte :

— Un soir, mon mari qui, depuis quelques jours, semblait souffrant, et qui tenait à des êtres invisibles des discours incompréhensibles, mon mari me dit : Thérèse je vais mourir ! — Quel calembour me fais-tu là ? lui répondis-je. — Thérèse, je sens la mort sur moi, répliqua-t-il,

« Le soir même, il s'alitait.

« Le lendemain, j'allai toucher sa paye. Comme je comptais son argent, une voix se fit entendre à mes oreilles « C'est le dernier argent que tu toucheras de ton mari ! » me dit cette voix.

« Je me retournai. Il n'y avait personne à mes côtés. J'eus peur et je rentrai en hâte à la maison. L'état de « mon homme » avait empiré. Lorsque la nuit vint, j'allai trouver le curé et je sonnai au haut du perron de l'église. Quelle ne fut ma stupéfaction, en me retournant, de voir à quelques pas de moi, une forme blanche et brillante — un fantôme !

« Je fis un signe de croix. Ce fantôme ne disparut pas. Bien plus, il me suivit jusqu'à mon domicile, et je ne le vis s'en aller qu'à l'heure où mon mari, après une agonie atroce, s'en alla lui-même en rendant l'âme.

« Je restai seule.

« Quelle nuit ! Sans l'assistance de personne, je procédai à l'ensevelissement du mort, à sa dernière toilette. Je le changeai de lit et cela le plus facilement du monde. Il me semblait, en effet, que des mains invisibles m'aidaient à soulever le corps, et à le retourner. Une odeur d'une suavité extraordinaire régnait dans la chambre.

« Deux jours après l'ensevelissement, j'eus un rêve. Mon mari m'apparut. Comme un de mes enfants souffrait d'un abcès à la gorge, il ouvrit cet abcès.

— Ce fut une illusion, sans doute.

— Non pas, le pus de l'abcès crevé jaillit sur moi. En même temps une voix, la voix que j'avais entendue déjà me dit : « Bientôt un don te sera donné ! »

« Quel don ? Je le sus le lendemain. En effet, j'eus soudain la sensation que cinq grosses mouches volaient et « vrombissaient » autour de moi. Toutes cinq, elles venaient, chacune à son tour, me piquer à l'épaule (ces piqûres se voient encore) et concurremment à chaque coup d'aiguillon, l'hallucinante voix criait : « Voici pour la poitrine ! Voici pour le cancer ! (Mme Mathias prononce concert) Voici pour l'estomac ! etc... »

« A partir de cette heure, j'eus le pouvoir que je n'explique pas moi-même de deviner les maladies, et de les guérir sans médicaments, au moyen de quelques passes qui me sont toujours indiquées en temps utile par la voix.

— Et vos cures sont nombreuses ?

— Interrogez les gens du quartier !...

En quittant Mme Mathias que de nouvelles clientes attendaient avec impatience, je suivis son conseil, j'interrogeai quelques gens du quartier.

La réponse fut partout identique. La voici sous sa forme un peu populaire.

— Mme Mathias ! C'est épatant ce qu'elle guérit le monde vite et bien ! Les médecins n'y comprennent rien.

Je suis comme les médecins ; mais, simple reporter, je décris ce que j'ai vu et je répète ce que j'ai entendu. Les lecteurs apprécieront.

E. Cravoisier.

POUR FRANCISQUE SARCEY

Paris, 1er *janvier* 1898.

Monsieur,

Je prise infiniment les articles de M. Sarcey. J'y trouve des appréciations des choses de la vie courante pleines d'un savoureux bon sens et souvent même relevés d'une pointe de finesse. Ceci dit, j'en viens à son article sur les prédictions, reproduit dans le dernier numéro de l'*Écho du Merveilleux*.

M. Sarcey s'y pose en adversaire de l'occultisme. Cela ne m'étonne que médiocrement. Il doit, *a priori*, y avoir peu de points de contact entre son esprit calme et rassis et l'intellectualité affinée, aux superbes envolées, d'un Eliphas Lévi, d'un Stanislas de Guaita, pour ne citer que des morts.

Mais pourquoi M. Sarcey termine-t-il son article amusant et documenté par ces mots peu courtois : « C'est saltimbanque et compagnie ! », par lesquels il estime stigmatiser « prophètes, somnambules, cartomanciennes, devineresses de tout poil et de toute couleur? » M. Sarcey ignore peut-être que les prophètes sont d'ordinaire gens de bonne compagnie. Il aurait pu tout au moins s'en assurer en feuilletant la brochure de M. le baron de Novaye.

Quant aux « devineresses », s'il en est bon nombre dont le charlatanisme est avéré et reconnu des occultistes eux-mêmes, il en est beaucoup d'autres qui rendent des oracles vrais et nullement entachés de supercherie. Il ne manque pas de gens sérieux qui au besoin pourraient se porter garants de cas de voyance bien et dûment reconnus tels. Je ne crois pas, par exemple, que les prédictions faites au marquis de Morès par Mme de Thèbes aient été mises en suspicion par personne. On connaît également la relation si curieuse faite par M. d'Ervieux : un vol mystérieux, dont lady A... avait été victime, fut soumis à l'appréciation d'une cartomancienne, Mme E., et celle-ci fit à ce sujet aux consultants une prédiction qui se réalisa deux ans plus tard, pour le plus grand malheur de Marchandon. (*Echo du Merveilleux*, 1897, page 334). M. le Dr Dariex qui fit une enquête sur ce « cas extraordinaire de clairvoyance » en admit la parfaite exactitude. Enfin on sait que Mme Auffinger, la somnambule bien connue, a donné une consultation retentissante, et qui s'est trouvée conforme à la réalité des faits, sur le cas de l'huissier Gouffé dont la disparition laissait alors place à tant d'hypothèses. Il paraît donc bien certain que M. Sarcey a le tort d'adopter ici le système du « bloc » et qu'avant de flétrir, comme il le fait, ces « devineresses de tout poil » sur de simples apparences, il eût dû se renseigner un peu mieux.

Mais j'en reviens aux prophètes, car c'est à eux tout particulièrement que M. Sarcey s'en prend dans son article. Entre tant d'inspirés, il choisit justement Noël Olivarius, un homme du XVIe siècle que nous ne connaissons guère que par les écrits contemporains et, après nous avoir fait toucher du doigt tous les points faibles de cette prophétie dont l'original nous est inconnu et dont la copie n'a été éditée qu'en 1815, il nous incite à conclure avec lui que tous les prophètes sont bons à mettre dans le même panier... *Ab uno disce omnes!* semble-t-il dire... On pouvait attendre d'un ancien normalien une argumentation un peu plus serrée!

M. Sarcey voudrait qu'on lui servît des prophéties où tous les événements marquants des siècles passés et futurs fussent consignés en termes clairs et précis. Or, il faut qu'on en prenne son parti, toutes les prédictions pèchent par quelque endroit. Les unes sont notoirement incomplètes, d'autres décrivent les événements sans aucun ordre, d'autres enfin ne parlent qu'en termes ambigus et difficilement intelligibles. Ces défectuosités, quoi qu'on en pense, ont du bon. L'ambiguité, l'obscurité des vaticinations empêchent ces affolements, ces terreurs qui se produiraient inévitablement si nous savions, à n'en pouvoir douter, qu'à telle date fatale les plus grands malheurs nous menacent.

Malgré tout, il est des prophètes éminents qui semblent par avance s'être ingéniés à remplir de leur mieux les *desiderata* de M. Sarcey, pourtant si difficile en fait de merveilleux.

Je n'en citerai qu'un, Nostradamus. Ses *Centuries* ont eu de nombreuses éditions. La plus ancienne que l'on connaisse est de 1558. M. Sarcey voudra lui reconnaître quelque antiquité. Or, les nombreux commentateurs de Nostradamus qui ne s'entendent pas toujours, je l'avoue, dans leurs gloses, s'accordent assez, il faut le reconnaître, dans l'adaptation des quatrains du voyant aux principaux événements de notre histoire. Ainsi, chose remarquable, l'histoire de Napoléon peut se lire dans les centuries du prophète de Salon au moins aussi complètement que dans les prédictions d'Olivarius de l'abbaye d'Orval. Mais je ne m'y arrête pas. C'est chose bien connue et exposée un peu partout.

J'arrive au gros grief de M. Sarcey contre Olivarius, de n'avoir pas prévu la guerre de 1870. Or, il est à ce sujet un quatrain bien curieux de Nostradamus. Le voici :

Par le décide de deux choses bastards
Nepveu du sang occupera le règne;
Dedans Lectoyre seront les coups de dards,
Nepveu par peur pliera l'enseigne. (VIII, 43.)

La scholie de cette strophe est la suivante : « A la suite du renversement (par le décide) des deux gouvernements illégitimes (bastards) de Louis-Philippe d'Orléans et de l'Assemblée Nationale de 1848, Napoléon III, le grand neveu du fondateur de la dynastie napoléonienne (nepveu du sang) montera sur le trône de France (occupera le règne). A une autre époque, il y aura, dans Lectoyre, un combat (des coups de dards), où le Neveu impérial (le Nepveu) fera plier par peur l'étendard (pliera l'enseigne). »

Quelle que soit l'acception que l'on donne au mot « Lectoyre » ne paraît-il pas évident que ce quatrain vise bel et bien le désastre de Sedan? Et que M. Sarcey ne vienne pas encore une fois nous dire que c'est après coup que cette scholie a été établie. Il la trouvera en effet, telle que je viens de la transcrire, dans les *Oracles de Michel de Nostre-Dame*, tome I, page 265-266, édités en 1867 par Anatole Le Pelletier.

Il fallait, on l'avouera, une certaine force d'âme à

l'auteur pour oser en 1867, sur le seul témoignage de Nostradamus qui écrivit en 1558, faire pressentir à Napoléon III la possibilité d'un désastre prochain. Voici pourtant la note dont il faisait suivre sa glose. « Il se pourrait que l'ambiguité calculée du texte eût pour objet de voiler, jusqu'à sa réalisation, *un échec à la fortune des armes impériales.* » Bien mieux, à la page suivante, il constatait, d'après un autre quatrain (VIII, 44) qu'un *renversement* aurait lieu sous le règne de Napoléon III et il écrivait cette note suggestive : « Cet oracle n'est pas moins enveloppé que celui qui clôt la strophe précédente... De pareilles énigmes ne peuvent être éclaircies... Aussi n'eussé-je point introduit les deux strophes précédentes sans l'extrême justesse de leurs prémisses et sans l'intérêt légitime qui s'attache aux destins futurs d'un si grand prince. Et malgré leur ambiguité, *je crois qu'il ne peut que lui être avantageux de les connaître tels qu'ils sont, afin d'y trouver un avertissement utile à sa fortune et à sa gloire* dans le cas où des faits de cette nature *tout à fait invraisemblables aujourd'hui*, viendraient à se réaliser plus tard. »

Ainsi voilà au moins un prophète, Nostradamus, qui semble bien échapper aux critiques de M. Sarcey. On en trouverait sans doute bien d'autres. Mais il faut savoir se borner.

De la diatribe de M. Sarcey je retiens seulement, pour finir, cet aveu précieux : « On est sûr en ce moment d'intéresser le public en lui parlant d'occultisme. » L'*Echo du Merveilleux* répond donc à un véritable besoin, et il est bien arrivé à son heure. Toutes nos félicitations à son heureux et avisé directeur!

Veuillez agréer, Monsieur, l'assurance de mes meilleurs sentiments.

QUAERENS.

STANISLAS DE GUAITA
EST-IL MORT ENVOUTÉ?

L'amour, — la passion du Merveilleux étreint à ce point notre fin de siècle que ce n'est pas assez pour la satisfaire des prodiges authentiques qui se manifestent chaque jour. La bourgeoise table tournante ou la classique maison hantée ne suffit plus à la plupart de nos contemporains. Elles sont tout au plus capables de causer un léger frisson, un timide commencement de chair de poule; — ils veulent des émotions plus fortes et de réelles terreurs : il leur faut des sortilèges, des pactes en due forme avec le Diable ou ses seconds, des évocations, des philtres, des envoûtements...

Quand le Mystère se fait, à leur gré, trop rare, et la Goëtie trop parcimonieuse, les imaginations en travail suppléent par leurs inventions à la pénurie des œuvres de ténèbres : elles créent des sorciers et des magiciens noirs, qu'elles mettent en branle et font agir de fantastique façon.

Deux auteurs trop connus servirent malhonnêtement cette perversion morbide d'un sentiment naturel par leur immonde publication : le nombre des maléficiants et de leurs victimes fut par eux accru au delà même du besoin. D'autres, les complétant sur ce point, s'attaquèrent, comme eux, aux chercheurs indépendants qui essaient de pénétrer les secrets de la vie et les arcanes de la mort, et tentent de s'élever à la connaissance de Dieu par l'étude de la Nature : les Occultistes furent, de mainte façon, diffamés et calomniés. On les considéra en bloc comme des lucifériens (?!), et le plus illustre d'entre eux, Stanislas de Guaita, fut représenté comme un sorcier dangereux. Des histoires d'un autre âge circulèrent sur son compte, qui, auprès des naïfs et des envieux, trouvèrent quelque créance.

... Guaita vient de mourir, dans la pleine maturité de son immense talent, et, sur sa mort comme sur sa vie, les légendes et les inventions n'ont pas tardé à se former. Beaucoup n'ont pas voulu admettre que celui qui avait, jusque dans ses profondeurs, fouillé le monde astral, ait pu mourir comme tout le monde, — naturellement. Des journaux ont dit que Guaita mourait *envoûté* et rapproché sa mort de celle du trop célèbre abbé Boullan.

L'occasion est, malheureusement, trop bonne pour que nous ne nous empressions pas de faire définitivement justice de ces insanes racontars.

Que disent-ils donc? — Guaita aurait, voici quelques années, tenté de se débarrasser par envoûtement de son ennemi l'abbé Boullan. On conte qu'à cet effet, il tenait enfermé chez lui, dans un placard, un « démon » familier, exécuteur de ses haines et ministre de ses vengeances. C'est ce serviteur d'un nouveau genre, affirme-t-on sans rire, qu'il chargea de répandre dans l'air de mortels poisons autour de l'abbé. Mais celui-ci, prévenu, repoussa, avec l'aide de Dieu et de Melchissédec, l'envoyé du Mage noir, l'*esprit volant*, lequel, ayant manqué son but, devait, suivant la norme fatale du *choc en retour*, réagir, tôt ou tard, contre son mandant et verser à celui-ci les poisons destinés à un autre. C'est de cela que serait mort Guaita.

L'invention fait honneur à l'imagination de celui qui l'a conçue, et je suis fortement tenté de soupçonner en lui, — peut-être me trompé-je, — un compatriote de M. Taxil, Marseillais comme chacun sait.

La réalité est moins tragique et plus simple : Stanislas de Guaita n'est pas mort victime d'un envoûtement par choc en retour, pour l'excellente raison qu'il n'a jamais tenté d'envoûter l'abbé Boullan.

Il faut n'avoir pas lu les œuvres du maître écrivain si prématurément disparu pour croire que Guaita ait pu recourir aux condamnables pratiques de la Goëtie.

Ne distingue-t-il pas, en maint endroit, l'*Adepte*, le *Mage de lumière*, du *Sorcier* ou *Magicien noir*, — celui-là ne faisant usage du sceptre magique qu'en vue d'un bien général ou tout au moins collectif, celui-ci mettant en action, pour le mal, les forces occultes de la nature? A chaque page, il stigmatise avec la plus véhémente indignation les œuvres abominables de la Sorcellerie et signale, pour en détourner les curieux, les dangers de ces pratiques. Elles conduisent ceux qui y recourent, répète-t il sans cesse, à sacrifier leur libre arbitre, à abdiquer leur personnalité, et font de ces misérables « des pantins calamiteux de l'Invisible, des marionnettes du Mal », voués dans ce monde et dans l'autre aux pires malheurs et aux plus extrêmes tourments.

Bien plus, c'est pour combattre les ténébreux adeptes de la Goëtie que Guaita avait fondé l'Ordre kabbalistique de la Rose ✠ Croix. Sans doute cette fraternité occulte réservait à ses membres des enseignements précieux, mais son but principal était d'arracher leurs masques aux magiciens noirs, œuvre d'autant plus utile et méritoire que les sorciers sont, à notre époque, plus ignorés et, partant, plus redoutables.

« L'Ordre kabbalistique de la Rose ✠ Croix, écrivait de Guaita, a inscrit, en tête de son concordat, la mission qu'il se reconnaît et qu'il proclame, de combattre la sorcellerie partout où il la rencontre sur sa route, de la ruiner dans ses œuvres et de l'annihiler dans ses résultats.

« Les Frères se sont engagés d'honneur à poursuivre les adeptes de la Goëtie, soi-disant *mages*, dont l'ignorance, la malice et les ridicules décrient nos mystères, et dont l'attitude ambiguë, non moins que les doctrines scandaleuses, déshonorent la Fraternité universelle de haute et divine Magie, à laquelle ils revendiquent effrontément la gloire d'appartenir.

« Puisqu'ils ont l'audace de se dire des nôtres, nous aurons la hardiesse d'arracher les masques de dévotieuse vertu dont ils se parent, et, les révélant à tous dans leur hideur inavouée, de les traîner au grand soleil :

« Nous les avons condamnés au baptême de la lumière (1)! »

1. *Le Temple de Satan*, première septaine (Livre I) du *Serpent de la Genèse*, p. 443 (Chamuel, éditeur).

L'abbé Boullan, — le Docteur Jean-Baptiste, comme il se faisait aussi appeler, — était l'un de ces criminels que la Rose ✠ Croix se donnait pour mission de démasquer et de poursuivre. Disciple et continuateur de Vintras, il avait fondé une secte mystique, le *Carmel*, où les actes les plus obscènes et les pratiques les plus coupables étaient en honneur. Erotomane infect et sorcier dangereux, tel était le personnage qu'un tribunal initiatique secret mit en demeure de cesser ses honteuses opérations. La sentence fut signifiée au grand pontife du Carmel par M. Oswald Wirth : elle resta lettre morte.

C'est alors que le grand maître de la Rose ✠ Croix démasqua l'ignoble individu, à la fin de son *Temple de Satan*, — sans le nommer, mais en le désignant de telle façon qu'aucune confusion ne fût possible. Boullan était « condamné au baptême de la lumière » ; sa doctrine était rendue patente, son œuvre publique; et tout le monde pouvait juger, pièces en mains, des incroyables vésanies du fondateur du Carmel et de ses sectateurs (1).

C'est à la suite de cette publication que le Docteur Jean-Baptiste fit courir le bruit, et persuada à M. Huysmans, que Stanislas de Guaita tentait de l'envoûter. En son esprit malade, détraqué par ses impures pratiques, s'ancra cette folle terreur, et le malheureux dément, en proie à son idée fixe, multiplia dès lors, pour repousser le démon envoûteur, prières et sacrifices.

Les jaloux et les ennemis que Guaita s'était faits par son rare talent s'empressèrent d'accueillir comme une réalité les imaginations du Docteur. On n'observa pas que le grand maître de la Rose ✠ Croix, alors dangereusement malade à Nancy, se trouvait en assez mauvaise posture pour tenter un envoûtement; on ne prit même pas garde à ce qu'avait d'invraisemblable cette invention fantaisiste d'un messager immatériel portant à distance des poisons redoutables enfermés dans un flacon; et l'absurde légende, par la naïveté des uns et la duplicité des autres, prit corps et se fortifia.

Etant connue son origine, on voit quel cas il en faut faire et quelle foi doit être accordée au choc en retour et à l'esprit volant. Ces inventions ridicules nous feraient sourire si la tristesse profonde que nous cause la mort du savant Occultiste ne nous en ôtait toute envie. Point n'en est besoin pour expliquer le fatal événement : Guaita succombe à la maladie qui depuis long-

1. Cette partie du *Temple de Satan* (Le Carmel d'Eugène Vintras et le grand pontife actuel de la secte, p. 428 à 521) mérite d'être lue tout entière : elle abonde en renseignements stupéfiants, d'une indiscutable authenticité cependant, sur le « lupanar mystique » que fut le Carmel de Vintras et de Boullan.

temps le minait, ainsi qu'à son énorme et incessant labeur.

C'est une fin plus glorieuse et plus digne que celle qu'ont inventée, comme une suprême injure, ses envieux détracteurs.

RAYMOND DUPLANTIER.

LA QUINZAINE A TILLY

M. Y..., notre dévoué correspondant de Tilly, garde le lit depuis une quinzaine. La dernière extase à laquelle il a pu assister est celle du 26 décembre. Pour les autres, il a essayé de demander des renseignements au doyen. Le doyen lui a fait répondre que c'était toujours la même chose.

Nos lecteurs nous excuseront donc de leur donner, pour cette fois, un compte rendu un peu écourté.

DIMANCHE 26 DÉCEMBRE. — Après les vêpres, Marie Martel se rend au champ Lepetit. Elle a deux extases successives qui durent environ une heure.

Comme toujours, la plus grande partie de ces extases est consacrée à la prière. La Voyante récite le chapelet.

Un colloque s'engage, pendant quelques instants, entre l'extatique et l'apparition. Mais la voix de Marie est si basse, qu'on entend à peine.

On distingue cependant quelques mots par lesquels la Voyante déclare faire le sacrifice de sa vie. Elle demande aussi des miracles. « Il y en aura, répond la vision ; mais il faut prier. »

Marie reçoit l'ordre de ne revenir au Champ que le 2 février.

D'ici là ses souffrances vont redoubler. Sa vie va devenir un supplice. Marie accepte et demande seulement la force et la patience.

La vision l'invite à réciter, chaque jour, diverses prières qu'elle lui désigne : le *Te Deum* pour remercier Notre Seigneur d'être venu sur terre, les *Psaumes de la Pénitence*, dans l'intention des pécheurs, les prières qui suivent les litanies des Saints, le rosaire. Enfin, Marie devra terminer la journée par un dernier chapelet à l'intention des plus grands pécheurs.

Ces extases ont été très calmes.

Dans l'une, elle a vu l'Enfant Jésus soutenu sur un nuage. Une étoile brillait au-dessus de sa tête.

Dans l'autre, elle a vu la maison de Nazareth, et l'a décrite avec une précision admirable.

Aujourd'hui, Louise Polinière n'est pas venue au Champ.

MARDI 28 DÉCEMBRE. — Louise Polinière a eu une vision qui a duré près d'une heure.

JEUDI 30 DÉCEMBRE. — Louise Polinière est venue au champ. Après avoir récité quelques dizaines de chapelet, elle a été saisie par l'extase. Sa vision ne différait pas sensiblement de celles qu'elle a eues pendant tous ces derniers temps

JEUDI 5 JANVIER 1898. — Louise commence aujourd'hui une neuvaine.

MERCREDI 12 JANVIER. — Depuis le jeudi 5, Louise Polinière est venue tous les jours au Champ. Ses extases ont duré toutes environ une heure.

Y.

PAPUS CONTRE PAPUSS

Le Dr Papus nous adresse la lettre suivante :

« Mon cher ami,

« Un individu s'est emparé de mon nom (Papus), qu'il a promené de foire en foire. J'ai horreur des procès, et, trois fois depuis un an, j'ai poliment engagé ce saltimbanque à mettre son nom sur ses baraques à la place du mien. Il m'a fait écrire par son barnum une lettre injurieuse, prouvant toutefois qu'il avait « emprunté » mon nom en toute connaissance de cause ; c'est tout ce qu'il me fallait, et depuis, je n'ai plus voulu me salir en écrivant directement à ce forain mal élevé. Dans le dernier numéro de *l'Echo du Merveilleux*, les protes vous ont fait faire une confusion regrettable. Voulez-vous, mon cher ami, en attendant que les tribunaux français renvoient cet individu à son lieu d'origine, dire à vos lecteurs que je fais de la médecine et non des exhibitions, et que je suis seulement victime d'un procédé que je laisse aux honnêtes gens le soin de qualifier.

« Merci d'avance et bien à vous,

PAPUS,

« *Docteur en médecine.* »

Les Improvisations de Mérovak

Mérovak continue à donner au public qui l'entend une double sensation d'émerveillement et d'incrédulité.

Chacun admire les harmonies douces, terribles, mélancoliques, compliquées, qu'il tire de l'orgue ou du piano; mais personne ne veut croire qu'il les improvise.

Au lieu de l'ignorant de la musique qu'il dit être, on persiste à voir en lui un habile professionnel.

J'ai déjà signalé l'une des raisons qui, à mon sens, infirme *a priori* ce jugement des sceptiques : l'excentricité du doigté. Pour n'en citer qu'un exemple, je noterai l'emploi exclusif, dans les arpèges, du pouce, de l'index et du cinquième doigt.

A cette première raison je pourrais en ajouter beaucoup d'autres : l'absence absolue de traits diatoniques, un abus un peu enfantin du trémolo, l'exécution presque continuelle du chant, de la mélodie, par la main gauche.

Mais par-dessus tout je ferai remarquer que Mérovak joue constamment dans le même ton : do bémol. S'il en sort par hasard, pour produire quelques modulations étranges, il y rentre presque aussitôt, comme effrayé de ce qu'il vient de faire.

Cette uniformité dans le ton n'est pas évidemment d'un musicien *qui sait*.

Ces réflexions, je ne les applique qu'au jeu de Mérovak improvisant au piano ; je ne sais si elles resteraient justes, appliquées au jeu de Mérovak improvisant au grand orgue.

Pour m'en rendre compte, j'avais, à l'issue de la dernière séance de la Société des sciences psychiques, demandé à M. le chanoine Brettes d'obtenir pour Mérovak l'autorisation de jouer dans une église.

M. le chanoine Brettes avait fort aimablement accédé à ma demande. Rendez-vous avait été pris pour lundi dernier à l'église Saint-Nicolas du Chardonnet. Hélas ! la fâcheuse grippe m'empêcha de me trouver au rendez-vous.

Je ne sais donc que par ouï-dire ce qui se passa.

Outre M. le chanoine Brettes, étaient présents M. le curé de Saint-Nicolas, le maître de chapelle de cette paroisse, et M. Gaston Crosnier.

On monta à l'orgue par un escalier étroit et tortueux éclairé d'un vague quinquet, dont l'aspect pittoresque mit en joie l'âme artiste de Mérovak.

Un peu ému, il s'installa sur le banc, tira les « jeux » en tâtonnant longuement, les poussant, les retirant, promena ses pieds sur le pédalier, et commença d'improviser.

Ce furent d'abord des mélodies lointaines, très douces, qui peu à peu se rapprochèrent, s'enflèrent, devinrent de furieuses ruées de sons, puis, s'atténuant lentement, se firent solennelles et graves, pour repartir de nouveau en arpèges échevelés et revenir enfin aux plaintives mélopées du début.

Le décor s'harmonisait admirablement avec cette musique. L'église était déserte. Quelques fidèles seulement, interrompant leurs prières pour regarder d'où venait cette musique étrange et si inattendue à cette heure.

— C'est très beau, pensaient les assistants, c'est d'une exécution supérieure et d'une superbe envolée, mais rien ne prouve que ce soit de l'improvisation. Au contraire, l'absence d'hésitation dans le jeu, la sûreté de la pensée, inciterait plutôt à croire que Mérovak exécute des morceaux longuement, patiemment appris par cœur.

Et, Mérovak parti, M. le chanoine Brettes concluait:

— L'impression qu'il donne, après cette première audition, est celle d'un très remarquable organiste, cela n'est pas douteux. Mais comment admettre qu'une force inconnue le fait jouer à son insu, tant qu'on n'aura pas la preuve formelle qu'il n'a pas étudié la musique? A-t-il étudié la musique? Toute la question est là.

Toute la question est là, en effet. En ce qui me concerne, elle est résolue.

Dix ans d'études, au moins, et d'études passionnées, sans intermittences, suffiraient à peine au mieux doué pour arriver au degré de virtuosité de Mérovak.

D'autre part, il n'est pas douteux que ce qu'il joue est bien de lui. On surprend, il est vrai, de temps à autre, de vagues réminiscences ; mais cela même, n'est-il pas une preuve de sa sincérité?

Ici, je prévois une objection.

Mérovak, me dira-t-on n'improvise pas toujours, il joue souvent les mêmes airs. Il a même donné des titres à quelques uns d'entre eux. Il y a la *Marche des immortels*, *les Adieux à la vie*, *balancelle*, d'autres encore ; et ce sont ceux-là qu'il joue de préférence.

Le fait est exact. Lorsque Mérovak ne se sent point inspiré, il reprend celles de ses inspirations qui chantent le plus profondément en lui, mais quand il en use ainsi, il improvise encore.

Comme il est incapable, ne connaissant point ses notes, d'écrire lui-même la musique des airs qu'il joue, je l'ai prié de jouer l'une de ses inspirations sur un piano enregistreur Rivoire.

J'ai fait ensuite transcrire cette musique, et c'est elle que l'*Écho du Merveilleux* publie aujourd'hui. A diverses reprises, j'ai prié Mérovak de rejouer devant moi le même air. Il n'était point prévenu. Dans la pièce voisine du salon où il se trouvait, des personnes que j'avais choisies chaque fois parmi mes amis les plus connaisseurs en musique, suivaient sur le manuscrit. Pas une seule fois Mérovak ne joua exactement la *Marche des Immortels* comme il l'avait jouée sur le piano enregistreur Rivoire. C'était bien la même pensée générale, et de ci, de là, les mêmes motifs. Ce n'était plus le même morceau. Donnez à traduire à dix excellents latinistes la même ode d'Horace, ils exprimeront tous exactement la pensée de l'auteur ; mais comparez entre eux les textes de leur traduction, ils différeront tous les uns des autres.

Lorsque Mérovak joue la *Marche des Immortels*, c'est toujours la pensée maîtresse de la *Marche des Immortels* qu'il traduit, mais sa traduction n'est jamais la même. Je ne tiens, d'ailleurs, point à ces conclusions, et je suis tout prêt à me ranger à l'avis de ceux qui ne veulent point croire à la réalité des inspirations de Mérovak

Mais au lieu de dire comme eux : « Prouvez nous qu'il n'a jamais étudié la musique, » je demande, au contraire, qu'on me prouve qu'il l'a apprise en me donnant le nom de celui qui la lui aurait enseignée.

GASTON MERY.

Chant des Immortels

Marche triomphale

3
8a

8a

ICONOGRAPHIE FLUIDIQUE

Dans le précédent numéro, nous avons donné la photographie du cliché négatif et positif obtenu en

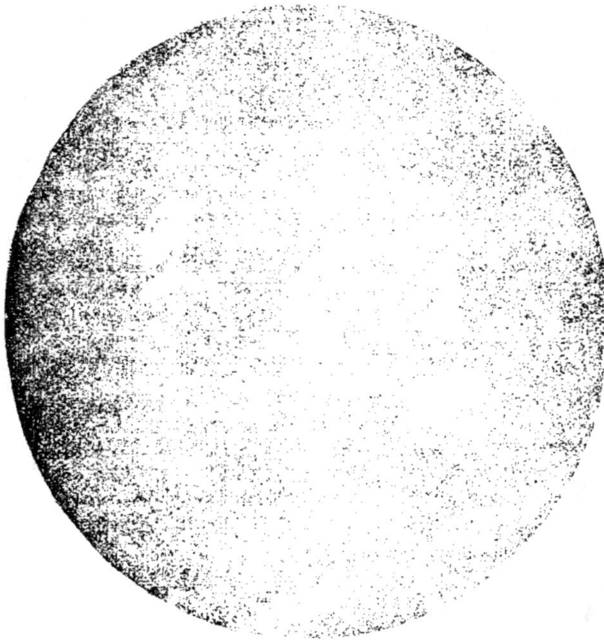

laissant une plaque pendant sept jours entre le sommier et le matelas du lit de Mme Sabourault.

Micrographie Lemarchey, 14, rue de l'Ancienne-Comédie.

Aujourd'hui nous soumettrons à nos lecteurs la reproduction, avec un grossissement de quatre-vingt-dix fois, de deux graphies tirées d'une même plaque restée, à la même époque et pendant le même laps de temps, sur la rate de la petite Renée pendant son sommeil.

Nous avouons, pour notre part, ne pas pouvoir donner d'explications de cet étrange phénomène.

Nous serions reconnaissant à ceux de nos lecteurs qui auraient des lumières spéciales sur ces questions, de bien vouloir nous communiquer leurs impressions.

Ch. V.

PRINCIPES GÉNÉRAUX DE SCIENCE PSYCHIQUE

I

Partisan de la divulgation psychique, je dois agir selon ma pensée et, le peu que je sais, je dois le dire.

Quelle méthode d'exposition employer?

La meilleure me paraît être d'exposer les principes généraux qui expliquent les phénomènes et permettent de les obtenir et d'indiquer brièvement, à propos de chacun de ces principes, la part des phénomènes qu'il régit.

J'avais déclaré, dans un précédent article, que les phénomènes s'expliquent et, ici j'ajouterai : ce qui les explique les produit par un agent naturel, la force psychique, et par deux forces surnaturelles, le surnaturel mauvais et le surnaturel divin.

Quelles sont maintenant les lois et propriétés fondamentales de l'agent naturel? Il y en a six. 1° surcharge; 2° polarité ; 3° balancement psychique; 4° correspondance et imitation; 5° répétition; 6° périodes.

Donc, un agent naturel ayant six propriétés fondamentales et deux agents surnaturels opposés, cela fait en tout *huit principes généraux* dominant et expliquant les phénomènes psychiques.

Remarquons maintenant que les six principes de l'agent naturel sont indifférents par eux-mêmes à la loi morale et peuvent servir au Bien comme au Mal.

Tout dépend de l'agent surnaturel qui les couronne.

Unis au surnaturel mauvais, les six principes naturels deviennent le septénaire de la mystique diabolique et de la magie noire. Unis au surnaturel divin, ils deviennent le septénaire de la mystique naturelle innocente et de la mystique divine.

Il peut y avoir une mystique purement naturelle mais je ne crois pas qu'on puisse s'y cantonner longtemps.

Et d'autant plus que chaque homme *par sa foi et sa vie*, est déjà orienté dans le sens chrétien ou dans le sens antichrétien, avant même qu'il aborde les expériences psychiques.

Donc, à mon sens, avant toute étude et expérience, il faut d'abord, par la prière et par une vie chrétienne, s'être orienté dans le sens divin.

Et c'est seulement ainsi qu'on aura garantie de retrouver à la fin des expériences le divin qu'on aura placé au commencement. Si vous voulez que Dieu soit l'Oméga de vos entreprises, faites que, d'abord, il en soit l'Alpha.

Cela dit, je reprends et j'étudie plus en détail chacun des six principes naturels.

1° *Surcharge.* — La force psychique est susceptible d'affluer, moyennant certaines conditions, avec une énergie exceptionnelle, et de *surcharger* un homme, un objet, un territoire, une région de l'atmosphère, etc... ou encore tels ou tels organes d'un homme, telles parties d'un objet, d'un territoire, d'une région de l'atmosphère, etc.

La force psychique, répandue partout dans la nature, est susceptible d'affluence exceptionnelle créant une *surcharge.*

Or, tout phénomène psychique exceptionnel est dû, à mon avis, tout d'abord à l'existence d'une surcharge de force ou fluide psychique.

Le bon magnétiseur a un surplus de fluide, qu'il transmet à la somnambule, le médium se surcharge lui-même, il surcharge la table ou les objets qu'il influence. Un arbre, un territoire, une région de l'atmosphère, témoins de phénomènes exceptionnels naturels, sont surchargés psychiquement.

(Le surnaturel mauvais ou divin peut s'ajouter à la surcharge naturelle, ou la produire lorsqu'elle n'existe point encore. Je n'insiste pas. Car, en ce moment, je ne m'occupe que du naturel.)

Même dans le naturel, il y a des nuances; le fluide est un : il y a cependant des variétés dans son unité; le fluide du médium n'est pas, je le crois, même au point de vue naturel, tout à fait identique à celui du magnétiseur. Il est d'une qualité plus subtile. Néanmoins, ce sont là de simples formes *allotropiques* d'une force semblable.

Et le principe premier d'action exceptionnelle de cette force est, dans tous les cas, le même : surabondance, surcharge.

Celui donc qui désire un phénomène psychique naturel doit chercher une *surcharge avant tout*. Les cinq autres principes sont importants aussi, mais ils fonctionnent peu ou mal si le premier principe manque.

Comment s'obtient la *surcharge?*

De mille manières.

Dans l'homme :

1° Par don naturel, prédisposition du tempérament. Il y a des magnétiseurs ou des médiums-nés (selon la nuance de fluide) comme il y a des athlètes nés, des chanteurs-nés, des calculateurs-nés, etc. Il y a des vocations naturelles psychiques comme il y a des vocations athlétiques, scientifiques, artistiques, etc. ;

2° Par magnétisation, soit qu'un autre vous magnétise, soit qu'on se magnétise soi-même;

3° Par vêtements isolants, soie, caoutchouc, etc., (car la force psychique n'est pas sans rapport avec l'électricité).

4° Par certaines plantes, certains parfums. Mais ce sont des moyens dangereux surtout si l'on emploie les plantes et parfums les plus puissants;

5° Par concentration de pensée;

6° Par exaltation de l'imagination dans une direction unique, etc., Il y a mille moyens. Le principe est le même : Arriver à la surcharge, avoir du *fluide en plus.*

Ces moyens qui permettent à un homme de se surcharger lui permettent d'en surcharger un autre ou de surcharger un animal, une plante, un minéral, un objet quelconque, une table, etc.

Une foule exaltée et surchargée surchargera tout ce qui l'entoure.

Quant aux territoires, régions de l'atmosphère, ils se surchargent tout seuls par suite des courants et des centres qui se produisent dans la force psychique terrestre et atmosphérique.

Cependant, une foule surexcitée pourrait surcharger un pays. Je parle toujours au point de vue naturel.

Et du reste, si le surnaturel a pris, dans une circonstance donnée, l'*initiative*, si l'exaltation de la foule a suivi et non précédé un acte surnaturel alors c'est le surnaturel qui a déterminé la surcharge naturelle.

Enfin, en aucun cas, le surnaturel proprement dit ne peut être provoqué *à coup sûr* ni déterminé par la surcharge naturelle. J'en resterai là pour aujourd'hui.

A. JOUNET.

CHEZ LA VOYANTE

La quinzaine a été décidément la quinzaine de l'influenza. Mlle Couédon, elle-même, n'y a pas échappé. Pendant plusieurs jours, elle a dû interrompre ses consultations.

Aujourd'hui nous pouvons rassurer ses amis. La Voyante va beaucoup mieux.

Pendant ses extases, les prédictions semblent se faire de plus en plus rares. La plus grande partie des paroles de l' « Ange » est consacrée à des conseils pieux.

Vers l'au-delà, il faut aller...
Il faut vers Dieu monter...
A l'appel de Jésus les âmes doivent aller...

On remarquera que le rythme de ces paroles semble rompu. Elles n'ont plus la cadence des anciennes vaticinations. J'ai déjà signalé ce point. Il me paraît capital.

On peut en déduire des conséquences fort intéressantes, de nature à réduire, il me semble, les objections de ceux qui prétendaient que Mlle Couédon était très consciente des paroles de l' « Ange ».

Je reviendrai, longuement, un jour, sur ce sujet.

Continuons à noter les quelques phrases, saisies au vol, dans la séance du 10 janvier :

Je vois la face de Jésus de pleurs sillonnée...
La France est en péché:
La haine s'est trop mêlée,
Le sarcasme a régné;
Puis le doute est entré
Si la foi n'est ôtée...
Au néant on a été,

Au sujet du roi la Voyante dit :

Le petit lys doit monter,
Celui qu'on n'a point semé...
Et le pied a touché
A la sainte si aisée...
Il est l'héritier
Du plus beau nom de France...

A l'issue de la séance, les questions que m'ont communiquées nos lecteurs ont été posées à la Voyante. Presque aucune d'elles n'a reçu de réponse nette.

Trois ou quatre à peine sont à citer :

La Pologne ressuscitera-t-elle?

La Pologne sera aisée,
Un roi lui sera donné.

De quel pays le Roi futur, qui doit rentrer dans la diplomatie, sera-t-il le représentant?

C'est l'Allemagne que j'ai montrée.

« L'Ange » veut sans doute mettre notre patriotisme à l'épreuve.

La Voyante mourra-t-elle du coup qui la frappera?

Celui de nos lecteurs qui a posé cette question s'est attiré la réplique que voici :

Dis-lui qu'elle doit quitter
Dans un temps plus aisé
Mais que lui-même sera ôté
Bien avant ce temps aisé

Voilà ce qu'on gagne à être trop curieux.

G. M.

LES MESSES D'UN FANTOME

Par le temps qui court de maisons hantées, d'hypnotisme et de prétendues révélations d'un monde invisible, il ne me paraît pas inopportun de raconter un fait mystérieux qui se serait produit, il y a peu de temps, dans une petite ville de l'Agenais.

Depuis vingt-huit ans la paroisse d'Astaffort était administrée par un brave curé, l'abbé Bonin, archiprêtre, chanoine honoraire, doyen des curés du canton. Ce vieux pasteur était aussi austère que zélé et infatigable.

Les exercices multiples de l'Avent, et la préparation aux fêtes de la Noël, avaient abattu ses forces; il ne put aller plus loin et tomba, dans l'exercice même du culte, pour ne plus se relever.

La mort du vieux curé fut un deuil pour la paroisse; vieillards et jeunes gens, bien que ces derniers eussent quelquefois trouvé ses exigences trop sévères, se firent un pieux devoir d'accompagner sa dépouille mortelle au dernier asile, qu'il s'était lui-même choisi, au pied de la croix centrale du cimetière.

Moussaron, un brave enfant du pays, remplissait depuis de longues années, et remplit encore aujourd'hui, le double office de suisse de la paroisse d'Astaffort et de sacristain, servant, les jours sur semaine, la messe du curé.

A la mort de M. Bonin, la paroisse resta, pendant quelques mois, privée de pasteur; un suisse était inutile. Moussaron troqua sa hallebarde contre le marteau du carillonneur, car Astaffort possède plusieurs cloches, qu'un sonneur habile doit savoir faire chanter ou pleurer suivant la circonstance.

C'est à l'*Angelus* du matin que l'artiste peut le mieux déployer son talent; à la pointe du jour, alors que tout dort encore dans la nature, les fidèles somnolents perçoivent, comme dans un rêve, les sonorités de la cloche; ses modulations, si elles sont habilement amenées, doivent leur faire connaître l'événement, fête joyeuse ou funèbre qui survient dans la paroisse.

Moussaron exerçait donc consciencieusement, depuis quelques mois, sa nouvelle fonction, lorsqu'un matin, avant l'heure habituelle de l'*Angelus*, sa femme, couchée à ses côtés, l'éveille : « Ecoute... N'entends-tu pas? l'on t'appelle?... » et de nouveau une voix se fait entendre : « Moussaron... Moussaron... » Le sonneur se lève, se met à sa fenêtre, mais ne voit rien. « Tu as sans doute rêvé, dit-il à sa femme. J'avais cependant aussi bien cru entendre mon nom. Mais il n'y a personne; » Il allait se recoucher, lorsque, se ravisant : « L'heure de l'*Angelus* est proche, dit-il, autant vaut que j'aille le sonner, et il s'achemina vers l'église Sainte-Geneviève, éloignée de trois cents mètres environ de son domicile.

La lourde construction romane, sur laquelle se dresse le clocher de Sainte-Geneviève, forme, au rez-de-chaussée, une pièce carrée; de là part l'escalier qui monte aux cloches, mais une porte donne accès dans le chœur de l'église.

Moussaron se disposait à monter directement à ses cloches, lorsqu'il se sentit inconsciemment attiré vers le sanctuaire. La porte s'ouvre d'elle-même et à sa grande stupéfaction il voit à l'autel un prêtre revêtu des ornements sacerdotaux qui semblait attendre l'arrivée du servant pour dire une messe. C'était M. Bonin ou son ombre. « Avance, dit le spectre au sacristain; mets-toi à genoux, sers-moi la messe, mais garde-toi de me toucher. »

Deux cierges brûlaient à l'autel, missel et calice étaient à leur place; Moussaron tombe à genoux et la messe commence; bien que les burettes fussent vides, il n'en fait pas moins le simulacre de verser dans le calice le vin et l'eau du sacrifice.

La cérémonie terminée, le prêtre se dirige vers la sacristie ; la porte se referme et tout disparaît.

Après quelques instants d'ahurissement, Moussaron monte à son clocher; l'aube teintait déjà l'horizon; c'était l'heure de l'*Angelus*; et bientôt les notes de ses cloches, plaintives comme un glas funèbre ondulant dans les airs, révèlent aux habitants de la paroisse les anxiétés du carillonneur.

Le lendemain, le surlendemain et pendant soixante-dix jours consécutifs, Moussaron trouva régulièrement le prêtre à l'autel; et si le sacristain, brisé par les angoisses et les émotions que lui causaient ces mystérieux événements, s'oubliait dans le sommeil, la voix se faisait entendre au matin sous ses fenêtres et le rappelait à l'église.

Le plus souvent, remarquait-il, le prêtre ne disait qu'une partie de la messe, négligeant des versets tantôt du milieu tantôt de la fin; il semblait vouloir ainsi combler des lacunes laissées aux messes qu'il avait dites pendant les derniers jours de sa vie.

Le malheureux Moussaron avait peu à peu perdu l'appétit; son sommeil était lourd; il dépérissait à vue d'œil et les gens du pays croyaient à sa fin prochaine. Nul cependant ne pouvait comprendre la nature de son mal car il ne parlait pas; une puissance occulte arrêtait sur ses lèvres plaintes et confidences; sa femme elle-même ignorait les terribles épreuves qu'il subissait.

La fête de l'Ascension arriva enfin!... Comme les jours précédents, Moussaron se sentit entraîné vers l'église; il la trouva cette fois entièrement illuminée comme aux jours de grandes fêtes; le prêtre était à l'autel; il dit sa messe; et, lorsqu'elle fut terminée : « Merci, dit-il au sacristain, tu m'as rendu un très grand service; tu seras récompensé... Et il disparut pour ne plus revenir.

A dater de ce jour, Moussaron put raconter, confidentiellement d'abord à ses proches, puis à ses amis, les événements mystérieux auxquels il avait été mêlé; la santé lui revint à mesure que s'affermissait dans son esprit l'espoir d'être à tout jamais débarrassé de ce pénible service.

La nouvelle de l'apparition du vieux curé s'était vite répandue dans le pays, provoquant chez les uns un rire moqueur — chez d'autres des impressions diverses.

Mais la cure d'Astaffort ayant été bientôt après pourvue d'un nouveau titulaire, les fêtes religieuses provoquées par son installation détournèrent les esprits de ces événements mystérieux et l'on ne parla plus que rarement des messes du vieux curé.

Dans un voyage que je fis à Astaffort on m'en dit quelques mots; je n'y attachai aucune importance, attribuant cette étrange histoire à un commérage de vieille bonne femme; ayant eu plus tard l'occasion de correspondre avec l'intelligent et vénéré pasteur qui dirige aujourd'hui la paroisse d'Astaffort, la pensée des messes du fantôme me revint à l'esprit et je lui demandai ce qu'il en croyait lui-même.

« J'avais comme vous vaguement entendu parler de cet événement, me répondit-il, mais jamais je n'avais interrogé le carillonneur à ce sujet; je viens de le faire appeler et de le questionner; sa réponse est absolument affirmative et je le crois sincère. Voyez-le vous-même quand vous aurez l'occasion de venir dans le pays. Interrogez-le et vous apprécierez ses réponses. »

J'ai vu Moussaron. Je l'ai questionné sous diverses formes et j'ai la certitude qu'il est absolument convaincu de dire la vérité en affirmant énergiquement les faits que je viens de raconter.

Cet homme, jeune encore, jouit certainement de toutes ses facultés intellectuelles ; c'est un brave homme, estimé de ses concitoyens; ses derniers mots m'ont surtout donné la mesure de sa sincérité et de sa bonne foi.

« En me quittant après sa dernière messe, M. le curé m'avait promis une récompense. Mais je l'attends encore, » me dit-il avec un accent qui traduisait son désappointement.

C. B. L.

ÇA ET LA

Les prédictions de l'almanach du Vieux Moore pour janvier 1898. — Le *Vieux Moore* est un almanach publié à Londres, et qui jouit en Angleterre de la plus grande popularité. Il donne pour chaque mois des prédictions qui sont figurées par douze dessins, correspondant aux douze mois: une légende explicative interprète la figure.

Pour janvier, le dessin représente un intérieur bourgeois. Au fond, les rideaux d'un lit légèrement entr'ouverts laissent apercevoir un corps décapité. Auprès du lit sur une table, un masque et une bassinoire sont déposés. Au premier plan, une femme, figurant la Justice, traîne un filet qui contient cinq têtes.

Voici l'explication que donne le *Vieux Moore:*

« Janvier, caractéristique générale, est un mois rempli d'épreuves et de tourments. Le Prophète a choisi pour entête (de la page) un dessin plutôt triste. Nous pouvons à peine entrevoir le tronc décapité de quelque homme d'Etat ambitieux — non que le *Vieux Moore* veuille indiquer qu'il a été mis à mort — mais qu'il a perdu la tête. La figure de la Justice que nous représentons tient dans ses mains plusieurs têtes de chefs de ministères. Tout cela montre qu'il y aura probablement beaucoup de changements importants dans notre Gouvernement au début de l'année — changements qui causeront des alarmes et des surprises à beaucoup des hommes les plus avisés du monde politique. Le masque de l'hypocrisie est mis de côté; et les charbons autrefois ardents contenus dans cet appareil de confort, la bassinoire, sont éteints et changés en cendres.

« Le sommeil supposé de John Bull poussera les plus importantes puissances à essayer de prendre des libertés avec lui, mais le lion britannique n'est pas le moins du monde endormi, car il s'élancera lorsqu'on s'y attendra le moins, avec un rugissement puissant, dispersera et ses amis supposés et ses ennemis, et les couvrira de honte et de confusion.

« Le commencement de l'année sera fécond en événements importants. Tandis qu'ils se dérouleront, un effort sera fait sur les meilleures énergies de nos ministres, tant chez nous qu'à l'étranger.

« Le voisinage de la flotte française d'une de nos stations à charbon soulèvera un sentiment d'anxiété, et répandra l'alarme dans tout notre département naval.

« Les sergents enrôleurs seront fort occupés, faisant de leur mieux pour assurer de bonnes matières premières pour tous les rangs; de plus, on aura besoin d'une somme considérable pour faire face à tous ces besoins, et le *Vieux Moore* est fier de penser que l'argent sera prêt à sortir du peuple sans un murmure.

« Un trouble énorme va sous peu se produire, résultant de têtes et de membres brisés. Les parties engagées dans cette lutte inutile seront traitées suivant la loi, mais c'est seulement pour un temps que ce sentiment sera apaisé.

« Température âpre et froide. »

* * *

Recherche des sources par le magnétisme vital. — Il existe en Algérie un homme, nommé Berland, qui détermine de la façon la plus curieuse et la plus exacte l'emplacement de cours d'eau souterrains.

Au cours de ses voyages en Algérie, où il s'occupait de sondages artésiens, un de nos lecteurs, M. H. L..., fut mis en rapport avec M. Berland, et constata qu'en effet, on trouvait toujours l'eau en creusant des puits aux endroits désignés par lui.

« L'appareil dont il se sert, dit M. L..., consiste dans un petit pendule très simple, qui s'agite dans ses mains quand il passe au-dessus d'un cours d'eau souterrain; ce qui tient, dit-il, à une disposition nerveuse spéciale. Quant à la manière de déterminer la profondeur à laquelle on trouvera la source, il en garde le secret.

« On fore en ce moment aux environs d'Alger un puits artésien dont l'emplacement a été choisi par lui, et il estime qu'on y trouvera l'eau jaillissante à la profondeur de 200 mètres environ. Ce puits est actuellement à 50 mètres. Nous saurons d'ici quelques mois, au plus, si M. Berland a donné une indication juste. »

***

Un cas de « télépathie ». — On raconte, à propos de l'assassinat de l'acteur anglais William Terris, un cas de « télépathie » bien curieux.

L'acteur Terris avait un petit chien dont l'attachement jaloux pour son maître fournissait nombre d'anecdotes surprenantes aux familiers de la maison. Aucune d'elles n'aura été plus saisissante que la dernière, et la voici, telle que nous la rapporte un témoin fortuit.

A l'heure, à l'instant précis où Terris était assassiné très loin de sa demeure, le petit chien favori de la victime a bondi tout à coup et, subitement furieux, le poil hérissé, il a aboyé avec tant de violence contre un agresseur invisible que les membres de la famille, très impressionnés, ont pu le calmer difficilement; pourtant, aucun étranger n'était là... personne à la porte!

***

Le Syndicat de la Presse spiritualiste. — Ce syndicat a pour but « de grouper tous les écrivains sans distinction d'écoles, et de répandre l'idée spiritualiste sans autre épithète. Chacun conserve son entière indépendance. Aucun *credo* n'est imposé. »

On peut demander un exemplaire des statuts et tous renseignements au Président ou au Secrétaire général du Syndicat, 23, rue Saint-Merri, à Paris.

***

La vision de Charles XI, roi de Suède. — Comme suite à notre article donnant le procès-verbal authentique de cette vision, voici ce qu'écrivait sur le même sujet Prosper Mérimée en 1829 :

« Si l'on se rappelle la mort de Gustave III et le juge-
« ment d'Ankarstroem, son assassin, on trouvera plus
« d'un rapport entre cet événement et les circonstances
« singulières de cette prophétie.

« Le jeune homme décapité en présence des états
« aurait désigné Ankarstroem. Le cadavre couronné
« serait Gustave III. L'enfant, son fils et son successeur,
« Gustave-Adolphe IV.

« Le vieillard, enfin, serait le duc de Lindermanie,
« oncle de Gustave IV qui fut régent du royaume, puis
« enfin roi après la déposition de son neveu. »

***

Pour notre oncle. — M. Francisque Sarcey ne croit pas aux somnambules, ainsi qu'on a pu le voir. Le fait suivant ne le convaincra sans doute pas; nous lui en certifions cependant la véracité.

Au mois de juillet 1894, Mme J..., en villégiature dans son château voisin d'Arcis-sur-Cure (Yonne), constatait la disparition d'un portefeuille placé dans un coffre-fort, et renfermant environ 10.000 francs en valeurs et billets de banque. Après quelques mois de vaines recherches, on retrouva un jour, dans une haie, le portefeuille boueux, maculé — et vide, naturellement.

Rentrée à Paris, Mme J..., par curiosité plutôt que dans l'espoir de retrouver le voleur, s'en fut consulter une somnambule nommée Augustine, qui habitait et habite peut-être encore 12 ou 14, rue Bleue. Elle lui montra le portefeuille, et, sans autres indications, la somnambule reconstitua la scène. Elle désigna comme coupable un domestique qui avait quitté le château peu de jours avant que le vol fût découvert.

« Je le vois, dit-elle, il est en train de laver une voiture, il est cocher avenue Friedland. » Il lui fut impossible de dire le numéro, mais elle fit une description si exacte de la maison qu'on put la retrouver. Or, *elle ne portait pas de numéro.*

Arrêté, le cocher avoua être l'auteur du vol.

Allez voir Augustine, mon oncle!

***

Qui dort, travaille. — Un journal du Centre nous signale ce curieux cas de somnambulisme :

« La semaine dernière, à Arlane (Puy-de-Dôme), un ouvrier maréchal-ferrant, atteint de somnambulisme, se leva tout endormi et, après avoir allumé la forge, se mit à forger neuf fers de vache. Il travailla pendant deux heures sans se réveiller, et les fers qu'il avait ainsi forgés étaient beaucoup mieux faits, paraît-il, que ceux qu'il fabriquait étant éveillé. Ce n'est qu'au bout de deux heures qu'il se réveilla, après s'être heurté contre une porte. »

La jolie maladie pour un paresseux!

***

La maison hantée de Marseille. — Les phénomènes de hantise semblent avoir cessé rue Vincent-le-Blanc. Peut-être n'est-ce qu'une trêve de courte durée. M. Nivière, le locataire de la maison hantée, a déclaré à notre ami X. Reynaud qu'il s'écoulait parfois une huitaine de jours sans que l'on pût entendre aucun bruit.

Et puis la scène se passe à Marseille...

***

Le sujet du Dr Ferroul. — A la suite de l'article du Dr Grasset, publié dans la *Semaine Médicale*, relatant une expérience de lecture à travers les corps opaques — et que nous avons reproduit dans *l'Echo* — l'Académie des sciences et lettres de Montpellier nomma une commission, composée de trois médecins et un professeur de physique, pour faire une nouvelle et décisive expérience, les envoyés ne devant pas connaître le contenu de la nouvelle enveloppe, et devant aller à Narbonne la porter eux-mêmes *sans la confier à personne à aucun moment.*

L'insuccès de cette nouvelle expérience fut, paraît-il, complet. Les membres de la Commission en conclurent qu'ils avaient été mystifiés. C'est peut être, pour des savants impartiaux, ou qui prétendent l'être, aller bien vite en besogne.

Il est certain que si ces messieurs croient que les phénomènes psychiques peuvent se reproduire comme les phénomènes mécaniques quand on en restitue les circonstances et les conditions, ils se trompent grossièrement.

Quant à nous, nous avons écrit au Dr Ferroul pour lui demander des renseignements complémentaires. Nous n'avons pas encore reçu sa réponse. Si elle nous parvient, nous la publierons.

GASTON CROSNIER.

A LA SOCIÉTÉ DES SCIENCES PSYCHIQUES

Séance du 5 janvier 1898.

La Société, conformément aux statuts, renouvelle son bureau annuel. Sont élus : Président, M. l'abbé Méric; vice-présidents, le R. P. Bulliot et le Dr Wirbel.

M. l'abbé Bonnot, trésorier, rend ses comptes. La situation financière de la Société est des plus florissantes. On applaudit.

M. Ch. Varaigne a la parole.

M. Ch. Varaigne, dans une causerie claire et enjouée fait l'historique de ses expériences d'iconographie fluidique chez la famille Sabourault. Il raconte comment il a obtenu l'étrange cliché que nous avons reproduit dans notre dernier numéro. Il montre les enveloppes et la boîte qui ont servi à l'obtenir. Son récit intéresse vivement l'auditoire.

— Quelles sont vos conclusions? demande M. l'abbé Méric.

— Je n'en ai aucune, répond M. Varaigne. J'expose et je montre le résultat d'une expérience. Je ne l'explique pas.

Mais M. Ledos, qui est dans la salle, affirme que les figurations du cliché ont une signification occulte très précise. Il nous est difficile de nous appesantir sur ce point. Nous laisserons à ceux de nos lecteurs qui sont habitués à lire entre les lignes le soin de deviner cette signification. Ils en savent assez sur les conditions où a eu lieu l'expérience pour la deviner très vite.

M. le docteur Tison, qui présida la Société pendant l'année 1897 avec une autorité et une impartialité si égales, monte à la tribune après M. Varaigne. Il parle des récentes découvertes de M. le Dr Edouard Branly, professeur de physique à l'Institut catholique de Paris, sur la télégraphie électrique sans fil.

« Ce savant trop modeste, dit-il, a depuis longtemps démontré le fait suivant. Si on met dans le circuit d'une pile électrique, reliée à un galvanomètre, un tube rempli de limaille métallique, on voit que le courant ne passe plus. La limaille, formée de particules discontinues ou contiguës, ne conduit pas l'électricité. Mais vient-on à faire jaillir à une certaine distance (en 1890, M. Branly allait jusqu'à 25 mètres) une étincelle électrique de la machine de Wimshurt, aussitôt la limaille devient conductrice, car le courant passe.

« Si maintenant on produit un choc à proximité du tube contenant la limaille, celle-ci perd sa conductibilité car le courant ne passe plus. Ces expériences montrent qu'on peut à volonté rendre le tube à limaille conducteur ou non de l'électricité.

« M. Branly est donc bien l'inventeur de la télégraphie électrique sans fils, car la prétendue invention de l'Italien Marconi, autour de laquelle on a fait tant de bruit, n'est pas autre chose que l'application pratique du principe découvert par le Dr Branly.

« Certes, si la découverte de M. Branly était due à un Prussien qui eût aidé à bombarder Paris, il y a vingt-sept ans, les revues, les journaux en retentiraient; mais M. Branly est un professeur de l'Institut catholique! (*Applaudissements.*)

« Arrivons maintenant aux déductions physiologiques et thérapeutiques qui ont amené M. Branly à assimiler les conducteurs nerveux aux substances conductrices discontinues (tubes à limaille).

« Dans les tubes à limaille, c'est l'air interposé entre les particules qui s'oppose au passage de l'électricité et constitue la résistance. La preuve en est que par la pression cet air disparaît, et qu'il naît entre les particules conductrices une adhérence continue. On peut en conclure qu'un conducteur discontinu à grains contigus que sépare un milieu isolant, serait le type du conducteur quel qu'il soit. Dans les fils métalliques, la compression a extrêmement réduit le milieu isolant qui entoure chaque grain. Dans les conducteurs visiblement discontinus, la matière isolante est en quantité suffisante pour maintenir les grains conducteurs à une certaine distance les uns des autres. On admet, en outre, que chaque grain est entouré par une gaîne d'éther, et à l'état normal par une épaisseur convenable du milieu isolant, les gaînes d'éther ne se touchant pas. Si une étincelle électrique vient à jaillir dans le voisinage, les gaînes d'éther se renflent, et c'est de leur pénétration mutuelle que résulte la conductibilité électrique. Cette pénétration se maintient tant qu'un choc n'a pas fait rétracter les gaînes. En multipliant les étincelles électriques, on renforce l'effet de pénétration et en même temps la conductibilité. Si l'on augmente la quantité de matière isolante intercalée entre les particules métalliques, la pénétration des gaines d'éther n'a pas lieu, elle se réduit à un simple contact que le moindre choc supprime, et l'expérience fait voir que la conductibilité, au lieu d'être persistante, disparaît immédiatement après avoir été provoquée par l'étincelle. En augmentant encore la quantité de matière isolante, le contact ne peut plus se produire et la conductibilité devient impossible.

« Cette théorie peut être critiquée quant à la forme, en raison de l'incertitude où nous laisse notre ignorance de la constitution de la matière, mais elle est exacte quant au fond, car elle ne fait que traduire le fait de l'établissement de la conductibilité et de sa disposition. En tout cas, elle a l'avantage de mener directement à une analogie physiologique intéressante. Il suffit d'en faire *une application à la conductibilité nerveuse.*

« Dès les premières recherches sur le système nerveux, il a paru naturel d'admettre entre la conductibilité nerveuse et la conductibilité électrique des fils métalliques, une ressemblance qui a été exprimée par les termes de conducteurs nerveux et de courants nerveux. Le système nerveux passait alors pour former un tout dont les différentes parties étaient continues. Mais, dans ces dernières années, les recherches histologiques de Golgi, Ramon y Cajal, Van Gehuchten, etc., ont montré que le système nerveux est formé de neurones, c'est-à-dire d'éléments discontinus dont les différentes parties ne sont en rapport que par contiguïté. Un neurone est un élément nerveux comprenant une cellule nerveuse émettant d'une part des prolongements protoplasmiques, et d'autre part un cylindre-axe dont l'extrémité se ramifie. Les neurones sont plus ou moins longs ou plus ou moins courts. Ils se mettraient en rapport par leurs extrémités ramifiées jouissant de propriétés amœboïdes ou mieux de mouvements protoplasmiques qui augmenteront ou diminueront leur distance suivant le sens ou la direction de ces mouvements. Il en résulte, dit le Dr Pupin, que « le système nerveux n'est qu'un agrégat de neurones sans soudures entre eux ».

« Il s'ensuit donc une analogie très frappante entre les conducteurs nerveux et les conducteurs électriques discontinus. Car on conçoit très bien que, sous certaines influences morales, physiologiques, physiques, chimiques, etc., la contiguïté des éléments nerveux puisse s'établir et qu'alors le nerf transmette l'influx nerveux. Au contraire, sous des influences différentes, les ramifications peuvent s'écarter au point que la transmission de l'influx nerveux reste suspendu. Il suffit pour cela que ces ramifications se contractent ou dirigent leurs extrémités dans un sens différent.

« Bien des raisons peuvent justifier cet essai d'assimilation du fonctionnement des conducteurs électriques discontinus et des neurones.

« De même que le choc affaiblit et fait même disparaître

la conductibilité des substances discontinues, de même le traumatisme produit l'hystérie. L'anesthésie et la paralysie hystériques ne sont-elles pas dues à une suppression de la transmission soit sensitive, soit motrice, de l'influx nerveux. De même que l'étincelle électrique rétablit la conductibilité des substances conductrices discontinues, n'agit-elle pas de la façon la plus efficace dans l'anesthésie et la paralysie hystériques, ce qui laisserait à penser qu'elle a pour effet d'établir, dans l'un et l'autre cas, la pénétration mutuelle des prolongements.

« Les courants de haute fréquence et les oscillations électriques qui les accompagnent sont éminemment aptes à rendre conductrices les substances discontinues, nous les voyons d'autre part, d'après les recherches de d'Arsonval et d'Apostoli, exercer un effet thérapeutique manifeste sur les affections causées par le ralentissement de la nutrition. Si ces affections peuvent être attribuées à une transmission imparfaite de l'influx nerveux dans les nerfs vaso-moteurs, on sera en droit de supposer que les oscillations électriques agissent en rétablissant entre les éléments nerveux une contiguïté qui était devenue insuffisante. »

En terminant, M. le Dr Tison se demande si l'analogie d'effets constatée entre la conductibilité électrique discontinue et la conductibilité nerveuse ne pourrait pas être étendue au phénomène mental de la télépathie. M. le Dr Rozier, en quelques mots, répond que cette extension ne lui paraît pas possible. Il en donne quelques raisons techniques. M. le R. P. Bulliot en donne une, de bon sens, très topique.

— Et la télépathie dans l'avenir! dit-il.

Mais l'heure tardive n'a pas permis de pousser très avant la discussion. En somme, la question posée par M. le Dr Tison n'est pas résolue. Elle est intéressante, et il est probable que la Société y reviendra dans une prochaine séance.

G. M.

A TRAVERS LES REVUES

Le numéro de décembre de l'Initiation, la revue que dirige Papus, est, comme les précédents, du plus haut intérêt. La « partie initiatique » contient un savant article du Dr Marc Haven, sur le commentaire du *Cantique des Cantiques*, que publie la « Bibliothèque Rosicrucienne. » L'auteur analyse cet ouvrage, en montre l'intérêt au point de vue magique et kabbalistique, et nous apprend, — ce qui est intéressant au lendemain de la mort de Stanislas de Guaita, — qu'aujourd'hui « le Cantique des Cantiques est le livre fondamental des soixante-douze Rose-Croix, et que chacun d'eux s'efforce, en entrant dans l'Ordre, d'en donner un commentaire nouveau aussi exact que possible. » — La « partie philosophique » renferme, entre autres choses, de curieux détails sur la *question de l'or artificiel*, dus à Papus, Tiffereau et Guymiot ; une étude de Saturninus sur la *prophétie de Prémol ou Carthusienne* ; et une intéressante dissertation de M. Jacques Brieu sur *Strada et la Philosophie de l'Impersonnalisme méthodique*. L'auteur analyse l'œuvre originale de ce philosophe, qu'il appelle le « Pascal du XIXe siècle », et qu'il nous montre incompris ou méconnu de ses contemporains et mourant de leur injustice. Enfin, M. François nous expose le résultat de ses dernières expériences avec Renée Sabourault. Remarquons, à ce sujet, que les phénomènes habituels ne se produisent plus *spontanément* dans la famille hantée, mais ne se manifestent que quand on les provoque.

Le numéro de janvier de l'Hyperchimie, organe de la Société Alchimique de France, est en grande partie consacré à *la production artificielle de l'or* par les procédés de MM. Emmens, Tiffereau, Strinberg et Clavenad. M. Tiffereau fait, à ce propos, appel aux bonnes volontés pour la création d'une société d'études qui lui permettrait, en lui fournissant les fonds nécessaires, de produire, — à très gros bénéfices, assure-t-il, — le métal si désiré. — Mme de Thèbes expose, comme naguère dans l'*Echo*, d'intéressante façon les principes essentiels de la *Chiromancie*. — Le Dr Marc Haven, donnant son opinion sur *l'Hermétisme populaire*, se prononce contre la vulgarisation de ces doctrines, se séparant sur ce point de la plupart de ses confrères en occultisme, Papus notamment ; d'accord, au contraire, avec Jean Tabris et le regretté Stanislas de Guaita.

Dans le numéro du 1er-15 janvier de la Paix Universelle, un article d'Amo sur *l'amour et le savoir*, et un chaleureux *appel à la solidarité* en faveur du magnétiseur Mouroux, que poursuit en justice, avec un acharnement féroce le syndicat des médecins angevins.

La plus grande partie du numéro de novembre-décembre de la Résurrection est consacrée à un essai de réfutation du livre de Strada, *Jésus et l'ère de la Science*. Il contient aussi divers renseignements sur l'*Alliance universelle* en vue de la paix internationale et sur le *Congrès de l'humanité* dû à l'initiative d'Amo.

Dans le numéro de novembre-décembre des Annales des sciences psychiques, le Dr Dariex rapporte plusieurs expériences de *double-vue* faites avec le sujet du Dr Ferroul, qui corroborent celles du professeur Grasset ; — divers phénomènes de *télépathie* et d'*extériorisation de la sensibilité* ; — enfin, sous le titre d'*Esprits tapageurs*, la suite de la relation de nombreux faits de hantise due à M. Podmore.

Dans le numéro du 1er janvier de Light, un anonyme, à propos d'un livre récent du Dr Scripture, directeur du Laboratoire psychologique d'Yale, raille les prétentions de la *Nouvelle Psychologie*, qui tente de mesurer par des appareils et d'exprimer en des formules les phénomènes psychiques, et lui reproche de négliger les faits, autrement intéressants, dont se préoccupent à juste titre les savants indépendants, les Croockes, les de Rochas, les Baraduc. En somme, les psychologues prétendus « nouveaux » ne diffèrent pas des anciens.

Le numéro du 8 janvier de la même revue achève la publication, commencée dans le précédent fascicule, d'un discours de Mlle Goodrich-Freer sur les *phénomènes de hantise*, prononcé à la réunion de l'Alliance spiritualiste de Londres du 17 décembre. A lire aussi : *Un rêve réalisé*, — la suite de l'étude de Quæstor Vitæ sur *l'état de l'âme après la mort* (voir sur la même question les deux derniers numéros), — et, sous le titre de *Lumière cérébrale*, le récit d'intéressantes expériences de M. Howard Swan sur la nature et les conditions de la pensée.

Le Rosier de Marie publie un article de M. l'abbé Pieraccini sur le prodige de Novella (Corse) dont nous avons, les premiers, parlé dans notre numéro du 1er novembre 1897.

Voici les principaux passages de cette intéressante relation :

Depuis quelques mois un nombre incalculable de fidèles visitent l'église paroissiale de Novella en Corse. Cette église qui est de construction récente, possède un tableau représentant la Vierge Mère entourée d'anges et de saints.

Depuis le 5 juillet dernier, ce tableau se couvre d'une sueur mystérieuse que des milliers de pèlerins de tout âge et de toute condition ont pu voir, toucher et recueillir à diverses reprises. Cette transpiration étrange est intermittente : parfois c'est pendant de longues heures, qu'on peut voir des larmes ou des globules d'eau claire et limpide perler à la surface de la toile et couler jusqu'au bord du cadre en bois. La plupart du temps cette exsudation ne dure que quelques minutes. La photographie elle-même serait impuissante à reproduire dans son insaisissable réalité ce merveilleux phénomène.

Déjà il y a 150 ans, on avait pu constater un suintement inexplicable sur un petit tableau représentant la Vierge du Rosaire. Ce tableau qui existe toujours est exposé sur l'autel *in cornu Evangelii* de l'église paroissiale. C'est une estampe, probablement du XVIe siècle, noir et couleur, gravée sur papier fort, de fabrication italienne. Cette gravure à moitié abîmée par l'humidité — d'aucuns croient y voir la trace de l'exsudation — est en partie déchirée.

Le fait de la transpiration a été constatée par procès-verbal de l'autorité religieuse et par des documents authentiques de l'époque.

Et maintenant à 150 ans de distance, un autre tableau peint sur toile, qui a dû subir l'injure du temps, offre aux regards étonnés de milliers de fidèles, le phénomène extraordinaire d'une sueur inexplicable...

Nous avons examiné, sans aucune idée préconçue, le prodige de Novella. A notre avis on doit écarter toute hypothèse d'erreur ou de supercherie : les milliers de pèlerins qui ont pu constater cette exsudation merveilleuse, ne pouvaient être le jouet de leur imagination ou les victimes inconscientes d'une hallucination contagieuse.

D'autre part, les révélations les plus modernes de la physique et de la chimie sont impuissantes à nous donner l'explication rationnelle de cet étrange phénomène. Nous défions les plus habiles chimistes de produire la liquidité d'une seule molécule de couleur — sans appareil et sans réactif.

Le fait de l'exsudation a été constaté pendant les chaleurs tropicales des mois de juillet et août et dans la première quinzaine de novembre; à moins de fausser compagnie au bon sens, il est impossible de l'expliquer par l'humidité ambiante, la chaleur ou toute autre combinaison atmosphérique.

D'ailleurs, essayez de reproduire par des jeux de lumière les apparences de ces globules d'eau; analysez, si c'est possible, ces larmes mystérieuses, et après avoir réuni tous les éléments d'information, vous pourrez porter sur cet étrange phénomène un jugement scientifique.

Enfin, si la cause de ce fait merveilleux est naturelle, il suffira d'en reproduire les conditions physiques. Placez au même endroit un autre tableau et si la transpiration a lieu, il sera clair que la cause est une des forces de la nature.

Sans doute il est souvent arrivé qu'on a pris l'inexpliqué pour l'extra-naturel, il est indubitable aussi qu'en présence de certains faits étranges, mystérieux, l'hésitation est permise et même commandée.

Le théologien ne doit céder ni à l'enthousiasme ni aux sollicitations des foules, il ne peut empiéter sur les droits sacrés de l'autorité légitime. Il serait toujours téméraire de s'engager dans cette voie.

On ne doit pas oublier que l'autorité ecclésiastique a seule le droit de rendre un jugement doctrinal : elle sait modérer les élans populaires, les contenir et au besoin y résister. Toute précipitation et surtout la moindre erreur dans l'examen des faits d'une si haute importance, serait de nature à produire sur les âmes les plus déplorables effets, et à jeter le discrédit et le ridicule sur les miracles avérés, régulièrement constatés.

Déjà de divers côtés on a demandé une enquête sérieuse : on désirerait voir des maîtres connus apporter dans l'examen de cette grave question l'appui de leur autorité et de leur talent.

L'enquête, si elle est ordonnée, donnera-t-elle des résultats contradictoires?

Nous l'ignorons. Quoi qu'il en soit, il y a là matière à une grande leçon instructive pour l'incroyant, le chrétien et le savant.

Il y aurait aussi à glaner dans Matines, l'intéressante revue de littérature et d'art dirigée par Serge Basset ; la Revue Spirite, dont le dernier numéro contient une étude de M. Ernest Bosc, qui vaut d'être lue, sur *le Livre des Morts des anciens Egyptiens* ; la Rivista di Studi Psichici, qui publie le récit des expériences de M. de Rochas au château de Choisy-Yvrac, et divers documents sur la télépathie ; la Lumière ; le Progrès Spirite, le Phare de Normandie, etc., etc. Signalons enfin à ceux qu'intéresse l'énigme historique de la survivance la Légitimité du 1er janvier et la Fleur de Lys (trimestrielle) dont le premier numéro, qui ne manque pas d'intérêt, porte la date du 20 décembre.

R. D.

LES LIVRES

Avec Niels Lyhne, roman danois de J.-P. Jacobsen, dont MM. Sten Byelke et Sébastien Voirol viennent de publier chez Maisonneuve une très belle traduction est remis sous nos yeux l'insondable problème de la vie.

Le héros de cette œuvre puissante se débat, poussé par des hérédités contraires. Nous disons « hérédité », pour ceux à qui le mot « Karma » n'est pas familier.

*
* *

Rabbi Issacchar Baer. *Commentaire sur le Cantique des Cantiques*, très curieux ouvrage d'un rabbin du XVIe siècle, traduit pour la première fois de l'hébreu en français, et précédé d'une introduction des plus intéressantes. C'est le second volume que publie la Bibliothèque rosicrucienne.

Le Gérant : Gaston Mery.

IMP. NOIZETTE ET Cie, 8, RUE CAMPAGNE-PREMIÈRE PARIS

DEUXIÈME ANNÉE. — N° 26. 1er FÉVRIER 1898 LE NUMÉRO : 50 CENT.

L'ÉCHO

DU

MERVEILLEUX

REVUE BIMENSUELLE

LA BAGUETTE DE COUDRIER

Les lecteurs de l'*Echo du Merveilleux* ont paru s'intéresser vivement aux courtes notes, parues dans les derniers numéros, sur les étranges propriétés de la baguette de coudrier. De tous côtés, on me demande sur la question quelques notions complémentaires. Voici donc ce que je sais :

On me pardonnera tout d'abord de ne pas insister sur les généralités. Tout le monde sait que la divination par la baguette date de temps immémorial. Il en est parlé dans Strabon, qui raconte que les brachmanes de Perse y recouraient ; dans Hérodote, qui en constate l'usage chez les Scythes, et dans Tacite qui affirme qu'elle était connue des Germains. Il en est parlé aussi dans l'*Exode*, à propos des magiciens de Pharaon. Enfin est-il bien utile de rappeler la baguette d'Aaron ?

Je restreins mon sujet à la seule baguette de coudrier, destinée à la découverte des sources.

L'usage de cette baguette est très répandu en France depuis le moyen âge. Ceux qui s'y adonnaient s'appelaient jadis des *sourciers*, et l'appellation de *sorciers* appliquée aux devins de village n'est peut-être qu'une corruption de ce mot-là. L'histoire a conservé le nom de l'un de ces sourciers. Il s'appelait Bleton, et il fit beaucoup parler de lui au siècle dernier. Un médecin, Touvenel, écrivit même son panégyrique en deux volumes.

« Je dois prévenir les lecteurs incrédules, disait ce médecin dont la bonne foi devrait servir d'exemple aux savants officiels d'aujourd'hui, que toutes les objections, les censures, les raisonnements, les discussions, ne pourront ébranler ma croyance ; qu'il faudrait pour cela des faits contradictoires, recueillis en aussi grand nombre et avec autant d'exactitude que les miens. »

C'est ce qui s'appelle être convaincu.

Voici comment Bleton opérait :

Il plaçait horizontalement la baguette, non fourchue, mais seulement un peu courbe, sur ses doigts index, et se mettait en marche. S'il y avait une source, la baguette tournait sur son axe, plus ou moins rapidement et plus ou moins de temps selon la quantité et la force de l'eau.

La marche suivant le cours de la source était plus favorable que la station, au mouvement de la baguette ; mais il avait lieu néanmoins dans l'un ou l'autre cas, si la source était suffisamment forte.

Ce qu'il y avait de particulièrement remarquable dans le cas de Bleton c'est que, lui-même, éprouvait, lorsqu'il arrivait dans le voisinage d'une source, une foule de sensations diverses que Touvenel, d'ailleurs, décrit avec complaisance.

Un autre phénomène bien plus étonnant encore c'était que, lorsque Bleton — après avoir fait aller sa baguette sur le trajet de la source, suivant son mouvement naturel de rotation qui était d'arrière en avant — venait à s'en éloigner en suivant une ligne horizontale, inclinée ou verticale, quelconque et dans tous les sens, la baguette, qui cessait de tourner dès l'instant qu'il avait quitté la source, éprouvait, à une distance déterminée et invariable, un mouvement de rotation dans un sens contraire au premier, mais ne faisait qu'un seul tour.

Ce mouvement rétrograde était pour Bleton l'indication de la profondeur, qu'il disait égale à la distance parcourue depuis la fin du mouvement direct de la baguette jusqu'au commencement du mouvement rétrograde.

Aux Etats-Unis, l'usage de la baguette de coudrier est également très répandu. Le mode d'emploi diffère sensiblement de celui de Bleton.

La baguette employé aux Etats-Unis est formée d'une fourche de bois de coudrier, tenue les mains en supination. Le devin, cette fourchette en main, marche légèrement et sans secousse. Quand il arrive sur une source, la pointe de la fourchette s'incline et se place perpendiculairement à la surface du sol.

Pour déterminer la profondeur, il mesure la distance du point où le mouvement de la baguette a commencé au point où la branche de la fourche s'est placée perpendiculairement à la surface du sol...

Vers 1853, l'Académie des sciences — les savants et les Académies étaient décidément moins pusillanimes autrefois qu'aujourd'hui — voulut se faire une opinion sur la question. Un M. Riondel, du Var, lui avait soumis un mémoire sur « la baguette divinatoire employée à la recherche des eaux souterraines » et elle avait chargé une commission, composée de MM. Chevreul, Boussingault et Babinet, de rédiger un rapport. Le rapport ne fut pas favorable.

La Commission de l'Académie des sciences avait fait ce que fit dernièrement la Commission de l'Académie des sciences et lettres de Montpellier, nommée pour étudier le cas d'Anna Brieu. D'une expérience ratée, elle avait conclu à l'impossibilité de toute expérience...

Les savants cessèrent de s'occuper du phénomène. Mais dans les campagnes, on continua à le constater. Et, actuellement, il n'y a plus guère que les savants pour nier un fait dont tout le monde en dehors d'eux, a pu être témoin maintes fois.

Je n'en veux pour preuve que cette lettre — entre beaucoup d'autres — et que je cite parce qu'elle est claire et courte.

Château de Saint-Pois, 17 janvier 1898.

Monsieur,

Je lis dans l'*Écho* une courte notice sur la recherche des sources par le magnétisme vital. Cette question m'ayant vraiment intéressé, permettez-moi de compléter cette notice par quelques observations que j'ai pu faire au cours d'expériences plusieurs fois répétées.

Comme tout propriétaire, j'ai eu plusieurs fois besoin de faire creuser des puits sur des fermes; or, à chaque fois, je me suis adressé à un chercheur de sources bien connu dans le pays, et chaque fois j'ai eu pleine satisfaction. Cet homme est un petit cultivateur, homme fort simple, qui opère sans se cacher et dont la méthode est des plus naturelles.

Et, d'abord, il y a une chose qu'il faut bien admettre, c'est qu'il y a indubitablement un courant magnétique, qui s'établit entre l'opérateur et les cours d'eau souterrains. Or, voici la façon dont mon homme procède. Il prend une pousse de l'année à un coudrier, afin qu'elle soit bien flexible; cette pousse doit présenter l'aspect d'une fourche. Chaque branche a environ 0 m. 30 de large et la pointe de la fourche à peu près 0 m. 15. L'opérateur prend la baguette en tenant une branche dans chaque main, de façon à ce que la pointe A B soit bien droite en l'air; puis il marche dans le champ où il s'agit de trouver de l'eau.

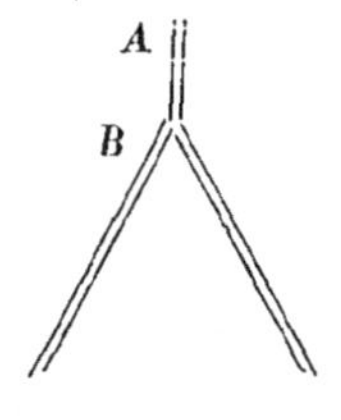

Lorsqu'il est arrivé dans le centre d'action d'un courant, la pointe de la baguette commence à osciller ; puis, à mesure qu'il s'avance vers le courant, elle s'incline progressivement jusqu'à ce qu'elle prenne la perpendiculaire sur le sol. C'est là que l'opérateur doit s'arrêter, c'est là que passe la source.

Plus la source est forte, plus rapide est l'abaissement de la baguette.

Voilà donc l'eau trouvée, il s'agit de fixer la profondeur à laquelle elle se trouve. Or, rien n'est plus facile étant donnée l'existence du rayonnement magnétique. L'opérateur ayant marqué la place où la baguette a pris la perpendiculaire à la terre, se recule lentement; alors il se produit ce fait : c'est que la pointe AB de la baguette se relève progressivement à mesure qu'il s'éloigne et qu'à un moment elle reprend la position droite vers le ciel. Vous n'avez qu'à marquer cet endroit et à mesurer la distance de ce point au point désigné pour l'emplacement du courant d'eau et vous aurez la profondeur exacte de votre puits.

Rien n'est plus simple, rien n'est plus logique. Trois fois j'en ai fait l'expérience et trois fois j'ai trouvé l'eau à la profondeur indiquée sans la moindre erreur. Une chose est à noter, c'est qu'à la façon dont la baguette se comporte on juge de la force du courant d'eau. Se rabat-elle vivement vous êtes sûr d'avoir une source excellente.

Tels sont, monsieur, les faits que j'ai constatés et qui sont de nature à compléter l'article paru dans l'*Écho du Merveilleux* du 15 janvier.

Veuillez agréer, monsieur, l'expression de ma considération distinguée.

L'un de vos abonnés,

Cte D'AURAY.

Tels sont les quelques renseignements que je puis fournir à nos lecteurs sur le phénomène, pris en lui-même, qui a piqué leur curiosité. La réalité de ce phénomène n'est pas niable.

Mais la question se pose maintenant de savoir s'il en existe une explication plausible.

Avec l'aide de nos lecteurs nous essaierons de répondre à cette question dans un prochain article.

GASTON MERY.

L'EXPÉRIENCE DU DOCTEUR GRASSET

Paris, 18 janvier 1898.

Monsieur,

M. le Dr Grasset vient d'envoyer à son confrère, M. le Dr Cabanès, quelques détails sur la contre-expérience de lecture à travers les corps opaques, tentée le 29 décembre dernier à Narbonne avec l'aide du sujet du Dr Ferroul. J'ai pensé qu'ils pourraient intéresser vos lecteurs.

On se rappelle l'expérience du 29 octobre 1897 et le compte rendu qu'en donna le Dr Grasset à l'Académie des sciences et lettres de Montpellier. Celle-ci, voulant s'éclairer d'une façon définitive sur l'étrange cas de lucidité qui lui était soumis, délégua une commission de quatres membres composée du Dr Grasset, d'un professeur de physique à la Faculté des sciences, du chef des travaux de physique à la Faculté de médecine et du bâtonnier de l'ordre des avocats. Or voici les deux expériences qui furent tentées.

Une boîte avait été apportée de Montpellier, enveloppée de papier fort fermé à la cire. Elle contenait des copeaux, une demi-plaque de verre impressionnée et non développée (l'autre demi-plaque restant à Montpellier au laboratoire, à titre de témoin) et enfin une enveloppe renfermant des mots tracés à l'insu des membres de la commission. Cette boîte ayant été déposée dans le cabinet du Dr Ferroul, ce dernier conduisit les délégués chez Anna Brieu. Je laisse ici la parole au Dr Grasset :

« Nous sommes allés nous quatre et Ferroul chez le sujet qui n'est rentré qu'un peu après nous, qui nous a tenus deux heures avec des attaques de nerfs, et auprès de laquelle sa sœur et diverses personnes sont allées et venues. Elle n'a réussi à nous dire que : « Il y a une boîte, des copeaux, du verre et rien de plus ». Nous sommes revenus chez Ferroul et nous avons constaté que la boîte avait été déplacée, certains cachets enlevés, des essais faits de recollage avec de la colle, du papier et un cachet; enfin la plaque, développée le lendemain à Montpellier a été voilée entièrement, tandis que la plaque témoin donnait une photographie très nette. Donc il y a eu des tentatives certaines de rupture des scellés par le sujet lui-même, dès notre sortie de chez Ferroul, ou par la sœur du sujet.

« Une seule expérience tentée de lecture d'une enveloppe fermée, tenue par l'un de nous et non lâchée, a complètement échoué. *Elle* n'a rien lu du tout.

« Je considère la question comme enterrée *avec ce sujet*. Car quand on a été trompé une fois on peut l'être vingt. Je ne regrette pas mon intervention qui m'a permis de préciser ce point et qui en empêchera d'autres de s'égarer. » (*Chronique médicale*, 15 janvier 1898, p. 41-42)

Voilà assurément un piteux échec, bien fait pour réjouir M. Sarcey, cet ennemi-né de tout merveilleux, et avec lui, les savants soucieux avant tout de faire prévaloir les belles théories de la science officielle, arche sainte à la garde de laquelle ils ont été commis... à gros appointements!

Quant à ceux qui, comme nous, sont uniquement préoccupés du triomphe de la seule vérité, ils ne se tiendront pas pour battus.

La question est enterrée avec ce sujet, dites-vous? — Mais non, vous allez trop vite! Vous oubliez de nous expliquer en vertu de quel stratagème votre première expérience a eu un « succès complet » selon vos propres expressions. S'il y a eu tricherie comme la seconde fois, vous vous devez à vous même de la démontrer et de la proclamer bien haut, vous le devez aussi à la science expérimentale que vous représentez. Mais tant que cette preuve n'aura pas été fournie par vous, nous continuerons à tenir votre expérimentation pour bien faite et non entachée de fraude.

La seule tricherie possible (les cachets ayant été reconnus intacts par l'Académie de Montpellier) eût été la lecture préalable faite à l'aide des rayons Rœntgen. Or, les rayons X auraient été interceptés par le papier d'argent qui entourait la lettre. — On paraît oublier d'ailleurs que le sujet a déjà fait ses preuves en cette matière. Le 19 novembre 1896, Anna Brieu lisait le contenu d'un pli opaque et cacheté minutieusement tenu devant elle par le Dr Ferroul à qui ce pli venait d'être confié, et sept témoins, dont on a les signatures, attestaient que l'expérience avait parfaitement réussi. A cette époque les rayons X n'avaient pas encore fait parler d'eux. Le pli, d'autre part, ne paraît pas avoir quitté les mains de l'expérimentateur. Que pour cette expérience encore, on nous démontre la supercherie!

Vous dites qu'ayant été trompé une fois par le sujet vous pourrez l'être vingt. — D'accord! Mais est-ce une raison pour vous priver systématiquement du concours d'un sujet qui, au dire de gens sérieux, est doué de facultés exceptionnelles? Vous oubliez que les sujets, que les médiums, gens d'ordinaire à système nerveux détraqué, ont une déplorable tendance à tricher consciemment ou inconsciemment, cherchant par ce moyen, dit-on, à s'éviter une dépense de fluide qui, paraît-il, leur est très pénible. Les meilleurs médiums présentent ces graves travers.

Eusapia Paladino elle-même a donné maintes preuves de supercherie, ce qui n'a pas empêché les Rochas, les Dariex, les Richet... de tenir pour bons les phénomènes présentés par ce sujet toutes les fois qu'ils ont pu établir autour d'Eusapia un contrôle absolument rigoureux. Il est fort désirable que le Dr Grasset imite ses savants devanciers et que, loin de se désintéresser d'Anna Brieu, il institue ou fasse instituer de nouvelles expériences pour lesquelles on s'entourerait des précautions les plus minutieuses et mettrait le sujet dans l'impossibilité de recourir à la fraude.

Parce que le même phénomène n'a pu se reproduire deux fois de suite dans des conditions en apparence identiques, on voudrait insinuer qu'il n'y a rien de sérieux dans le cas d'Anna Brieu. Mais raisonner ainsi c'est oublier que les conditions favorables à la production des phénomènes psychiques nous sont encore fort mal connues et qu'en tout cas ces phénomènes n'ont jamais pu être reproduits à coup sûr comme des expériences de physique ou de chimie, par exemple. Dans le cas présent, il paraît bien certain que la présence du Dr Ferroul est nécessaire à la lucidité d'Anna et que toute assistance étrangère est souverainement désagréable à ce médium. Pourquoi ne pas tenir compte de ces répugnances qui, d'ailleurs, sont plus ou moins communes à tous les sujets? Ne sait-on pas que les expériences de médiumnité ne peuvent être suivies d'un plein succès que dans un milieu sympathique au médium, comme si ce dernier avait besoin d'être soutenu par la sympathie ambiante? Il faut donc savoir composer avec les petites exigences des sujets, exigences du reste nullement incompatibles avec celles de l'expérimentation la plus sévère, comme l'ont montré les savants chercheurs dont j'ai rappelé plus haut les noms. Si la science officielle veut faire la lumière sur ces phénomènes délicats et complexes, elle devra, si elle veut s'éviter bien des mécomptes, recourir aux méthodes instituées par ces consciencieux expérimentateurs.

Quoi qu'il en soit, on ne peut qu'applaudir à la hardie initiative du professeur Grasset et espérer que ce savant émule de Charcot ès-maladies nerveuses, ne se laissera pas longtemps décourager par un insuccès, à prévoir dans ces conditions, mais qui ne saurait être définitif.

Veuillez agréer, monsieur, l'assurance de mes meilleurs sentiments.

Quaerens.

Une saltimbanque extra-lucide

A propos des lectures à distance, je demanderai la permission aux lecteurs de l'*Écho* de leur dire en quelques mots une aventure qui m'est personnelle, et dont le souvenir est toujours présent à ma mémoire? Il n'est rien de tel en ces sortes de récits comme de pouvoir dire carrément : *J'ai vu ce que je raconte.*

. . . .

Or, donc, il y a sept ou huit ans. C'était à Bordeaux pendant la foire d'octobre qui se tient au centre de la ville sur la place des Quinconces. Dans un recoin de la place, près des allées de Chartres, au fond d'une avenue délaissée, quelques piquets avaient été plantés en terre et on y avait tendu une mauvaise toile à voile déchirée et rapiécée. C'était l'enceinte d'une pauvre baraque de saltimbanques.

Devant l'ouverture de la toile se tenaient deux personnages à physionomies étranges.

L'un d'eux était un jeune homme de vingt-trois à vingt-quatre ans, petit, brun, l'air intelligent, les yeux vifs, mais la figure pâle et souffrante, il semblait absolument dépaysé dans ce milieu bohémien. Il appartenait évidemment à un autre monde et en le voyant on se demandait par quelle suite de malheurs ou de fautes il avait pu descendre jusqu'à cet excès de misère. Il était en habit noir, — un pauvre habit élimé, mais il le portait avec une certaine élégance. Sa grande barbe brune et ses longs cheveux noirs étaient peignés avec soin, comme par un reste d'anciennes habitudes aristocratiques. Il parlait français, mais avec un accent italien très prononcé.

A ses côtés était debout une jeune fille de seize à dix-huit ans, pâle, maladive, épuisée par la souffrance et les privations, couverte d'oripeaux fanés et en haillons, et paraissant inconsciente de ce qui se passait autour d'elle.

Tout un drame d'amour et peut-être de vice hélas, s'évoquait à la vue de ce couple si jeune. C'étaient sûrement des déclassés tombés dans la dernière des misères.

J'étais arrêté devant cet étalage de sordide détresse avec deux de mes amis, alors employés dans les bureaux des archives départementales, tous deux vivant encore, et qui pourraient témoigner de la scrupuleuse exactitude de mon récit. Nous écoutions en souriant, mais avec intérêt cependant, le boniment du jeune homme faisant l'annonce de son spectacle et se disant, peut-être avec vérité, docteur en médecine d'une université italienne.

Messieurs, disait-il en substance, la jeune personne que j'ai l'honneur de vous présenter, a la faculté de voir à travers les obstacles. Elle dira l'heure de la montre qui est dans votre poche et lira les lettres qui peuvent être pliées et renfermées dans votre portefeuille.

« Entrez en toute confiance, il vous en coûtera la bagatelle de dix centimes... en sortant. »

Mes amis souriaient. « Entrons, leur dis-je; c'est moi qui régale. Nous allons si vous le voulez bien jouer un bon tour à ce docteur italien et mettre sa voyante en défaut. Je crois être à même de découvrir le *truc* employé et de le confondre bien vite. » Eblouis par ma générosité, mes amis acceptèrent l'invitation. Nous entrâmes. Il y avait dans *l'enceinte réservée* (en plein air bien entendu) cinq à six personnes seulement avec l'appoint de notre présence, le docteur italien avait salle comble. Il faisait près de un franc de recette. La séance commença de suite. Tout d'abord je crus comprendre que nous allions être le jouet d'un vulgaire farceur. En effet, l'impresario nous annonça que la jeune fille ne pouvait lire qu'un papier tenu par son barnum ou voir l'heure seulement à une montre mise dans l'une de ses mains tandis que lui-même aurait l'autre main placée sur le front de son sujet. J'eus naturellement la pensée qu'il y avait entre les deux saltimbanques une télégraphie occulte grâce à laquelle le docteur prévenait son amie des réponses à faire. Mais je me trompais comme vous allez le voir.

La jeune fille une fois endormie par hypnotisme, eut les yeux recouverts d'une épaisse couche de ouate maintenue par un foulard — il n'y avait là aucune supercherie possible — et la séance commença.

« Pouvez-vous, lui dis-je, me dire l'heure que marque ma montre ? — Donnez-moi le bijou à tenir, répondit le jeune homme. — Mais, repris-je, quand vous aurez vous-même constaté l'heure, qui me dit que par un mot conventionnel, vous ne prévenez pas votre amie ou associée de la réponse à me faire ? — Le cas est prévu, répondit en souriant tristement le jeune docteur italien, et vous me prenez, je le vois, pour un charlatan. Vous vous trompez, monsieur, vous êtes en présence de phénomènes peu connus encore, mais réels, que j'ai étudiés et approfondis.

Laissez donc votre montre dans la poche de votre gilet et autorisez-moi seulement à appuyer ma main gauche sur la chaîne, de façon à établir une communication fluidique avec l'objet.

J'autorisai les conditions de l'expérience, et tournant vivement les aiguilles de ma montre, je la mis sur une heure quelconque peu en rapport avec l'heure véritable, afin de dérouter la voyante. Immédiatement, et dès que la chaîne de ma montre fut en contact avec la main gauche du docteur italien, il appuya la main droite sur le front de la jeune fille, et lui parlant alors sur le ton impérieux d'un commandement absolu : Voyez, lui dit-il, *je le veux*. Quelle heure est-il à cette montre ? — *La jeune fille eut un frémissement général de tout son être*. Mais, vaincue par l'ordre reçu, elle annonça l'heure, la minute et la seconde marquées par le chronomètre *que son barnum n'avait même pas vu*. L'expérience avait réussi. Elle fut renouvelée plusieurs fois et toujours avec le même succès.

Pouvez-vous, lui dis-je alors, lire le nom et l'adresse du chapelier inscrits dans mon chapeau ?

J'avais sur la tête un feutre acheté à Anvers sur le rempart Sainte-Catherine, chez un chapelier affligé d'un de ces noms flamands aux terribles consonnances que notre langue française se refuse à prononcer. Le nom même de la ville d'Anvers était inscrit en flamand (*Antwerpen*).

L'homme mit une main sur ma tête. « Lisez, dit-il, *je le veux*. » Et immédiatement le nom du chapelier et le mot Antwerpen furent péniblement épelés par la jeune fille, mais avec la prononciation que les italiens donneraient à des mots flamands, et non avec la consonnance véritable des mots.

Et maintenant, dis-je, déjà très ébranlé : Liriez-vous

une lettre pliée dans son enveloppe renfermée avec d'autres papiers dans un portefeuille que je vais confier, fermé, au docteur italien? — Elle lira, répondit le barnum. Je le veux. » Je sortis alors de ma poche un portefeuille fermé, bourré de papiers, et je le remis au saltimbanque.

« La lettre dont je veux lecture, dis-je, est celle qui est dans une enveloppe portant le timbre de Coulommiers. Ne vous occupez pas des autres papiers ou lettres. »

Le portefeuille fut alors appuyé sur le front de la voyante qui se recueillit un instant.

Puis, la lecture commença, lente, hésitante, mais rigoureusement exacte.

Après avoir lu la suscription de l'enveloppe, la jeune fille entreprit la lecture de la lettre pliée en huit et la continua jusqu'à la fin de la première page.

C'était justement une lettre reçue le matin de la veuve de mon illustre ami le chevalier Gougenot des Mousseaux, de sainte et savante mémoire, et, par une coïncidence étrange, il y était question du livre du célèbre écrivain relatif *aux médiums et aux moyens de la magie*.

A ce moment, j'arrêtai la lecture. La conviction était faite dans mon esprit, l'expérience était concluante. Mes amis étaient pensifs. Je me proposais de revenir le lendemain continuer cette curieuse constatation. Mais quand je revins, les piquets avaient disparu. La place était vide. Le jeune docteur et sa malheureuse compagne étaient partis.

. . . .

CHARLES CHAULIAC.

LA QUINZAINE A TILLY

Un de nos amis nous écrit :

Tilly-sur-Seulles, le 15 janvier 1898.

Monsieur Mery, je suppose que vous ne serez pas mécontent de recevoir des nouvelles de ce Tilly qui nous passionne depuis dix-huit mois, et où nous sommes les témoins émus d'événements extraordinaires. Vous savez sans doute que Louise avait reçu ordre de faire une neuvaine, de communier chaque jour de cette neuvaine et de réciter certaines prières. Elle a récité les prières prescrites et jeûné les trois derniers jours rigoureusement sans rien prendre, sinon une petite *beurrée* hier. Cette neuvaine finit aujourd'hui, et nous sommes depuis avant-hier dans le merveilleux jusqu'au cou. Permettez-moi de vous le raconter.

Lundi, dans son extase, Louise s'est trouvée mal : elle était prévenue qu'elle devait souffrir. Mardi, mal encore pendant l'extase! En rentrant chez elle, installée dans un coin, elle vit un ange qui venait l'avertir que l'heure était sonnée, et elle tombait en extase douloureuse, souffrant des tourments inexprimables, quarante-cinq minutes d'angoisses et de douleurs. Elle souffrait le martyr de la Passion. Deux crises moins longues, à quelques heures d'intervalle, avec mêmes symptômes extérieurs.

Nous l'avons vue mercredi matin, à 9 heures, dans une de ces crises, et nous en sommes sortis navrés; elle avait ressenti la flagellation, le couronnement d'épines et le crucifiement! Vous dire quelles angoisses nous ressentions nous-mêmes en la voyant étendre les mains, les pieds pour être cloués n'est pas possible.

Mais combien nous étions réconfortés en l'entendant dire : « Encore, faites-moi encore souffrir davantage, pour la conversion des pécheurs et la guérison des malades! O Seigneur Jésus, comme vous avez souffert pour nous! » Tant de souffrances et une si grande résignation nous touchaient profondément, et si quelquefois, après des rapports plus ou moins véridiques, le doute sur cette enfant avait effleuré notre âme, assurément il se dissipait en présence de cette admirable abnégation de sa personne pour le salut des autres. Comment concilier de tels sentiments avec l'hypocrisie, le mensonge et la comédie?

Hier, vendredi, elle s'attendait à souffrir à 3 heures; elle en était prévenue. Après son retour du Champ, même spasme de la mort, mêmes hoquets, tête tombant sur les épaules, les yeux renversés vers le ciel... et, lorsqu'elle fut montée dans sa chambrette pour reposer ses membres endoloris, pour tromper la faim et la soif qui la dévoraient, la crise suprême!

Elle était couchée dans cette chambrette exiguë où nous étions entassés cinq ou six pour voir le spectacle navrant de la mort sur la croix! Les bras étaient étendus, les doigts contractés, la tête renversée, les membres gelés par la mort mystique, pas de pouls! Elle avait invoqué saint Jean l'Evangéliste, sainte Marie-Magdeleine, saint Etienne, la Vierge de compassion, de consolation. Elle avait bu et rejeté avec dégoût le fiel amer. Elle avait dit : « Comme vous êtes bien nommés, des bourreaux! » Avec des chaînes, ils lui tiraient les bras et les jambes pour les étendre avant de les *clouter*. Deux heures d'agonie.

En revenant à elle et en voyant le doyen avec nous, à son chevet, elle s'était mise à sourire comme si elle était surprise et nous disait : « Aussitôt que j'ai été couchée, ma chambre m'a semblé être *toute en or*, la Bonne Vierge est venue et m'a dit qu'elle me soutiendrait. Et puis *ça a commencé*. Ah! les bourreaux! ils étaient six. Ils m'ont frappée sur la tête pour enfoncer les épines, sur les bras. Ils m'ont cloutée, ils m'ont donné du vieux fiel! Ça fait onze! J'en ai encore trois! » Elle fait, sans aucun doute, les quatorze stations du chemin de la croix.

La nuit a été calme, mais quatre faiblesses! M. le Doyen avait cependant permis de lui donner un peu de bouillon, un peu à boire! C'était de la soif surtout qu'elle se plaignait : « Un peu d'yeau! » Ce matin, je l'ai vue revenant de le messe, où elle a communié. Ses yeux restent souriants, sa figure est pâle, mais rien ne trahit sa faiblesse au dehors. Elle va retourner au Champ à 1 h. 1/2; c'est son dernier jour. Elle attend ce matin deux crises et ce soir la crise finale. Que va-t-il maintenant arriver? Elle est prévenue qu'après cette neuvaine, elle n'aura plus que cinq visions qui vont se succéder et se terminer jeudi. Ce sera fini pour elle.

Après, il faudra partir; elle ne sait où, mais sa vision le lui dira jeudi. Elle est toute prête, résignée à tout; elle parle à Mme Travers de son départ comme d'une chose inévitable; elle lui conseille de ne plus garder ses trois vaches; elle n'oublie qu'elle-même. N'a-t-elle pas dit tous ces derniers temps dans ses extases : « Je suis votre servante, faites de moi ce que vous voudrez! »

Elle a foi en sa vision. Mais elle n'en est pas moins désolée quand on lui dit : « Prends garde à toi! On ne trompe pas Dieu. Tu mens! Que je voudrais que cette neuvaine soit finie! Est-ce bien vrai qu'elle t'est commandée? »

Ces suspicions, ces reproches de mensonge l'ont si profondément attristée qu'elle disait l'autre jour dans son extase: « O Bonne Mère, on dit que je mens! J'aime mieux faire le sacrifice de ne plus vous revoir que de m'entendre appeler *menteuse!* » Et hier encore, toujours sous le coup de son chagrin à la suite de ces accusations odieuses, on l'entendait dire dans son extase: « Encore des mensonges! » Elle s'attend à être de nouveau accusée. Elle en est prévenue, sa Bonne Vierge lui a dit: « Tu seras toujours humiliée! Tu as encore bien des pleurs à verser! »

Que vont devenir à présent les inquisiteurs qui criblent cette pauvre fille de leurs suspicions? Comment cela va-t-il se terminer? Où ira Louise?

Nous touchons au dénouement.

Marie, de son côté, souffre toujours; elle attend avec résignation le 2 février, car elle sait qu'elle *reverra*. Mais elle est impatiente, et ça se comprend, cinq semaines sans revoir sa vision consolatrice!

Espérons que bientôt tout s'arrangera par la main maternelle qui protège ses enfants, et que, bientôt, une enquête s'ouvrira pour mettre au point tous ces faits merveilleux. Louise avait reçu ordre de sa vision d'aller trouver l'évêque de Bayeux et de tout lui raconter. Elle s'en est ouverte au Doyen, qui a prévenu Monseigneur. Mais Sa Grandeur a répondu que le moment opportun n'était pas encore venu.

Louise a fait part de cette fin de non-recevoir à sa vision, qui lui a dit: « C'est bien, on ne veut pas t'entendre, mais sois tranquille, on ira te trouver où tu seras. »

Voilà, monsieur Mery, ce que je crois devoir vous griffonner au galop; si vous jugez à propos de le publier, je vous y autorise; faites de ma prose ce que vous voudrez!

Et croyez-moi bien à vous,

Un Témoin.

Notre dévoué correspondant, M. Y..., va mieux. Il reprendra, dans le prochain numéro, ses comptes rendus toujours si exacts et si intéressants.

Une visite à Angélique Cottin

En juin 1897, je remarquai en lisant Mirville que l'une des héroïnes de son livre habitait jadis à 12 kilomètres de Mamers, c'est-à-dire de chez moi. L'intense intérêt que m'inspire tout phénomène physiopsychique et le désir de contrôler par moi-même ce qu'il y avait de vrai dans les assertions des champions du merveilleux me poussèrent à enfourcher ma bicyclette et à aller prendre des informations sur les lieux.

— « Angélique Cottin », me disais-je, (car c'est d'elle qu'il s'agit), « avait quatorze ans lorsque sa « propriété fluidico-répulsive se manifesta en 1846. « J'ai des chances de pouvoir retrouver, vivant en« core, une femme née en 1832, c'est-à-dire âgée au« jourd'hui de soixante-cinq ans ».

Arrivé à Montimer, hameau contigu au bourg de La Perrière (canton de Pervenchères, Orne) et groupé autour du château dont il porte le nom, château habité autrefois par M. de Farémont, l'ex-correspondant de Mirville, je demandai aux bons villageois s'ils connaissaient une femme du nom d'Angélique Cottin, et pour les remettre sur la voie je leur racontai sommairement son cas si étrange.

Un cercle épais de badauds s'était aussitôt formé autour de moi. Les plus âgés me répondirent qu'elle résidait jadis non à Montimer, mais à la Muserie, agglomération de maisons sises à 500 mètres plus loin, qu'elle avait épousé un certain Desiles, cultivateur, qu'ils étaient allés habiter aux Coudereaux, hameau dépendant de la commune de Saint-Jouin-de-Blavou (même canton), à trois lieues de là, et qu'ils ne croyaient pas qu'elle fût décédée.

Ils me confirmèrent unanimement l'exactitude du récit de Mirville, ajoutant qu'elle n'avait pu faire sa communion que la veille de son mariage et qu'elle n'avait obtenu d'entrer à l'église pour se marier que les pieds nus et sans couronne d'oranger sur la tête.

— « Hé bien, leur dis-je, à quoi, attribua-t-on à l'époque, la cause de ces phénomènes? »

Voici à ce sujet les renseignements que je recueillis:

Angélique Cottin avait perdu sa mère de bonne heure. Elle était élevée par sa tante. Son père colportait sa balle sur son dos de ferme en ferme, vivant on ne sait trop comment. Il était malpropre et avait de longs cheveux qui lui flottaient sur les épaules. Il attroupait les enfants sur son passage par ses imitations de cris de toute espèce d'animaux. Il avait une mauvaise réputation partout à la ronde et passait pour « demi-sorcier ». Ses moindres conversations s'entrecoupaient de kyrielles de jurements. Il parlait souvent avec une sorte d'incrédulité, mêlée d'envie prédominante, de la prétendue possibilité de « contracter un pacte avec le diable » et soupirait avec des éclairs de dépit dans le regard:

— « Ah! si ce n'était pas de simples contes de « curés, comme ma fortune serait bientôt faite et « comme je me ficherais bien de tout le reste! Voyez« vous, pour moi il n'y a que l'argent; l'argent ça « renferme tout; en dehors de l'argent tout le reste « n'est rien. »

Aussi dès que sa fille s'est trouvée « ensorcelée », il n'y a eu qu'une voix pour l'accuser. Pourtant dans l'après-midi d'hiver où cette « maladie l'a prise », elle revenait du catéchisme, à 3 heures, de la Muserie à la Perrière (1 kilomètre de distance) avec deux compagnes, lorsqu'au débouché du sentier de la lande de Montimer sur la route, une vieille femme aux yeux très enfoncés et très brillants, « dont le nez et le menton se touchaient presque », vêtue comme une mendiante, « la tête affublée d'une sorte de cornette de sœur », appela Angélique avec bonté, lui prit les mains dans les siennes, souffla dessus et les mit un instant sous son tablier en lui disant avec un rire méchant:

« Attends, que je te réchauffe bien! Tu n'as donc pas peur de l'onglée? »

Et elle s'était mise à « marmotter ».

Sauf les deux autres fillettes, dont l'une aujourd'hui s'appelle Mme Raux, et l'autre Mme Marige, personne ne se rappela avoir vu cette mystérieuse mendiante sur le territoire de la commune.

Le soir, quand le père Cottin apprit les phénomènes auxquelles sa fille donnait lieu, on remarqua qu'il ne parut point surpris et que son premier mouvement fut celui de la satisfaction : « Tant mieux ! dit-il ; si je pouvais donc faire fortune » en exploitant cela ! »

— « Les cailloux et les brins de bois qu'Angélique frôlait sautaient autour d'elle et nous retombaient en pluie sur la tête », ajoutèrent mes interlocuteurs.

Mme Desiles, née Angélique Cottin

J'ai cru devoir ne pas omettre ces prolégomènes. Je les donne pour ce qu'ils valent. Je vois d'ici sourire plus d'un lecteur : « Contes de bonnes femmes ! » décréteront-ils avec un haussement d'épaule. Mais peut-être ces témoignages préalables si concordants que j'ai pu recueillir, seront-ils une clef précieuse pour les prêtres versés dans la science mystique...

Sur ces renseignements je renfourchai ma bicyclette et trois quarts d'heure après j'étais arrivé au hameau des Coudereaux, près du bourg de Saint-Jouin.

« Madame Desiles ? demandai-je. — En face ! » me répondit-on.

Je m'apprêtai à monter les marches de sa maison quand la porte s'ouvrit et laissa apparaître une grosse villageoise à figure rougeaude, aux joues replètes, au nez excessivement petit et retroussé, à la bouche aux coins très relevés, aux yeux très fendus en coulisse, gris et abrités derrière des lunettes, aux cheveux en bandeaux avec un chignon ramassé dans un filet de résille.

— Il me semble avoir entendu que c'était à moi que vous aviez affaire ? me dit-elle.

— C'est bien vous madame Desilles, née Angélique Cottin ?

— Moi-même.

— J'ai à vous parler.

Maison de la Misserie qu'habitait Angélique Cottin au moment où se produisirent les phénomènes

— Entrez donc.

Nous nous assîmes.

Je lui demandai s'il était vrai qu'étant jeune elle avait le pouvoir de faire sauter tous les meubles autour d'elle. « Rien de plus vrai, » répondit-elle. Je lui lus l'article que Mirville avait consacré à son cas. « Tout cela est assez exact, me dit-elle quand j'eus fini. Seulement il m'a vieilli d'un an, car j'avais alors treize ans et non quatorze. Je suis née en mai 1833. J'ai soixante-quatre ans. »

Elle poursuivit :

— « Le jeudi 15 janvier 1846, vers 8 heures du soir (cette date, je me la rappellerai toute ma vie), je travaillais de veillée avec trois autres petites jeunes filles, dont une du nom de Marie Fretard, chez ma tante, à faire des gants de fil et de soie, lorsque le lourd guéridon de chêne, auquel étaient attachées les extrémités des trames de chacune de nous, remua, se déplaça, sauta, — sans que nous pûmes, mes compagnes et moi, le maintenir dans sa position ordinaire — et finit par s'enfuir. Nous nous éloignâmes toutes, effrayées. Sur les représentations des voisins incrédules qu'avaient attirés nos cris et ceux des personnes qui veillaient avec nous, mes trois compagnes reprirent successivement leur travail en tremblant sans que le fait étrange ne se reproduisît. Mais lorsqu'à mon tour je voulus continuer mon filet, le guéridon s'agita aussitôt, dansa, se renversa, puis partit comme violemment repoussé. En même temps je me sentis comme entrainée irrésistiblement à sa suite ; et, quand je le touchais, il fuyait plus loin. Deux hommes se placèrent sur le guéridon ; il dansa sous leurs pieds, les secoua rudement, les rejeta à terre et leur échappa. Vous pensez si tout le monde était effrayé et publiait que j'étais ensorcelée!...

« Lorsque je me couchai, ce soir-là, ma chaise et la table se soulevèrent, dansèrent, tombèrent renversées et se sauvèrent ; les tableaux et le miroir se balancèrent et tournèrent autour de leur clou ou se

Maison qu'habite actuellement Angélique Cottin aux Coudereaux

détachèrent et se cassèrent par terre. Ma descente de lit, mon couvre-pied, ma couverture s'agitèrent et se retroussèrent sur eux-mêmes. Mes vêtements, déposés sur le pied du lit ; s'enfuirent à l'autre bout de la pièce projetés par une force inconnue. Le lendemain on attacha mon filet à une huche pleine de poids de 50 et de 100 kilos empruntés dans le village) et de grosses pierres, afin que je continuasse mon ouvrage ; mais la huche se souleva, se déplaça, quoique je ne fusse en communication avec elle que par un simple fil de soie et le couvercle se mit à battre avec violence. Quatre hommes s'assirent alors dessus. Dès que je repris le filet dans ma main le meuble s'enleva à quelques centimètres au-dessus de terre et retomba si lourdement avec sa charge qu'il se trouva défoncé.

« Je ne pouvais plus toucher un meuble qu'il ne s'enfuît aussitôt. Le seul frôlement d'un coin de ma robe repoussait à plusieurs pieds les chaises, les tables, les plus pesants objets d'un ménage de campagne ; les pelles, les pincettes, les tisons, les brosses, les ustensiles de batterie de cuisine, tout était mis en déroute par mon approche. Trois voisins, des solides gaillards, ne purent retenir la chaise sur laquelle je voulais m'asseoir : elle recula malgré leurs efforts collectifs et se rompit dans leurs mains. Je fus obligée de m'isoler et de me tenir au milieu de la pièce à cause des objets qui se dépendaient et se brisaient. On me donna un panier de haricots à éplucher pour m'occuper ; quand j'y plongeai la main les haricots se précipitèrent tous hors du panier et ce dernier s'envola. Deux fois des ciseaux, suspendus à ma ceinture, furent lancés en l'air pendant que M. de Farémont et un médecin m'observaient, sans que le cordon se trouvât brisé et sans que les témoins parvinssent à concevoir comment il avait été dénoué et renoué...

« Jusqu'aux pierres qui se détachaient des murs pour fuir mon approche! Tous les meubles de ma chambre à coucher sautaient, dansaient, dès que j'entrais, même sans que je les frôlasse de ma robe ou que je les touchasse du bout du doigt, comme les autres meubles, sans doute parce que ceux-là étaient mieux

Le carrefour où surgit la vieille

imprégnés de mon fluide?... Quand je marchais dehors, les pierres de la cour ou du chemin fuyaient repoussées par ma présence, s'enlevaient en l'air et retombaient en grêle sur les personnes qui se trouvaient là, les blessaient, les contusionnaient. Au catéchisme, à la messe, le banc de l'église sur lequel je m'agenouillais ou mettais les pieds, se soulevait quand le bas de ma jupe l'effleurait, se renversait et craquait avec tant de bruit que M. le curé Leroux me défendit d'y revenir parce que j'étais un sujet de trouble pour les autres et parce que d'ailleurs il ne me ferait point faire ma communion dans ces conditions là...

« — Aviez-vous du chagrin de votre état, et vous sentiez-vous malade? demandai-je.

— Non ; je ne souffrais nullement ; je me portais aussi bien qu'avant. En commençant j'eus bien un peu peur ; ça m'avait tellement surprise, puis les autres paraissaient si émotionnés, poussaient tant d'exclamations d'effroi ! Celui qui a écrit l'article que vous me lisiez tout à l'heure a donc parlé à tort de « jours de douleur ». Je ne tardai pas au contraire à m'amuser de ma singulière propriété, et je finis par ressentir quelque vanité de devenir un objet de curiosité. J'allais dans les auberges de la commune faire danser les batteries de cuisine. Mon père ne se possédait pas de joie : « Nous allons exploiter ça et je te réponds que nous allons gagner de l'argent ! » Aussi montait-il la garde près de moi, alerte à saisir la pièce blanche de chaque visiteur et à envoyer promener M. le curé qui aurait voulu dire des prières sur moi.

« Jusqu'en novembre plus de deux mille personnes, des médecins, des physiciens, des pharmaciens, des avocats, des professeurs, des ecclésiastiques, des magistrats, des châtelains, des gens riches et instruits de toute sorte vinrent défiler dans notre maison de la Muserie sans pouvoir expliquer mon cas. Les journaux parlaient de moi. J'étais devenue célèbre; jugez si j'étais fière ! Mon père me conduisit à Paris où une commission de l'Académie des sciences m'étudia. D'autre part, des magnétiseurs renommés de l'époque, parmi lesquels le baron Dupotet, essayèrent ; mais en vain, de me magnétiser; je restai absolument réfractaire à leurs passes, à leur fascination et à leurs autres procédés. Ensuite nous allâmes de ville en ville, par toute la France. Chose que je ne me suis jamais expliquée, malgré l'affluence des curieux que nous n'acceptions pas sans qu'ils deliassent leur bourse, je vous prie de le croire, nous revînmes à La Perrière aussi malheureux que nous en étions partis ! Il faut croire que l'affaire avait été mal menée. Ah ! si je jouissais encore de ma vertu, allez, je vous réponds que je repartirais en voyage, conduirais autrement ma barque et rentrerais bien riche ! »

Ici la physionomie d'Angélique Desiles s'assombrit d'amers regrets.

— Vous ne faites donc plus danser les tables à présent? Moi qui venais avec l'espoir de pouvoir encore assister à quelque effet de votre propriété affaiblie !

— Hélas ! j'ai perdu ma vertu magnétique à l'âge de vingt-trois ans. Mon père mourut peu après notre retour au pays. Mariée à dix-sept ans (maintenant je suis veuve), nous vînmes habiter aux Cordeaux. Lorsque j'étais pour m'asseoir, ma chaise se dérobait toujours de sous moi si bien qu'au moment où j'y pensais le moins, maintes fois je suis tombée par terre brusquement avec mon enfant dans les bras, au point qu'il aurait pu se tuer et moi me faire beaucoup de mal. Après une chute semblable, un jour d'été que j'allaitais mon second enfant (j'avais alors vingt ans), j'allai pour m'asseoir sur un gros monceau de balles d'avoine au milieu de la cour. Ah oui ! mais il fallait voir toutes les bales s'envoler autour de moi et tourbillonner en l'air dès que ma robe les toucha. On ne se voyait plus. Les voisins n'en revenaient pas. Après ces diverses aventures et à force d'expérimenter je découvris qu'une botte de paille liée était le seul genre de siège qui ne se dérobait point de sous moi.

« Lorsque le second de nos enfants eut trois ans, mon mari voulait que nous le laissions à notre famille à élever et que nous nous mettions à voyager pour faire fortune. Nous nourrissions ce projet quand, véritable guignon, les phénomènes devinrent de plus en plus rares et de plus en plus faibles jusqu'à prompte et complète disparition.

— Alors, vous ne pourriez pas opérer devant moi le plus petit prodige? Vous ne vous sentez plus la moindre propriété?

— Non ; le temps orageux ou la colère seuls me causent encore une grande et insolite agitation. D'ailleurs, en général, je faisais surtout bien sauter les meubles lorsque j'étais gaie et que « j'avais le sang vif ». Quand j'étais « niaise » et que j'avais quelque chose sur l'idée je n'étais plus électrique. Aussi quand ces messieurs de la commission académique me raillaient et m'interdisaient, je ne produisais aucun phénomène. S'en allaient-ils et restais-je avec ceux de leurs collègues qui, comme Arago et Tanchou me traitaient avec bienveillance et me mettaient à mon aise, les prodiges de La Perrière se reproduisaient. »

« — Pardon, lui dis-je; vous venez de vous qualifier d' « électrique » : Vous attribuez donc votre singulière propriété à l'électricité?

— Oui, ces messieurs de Paris m'ont bien dit que c'était de l'électricité. Ils ont fait des expériences sur moi. Ils mirent un verre à boire sous chaque pied de ma chaise, m'assirent dessus, me placèrent une bouteille sous les pieds; et alors, aucun de ces sujets ne sauta, et les personnes qui me touchèrent ressentirent des secousses, mais à la condition expresse qu'elles se tinssent sur une chaise de bois. Les machines électriques et « la bouteille à crochet de métal » ne me produisirent pas le moindre effet; la commission en conclut que c'était parce que j'étais bien plus chargée d'électricité qu'elles. Aussi me dirent-ils que j'étais de force à attirer la foudre sur moi et me conseillèrent-ils de me couvrir la tête avec une cloche de verre ou avec des vitres quand il ferait de l'orage. Depuis cela l'épouvante m'empoigna toujours chaque fois qu'il tonnait et qu'il éclairait.

« Si je posais le doigt sur une bouteille remplie de retailles métalliques, » je la chargeais, paraît-il. Mon appproche agissait sur les boules de sureau et sur l'aiguille aimantée. La soie et le soufre étaient deux des meilleurs conducteurs de mon fluide. Mon contact ne faisait rien au verre, au cuivre, à la résine, ni au caoutchouc; aux animaux, ou aux gens qui me donnaient la main, non plus. J'excellais surtout à faire sauter tout ce qui était en bois de chêne, (chaises, bancs, gros billots, huches, tables énormeset lourdes, etc.). M. Tanchou s'assit sur un bout de banc et m'invita à m'asseoir à l'autre bout après avoir déposé son chapeau haut de forme entre nous deux. Le banc crépita et pirouetta à mon contact, et un canapé, placé à un mètre derrière nous, vint aussitôt s'abattre sur le chapeau haut de forme qu'il écrasa, ce qui amusa beaucoup M. Arago et ses trois autres collègues présents excepté M. Tanchou.

— Bizarre électricité, lui dis-je, qu'une électricité qui chargeait une bouteille de Leyde et ne donnait aucune commotion aux personnes, qui produisait des effets si puissants sur une huche remplie de poids de 50 et 100 kilos, reliée seulement à vous par un simple fil de soie; qui trouvait dans la soie et le soufre, et non dans le cuivre, de bons conducteurs; qui enlevait les ciseaux de leur cordon sans dénouer ni rompre ce dernier !

— Ah! monsieur, je vous garantis que c'était pourtant bien de l'électricité ni plus ni moins, malgré ce qu'en croyaient M. de Farémont et les habitants de La Perrière.

— Quelle preuve en avez-vous? En admettant avec Louis Figuier que vous fussiez une gymnote, une torpille humaine, vous seriez née avec votre propriété, ou du moins elle se serait développée petit à petit au fur et à mesure de votre croissance, et n'aurait point éclaté subitement dans toute sa violence sans signes précurseurs?? Qu'était-ce que cette vieille mendiante qui, m'a-t-on raconté, vous avait soufflé sur les mains pour vous les réchauffer, et vous les avait mises quelques minutes sous son tablier?

— Je n'en ai jamais rien su, mais en tout cas elle ne fut pour rien dans mon affaire comme les gens de La Perrière se le sont imaginé... N'accusa-t-on pas aussi hautement mon père de m'avoir jeté un sort? Je vous demande un peu!... Dans les premiers temps j'avais encore eu la bêtise de croire ça; mais la commission de l'Académie, à Paris, m'a bientôt eu éclairée sur la nature de ces phénomènes... Ce que c'est que les gens de campagne qui n'ont pas d'instruction et ignorent ce que c'est que l'électricité! Ils voient des ensorcellements partout... Sans doute, comme je revenais du catéchisme avec deux écolières, sur les trois heures, ce jeudi-là, 15 janvier 1846, (il gelait alors à pierre fendre), nous vîmes soudain, dans la lande de Montimer, une vieille qui s'adressa à moi et dont la bouche enfoncée ne cessait de marmotter. Elle avait les yeux très vifs. Durant qu'elle me pressait les mains entre les siennes, froides comme du marbre, elle semblait ricaner. Mais tout cela n'a aucun rapport avec mon aventure. Savez-vous bien comment je me suis trouvée électrisée? Hé bien, monsieur, par la foudre, qui tomba sur moi! Voilà tout le mystère! Vous voyez comme les imaginations brodent sur des faits très simples?... »

Sur l'instant cette nouvelle fut pour moi un trait de lumière. Cela expliquait tout. Mirville avait caché ce détail capital, cause curieuse, mais nullement prestigieuse, de tous les phénomènes. En champion déloyal d'un système, il avait repoussé ce qui aurait enlevé à son anecdote démonologique son caractère de maléfice. Arago, Tanchou, Figuier avaient bien su dépouiller le cas d'Angélique Cottin de son auréole de merveilleux. Tous les autres faits identiques rapportés par Mirville et par les écrivains de la même école s'écroulaient du même coup...

Mais bientôt, en réfléchissant, les anomalies capricieuses de cette électricité ne m'apparaissaient néanmoins pas expliqués. Alors, je demandai à Mme Desiles :

— Comment donc l'effet de la foudre ne se fit-il sentir qu'au bout de trois mois? Les phénomènes commencèrent le 15 janvier à huit heures du soir. Or, il n'a guère pu y avoir d'orage après le 15 octobre précédent?

— Mais, monsieur, j'ai été électrisée le soir même où la foudre m'avait renversée en tombant sur un sapin de la lande de Montimer sous lequel je me trouvais à passer. Mes compagnes, elles, n'eurent rien et se sauvèrent chez elles tout effrayées. Moi, je restai sans connaissance. Quand je revins à moi je me trouvais seule. Une âcre odeur de soufre m'environnait. Je sentis en moi pendant une bonne heure une grande agitation, un grand tremblement, une vive oppression, de forts bourdonnements d'oreille. A demi anéantie je regagnai la maison. Mon père, colporteur, était absent. Comme bientôt mon malaise se dissipa, personne n'y attacha autrement d'attention. Lorsque je me mis à mon filet, alors se produisirent les manifestations que vous savez.

— Vous vous embrouillez au sujet de la date de cet accident? Comment! vous venez de me dire que c'était un 15 janvier qu'il vous était arrivé, que le temps, cet après-midi là, était très découvert et qu'il gelait à pierre fendre, et maintenant vous venez me raconter que le feu du ciel était tombé près de vous, vous renversant évanouie!

— Monsieur c'est pourtant tel que je vous le dis, après avoir quitté la vieille bonne femme: il faisait un froid glacial et une couche de neige durcie couvrait la lande. Je vois encore cela, comme si c'était hier. Ces affaires-là, vous pensez bien, ne s'oublient pas.

— Voyons, il faudrait pourtant nous entendre : avez-vous jamais vu des orages en hiver, en plein janvier, vous? Comment expliquez-vous qu'il gelât si fort et qu'il fît de l'orage tout à la fois?

— Monsieur, ce ne fut qu'un court orage sans eau, un orage sec. Nous ne vîmes qu'un éclair et je n'entendis point tonner puisque la foudre m'atteignît.

— L'orage sévit-il sur la commune?

— Non, il fut tout local, autant que je puis m'en souvenir; mes compagnes seules entendirent un coup déchirer l'air, paraît-il...

Je pris congé de Mme Vve Desiles en laquelle personne ne vient plus contempler à présent l'ex-célébrité Angélique Cottin...

Je vous adresse, monsieur Mery, le résultat de mon enquête. Il demeure acquis que pendant dix ans, Angélique Cottin produisit publiquement, en plein jour, des phénomènes merveilleux. Ces phénomènes résultaient-ils d'une électricité à coup sûr irrégulière tant dans sa cause que dans ses effets, ou résultaient-ils d'un état psychique analogue à celui d'un médium? Faut-il les considérer comme étant extra-naturels et rentrant dans le domaine de la mystique?? Aux chercheurs compétents de répondre!...

H. LOUATRON.

PRINCIPES GÉNÉRAUX DE SCIENCE PSYCHIQUE

II

2° *Polarité.* — Avant notre siècle, plusieurs philosophes hermétiques et, dans notre siècle, Reichenbach, Durville, Chazarain, de Rochas, etc., ont étudié la polarité psychique dans l'humanité et le monde.

Abrégeons et synthétisons les résultats de ces recherches :

L'homme, par rapport à la femme et, en chaque homme ou femme, la tête, le côté droit du corps et la partie antérieure du corps, dans l'humanité; le sud et l'est de la terre, les hauteurs de l'atmosphère, le soleil, dans le monde, auraient une polarité psychique analogue à la polarité magnétique de la pointe de l'aiguille aimantée qui se tourne vers le Nord.

La femme, par rapport à l'homme, et, en chaque femme ou homme, les pieds, le côté gauche du corps et la partie postérieure du corps, dans l'humanité; le nord et l'ouest de la terre, le sol et la région basse de l'atmosphère, les planètes et satellites, dans le monde, auraient une polarité psychique analogue à la polarité magnétique de la pointe de l'aiguille aimantée qui se tourne vers le Sud.

Je ne donne que les plus importantes polarités psychiques mais il y en a un très grand nombre. On en retrouve partout : dans les membres et organes du corps humain, dans les animaux, dans leurs membres et leurs organes, dans les plantes, les cristaux, les corps chimiques (1).

J'ajouterai que la terre, outre ses grandes polarités : Est, Ouest. Nord, Sud, hauteurs de l'atmosphère, sol, a des polarités régionales nombreuses et délicates à déterminer; telle région étant naturellement Nord-psychique ou Sud-psychique, si je puis dire, et cela pour des causes complexes.

Parmi toutes ces polarités secondaires, il y en a encore d'incertaines et que l'expérience aurait besoin de préciser. Mais l'existence de la polarité psychique dans tous les êtres de la nature me semble acquise à la science, comme principe général.

J'ai cru, d'autre part, observer que les corps se chargent de force psychique et se polarisent psychiquement, non seulement en raison de leur nature mais en raison de leur *forme* et de leur *position*.

Les pointes attirent vivement et laissent échapper de même la force psychique, les formes convexes, par leur centre, les lames par leur tranchant, les disques, par leurs bords, jouent un rôle pareil à celui des pointes; et pointes, centres, lames, bords, ont une polarité psychique analogue à la polarité magnétique de l'extrémité nord de l'aiguille. Les formes concaves absorbent doucement et ne perdent que lentement la force psychique. On peut la capter sur leurs flancs. Que de fois, appuyant les doigts sur les flancs d'un simple verre à boire dont l'ouverture était tournée vers le ciel, j'ai senti la fraîcheur caractéristique de l'Od (2), envahir, rafraîchir et fortifier tout mon organisme! Et les formes concaves ont une polarité psychique analogue à la polarité magnétique de l'extrémité sud de l'aiguille. Les formes planes exercent peu d'action sur la force psychique et sont neutres.

Voilà pour la *forme*. Quant à la *position*, toute partie d'un corps revêt une polarité *contraire* à celle de la partie du monde qu'elle regarde. Les pieds d'une table, la racine d'un arbre sont polarisés contrairement au sol. Le plateau d'une table, les rameaux et le feuillage d'un arbre sont polarisés contrairement aux hauteurs de l'atmosphère.

Pour *l'arbre*, la polarité naturelle et la polarité de position coïncident, car la racine est déjà naturellement en opposition polaire avec le sol et le feuillage avec l'atmosphère. Mais pour la table, si le plateau a été fait de la partie du tronc proche des racines et les pieds avec le bois des branches, la polarité de position peut être différente de la polarité naturelle et se superposer à elle.

Enfin il faut remarquer (ceci est, à mon sens, important) que la force psychique considérée en elle-même, comme une force générale et libre, possède une tendance propre à se polariser à l'intérieur d'elle-même, en dehors des polarités qu'elle contracte par son union avec tel être ou telle partie d'être.

Ainsi, au cours d'une expérience psychique, vous projetez, je suppose, l'effluve de votre bras droit dans la direction nord : il est vraisemblable que l'effluve ne sera pas repoussé mais attiré. Cependant il pourrait être repoussé s'il existait accidentellement, dans la force psychique libre, en face de vous, une polarité analogue à celle de votre bras droit.

Après la surcharge, la *polarité* est (avec la *correspondance*, que nous examinerons tout à l'heure), le principe le plus influent de science psychique naturelle.

Une fois surchargé, par tempérament ou artifice, le magnétiseur peut, en polarisant son action, produire sur son sujet, répulsion ou attraction, sommeil ou réveil, contracture ou décontracture. Le magnétiseur en faisant agir ses polarités sur les polarités de même nom du sujet (nord contre nord, sud contre sud) produira répulsion, sommeil, contracture. En faisant agir ses polarités sur les polarités de nom opposé du sujet, il produira attraction, réveil, décontracture. (Voir Durville, *Traité de Magnétisme*). Quant à la suggestion elle s'opère par un mécanisme psychologique analogue au mécanisme physique précédent. Le suggestionneur par la parole ou la pensée endort, contracte la pensée et le vouloir du sujet et ne laisse éveillée, décontractée que la pensée qui est l'objet de la suggestion. Par l'action des semblables (volonté contre volonté, pensée contre pensée) il endort la majeure partie de l'activité mentale du sujet. Par l'action des contraires (champ libre laissé à telle volition, à telle idée spéciale) il fait agir le sujet dans le sens de la suggestion. Il y a donc grande ressemblance entre le magnétisme et la suggestion. L'un, du reste, mène facilement à l'autre. Et ils s'accompagnent facilement. De prétendus suggestionneurs purs se servent aussi, sans le savoir, de la force psychique fluidique. Des magnétiseurs, adversaires de la suggestion, l'emploient sans s'en apercevoir (1).

La *lucidité* (naturelle et, alors, bornée, incertaine et variable) s'obtient par une sorte de suggestion généralisée. On endort et contracte toutes les facultés ordinaires et raisonneuses du sujet pour éveiller non une suggestion spéciale mais les facultés de divination que le rêve et l'imagination exaltée contiennent.

Le médium surchargé pourra, au moyen de la polarité, attirer ou repousser des objets que la sur-

1. Voir, à ce sujet, les *Lettres odiques-magnétiques* de Reichenbach et ses autres ouvrages. Consulter aussi le livre de M. de Rochas sur les *Forces non définies*, les divers travaux de Papus sur l'anatomie hermétique, le *Traité de magnétisme* de Durville.

2. Nom donné par Reichenbach à la force psychique.

1. Au reste action mentale et force psychique sont liées. J'ai montré dans l'article précédent que la concentration de pensée amenait la surcharge de force psychique. Or qu'est-ce que la concentration de pensée sinon une surcharge mentale?

charge envahissante aura soumis à son influence. Il pourra les attirer sans y toucher et, parfois, les soulever en l'air. Il pourra produire en eux des contractures et décontractures moléculaires analogues à celles que le magnétiseur produit dans le sujet et déterminer ainsi des craquements, etc. Mais comme on procède un peu au hasard, en ces expériences, qu'on ne tient pas compte de la polarité naturelle des objets, de leurs polarités de forme et de position, les résultats sont confus.

Ces mêmes relations polaristiques peuvent exister aussi bien entre une foule et un territoire qu'entre un médium et une table.

Elles peuvent exister entre le *magnétiseur* ou le *médium* et la *grande force psychique libre* comme entre le magnétiseur et le sujet, entre le médium et la table. Or la force psychique libre baigne tous les cerveaux. Un magnétiseur ou médium idéalement puissant pourrait donc exercer la suggestion mentale, par l'intermédiaire de la force psychique, sur toute personne et à toute distance. Mais, quand ce magnétiseur existerait, il ne faut pas oublier que rien n'arrive sans la volonté ou la permission de Dieu et que la liberté humaine est préservée par la Providence. Ce magnétiseur ne pourrait donc agir sur la liberté que dans le sens où agit la Providence et en respectant, comme elle, le centre essentiel de la liberté. Ou sinon, au bout d'un temps donné, le magnétiseur se briserait sur la barrière providentielle et mourrait d'épuisement inattendu et incurable.

Je n'écris ici que de brèves notes. Je ne saurais m'engager dans les perspectives immenses où entraînent les principes réunis de surcharge et de polarité psychique universelle!

Qu'on se rappelle seulement ceci : Amener une surcharge et mettre en jeu les polarités, voilà les premiers moyens d'expliquer et d'obtenir les phénomènes psychiques naturels.

A. JOUNET.

CHEZ LA VOYANTE

Pendant toute cette quinzaine, Mlle Couédon, toujours souffrante, malgré le mieux que nous avions signalé dans notre dernier numéro, a dû interrompre ses consultations.

L'état de la voyante, empressons-nous de le dire, ne donne à sa famille et à ses amis aucune inquiétude sérieuse. Mlle Couédon se ressent surtout du surmenage presque surhumain qu'elle s'est imposé depuis plus de deux ans.

Pendant très longtemps, on le sait, la voyante n'éprouva aucune fatigue sensible, ou tout au moins apparente, de ses vaticinations répétées. Depuis quelques mois, il n'en va plus de même, et ce changement dans son état de santé semble avoir coïncidé avec les modifications survenues dans son langage rythmé.

Faut-il voir dans ce double fait comme le signe de la fin de la mission que Mlle Couédon a toujours dit tenir de l'*ange Gabriel*? L'avenir seul nous le dira. Mais je dois constater que Mlle Couédon ne le croit pas.

Pour elle, au contraire, la mission ne fait que commencer, et elle s'accentuera de plus en plus au fur et à mesure de la marche des *événements*, qui sont proches.

Ce qui s'est passé, cette quinzaine, semble d'ailleurs donner raison, sur ce point, à la voyante.

Il est impossible de contester, en effet, que l' « Ange » ait prédit la scène de pugilat, dont le Palais-Bourbon vient d'être le théâtre.

Dans le troisième fascicule de mes brochures, paru il y a plus d'un an, voici ce qui est mentionné à la page 141 :

> Il va se passer très prochainement des choses terribles à la Chambre des députés. On va se disputer, batailler, s'écharper.
>
> *J'en vois qui vont saigner*

et à la page 142 ceci, qui pourrait très bien s'appliquer aux attentats d'Etievant, lesquels ne sont peut-être que le commencement d'une série :

> Nous allons assister à une sorte de renaissance de l'anarchie. Des bombes vont éclater, des assassinats de tous côtés.

Enfin, lorsque j'aurai rappelé — car il n'est pas mauvais de répéter ces choses-là plusieurs fois au nez des incrédules — qu'il était dit :

Dans le 7e fascicule

Les Juifs vont se remuer

Dans l'*Echo du Merveilleux* du 1er août

Je vois un mois agité
Je vois des troubles de ce côté
Les gens qui ont agioté
Vont comme y pousser...
Des gens vont comploter

Dans le numéro du 15 août

Un scandale sera donné,
Ce n'est pas éloigné,
Qui va comme dépasser
Tout ce qui s'est passé.

Je me demande comment les sceptiques, et comment M. Sarcey, tout le premier, pourront encore prétendre que les prédictions des voyantes ont toujours été faites après coup.

G. M.

ICONOGRAPHIE FLUIDIQUE

QUATRIÈME ARTICLE (1)

2° Expériences sans appareils (*suite et fin*).

De l'Outillage

Pour calmer l'impatience de nos lecteurs, il nous reste à indiquer le matériel nécessaire et le mode opératoire.

Disons tout d'abord qu'en pareille matière, si délicate, il importe de parer, si faire se peut, à toutes les objections possibles, voire même impossibles, qui ne manqueront pas, les unes comme les autres, de se produire. Il faut donc s'entourer, dans la confection de l'outillage, de toutes les précautions les plus minutieuses, avec la conviction que l'on n'en prendra jamais trop.

D'ailleurs, le seul outillage spécial consiste simplement dans la confection des étuis destinés à garantir les plaques sensibles de toute lumière artificielle, ou de la lumière solaire, pour éviter que les plaques ne se voilent au développement, ce qui arriverait infailliblement sans cela. Car alors toute figuration deviendrait invisible.

Pour cela faire, il convient tout d'abord de préparer le papier destiné à la confection de ces étuis; papier que l'on ne trouverait pas tout préparé dans le commerce.

A cette intention, l'on se munit de papier noir, dit « papier à aiguilles » que l'on peut se procurer en rouleau de vingt feuilles chez tous les marchands de fournitures photographiques (2) et on en colle deux feuilles l'une contre l'autre.

En doublant ainsi ce papier, l'on a pour but d'éviter, là où il se trouverait un trou imperceptible à l'œil, les points noirs fusants qui ne manqueraient pas de se produire sur la plaque sensible et pourraient donner lieu à des interprétations erronées.

Il faut encore se prémunir contre la lumière noire du savant Dr Lebon. Pour cela, il suffit de coller pardessus la double feuille de papier noir, deux feuilles de papier rouge anti actinique que l'on trouve également chez tous les marchands de produits photographiques.

Quand ces quatre feuilles sont ainsi réunies, l'on est en mesure de passer à la confection des étuis; mais, au préalable, il convient d'arrêter les dimensions que l'on veut adopter pour les plaques photographiques.

Je recommanderai de préférence la dimension 8×9 qui me paraît très suffisante pour tous les cas possibles et qui permet, en employant des plaques 9×12, de détacher dans le sens de la longueur, une bande de 4 centimètres qui servira de témoin et dont l'utilité sera indiquée plus loin.

Elle a de plus l'avantage de se prêter aux projections sans avoir besoin de faire une réduction des clichés.

Cette dimension, étant admise, il y a lieu, maintenant, de découper le carton qui servira de charpente à l'étui.

Le carton-pâte n'ayant pas suffisamment de rigidité il est préférable de n'employer que du carton dit « carte », c'est-à-dire du carton fabriqué avec des feuilles de papier collées ensemble. Il faut, de plus, que ce carton ait largement une épaisseur égale à celle des verres employés pour la préparation des plaques photographiques, afin que ces verres glissent facilement dans l'étui, y compris la pellicule de gélatine dont il sera également parlé plus loin.

Pour préparer cette charpente, il faut rogner ce carton en rectangles ayant 13 centimètres en longueur et 12 en largeur, puis évider l'intérieur de manière qu'il ne reste plus que trois côtés — deux longs et un large — ayant chacun une largeur d'un centimètre et demi. L'on aura ainsi la coupe d'une cuvette, ou la forme d'un U carré par sa base.

Cette charpente ainsi établie, il s'agit maintenant de coller sur chacune des deux faces, un écran avec le papier préparé tout d'abord.

Pour cela, on découpe des rectangles ayant la dimension de la largeur et de la longueur de la charpente en carton, en ayant soin de se tenir plutôt en retrait que de dépasser ces mesures. On évide, en segment, le côté opposé à la base pour retirer plus facilement de l'étui la plaque qui y aurait séjourné et l'on colle les trois autres côtés sur la charpente de carton.

Pour l'autre face de l'étui, il faut découper des rectangles de même largeur que les premiers; mais d'une longueur suffisante pour que l'on puisse rabattre sur l'autre face la partie supérieure non collée comme pour un portefeuille. Ce rabattement devant avoir, au plus, un centimètre et demi, pour ne pas empiéter sur la plaque. la longueur totale de ces rectangles, en tenant compte de l'épaisseur approximative de l'étui, doit donc être de 15 centimètres environ. L'on colle ensuite ce nouvel écran comme le premier.

Comme il pourrait se faire que les bords collés ne forment pas une parfaite adhérence avec le carton, il importe de se prémunir contre toute infiltration de lumière par ces bords. Pour avoir toute sécurité de ce côté, il suffit de coller tout autour des trois côtés garnis de carton, une bande d'un à deux centimètres de large, à cheval sur l'épaisseur du carton et se rabattant de chaque côté.

L'on fixe le rabattement au moyen d'un lien de bon caoutchouc ayant au moins un centimètre de large.

Mais l'expérience m'a fait constater que, malgré cette précaution, l'on ne serait pas encore complètement à l'abri de toute infiltration de lumière.

Pour parer à cet accident possible, il est donc encore utile de découper de petites bandes de carton de même épaisseur et de même longueur que celles employées pour établir la charpente de l'étui et leur donner la longueur intérieure de l'étui, de manière que, en résumé, la plaque photographique placée dans cet étui, se trouvera emprisonnée dans un véritable cadre dont un côté — celui de l'ouverture — est, par le fait, mobile.

Comme il est des cas où l'étui doit forcément être fixé: par exemple, lorsqu'il s'agit, pendant l'extase

1. Voir les numéros 21, 22 et 23.

2. Notamment au rayon de photographies du Magasin du Louvre

d'un sujet, de maintenir en même temps une plaque sur le front et une autre à la nuque, ou bien encore sur la rate pendant tout une nuit, il faut donc maintenir ces plaques à l'aide d'un ruban de toile, à l'une des extrémités duquel on attache une petite boucle de gilet. De plus, pour que l'étui soit maintenu dans sa position et ne puisse glisser, il convient d'ajouter encore à l'étui la disposition suivante :

On prépare de petites bandes de peau de gant d'un centimètre de large environ et d'une longueur dépassant un peu la largeur du ruban de toile. On colle, pour former bride, — les deux bouts de ces petites bandes sur chacun des deux grands côtés de carton sur lesquels se replie le rabattement de l'ouverture.

Quand l'on a besoin de fixer les plaques, on passe alors le ruban dans ces brides pour s'en servir comme d'une ceinture ou d'une courroie. Et, s'il s'agit d'exposer simultanément une plaque sur le front et une autre sur la nuque, l'on peut donc passer le même ruban dans les brides des deux étuis.

Comme précaution dernière, je conseillerai encore de peindre avec du blanc de gouache sur chaque étui et sur une partie quelconque du bord collé, soit un numéro, soit une lettre de l'alphabet, pour éviter toute confusion dans les plaques impressionnées.

Cette fois, le seul outillage spécial qui est nécessaire est complet.

Procédé opératoire.

J'appellerai tout d'abord l'attention des expérimentateurs sur le choix des plaques ; car il importe essentiellement qu'elles soient d'une fabrication récente et irréprochable. Il faut donc s'adresser soit à la fabrique même, soit directement à son dépôt pour le détail, soit à un grand magasin où l'écoulement en est rapide, et je n'hésite pas à conseiller, de préférence, les marques Guilleminot ou Perron.

J'engage aussi à n'employer que les préparations les moins sensibles, les autres nécessitant, pour la mise en étui et le développement, un éclairage à la lumière rouge très sombre, afin d'éviter tout voile.

Néanmoins, pour ouvrir les boîtes et pour glisser les plaques dans les étuis, il est essentiel de ne s'éclairer que le moins possible à la lumière, même d'un rouge sombre, en ayant soin de s'éloigner autant que faire se peut, du foyer de lumière et en procédant rapidement à la manœuvre.

J'ai dit que, en adoptant le format 8×9, il serait bon de se servir de plaques 9×12 dont on détacherait, dans le sens de la longueur, une bande de 4 centimètres qui servirait de témoins, c'est-à-dire qui, étant développée en même temps et dans le même bain que la plaque influencée, attesterait que les figurations se manifestant sur ladite plaque ne seraient pas occasionnées par un défaut dans la préparation de l'émulsion couchée sur ces plaques et ne pourraient être attribuées qu'à l'influence du fluide psychique.

Pour détacher cette bande, il faut appliquer la plaque sur un coussin formé d'un certain nombre de feuilles de papier de soie, la couche en-dessous, puis, avec un diamant de vitrier, détacher une bande de la largeur indiquée.

Il est bon d'ajouter que le trait de diamant devra être donné sur le bord du coussin de papier de soie et même un peu en dehors, afin d'éviter de laisser tomber sur le coussin de papier tout éclat, toute poussière de verre qui pourrait rayer la plaque suivante, si on l'appliquait dessus.

Afin d'éviter toute écorchure de la préparation en glissant la plaque dans l'étui, il convient de placer contre la préparation une feuille de gélatine de même dimension que la plaque et de tourner celle-ci de telle sorte que la préparation soit sur la face opposée à celle sur laquelle se rabat le revêtement et passe le ruban de toile ; sans quoi, ce ruban formerait écran devant la préparation et sa silhouette pourrait s'y trouver imprimée. En un mot, il faut que le fluide psychique n'ait à traverser que le papier de l'étui et la plaque de gélatine pour venir impressionner la préparation qui se trouve sur la plaque de verre.

Quant au mode de développement, il ne saurait entrer dans la cadre de cette revue. Une leçon auprès d'un photographe professionnel, ou d'un amateur, en apprendra plus qu'il n'en faut pour obtenir ces graphies fluidiques.

Je conseillerai seulement de rejeter tout développateur préparé à l'avance et portant des dénominations plus ou moins pompeuses ou fantaisistes. Tous ces développateurs, généralement à base d'hydroquinone, se conservent difficilement. Du jour au lendemain, au contact de l'air et de la lumière, leur constitution se modifie pour la plupart, en sorte que leurs effets ne sont pas toujours identiques à eux-mêmes. Ce sont là de mauvaises conditions, en matière de graphies fluidiques, et cette raison, seule, suffit pour répudier ces préparations.

Le seul procédé de développement qui ne présente pas ces mêmes inconvénients, c'est le développement à l'acide pyrogallique préparé à l'instant même où il doit être employé.

Ce procédé, fort simple d'ailleurs, est décrit dans tous les traités de photographie (1), ainsi que dans certains catalogues et prix courants de marchands de produits photographiques.

Enfin, je recommanderai encore, pour le développement, spécialement l'emploi d'une cuvette en verre moulé qui, seule, peut se nettoyer facilement et complètement. Pendant cette opération du développement, il est de nécessité absolue d'imprimer constamment un mouvement de balancement à la cuvette en plaçant dessous un petit bâton, comme un crayon, en sorte qu'en appuyant alternativement sur les bords un doigt de la main droite et un doigt de la main gauche, on la fait basculer sans aucune fatigue. Ce balancement est nécessaire pour obliger le liquide développateur à suivre son mouvement de va-et-vient et éviter, par ce déplacement continuel du liquide, le moutonnement qui pourrait se produire sur le cliché et sur son témoin.

Je ne parlerai pas ici non plus du tirage des positives, soit sur papier, soit sur verre, des clichés obtenus. Si l'on veut s'éviter ce travail, qui entre tout à fait dans les manipulations de la photographie ordinaire, l'on peut s'adresser à un photographe profes-

1. Voir notamment le *Traité pratique du développement*, par Albert Londe. Paris, Gauthier-Villars, quai des Grands-Augustins, 55.

sionnel que l'on trouve dans les plus petites localités et auxquels s'adressent même bien des photographes amateurs.

Mais, le plus souvent, les figurations obtenues sont de dimensions tellement réduites qu'il deviendra nécessaire pour les rendre bien visibles dans tous leurs détails, de les reproduire par le microscope afin d'avoir un grossissement suffisant (1).

Je terminerai en ajoutant que l'état moral et physique du sujet est un très grand facteur; qu'un temps sec et clair est plus favorable qu'un temps brumeux et humide; que la lumière rouge impressionne d'une façon intense les plaques sensibles, lorsque celles-ci se trouvent sous l'influence fluidique et que les rayons violets, d'après le Dr Papus, seraient les seuls tolérés par les médiums.

Ch. Varaigne.

Nostradamus et l'Abbé Torné

Feu M. Léon Plée, du *Siècle*, était le bras droit de M. Havin et l'adversaire acharné « des superstitions du moyen âge ». Un matin, comme il était assis dans un bureau, il y vit entrer un prêtre à lui inconnu, d'allure modeste et de physionomie sympathique dont le front était élargi par une calvitie précoce. Ce prêtre le salua et lui dit avec entrain : « Monsieur, je ne veux pas abuser de vos instants. Veuillez m'accorder cinq minutes d'entretien, et je me fais fort de vous jeter dans le plus grand étonnement où vous ayez jamais été. Je vous convaincrai que Nostradamus est prophète. — Voyons, monsieur l'abbé. — Cette édition des *Centuries* est bien de 1566? — Je le reconnais volontiers. — Eh bien! le prophète national annonce tous les grands événements qui se sont succédé en France depuis le XVIe siècle et tous ceux qui arriveront jusqu'à la fin du monde. — C'est bien étrange. — C'est plus qu'étrange : c'est providentiel. Il faut ignorer Nostradamus pour dire que son inspiration vient du démon ou qu'il est un faux prophète (2). Voici des quatrains qui ne peuvent, vous le reconnaîtrez, se rapporter qu'à Napoléon Ier :

De soldat simple parviendra en empire,
De robbe courte parviendra à la longue :
Vaillant aux armes, en Eglise ou plus pyre,
Vexer les prestres comme l'eau fait l'esponge.
(VIII, 57.)

Un soldat deviendra empereur, échangera son habit court pour la robe et le manteau; ce sera un vaillant capitaine, protecteur dangereux de l'Eglise, qui vexera les prêtres comme l'éponge absorbe l'eau.

Le Roy Gaulois par la Celtique dextre,
Voyant discorde de la grand' Monarchie,
Sur les trois parts fera flerir son sceptre,
Contre la cappe de la grand' Hiérarchie. (II, 69.)

Le souverain français, par la force de l'armée, profitant de la discorde du grand royaume, fera briller sa domination sur les trois ordres de l'Etat contre les droits de la grande famille des Capétiens.

De nom qui onque ne fut au roy Gaulois
Jamais ne fut un foudre si craintif,
Tremblants l'Italie, l'Espagne et les Anglois,
De femme estrangiers grandement attentif.
(IV, 54.)

Jamais on n'aura vu un Jupiter foudroyant aussi effrayant que ce monarque dont le nom n'aura jamais été porté par un roi de France. L'Italie, l'Espagne, l'Angleterre trembleront. L'étranger sera dans l'attente au sujet de sa femme.

Pol meusolée mourra trois lieues du rosne.
Fuis les deux prochains tarasc des trois :
Car Mars fera le plus horrible trosne.
De coq et d'aigle de France frères trois. (VIII, 46.)

Le Grand Célibataire (le Pape, *Polus manens solus*), mourra près du Rhône, à Valence; les deux frères (prochains) abattus, fuiront la sédition (tarasc); car Mars fera le plus horrible trône de celui qui sera occupé alternativement par les trois frères, par l'aigle et par le coq.

— Monsieur l'abbé, je vois que vous cherchez dans plusieurs endroits pour raconter cette histoire de Napoléon. — Assurément, Nostradamus fait quelquefois un long récit; mais d'ordinaire il disperse les quatrains qui se rapportent à une même histoire. — Comment les rassembler? — Par le grand secret d'interprétation, qui a été seulement entrevu avant moi par les anciens commentateurs. Je l'ai trouvé providentiellement en 1858. Sans doute je puis me tromper en traduisant certains termes tirés du grec, du latin, du provençal. Mais j'ai trouvé toute notre histoire d'hier, d'aujourd'hui et de demain dans les *Centuries* en suivant quelques règles : Chercher : 1° Le sens précis des expressions : enfant sans mains signifie enfant sans puissance; 2° La force que les expressions reçoivent de l'ensemble du quatrain : *Chyren Selin Quintin Arras* signifie Henric le Blanc ou de Bordeaux (port de la lune, Séléné) cinquième d'Artois; 3° Les quatrains où les mêmes personnages sont désignés par les mêmes termes : comme Louis XIV, le roi Soleil, est cinq fois Aemathion, fils de l'Aurore : c'est la règle essentielle; 4° Les allusions faites à l'Ecriture sainte, à la mythologie, à la littérature : le futur Henri V est appelé jeune milve (ou milan) parce que Jérémie parle du milan qui connaît le moment à lui réservé; 5° Si au sens mythologique que présentent leurs noms, les planètes ajoutent la date précise de l'événement; 6° Si l'interprétation du quatrain n offre pas des rapports avec celle de ceux qui le précèdent ou qui le suivent : les quatrains X, 79-80, et X, 80-88, concernent deux restaurations; 7° Si le quatrain fait partie d'un récit : le quatrain : « De soldat simple parviendra en empire » est suivi de plusieurs autres qui résument le règne de Napoléon.

— Mais, monsieur l'abbé, comment le gouvernement de Napoléon III a-t-il laissé imprimer que Henri V régnerait? — C'est un miracle, a dit un pré-

1. Pour ce genre de travail, nous recommanderons particulièrement la maison Lemardeley, rue de l'Ancienne-Comédie, 14, qui s'en est fait une spécialité.

2. Avis à celui qui qualifie de *douteux* Nostradamus.

fet, que la découverte du secret d'interprétation, un autre miracle que l'*Histoire prédite et jugée* ait pu être imprimée. L'empereur a parcouru l'ouvrage et dit qu'il énerve et effraie l'imagination. Le secrétaire du préfet de police a dit en parcourant l'édition de 1566 : « On ne dira pas que ce livre a été fait pour le besoin de la cause du comte de Chambord. » Lisez mes ouvrages d'interprétation, monsieur Plée : vous y verrez que Henri V rendra au Pape ce qui lui a été enlevé et qu'il triomphera en France de ses adversaires (1). — Monsieur l'abbé, je ne sais que répondre. Vous me stupéfiez. — Permettez-moi de prendre congé de vous. L'année prochaine je reviendrai à Paris faire éditer une brochure. — Je compte sur votre visite, monsieur l'abbé. »

. . . .

« Je ne dis pas non, monsieur Plée, disait Havin : il y a dans Nostradamus quelque chose de déconcertant. — Alors, nous pourrions donner un compte rendu des œuvres de l'abbé Torné? — Non pas... Comme vous y allez! Nous passerions pour avoir tourné du côté des jésuites et nous perdrions tous nos abonnés. Ce serait la ruine. Pensons à nos intérêts. — Alors, le mot d'ordre est de faire silence. — Assurément. Les feuilles cléricales font elle-mêmes silence sur Nostradamus de peur d'être plaisantées. »

Pour copie conforme :

TIMOTHÉE.

1. *Lettres du grand prophète*, 1870.
Henri V prédit.
Portraits prophétiques (abrégé des ouvrages précédents) : 0 fr. 75 c. Poitiers, Oudin, 1871.

ÇA ET LA

Zola superstitieux. — Les esprits forts — ou réputés tels — font profession de ne pas croire au merveilleux. Et, par une étrange contradiction, ces gens, qui refusent de s'incliner devant des faits dûment constatés, sont généralement enclins à accorder la plus large créance à de puériles superstitions, à donner une signification à des détails importants pour eux seuls.

C'est ainsi que la fameuse enquête médico-psychologique, entreprise par le Dr Toulouse sur M. Zola, a donné lieu à quelques observations particulièrement curieuses. Elle nous a initiés à une manie du fécond romancier, laquelle consiste, dès qu'il se trouve seul, à additionner mentalement tous les chiffres qui lui passent devant les yeux. Dans les rues, par exemple, il additionne les chiffres des numéros des maisons, des voitures, etc. Et lorsque le total de l'addition donne 7 ou un multiple de 7, voilà M. Emile Zola ennuyé pour toute la journée.

L'auteur de la *Terre* a une horreur véhémente du chiffre 7, et cette crainte superstitieuse est telle qu'il n'ose rien entreprendre le 7 du mois, quelle que soit l'urgence.

Or, c'est le 7 du mois de février que M. Zola doit comparaître en cour d'assises.

Mauvais présage!

***

Les lignes de la main de M. Zola. — Puisque nous parlons de M. Emile Zola, citons l'étude, naguère faite par Mme de Thèbes, des lignes de la main de cet écrivain, et parue dans la *Revue Encyclopédique*. Aussi bien, les événements actuels donnent-ils à ce document un intérêt tout spécial :

« Main excessivement impressionnable, affluence d'idées. La ligne de tête, très longue et droite, est d'un penseur positif *qui se dépense en arguments*; mais les doigts sont plutôt pointus et le mont de la Lune est large à sa base : *imagination dans l'observation*. La *volonté* beaucoup *plus forte que la logique*; voyez comme la première phalange du pouce, la phalange onglée, est longue. C'est le pouce d'un homme *pressé d'agir*, pressé de réaliser. La grande influence de Saturne, le mont est rayé, et le pouce, pointu comme les autres doigts, indiqueraient une certaine *sympathie pour la tristesse*, une amertume en quelque sorte divinatoire. La ligne de réputation a le pied sur Mars, mais, au lieu de se diriger vers le Soleil, s'en va sur Saturne, *lutte acharnée* et rêve de gloire difficile à atteindre, ambition non satisfaite. Le doute de soi est intense. Cette main, pour être celle d'un *batailleur*, d'un intellectuel puissant, n'est point celle d'un homme calme dans la lutte et sûr de lui. »

***

Le chien manifestant. — Pendant les dernières manifestations, on a pu voir, tantôt au Quartier Latin, tantôt sur les boulevards, en tête des colonnes de manifestants ou courant sur leurs flancs comme un chien de berger autour de son troupeau, un barbet au poil roux.

Toujours crotté jusqu'aux oreilles, comme tout barbet qui se respecte, et jappant contre les bottes des agents et les jambes des chevaux de la garde, depuis dix ans il ne manqua pas une manifestation de quelque importance.

Un vieux brigadier de gardiens de la paix se rappelle avoir vu ses débuts aux beaux jours du boulangisme.

Le soir du 27 janvier 1889, l'imprudent avait suivi au poste de l'Opéra un petit marmiton arrêté près de là.

Les agents s'amusèrent des sourds grognements de ce barbet qui semblait les gourmander, et le baptisèrent Papa Clément. Mais l'un d'eux ayant voulu le prendre, Papa Clément fila entre ses jambes et on ne le revit plus qu'à la prochaine manifestation.

A qui appartient Papa Clément? où gîte-t-il? personne n'en sait rien.

Il se montre seulement quand il y a du charivari ou de la joie dans nos rues, et c'est lui que l'on vit assis au beau milieu des Champs-Elysées le matin du 5 octobre 1896, attendant à l'aise le cortège du Tsar, qu'il salua au passage de joyeux jappements.

***

La maison hantée de Bourges. — D'un de nos lecteurs de Bourges, M. le comte de P... :

« N° 9, rue des Juifs, une maison de très modeste apparence occupée par deux vieilles filles dévotes, l'une au rez-de-chaussée, l'autre au premier. Chez cette dernière, une petite servante toute jeune.

« Vers la mi-décembre, Mlle P... a entendu, au premier étage, des coups dans la muraille, tantôt le jour, tantôt la nuit. Ces bruits ont pris plus de consistance dans la nuit du 26 décembre, vers deux heures du matin.

« Dès que Mlle P... était seule, le bruit commençait; il se prolongeait plus ou moins longtemps, tantôt dans la muraille, tantôt dans le parquet, et surtout à la tête du lit.

« On fit venir un menuisier pour lever le parquet, mais, loin de cesser, le bruit redoublait tellement que le menuisier blagueur finit par abandonner sa besogne, ne sachant plus qu'en penser.

« Dans la nuit du 1er janvier, Mlle P... a senti son édredon jeté à bas, puis quelqu'un grimpant sur son lit. Elle a sauté à bas de son lit, ainsi que la petite servante. La servante voyait une femme qu'elle croyait être sa grand'mère. Elle lui a demandé pourquoi elle faisait tant de tapage et si elle désirait des prières. Ce à quoi une voix répondit oui.

« Le 9 janvier, vers 5 heures du matin, les deux filles ont senti leurs couvertures arrachées, et elles ont été obligées de se lever. A mesure qu'elles essayaient d'allumer leurs bougies, celles-ci s'éteignaient, jusqu'au moment où la vieille demoiselle du rez-de-chaussée est montée. Les rideaux du lit avaient été retroussés jusque sur le baldaquin; l'édredon, les couvertures étaient à terre, un petit meuble rempli de tasses avait été jeté sur le carreau sans que les tasses fussent brisées. Le petit meuble, relevé, fut rejeté à terre, mais cette fois, les tasses furent cassées. La lampe, renversée deux fois, ne fut cassée qu'à la seconde. Une malle énorme, remplie de linge, fut retournée sans dessus dessous, mais le tout fut fait sans bruit, de telle sorte que si Mlle P... n'avait pas crié au secours, la voisine du rez-de-chaussée n'eût rien entendu.

« Chose assez curieuse, c'est que la table de nuit où étaient des objets religieux ne fut pas plus touchée que les images pieuses suspendues aux murs, tandis que la montre accrochée à un clou était balancée, puis enlevée. Les deux vieilles filles avaient fait dire des messes pour la grand-mère de la servante, et commencé une neuvaine de délivrance qui s'était terminée le samedi soir 8 janvier. Or c'est le dimanche matin 9, qu'eut lieu la dernière scène que je viens de décrire, et depuis lors, plus rien. »

***

Encore une maison hantée. — A Laulinie, village de la commune de Sorges (Dordogne), il y a, paraît-il, une maison qui est hantée. Chaque nuit, et jamais à la même heure, on entend un bruit qui se produit tantôt sur une barrique, tantôt sur une table, ou bien c'est un renversement de meubles, etc. Le sieur L..., habitant cette maison, prétend même que ces esprits ont été jusqu'à lui enlever les couvertures de son lit. Il a été à ce point pris de peur qu'il s'est décidé à aller trouver le curé de la commune, afin de l'inviter à faire les prières nécessaires pour chasser ces esprits tapageurs qui viennent troubler son repos.

***

Le prophète des Vosges. — Nous avons parlé, dans le numéro du 1er novembre 1897 de *l'Echo*, de Joseph Schweighoffer, le vieux berger des Vosges, dont les prédictions, relatives à la température, sont rarement erronées.

Parlant de cet hiver, le vieillard avait dit :

« J'observe depuis le commencement de l'année, comme à l'ordinaire, les pommes de chêne et la bruyère : au contraire de ce que j'entends dire, je ne crois pas à un hiver rigoureux.

« L'hiver prochain sera doux.

« Les froids commenceront tard et ils ne seront pas vifs.

« Les quelques jours de froid précoce que nous venons d'avoir sont accidentels et ne prouvent rien.

« C'est la terre, c'est le ciel, ce sont les eaux, les arbres, les plantes, qui, bien observés, indiquent seuls la vérité. »

Le prophète des Vosges a donc été plus heureux, dans ses prédictions, que les savants officiels. Ceux-ci nous annonçaient un hiver terrible; il n'en est rien. Mais il faut leur accorder que, depuis plusieurs années, le résultat de leurs graves observations est généralement contraire à la réalité !

***

Un cas de lucidité. — Un de nos abonnés habitant Perpignan, M. J. S. B..., nous raconte de quelle curieuse façon il découvrit plusieurs pièces anciennes :

« En 1868, nous dit-il, le propriétaire d'une maison de notre ville, intrigué par la présence dans sa cave d'un petit tronc d'arbre qu'il supposait placé là comme indice, me pria de tenter une expérience.

« J'amenai un sujet qui avait donné déjà des résultats satisfaisants sous le rapport de la lucidité. Le sujet déclara qu'il y avait, à 30 centimètres du sol, *trois pièces en plomb* placées dans le sens horizontal à 50 centimètres d'intervalle. Ces pièces furent, en effet, trouvées comme il avait été indiqué. Leur forme rappelait celle d'un bout de pied de chaise de campagne, ce qui ferait supposer que l'empreinte avait été faite avec une de ces chaises, et le plomb fondu versé après.

« Ce premier succès nous ayant encouragés, nous fîmes une seconde expérience. Le sujet, endormi à nouveau, annonça que l'on trouverait plus loin une plaque en plomb, de forme irrégulière, enterrée depuis deux cent vingt-cinq ans, et sur laquelle on avait tracé avec un instrument pointu la date à laquelle cette plaque et les pièces avaient été enfouies.

« On fit de nouvelles fouilles, et on trouva la plaque, qui portait la date 1643. En additionnant à ce chiffre 225, on obtient bien 1868, époque à laquelle fut faite l'expérience. J'ai en ma possession les pièces et la plaque, dont les chiffres sont, depuis le temps, quelque peu oxydés. »

***

Neige rouge. — Un curieux phénomène vient de se produire en Italie, dans les environs d'Aoste.

La neige est tombée, ces jours derniers, pendant quarante-huit heures de suite. Or, sur la cime du Grand-Combia, qui a 4.572 mètres de hauteur, la neige était, le premier jour, complètement rouge.

Ce n'était pas du sang qui tombait du ciel, et il ne faut voir là aucun signe de catastrophe prochaine. La neige était rouge tout simplement parce qu'elle était chargée d'une quantité infinie de microscopiques champignons de cette couleur.

Gaston Crosnier.

A TRAVERS LES REVUES

La Curiosité du 16 janvier commence la publication d'une étude de M. G. Morvan sur la *Synthèse de l'or*. Nous en détachons les passages suivants :

... Par des recherches philosophiques, on arrive à la conviction que les nombres sont la racine de tout ce qui existe, comme l'a soutenu, dit-on, Pythagore.

... Les nombres ne sont pas, comme le supposent les mathématiciens matérialistes et les mathématiciens philosophes, des créations de l'esprit humain ; car, s'il en était ainsi, comment les nombres pourraient-ils être soumis à des lois, comme celle de la formation des carrés, que leur créateur ne leur aurait pas données?...

... Puisque les nombres ont des lois existant antérieurement à la découverte que nous en faisons, c'est qu'ils sont pensés par une intelligence dont la nôtre n'est qu'un fragment. La Mathématique existe donc indépendamment de l'homme qui la découvre par l'étude ; elle est une collection de faits dont l'existence est indépendante de notre compréhension.

... D'autre part, il y a aussi de l'intelligence antérieurement à la matière, puisque la chimie nous révèle que les combinaisons de la matière sont soumises à des lois des nombres.

... Les Alchimistes connaissaient plusieurs de ces lois, et c'est ce qui leur a permis d'obtenir des résultats défiant le savoir de nos chimistes d'aujourd'hui qui, ne pouvant les expliquer, préfèrent les dédaigner.

... De même, c'est par la découverte de certaines lois des nombres que l'ingénieur français Clavenad est parvenu à faire la synthèse de l'or. La découverte de ces lois lui a été facilitée par les écrits des Alchimistes et par les données de l'Occultisme, sans négliger le coefficient de la dose peu commune de science ordinaire dont il est possesseur.

Dans le même numéro, M. Ernest Bosc termine ainsi un article intitulé *Thaumaturgie et Envoûtement.*

... En Magie, rien n'est plus puissant que la parole. — Le monde n'a été créé que par le Verbe (Logos), mais nous sommes si accoutumés à entendre dire ce grand fait, que nous ne prêtons nulle attention au sens de l'expression en elle-même.

Les Thaumaturges, les Magiciens blancs ou noirs, doués d'une grande puissance fluidique n'utilisent que la parole pour la réalisation de leurs actes.

Les personnes un peu versées dans l'Occultisme savent fort bien ce que nous venons de dire et que les Mantrams qui ne sont que des mots, prononcés d'une façon particulière, ont une force de projection, de réalisation. Les formules de l'*Enchiridion* du Pape Léon ne sont que des formules *invocatoires* et imprécatives, et, suivant les intonations qu'on leur donne, elles peuvent accomplir des prodiges véritables, ce que le vulgaire a dénommé des *miracles*.

La Paix Universelle du 16-31 janvier publie un long et enthousiaste article sur le *Congrès de l'humanité* que M. Amo se propose de réunir lors de l'Exposition de 1900.

En voici les principaux passages :

Rappelons, dit l'auteur, le principe très simple qui a déterminé cette grandiose tentative :

Provoquer le passage d'un souffle d'amour à travers toutes les frontières spirituelles ou matérielles; faire sentir aux hommes leur profonde solidarité sur tous les plans; leur faire goûter, par le moyen de ce sentir une joie si vive, un si réel et doux tressaillement d'âme, qu'ils n'hésiteront plus à *reconnaître la Vérité solaire du principe d'Amour universel.*

Leur faire sentir que les doctrines sont choses secondaires devant la nécessité primaire de l'Union.

... Le Congrès de l'Humanité est un Congrès évolutionnaire entre tous.

Il s'inspire de l'Eternelle Vérité, respecte toute Foi, mais s'élève contre toutes les étroitesses du cœur, les *myopies de la pensée*, les ostracismes criminels et les mensonges.

Il est un Congrès de Lumière; il est un Congrès d'Amour avant tout; il est un Congrès de Tolérance, car il ne préjuge d'aucune doctrine, ne préconise aucune forme particulière, mais il provoque et favorise la marche en avant des hommes vers la perfection; il apporte une chaleur de vie qui doit favoriser l'éclosion de l'Humanité-une.

... Le Congrès de l'Humanité doit être le *congrès de toute l'Humanité* et doit envelopper toutes les sections sociales, toutes les doctrines, *tous les hommes sans exception*. Il faut que ses racines sondent toute la terre pour composer de ses aromes variés l'arbre sublime qui sera la Joie, le Bonheur, la Vie des hommes futurs.

Suivent un grand nombre d'approbations émanant des personnalités les plus diverses de la politique, de la littérature et de l'art : MM. Jules Claretie, Henri Lavedan, Paul Deschanel, de Mun, Goblet, Mesureur, abbé Lemire, Pierre Loti, comte Vandal, Casimir-Périer, Anatole Leroy-Beaulieu, etc.

Dans Light du 15 janvier, un article de M. Arthur Butcher sur la *Science de guérir*.

... C'est, dit-il, un système de thérapeutique mentale fort en vogue en Amérique, et de grands efforts sont faits pour en répandre la connaissance et la pratique en Angleterre.

... Les guérisons ainsi obtenues sont hors de doute et confinent au merveilleux. Des personnes ont été traitées à leur insu et le résultat a été des plus satisfaisants. La distance ne semble pas être un obstacle, car il y a des cas authentiques de traitement suivis d'effet malgré une distance de plusieurs centaines de milles entre le guérisseur et le patient. Et, ce qui est peut-être même plus remarquable, des cures ont été opérées alors que la personne soignée n'avait aucune confiance dans ce qui concerne cette science.

... Qu'est-ce qui, dans ces cas, produit la guérison? Je crois qu'on peut répondre : la suggestion jointe à la transmission de la pensée. La première peut être opérée par le guérisseur ou acquise par le patient lui-même; et, quant à l'action de la seconde, elle n'arrive pas nécessairement à la conscience, comme on le voit dans les cas de personnes traitées à leur insu. La télépathie, quoique niée parfois, est, j'ose le dire, expérimentalement démontrée dans de certaines limites. Elle peut être comparée aux vibrations harmoniques d'une corde de piano lorsque la corde correspondante d'un autre piano résonne à quelque distance. Il y a lieu de supposer qu'il en est continuellement ainsi, quoique nous ne nous en apercevions pas toujours. Dans beaucoup de cas, des volitions, que nous croyons spontanées, peuvent être provoquées par des impulsions qui ont leur origine dans un autre cerveau que le nôtre. On peut ainsi concevoir que le contrôle nerveux que nous exerçons normalement d'une manière inconsciente sur certains processus obscurs essentiels à notre vie mentale et physique peut être influencé de la sorte par la pensée énergique et concentrée d'une autre personne.

... Maintenant, pourquoi la suggestion est-elle un facteur si puissant, et quelles sont les lois et les conditions qui gouvernent la projection de la pensée? A cette question la science n'a pas encore donné de réponse satisfaisante. Toutefois, grâce à la suggestion et à la télépathie, nous pouvons percer le brouillard mystique et métaphysique qui voile la science de guérir, en découvrir les limites, et, jusqu'à un certain point, la mettre en ligne avec la psychologie moderne, tout en laissant aux recherches futures le soin de lui assigner sa place précise dans les phénomènes de l'esprit.

Dans le numéro du 22 janvier de la même revue, un « vieux correspondant » raconte quelques expériences personnelles.

Les deux premières furent faites avec le concours de médiums voyants : ceux-ci virent des personnes mortes depuis plusieurs années, qu'ils n'avaient pas connues, et les dépeignirent avec une exactitude et une précision qui ne laissèrent aucun doute sur leur identité : les vêtements qu'elles portaient de leur vivant, ainsi que les maladies qui avaient amené leur mort furent décrits sans erreur dans leurs moindres détails.

Quant à la troisième expérience, voici comment l'auteur la raconte :

« Il y a dix-huit mois, j'eus occasion de me rencontrer avec un médium écrivain qui me fournit une communication relative à mes affaires privées. Par ce message (qui paraissait venir de l'esprit d'un médecin), j'étais informé, entre autres choses, qu'un de mes proches parents était dans un état de santé très précaire ; les symptômes de sa maladie ressemblaient exactement à ceux d'une cliente qu'il (l'esprit) avait soignée lorsqu'il exerçait la médecine sur terre, dans le Lancashire, et qu'il avait dû, par la suite, faire enfermer dans une maison de fous où, avec le temps, elle avait recouvré la raison. C'était là pour moi une pénible nouvelle ; mais, en l'espèce, il n'y avait d'autre remède que de garder mon opinion antérieure, savoir que la personne en question, étant en excellente santé, semblait prémunie pour l'avenir contre toute maladie. Or, juste à l'époque sus-indiquée, c'est-à-dire il y a dix-huit mois, des troubles cérébraux se manifestèrent soudainement, et nécessitèrent les visites et les soins de médecins, de spécialistes, et de tout un cortège de gardes-malades. Cependant, l'état du malade empirait et la mort semblait imminente. J'eus alors recours de nouveau au médium écrivain dont j'ai parlé, et, lorsqu'il fut sous l'influence des esprits, il écrivit un message de la même écriture que le premier, annonçant que le malade *pourrait*, avec de grands soins recouvrer la santé. La semaine suivante, comme les troubles cérébraux semblaient plus graves qu'auparavant, j'eus de nouveau recours au médium qui n'était pas cependant alors en bonne santé et la conséquence fut que le guide (l'esprit) fut seulement capable d'écrire une communication me demandant de faire venir un médium à incarnations, qu'il me désigna, et dont il se servirait pour me parler. Ainsi fut fait la nuit suivante, et, dans les cinq premières minutes après le commencement de la transe, les organes vocaux du médium furent mis en jeu par l'esprit du même médecin, qui nous informa que la maladie avait pris naissance dans ce qu'il appelait le « plexus solaire » (deux mots que je n'avais jamais entendus auparavant), que les troubles cérébraux étaient la conséquence directe et naturelle de l'état maladif du corps. Le guide approuva aussi tout le traitement ordonné par les « médecins terrestres », et, pour la première fois, annonça que le malade guérirait. Et la guérison se produisit en effet, à la grande surprise de la famille, des médecins et des amis. Au cours de ses communications, l'esprit fit de nouveau allusion à sa malade du Lancashire qui, dit-il, avait été « quatre fois plus gravement atteinte » que le nôtre; il énuméra aussi les multiples symptômes de son état et ajouta : « Elle est encore vivante; c'est une vieille femme toute frêle, qui vit avec son fils. »

DIE UEBERSINNLICHE WELT de janvier rapporte de curieux phénomènes de hantise qui se produisent dans un petit village de la Galicie : des bruits épouvantables troublent en ce hameau une famille d'honnêtes paysans, et la présence des gendarmes sur la voie publique ou dans la maison même, loin d'apaiser le vacarme en provoque l'accroissement. Décidément, le remède indiqué par M. Pierre Giffard aux personnes hantées est loin d'avoir l'efficacité que son inventeur lui attribuait avec une confiance si... sereine!

Reçu aussi l'ECHO DU PUBLIC, abondant en renseignements de toute sorte, le MONITEUR SPIRITE ET MAGNÉTIQUE, le SPIRITUALISME MODERNE, le MONITEUR DE L'HYGIÈNE PUBLIQUE, le PROGRÈS SPIRITE, etc. Enfin, au dernier moment, trop tard pour que nous puissions en rendre compte aujourd'hui, nous parvient le numéro exceptionnel de janvier de l'INITIATION, consacré en grande partie à la vie et à l'œuvre de Stanislas de Guaita, le maître Occultiste récemment décédé; nous en parlerons la prochaine fois.

R. D.

LES LIVRES

GUIDE PRATIQUE DE L'HOMME D'ŒUVRES A PARIS, pour 1898 (Rondelet et Cie, éditeurs). Ce guide est indispensable à toute personne qui s'intéresse aux œuvres philanthropiques. Il contient une foule de renseignements exacts et précieux. En outre, il est édité dans un petit format, très élégant, qui permet d'en faire un livre de poche.

***

SCIENCE ET FOI, par P. N. Mansuy (chez l'auteur, à Meaux) essai de synthèse populaire de la science et de la foi. L'ouvrage est intéressant à lire. Il est écrit avec conscience et impartialité.

Le Gérant : GASTON MERY.

IMP. NOIZETTE ET Cie, 8, RUE CAMPAGNE-PREMIÈRE PARIS

Deuxième Année. — N° 27. 15 FÉVRIER 1898 Le Numéro : 50 Cent.

L'ÉCHO DU MERVEILLEUX

REVUE BIMENSUELLE

UN FAISEUR D'OR

L'INGÉNIEUR CLAVENAD

J'ai eu la bonne fortune de rencontrer hier M. Clavenad, à la fin du très court séjour qu'il vient de faire à Paris.

M. Clavenad est, on le sait, cet ingénieur des Ponts et Chaussées, qui est parvenu, moderne alchimiste, à opérer la synthèse de l'or.

Je ne connaissais guère de lui, avant de l'avoir vu, que ce que m'en avaient dit Papus et quelques autres. Je savais qu'avant l'Art Spagyrique la politique l'avait tenté et qu'il avait brigué le mandat de député dans une circonscription ouvrière de Lyon. Mais, heureusement pour l'Alchimie, les élections ne se font pas en cette ville plus honnêtement qu'à Toulouse, et l'art de falsifier le suffrage universel y est pratiqué comme ailleurs. Les opinions de M. Clavenad déplaisaient à la Préfecture; les renseignements qu'il avait, comme sous-inspecteur, recueillis à Panama, pouvaient gêner, s'il triomphait, plus d'un de ses collègues : l'intérêt supérieur de l'Opportunisme exigeait qu'il ne fut pas élu. On accorda donc officiellement la majorité à son concurrent bien pensant, qu'il avait en réalité, distancé de quelques voix ; et voilà comment, pour s'être dit socialiste et avoir été à Panama, M. Clavenad fut sauvé de la politique et conservé à la science.

— C'est, en effet, au lendemain de cet échec, me dit-il, que, las des vilenies et des contingences humaines, je me livrai aux études d'hypnotisme d'abord, d'occultisme ensuite, et que je fis connaissance, grâce à Papus, avec les ouvrages d'Eliphas Lévi et de Louis Lucas; ils devaient être pour moi des guides sûrs et des maîtres précieux.

— N'avez-vous pas lu aussi les écrits des Alchimistes?

— Peu, à dire vrai : les deux auteurs précités les résument en les complétant, et je n'ai eu besoin, pour acquérir la connaissance approfondie de l'Art Royal, qu'à ajouter à la lecture de leurs ouvrages celle des principaux Hermétistes du Moyen-Age, Basile Valentin surtout et Philalèthe. Mais, étudiés dans leurs écrits ou dans des œuvres de seconde main, ce sont eux, les Alchimistes, qui m'ont mis sur la voie et guidé vers le but. Je tiens à rendre justice à ces savants illustres autant que méconnus, qui nous ont dotés de connaissances précieuses, ont émis sur tant de questions des hypothèses fécondes, et rendu possible la chimie moderne.

— M. Berthelot lui-même, observai-je, a reconnu ce qu'elle doit à ces précurseurs. Mais comment vous ont-ils conduit à votre découverte?

— Par leur conception de l'unité de la matière et de l'unité de la force. Pour eux, la matière est une et se retrouve toujours la même sous ses manifestations en apparence les plus diverses. Les corps ne diffèrent pas en nature, mais seulement par la disposition interne de leurs particules constitutives. Il n'y a pas de corps simples, c'est-à-dire irréductibles; tous sont formés d'éléments semblables, d'atomes de même sorte ; tous sont *isomères*, diraient les chimistes modernes, et on conçoit, dès lors, qu'on puisse les transmuer les uns dans les autres si on connaît la loi qui a présidé à la disposition de leurs molécules.

Et voyez, continue M. Clavenad, comme la chimie contemporaine confirme sur ce point les théories des Alchimistes : le nombre des prétendus corps simples diminue tous les jours, et tel corps qu'on avait cru longtemps irréductible, se trouve être, mieux connu, une modalité, une modification allotropique d'un autre. D'ailleurs, plusieurs grands chimistes modernes professent formellement, comme leurs devanciers du Moyen-Age et de la Renaissance, la croyance à l'unité de la matière. Rappelez-vous seulement, parmi les morts, Dumas; parmi les vivants, M. Berthelot.

Les Alchimistes disaient donc : la substance est une sous la multiplicité des apparences phénoménales ; le protoplasma minéral ne diffère pas suivant les corps; il est en tous identique, et il suffit de le découvrir pour pénétrer le secret de la transmutation.

— C'est bien là la difficulté. Serait-il indiscret de vous demander comment vous l'avez résolue?

— Je ne puis que vous indiquer la marche générale que j'ai suivie, sans entrer dans les détails, car je ne suis pas décidé à divulguer, pour des raisons que je vous dirai, mes procédés de fabrication... Si la matière est une, la force, le *mouvement*, comme l'appelle Louis Lucas, l'est aussi. La chaleur, la lumière, le magnétisme et l'électricité en sont les quatre formes principales, qui se transmuent, elles aussi, les unes dans les autres, comme on le voit tous les jours par les expériences même de la physique courante. Les quatre agents précités sont les modalités les plus importantes de la force unique partout répandue, que les Occultistes de tout temps ont étudiée sous divers noms, et que décrivait déjà la fameuse *Table d'émeraude*, découverte, dit-on, par Alexandre le Grand dans le tombeau d'Hermès. « Le Soleil est son père, la Lune est sa mère, le Vent l'a portée dans son ventre, la Terre est sa nourrice. C'est là le père de l'universel télesme du monde entier. » Cette force agit sur la matière et la matière réagit sur elle ; elle descend dans l'Hylé pour en remonter bientôt; elle involue d'abord, pour ensuite évoluer, et c'est ce double courant qui a été symbolisé de diverse façon, par les serpents du caducée, les colonnes du temple de Salomon, et que signifient aujourd'hui, entre autres choses, les deux triangles du pantacle martiniste. Pour réaliser la synthèse de l'or, je fais agir sur la matière les quatre formes, les quatre agents de cette force-une.

— Mais à quelles spécifications de la matière, à quels corps appliquez-vous ces divers agents, et comment combinez-vous leur action?

— C'est là mon secret, et je ne crois pas venu le moment de le révéler. Je ne puis qu'indiquer que je fais agir simultanément les diverses variétés du Grand Agent sur des corps contenant un des principes suivants : carbone, hydrogène, oxygène et azote, qui sont les têtes des séries des corps et correspondent, dans une certaine mesure, aux quatre éléments des anciens. Remarquez, à ce propos, que les agents précités agissent différemment sur les quatre éléments, et que leur action n'est pas la même sur la terre que sur l'eau, sur l'air que sur le feu.

Il faut, pour réaliser la synthèse de l'or, tenir compte de ces différences et de bien d'autres choses encore. Si je vous disais aussi l'importance des lois des nombres et de leurs séries, je n'aurais que superficiellement indiqué les connaissances multiples qu'exigent ces délicates opérations ; encore sont-elles vaines s'il ne s'y ajoute une autre chose, bien plus difficile à acquérir, parce qu'elle ne dépend pas de nous seuls, l'*illumination* intérieure. Et quand on est enfin parvenu, à force de travail et de peine, et surtout par la grâce divine, à les bien connaître, quel labeur et quel mal pour les réaliser ! Quels soins sont nécessaires, et quelle patience ! Mais aussi quelle émotion et quelle joie quand, après les longues heures d'attente, la matière informe qui remue au fond de la cornue se teinte de ce rouge éclatant que les maîtres en Alchimie signalent comme le précurseur immédiat de la transmutation prochaine ! Bientôt, en effet, le jaune succède au rouge, l'enfant si désiré vient de naître, le plomb vil s'est changé en or pur ! Tenez, me dit M. Clavenad en me tendant un carré de papier recouvert d'une mince couche jaune, voici un échantillon de mon produit.

Effectivement, sur la feuille blanche mettant une infinité de taches jaunes, une multitude de paillettes scintillent, à la clarté de la lampe, d'étincelants reflets.

— Vous pouvez le soumettre à l'analyse la plus rigoureuse, vous verrez qu'il ne diffère en rien de l'or commun. Car, remarquez-le, c'est de l'or *naturel* que je fabrique. Il vous semble qu'il y ait là une contradiction dans les termes; en réalité, il en va pourtant ainsi. Mon or est fait suivant les processus mêmes de la nature : c'est de l'or *naissant* que je réalise.

Emmens, au contraire, produit artificiellement le métal précieux ; son *argentaurum* est un métal quelque peu spécial, car ce n'est ni de l'or ni de l'argent, ni un mélange de 60 0/0 d'or et de 40 0/0 d'argent. Il n'a pas cette coloration jaune qui est la caractéristique du roi des métaux ; il manque de *Mercure*, diraient les Alchimistes, c'est-à-dire de lumière, de vie et de mouvement ; le peu qu'il en a provient du traitement par l'acide azotique, qu'il a emprunté à Tiffereau. Rendons, en passant, ce qui lui est dû, au vieil Alchimiste français : *suum cuique*. Voyez-le, cet or américain : est-il assez pâle à côté du mien et ne ressemble-t-il pas davantage à du fer-blanc qu'à de l'or? La couleur et la vie en sont absentes; c'est une forme morte, *caput mortuum*, un arbre dépourvu de sève, une pomme verte à côté d'une orange.

Cela n'empêche pas, d'ailleurs, le savant américain d'être un homme d'un grand mérite, et qui a fait faire à la science un pas de géant. Mais on ne peut pas dire qu'il a obtenu l'or, tel qu'il se trouve à l'état natif. J'ai, au contraire, quant à moi, reproduit l'or naturel, l'or vivant...

— L'or vivant, dites-vous. Les métaux et, en général, les corps que nous croyons inanimés, vivraient-ils donc?

— Bien certainement : la vie est universelle, puisque le mouvement est partout, visible ou invisible, et que la vie se ramène au mouvement. Mais entendons-nous bien ; les métaux ne vivent que quand ils n'ont pas été immobilisés dans une forme : mon or, que vous voyez étendu sur ce papier, est vivant, celui qui constitue cet anneau ou cette montre est mort. Pour le ramener à l'existence, il suffit de lui rendre le mouvement en le libérant de la forme qui l'enserre. C'est en ce sens que les Alchimistes, qui désignaient par le terme de *Soufre* le principe de la forme et par celui de *Mercure* le principe de la substantiation, disaient que le soufre et le mercure non spécifiés sont vivants, et que, spécifiés, fixés en une combinaison définie, ils sont morts.

— Et qu'étudiaient-ils de préférence? La matière vivante ou la matière morte?

— La substance vivante, évidemment. Leur science était la science de la vie; ce qu'ils étudiaient, c'était la matière à l'état naissant ; ce qu'ils recherchaient, c'était le principe vital, l'âme minérale immobilisée dans les formes et les combinaisons. C'est par là surtout qu'ils diffèrent des chimistes modernes : ceux-ci, comme on l'a dit, ne portent d'attention qu'aux écorces matérielles, aux résidus du travail biologique; mais la Vie, l'Ame, les Puissances animatrices et formatrices des corps leur échappent absolument; ils travaillent sur des cadavres; leur science est celle du *caput mortuum* universel. C'est en m'inspirant des méthodes des premiers que j'ai poursuivi le même but et que j'ai pu, grâce à Dieu, reproduire l'or naissant. Il vit, mais c'est une sève qui, quand je le voudrai, se transformera en bois; car, par des procédés physiques spéciaux, je puis rapidement muer en or vulgaire, c'est-à-dire mort, ce métal doué de vie.

— C'est pour vous la fortune que cette découverte, et vous allez faire à Emmens une sérieuse concurrence!

— Je m'en garderai bien. Si j'ai trouvé le secret de faire de l'or, ce n'est pas pour lui-même que je l'ai cherché. Ce que j'ai voulu, c'est pénétrer la loi de la génération universelle, identique sur tous les plans. C'est là, à proprement parler, le Grand Œuvre : il consiste bien moins à fabriquer à volonté l'or métallique qu'à réaliser l'or spirituel, c'est-à-dire l'identification de l'intelligence humaine et de l'essence divine, la Vérité absolue, la Science intégrale. Je sais maintenant comment toute chose naît et évolue, je possède cette *clef de la vie* que Louis Michel avait pensé nous apporter, mais je ne me crois pas autorisé à en faire usage. Emmens est plus pratique : il vend son or à la Monnaie de New-York, qui le transforme en dollars; — je préfère suivre l'exemple des Maîtres qui ont, avant moi, possédé le grand secret : les hiérophantes de l'antiquité, qui vivaient dans les privations à côté des monceaux d'or qu'ils avaient produits; Raymond Lulle qui, en quinze jours, fabriqua, pour le roi Edouard, six millions de lingots, somme énorme pour l'époque, et qui resta misérable et pauvre sous l'humble bure du franciscain; Nicolas Flamel, qui dota des églises, des hôpitaux, distribua des aumônes magnifiques, et qui continua de vivre modestement, comme au temps de ses laborieux débuts.

C'est que, voyez-vous, continue M. Clavenad, dont le regard s'éclaire d'une lueur étrange, le secret que je possède ne m'appartient pas : il appartient à Dieu. C'est Dieu qui m'a accordé la grâce de connaître les lois de la génération universelle, dont il est le maître et le dispensateur. Mes travaux personnels, pénibles études de sciences exactes, lectures d'innombrables ouvrages, longues expériences de laboratoire, n'ont été qu'une préparation à l'illumination décisive : mais c'est Dieu seul qui m'a découvert le grand secret.

Je ne vous dirai pas les prodiges qui ont précédé et suivi la divine révélation; vous ne me croiriez pas et me traiteriez de fou. Toujours est-il que, d'athée, je suis devenu croyant, parce que j'ai *vu*, et parce que je *sais*.

Vous comprenez maintenant pourquoi je ne veux pas exploiter ma découverte : Dieu m'a accordé une grâce spirituelle, qui ne doit pas être prostituée à des satisfactions matérielles; c'est un éclaircissement qu'il m'a donné sur les mystères de la vie, non un moyen de m'enrichir. Dieu a daigné, en m'illuminant, hâter mon évolution spirituelle; — je ne vais pas, de gaîté de cœur, m'attarder dans la matérialité...

Longtemps encore, M. Clavenad continua : les heures passaient, brèves, pendant que je l'écoutais. Ce praticien des sciences exactes, polytechnicien et ingénieur des Ponts, parlait le langage du mysticisme le plus élevé ; je croyais entendre Bœhme ou Saint-Martin, et je vérifiais la justesse de la parole célèbre « qu'un peu de science éloigne de Dieu et que beaucoup y ramène. » Je goûtais aussi le saisissant contraste entre le désintéressement de ce savant modeste et l'avidité de notre époque, et ma pensée se reportait naturellement vers les époques lointaines où l'amour du Beau, le culte du Vrai et la pratique du Bien étaient les seules fins de l'activité humaine, où le souci exclusif des intérêts matériels et la lutte pour la vie n'avaient pas durci les cœurs et perverti les intelligences... Les cris des camelots annonçant dans la rue les journaux du soir m'arrachèrent à ma rêverie, et je pris congé de M. Clavenad.

RAYMOND DUPLANTIER.

L'abondance des matières nous oblige à remettre au prochain numéro l'article de notre directeur sur la Baguette de Coudrier.

L'Expérience du docteur Grasset

Paris, 1er février 1898.

Monsieur,

Il paraît que nous ne sommes pas encore au bout des surprises que nous réserve le cas extraordinaire d'Anne Brieu.

On a pu lire la lettre si nette où le Dr Grasset, appréciant la contre-expérience du 29 décembre dernier, proclamait le résultat « absolument négatif » de celle-ci, et dénonçait la fraude qui l'avait entachée à un moment donné.

Or, voici que l'*Initiation* (janvier 1898) publie une lettre non moins nette, non moins précise du Dr Ferroul qui remet tout en question. D'après cette nouvelle version, l'insuccès n'a été que relatif puisque le sujet a pu dire à distance non seulement en quoi consistait l'objet apporté par la commission, mais encore quel était son contenu : copeaux, plaque de verre, lettre. Si Anna n'a pu lire cette lettre, c'est, ainsi qu'elle l'a expliqué, qu'elle était au contact de la plaque de verre, sorte d'écran opaque pour le pouvoir psychique du médium. Enfin le Dr Ferroul ne fait aucune allusion aux tentatives de rupture de scellé, pas plus qu'à l'expérience consistant à faire lire au sujet un pli cacheté, tenu devant lui par un membre de la commission.

On reconnaîtra qu'il y a désaccord entre les récits des deux narrateurs, sinon sur le fond de la contre-expérience : tous deux convenant que le sujet a pu donner un certain nombre de renseignements corrects, — du moins sur un détail important : tentative de fraude de la part du sujet ou de sa sœur, ce qui permet d'expliquer jusqu'à un certain point l'exactitude des réponses. Il est bien entendu toutefois que la loyauté scientifique des Drs Ferroul et Grasset ne saurait en aucune façon être mise en doute. Tout au plus pourrait-on supposer que les deux médecins ont vu les choses à travers le prisme déformant, celui-ci de son scepticisme, celui-là de sa confiance éprouvée dans Anna Brieu.

Il est profondément regrettable que la séance du 20 décembre n'ait pas été l'objet d'un substantiel rapport, signé par tous les témoins, ainsi qu'il est d'usage en telle matière. En l'occurrence, ce rapport eût permis à l'opinion éclairée de se prononcer en connaissance de cause sur le cas de voyance auquel on voulait bien l'intéresser. A l'heure actuelle, le public serait complètement dérouté, désorienté, s'il ne se rattachait plus que jamais à la première expérience qui, tentée dans des conditions excellentes, fut, au dire de tous, si complètement réussie.

Les savants de Montpellier devront convenir avec nous que leur contre-expérience est à recommencer. Qu'ils en préparent donc une autre, tout en tenant compte de divers *desiderata* qui leur ont été signalés : création d'une atmosphère sympathique autour du médium, impossibilité pour lui de tricher, exclusion de certaines substances au contact de la lettre à lire, enfin rédaction d'un procès-verbal détaillé exprimant l'opinion unanime de tous les témoins de la nouvelle expérience.

Il est inadmissible qu'à la fin du XIXe siècle, la science officielle ne puisse projeter une lumière éclatante sur les phénomènes, qui sont soumis à son appréciation, si délicats et si exceptionnels soient-ils.

QUŒRENS.

Une Lettre de M. le Dr Ferroul

Voici la lettre du docteur Ferroul, à laquelle notre collaborateur Quœrens fait allusion dans son article :

Narbonne, le 7 janvier 1898.

Monsieur le Directeur,

Après le compte rendu de M. le professeur Grasset, après surtout les renseignements fantaisistes donnés par certains journaux et reproduits par d'autres, il me sera permis, je pense de donner quelques détails sur l'expérience de contrôle faite par les délégués de l'Académie de Montpellier.

J'affirme que cette expérience n'est pas négative ; en effet, malgré l'imprudence que j'ai commise de ne pas rester dans les conditions exactes de la première expérience faite avec M. le professeur Grasset, et qu'il s'agissait de contrôler, mon sujet qui, en ce moment, ne se trouvait pas à moins de 300 mètres du paquet déposé chez moi, sur mon bureau, a déclaré durant le sommeil hypnotique :

1° Qu'on lui soumettait une boîte et non un pli cacheté;

2° Qu'il y avait dans la boîte des copeaux d'emballage ;

3° Qu'il y avait du papier blanc, du papier vert et du verre;

4° Que sur le papier vert il y avait, en haut, des lettres qu'elle nomma, et, en bas, des chiffres.

Enfin, après une crise nerveuse très intense suivie d'une syncope, le sujet a affirmé, toujours sans sortir du sommeil, que la présence du verre l'avait empêchée d'arriver jusqu'au pli, le verre étant un isolant pour sa projection psychique.

Or, ni MM. les délégués ni moi ne connaissions le contenu de la boîte ; d'autre part, M. le professeur Grasset déclare que le pli se trouvait entre deux plaques de verre.

Je laisse au public le soin de conclure.

Après cette première tentative, qui dura en deux fois au moins trois quarts d'heure, le sujet se trouvait dans un tel état que pendant deux jours il m'a été impossible d'en rien faire.

Voilà ce qui s'est passé: mon sujet a vu ce qu'il y avait dans la boîte, mais il n'a pas lu le pli, et il en a donné les raisons.

Est-ce là une expérience négative?

Recevez, monsieur le Directeur, l'assurance de ma considération la plus distinguée.

Dr FERROUL.

LE RÊVE

Il n'est pas de phénomène qui, plus que celui du rêve, ait divisé les philosophes.

Tous en donnent une explication différente.

Les uns ne veulent y voir qu'une manifestation de l'automatisme cérébral momentanément soustrait à l'empire de la volonté.

Les autres le considèrent comme une opération de l'âme passagèrement dégagée de ses liens.

D'autres enfin y trouvent les preuves d'une collaboration mystérieuse de la partie spirituelle et de la partie matérielle de l'homme en dehors du régulateur normal : la conscience.

Les anciens, plus encore que les modernes, différaient d'opinion sur les causes des songes.

Les Platoniciens n'y voyaient que les images et les notions concrètes de l'âme ; Avicenne, l'influence immédiate de la lune éclairant seule la pensée de l'homme endormi; pour Aristote, ils sont les produits non contrôlés du sens commun; Averroës les considère comme le résultat de la faculté imaginative; Albert comme la preuve des influences supérieures agissant seules.

La plupart des médecins de l'antiquité supposent que les songes sont le résultat des humeurs se dégageant en vapeurs fantomatiques; ils y retrouvent en effet la trace des soucis et des préoccupations de l'homme éveillé.

Les astrologues n'y veulent voir, bien entendu, que l'influence des astres (1).

Les théories modernes du rêve, tout en étant moins nombreuses et peut-être un peu moins fantaisistes, ne concordent pas davantage et il ne peut en être autrement, car les modernes comme les anciens s'obstinent à ranger dans la même catégorie des phénomènes très différents et ne peuvent trouver dans les seules lumières de la philosophie et de la science, l'explication de faits dont quelques-uns ne se peuvent comprendre qu'à la condition d'admettre les théories traditionnelles de l'Occultisme.

Je voudrais, à l'aide d'un exemple qui a fait dernièrement le tour de la presse, essayer d'établir nettement, pour les lecteurs de l'*Echo*, les deux grandes catégories dans lesquelles il faut ranger, suivant leur nature, tous les phénomènes du rêve et donner une théorie aussi simple que possible de leur production.

Voyons d'abord le fait ou plutôt les faits que j'entends choisir comme exemples.

On lit dans les *Mémoires de M. Goron*, vol II, page 338 :

« Un ancien magistrat qui est aujourd'hui député, M. Bérard, a raconté, dans je ne sais plus quel journal, une fantastique aventure.

« Au moment où il débutait dans la magistrature, il s'en alla faire une longue excursion dans les montagnes des Cévennes et coucha un soir dans une auberge perdue au milieu d'une gorge sauvage.

« La nuit, la fatigue sans doute lui donna un cauchemar affreux. Il voyait l'aubergiste et sa femme

1. Agrippa, de *Susipmicia*.

s'approcher de son lit sans qu'il eût la force de se relever et de crier.

« L'homme tenait un grand couteau de cuisine à la main et lui coupait la gorge pendant que la femme, cramponnée à ses bras, l'empêchait de se défendre.

« Quand il ne remua plus, les deux assassins le prirent, l'un par les pieds, l'autre par la tête, et le portèrent dans le trou à fumier. Il ne se réveilla que sous l'impression douloureuse du fumier qui pesait sur sa poitrine et l'étouffait.

« Le cauchemar avait été si horrible que le jeune magistrat s'éveilla baigné de sueur, en proie à un trouble nerveux indicible.

« Il s'habilla à la hâte et partit.

« Mais en quittant l'auberge où il avait passé une si mauvaise nuit, il regarda longuement l'homme et la femme et, sans doute sous l'impression du rêve affreux qui l'avait tourmenté, il lui parut que tous deux avaient des têtes de bandits.

« Un an après, M. Bérard était nommé substitut, justement au chef-lieu d'arrondissement de ce pays sauvage où il avait si mal dormi.

« En arrivant au parquet, il fut mis au courant d'une instruction judiciaire qui, depuis l'année précédente, passionnait toute la contrée.

« Un officier ministériel, notaire ou huissier, je ne me souviens plus exactement, avait disparu l'année précédente, un jour qu'il était allé toucher une grosse somme.

« On était certain que le malheureux avait été assassiné et on ne parvenait pas à découvrir les assassins.

« Cependant, au moment où arrive M. Bérard, des dénonciations anonymes avaient prévenu le Parquet que, le soir de sa disparition, l'huissier ou le notaire s'était attardé dans une auberge d'où on ne l'avait pas vu sortir.

« Le juge d'instruction, sur cette simple indication, avait arrêté les aubergistes, l'homme et la femme, et conviait M. Bérard, pour ses débuts, à assister à leur interrogatoire.

« Quel ne fut pas l'étonnement du substitut en reconnaissant, dans les deux personnes arrêtées, l'hôte et l'hôtesse de l'auberge du « mauvais rêve ! » Il lui vint aussitôt comme une intuition et il demanda au juge la permission d'interroger à son tour cet homme et cette femme qui niaient avec la dernière énergie.

« — Vous êtes les coupables, leur dit-il, et je le sais d'autant mieux que je vous ai vus commettre votre crime. C'est vous, l'homme, qui avez coupé la gorge de la victime avec votre grand couteau et tous deux vous avez porté le cadavre dans le trou à fumier où il doit être encore.

« Les deux aubergistes furent pris d'un tremblement nerveux ; il leur semblait sans doute qu'ils voyaient apparaître devant eux le spectre de l'homme qu'ils avaient assassiné ; ils se jetèrent à genoux, éperdus, et avouèrent leur crime. On retrouva le cadavre de l'assassiné dans le trou à fumier.

« Je ne me charge pas, ajoute M. Goron, d'expliquer le phénomène. »

Il continue par le récit d'une aventure personnelle qu'il croit analogue, mais qui est, en réalité, bien différente.

Je résume de mon mieux la narration longue et détaillée de l'ancien policier :

En janvier 91, M. Goron est appelé à constater un assassinat commis à Vincennes sur la personne d'une vieille femme nommée Bazire. La pauvre dame avait été étranglée à l'aide d'une ficelle, puis on avait jeté sur son cadavre une lourde malle à roulettes qu'elle possédait, où elle serrait la plupart de ses objets familiers et qu'elle avait l'habitude, désagréable pour ses voisins, de rouler de côté et d'autre, même la nuit, à travers son appartement.

Bien que le vol ne semblât pas avoir été le mobile du crime, puisqu'une montre en or, le seul objet précieux appartenant à la victime, avait été laissée en place, une lourde pendule, sans valeur du reste, avait disparu.

Mme Bazire avait pour voisine, logeant immédiatement au-dessous d'elle, une certaine Mme X..., personne étrange, un peu détraquée, notoirement mal avec la défunte qui l'importunait par sa manie de rouler incessamment au-dessus de sa tête la malle que l'on avait retrouvée recouvrant le cadavre.

Cette Mme X..., par la violence de son langage, par une certaine incohérence dans ses manières, attira fortement l'attention du chef de la Sûreté.

Celui-ci l'interrogea longuement et, à plusieurs reprises, sur l'assassinat de Mme Bazire.

Mme X... était prolixe sur le compte de son ancienne voisine sur laquelle elle disait beaucoup de mal, son attitude semblait bien suspecte, mais c'était une personne honorable et qu'il paraissait difficile de soupçonner.

Malgré lui, M. Goron avait contre elle d'inexplicables préventions.

En dépit des plus actives recherches, on ne découvrait pas l'assassin ; Mme X... donnait des indications que l'on reconnaissait fausses.

Ce crime obsédait M. Goron.

Un soir qu'il y songeait avec plus d'obstination que jamais, il s'endormit, la tête pleine de cette affaire et il vit en rêve Mme X... entrer échevelée chez sa voisine, lui reprocher le bruit importun qu'elle faisait avec sa malle, se précipiter sur elle, l'étrangler à l'aide d'une ficelle et rejeter sur elle, avec colère, le meuble malencontreux.

A son réveil, M. Goron fut persuadé que son rêve lui avait montré la scène telle qu'elle avait dû se passer.

Immédiatement, il fit faire des recherches chez Mme X... Celle-ci, tout à fait inconsciente et folle, fit d'elle-même des aveux complets et montra la pendule de sa voisine qu'elle avait dérobée, sans savoir pourquoi et cachée sous son propre lit.

M. Goron voit entre ce fait et celui raconté par M. Bérard une analogie complète.

Il se trompe.

Ces deux faits peuvent précisément servir de types pour chacune des deux catégories dans lesquelles doivent venir se classer tous les phénomènes du rêve.

Pour mieux dire et pour employer le langage admirablement clair de Papus, le premier est un *songe*, le second est un *rêve*.

Comme le dit en effet lumineusement Papus (1), les rêves doivent être divisés en deux classes ;

1° Les songes ou rêves véritablement prophétiques produits lorsque le *corps astral* entre dans le monde des causes secondes et revient tout chargé d'*images* ;

2° Les rêves proprement dits, dans lesquels le sang et les principes inférieurs de l'homme entrent seuls en action sur le cerveau,

Il cite, à l'appui de cette thèse, ce texte suggestif de Paracelse :

« Dans le rêve, l'homme vit comme les plantes, seulement de la vie, soit du corps élémentaire, soit du corps sidérique.

« Si le corps sidérique domine, alors insensible à la vie élémentaire qui sommeille, il a commerce avec les étoiles ; dans ce cas, les rêves se composent de manifestations venues des astres, remplies de science mystérieuse et d'inspiration.

« Si, au contraire, le corps élémentaire domine, alors le corps sidérique repose et les songes ont lieu selon les *convoitises de la chair.* »

Les positivistes, cela va sans dire, n'admettent que le rêve.

Pour eux, le songe tel que le définit Papus, n'existe pas. C'est un procédé commode et assez habituel à cette école de supprimer tout ce qui la gêne.

Télépathie, phénomènes médiumnimiques de toutes sortes, songes prophétiques, visions à distance, tout cela est non avenu pour ces messieurs.

Il est un grand nombre d'esprits que cette façon de procéder ne suffit pas à satisfaire. Eh parbleu ! si tous ces faits incommodes n'existaient pas, en effet, Bichat aurait dit le dernier mot sur l'explication physiologique du rêve.

Partant de ce principe, fondement de toute sa doctrine : *Nihil est in intellectu quod non prius fuerit in sensu*, il expose sa théorie du sommeil avec une parfaite netteté.

Les rêves s'expliquent tout naturellement par une intermittence d'action des différents excitants.

« Le sommeil général est l'ensemble des sommeils particuliers, dit excellemment le médecin-philosophe. Il dérive de cette loi de la vie animale qui enchaîne constamment dans ses fonctions des temps d'intermittence aux périodes d'activité... Le sommeil le plus complet est celui où toute la vie externe, la sensation, la perception, l'imagination, la mémoire, le jugement, la locomotion et la voix sont suspendus.

« Quelques-unes de ces fonctions peuvent être suspendues et d'autres continuer leur action, d'où les rêves avec leurs innombrables variétés. N'envisageons donc point le sommeil comme un état constant et invariable dans ses phénomènes. A peine dormons-nous deux fois de suite de la même manière ; une foule de causes le modifient en appliquant à une portion plus ou moins grande de la vie animale, la loi générale de l'intermittence d'action. » Fort bien, mais alors, je serais heureux de savoir à quelle *fonction* nous empruntons, durant certains sommeils, la notice de l'*infini* dans l'*espace* ou dans le *temps*.

Je demande encore par quel mécanisme mon cerveau endormi me représente les images exactes de choses ou d'êtres situés à distance ou bien encore comment je puis *voir* des événements du passé ou de l'avenir dont les éléments me sont inconnus...

Bref, ainsi que je l'ai dit, si cette théorie du rêve formulée par Bichat et admise par toute l'école positiviste moderne suffit à rendre compte du *rêve* proprement dit, elle ne me dit rien du *songe* que je suis forcé d'éliminer, ce à quoi je me refuse.

Il en va tout autrement si j'admets la théorie occultiste du *corps astral*.

Oh alors ! tout s'explique et la phrase de Paracelse devient claire, tous les phénomènes du songe apparaissent simples, et je distingue nettement ce qui sépare les deux faits que raconte M. Goron et qu'il a confondus.

Dans le premier cas, celui de M. Bérard, un homme est endormi d'un sommeil profond. Les liens qui, durant la veille, unissent le *corps fluidique* au corps *physique, élémentaire*, se relâchent, le double peu à peu s'éloigne de son compagnon, lui restant seulement uni par ce lien ténu que la mort seule brise et qui est le *cordon ombilical* psychique ; le double vit, perçoit, voit et entend et, comme il est essentiellement

1. *Les rêves*, Tr. méth. de sciences occultes (chez Chamuel).

mobile et subtil, il franchit sans efforts tous les obstacles ; les murs les plus épais n'existent pas pour lui, les espaces ne sont rien, le temps ne compte plus.

Un événement tragique se passe n'importe où, mais plus particulièrement dans le voisinage du corps matériel endormi, le corps fluidique en est le témoin. Impuissant à intervenir dans le drame, il y assiste toutefois et en conçoit l'horreur et cette impression, par le cordon invisible, par le lien subtil, se transmet au cerveau qui *dort* mais qui, éveillé, se *souviendra*.

Dans le second cas au contraire, dans le fait qui est propre à M. Goron, les choses se passent différemment.

Un homme a refléchi longuement à un certain événement dont il cherche l'explication; il s'endort en y songeant. Il ne dort pas tout à fait; il dort de ce sommeil partiel dont parle Bichat, ses sens sont assoupis, son cerveau veille et travaille, mais il le fait automatiquement, sans le contrôle de la conscience et dès lors les idées s'associent librement et fatalement, suivant leurs analogies; la conscience n'est plus là pour briser l'enchaînement lorsqu'il se fait contrairement à un plan préconçu.

Pour M. Goron éveillé, Mme X... ne peut être soupçonnée; pour M. Goron, endormi, il n'en va plus de même et la suspicion qui l'obsédait devient toute-puissante parce qu'elle est logique.

La genèse du crime se reconstitue comme le groupement moléculaire se fait dans une solution saline suivant une géométrie constante en cristaux inévitablement d'une certaine forme dès que le vase qui la contient n'est plus remué. La conscience, c'était un importun remuant le vase et empêchant la pensée de M. Goron de se cristalliser suivant les lois.

J'ai voulu montrer l'application de la théorie du corps astral à ces deux faits parce qu'ils me semblent typiques; son application, si elle est moins simple et moins facile, est encore plus probante lorsqu'il s'agit de la notion de l'*Infini* éprouvée en rêve.

L'homme éveillé, c'est-à-dire fait d'esprit et de matière, ne peut concevoir l'Infini dans le temps ni dans l'espace. Dématérialisé, ou du moins voguant en corps astral dans la lumière, loin d'Hylé, l'Arké, l'intelligence pure de l'esprit voit le temps et l'espace tels qu'ils sont : le produit de la mutation consciente de la matière.

Affranchi de ses entraves matérielles habituelles, l'homme endormi peut flotter dans le lieu où ni le temps ni l'espace n'existèrent, puisque l'un et l'autre sont des relatifs de l'homme — fait chair ; il conçoit alors l'éternité et l'immensité; mais si, dans cette contemplation de l'infini, au milieu de *ce vertige de l'Astral*, il est brusquement éveillé par une impression fortuite, celle du contact par exemple, il éprouve cette sensation atroce de chute épouvantable que tout le monde a ressentie, et qui est pour l'individu en un infiniment petit ce que dut être *à l'origine du temps* la chute primitive et irréparable de *l'espèce*.

P. Corneille.

LA QUINZAINE A TILLY

2 Février. — Marie Martel qui, depuis le 26 décembre, pour obéir à sa vision, n'était pas venue au champ Lepetit, s'y est rendue aujourd'hui.

A 3 h. 1/2, la foule est nombreuse sur le plateau. Beaucoup d'étrangers. Le froid est vif. Un vent violent souffle de l'ouest. Le ciel est noir. Tout à coup, l'orage éclate. Eclairs, tonnerre et grêle.

A 4 heures, la voyante apparaît, amaigrie, visiblement fatiguée. Depuis le 26 décembre, elle souffre cruellement dans la tête, la poitrine et la main droite. Elle ne peut supporter aucune nourriture et ne dort pas.

Comme toujours, arrivée à sa place habituelle, elle se met à genoux et commence la récitation du chapelet. L'extase ne tarde pas à se produire et dure trente-cinq minutes, extase très belle, très calme et très simple. Mêmes prières, mêmes invocations que pendant les autres visions.

« Ils vont être bien étonnés, » dit-elle. Cette phrase répond à une communication de l'apparition. Des miracles peut-être. Attendons.

Plusieurs étrangers, venus en sceptiques, et qui, plus tard, affirmeront le fait, constatent avec émotion sur le globe de l'œil de la voyante, une Vierge éblouissante. Ces personnes, qui ne devaient que passer à Tilly, y reviendront dimanche et ont promis d'y revenir jusqu'à la fin des manifestations. Voilà comment, incrédule à 4 heures, on est convaincu à 4 h. 10.

La voyante a déclaré qu'elle verrait encore onze fois la Vierge. Après quoi, sa mission sera terminée.

6 Février. — Cette journée, toute de prière et de recueillement, a laissé un souvenir bien doux à tous les pèlerins venus de loin pour assister aux extases de l'après-midi.

L'église fêtait en ce jour la fête de l'Adoration Perpétuelle établie dans le diocèse de Bayeux par Mgr Robin.

A la grand'messe et aux vêpres, sermons admirables par deux prédicateurs de talent qui ont, depuis longtemps, conquis à Tilly tous les cœurs.

L'orgue, tenu par un organiste distingué, a fait entendre la marche triomphale de Gounod et plusieurs autres morceaux du même auteur.

Aux vêpres, procession pour le Rosaire et chants de cantiques.

La cérémonie, célébrée avec un éclat inaccoutumé, ne s'est terminée qu'à 5 heures par le Salut du Saint-Sacrement exposé depuis le matin.

Immédiatement après, on s'empresse de monter au champ Lepetit où les prières vont recommencer en l'honneur de la Reine du Ciel.

Sur le plateau, il fait un temps épouvantable; l'eau tombe en abondance et le vent est très froid. Les pèlerins ne s'en mettent pas moins à prier près de la chapelle provisoire. Arrive bientôt M. G..., le voyant bien connu. Il est 5 h. 1/4; il se place devant la statue de la Sainte Vierge.

Chacun l'entoure. Il récite tout bas une prière et entonne le *Veni Creator*, repris en chœur par l'assistance. M. G..., le chant terminé, récite le chapelet, puis le *Souvenez-vous*. Tout à coup, son regard devient fixe. La vision lui apparaît. Il est 6 heures moins 20 minutes.

On continue de prier. Les lèvres du visionnaire s'agitent. Il parle très bas. Sa tête s'incline par deux fois. A ce moment arrive Marie Martel, qui va se placer dans la pâture en arrière de la chapelle.

M. G..., qui tient dans la main gauche un cierge allumé, se tourne du côté droit et, conduit par sa vision, se dirige dans le Champ où vient de se placer l'autre voyante. Il marche l'espace d'une trentaine de mètres depuis la barrière, en suivant la direction où doit être construite la Basilique, et tombe à genoux. Il dit plusieurs fois : « O Marie, conçue sans péché, priez pour nous », demande des grâces particulières, la guérison des malades et surtout de l'aveugle, puis se remet à prier. Un colloque ne tarde pas à s'engager entre lui et sa vision. On entend quelques paroles, mais il est difficile d'en saisir le sens. Entendu pourtant : « Est-ce pour bientôt?... Les rayons qui sont entre vos doigts... Protégez,toutes nos familles... Accordez les grâces dont nous avons besoin. »

Après de nouvelles prières et des invocations, on entend : « Faites un miracle », puis, d'une voix plus forte, ces mots : Priez! Priez! Priez! »

Elevant le bras droit où un chapelet est suspendu, le visionnaire le porte en avant et, montrant du doigt un point, il dit : « C'est là... Oh! quelle consolation... Bénissez-nous. » Le regard reste quelques instants élevé, puis la tête s'incline. C'est fini. L'extase a duré vingt-huit minutes.

M. G... a vu la Vierge dans l'attitude de la Médaille Miraculeuse. De ses mains s'échappaient des rayons très brillants.

Pendant que le voyant est en extase, Marie Martel est également favorisée d'une vision. L'attitude est très calme, l'expression du visage est heureuse. Marie invoque Jésus, Fils de David, et Jeanne d'Arc, qu'elle voit. Elle fait plusieurs fois le signe de la croix. Elle voit tomber des lis. Alors elle élève les mains et semble toucher quelque chose, car elle prononce plusieurs fois : « Comme c'est froid! C'est comme de la neige! »

Au moment où sa vision est sur le point de disparaître, elle la supplie de rester encore : « Ne vous en allez pas, ma Bonne Mère, dit-elle, restez avec nous, je vous en supplie. » Mais la vision disparaît et l'extase se termine.

Y.

CORRESPONDANCE

Monsieur Mery,

Vous m'avez demandé de vous envoyer pour votre numéro du 15, le récit des événements mystérieux qui ont marqué la fin des extases de Louise. En voici le resumé :

Après la mort en croix, sur son lit, le vendredi à 3 heures, il restait trois stations douloureuses à parcourir. Le samedi, Louise avait eu, comme les jours précédents, au champ Lepetit, à 1 h. 1/2, une extase toute de prière, très calme, très pieuse.

Rentrée à la ferme où nous l'avions suivie, elle s'était assise dans son coin de la veille; elle avait mangé sans appétit un œuf à la coque, car son jeûne était levé. Peu après elle s'était *comme endormie* et était devenue l'image de la mort. Un marbre n'est pas plus immobile. Mais bientôt le corps s'affaisse du côté gauche, le bras tombe, inerte, et cette espèce de cadavre se renverse sur l'épaule de la personne qui est assise près d'elle. Encore une autre secousse... point de doute, on décloue l'autre côté... Les pieds à leur tour sont detachés et tout le corps glisse, *coule*, dit-on, de lui-même, doucement, comme si des mains mystérieuses en disposaient... Les jambes, en s'allongeant, se replient en arrière, les bras sont tombants et voilà tout le tronc qui se repose, la tête sur les genoux de la même personne qui n'osait pas bouger.

Pendant plus d'une demi-heure, nous avons pu contempler cette Pieta d'un nouveau genre.

De la bouche de chacun des témoins s'échappaient des exclamations : « Mais, voyez donc? Regardez donc ce côté, c'est encore plus beau? » Et personne ne se lassait d'admirer ce tableau vivant du Christ détaché de la croix! Mais voici que les bras tombants se remuent; ils se relèvent lentement et se croisent sur la poitrine, comme on le fait pour les morts; le corps s'allonge et nous sommes devant la mise au tombeau. Cela dure une demi-heure.

Pendant ce temps la nuit était venue; une bougie seule éclairait la veillée funèbre et ajoutait encore à l'illusion, ... Un petit hoquet, puis deux, puis trois! et le marbre rigide s'anime; le corps se redresse vivement, sans aide ni appui... Il s'avance!... On s'écarte stupéfait et Louise est debout les bras tendus, les yeux au ciel, la physionomie radieuse!... C'est la résurrection! Un mot « Marie », dit, avec un accent indéfinissable, que le Christ vient se montrer à sa mère...

« Jésus! Mon fils!... »

Quel sermon peut en dire autant que ces trois mots? Jamais je n'ai si bien compris cette bienheureuse rencontre; jamais docteur ne pourra aussi éloquemment prêcher le dogme de la résurrection!... C'est fini... la tragédie est jouée!... Qui pourra la rendre sur une de nos scènes, à Paris? Vraiment ceux qui disaient que Louise joue la comédie ne pensaient pas qu'elle avait un talent si remarquable, une originalité si puissante!...

Mais qu'ai-je dit? Non, ce n'est pas fini... Car, après le rôle de grande tragédienne, en voici un autre non moins émouvant...

De l'extase douloureuse, la fillette a passé à l'extase joyeuse. Des mains invisibles l'ont amenée à la fenêtre de la cuisine qui a jour du côté de l'ormeau... Comme pour mieux voir, Louise s'appuie contre les vitres qui résistent à la pression et elle s'écrie :

« Oh! votre ormeau, ma bonne Mère, il est tout en or! Comme vos belles étoiles tombent dessus! Ce sont vos grâces; ma bonne Mère! Vous nous bénissez!... (et elle se signe lentement, pieusement)... Vous nous bénissez encore...

« Oh! deux anges avec une banderole!

« A bientôt les miracles!...

« Oh! votre voix, bonne Mère! » « Je serai invoquée : Notre Dame de l'Ormeau!... »

« Merci, bonne Mère!

« Mais je vais mouiller... Votre eau monte... Votre belle fontaine, comme elle grandit! Les malades, comme ils crient!... Je ne peux pas crier aussi fort.

« Guérissez ma jambe!... (et la jambe de Louise s'arcboute, le pied en dehors)... Voilà ma béquille, bonne Mère! Quel don faudra-t-il vous faire?

« — Oh! voilà des dons considérables!

« Guérissez mon cancer au bras! Guérissez mes yeux! Guérissez ma tête!... Oh! qu'ils sont heureux les malades qui sont guéris! Comme ils chantent! N'emmenez pas votre belle fontaine avec vous, ma bonne Mère. Bénissez-nous encore!... »

Louise revient à elle, tout le monde est ému... il est près de sept heures.

Voilà *comment a fini la neuvaine*. Louise sait qu'elle aura encore cinq visions qui vont se succéder chaque jour pour finir jeudi 20 janvier... Les extases des dimanche, lundi, mardi et mercredi n'ont rien eu de particulier, elles étaient calmes et pieuses. Louise parlait tout bas. Mais on savait que le jeudi, pour le dernier jour, on *saurait tout*; aussi beaucoup de monde se pressait dans l'enceinte, aux barrières, tout près d'elle.

Après quelques dizaines, l'extase commence : ce sont d'abord des recommandations; puis des prières inintelligibles; mais bientôt la voix se laisse comprendre et l'on assiste à une prise d'habit en règle, au Carmel!...

Les personnes présentes qui ont vu cette cérémonie en reconnaissent les détails... Du reste les paroles et les gestes de Louise mettent au courant.

« O bonne Mère, jamais je n'aurais cru ça! On n'aura jamais vu pareille affaire! Vous allez rester deux heures! Oh! je ne pourrai jamais! Aidez-moi, soutenez-moi. Je suis bien heureuse...

« Pourquoi pleurent-ils autour de moi Comme vos religieuses chantent!... Sainte Thérèse, je ne croyais pas que ce serait si tôt!... »

Elle présente la main droite; elle tend l'annulaire... C'est sans doute le symbole des fiançailles, car elle dit : « Pourquoi essaye-t-on ces trois anneaux? »

Il paraît que les Carmélites n'ont pas cette cérémonie... Mais ici, c'est du mystique et nous n'avons pas à y voir.

Louise tend les deux bras, comme pour recevoir quelque chose; ce sont des manches grises; elle dit ensuite : « Qu'il est lourd votre habit? Oh! le manteau blanc! »

La main gauche s'avance, on voit qu'elle tient un cierge; la main droite s'appuie sur la poitrine et on entend :

« Je renonce.. Je renonce deux fois, quatre fois, je renonce à tout pour toujours. Je suis à Jésus pour toujours! Oh! que je suis heureuse!

« Je serai toujours humiliée; je ne serai jamais orgueilleuse... Je veux bien souffrir avec Jésus-Christ, pour la conversion des pécheurs, la guérison des malades! »

Elle présente la main droite qui s'ouvre : « Trois violettes, une rose, une branche de lis, » dit-elle! et elle ajoute : « Humilité, charité, pureté!... Merci, bonne Mère! Je ne savais pas... Les cloches sonnent, les religieuses chantent le *Te Deum*.

« O bonne Mère, il faut partir; je ne croyais pas que ce serait si vite!... Qu'est-ce qu'ils vont dire? Ils ne me croiront pas... Vous les inspirerez... Mais votre belle basilique, que vous allez bâtir, que vous m'avez fait visiter, je ne la verrai jamais!

« Votre beau couvent du Carmel, où j'ai vu les grilles pour la première fois, que vous allez bâtir près de la basilique, je ne le verrai jamais!

« Votre beau couvent des frères, de l'autre côté, où vos anges m'ont conduite, je ne le verrai jamais!

« Votre belle fontaine, qui coule à mes pieds, où vos malades sont guéris, je ne la verrai jamais!

« Vos beaux miracles que vous m'avez montrés, je ne les verrai jamais!... Il faut partir!... je n'irai plus dans la rue... tant mieux! Je serai clouée derrière la grille; je voudrais déjà y être... Je prierai pour ceux qui ont dit que vous êtes le démon, pour ceux qui m'ont méprisée, qui m'ont fait de la peine; je prierai aussi pour les amis... Ils viendront ici, ils prieront, vous les consolerez...

« Oh! Vos deux heures, comme elles ont passé vite; il n'y a plus que dix minutes. Ne vous en allez pas encore; restez, restez encore une demi-heure, pour la dernière fois! Permettez-moi d'embrasser encore vos pieds, ma bonne Mère... descendez bénir les affaires qui sont devant moi... »

Le visage s'illumina soudain... et un baiser sonore, deux fois répété, sembla s'appliquer, non à terre, comme les autres fois, mais à hauteur de la bouche.

« ...Qu'elle est belle, votre main rayonnante! Merci! Merci! »

Evidemment cette pauvre fille de la terre vient d'embrasser, non le pied qu'elle demande, mais la main de la Reine du Ciel!...

« C'est bien une main, nous dit-elle après, une belle main blanche avec des rayons, ma s c'est comme un esprit; je l'ai bien embrassée, mais je n'ai rien senti... C'est comme les pieds que j'embrassais, je ne les sentais pas!... »

L'heure cruelle des adieux est venue.

« Encore cinq minutes, ma bonne Mère; montrez-moi encore vos beaux yeux brillants comme des soleils, votre beau visage!... Pour une dernière fois, tournez vos yeux vers moi!... Enfin, puisqu'il le faut!... »

Il faut se résigner... Et un sanglot déchirant éclate dans le ciel de l'extase pour finir sur la terre où la pauvre fille fond en larmes en récitant son chapelet!...

Tout le monde pleurait autour d'elle et ressentait son profond chagrin!...

Admirablement jouée encore cette dernière comédie!...

J'ai oublié de dire que pendant cette dernière extase, le chapelet que Louise avait à la main s'est mis à remuer. « C'étaient, nous a-t-elle dit, des anges qui y attachaient des médailles de Notre-Dame de l'Ormeau. »

Les huit jours donnés à Louise pour se préparer au départ sont passés; les adieux sont faits et elle est partie sans souci de l'avenir, sans regrets du passé; elle s'est abandonnée corps et âme aux ordres de son apparition. La bonne Vierge a inspiré ceux qui sont devenus ses légataires; ils ont remis aux mains de l'autorité diocésaine le dépôt qui leur a été confié, non parce qu'ils méritaient cet honneur qui convenait mieux à beaucoup d'autres, mais uniquement parce qu'ils étaient là, seuls du pays d'adoption où la vision de Tilly a envoyé Louise pour se préparer, pendant quatre ans, loin du bruit de ce monde, à son entrée au Carmel...

Que Dieu et la divine Vierge gardent cette enfant qui semble prédestinée! Au revoir, Monsieur Mery, mettez ma prose en français et croyez-moi sincère.

Un Témoin.

Les Apparitions de Verquin (?)

Il y a quelques jours, on lisait dans le *Petit Journal* la dépêche suivante :

Depuis huit jours, le petit village de Verquin, près de Béthune, est en émoi.

Une fillette de onze ans, qui suit depuis trois ans le catéchisme de première communion, vient d'être l'objet d'hallucinations religieuses.

La jeune enfant raconte que, tous les jours, Notre-Dame de Lourdes lui apparaît sur un arbre dans un sentier conduisant à l'église.

Aussitôt la nouvelle connue, on est allé en procession à l'arbre sanctifié; mais aucun miracle ne s'est produit.

Cependant, depuis ce jour, on voit passer tous les soirs dans les rues du village une forme blanche, de taille haute, qui suit les personnes rentrant à leur logis. Beaucoup ont été sérieusement effrayées. On ne parle plus que des apparitions et du fantôme.

Il est regrettable que le garde champêtre n'ait pas encore cherché à savoir quel est ce fantôme qui sème l'effroi sur son passage?

Qu'y a-t-il de vrai dans cette information? Nous avons écrit au curé de Verquin, aux journaux locaux et à plusieurs de nos amis habitant la région. Il nous a été impossible jusqu'à présent d'obtenir aucun renseignement précis.

La mystérieuse tête de La Réole

Dans l'arrondissement de Toulouse s'est manifestée, il y a bientôt quatre ans, une apparition étrange dont, chose assez surprenante, les diverses revues psychiques ne se sont point occupées alors qu'elles relatent avec empressement des faits parfois moins captivants moins originaux, et peut-être aussi moins bien prouvés. A part plusieurs journaux de la région qui publièrent là-dessus chacun un petit roman, et *la Croix* de Paris qui seule narra l'exacte vérité, les autres feuilles semblent avoir ignoré les faits que je rappelle ici pour les lecteurs de l'*Écho*.

Le 30 avril 1894, deux fillettes de La Réole (canton de Cadourc) s'amusaient à cueillir des pâquerettes et des boutons d'or aux alentours de l'école, près d'un vieux château inhabité, quand soudain elles aperçoivent devant elles, à rase terre, au pied du massif, une tête de vieille femme à cheveux blancs, au visage pâle, étiré, dont le bas est caché par un voile, aux yeux mobiles et effrayants, et coiffée d'un bonnet garni d'un nœud noir. Epouvantées, elles s'enfuient à l'école où elles arrivent si essoufflées et si saisies qu'elles ont du mal à expliquer leur sinistre rencontre.

Les maîtresses, qui savent qu'il faut peu de chose pour faire peur à des enfants, se mettent à rire, et, pour leur montrer leur illusion, les renvoient avec deux autres compagnes à l'endroit désigné. Mais, ô prodige, voilà que celles-ci voient aussi à leur tour la terrifiante tête!... Or, il faut noter, en passant, que Marie-Louise Grasset, Anna Sabathe, Noémie Gayne et Louise Lagrange — ce sont leurs noms — âgées à cette époque de neuf à quinze ans, n'étaient nullement maladives et étaient au contraire très saines d'esprit et même les plus intelligentes et les plus sages de la classe. Fort émotionnées elles courent le plus vite qu'elles peuvent à l'école, et les plus grandes certifient la réalité de l'apparition.

On pense si l'affaire se répand tout de suite partout aux environs. Les curieux et les paysans arrivent en masse, et s'ils ne sont point favorisés de visions, les histoires les plus dévergondées ne s'en colportent pas moins. Les quatre petites jeunes filles continuent à bénéficier seules du même spectacle chaque jour, à n'importe quel moment de la journée, en sorte qu'elles en sont de moins en moins épouvantées, sauf Marie-Louise Grasset, et finissent presque par s'y accoutumer. La nuit, la tête n'apparaît point, mais une flamme surgit à sa place du massif, fait le tour du vieux château et sautille sur la maison du carillonneur; après quoi elle s'éteint.

Il y a répit d'apparition pendant quelques jours et les paysans cessent alors d'aller « au revenant », comme ils disent. Puis un beau matin, pendant la classe, une des voyantes étant appelée au tableau pour un problème d'arithmétique, jette par hasard, en passant devant la fenêtre, un regard dehors à travers les vitres, quand aussitôt, son visage devenant livide, elle pousse un cri : « Ah! la tête, la voilà encore, tenez, elle monte l'allée! » En effet, l'affreuse tête a abandonné le contre-bas de l'avenue du château pour se fixer dans l'avenue même de manière à être bien en vue de l'école.

La nouvelle de la réapparition se répand comme une traînée de poudre; les rassemblements se reforment de plus belle et la foule va toujours grossissant. Les gens les plus éclairés essaient de pénétrer la cause et la nature de cette manifestation fantômatique. Les yeux de la tête perdent peu à peu de leur expression horrible pour prendre une expression relativement douce. « — Si l'on jetait de l'eau bénite où se tient le spectre pour voir si cela produirait quelque effet? proposent les uns; l'eau bénite chasse les démons. — Mettez donc un crucifix devant lui, tout près, conseillent les autres; on dit que l'image du Christ sur la croix fait faire la grimace au diable. » On essaie de discerner la nature de l'apparition à l'aide de ces moyens rudimentaires. Sous les aspersions réitérées d'eau bénite, la tête reste en bonne contenance, « signe que ce liquide ne la brûle pas », remarque l'assistance; même elle s'incline devant le crucifix avec une attitude de prière. Ces dispositions du « revenant » rassurent un peu la foule, mais sans lui donner le mot de l'énigme. L'objectivité de la vision réservée seulement aux quatre fillettes et le jeu de la physionomie de ces dernières ne cessent d'intriguer fort les spectateurs.

L'assemblée s'accorde pour piquer en terre, à l'endroit de l'apparition, une baguette faite avec une branche d'arbre et pour y attacher une feuille de papier blanc sur laquelle une des voyantes a tracé ces mots : « Ecris-nous, sous ma demande, qui tu es et ce que tu veux. » Une réponse, manuscrite, ne tarde pas à apparaître sur le papier ; toutefois il n'y a que les quatre fillettes, qu'on a pris soin de séparer avant l'expérience, qui peuvent la lire. On les interroge chacune à part. Or, elles prononcent unanimement les trois mêmes monosyllabes tracées sur la feuille, puis pareillement, les transcrivent avec leurs deux majuscules et celui du milieu en italique: « Moi Je suis ». Plusieurs personnes croient un moment avoir deviné l'identité du spectre; elles conjecturent que c'est l'âme d'un tel qui vient du Purgatoire solliciter des prières, et que c'est la souffrance des flammes purificatrices qui rendait son visage hâve et ses yeux terribles. Pour avoir plus de renseignements, on presse les enfants de poser à tour de rôle à la tête une foule de questions auxquelles celle-ci répond par des hochements affirmatifs ou négatifs. Devant le dialogue suivant, les partisans de l'âme du Purgatoire doivent bientôt abandonner leur hypothèse.

« Veux-tu répondre à ce que nous désirons savoir? — La tête fait signe que oui. » — Les curieux se serrent avec émotion autour des voyantes, retiennent leur souffle et écoutent avec le plus profond silence. Tous les cœurs battent. « — Es-tu le diable? — La tête hoche négativement avec un singulier sourire. — Est-ce Dieu qui t'envoie à nous? — Signe négatif, accompagné d'un hideux rictus. — Viens-tu de l'enfer? — Impassibilité de la tête. — Viens-tu du Purgatoire? — Non. — Habites-tu le ciel? — Oui. — Alors que veux-tu? des prières? — Oui. — Des messes? — Non. — Vingt *De profundis?* — Oui. — Cinquante? — Oui. — Cent? — Oui. — Cent cinquante? — Oui (!...) — Serais-tu la victime d'un assassinat? — La face blême s'empreint soudain d'une douleur indicible et deux énormes larmes lui tombant des yeux, descendent le long des joues. — D'un assassinat commis il y a longtemps? — Profond hochement affirmatif qui semble indiquer que le crime remonte loin. — Il y a cent ans? — Plusieurs branlements de tête signifiant oui. — Cent cinquante ans? — Oui. — Plus? — Non. — Qu'est-ce que tu veux? Chercher vengeance? — Trois inclinations consécutives pour approuver, et les regards s'allument d'une joie haineuse.... »

En somme plus l'interrogatoire, plus le mystère qu'on espérait élucider redevient impénétrable à cause de grosses contradictions qui alternent avec des refus de réponse. Des assistants s'escriment à frapper sur le spectre à coups de bêche, de pieu en fer, de pioche, de fourche, de canne, les uns en voulant à la tête de ne point se montrer à eux comme aux quatre privilégiées, les autres s'irritant contre elle à la pensée qu'elle est diabolique, d'autres cherchant à soutirer, « par le pouvoir des pointes » un fluide de hantise, d'autres enfin répondant à des défis avec gaîté et forfanterie. Mais toutes ces tentatives sont vaines : la vision esquive lestement les coups.

La Réole devient promptement célèbre et le monde y afflue plus que dans une ville d'eaux à la mode. Tous les jours, le dimanche surtout, les routes qui y conduisent sont encombrées d'une multitude de piétons, de bicyclistes et de voitures. Les populations accourent de plus de dix lieues à la ronde. Dans la campagne la frayeur est telle que les travaux agricoles sont suspendus. Les paysans ne vont-ils pas jusqu'à prétendre que les cloches de l'église, mises en branle par un être invisible, sonnent le glas des trépassés, que le tocsin gémit et pleure dans le beffroi, que des voix d'outre-tombe qui paraissent sortir dessous les dalles du chœur chantent les psaumes des morts!...

Tout cela continue quelque temps et semble devoir disparaître peu à peu sous la monotonie lorsqu'un jour, la tête, se trouvant sans doute négligée, quitte l'allée du château et bondit pour s'installer sur le rebord extérieur de la fenêtre de la classe, au premier étage, la figure tournée vers les élèves, l'air railleur, sinistre, et ricanant chaque fois qu'on récite la prière d'entrée et de sortie. Les quatre fillettes la voient toujours; l'expression de leur visage témoigne de la véridicité de leur assertion. Marie-Louise Grasset, déjà terrorisée dès le début des manifestations, finit par en tomber malade au point que le médecin désespère, durant plusieurs jours, de la sauver. Aussi M. l'abbé Bernis, curé de la paroisse, défend-il aux trois autres fillettes de revenir à l'école et recommande-t-il aux parents de les garder chez eux, ce qui fait que pendant une quinzaine de jours la vision cesse faute de voyantes. Pourtant deux grandes personnes l'aperçoivent une fois très distinctement, dans cet intervalle; elles en ressentent une aussi grande peur que les élèves, preuve que le spectre a bien un aspect terrible.

Le dimanche 3 juin 1894 (octave de la Fête-Dieu), comme la procession, suivant son itinéraire annuel, traverse l'avenue hantée, les quatre écolières, qui marchent en rang avec les autres enfants, revoient la même tête; mais au passage de Saint-Sacrement, elle se cache, paraît-il. A dater de ce moment-là la vision disparaît tout à fait après avoir duré trente-trois jours, sans s'être départie de son macabre incognito, mais en laissant comme trace de son passage la mort et le dessèchement subit de douze grands arbres qui entouraient l'endroit de son séjour. A supposer que ce ne soit là qu'une prodigieuse coïncidence, elle n'en est pas moins facile à constater pour quiconque a l'occasion d'aller à La Réole.

Jusqu'à la fin du mois de juin les quatre fillettes restent consignées chez elles, dérobées aux interviews des innombrables touristes, ne sortant absolument que pour aller à la messe et aux vêpres, le dimanche. On veille surtout à ce qu'elles ne retournent ni du côté du massif, ni du côté de l'avenue. Il importe de remarquer que la tête ne se transporte point dans leurs demeures, qu'elles n'y aperçoivent jamais rien de semblable, puis, en outre, qu'éloignées de plus d'une douzaine de pas du spectre, ou encore, qu'en présence du prêtre, elles ne distinguent plus ledit spectre. Une des voyantes amenée en secret à la fenêtre de l'école déclare ne plus voir l'apparition qui a donc bien définitivement cessé.

Marie-Louise Grasset finit par se remettre de sa terreur, et ses compagnes et elle reprirent le 2 juillet leur place sur les bancs de la classe sans que leur physique ni leur moral accusât jamais depuis aussi bien qu'avant, le moindre indice pathognomonique.

Ces faits sont-ils attribuables à une sorte de suggestion hypnotique à distance ou à une espèce d'hallucination collective? Ne sembleraient-ils point plutôt marqués à l'estampille diabolique? Encore aux maîtres de la psychique et de la mystique de trancher la question!

H. LOUATRON.

CHEZ LA VOYANTE

Mlle Couédon est aujourd'hui tout à fait rétablie. A la dernière réunion, qui a eu lieu le 10 février, beaucoup d'amis, privés depuis quelque temps de la parole de l' « Ange », avaient tenu à être présents.

A retenir surtout de cette séance les paroles que l' « Ange » a prononcées touchant la crise que nous traversons depuis trois mois.

Parlant de Zola, il a dit :

En France il ne pourra rester
Quand il l'aura quittée
Il va contre vous aller.

L' « Ange » ne cache pas d'ailleurs que ce qui arrive aujourd'hui est un peu notre faute.

Vous l'avez trop vanté
La honte vous est donnée.

Sur le même sujet l' « Ange » a encore dit :

Puis un autre sera ôté,
Et ils vont comploter :
Là-bas ils seront plus aisés ..
Ça ne fait que commencer...

A noter maintenant ce que la voyante a dit de son langage dont les modifications intriguent vivement ses amis.

Son langage va changer...
Mes paroles vont changer
Elles seront plus déployées...

Puis parlant de sa mission :

Je n'ai pas tout annoncé
Même pas la moitié...
La mission va s'élever
Car elle doit dépasser
Toutes celles qui sont passées,

Une grande partie de la séance a été consacrée à des conseils de piété :

Il faut vous purifier...
Que l'orgueil soit ôté...
Surtout ne pas mépriser...
Ayez la charité...
Que moins de luxe soit donné...

Sur quelques faits précis :
D'abord sur des miracles prochains.

La vierge va se montrer
Dans un nuage aisé
Et de bleu entourée...
Des miracles vont se passer
L'homme aura beau nier :
Il lui faut s'incliner

Ensuite sur une recrudescence de l'anarchie :

L'anarchie va régner
Un chef lui être donné...
Une garde lui sera donnée
Qui, en dessous, travailler...
Des têtes vont s'exalter...

Sur des événements historiques :

Il faut que la Turquie de l'Orient soit ôtée...
Le chrétien au berceau doit rentrer...
Des églises vont s'élever;
De tous les côtés
Dieu va se manifester...
Je vois la France plus aisée
La France des jours passés
Quand Dieu était aimé
Et surtout honoré...
Tout par Dieu est réglé
Pas un cheveu ne doit tomber
Que Dieu ne l'ait ordonné.

Comme on le voit par ces courtes citations, le langage de la voyante n'a pas retrouvé son rythme d'autrefois. D'autre part, les répétitions deviennent d'une fréquence déroutante. Des phrases sont parfois prononcées jusqu'à vingt-cinq fois de suite. Sans doute, nous sommes dans la période de transition dont nous notions l'annonce au début de ce compte rendu.

G. M.

PRINCIPES GÉNÉRAUX DE SCIENCE PSYCHIQUE

III

3° *Balancement psychique.* — On connaît le principe du balancement organique, en physiologie, principe par lequel il s'établit « une sorte de compensation entre les atrophies et les excès de développement dans les anomalies des organes » et, « toutes les fois qu'au milieu d'organes connexes, l'un d'entre eux a acquis un grand développement, les autres restent avec des dimensions rudimentaires et une forme modifiée en conséquence. » (Littré et Ch. Robin.)

Un principe analogue se retrouve en science psychique.

Le magnétiseur, le médium, qui ont naturellement ou acquièrent artificiellement une aptitude spéciale à produire un certain genre de phénomènes psychiques et qui développent, d'une manière exclusive, cette aptitude, deviennent puissants dans les phénomènes qu'elle produit et nul ou faibles dans les autres.

Le balancement psychique se ramène, au fond, à la polarité.

C'est un développement exclusif de tel ou tel pôle des aptitudes psychiques.

L'expérimentateur équilibré aura moins de puissance spéciale que les expérimentateurs exclusifs, mais il obtiendra une puissance plus saine et plus étendue.

4° *Correspondance et imitation.* — C'est un principe aussi important que la polarité.

Nous avons vu que les pôles contraires s'attirent et que les semblables se repoussent dans la force psychique.

Il faut ajouter qu'il existe néanmoins une correspondance sympathique entre les semblables et antipathique entre les contraires.

Par exemple, voilà deux pôles psychique positifs. Ils se repoussent entre eux. Mais 1° : Par cette répulsion, ils se fortifient, s'exaltent mutuellement. 2° Si vous les faites agir parallèlement, dans la même direction, loin de se nuire, ils auront une puissance d'action positive plus grande sur l'objet visé que si vous les aviez fait agir l'un après l'autre.

Les deux pôles positifs se repoussent donc en ce sens que le champ d'action de l'un contrarie le champ d'action de l'autre, si l'on veut identifier ces deux champs Mais les deux pôles positifs ont une correspondance sympathique en ce sens que la nature d'action de l'un exalte la nature d'action de l'autre et que, si on dirige sans identifier les champs mais par opération parallèle, l'énergie des deux pôles sur un même objet, leur énergie parallèle sera plus puissante sur l'objet que ne serait leur énergie successive.

Il y a encore ceci,

Dans la force psychique, l'apparition d'un pôle a tendance à provoquer, par polarité, l'apparition du pôle contraire, mais elle a aussi tendance à provoquer par correspondance sympathique, l'apparition parallèle de pôles semblables et cela plus encore dans les états de force psychique supérieurs ou inférieurs au propre état de force où le premier pôle existe que dans ce propre état de force.

Soit trois états de la force psychique : le premier moyen : B, le second supérieur : A, le troisième inférieur : C.

Je pense que si l'on produit en B, un pôle psychique positif on provoquera d'abord en B, l'apparition d'un pôle psychique négatif mais aussi l'apparition de pôles positifs parallèles au premier et plus faibles, et je pense surtout qu'on provoquera en A et en C l'apparition de pôles positifs, d'une nuance fluidique un peu différente du premier, mais presque également forts.

Je peux me tromper, sans doute. A l'expérience donc de vérifier.

C'est par une conséquence du principe de correspondance sympathique entre les semblables que j'expliquerais la puissance de l'imitation en général et sa puissance particulière psychique.

C'est le principe de correspondance entre les semblables qui explique qu'une image a tendance à produire, chez ceux qui la regardent, les pensées, les actes que l'image représente. Ceci est de l'imitation générale, banale.

Mais qu'une image soit mise en rapport avec la force psychique atmosphérique et j'estime qu'elle aura tendance à produire, à distance, des pensées, des actes analogues à l'image, et même chez ceux qui ne l'auraient jamais vue.

C'est toujours par une conséquence du principe de correspondance sympathique entre les semblables que les *contraires* s'attirent davantage dans un genre *semblable* d'êtres ou de forces.

Prenons un exemple familier : A moins de monstruosité et d'exception, l'attraction existe entre les sexes différents d'une *même espèce* animale (contraires dans le semblable) et non entre les sexes différents, d'espèces différentes (contraires dans le contraire).

Une loi analogue, pas aussi tranchée peut-être, mais réelle, existe à mon sens en la force psychique : l'attraction est plus forte entre les contraires d'un état, d'un courant, d'une nuance semblables de la force psychique qu'entre les contraires des états, courants, nuances différents.

Je ne parlerai pas de la correspondance antipathique entre les contraires qui se combine avec leur attraction, comme la correspondance sympathique entre les semblables se combine avec leur répulsion.

Mais le lecteur trouvera aisément les plus importantes remarques à faire sur la correspondance antipathique. Il n'aura qu'à opérer une simple inversion des remarques que j'ai faites sur la correspondance sympathique.

L'entrecroisement des principes de polarité et de correspondance est continuel en science psychique. Il cause une certaine complexité et, à première vue, il trouble. Mais, si on le médite et le démêle, il apporte à l'esprit une grande clarté.

Je n'ai pas le temps et la place, sinon je montrerais qu'un entrecroisement pareil de ces deux principes s'aperçoit partout : en philosophie, en histoire, en esthétique, en politique, en sociologie : les relations sociales de l'homme et de la femme, le problème du féminisme sont dominés par la correspondance et la polarité.

Mais je ne puis que jeter une indication, à la hâte.

5° *Répétition.* — C'est un principe physiologique et psychologique connu qu'une pensée, un acte répétés souvent ont tendance à se reproduire.

Un principe analogue existe dans le psychisme.

Un phénomène psychique souvent provoqué et répété se reproduit plus facilement à mesure qu'on le répète.

6° *Période.* — Un ensemble de phénomènes déroulés en série régulière et logique peut se répéter tout entier périodiquement, comme un seul phénomène se répète isolément.

Les périodes sont un admirable moyen d'obtenir les phénomènes vastes et durables.

***

Voilà terminée notre brève étude des six principes généraux naturels de science psychique.

Mais ce qui importe infiniment plus que les principes naturels, c'est le principe surnaturel qui les couronnera et les gouvernera.

Si c'est l'influence des mauvais esprits le psychisme naturel nous fera tomber dans la magie noire et diabolique.

Si c'est l'influence des bons esprits, des saints et de Dieu, le psychisme naturel pourra nous élever à la Mystique divine.

Or — je l'ai dit en mon premier article adressé au Dr Corneille — il est difficile, impossible, lorsqu'on explore l'invisible, de se cantonner dans le domaine purement naturel. Nous devons donc apporter une attention extrême à la qualité de surnaturel que nos expériences psychiques naturelles nous amènent à rencontrer.

Mais avant d'essayer de marquer comment bannir de nos expériences le surnaturel mauvais et y attirer le surnaturel divin je tâcherai de montrer comment s'explique l'action de surnaturel mauvais ou divin sur les phénomènes psychiques naturels.

Le fluide psychique, étant une substance plus subtile que la matière et les forces grossières, est en relations plus faciles avec le monde surnaturel. C'est évident.

Et voilà une raison générale du mélange facile du surnaturel avec le psychisme naturel.

Ensuite la *surcharge* est le point de départ de tous les phénomènes psychiques. Or, nous avons vu que la concentration de pensée est l'un des moyens de produire la surcharge. Mais, si l'homme peut concentrer sa pensée, à plus forte raison un esprit, bon ou mauvais, non empêtré dans la chair (et l'esprit bon avec plus de puissance, à cause de son union à Dieu), à plus forte raison, enfin, Dieu, l'Esprit parfait, tout-puissant et infini (1).

Donc rien de plus facile à concevoir que la production par un agent surnaturel de la surcharge d'abord puis de tous les phénomènes qui en découlent. Et production avec une intensité supérieure à celle que l'homme obtient puisque les esprits sont capables de concentrer leur pensée avec plus d'énergie que l'homme (et les bons esprits avec plus d'énergie que les mauvais), puisque enfin la pensée de Dieu, immuablement concentrée dans l'Omniscience et la Perfection, est toute-puissante.

Et, si la surcharge peut être déterminée, quand elle n'existe pas encore, par la concentration de pensée, elle peut en être modifiée, quand elle existe. Cela est déjà vrai, dans l'ordre naturel, chez les magnétiseurs et les médiums-nés où la surcharge existe naturellement et peut-être modifiée par la concentration de pensée. Cela n'a rien d'étonnant puisque, chez les magnétiseurs et médiums artificiels, la concentration de pensée suffit à produire cette surchage!

Donc, à plus forte raison, le surnaturel aura la puissance de modifier une surchage existante et, par conséquent, toute la série de phénomènes psychiques qui en découlera (1).

En résumé, produire ou modifier la surcharge est possible au surnaturel. Donc, il a pouvoir de produire ou modifier tous les phénomènes psychiques.

Et le surnaturel, à cause de son énergie supérieure, produit ou modifie avec une énergie supérieure à celle de l'homme.

Maintenant que nous avons vu comment s'explique l'immixtion du surnaturel mauvais ou divin dans les phénomènes psychiques naturels, cherchons comment bannir le surnaturel mauvais de nos expériences et y attirer le surnaturel divin.

C'est par une correspondance sympathique entre les semblables. Mais une correspondance sympathique d'ordre moral et mystique et qui rejette, intransigeante absolue, ce qui lui est contraire. Il faut nous mettre, par la vie chrétienne, la charité, la vertu, la foi, la prière, en correspondance sympathique avec Dieu, et rejeter absolument ce qui est contraire à cette correspondance, de sorte que notre volonté, notre réalité, notre être deviennent odieux au mal.

Et alors, les mauvais esprits n'auront sur nous qu'une prise superficielle. Ils pourront nous tenter, nous tourmenter, nous mettre des bâtons dans les roues mais ils ne pourront pas nous séduire ni corrompre la direction dominante et le résultat final de nos expériences.

A l'intérieur de la correspondance sympathique avec Dieu, et une fois le mal chassé une espèce de polarité sublime existe : l'humilité, le négatif de l'homme attirant le positif de Dieu, sa grâce, pendant que le négatif de Dieu, sa loi, attire le positif, l'activité de l'homme. — Les mystiques chrétiens se sont préservés de l'action profonde du surnaturel mauvais par la correspondance sympathique avec Dieu. Ils ne se servaient pas de cette expression empruntée au psychisme, et dont je me sers pour marquer exprès l'accord entre la science et la mystique, ils employaient

1. Ce que je dis des esprits mauvais s'applique également aux âmes mauvaises d'hommes morts agissant en solidarité avec ces esprits. Ce que je dis des bons esprits s'applique également aux saints et aux âmes bonnes de morts. Il y aurait ici des nuances à préciser. On m'excusera de ne pas le faire, vu les limites de mon cadre.

1. J'étudie, dans ces articles, les principes généraux de science psychique. Je n'analyse pas le détail. Sinon, j'aurais dû distinguer, en la production des phénomènes, la part de la concentration mentale considérée isolément et la part de la surcharge qui l'accompagne. Mais, outre qu'à mon avis il n'y a pas phénomène naturel ou surnaturel, sans surcharge psychique accompagnant l'action de la pensée, je crois que, même hors des phénomènes exceptionnels, dans les opérations ordinaires de l'homme, des esprits de Dieu, il y a toujours union entre la pensée proprement dite et la force psychique, même non surchargée. Cette force est, pour moi, le *primum alterans* de saint Thomas d'Aquin et la lumière initiale de la Genèse, créée avant le soleil. C'est la force la plus universelle de la création, unie à tous les actes des créatures, spécialement des êtres pensants et de la Providence. Il n'était donc pas indispensable, en la présente étude, très sommaire, de diviser les parts revenant à deux causes qui, pratiquement, agissent ensemble.

l'expression chrétienne, beaucoup plus belle d'ailleurs et d'un charme évangélique : *l'état de grâce*.

Par la vie chrétienne et l'état de grâce nous animerons nos expériences modernes et scientifiques du même esprit dont les mystiques animaient leurs saintes contemplations.

Le christianisme, possédant l'essentiel de la vérité, l'a adapté sans peine aux diverses variations secondaires de l'humanité et de l'histoire. Il l'adaptera à l'effort d'une humanité exploratrice et scientifique comme il l'avait adapté aux efforts plus métaphysiciens et contemplatifs du passé et particulièrement du moyen âge (1).

Or, sans prétendre, bien au contraire, que l'exploration psychique scientifique doive provoquer des miracles aussi éclatants qu'en a provoqués la vie mystique et contemplative, je pense qu'une telle exploration amènera, entre l'humanité et le surnaturel, un contact plus étendu, moins spécialisé à certaines vocations, plus probant pour le rationalisme.

Je pense qu'elle conduira sur le terrain propre de Dieu non seulement les âmes spécialement mystiques mais l'ensemble de l'Humanité pensante.

Elle attirera les hommes au surnaturel et entraînera Dieu à abattre, sous les yeux de l'Humanité, le surnaturel mauvais.

Je ne veux pas dire qu'elle altèrera la liberté de l'homme et celle de Dieu. Mais, librement et invinciblement, par l'attrait de la recherche, elle conduira l'homme dans une sphère où, librement et invinciblement, par manifestation de sa gloire, Dieu interviendra.

Tout est usé aujourd'hui, jusqu'au dernier fil de la corde.

Il ne reste plus, pour sauver le monde moderne, qu'un seul recours : se jeter dans l'invisible et y faire la connaissance expérimentale de Dieu.

A. Jounet.

1. Et rien ne nous empêche de réserver une partie de notre vie à la métaphysique et à la contemplation pendant que nous en consacrons une autre aux expériences psychiques modernes et d'unir ainsi les travaux continués du passé à ceux du présent.

ÇA ET LA

M. Zola et la graphologie. — M. Emile Zola et les graphologues sont, chacun de leur côté, sur les crêtes de l'actualité. Or, un graphologue, allemand d'origine, M. Fix, a publié, il y a quelques mois, une curieuse série de portraits d'écrivains célèbres de tous les pays, jugés d'après leur écriture. Voici la traduction des quelques lignes qui concernent M. Zola; ce portrait date déjà de quelques mois et n'a point été fait pour la circonstance ;

« Tête brillante; richement doué; éprouve le besoin de l'harmonie et de la perfection. Philosophe. D'un idéal élevé, plein de poésie, ardent, sentant profondément, enthousiaste pour tout ce qui est noble, beau, élevé, grand. Œil perçant, ne laisse rien échapper. Eloquence brillante, entraînante, spirituelle, enflammée. Provoque le monde en champ clos. Unique en son genre, fier, aristocrate; nature résolue.

« Fier cœur, tu as voulu être infiniment heureux ou infiniment malheureux, et maintenant tu es malheureux. » (Sentence allemande.)

« Dépend du pouvoir d'autrui. Renie sa grande et belle nature primitive. Se dispute avec Dieu et le Destin. Cloue au pilori toutes les choses saintes. Raille, rejette, dit son fait à Dieu et au monde. Plaint tous les habitants de la terre. S'emporte contre lui-même. Maudit le jour où l'on a dit : « Il est né un petit homme. » Repousse tout accommodement, montre les poings, jure de se venger du sort.

« S'avance provoquant, furieux, fanatique, diabolique, poignarde avec une langue à double tranchant d'une gaieté de pendu; rancunier, plein de haine. Et tout cela, par amour de lui-même, parce que tout n'allait pas exactement comme il le désirait; récalcitrant, intraitable, parfois cependant maître de lui. »

***

Singulière coïncidence. — Samedi, 22 janvier 1898, il y avait une éclipse solaire. C'était le dix-neuvième anniversaire de la défaite des Anglais par les Zoulous, et précisément le jour de cette bataille désastreuse, il y avait une éclipse dans toute l'Afrique australe.

***

Un Congrès des religions aux Indes. — Cette idée, émise à l'époque de l'Exposition universelle de Chicago, avait été aussitôt abandonnée. Voici qu'on en reparle ; disons-en quelques mots à titre d'informations.

Le promoteur et principal organisateur de ce projet gigantesque s'appelle Maulaun Sied Nusrat Ali Saheb. C'est un Hindou d'illustre descendance, qui exerce une grande influence à Delhi où il est directeur et propriétaire du *Moslem Chronicle*, journal imprimé en plusieurs langues et dont la circulation est immense à travers tout l'empire des Indes.

Pour se rendre compte de l'importance du *Moslem Chronicle*, il faut savoir qu'il ne compte pas moins de trois cents rédacteurs, sans compter les correspondants, embrassant les langues et idiomes de presque toutes les nations civilisées du globe.

Les principaux personnages de toutes les religions ont été invités par lettre personnelle à participer au Congrès qui aura lieu à Delhi dans le courant de l'année.

L'organisation de ce Congrès a déjà reçu — assure-t-on, mais nous en doutons — un grand nombre d'adhésions de toutes les parties du monde, et l'on considère que toutes les religions et les principales sectes religieuses y seront largement représentées.

***

Un bolide à Lyon. — La nuit de lundi à mardi dernier, vers trois heures et demie, un magnifique bolide a décrit sa parabole dans le ciel de la région lyonnaise. Sa marche était du nord au sud et sa grandeur comparable à celle du disque lunaire à sa plus grande hauteur au-dessus de l'horizon. L'éclat de ce météore était assez considérable pour être aperçu nettement, bien qu'il fît, à l'heure de son passage, un brillant clair de lune dans un ciel pur. Chose curieuse, il offrait cette particularité d'émettre des éclats lumineux colorés passant du bleu au vert avec des stries rouges.

Vers le milieu de sa course, l'astre migrateur s'est divisé en deux parties, paraissant sensiblement égales, et qui ont disparu avec une extrême rapidité en s'éloignant l'une de l'autre.

***

Les prédictions du Vieux Moore pour février. — La vignette consacrée à février représente un large bras de mer séparant deux continents; sur l'un, un animal, qui semble être un kanguroo, est assis sur les pattes de derrière, tandis que ses pattes de devant viennent de donner la liberté à un oiseau, qui s'envole dans la direction de l'autre continent; l'oiseau tient dans son bec une lettre affranchie d'un timbre anglais d'un penny. Sur terre, un lion, debout au pied du pavillon britannique, regarde avec intérêt s'approcher l'oiseau.

Voici la légende qui accompagne la figure :

« Nous n'avons qu'à jeter les yeux sur l'en-tête de février pour en comprendre la signification. Le *Vieux Moore* est heureux de prédire que le moment est tout proche où un tarif unique va être établi pour la correspondance avec nos colonies. Le besoin, depuis si longtemps éprouvé, du timbre d'un penny entre l'Angleterre et l'Australie, va être satisfait, et cette grande faveur aidera à stimuler les sentiments d'affection de la colonie pour la métropole. Le *Vieux Moore* ne peut guère dire qu'il croit possible que l'Australie soit toujours aussi prospère que par le passé. Quoiqu'il y ait beaucoup de découvertes du métal précieux, la spéculation ne se produira que péniblement, car la plus grande partie de l'or ainsi trouvé se déversera dans les petites bourses.

« Dans le sud de l'Afrique, les choses sont disposées à aller un peu mieux, mais la prospérité de cette grande région ne reposera sur une base solide que quand l'Angleterre exercera elle-même le suprême pouvoir.

« La nouvelle d'un éboulement considérable nous sera probablement apportée de la Côte du Sud. Nous pouvons nous attendre à ce qu'un épais voile de brouillard s'étende sur le Canal (la Manche), et nous apprendrons un accident désastreux survenu à un paquebot postal, qui entraînera mort d'homme. Une fraude gigantesque, ayant son origine à Berlin, sera découverte.

« De Vienne arrivera un télégramme bizarrement rédigé qui, sur le moment, agira comme stimulant pour les spéculateurs sur fonds étrangers. Ces gens égarés, les anti-vaccinationnistes, feront à nouveau parler d'eux ; un grand nombre d'assignations seront lancées, mais elles n'arriveront pas à ramener ces doux fanatiques au bon sens.

« Le marché des valeurs sera presque dépourvu de vie, et il ne se fera pas d'opérations sur les « chats sauvages » (?)

« Malgré l'activité qui a régné l'année dernière dans les arsenaux, nous observerons que de nombreuses équipes d'ouvriers feront des heures supplémentaires de travail et construiront des navires prêts pour le service avec toute la hâte possible. »

On le voit, les prédictions du *Vieux Moore* ne sont pas exemptes d'un certain chauvinisme !

*
* *

Le testament de Mme Allan-Kardec. — Le procès engagé entre la Société spirite et les héritiers de Mme Allan-Kardec vient de se terminer.

Le tribunal civil a ordonné la restitution aux héritiers naturels du legs universel fait par la veuve du grand spirite à la société que préside M. Leymarie.

*
* *

La laiterie maudite. — D'un de nos lecteurs du Calvados, qui nous prie de taire son nom et son adresse :

« Dans une grande ferme de notre commune, il est arrivé qu'en mai, juin et juillet dernier, le crémage provenant d'une laiterie fort bien conditionnée donnait un beurre dégoûtant et ruineux pour le fermier. Celui-ci mit alors son lait dans une cave très aérée et le beurre retrouva son goût délicat.

« Sur le conseil qui lui fut donné, le fermier fit dire une messe, replaça le lait dans la laiterie où il était primitivement et le crémage donna un beurre de premier choix. Tout allait bien, quand, en janvier dernier, le beurre redevint subitement mauvais comme au mois de juillet précédent.

« Le fermier embarrassé ne sait à quel saint se vouer. On ne peut accuser l'herbe des pâturages ; le même lait, placé dans une salle située au nord et chauffée, a donné un beurre excellent. »

*
* *

La Constitution de la matière. — D'après la *Nature*, le savant anglais J.-J. Thomson a déclaré récemment, devant l'Institut royal de Londres, que ses expériences sur les rayons cathodiques l'ont amené à penser que les *atomes* sont formés par l'agrégation de corpuscules tous égaux entre eux que l'action des rayons cathodiques peut dissocier ; d'après les calculs auxquels il s'est livré, ces corpuscules seraient plus petits que les atomes d'hydrogène. Se fondant sur cette hypothèse, qui lui paraît très plausible, un autre savant anglais, le professeur C.-F. Fitz Gerald, indique qu'on pourrait, par cette action des rayons cathodiques, arriver à transmuer les substances les unes dans les autres, en commençant par dissocier leurs atomes ; mais pour que l'opération puisse réussir, il faut évidemment que leur réagrégation dépende des actions rélectiques, électro-magnétiques ou autres qui sont en notre puissance.

GASTON CROSNIER.

A LA SOCIÉTÉ DES SCIENCES PSYCHIQUES

Séance du 2 février 1898.

Mgr Méric demande d'abord que tous les membres de la Société se mettent bien d'accord sur la signification de certains termes fréquemment employés, tels que : *envoûtement, extériorisation de la sensibilité, etc.* Ces locutions, à son avis, n'ont pas exactement le même sens pour chacun, d'où des confusions qu'il faudrait prévenir.

« Le mot *envoûtement*, dit-il, n'avait pas autrefois la même signification qu'aujourd'hui. Quant à *l'extériorisation de la sensibilité*, le terme me paraît impropre, puisque le principe de la sensibilité est toujours en nous. »

M. le chanoine Brettes dit qu'il est bien difficile d'employer des mots précis pour expliquer des choses souvent non précises. Enfin, le Dr Encausse met tout le monde d'accord en faisant remarquer que la divergence de signification provient de ce que chaque auteur, en voulant adapter les mots au milieu, à l'école dont il fait partie, a créé pour ces mots un sens différent. Il faut donc rattacher les mots aux écoles qui les emploient.

La parole est ensuite donnée à M. le Dr Wirbel, qui parle du flamboiement odique et des effluves lumineux perçus par certains sujets plongés dans différents sommeils.

Les effluves émis par le corps psychique ont été nettement perçus et décrits, d'abord par des sujets nerveux en état d'hypnose, ensuite par des sensitifs après un séjour plus ou moins prolongé dans l'obscurité. C'est à Reichenbach que l'on doit cette découverte.

Le sujet, en état d'hypnose ou non, voit « un fluide lumineux et brillant envelopper son expérimentateur et sortir avec plus de force de sa tête et de ses mains. » De l'avis de certains sujets, l'homme peut produire ce fluide à volonté, le diriger et en imprégner certaines substances.

« Dans l'obscurité, a dit Reichenbach, le sensitif verra d'abord à chaque doigt un prolongement luisant qui pourra paraître aussi long que le doigt lui-même. Quand vous dirigerez son attention sur le détail des lueurs qu'il perçoit, vous lui entendrez dire que les couleurs, dans les différentes parties du corps, ne sont pas semblables ; que les mains droites luisent d'un feu bleuâtre, pendant que les mains gauches apparaissent *jaune-rouge* ; que la même différence existe pour les deux pieds ; que tout le côté droit de votre figure et même du corps entier est bleuâtre et plus sombre que le gauche, qui est jaune-rougeâtre et paraît sensiblement plus clair que l'autre. »

Ces expériences furent reprises par le colonel de Rochas

et par M. Durville. D'après M. Durville, c'est la silhouette des personnes entourant les sensitifs qui leur apparaît d'abord sous une forme indécise, vaporeuse et blanchâtre; les traits se dessinent ensuite dans toute leur pureté, puis le corps dans une blanche incandescence. Les mains paraissent plus longues, les dernières phalanges des doigts et surtout la racine des ongles sont plus claires, et les doigts se terminent par un prolongement brillant.

« Un peu plus tard, le voyant perçoit distinctement une bande d'un bleu très vif, large de 3 à 5 centimètres, qui prend naissance vers le bord supérieur du frontal, suit la ligne du nez et couvre toute la lèvre supérieure. Cette teinte bleue reparaît à la pointe du menton, suit le digastrique, la ligne des sterno-hyoïdiens, le sternum, et, en s'affaiblissant, arrive jusqu'à l'ombilic où elle disparaît.

« Du côté droit, le bout des doigts brille d'une lumière indigo; il brille d'un jaune qui passe parfois au rouge clair du côté gauche. Chez certains sujets, l'acuité de la vue peut atteindre un tel degré de perfectionnement que l'imagination reste confondue. Ils voient le corps humain à distance et à travers les corps opaques. »

M. le Dr Wirbel conclut qu'il n'y a pas concordance parfaite entre les phénomènes observés, mais qu'il y a indiscutablement perception d'un phénomène réel.

Après cette intéressante communication, nous entendons le Dr Encausse. Dans une causerie pleine d'entrain, Papus démontre comment peuvent s'expliquer, au point de vue anatomique et physiologique, les divers sommeils. « On a souvent le tort, dit-il, quand on étudie le sommeil, de négliger le côté *machine* de notre organisme. »

A l'aide d'une gravure tracée au tableau noir Papus nous fait voir quel est le rôle du *nerf grand sympathique* par rapport au cerveau, et comment, suivant que l'un domine l'autre, nous sommes endormis ou éveillés.

La séance est levée à 6 h. 1/2.

G. C.

A TRAVERS LES REVUES

Le numéro exceptionnel de janvier de l'INITIATION est en grande partie consacré à la mémoire de Stanislas de Guaita.

M. F. Ch. Barlet étudie son *œuvre philosophique*. Il examine les différents ouvrages laissés par Guaita sous le titre général du *Serpent de la Genèse* : *Au seuil du Mystère*, savante introduction à la connaissance des sciences hermétiques; *le Temple de Satan*, étude des pratiques de la sorcellerie à travers les âges; *la Clef de la Magie noire*, qui les commente et les explique. Le *Problème du mal* devait être la synthèse philosophique de cette série d'ouvrages, mais la mort n'a pas permis à Guaita de l'écrire. Pour M. Barlet, ce qui caractérise l'œuvre de Guaita, c'est la mesure et l'équilibre.

Egalement éloigné des extrêmes, écrit-il, tu ne les repousses pas, tu ne les fuis point; tu les harmonises en une unité toute vibrante de vie et de chaleur. Inébranlable dans ta foi, nul n'a plus d'indulgence que toi pour l'erreur, fût-elle poussée jusqu'au mal et si fort qu'il t'attaque. Seule, l'injustice aux fausses balances te trouve implacable; mais c'est elle que tu combattais, non la personnalité où tu la trouvais incarnée.

... *L'harmonie des contraires* : voilà la formule la plus propre à caractériser ton œuvre, comme elle dépeint ton âme forte autant que délicate, ton esprit qui se voulait impeccable en la forme comme dans le fond.

Papus, étudiant l'*œuvre de réalisation* de Guaita, l'apprécie en ces termes :

... Ce qui caractérise par-dessus tout l'œuvre de réalisation de Guaita, c'est son caractère essentiellement chrétien. Il est bien regrettable que, dès qu'un des nôtres rend à l'œuvre du Christ, après vérification dans le plan invisible où la vérité seule est inscrite, la justice et le dévouement qui lui sont dus, il est traité de jésuite par les athées d'Orient et d'Occident et leurs sous-ordres, et de sataniste par les catholiques intransigeants.

Or, l'œuvre de Stanislas de Guaita est tout entière une œuvre de croyant dont la foi certaine est illuminée par la science. C'est une chevalerie chrétienne qu'il avait constituée au-dessus de toute secte et de toute discussion de parti, et si, aujourd'hui quelques membres du clergé, aveuglés par la passion, veulent juger autrement cette magnifique réalisation, nous sommes persuadés que l'avenir rendra une éclatante justice, et que les Eglises chrétiennes remercieront comme il le mérite ce hardi soldat d'avant-garde qui fut toujours au péril et jamais à l'honneur...

Le Dr Marc Haven étudie en Guaita le *Kabbaliste*, M. Jollivet-Castelot l'*alchimiste*, M. E. Michelet l'*artiste* (Guaita, avant d'aborder les sciences occultes, avait publié plusieurs volumes de vers de fort belle allure.) Enfin, M. Sédir apprécie *au point de vue occulte* l'œuvre de Guaita, qui sut, dit-il, réunir en une harmonieuse unité Fabre d'Olivet et Eliphas Levi, et étudier mieux que personne le Grand Agent Magique, la Lumière Astrale, symbolisée par le Serpent.

Stanislas de Guaita était, par droit de naissance, semble-t-il, le cerveau puissant, la volonté royale devant le regard direct de qui tremblent et s'évanouissent toutes les volutes du Grand Serpent. Et, en fait, tout son labeur fut consacré à définir, à éclairer, à mettre au jour l'essence, la nature et la biologie de cette force mystérieuse dans son aspect radical.

Dans la seconde partie du même fascicule, M. Lecomte étudie — un peu superficiellement, peut-être, — le *Mysticisme de Swedenborg*; et «un homme pubère» l'*œuvre de Louis Michel*, « œuvre gigantesque divinement inspirée à ce célèbre extatique, prélude certain de la transformation, prochaine et prévue de notre humanité. » Enfin M. François nous conte les derniers exploits de Losanne et Miro, les esprits (?) familiers de Renée Sabourault.

La REVUE DES REVUES du 1er février donne quelques renseignements sur le *Laboratoire de psycho-physiologie de Paris*, installé dans les bâtiments de la Nouvelle Sorbonne. Créé en 1889 sur la proposition de M. Liard, il fut, jusqu'en 1894, dirigé par M. Beaunis; depuis, il a à sa tête M. Alfred Binet. On y étudie la psychologie expérimentalement, d'après les méthodes des sciences naturelles. Les plus récents travaux concernent surtout « l'étude de la circulation capillaire et l'influence qu'ont sur elle différents phénomènes physiques et psychiques. »

Dans le même fascicule, M. de Norvins consacre un intéressant article à la *Résurrection de la Klecksographie*. L'inventeur de cet art plutôt bizarre est le médecin et occultiste allemand Justin Kerner, célèbre surtout par ses études sur Mme Hauffe, la voyante de Prévorst. Voici en quoi consiste sa découverte et comment il la fit :

Un jour, en 1856, il renverse par mégarde son encrier. Le flot noir coule sur son papier. Machinalement, comme on fait souvent en pareil cas, il plie la feuille pour empêcher la tache de déborder sur le tapis. L'encre s'étale sous la pression de la main. Il abandonne sur sa table le papier ainsi plié. Quelques heures après, il le rouvre et qu'aperçoit-il ? Un papillon, les ailes éployées, les antennes nettement indiquées, les réseaux des yeux exactement marqués, la trompe, les spiracules, d'une perfection absolue, le corselet si régulièrement dessiné qu'un entomologiste s'y serait mépris.

En allemand, la tache d'encre ou de couleur, le pâté, se dit *klecks*. Le barbouilleur est un *kleckser* ou *klecker*, le barbouillage une *kleckserei*. Justin Kerner conçut l'idée de dessiner, avec des taches d'encre. Il fallait un nom au procédé. Ne le trouvant point dans la langue grecque, il le forgea...

Kerner communiqua sa découverte à ses amis qui la propagèrent. Pendant dix ans ce fut une mode, une vogue intarissable de couvrir les albums de taches d'encre.

On ne se borna point à tout attendre de l'imprévu dans le dessin klecksographique. Des doigts très habiles utilisèrent la figure primitive pour lui donner, à l'aide du pinceau, un aspect plus défini, plus saisissant. Quelques-uns combinèrent les teintes en se servant d'encres de plusieurs couleurs, de liquides gras, dont on pouvait sous la pression diriger les cours entre les deux pages de cahier repliées l'une sur l'autre.

Cependant, on constate que le thème original, celui qui était produit par l'encre ou le liquide même, tendait presque toujours à affecter des formes répondant à des types contemporains de l'enfance des peuples, images des dieux monstrueux, pareils à ceux qu'adorent les sauvages; fétiches; représentations assez semblables aux personnages des mythologies hindoues et chinoises. Chose surprenante, dans beaucoup de cas où la figure klecksographique nous montre un homme, un animal, la colonne vertébrale est d'ordinaire marquée très visiblement. Une autre remarque à faire, c'est l'impossibilité de produire, avec ce procédé, un résultat calculé d'avance. Si bien que l'on s'y prenne, et à quelque artifice que l'on ait recours, l'attente est toujours déçue. On voulait faire ceci, on obtient cela, qui est tout différent.

Ajoutons que les *klecksographes* prétendent que le hasard, n'est pas leur seul inspirateur.

— L'encre, en créant toutes ces compositions fantastiques, dont il suffit de révéler le mystère pour en faire saisir l'étrangeté, obéit, disent-ils, à une direction réelle, car l'esprit de l'Invisible souffle partout.

Les *figures klecksographiques* auraient donc une analogie et, qui sait? peut-être une parenté avec celles que nous a montrées ici M. Jules Bois dans son intéressante étude sur l'*Esthétique des esprits*.

Le numéro de février de l'Hyperchimie, organe de la Société Alchimique de France, publie une notice de Papus sur le marquis de Saint-Yves d'Alveydre, auteur de plusieurs ouvrages sur la philosophie de l'histoire et fervent apôtre d'une forme de gouvernement toute spéciale, la *Synarchie*.

... C'est aux mystères biologiques du cœur qu'il demanda la solution dernière des mystères du cerveau, et c'est là le point bien caractéristique de Saint-Yves; il est avant tout et par-dessus tout le biologiste de l'humanité, dont Fabre d'Olivet est l'encyclopédique historien. Ce dernier est l'ange du Pythagorisme, tandis que l'auteur des *Missions* est un des plus grands, sinon le plus grand des modernes révélateurs de la biologie chrétienne. La Société est un être vivant dont on a faussé les organes en les pliant aux exigences d'une théologie qui s'inspire plus souvent d'Aristote que de Notre-Seigneur Jésus-Christ; les maux dont souffre l'humanité en Occident viennent de la lutte permanente de l'anarchie d'en haut et de celle d'en bas; c'est à la vérification de cette vérité dans l'histoire que l'auteur des *Missions* a consacré ses ouvrages. La *Mission des souverains* vérifie l'histoire de l'Europe depuis son origine. La *Mission des Juifs*, monument colossal de science, appelle l'histoire universelle à servir de témoin à la Synarchie, que la *Mission des Français* éclaire dans ses ressorts les plus secrets.

Le directeur, M. Jollivet-Castelot, étudie *Stanislas de Guaita Alchimiste*.

Le marquis Stanislas de Guaita fut, dit-il, le type même de l'alchimiste relié par toutes les fibres de son être à l'ancienne et traditionnelle Alchimie. Bien qu'il ne se soit pas spécialisé dans cette partie de l'Hermétisme, appelé dès sa jeunesse à élever le grandiose monument à la Kabbale reconstituée tout entière sur des bases scientifiques, il avait approfondi avec passion, avec une rare ténacité, les problème de l'Art Spagyrique, et, certes, nul mieux que lui ne déchiffrait, ne comprenait les grands Maîtres de l'Alchimie, n'entrevoyait la synthèse de cet éclatant Hermétisme, qu'il résuma d'une admirable façon dans un chapitre de sa *Clef de la Magie Noire*, que nous n'hésitons pas à qualifier de véritable chef-d'œuvre.

C'est là un commentaire tout nouveau et absolument magistral qu'écrivit de Guaita. Celui qui saura le pénétrer, y projeter la définitive *étincelle*, celui-là possédera le verbe d'Hermès, la clef de l'Art Spagyrique. Il transmuera les substances, purifiera les pierres, dégagera des gangues noires et puantes le diamant radieux et irradiant!

Dans la PAIX UNIVERSELLE du 1er au 15 février, M. Amo termine ainsi l'analyse qu'il fait du livre récent de M. P.-N. Mansuy, *Science et Foi* :

Réclamons l'intégral développement de toutes les facultés de l'homme.

Assez d'étroitesses, assez de mesquines divisions!

Le siècle renferme-t-il quelques grands cœurs, quelques esprits vraiment libérés, émancipés de chapelles et prêts à s'élancer dans la voie féconde de l'*Universalisme?* qu'ils s'unissent donc!

Qu'ils s'unissent, qu'ils nous entendent.

Il n'est point nécessaire d'être nombreux.

Quelques âmes ardentes, quelques bonnes volontés libérées de tous localismes peuvent secouer notre vieux monde et provoquer la Genèse prochaine de la *nouvelle Terre et des nouveaux Cieux.*

A l'œuvre! à l'œuvre! Il ne faut plus attendre; c'est tout de suite qu'il faut ceindre ses reins et partir à la conquête de l'Idéal.

Que chacun s'efforce en son domaine, et que *les efforts de tous s'harmonisent!*

La puissance colossale qui en résultera renversera tous les vieux débris et sera capable de poser bientôt les bases solides du TEMPLE DE L'HUMANITÉ-UNE.

Un seul cœur, une seule âme, une seule pensée! De quoi ne sera pas capable l'Humanité, aux jours bénis de cette Harmonie sublime?

Salut et merci aux vaillants comme M. Mansuy qui, fussent-ils seuls, sont prêts à marcher sans défaillance en suivant l'étendard de l'*éternelle Vérité.*

La REVUE SPIRITE de février conte le curieux phénomène suivant, qui s'est produit, le mois dernier, à Romescamps, dans le Pas-de-Calais :

Un phénomène très rare, mais aussi très important au point de vue psychique, s'est produit au cercueil de Mlle Stelline Blique.

Le lendemain de la mise en bière, M. l'abbé Petit eut la pensée d'imposer les mains sur le double cercueil en zinc et de chêne qui recouvrait la défunte; et, quelques instants après, le corps fluidique se dégageait sous la forme lumineuse. A un moment, la lumière devint si vive que la religieuse en fut effrayée.

Ainsi se trouve résolu, par une expérience décisive, le problème sur lequel les psychologues étaient loin d'être fixés : il est certain, désormais, que les cercueils de métal ne font point obstacle au dégagement du corps fluidique.

Le dégagement extérieur dura environ vingt minutes. R. D.

LES LIVRES

MAGIE ET RELIGION, *notes sur l'Esotérisme,* par le comte de Larmandie. (Chamuel, éditeur, 5, rue de Savoie.)

Ce nouveau livre du comte de Larmandie va vraisemblablement, — comme EÔRAKA, qui l'a précédé, — soulever, dans le public curieux de la théologie, de vives discussions et d'ardentes polémiques.

L'auteur se proclame hautement catholique, convaincu et pratiquant. Il montre pour les athées une impitoyable sévérité. « Toutes les opinions, dit-il, sont admissibles sauf la leur. Il n'est pas plus licite de soutenir l'athéisme que de prêcher la dynamite : l'athéisme est l'anarchie de l'esprit. » Il attaque violemment les Francs-Maçons dont les loges « forment, en majorité, simplement des comités électoraux opportunistes, où il n'est question que de basse politique, de délations, de chasse aux prébendes, de persécutions contre l'Idée religieuse », et les Protestants, auxquels il reproche la sécheresse et l'égoïsme. Il condamne le divorce qui est, dit-il, « une abomination légale et un sacrilège magique », la crémation, comme « antichrétienne, anti-philosophique, anti-humaine, en opposition avec toutes les normes et tous les cultes spiritualistes », la vivisection, « qui cherche à surprendre, comme en flagrant délit, le secret de la vie, que nous ne connaîtrons jamais complètement au cours de notre existence terrestre. »

Mais le catholicisme de l'auteur, — il nous en avertit à diverses reprises, — est un catholicisme *ésotérique.* Il pense qu' « il doit y avoir deux enseignements : un ésotérique pour les intellectuels, un exotérique pour la foule »; et il se flatte de « démontrer l'accord non seulement possible mais nécessaire entre le catholicisme et la haute magie, autrement dit. l'ésotérisme, c'est-à-dire l'interprétation véritable, l'explication intellectuelle de tous les symboles présentés à la foule sous un vêtement allégorique, et que ceux qui pensent doivent approfondir autant qu'il peut être donné à notre faible nature de s'avancer, tout éblouie de rayons, dans le vestibule de l'Infini. »

L'étude des divers *sacrements* fournit à l'auteur plusieurs arguments en faveur de sa thèse : il en établit une originale classification, en donne la théorie ésotérique, montre l'importance de la question, et justifie, à ce propos, les occultistes des reproches qu'on leur a faits de combattre ou d'ignorer la religion. « C'est, dit-il, la considération approfondie des sacrements qui a ramené vers l'orthodoxie catholique les plus célèbres magistes, hermétistes et occultistes contemporains... Le mouvement général de tous les chercheurs de l'*au-delà,* par la voie scientifique et expérimentale, est un hommage rendu à la religion, et notre clergé ferait une œuvre bien utile en accueillant ces hommes à bras ouverts et en leur demandant un peu de gnose en échange de la foi et de la grâce sanctifiante. » Hum! Hum!

Il serait intéressant de suivre l'auteur dans les développements qu'il consacre à l'*herméneutique* et à l'*exégèse,* ainsi qu'au *phénoménisme* et au *plan divin.* Mais il faut nous borner. Indiquons seulement que tous ont pour but de mettre en lumière l'idée maîtresse de l'ouvrage, qu'à côté de l'exotérisme catholique bon pour la masse, il faut faire une place à l'ésotérisme, — à ce que l'auteur appelle la magie, — réservée à l'élite intellectuelle. Car, selon lui, « la foi exotériquement présentée ne satisfait plus aujourd'hui la caste la plus valable, les annonciateurs et les instituteurs de l'avenir. L'ésotérisme plaît à leur conception grandiose. Tout le monde a le droit et le devoir de fortifier et d'augmenter sa foi, et aussi d'allumer ou de raviver ce flambeau intérieur, s'il n'a jamais éclairé l'âme ou si par malheur il s'est éteint. » C'est par l'ésotérisme seul que la religion catholique triomphera des autres, deviendra vraiment digne de ce nom en devenant universelle, et « pourra rationnellement contraindre tous les symboles du passé à venir s'agenouiller devant la Croix, tous les messies anciens à adorer le Christ, toutes les Ecritures à reconnaître la suprématie de la *nôtre qui est,* et n'est au fond que le Nouveau Testament, l'incomparable et unique Evangile. »

...Nous avons exposé sans juger ni apprécier : aux théologiens de voir si M. de Larmandie ne s'abuse pas et si, tout en croyant rester, quoique ésotériste, catholique orthodoxe, il ne verse pas dans l'hérésie.

Le Gérant : GASTON MERY.

IMP. NOIZETTE ET Cie, 8, RUE CAMPAGNE-PREMIÈRE PARIS

DEUXIÈME ANNÉE. — N° 28. 1er MARS 1898 LE NUMÉRO : 50 CENT.

L'ÉCHO

DU

MERVEILLEUX

REVUE BIMENSUELLE

LA BAGUETTE DE COUDRIER

Je reviens, comme je l'ai promis, sur la question de la baguette de coudrier. J'y reviens d'autant plus volontiers que, si j'en crois les lettres que je reçois de toutes parts, elle est une de celles qui semblent passionner le plus les amateurs de merveilleux.

Aussi bien, ne saurais-je faire mieux aujourd'hui que de citer tout d'abord les renseignements que je dois à l'amabilité des lecteurs.

A tout seigneur, tout honneur. Je commence par la notice que m'a adressée M. l'abbé Caudéran.

M. l'abbé Caudéran, curé de Saint-Aubin du Médoc, par Saint Médard-en-Jalles (Gironde), est un *sourcier*, dont la réputation a franchi les frontières. Sa renommée est telle, en effet, qu'il fut appelé, il y a quelques années, au Vatican, pour y rechercher les nappes d'eau souterraines qui pouvaient permettre d'arroser les jardins pontificaux.

Sa mission fut remplie à la complète satisfaction du Saint-Père.

Par l'intermédiaire de mon ami M. Chauliac, j'avais posé à M. l'abbé Caudéran, les questions suivantes :

1° Que pensez-vous de l'usage de la baguette de coudrier pour découvrir les sources?

2° Que vaut cette méthode?

3° En usez-vous ? Est-elle scientifique ?

Voici la réponse que j'obtins :

Hum!

Ce que j'en pense ? C'est qu'il n'y en a pas besoin.

Ce qu'elle vaut ? C'est selon l'habileté du sourcier.

Si j'en use ? Quelquefois pour m'amuser et amuser mes amis.

Scientifiquement ? Si peu que rien.

Et pourtant !... Et pourtant !... Et pourtant la baguette tourne, et la baguette tournera, tant qu'on cherchera de l'eau sur la terre ; et, avec la baguette, comme avec mille autres hochets, ce seront les bons hommes qui seront rois et, comme dit le gavache, les savants baderont la goule.

L'abbé Paramelle, dans la *Préface* de *l'Art de découvrir les Sources,* a jugé la baguette comme il faut et ne lui accorde aucune vertu ; il fait seulement une concession à l'opinion de ceux qui rattacheraient les oscillations de la baguette au magnétisme animal.

Son contemporain, l'abbé Carrié, curé de Barbaste, célèbre découvreur de sources, a écrit sur cette matière un beau livre de 234 pages, sous le titre un peu emphatique d'*Hydroscopographie et Métalloscopographie* ou *l'Art de découvrir les eaux souterraines et les gisements métallifères au moyen de l'électro-magnétisme*, Paris, chez Lacroix, 1863.

J'ai dit que c'était un beau livre : tout, depuis la première ligne jusqu'à la dernière, tout y est physiquement, magnétiquement, mathématiquement, magnifiquement démontré. Et cependant ce livre est entaché d'une erreur de principe, qui ne le rend pas nul, mais suspect.

Le curé de Barbaste tient *avec les deux mains* l'arc de cercle métallique perfectionné qu'il a raisonnablement substitué à la primitive baguette de coudrier.

Or, ce fait de tenir soi-même l'instrument est une cause d'erreur : car l'instrument subit, non seulement l'influence magnétique de l'opérateur, mais encore les perturbations causées par les accidents de terrain, montées et descentes, les fatigues de l'attention, les émotions, et enfin les mouvements involontaires et même volontaires.

Volontaires, car, personne ne niera que l'opérateur ne puisse volontairement, à un moment donné, faire subir à son instrument un mouvement de rotation entre ses mains. Il aura beau vanter sa bonne foi ! Cette volonté libre mais influente est possible !

Admettons cependant que tout opérateur est de bonne foi, et que jamais il ne sera tenté d'influencer la baguette ; restent les causes nombreuses de perturbations, qui contrebalancent l'autorité du principe.

J'avais songé à vérifier l'exactitude du principe de Carrié, en inventant un instrument, lequel ne serait pas tenu par l'opérateur, mais que l'on transporterait facilement de place en place. C'est vrai, je perdais ainsi l'influence du magnétisme animal ; mais j'assurais l'instrument contre les chances d'erreurs involontaires ou volontaires. D'ailleurs avec des électrodes que l'on aurait tenues à la main, il y avait moyen de parer à l'inconvénient, si réellement la main de l'opérateur avait été reconnue indispensable. — Je n'ai pas construit mon petit instrument. Le construirai-je jamais?

Le docteur Encausse (Papus), qui m'a communiqué la photographie que l'*Écho* reproduit aujourd'hui, m'envoie la notice que voici :

La figure ci-dessus représente une expérience faite par un de mes amis, excellent compositeur, M. Bonnaud-Diaz, qui est doué à un haut degré de la sensibilité spéciale aux impulsions de la Baguette dite divinatoire.

Pour faire une expérience, la baguette est tenue comme on le voit sur la figure, les mains fermées et les doigts tournés en haut et en dedans, de manière à ce que la baguette se meuve librement, avec le petit doigt comme pivot, et sans que les mains puissent aider ce mouvement.

L'expérimentateur prend une petite branche flexible, soit de noisetier, soit de lilas (dans la figure ci-jointe, c'est une branche de lilas), et après l'avoir placée de la manière indiquée et la partie convexe dirigée en haut, il s'avance très, très doucement, à tout petits pas, les yeux fixés sur la baguette.

Dès qu'il approche d'une source (ou d'un amas métallique), on voit l'expérimentateur pâlir légèrement et la baguette tourne très lentement entre ses doigts, jusqu'à ce que la convexité de la baguette se dirige en bas vers la terre.

Si l'expérimentateur continue à avancer, on voit la baguette *se redresser* d'elle-même quand on a dépassé le point où se trouve l'eau.

J'ai eu la chance de pouvoir reproduire seul les expériences à ce sujet et je me suis découvert, grâce à mon ami Bonnaud, le pouvoir de faire marcher la baguette. C'est grâce à elle que j'ai pu trouver à Valence-en-Brie l'existence d'un souterrain.

La théorie du phénomène est basée, d'après moi, sur les affinités du magnétisme humain avec le magnétisme terrestre, c'est une application des lois générales découvertes par Bruck.

M. Bonnaud-Diaz, le critique musical bien connu, qui, depuis plus de vingt ans, s'occupe de rabdomancie — et qui fut, on vient de le voir, en cet art, l'initiateur de Papus, — me donne du phénomène une théorie occultiste qu'on lira avec curiosité :

Permettez-moi, écrit-il, de vous donner brièvement une explication qui vous paraîtra peut-être plausible du phénomène qui se passe lorsque la baguette s'élève ou s'abaisse dans les mains d'un sourcier.

Deux mouvements se produisent au moment où le sujet entre en contact avec un cours d'eau, souterrain ou non : mouvement d'attraction, mouvement de répulsion.

Deux sentiments ou mieux deux sensations :

1° Une émotion désagréable, — semblable à un mauvais pressentiment — le sujet pâlit généralement, il y a accélération du pouls ; de plus, la respiration est pénible. C'est la période d'attraction.

2° Lorsque le sourcier a dépassé le point vertical ou central du cours d'eau, la même émotion se reproduit, mais plus désagréable encore : c'est la période de répulsion.

C'est en somme et absolument le même phénomène produit par l'aimant ; on invertit l'attractif en positif et le répulsif en négatif.

Il y a donc inspiration et expiration, ou mieux mouvement fluidique circulaire.

En occultisme, la poitrine de l'homme étant le centre de tout ce qui est astral et les bras étant des moyens de communication, supposez — les émotions dont j'ai parlé plus haut étant ressenties dans la poitrine — qu'un sujet doué de qualités spéciales — dont je dirai quelques mots tout à l'heure — applique fortement l'une contre l'autre ses deux mains, paume à paume ; il dessinera sommairement un cercle dont le centre sera la tête — centre du monde divin. Si cet homme, les mains ainsi jointes, se promène sur un cours d'eau ou sur un gisement métallique, il aura les mêmes sensations que s'il avait en mains un instrument quelconque en bois frais, sec ou en métal, mais sera incapable d'en indiquer la profondeur. Il lui faut donc un régulateur, un outil — quelque chose comme l'aiguille d'une boussole — qui soit attiré ou repoussé selon que l'aimantation souterraine présente au sujet soit le pôle positif, soit le négatif.

Ce qui prouve ce que j'avance, c'est que le même homme ayant les bras libres ne se doute nullement qu'il marche sur une source. Il y a cependant des exceptions.

Donc, lorsqu'un hydroscope tient dans ses mains une baguette, un conducteur quelconque, il forme un cercle complet et établit une communication fluidique, directe, entre *ses* deux pôles, positif et négatif, et il entre en contact attractivement puis répulsivement avec les fluides correspondant à l'élément qu'il recherche.

Pour cela il faut que cet homme ait *en lui* mais à plus forte dose que quiconque, les rudiments de tous les métaux et de tous les éléments qui composent l'œuvre de la création, avec, au surplus, cette force mystérieuse qui attire à elle tout ce qui lui est sympathique.

Or, comme l'hydroscope est généralement métalloscope et se laisse influencer par l'approche du fer — sensation la plus forte — et de tous les autres métaux, si vous admettez, ainsi que le dit Cyliani dans son *Hermès dévoilé*, que tout ce qui existe dans l'univers de matériel ou de physique est purement minéral, même les gaz, et ce principe de chimie que toutes choses ne sont composées que de trois principes : sel, soufre, mercure, et de deux éléments : eau et terre, vous verrez que cette explication du phénomène physique de la baguette peut être plausible.

Au résumé, un sourcier ne serait pas autre chose qu'un homme plus *aimanté* qu'un autre et qui, à l'aide d'un conducteur, entrerait en communication fluidique avec des éléments correspondants à son état d'être momentanément spécial. Il est à remarquer que ce n'est pas par le sol qu'il entre en communication directe, car la baguette décrit des mouvements particuliers lorsque, par exemple, dans un souterrain, un objet métallique se trouve être caché au-dessus de sa tête.

Il me resterait donc à expliquer, à propos de cette exception, d'où pourrait bien venir cette force mystérieuse, ce point central du cercle ; là, gît *l'inconnaissable*. Aussi, ne m'en chargerai-je pas et pour cause.

Voici bientôt vingt ans qu'en amateur je pratique la baguette divinatoire, c'est vous dire que je suis documenté et que je n'avance rien qui n'ait été contrôlé par des témoins.

J'ai pu — après de longues et patientes recherches — faire la synthèse de cette science et trouver le moyen — m'étant surtout adonné à la métalloscopographie — d'isoler à ma volonté les métaux les uns des autres, c'est-à-dire que, bien qu'éprouvant une forte émotion lorsque par exemple je passe sur du fer, ma baguette ne tournera jamais si c'est de l'or que je cherche.

Il en est de même pour les autres métaux.

Il faut aussi compter le charbon de terre, le soufre, etc..., etc..., ainsi que l'abominable silex, l'ennemi héréditaire de tout métalloscope que j'ai enfin vaincu à jamais !

Chose extrêmement curieuse, j'ai pu quelquefois communiquer cette faculté, mais à de rares exceptions, généralement pendant quelques heures et le plus souvent quelques instants. Jusqu'ici, je n'ai pu la transmettre *intégralement* et d'une façon durable qu'à mon ami Papus qui s'en est servi avec succès lors du phénomène de la maison hantée de Valence-en-Brie (Voir l'*Initiation* d'avril 1897, page 17.)

M. Probst, d'Arnudy, a fait, lui aussi, de nombreuses expériences.

Il me décrit sa manière de procéder qui est, à peu de chose près, celle qu'indiquait M. le comte d'Auray, dans la lettre que j'ai citée.

Pour M. Probst, comme pour M. l'abbé Caudéran et M. Bonnaud-Diaz, il n'est nullement indispensable que la baguette soit de coudrier. Elle peut être de tout autre bois, de jonc même, et voire de fil de fer. Elle peut être une fourche naturelle, ou formée de deux branches reliées par une ficelle, ou encore d'une seule branche recourbée en arc.

Quant à l'explication du phénomène, M. Probst l'a cherchée en vain. Il suppose cependant qu'un courant magnétique se produit, et sa supposition est fondée sur ce fait que, lorsqu'il enveloppe ses mains avec de la soie, la baguette ne tourne plus. Elle ne tourne pas davantage, s'il ajuste une tige aimantée au bout des baguettes.

Je pourrais citer encore plusieurs communications dignes d'intérêt; mais, en termes différents, elles ne feraient que répéter ce qu'on vient de lire.

Tirons donc, sans plus tarder, les conséquences de ce premier exposé.

Tout d'abord, il est utile de constater que les quatre expérimentateurs mis en cause sont arrivés à des constatations identiques, en opérant isolément : preuve que la matérialité du phénomène est établie.

Ce qui éclate ensuite, c'est que la propriété de découvrir les sources — je m'en tiens aux sources pour le moment — est plutôt inhérente à l'opérateur qu'à la baguette.

La baguette, dans l'expérience, n'a qu'un rôle accessoire. Elle n'est que l'enregistreur d'une force dont la nature reste à spécifier. Elle remplit en quelque sorte l'office de ce petit appareil à aiguille que les ingénieurs adaptent à leurs machines et qui leur permet d'en surveiller la marche et d'en apprécier la puissance.

Mais d'où provient cette force à qui le chercheur de sources sert de condensateur et sa baguette de graphique?

Vous connaissez déjà vaguement les hypothèses de M. l'abbé Caudéran, de M. Bonnaud-Diaz et de M. Probst; il y en a d'autres. Nous les examinerons un autre jour, et nous tenterons de déterminer quelle est la bonne, si elle existe.

GASTON MERY.

L'envoûtement de Claude Bernard

Les lecteurs de l'*Écho du Merveilleux* n'ont pas besoin qu'on leur définisse l'envoûtement, il suffira de leur rappeler que selon les doctrines de l'Occultisme, la moindre défaillance dans la volonté de l'envoûteur, ou son infériorité naturelle ont pour effet de faire en quelque sorte rebondir le maléfice sur son auteur, et de lui causer toutes les souffrances qu'il voulait imposer à sa victime.

L'envoûteur dont nous allons parler était une envoûteuse, une jeune femme d'un extérieur charmant et distingué, du caractère le plus noble et le plus pur. De solides études en médecine l'avaient mise en garde contre les excès et les illusions du mysticisme; ce fut avec une froide et consciente résolution qu'elle choisit ses victimes, et les croyant coupables du plus grand des crimes, voulut les en punir au risque de sa propre vie.

Cette femme n'est point une inconnue dans le monde des occultistes et des théosophes : elle y était regardée comme un oracle, et s'était placée presque au niveau de Mme Blavatsky. Elle se nommait Anna Kingsford.

Selon elle, la vivisection est la démonisation de l'espèce humaine; c'est la reconstruction de la Société d'après une éthique infernale; elle peuple la terre d'esprits mauvais qui y prennent la place des êtres vraiment humains. Tolérera-t-on davantage la vivisection, l'interdira-t-on d'une manière absolue? De cette alternative dépend l'avenir de notre race.

Au cours de ses études en médecine, qu'elle fit à Paris, il lui fallut maintes fois assister à des leçons, pendant lesquelles avaient lieu les scènes les plus révoltantes et les plus cruelles de vivisection.

« Peu de temps après que j'eus été inscrite comme étudiante à la Faculté de Médecine, je me trouvais au Jardin des Plantes, où j'étais allée étudier à l'ombre et au frais. A peine m'étais-je installée commodément dans un coin solitaire, que j'entendis des hurlements épouvantables, qui partaient d'un bâtiment situé près de là. Un employé passait à ce moment. Je lui demandai d'où provenaient ces cris. « Oh! ce « n'est rien, me répondit l'homme avec un ricanement, « ce sont seulement des chiens qu'on *vivisèque* dans le « laboratoire de M. Béclard. » Ces simples mots me plongèrent dans un état de stupeur et d'angoisse terrible : ce n'était pas du chagrin que j'éprouvais, ce n'était pas non plus de l'indignation, mais une sorte de désespoir. Il me sembla voir soudain s'ouvrir devant moi tous les laboratoires de physiologie qui existent dans le monde savant, le monde chrétien, et dans chacun d'eux s'accomplir une scène comme celle qui avait lieu en réalité, à quelques pas de moi, en ce moment même. Et aussitôt, me cachant la figure dans mes mains, j'adressai au ciel une fervente prière pour lui demander le courage, la persévérance dans l'entreprise qui me paraissait le plus urgent des devoirs, celle d'extirper une telle atrocité, si je le pouvais, ou tout au moins de faire entendre une voix de protestation et de malédiction contre les auteurs de ces supplices. »

D'ailleurs, le stage dans les hôpitaux a démontré à Mme Kingsford que les animaux ne sont pas les seules victimes de la vivisection. Nous ne rapporterons pas ce qu'elle raconte à ce sujet, qui est mieux fait pour la *Libre Parole* que pour l'*Echo du Merveilleux*, et nous nous bornerons à raconter ses tentatives pour punir les vivisectionnistes : elle trouva dans Paracelse l'arme qu'il lui fallait pour cette exécution.

« Mon esprit, par une ferme et constante résolution, peut devenir un poignard, une massue dont les coups soient mortels, dit Paracelse. Je puis enfermer l'esprit de mon ennemi dans une image, et froissant et frappant ou perçant cette image, faire éprouver les mêmes traitements à celui qu'elle représente. L'homme, par des paroles de malédiction, peut attacher une maladie à un être humain, à un animal. Une imagination forte, accompagnée d'une ferme volonté, est le commencement de toutes les opérations magiques. C'est un charme contre lequel il n'y a qu'une ressource, qui est de détourner de son objet la pensée de l'opérateur. Et ce que je puis faire contre les autres, ils peuvent le faire pour moi. L'esprit humain est quelque chose de si grand qu'on ne peut s'en représenter la puissance. »

Disons, en passant, que Mme Kingsford eût pu trouver des exemples et des auteurs beaucoup plus anciens, et peut-être aussi plus dignes d'étude que Paracelse, mais enfin ils n'enseignent pas autre chose que lui. Elle fit l'expérience dont Paracelse lui indiquait les principes, elle réussit et put déclarer que Paracelse avait vu juste. Claude Bernard fut la première victime de ce texte de Paracelse.

Il avait inventé un four qui se chauffait avec une lenteur extrême, mais d'une manière constante, et dans lequel il enfermait divers animaux pour étudier les effets produits sur eux par les hautes températures. Un des professeurs, dont Mme Kingsford suivait les cours, admettait que le four de Claude Bernard était absolument inutile, construit d'une manière antiscientifique, mais il ajoutait qu'il était ridicule de présenter d'autres arguments, de parler de cruauté, de moralité, etc.

Ce langage mit Anna Kingsford hors d'elle-même. Elle vit se dérouler l'avenir d'une race humaine gouvernée par une science matérialiste, dont les représentants étaient des démons incarnés, comme l'étaient déjà l'homme qui lui tenait ce langage, ainsi que ses pareils. Et comme Claude Bernard était aux yeux de Mme Kingsford le représentant le plus complet, le plus connu de cette méthode infernale, dès qu'elle fut seule, elle concentra toute son énergie mentale dans une prière, ou plutôt dans une malédiction, qui avait pour objet la destruction de ce savant, qui était pour elle un démon, un monstre, ni plus ni moins. Il nous semble cependant, si nous en croyons des souvenirs déjà anciens, que le pauvre Claude Bernard, malgré sa férocité froide et presque inconsciente dans les vivisections, était un très bon homme, simple, cordial et même affectueux. La tension de volonté qui se produisit alors chez Mme Kingsford fut assez forte pour épuiser en un instant sa vitalité ; elle tomba évanouie, et longtemps après être sortie de cet état, elle resta immobile sur son canapé, incapable de mouvement et même de pensée.

Mais Claude Bernard était déjà frappé par l'envoûtement. Un jour qu'il travaillait dans son laboratoire, sans que rien fût changé dans son état ordinaire de santé, il se sentit entouré d'une forte atmosphère empoisonnée et il ne manqua pas d'attribuer cette sensation à des miasmes produits par l'objet qu'il étudiait alors : il interrompit son expérience, et sortit, espérant que le grand air suffirait pour dissiper ce malaise. Mais son état ne fit que s'aggraver ; il s'alita, une inflammation interne d'un caractère inconnu se déclara, et il y succomba au bout de six semaines. Les médecins qui l'avaient soigné attribuèrent sa mort à la respiration de l'air chargé de miasmes dans le laboratoire où il passait la plus grande partie de sa journée ; telle était, selon eux, la cause occasionnelle : quant à la maladie, elle n'était due qu'à l'albuminurie. Cela était vrai ou faux, mais, circonstance assez frappante, la production de l'albumine avait été longtemps l'objet de ses études, et par suite le motif d'innombrables et cruelles vivisections.

En apprenant sa mort, Mme Kingsford éprouva la joie la plus vive, elle fit une enquête minutieuse, et acquit ainsi la conviction que les premiers symptômes de la maladie s'étaient manifestés, le jour et à l'heure où elle avait prononcé contre lui cette malédiction dont nous avons parlé.

V. Descreux.

UN MAUVAIS RÊVE

Nous sommes entourés d'esprits. C'est un fait indéniable. La science pneumatologique et les livres sacrés sont d'accord sur ce principe.

Saint Paul dit que l'air que nous respirons en est peuplé. Les psaumes qu'on chante dans nos églises parlent des esprits des ténèbres et du démon du milieu du jour. Ces esprits sont perpétuellement occupés, les uns à nous nuire, les autres à nous protéger. Dans le chant des complies il est dit: « Veillez, car votre adversaire le diable tourne autour de vous cherchant à vous dévorer, et la fermeté dans la foi est le seul moyen de lui résister » *Vigilate quia adversarius vester diabolus circuit quœrens quem devoret cui resistite fortes in fide.* Plusieurs parmi nous sont plus que d'autres l'objet des attaques ou des avances de ces esprits. Drumont a souvent déclaré que lorsqu'un de ses amis quitte ce monde il est presque toujours averti de ce malheur par des coups secs frappés la nuit à la porte de sa chambre.

Il n'est certes pas le seul à avoir ce curieux privilège. J'ai bien souvent moi-même entendu la nuit des coups frappés à ma porte, tandis que je trompais mes insomnies habituelles par quelque lecture et toujours ces coups étaient la triste annonce qu'un ami m'avait encore précédé dans la tombe.

Quel est le but de ces avertissements donnés ainsi à quelques-uns? Mystère!!

Mais l'événement que je veux relater aujourd'hui est bien plus caractéristique encore.

L'avertissement qui me fut un jour donné d'événements en cours d'exécution se pose comme un véritable point d'interrogation.

C'était en 1874 et le souvenir m'en est demeuré vivace comme au premier jour.

Je possédais alors aux portes de Bordeaux un petit pied-à-terre entouré d'un jardin d'environ 1.500 mètres où j'allais le dimanche avec ma femme faire prendre l'air à mes jeunes enfants.

Cette habitation était à peu près meublée de façon à pouvoir au besoin y passer quelques jours de vacances.

Une nuit, étant en ville (c'était à la fin du mois de février), je vis en rêve mon petit vide bouteilles dévasté; des voleurs s'y étaient introduits. Je voyais les meubles brisés ou enlevés, les placards vides, les tiroirs des dressoirs de la salle à manger à demi ouverts et dévalisés. Je voyais même sur le pas de la porte entr'ouverte des paquets de paille provenant de l'emballage des objets enlevés par les voleurs.

Il est bon de noter que ce rêve se passait dans la nuit du dimanche au lundi et que j'avais quitté mon chalet le dimanche soir laissant chaque objet bien en ordre.

L'émotion de ce rêve fut si vive que je me réveillai subitement en disant à ma femme: on nous vole! et, tout ému encore, je lui racontai ce que je venais de voir dans mon sommeil. Ma femme ne fit qu'en rire et m'engagea à me rendormir. Quatre fois encore dans cette nuit je me rendormis et quatre fois encore le même rêve vint suspendre mon sommeil.

Je n'avais jamais jusqu'alors attaché la moindre importance aux rêves, et néanmoins mon émotion avait été telle, le rêve cinq fois répété avait été tellement précis que le lendemain, dès la première heure, malgré les moqueries des miens, je partis à la hâte pour revoir mon pied-à-terre que j'avais quitté bien en ordre la veille au soir.

Quelle ne fut pas ma stupéfaction en trouvant mon pauvre petit chalet absolument dévasté, une partie du mobilier disparu, le reste brisé et, chose inouïe, les meubles que dans mon sommeil j'avais vu ouverts et dévalisés étaient justement dans l'état où ils m'étaient apparus. Les tiroirs étaient bien à demi ouverts comme je les avais vus pendant la nuit et, fait incroyable, la paille que j'avais remarquée pendant mon rêve sur le pas de la porte y gisait en effet placée comme je l'avais constaté dans mon sommeil.

Un paquet de hardes posé sur mon lit et prêt à être enlevé m'avait frappé pendant mon songe. Je me précipitai vers ma chambre. Le paquet de vêtements y était comme je l'avais vu en effet et, par un phénomène de double vue, j'avais assisté cinq fois et à trois kilomètres de distance pendant mon sommeil à une scène de pillage que rien ne pouvait me faire prévoir.

Vous devez comprendre quel fut le saisissement de tous les miens qui attendaient impatiemment mon retour pour rire de ma crédulité, lorsque je leur fis part de ce que je venais de constater.

Le jour même j'écrivis au chevalier Gougenot des Mousseaux, le célèbre démonologue dont les livres font autorité en la matière et avec lequel j'avais des relations d'étroite amitié.

Je viens de rechercher et de retrouver sa réponse.

Elle porte la date du 23 février 1874 et a été écrite à Paris.

J'en extrais l'explication donnée par lui de cet étrange songe.

« Votre lettre, mon cher ami, me disait-il, m'a fort intéressé, et, venant d'un homme digne de foi, ce rêve cinq fois répété est l'un des plus curieux exprobants de l'espèce.

« Cinq fois ! ! C'est un peu fort pour le hasard ou la nature ! et surtout quand on rapproche l'annonce du fait de son accomplissement immédiat... Que si maintenant un esprit est l'agent de ce phénomène, de quelle espèce sera-t-il ? Un bon esprit ne vous eût-il pas averti utilement ? et n'y a-t-il pas quelque chose de railleur dans ce songe ?... »

Je livre le fait sans commentaires aux lecteurs, leur laissant le loisir de conclure...

CHARLES CHAULIAC.

LA QUINZAINE A TILLY

Tous les jours, malgré le froid, plusieurs personnes montent au Champ Lepetit et récitent en commun le chapelet. Mais, depuis le 6 février, il n'y a pas eu d'extases. Il en sera ainsi vraisemblablement jusqu'au 18 mars, date que l'Apparition a désignée à Marie Martel et à M. G..., comme devant être celle de leurs dernières visions.

Le 18 mars est, on le sait, l'anniversaire du jour où l'Apparition se montra pour la première fois aux enfants de l'école des sœurs.

Y.

CORRESPONDANCE

Mon cher Méry,

Vous me demandez pour vos lecteurs des nouvelles de Louise Polinière... Mais que vous dirai-je ? sinon qu'elle n'est plus aujourd'hui du domaine public comme elle l'a été pour ainsi dire pendant vingt-deux mois, à Tilly.

Un instant, on avait pu croire qu'elle serait au Champ la dernière voyante parce qu'elle y avait été la première. On l'a écrit dans un de vos numéros de l'an dernier. Mais il n'en est rien, son rôle extérieur est fini !

Il lui reste à devenir ce que l'auteur de l'article précité en a dit : elle restera toutefois l'Elue, la prédestinée... Et si le diable l'attaque parfois, quoi d'étonnant ?

C'est donc à devenir une Elue que Louise doit maintenant s'appliquer, et il semble désormais inutile de s'occuper de sa vie privée ; l'ombre dans laquelle la vision de Tilly veut maintenant envelopper Louise doit être respectée !..

Je ne vois cependant pas d'inconvénient à vous dire ce qui n'est un mystère pour personne et je veux bien dire à ceux qui l'ignorent ce que je sais de probable pour l'avenir de l'intéressante fillette.

D'après ce que j'ai entendu dans une de ses dernières extases, Louise est appelée à souffrir beaucoup derrière les grilles du Carmel où elle est mystérieusement conviée. Les personnes qui l'entouraient dans cette extase ont entendu ces paroles : « Sainte Thérèse, vous me dites que je « serai une victime ; mais je ne sais pas ce que c'est. « Non, jamais, je ne pourrai faire ce *qui faut* pour deve- « nir une victime ; vous me le direz, vous m'aiderez ; je « veux bien faire ce *qui faut*, mais ils vont dire que je « deviens folle. »

Et quelques jours après, Louise, qui n'a pas la science infuse, qui n'a pas reçu d'instruction, recevait des leçons *de choses*, des leçons *vécues*. Elle était initiée aux tourments de la Passion du Christ, et elle les endurait dans tous ses membres.

C'est de la sorte que, sans connaître la méditation sur les souffrances de Notre-Seigneur, conseillée par les maîtres de la vie spirituelle, cette enfant est préparée à méditer plus tard sur ce sujet inépuisable en souffrant elle-même le martyre divin.

Je sais bien qu'en entendant ouvrir l'hypothèse que Louise entrerait dans cette voie mystique, on s'est écrié : « Allons donc ! Louise ! une contemplative !... Jamais ! »

Mais je sais aussi que si, jusqu'à présent, elle n'a été occupée qu'aux travaux les plus vulgaires, elle n'a pas encore seize ans !...

Je sais qu'à cet âge, beaucoup n'ont pas encore vécu spirituellement, et qu'avec la grâce de Dieu et la direction de son père spirituel, Louise peut, en quatre ans, se préparer doucement à la contemplation.

Quoi d'extraordinaire si, une fois au cloître, elle correspondait aux faveurs célestes dont elle a été comblée ? Quoi de surprenant si elle arrivait à ce degré de la vie religieuse ?

Je crois à la possibilité d'atteindre ce but, parce que je crois à la réalité des visions de Louise, et je ne pense pas qu'elle restera en chemin.

Elle a de l'énergie, elle n'est pas inintelligente ; elle a surtout foi en son apparition, et, l'autre jour, je saisissais avec plaisir sur ses lèvres une réponse topique à une insinuation que j'appellerais volontiers perfide.

On lui disait : « Mais enfin, ne te trompes-tu pas ? Est-ce bien sûr que c'est la sainte Vierge qui t'a dit de partir ? »

A ces mots, de grosses larmes, subitement occasionnées par une peine extrême, tombent des yeux de Louise, et, de ses lèvres : « Si ce n'était pas Elle, je ne serais pas ici !.... Je n'aurais pas quitté tout ce que j'aimais !... Ma mère, Mme Travers, mes vaches, mes petits veaux, mon milieu, mes amis !... Mes parents ! » Elle aurait pu ajouter : « Croyez-vous que je ne préférerais pas cela à un milieu plus confortable ? à une vie moins rude ? »

Son tact inné la retint, mais le jeu de physionomie avait tout dit. Et j'ai une fois de plus la conviction que la vision de Tilly a *seule* pu obtenir le sacrifice imposé à cette pauvre fille !

Aussi, je le répète, je crois que ce qui est commencé aboutira au résultat annoncé et il me semble déjà voir la future carmélite.

Avec quelle joie cette postulante d'hier voyait, la semaine dernière, une prise d'habit au Carmel où elle espère entrer à son tour ! Comme elle en suivait les cérémonies !

Elle les reconnaissait ; elle était ravie d'entendre les chants langoureux des Mères derrière leurs grilles qu'elle avait reconnues en entrant. Et comme elle était heureuse de voir au parloir cette jeune sœur qui la précédait, ces Mères vénérables que déjà son cœur aime!

« Oh! que je voudrais y être! » disait-elle.

Pour arriver à ce terme si désiré, il faut maintenant vivre dans l'obscurité, dans la paix, travailler et prier pendant quatre ans, loin des parents, loin des connaissances, sans nouvelles du monde extérieur.

Il faut que les amis connus et inconnus aident cette enfant de leurs prières, afin qu'elle réponde aux soins qui lui seront donnés, aux espérances que font concevoir les prémices de cette vie extraordinaire.

Il faut enfin que rien de ce qui arrivera à Tilly ne parvienne jusqu'à elle; aussi vivra-t-elle au couvent sous un nom supposé et sa retraite sera-t-elle ignorée. L'existence de Louise doit être dorénavant toute pour Dieu et ne sera-ce pas justice? Car, quelle fillette de quinze ans a-t-elle été plus en vue que cette fille des champs?

Admirée, choyée par les uns, tournée en dérision, accusée par les autres, elle a bien besoin d'un repos qui est mérité. Sa mission est finie; elle a vu la basilique que la vision de Tilly demande; après avoir suscité la première le mouvement de prières sur le Champ, elle a vu un Carmel à gauche de la basilique; à droite, un couvent de frères dont le Supérieur lui a été désigné; elle a dit le nom qui sera donné à la Madone de Tilly; elle a annoncé des miracles pour bientôt, sans jamais en préciser la date.

Enfin, elle a vu une fontaine miraculeuse où les malades guérissent! Cette fontaine surgira-t-elle?

Dieu le veuille pour la cause de Tilly!

C'est avec cet espoir, cher monsieur Mery, que je vous salue, vous et vos lecteurs, bien cordialement.

UN TÉMOIN.

Essai sur Nostradamus

L'*Écho du Merveilleux* devait à son titre d'entretenir ses lecteurs de *l'inexterminable Nostradamus*, comme le qualifia M. Louis Veuillot, en un jour de mauvaise humeur. Aussi n'ai-je point été surpris d'en lire une courte mention dans l'un de ses derniers numéros.

Ayant jadis pâli de longues heures sur les écrits en prose et en vers de cet hermétiste, ayant connu personnellement et presque intimement son dernier commentateur, l'abbé Torné-Chavigny, je me crois suffisamment autorisé à donner mon avis sur un sujet ou plutôt sur une énigme encore indéchiffrable aux chrétiens.

Et tout d'abord, je pose en principe que les écrits de Nostradamus offrent tous les caractères de véritables prédictions.

Prophéties du démon? Non pas. Le démon ou *daimôn*, prévoit, mais il ne prophétise ni ne prédit. Le *daimôn* est le Savant, par excellence. Connaissant tous les secrets de la nature matérielle, psychologue suréminent, il peut deviner, généralement à coup sûr, les conséquences des faits posés dans le présent, et déduire du caractère connu de certains hommes qu'ils accompliront certaines actions dans des circonstances déterminées. Mais là s'arrête sa puissance divinatoire.

Tous les faits qui doivent être, dans l'avenir, l'exécution d'un décret divin, ou l'accomplissement de la volonté de l'homme lui sont célés à l'avance. D'une part, en effet, Dieu ne révèle ses secrets qu'à ses élus, et, d'autre part, l'âme humaine est le saint des saints dont Dieu seul, qui l'a créée, tient les clefs et où seul il s'est reservé de pénétrer. « Nul ne connaît la pensée du roi, » dit l'Ecriture et ce roi, c'est celui de la création : l'homme.

Or il est certain, pour quiconque n'a fait qu'effeuiller Nostradamus, et particulièrement sa « lettre à Henri second, » que les événements futurs et notamment la tourmente révolutionnaire y sont prédits avec une précision étonnante de faits, de dates, de noms, etc. Il serait impossible à l'esprit le plus subtil de prétendre et encore moins de démontrer que ces faits, ces dates, ces noms aient été les conséquences nécessaires ou seulement possibles de faits, de dates et de noms antérieurs. Danton, par exemple, n'était pas un nom connu en 1552, et le 10 août 1557, jour de la bataille de Saint-Quentin, ne pouvait faire prévoir la catastrophe du 10 août 1792.

Le démon ne pouvant deviner ces choses par lui-même n'a pu, par conséquent, les communiquer, de lui-même, à Nostradamus.

Nostradamus est alors un prophète de Dieu? pas davantage.

Nostradamus est loin d'être un saint et il présente même beaucoup des caractères des réprouvés.

Il s'est marié deux fois, ce qui est une dérogation aux règles de la perfection et aux lois primordiales du créateur qui a créé un seul homme pour une seule femme et réciproquement. On chercherait, en vain, dans tous les calendriers, un saint ou une sainte à doubles noces.

Nostradamus était voué aux sciences des sorciers. Il parle longuement, dans sa « lettre à Henri second », de ses incantations, de ses pratiques nécromanciennes et hydromanciennes, de ses invocations à la Pythie et à Apollon Didyméen, toutes choses qui constituent des violations flagrantes du 1er et du 2e commandements, crimes archi-capitaux, aux yeux de l'Eglise et même aux regards de la froide raison.

Enfin, Nostradamus était juif; il s'en vante à tout

propos, et s'il s'est fait laver — ce qui n'est pas sûr — dans les eaux du baptême, c'est en vue de sa tranquillité et sans plus de conviction que de nos jours, les O., les D., les C.

Balaam est la seule exception, dans la lignée des prophètes, d'un homme inspiré qui n'ait pas été en même temps un dévot serviteur de Dieu et il est tout à fait impossible de comparer Nostradamus à Balaam.

Ni prophète du diable, ni prophète de Dieu! dans quelle catégorie faut-il donc ranger ce sphynx jusqu'à présent impénétrable?

Ici j'entre dans le vif de la question.

Si le public de nos jours, au lieu de se livrer, à corps perdu, aux sciences positives qui rabaissent, et, à âme perdue, aux sciences occultes qui abêtissent, faisait un retour aux sciences métaphysiques qui élèvent et qui illuminent, mon explication serait facile et prompte, et je serais compris de tout le monde.

Mais je suis obligé de rappeler certaines notions généralement oubliées ou méconnues.

Si beaucoup ont entendu prononcer le nom des Sibylles, si même beaucoup de chrétiens ont chanté leur nom à l'office :

Teste David cum Sibyllà.

bien peu sans doute se font une idée exacte de ces prophétesses.

Les Sibylles étaient des vierges florissant au milieu des nations idolâtres, et auxquelles l'Esprit-Saint accordait la vision des temps futurs, en récompense de leur vertu de chasteté, si rare et si merveilleuse dans leur milieu.

On en compte dix principales, authentiques, et la première de toutes, la seule qui n'ait pas été vierge et qui ait adoré le vrai Dieu, a été soit la femme de Noé, soit l'une de ses trois brus, écrivant sous la dictée de sa belle-mère.

Seconde mère du genre humain, elle a prédit, à longs traits, l'histoire des 253 nations qui devaient naître d'elles, telles qu'elles sont indiquées dans le 10e chapitre de la Genèse, la « Table des peuples ».

La dernière fut la Sibylle romaine qui confia ou mieux vendit à Tarquin l'Ancien son livre fatidique.

L'histoire romaine y est retracée dans tous ses détails importants, jusqu'à sa ruine par Alaric et jusqu'à la substitution de la domination chrétienne à la domination païenne dans la Ville Éternelle.

On sait, d'ailleurs, que ce livre fut en haute vénération dans la Rome antique. Deux magistrats irréprochables furent d'abord préposés à sa garde sous le nom de duumvirs. Leur nombre fut, dans la suite, porté à cinq, puis à dix, puis à quinze : les quindécemvirs.

Ces magistrats avaient pour mission d'en faire la lecture aux heures des calamités publiques et d'indiquer la solution des difficultés flagrantes.

Telle était la foi accordée à ces oracles qu'ils ne trouvèrent aucun incrédule, même aux époques où le scepticisme et la libre pensée enfantaient, aux applaudissements de la foule, des poètes comme Ennius et Lucrèce.

La véracité cent fois vérifiée de ces oracles explique seule, du reste, l'attitude, énergique sans défaillance, du Sénat et du peuple romains, après la prise de la Ville par les Gaulois et après la bataille de Cannes.

En l'an 401, l'empereur Honorius ordonna à son général Stilicon de brûler les livres sibyllins sur la place publique. Ils pouvaient, en effet, devenir, au sein du peuple désormais chrétien, un sujet de culte idolâtrique; en outre, les destins étaient accomplis et le dessein de Dieu de placer sur le trône des Césars le vicaire de son fils, étant sur le point d'être réalisé, les oracles n'avaient plus rien à apprendre de l'avenir. Enfin le fléau destructeur d'Alaric, qui devait se produire huit ans après, étant annoncé comme imminent, il importait de ne point amollir le courage de l'armée et du peuple par la prédiction d'un désastre certain.

Il n'existait qu'un exemplaire officiel des livres de la Sibylle romaine, et nul profane n'avait jeté des yeux téméraires sur son texte, durant mille ans : la chose est incontestable.

En existait-il des copies plus ou moins authentiques?

Il est impossible, humainement parlant, que parmi les centaines de magistrats commis à leur garde, pendant ces mille ans, il ne se soit jamais glissé ni un traître, ni un indiscret, ni seulement un besogneux.

Il est également impossible que, pendant ces mille ans, aucun juif n'ait obtenu, volé ou acheté une copie des livres sacrés, car les procédés policiers et corrupteurs des juifs n'ont jamais varié, car ils peuplaient les antichambres officielles de Rome et ils avaient un intérêt primordial à connaître le secret de la destinée romaine.

Où sont aujourd'hui les copies des livres de la sibylle romaine? les grands-rabbins seuls le savent et assurément Nostradamus en a eu communication.

Dans quels sanctuaires retirés de l'Inde, de l'Afrique ou de l'Asie centrale, peut-être de l'Amérique sont enfouis les neuf autres livres sibyllins?

Les grands rabbins le savent encore et leur grand initié Nostradamus ne l'a pas ignoré!

On m'accuserait évidemment d'esprit de système si je prétendais que l'histoire de l'humanité, en général, et celle de chaque peuple, en particulier, est contenue, avec tous ses détails et ses dates, dans les livres sibyllins et, par conséquent, que Nostradamus n'a eu qu'à les copier ou plutôt à les traduire en patois franco-judische et en vers macaroniques.

Nostradamus avait une source d'informations beaucoup plus haute et beaucoup plus infaillible.

Il se vante lui-même, quelque part, d'être versé dans les lettres hébraïques.

Or l'étude très superficielle de la langue hébraïque montre qu'aucun instrument plus merveilleux n'a été donné à l'homme pour exprimer sa pensée et pour dire plus de choses en moins de mots.

Je prétends aussi que l'Ancien Testament — du moins toute la partie écrite en hébreu ou en chaldéen qui est un dialecte de l'hébreu — contient la plénitude de la science.

Ce n'est qu'une opinion, mais qu'on me contredise et je produirai vingt témoins illustres à l'appui de cette opinion.

Le sens immédiat de la Bible implique l'enseignement du dogme ou vérités essentielles et de la morale qui s'appuie sur le dogme. Ce sens est clair par lui-même et l'Église possède, d'ailleurs, le don de l'interpréter souverainement. Il faut qu'il en soit ainsi, parce que la connaissance certaine des lois morales est indispensable au salut de l'humanité.

Le sens prophétique de la Bible est assurément moins évident que le sens dogmatique ou moral, mais il est encore à la portée de l'intelligence de plusieurs.

En dehors et à côté des trois sciences souveraines du dogme, de la morale et de la prophétie, la Bible sacrée a inscrit sur ses marges les notions complètes de toutes les sciences qui sont de nature à intéresser l'humanité. Rien n'est omis ; ni la philosophie, ni la mathématique, ni l'astronomie et la géologie, ni enfin l'histoire passée et surtout future.

Il s'agit seulement de savoir comprendre et aussi de savoir lire.

Or, l'écriture hébraïque, avec ses lignes toujours égales et ses lettres dilatables, se prête admirablement aux acrostiches, logogriphes, mots carrés et mots losangés, etc.

Je m'attends bien à ce qu'on crie au paradoxe.

J'ai cependant pour moi l'autorité du libre-penseur Fabre d'Olivet qui a publié une étude très troublante sur les dix premiers chapitres de la Genèse.

J'ai aussi l'autorité de l'empereur Constantin qui proclama, en plein concile de Nicée, que sa conversion à la religion chétienne avait été déterminée par la lecture d'une prophétie sibylline, prédisant le second avènement de Jésus-Christ et écrite en vers alexandrins dont chaque première lettre, détachée et ajoutée à la première lettre du vers suivant, formait les mots : « Jésus-Christ, fils de Dieu, sauveur des hommes. »

Il est vrai qu'il s'agit ici d'une Sibylle et que les vers sont grecs, mais je présente un argument *à fortiori*.

J'ai enfin l'autorité d'un savant prêtre dont je regrette d'avoir oublié le nom, qui publiait, il y a une vingtaine d'années, une traduction des Psaumes, d'après le texte hébraïque. A force d'attention, cet éminent traducteur avait remarqué que les premières lettres des premiers mots de chaque psaume se reliaient entres elles et que lues en acrostiches elles formaient la phrase : « Gloire à Jésus-Christ, fils de Dieu et de la Vierge Marie, sauveur des hommes, soleil des nations. »

Si David « qui était inspiré » au témoignage de Jésus-Christ lui-même, n'a pas dédaigné l'acrostiche, il me semble qu'on peut et même qu'on doit en induire que les autres auteurs sacrés, secrétaires impeccables de l'Esprit saint, ne l'ont pas dédaigné non plus.

La synagogue, destituée depuis le drame du Calvaire, de la noble mission d'interpréter la dogmatique et la morale de la Révélation, n'a pas été privée de la faculté de sonder, dans les textes, les sciences sans importance pour le salut des âmes. En dépouillant Lucifer des insignes de sa puissance, Dieu lui a charitablement laissé le manteau scientifique pour couvrir son indigence. De même des Juifs.

On peut même dire que la synagogue, sans cesse préoccupée de chercher une compensation aux biens perdus, s'est particulièrement appliquée à éclaircir l'obscurité des textes, persuadée qu'en cueillant un à un les fruits de l'arbre de la science, ses enfants déshérités oublieraient ou mépriseraient la saveur du fruit de l'arbre de vie.

Beaucoup de ses rabbins ont excellé à ce labeur ingrat.

Je prétends qu'à l'aurore de l'ère moderne, au lendemain de la prise de Constantinople et à la veille des révoltes de Luther et d'Henri VIII, l'œuvre était à sa fin.

Beaucoup de Juifs crurent à cette époque — mille documents en font foi — que les temps de l'Antéchrist s'étaient enfin levés, que le royaume d'Israël allait être restauré et le Temple relevé ! Mais ce n'était qu'un faux départ et le sanhédrin le savait.

Afin de prévenir les imprudences de quelques impatients, la synagogue confia alors à un initié la rédaction d'un livre où les principaux événements des trois derniers siècles qui devaient suivre et qui nous ont précédés, seraient relatés succinctement, et par endroits avec une précision telle que les plus incrédules seraient contraints à un acte de foi. A ce prix la kabbale devait conserver sur le peuple juif sa domination despotique et maintenir sur chacun de ses sujets une discipline de fer. Au prix de quelques flatteries et de quelques prédictions particulières sans importance faites aux princes et aux grands, le livre révélateur et puant la sorcellerie devait passer sans encombre et s'accréditer même auprès du grand public chrétien.

Nostradamus s'est acquitté de sa tâche d'une façon admirable.

Si cet article n'atteignait déjà des proportions démesurées, je dirais comment et pourquoi ; mais je laisse à d'autres, plus savants et plus studieux, le soin de développer à l'infini les quelques idées que je jette à la hâte. Nous sommes entrés dans la période historique, prédite par Daniel, où « la science se multiplie » et où tous les secrets vont être dévoilés pour la plus grande confusion des ennemis du nom chrétien. Heureux ceux qui bâtiront le monument et consolideront les faibles assises que je viens d'équarrir sans art et sans prétention!

J'ai voulu seulement démontrer que Nostradamus n'est un prophète, ni au sens divin ni au sens diabolique. Ce n'est qu'un adroit compilateur des prédictions sibyllines et des prophéties d'ordre inférieur de la Bible.

Je suis persuadé, d'ailleurs, qu'il fourmille d'erreurs et que beaucoup de ses promesses sont décevantes. Celles qui sont réelles ne servent qu'à donner du crédit à celles qui sont fausses, tantôt volontairement et tantôt involontairement.

Jusqu'à nos jours, ses commentateurs et interprètes ont fait fausse route.

Le bon mais très naïf abbé Torné-Chavigny n'a découvert qu'une chose dans le dédale des centuries et des sixains : c'est qu'ils ne sont reliés entre eux par aucun fil apparent. Ses erreurs grossières et absolues à propos du comte de Chambord prouvent surabondamment qu'il n'a pas trouvé la vraie clef qui ouvre la porte de cette caverne juive.

Car les livres de Nostradamus, juif faussement converti de la tribu fertile en devins d'Issachar, ne sont qu'une caverne juive.

Les rabbins s'y promènent en toute sécurité et y puisent la solution des difficultés à mesure qu'elles se présentent, comme les duumvirs et les quindécemvirs de Rome à la lecture des livres sibyllins.

Mais c'est une raison de plus pour les chrétiens de s'en méfier davantage.

Qu'ils étudient; qu'ils se pénètrent des lettres hébraïques, c'est une science relativement aisée; qu'ils cherchent à pénétrer le mystère d'iniquité recélé dans *l'inexterminable* Nostradamus. C'est, selon moi, le mieux qu'ils aient à faire en approchant de ce recueil redoutable.

P. DE CHARLIAC.

CHEZ LA VOYANTE

Les séances du jeudi, interrompues, comme on le sait, depuis de longues semaines, ont repris comme par le passé.

A la dernière, celle du 24 février, l'assistance était très nombreuse. La Voyante, presque sans arrêt, a parlé de deux heures à sept heures, — et avec une telle rapidité d'élocution qu'il a été pour ainsi dire, impossible de rien enregistrer textuellement.

C'est, d'ailleurs, un phénomène curieux que les habitués de ces réunions connaissent bien : non seulement les paroles de l' « Ange » coulent si vite qu'on a en vain tenté de les fixer par la sténographie, mais encore elles sont si fluides qu'elles échappent au souvenir. On en retient le sens général, l'esprit. La lettre en reste insaisissable.

C'est donc, comme toujours, des bribes, des bouts de phrases cueillis de ci, de là, que voici :

Tout d'abord, l' « Ange » parla de fléaux physiques :

Une fièvre va être donnée
Qui vous est approchée...
Un mal aux yeux sera donné...
Et des plaies qui vont marquer...
Je vois les cheveux tomber...

Puis de bouleversements dans la nature.

. . . .
La terre va trembler
Une secousse sera donnée :
Des maisons vont tomber...
J'en vois une s'effondrer...
. . . .
Des rivières desséchées...
Un fleuve vous sera ôté...
Les eaux vont comme baisser...
. . . .
Où la mer a passé,
Le sol se constituer.
Un travail y aider
Et une ville s'élever

L' « Ange » continue à voir la France en danger. Il annonce des processions. Il voit des martyrs.

Des martyrs vont s'élever
Dont le sang doit couler
Et la croix dans leur sang sera trempée.

L' « Ange » parle également des événements actuels. Il voit un duel prochain, un « duel aisé ».

Au sujet de Zola, l' « Ange » redit ce que j'ai déjà noté dans la *Libre Parole*, à savoir que Zola se couvrira de plus en plus de honte et que cette honte rejaillira sur nous tous. Zola sentira alors le pied lui manquer, il sera obligé de « quitter ». De loin — d'Italie peut-être — avec un *autre* que l' « Ange » ne nomma point, il complotera.

L'affaire Dreyfus n'est qu'un commencement. Cette affaire va en engendrer une nouvelle. Des foules vont s'ameuter. Une ville où il y a des juifs sera brûlée. S'agit-il d'Alger? On y verra des « membres écartelés »

Des maisons vont sauter
Il y en aura de tous côtés...
Et des villes incendiées
Qui ne sont pas de ce côté,
Puis une de ce côté...
Les grandes cloches vont tinter
Oh! comme c'est approché!

Comme on le voit, l' « Ange » de Mlle Couédon persiste à ne pas nous montrer la vie en rose.

G. M.

PRESSENTIMENTS

Sous ce titre, on lisait dans le *Temps* du 22 février :

Nul n'ignore qu'il est bon nombre de cas où une personne a pu pressentir un événement futur. Le plus souvent le phénomène se présente sous forme d'un rêve, ou d'une hallucination, visuelle, ou auditive : il ne se présente généralement ainsi qu'à l'égard de personnes proches ou avec qui l'on est en contact fréquent : et enfin, le plus souvent, le pressentiment devance de peu de temps l'événement, quand il n'y a pas coïncidence.

Sans aller jusqu'à dire que les pressentiments soient des phénomènes très fréquents, on peut les considérer comme n'étant pas rares. Ils sont même répandus, si l'on tient compte de ceux qui ne se réalisent point.

Ceux qui se réalisent, plus exceptionnels, font grande impression, surtout quand il arrive que le pressentiment a trait à une personne éloignée, au sujet de laquelle on n'a point raison d'éprouver une inquiétude particulière et justifiée par ce que l'on sait de ses conditions : ils en ont beaucoup aussi quand, chose rare, celui qui les a éprouvés, les fait connaître à des témoins sûrs et véridiques, avant l'occurrence de l'événement.

Ce dernier cas vient de se présenter à Londres, et il ne sera pas sans causer quelque émoi parmi les personnes qui s'occupent de télépathie et de phénomènes psychiques.

Les faits sont très simples d'ailleurs.

Le 16 décembre dernier, à sept heures vingt du soir, un acteur de grande réputation, Terriss, fut assassiné comme il venait d'arriver au théâtre où il devait jouer, à l'Adelphi. Le *Temps* a relaté les circonstances de ce meurtre : nous n'avons pas à y revenir.

Or, dans l'après-midi, plusieurs heures avant l'événement, un des camarades de la victime avait raconté à différentes personnes appartenant à la troupe, un rêve qu'il avait eu le matin même, c'est-à-dire douze ou quatorze heures antérieurement au crime.

Voici ce rêve. Le 16 décembre, de grand matin, M. L..., doublure de Terriss, rêva qu'il voyait Terriss dans un état de délire ou de syncope (ce qui ne se ressemble guère, soit dit en passant, étendu à terre dans l'escalier conduisant aux loges des acteurs de l'Adelphi. Terriss était entouré de différentes personnes appartenant à la troupe, entre autres de Mlle M... et d'un des préposés au service du rideau. Sa poitrine était découverte, ses vêtements déchirés : on semblait s'empresser autour de lui pour lui porter secours. Toutefois, ce n'était point une scène animée : c'était comme une photographie instantanée ou un tableau vivant. Et M. L... rêva tout de suite après que l'Adelphi n'ouvrirait point ses portes le soir même.

S'étant levé, il alla au théâtre pour une répétition. La première personne qu'il y rencontra fut Mlle O. H., à qui il raconta son rêve : il le raconta aussi à plusieurs autres personnes, comme curiosité, et n'y attachant aucune importance : ne pensant point que la chose eût une signification quelconque. M. L... déclare du reste qu'il a eu assez souvent des rêves de ce genre, relativement à d'autres personnes, mais qu'ils ne se sont jamais réalisés et qu'ils ne lui ont jamais fait autant d'impression que celui-ci, qui est le seul qu'il ait raconté, en raison de la vivacité particulière de l'impression reçue. Le récit de M. L... a été confirmé par Mlle O. H..., qui fut la première personne à qui il fit le récit de son rêve.

Ce dernier fut communiqué vers midi et la narration de Mlle O. H..., est conforme à celle qu'a donnée M. L... Elle rapporte que M. L... lui avait dit avoir rêvé de Terriss et l'avoir vu étendu dans l'escalier, près de certaine porte d'entrée, qui est celle où l'acteur succomba, en effet. Ni elle, ni M. L..., n'attachèrent d'importance à ce rêve : ils en rirent et allèrent à leurs affaires.

Un autre camarade de M. L..., à qui celui-ci raconte aussi son rêve, dans la matinée du 16, confirme les faits précédents, de telle sorte que l'on ne peut douter de la réalité du pressentiment.

On remarquera que M. L... n'a nullement rêvé que Terriss fût assassiné. Il a vu Terriss dans un état grave, il l'a vu dans une situation où sa vie était ou semblait en danger; mais il n'a eu aucun pressentiment de la cause de cette situation. Il n'a pas vu Terriss mort non plus : il n'a pressenti ni le moyen, ni la fin, par conséquent.

Ce qui a été exact, ce qui s'est réalisé, dans ce rêve, cela a été : l'emplacement même où Terriss a achevé de vivre, et le fait que le théâtre a fait relâche ce soir. M. L... a, en effet, assisté à la fin de la tragédie, et il a pu comparer la concordance des indications de son rêve avec l'événement, au point de vue topographique : Terriss a agonisé à l'endroit où M. L... l'avait vu, en rêve. Pour le second point, il y a des réserves à faire. M. L... déclare avoir rêvé que le théâtre ferait relâche. Mais M. C... rapporte que d'après le récit de M. L..., celui-ci avait rêvé qu'il aurait à remplacer Terriss, en raison de quelque accident arrivé à Terriss qui empêcherait celui-ci de jouer.

Qui doit-on croire plutôt : M. L..., qui eut le rêve, ou M. C..., à qui il l'a raconté? Il semble que ce doive être le premier de préférence, car on sait à quel point un récit se déforme à passer de bouche en bouche.

Quoi qu'il en soit, le fait est intéressant. Il ne suffit certainement pas, toutefois, à entraîner la conviction de ceux qui hésitent à croire à la télépathie et aux phénomènes connexes. Il n'est pas dit, en effet, que l'assassin connût du tout M. L..., le rêveur ; et, s'il y avait télépathie, elle se fût sans doute faite de l'assassin à M. L... (à moins d'admettre que la télépathie peut se faire au hasard) ; elle ne pouvait avoir lieu entre Terriss et ce dernier que si Terriss avait des raisons de pressentir son sort, ce que nous ignorons d'ailleurs. Et, dans les deux cas, l'image n'eût-elle pas été plus nette : l'idée de mort n'eût-elle pas dominé?

Un fait curieux nous est signalé par le correspondant qui nous communique ces événements : le chien favori du défunt, au témoignage de trois personnes se réveilla d'un sommeil tranquille à 7 h. 20 du soir, heure exacte du crime, et entra dans une violente colère. Etait-ce aussi de la télépathie? Il serait aussi imprudent de nier que d'affirmer.

BATAILLE DE DAMES

L'abbé Schnebelin, après avoir délivré la famille Lebègue du sorcier qui la hantait, s'endormit un peu sur ses lauriers et, comme Bravida à Port-Tarascon, négligea de *s'éclairer*. C'était un oubli qu'il faillit payer cher, car son ennemi, mort depuis peu, ne l'en guettait pas moins. « Une nuit, dit l'abbé, je me réveillai en sursaut, croyant qu'on m'assassinait. Je n'avais pas rêvé. J'avais un couteau sur la poitrine et la pointe avait déjà pénétré dans mes chairs. » (Gaston Mery, la *Libre Parole*, 24 juillet 1897.) Le couteau était réel, si le sorcier était fantomatique. Il fallut recommencer la lutte qui se termina, heureusement, par la défaite et la domestication de l'être hostile !

On a douté de cette histoire, et l'abbé a certainement pu se faire illusion. Cependant la Société anglaise des Recherches psychiques, qui n'accepte que des cas bien contrôlés, a publié une aventure analogue dans son journal d'octobre 1897. Les documents lui venaient de sa section américaine, American Branch, le drame ayant eu lieu à New-York.

Une miss Z..., jolie, distinguée, intelligente et sérieuse, avait attiré l'attention d'un galant gentleman, M. M..., qui la rencontrait journellement en chemin de fer et l'entourait de prévenances. « C'était trop visible pour n'être pas compris. Elle, de son côté, était polie, indifférente, et il semblait qu'elle eût désiré qu'il fût ailleurs. » Ainsi parle une personne qui les connaissait tous deux. Le monsieur était marié, mais sa femme était malade, ce qu'ignorait miss Z..., qui, d'ailleurs, n'avait jamais vu la dame.

Or, une nuit, le 10 novembre 1890, la jeune fille eut une vision qu'elle raconta ainsi le 4 février 1896 « Je rêvai qu'une femme arrivait auprès de mon lit, et je pensai qu'elle venait pour me tuer. Dans ma frayeur je me levai et la repoussai de toute ma force, quoique cette femme semblât trop faible pour résister. Tandis que je crains toujours de heurter quelqu'un mentalement ou physiquement, mon effroi semblait m'avoir complètement changée, et je la poussai par la chambre voisine, à travers une porte fermée et verrouillée, vers le palier de l'escalier, au bas duquel je cherchai à la jeter. Quand nous arrivâmes aux marches, elle disparut, et je regagnai ma chambre à travers la porte fermée. Je regardai l'heure dans mon rêve et vis qu'il était deux heures vingt minutes. A ce moment je m'éveillai et, sentant que je n'en pouvais mais de mon rêve, je tirai un cordon que j'avais attaché au gaz et remontai la lumière. A ma grande surprise, la pendule marquait juste deux heures vingt minutes. »

La femme de M. M... mourait à la même heure. Il est probable, dit le correspondant américain de la société anglaise, qu'elle connaissait l'admiration de son mari pour la demoiselle ; elle put donc, à ses derniers moments, réfléchir « que si elle mourait, son mari chercherait à épouser miss Z... Ce fut sans doute avec des pensées de haine et de jalousie qu'elle rendit le dernier soupir. »

A Paris, ce sont deux hommes qui se battent, à New-York, deux femmes : pour compléter la série, voici la lutte d'un homme et d'une femme, en Russie (Stead, *Beal Ghosts*, 1897, p. 214-218.)

Un M. Addison habitait à Riga, en février 1884, une maison assez petite, et, sa femme étant accouchée depuis peu, il passa la nuit dans le salon. Une fois, après dix heures du soir, il s'entendit appeler par son petit nom, et fut réveillé à deux reprises différentes par le spectre d'une femme qui avait un châle gris sur la tête et sur les épaules. A la seconde reprise, « je saisis du coup les allumettes, dit-il, mais dans ce mouvement je renversai la table de nuit qui tomba avec le chandelier, ma montre, les clefs, etc., en faisant un bruit terrible. Comme auparavant, je tenais mes yeux fixés sur le fantôme et j'observai maintenant que, quoique ce fût, cela avançait droit sur moi, et, un moment de plus, m'aurait coupé la retraite vers la porte. Ce n'était pas une idée confortable que de me battre avec l'inconnu dans l'obscurité, et en un instant j'eus saisi les draps du lit, je pris un de leurs coins dans chaque main. et les élevant devant moi, je fonçai droit sur le fantôme. (Je pensais, j'imagine, qu'en couvrant la tête de mon assaillant présumé, j'aurais mieux repoussé l'attaque qui arrivait.)

« Le moment d'après, j'étais à genoux sur un canapé, près de la fenêtre avec mes bras sur le bas de la fenêtre, et avec le sentiment que « cela » était maintenant derrière moi, que j avais passé à travers. D'un bond, je me retournai, et je fus immédiatement plongé dans une noirceur impalpable au toucher, mais si dense qu'elle semblait peser sur moi et me comprimer de tous côtés. Je ne pouvais pas bouger, les draps que j'avais empoignés, comme je l'ai dit, pendaient sur mon bras droit, l'autre bras était libre, mais semblait prostré par un pesant engourdissement. J'essayai de crier à l'aide, mais j'appris pour la première fois de ma vie ce que c'est que la langue collée au palais. « La voix revint enfin, des paroles entrecoupées » jaillirent de mes lèvres, puis mon esprit sembla faire un furieux effort, une secousse pareille à un choc électrique sembla se produire, et mes membres étaient libres. » Il ouvrit la porte du dehors et regarda, la nuit étant éclairée d'un reflet de neige, mais il ne vit rien.

« Je revins à la porte de la chambre de ma femme, et entendant qu'elle était après l'enfant je frappai, et elle ouvrit. Elle est témoin de l'état dans lequel j'étais. Des gouttes de sueur coulaient sur ma face, mes cheveux étaient trempés, et les battements de mon cœur pouvaient s'entendre à quelques pas. Je ne puis donner l'explication de ce que j'ai vu, mais aussitôt que mon histoire fut connue, les gens qui avaient occupé la maison auparavant nous dirent qu'ils avaient une fois installé un visiteur dans le même salon, mais il déclara que la chambre était hantée et refusa d'y rester. »

Pour prouver qu'un repas trop copieux n'était pas la cause de l'apparition, le lutteur donne le menu de son dîner : « Quant à ce que j'avais mangé le soir en question, j'avais dîné à 6 h. 30 d'un léger potage, de mouton rôti et d'un soufflé de pommes, le tout arrosé d'une demi-bouteille de bière Lager et couronné d'un simple verre de Sherry ».

Ces trois récits, dont le plus curieux semble bien celui de miss Z..., prouvent qu'il est quelquefois peu *confortable* d'avoir affaire aux gens de l'autre monde, de quelque nom qu'on les nomme : ils ne sont pas gracieux tous les jours. Il y a des « esprits » qui injurient, qui frappent, qui lapident, qui mordent, qui étranglent, etc.

Une particularité singulière, mais qui heureusement ne se produit pas toujours, est la sensation de brûlure que laisserait parfois leur toucher. Au temps jadis, la brûlure pouvait être réelle, comme il advint à la tante de Mélanchton : son mari, *revenant* pour demander des messes, lui donna une poignée de main dont elle garda la marque toute sa vie. Dans un cas au moins, la contact aurait été jusqu'à l'âme. Un illuminé du dernier siècle, l'abbé Fournié, disciple de Martinez Pasqualis, reçut une nuit la visite amicale de son ancien maître et de ses père et mère, toutes personnes défuntes : « Dieu sait quelle nuit terrible je passai ! Je fus, entre autres choses, légèrement frappé sur mon âme par une main qui la frappa au travers de mon corps, me laissant une impression de douleur que le langage humain ne peut exprimer, et qui me parut moins tenir au temps qu'à l'éternité ». (Matter, *Saint-Martin*, p. 43-44).

Aujourd'hui, les fantômes ont généralement le toucher plus agréable, entre autres Katie King, dont la peau était « d'une douceur non naturelle », déclara un M. Tapp. William Crookes aussi en sut quelque chose, puisqu'il obtint la faveur d'embrasser la magnifique apparition. Peut être, pour finir, vaut-il mieux s'arrêter sur cette dernière vue, moins déplaisante assurément qu'une bataille, même « fluidique ».

L.

ÇA ET LA

Curieuse remarque. — Nous avons déjà parlé de l'horreur que professe M. Zola pour le nombre 7. Voici un autre fait, concernant le défenseur de Dreyfus, qui mérite d'être signalé :

Le père du romancier était sujet autrichien, la Vénétie appartenant alors à l'Autriche, et l'origine de la famille Zola pourrait bien être slave, car ce nom, en langue slave, signifie *cendre*.

Or, le procès de M. Zola a commencé le 7 février et s'est terminé le mercredi des Cendres !

***

Coïncidence et accidents de voiture. — Il y a huit jours environ, la voiture de M. Cochery, ministre des finances, en passant place de la Concorde, renversait et blessait grièvement deux personnes.

Le même jour, lord Salisbury échappait par miracle à la mort en sortant en voiture de son domaine d'Hartfield, et, dans une rue de Rome, le phaéton dans lequel se trouvait le roi Humbert, heurtait une voiture de place avec une violence telle que le cheval de ce véhicule était tué sur le coup.

Remarquons que la voiture de M. Cochery a déjà causé deux accidents : l'un dans la cour d'honneur du château de Versailles, lors de la visite du Tsar, l'autre le 1er janvier, place de la Concorde (encore), pendant les visites du Président de la République.

M. Cochery, cependant, a changé trois fois de loueur depuis le premier accident. Il ne sait plus que faire pour conjurer la *guigne*.

***

La dame d'Harfleur. — Les lecteurs de *l'Echo* connaissent la dame d'Harfleur, de son nom Mme de Mondétour, qui, guérit, assure-t-on, toutes sortes de maladies, sans autre médication que l'apposition des mains sur la partie malade.

Oscar Comettant, l'écrivain mort récemment, souffrant de douleurs névralgiques, avait souvent rendu visite à Mme de Mondétour, ainsi qu'il le racontait l'année dernière dans un journal du Havre :

« Je fus frappé de la belle prestance et de l'air avenant de celle qui, simplement, avec grâce, de ses deux petites mains, me serra fortement la tête. Je lui aurais cru alors des mains énormes, car il me semblait qu'elles m'enveloppaient tout le crâne.

« Dès la première séance, je me sentis soulagé. Aujourd'hui, après six séances du même traitement, il est des moments où je suis tenté de me croire guéri. »

Plus loin, le récit d'une amusante guérison :

« On lui conduit un jeune homme de seize ans aux trois quarts idiot, ce qu'on appelle un innocent. Il fallait l'habiller, le débarbouiller, le moucher, le conduire, comme on conduit un baby, et il parlait en bredouillant d'une manière incompréhensible. Mme de Mondétour, qui ne tire aucune vanité de sa puissance occulte et dit bien haut qu'elle ne sait rien de la médecine et qu'elle agit inconsciemment, voulut bien, mais sans grande confiance, essayer de donner quelque lucidité à ce pauvre cerveau obstrué. Il avait comme un bourrelet de chair qui entourait sa tête. Sous l'action des mains de celle qu'on appelle dans la campagne la « Dame d'Harfleur », ce bourrelet diminua rapidement et finit par disparaître.

« Bientôt le jeune homme se sentit assez fort pour redresser la tête et il marcha seul. Son esprit s'éclaircit et il parla sans bredouiller. Enfin la dernière fois qu'il vint pour se faire toucher la tête, il était vêtu comme un gandin, gilet en cœur, cravate blanche, col droit, la canne à la main, une fleur à la boutonnière, et sa bonne se plaignit qu'il lui avait fait la cour. Voilà l'innocent qui ne l'était plus. »

Mme de Mondétour est très aimée dans la région, et cela se conçoit. Sa destinée, dit-elle, est « de soulager les pauvres en communiant avec eux par le contact. »

***

L'homme des cathédrales. — Mérovak excite décidément toutes les curiosités. M. Adolphe Brisson a raconté dans *le Temps*, journal grave et peu enclin, d'ordinaire, à s'occuper de « merveilleux », la visite qu'il fit à l'habitant de Notre-Dame.

Mérovak venait de tenir l'orgue à Saint-Étienne-du-Mont, pendant une messe des morts. « J'ai joué, a-t-il dit à notre confrère, une mélodie dont il me serait impossible de répéter une note. Quand je suis placé devant l'instrument, tout chante : les pierres, les boiseries, les piliers, les voûtes, les vapeurs de l'encens, les images des vitraux. J'écoute et je transcris. »

Puis M. Brisson, un peu ironique, mais visiblement intéressé, décrit le concert, qu'avec un flageolet et une cithare, Mérovak, du haut du clocher de Fontenay-le Comte, donna une belle nuit aux habitants de sa ville natale. La musique céleste fut malheureusement interrompue par la fourche du sacristain, homme indigne et sans poésie.

La visite s'achève par l'audition de *la Marche des Immortels* et *la Balancelle de la Vie* :

« Un quart d'heure après avoir quitté Notre-Dame, nous pénétrions dans une boutique, où quelques douzaines de pianos étaient rangés en bataille. Mérovak se jeta sur l'un d'eux et frappa de ses poings tendus les touches d'ivoire. Alors commença un étrange tumulte de traits, de gammes, de phrases tour à tour alanguies et foudroyantes. Tout cela sans ordre, sans méthode, mais non sans charme, avec un instinct du rythme, un sens de l'harmonie et une virtuosité incontestables. »

***

Enterré vivant. — Le 20 février dernier devaient avoir lieu, à la Flèche, les obsèques de M. Jouanny, dont le décès avait été déclaré la veille à l'état-civil de la Flèche.

Quelques minutes avant l'enterrement, au moment de la mise en bière, on s'aperçut que le corps, encore chaud, n'avait pas la rigidité cadavérique. Deux docteurs ordonnèrent de surseoir aux obsèques, et les invités se retirèrent.

Quelques heures après, M. Jouanny ouvrit plusieurs fois les yeux ; ses membres se détendirent et son corps se refroidit.

L'enterrement a eu lieu à 4 heures de l'après-midi.

***

La photographie de la pensée. — Thomas A. Edison, le fils du grand inventeur, vient, paraît-il, pour sa première découverte scientifique, de réussir à photographier la pensée.

La première expérience, tentée avec un appareil dont les dispositions intérieures sont encore inconnues, avait été ramenée à la forme la plus simple. Thomas Edison avait dit à son sujet de penser de la façon la plus forte et la plus tenace qu'il lui serait possible, à un shilling. L'épreuve photographique obtenue montre une ligne ombrée de forme circulaire. Les détails de la pièce de monnaie, face et revers, n'y apparaissent pas. Mais la forme est bien celle d'un shilling, et l'exagération considérable des dimensions doit être attribuée à la valeur qu'un shilling a pour le sujet qui était soumis à l'expérience.

Tel est au moins le sentiment de l'inventeur, qui pense également que l'œil est le point où *la forme de la pensée* se manifeste de la façon la plus distincte. Là, d'après Thomas Edison, l'effort d'une volonté puissante pouvait et devait la fixer d'une manière assez nette pour qu'un appareil, qu'il se proposait d'inventer, en saisît une image parfaite.

« Je ne puis pas encore espérer, dit à ce propos le jeune Edison, faire croire à tout le monde que cette ombre est la photographie d'une pensée : elle est encore trop indistincte, elle manque trop de caractère pour être une preuve convaincante. Mais je suis persuadé que j'ai, dans une certaine mesure, réussi à photographier une pensée. »

Thomas Edison n'est âgé que de vingt et un ans. Nous reviendrons certainement sur sa découverte.

***

Anniversaire. — Par une singulière coïncidence, M. Deibler, en exécutant le 12 février l'assassin Fazzini, à Bastia, célébrait en quelque sorte, à la façon d'un exécuteur des hautes œuvres, le jour de sa naissance.

M. Deibler, en effet, est né justement le 12 février 1828, et il a par conséquent inauguré sa soixante-dixième année d'existence en en supprimant une.

***

Un cas de bi-corporéité. — Un rédacteur du *Borderland*, M. Stead, rapporte dans cette feuille un cas remarquable d'épreuve photographique du double d'une personne vivante :

« Mme A... possède la faculté d'extérioriser son corps astral et même de le projeter à une grande distance.

« M. Stead lui ayant proposé de fixer sur la plaque sensible la réalité objective de son double, il fut convenu entre eux qu'à un moment déterminé Mme A... devrait, de sa chambre, faire tous ses efforts pour diriger son corps astral vers le lieu d'opération de M. Stead. L'essai fut tenté entre 10 et 11 heures ; et l'expérimentateur ressentit en effet l'influence de Mme A., mais cette dame s'étant trouvée mal à l'aise, se coucha sur son lit et s'endormit. En ce moment, M. Stead vit s'ouvrir la porte de sa chambre et entrer le corps astral de Mme A. Il lui demanda la permission de lui couper une boucle de ses cheveux comme preuve de sa présence réelle. Puis, il quitta la chambre d'opération pour aller développer la plaque sensible dans son cabinet noir.

« A peine en était-il sorti, qu'il entendit un formidable craquement dans la chambre où avait eu lieu l'expérimentation. Il y revint aussitôt, accompagné de sa femme que le bruit avait effrayée. Le corps astral de la dame A. avait disparu ; mais une sorte de panneau qu'il avait dressé pendant l'expérience gisait devant lui sur le plancher, brisé en deux morceaux. Pendant ce temps, Mme A. était couchée dans sa chambre. A son réveil, elle n'avait aucune connaissance de ce qui s'était passé. La plaque photographique de son double est en la possession de M. Stead. »

GASTON CROSNIER.

Thomas Martin de Gallardon

La nouvelle pièce de Sardou, Paméla, *remet d'actualité tout ce qui touche à la question de la Survivance. Aussi croyons-nous être agréables à nos lecteurs en rééditant le récit peu connu qui va suivre.*

Le 15 janvier 1816, un petit laboureur du bourg de Gallardon, à quatre lieues de Chartres, nommé Ignace Thomas Martin étoit dans son champ, à étendre du fumier, en pays plat (1) ; quand, sans avoir vu arriver personne, se présenta devant lui un homme de cinq pieds un ou deux pouces, mince de corps, le visage délicat et très blanc, vêtu d'une lévite ou redingote blonde totalement fermée, ayant des souliers attachés avec des cordons et sur sa tête un chapeau rond à forme haute. Cet homme dit à Martin : « Il faut que « vous alliez trouver le roi, que vous lui disiez que « sa personne est en danger ainsi que celle des prin- « ces, que de mauvaises gens tentent de renverser « encore le gouvernement, que plusieurs écrits ou « lettres ont déjà circulé dans quelques provinces de « ses Etats à ce sujet, qu'il faut qu'il relève le jour du « Seigneur, et qu'il le fasse sanctifier ; que ce saint « jour est méconnu par une grande partie de son « peuple, qu'il faut qu'il fasse cesser les travaux « publics ces jours-là, qu'il soit ordonné des prières « publiques *pour la conversion de son peuple* (2), qu'il « fasse observer une police exacte dans ses Etats et « surtout dans sa capitale, qu'il excite son peuple à « rentrer dans la pénitence, qu'il abolisse et anéantisse « tous les désordres qui se commettent dans les jours « qui précèdent la sainte quarantaine, si non toutes « ces choses la France tombera dans de nouveaux « malheurs. »

Martin répondit : « Pourquoi n'allez-vous pas vous- « même faire votre commission, puisque vous en « savez si long? Pourquoi vous adressez-vous à un « pauvre homme comme moi qui ne sait pas s'expli- « quer ? (3) » Il lui fut repliqué : « Ce n'est pas moi qui « irai, ce sera vous, et faites ce que je vous com- « mande.

Cette première fois Martin le vit disparoître devant lui à peu près de cette manière : ses pieds parurent s'élever de terre, sa tête s'abaisser, et son corps se rapetissant finit par s'évanouir à la hauteur de la ceinture, comme s'il eût fondu en l'air. Martin, saisi de frayeur, voulut s'enfuir, mais il ne put jamais en venir à bout, et fut obligé de rester ; il se remit donc à la besogne, et son ouvrage qui devoit durer deux heures et demie ou trois heures ne dura qu'une heure et demie, et fut achevé avant 4 heures après-midi au lieu de 5 heures ou 5 h. 1/2 ; ce qui redoubla son étonnement.

Le 18 janvier, sur les 6 heures du soir, Martin étant descendu dans sa cave pour chercher des pommes à cuire, la même personne lui apparut de-

1. Cette apparition a eu lieu à une demi-lieue de Gallardon, dans un canton fort désert appelé le Chantier des *Longs Champs*.
2. On lit ces mots particuliers dans un écrit parfaitement suivi.
3. Une seconde relation digne de foi ajoute ici : « Je serois bien venu de me mêler de pareille chose. »

bout à côté de lui pendant qu'il étoit à genoux pour tirer ses pommes qui étoient par terre. Martin, effrayé, laisse là sa chandelle et ses pommes, se sauvant avec précipitation. Le samedi 20 janvier, Martin étoit sorti sur les 5 heures du soir pour aller dans une foulerie (endroit où on fait le vin) prendre à manger pour ses chevaux ; comme il étoit près d'entrer dans ce lieu, l'inconnu s'offrit devant lui sur le seuil de la porte qui étoit ouverte, Martin l'appercevant se sauva encore de frayeur (1).

Le dimanche 21 janvier, Martin entroit dans l'église à l'heure de vêpres ; comme il prenoit de l'eau bénite, il apperçut l'inconnu qui en prenoit aussi, et qui le suivit jusqu'à son banc. Cependant il n'entra pas, mais il demeura à la porte du banc ayant l'air très recueilli pendant toutes les vêpres et le chapelet.

Durant tout le tems de l'office, l'inconnu n'avoit point de chapeau ni sur sa tête ni dans ses mains ; étant sorti avec Martin, celui-ci l'apperçut ayant son chapeau sur la tête et il suivit Martin jusqu'à sa maison. Comme il alloit y entrer, le personnage inconnu se trouva devant lui et lui dit : « Acquittez-« vous de votre commission et faites ce que je vous « ai dit ». A peine eut-il prononcé ces paroles qu'il disparut, sans que Martin ni cette fois ni aux apparitions suivantes, l'ait vu s'évanouir de la même manière que la première fois.

Dès l'apparition du 15 janvier, Martin avoit cru devoir prévenir son curé qui d'abord le mit à l'épreuve en rejettant sur son imagination tout ce qu'il venoit lui rapporter. Cependant le 24 du même mois, M. le Curé dit une messe du Saint-Esprit pour demander à Dieu d'éclairer son paroissien et de l'instruire sur la vérité de ce qu'il voyoit; Martin avoit lui-même demandé cette messe, et il y assista lui et toute sa famille. Revenu de la messe, Martin monta dans son grenier chercher du bled pour le marché ; en ce moment l'inconnu lui apparut de nouveau et lui dit : « Acquittez-vous de votre commission, il est tems. »

M. Laperruque, curé de Gallardon, à qui Martin rendoit fidèlement compte de chacune des apparitions, avoit écrit jusque-là toutes ces choses ; mais enfin il crut devoir déclarer à Martin qu'il ne pouvoit être juge en ces matières, et il l'adressa à son évêque (celui de Versailles). Mgr l'Evêque fit à Martin quelques questions sur ce qu'il voyoit et entendoit. Il le chargea de demander à l'inconnu, de sa part, quand il le reverroit, son nom, qui il étoit, et par qui il étoit envoyé, lui recommandant d'aller dire le tout à son curé, afin qu'il la lui fit savoir. Après cet interrogatoire, Monseigneur renvoya Martin qui s'en revint à Gallardon.

Le mardi 30 janvier, l'inconnu apparut encore à Martin et lui dit : « Votre commission est bien com-« mencée; mais ceux qui l'ont entre les mains ne « s'en occupent pas ; j'étois présent quand vous avez « fait votre déclaration, mais j'étois invisible. Il vous « a été dit de demander mon nom, et de quelle part « je viens. Mon nom restera inconnu ; je viens de la « part de Celui qui m'a envoyé et Celui qui m'a en-« voyé est au-dessus de moi (en montrant le Ciel ».

Martin lui dit de nouveau : Comment vous adressez-vous toujours à moi pour une commission comme celle-là, moi qui ne suis qu'un paysan ? » Il lui fut répondu : « C'est pour abbattre l'orgueil ; pour vous, « ajouta l'inconnu, il ne faut pas prendre d'orgueil « de tout ce que vous avez vu et entendu, pratiquez « la vertu, assistez à tous les offices qui se font dans « votre paroisse le dimanche et les jours de fêtes ; « évitez les cabarets et les mauvaises compagnies où « se commettent toutes sortes d'impuretés et où se « tiennent toutes sortes de mauvais discours. » Une autre chose que l'inconnu recommanda à Martin, dans une de ses apparitions, fut de ne pas faire de charrois les jours consacrés au service divin.

Durant le mois de février, l'inconnu apparut encore différentes fois à Martin (1); comme au commencement, ces apparitions ne lui laissaient pas de repos, le pressant toujours de s'acquitter de sa commission, il s'imagina qu'il y mettrait fin en quittant son pays et s'en allant seul, comme il l'a dit (tems qu'il pourroit aller). Cependant il n'avait fait part de son projet à qui que ce fût, lorsque l'inconnu le prévenant lui en fit un reproche dans une apparition : Vous n'auriez pas été loin », lui dit-il.

Un jour il lui parla ainsi : « Pressez votre commis-« sion, on ne fait rien de tout ce que je vous ai dit ; « ceux qui ont l'affaire entre les mains sont ennivrés « d'orgueil, la France est dans un état de délire, elle « sera livrée à toutes sortes de malheurs. » D'autres fois il lui disoit et lui répétoit, que si on ne faisoit pas ce qu'il avoit dit, la plus grande partie du peuple périrait et que la France seroit livrée en proie et en opprobre à toutes les nations. — Une fois encore il lui dit : « Mon ami, on met bien de la len-« teur dans ce que j'ai commandé; voilà pourtant le « tems de la pénitence et de la réconciliation qui « approche ; il ne faut pas croire que c'est par la

1. On lit dans une relation que sur les derniers tems Martin étoit tellement habitué à voir le personnage dont il est question, qu'il n'y avoit plus que sa disparition subite qui lui causât quelque terreur.

1. Il faut qu'il y ait eu dans ce mois sept à huit apparitions, car on en a compté vingt-quatre à vingt-cinq au total. Il est certain que M. le curé de Gallardon a fait à ce sujet plusieurs rapports savoir le 31 janvier, 14, 21, 24 février, 2 et 25 mars 1816.

« volonté des hommes que l'usurpateur est venu l'an « passé; c'étoit pour châtier la France... toute la « famille royale avoit fait des prières pour rentrer « dans sa légitime possession; mais une fois revenue « elle a, pour ainsi dire, tout oublié; après le second « exil elle a encore fait des vœux et des prières pour « recouvrir ses droits, mais elle retombe dans le « même penchant. »

Dans une autre circonstance, l'inconnu s'exprima ainsi : « Persistez, mon ami, vous parviendrez, vous « serez interrogé et vous confondrez l'incrédulité. « J'ai encore autre chose à vous dire qui les convain« cra et ils n'auront rien à répondre. »

Par toutes ces apparitions, Martin étoit incité de plus en plus à s'acquitter de sa commission. Il en eut un jour jusqu'à trois, et à la troisième dans l'après-midi, comme il étoit à son ouvrage, l'inconnu l'obligea de dételer ses chevaux, et d'aller presser M. le curé d'écrire à Versailles à son supérieur pour accélérer son affaire.

Dès le commencement l'évêque de Versailles avoit renvoyé au ministre de la police tout ce qui concernait l'affaire de Martin. De suite il lui faisoit passer ce qu'il en apprenait par les lettres du curé de Gallardon. Ce fut d'après une lettre du ministre de la police que Martin fut mandé par le préfet d'Eure-et-Loir, résidant à Chartres. Le ministre invitait le préfet « à « vérifier si ces apparitions données comme miracu« leuses, n'étaient pas plutôt un jeu de l'imagination « de Martin, une véritable illusion de son esprit exalté : « ou si enfin le prétendu envoyé et peut-être Martin « lui-même ne devait pas être sévèrement examiné par « la police et ensuite livré aux tribunaux. »

M. le comte de Breteuil, préfet d'Eure-et-Loir, pour ne pas effrayer Martin, l'invita par une lettre à passer à la préfecture, ayant à lui communiquer quelque chose qui l'intéressoit. En même tems il écrivit à M. le curé de Gallardon pour l'engager d'accompagner son paroissien dans le voyage.

Cependant les apparitions se renouvelèrent les 2 et 5 mars, et il fut dit à Martin : « Mon ami, allez vous « acquitter de votre commission, que votre pasteur « aille à Chartres, qu'il fasse assembler le Conseil « ecclésiastique, qu'il soit nommé une députation qui « se rendra auprès du supérieur, il la multipliera et « saura où l'envoyer. » (Il y a effectivement un conflit ecclésiastique à Chartres, et Martin ne le savait pas) (1).

Dans l'apparition qui précéda la comparution devant M. le préfet d'Eure-et-Loir, il lui fut dit : « Vous allez bientôt paroître devant le premier ma« gistrat de votre arrondissement. Il faut que vous « rapportiez les affaires comme je vous les ai dites; « il ne faut avoir égard ni à la qualité ni à la dignité : « Si on veut encore résister à ces choses, vous leur an« noncerez la prochaine défaite et la destruction de la « France. Il arrivera le plus terrible des fléaux qui « rendra le peuple de France en horreur à toutes les « nations. Vous leur annoncerez aussi en quel tems la « France pourra rentrer en paix. Ces choses, je vous « les dirai quand il sera tems. » Il lui a été dit le 10 mars que la paix ne seroit rendue à la France qu'après 1840.

1. Cette remarque est de M. le curé de Gallardon qui a toujours compris qu'il falloit que cela passât de Chartres à M. l'évêque de Versailles.

(A suivre.)

A TRAVERS LES REVUES

Le Phare de Normandie a demandé à plusieurs écrivains et philosophes mystiques ce que sera, à leur avis, l'*Idéal de demain*. Le numéro du 1er février publie diverses réponses. Voici celle de M. Fabre des Essarts, patriarche gnostique :

L'Idéal n'est pas ici-bas,

« Mon royaume n'est pas de ce monde! » disait le divin Maître, prévoyant sans doute que de nobles esprits, douloureusement aveuglés, s'efforceraient un jour de l'y chercher. Il est ailleurs cet idéal, il est dans les mystères de l'Au-delà, il est dans les profondeurs de la pensée humaine, associée, attachée, unie à la pensée divine.

Cette vie terrestre n'est qu'une halte d'un instant dans l'évolution incessamment ascendante de l'Ame, à travers l'infinitude de l'espace et du temps. Epurons-la cette âme, la meilleure partie de nous-mêmes, la seule réalité de l'être, car tout le reste est pur phénoménisme, c'est-à-dire fumée, illusion, néant; épurons-la par les hautes pensées, par l'étude, par le développement constant de son intellectualité, afin de hâter sa glorieuse montée vers les cimes où plane l'Idée, l'Idée, la seule et unique vérité immortelle, le seul bien et le seul amour digne d'enflammer nos cœurs.

La Revue scientifique et morale du spiritisme (février) publie une intéressante déposition sur les phénomènes dits spirites faite par M. Cromwell Varley, ingénieur électricien, devant la « Société dialectique de Londres ». Nous en extrayons le récit des curieux faits suivants :

Dans l'hiver de 1864-65, je m'occupai du câble transatlantique. Je laissai à Birmingham un employé chargé d'essayer le câble; il avait vu quelques manifestations spirites, mais il n'y croyait pas encore. Il avait un frère qu'il n'avait jamais vu vivant. Une nuit, un grand nombre de coups furent frappés dans ma chambre avec violence. Lorsqu enfin je m'assis dans mon lit, je vis flotter en l'air un homme, un esprit, en costume militaire. Je pouvais voir à travers lui le dessin du papier qui tapissait la muraille. Mme Varley ne le vit pas; elle se trouvait dans un état particulier et bientôt tomba en transe. L'esprit me parla alors par sa bouche.

L'esprit me dit son nom et ajouta qu'il avait vu son frère à Birmingham, mais que celui-ci n'avait pas compris la communication qu'il lui avait faite. Il me demanda d'écrire à son frère à Birmingham. Je le fis et reçus la réponse suivante : « Oui, je sais que mon frère vous a vu, car il est venu à moi et a pu fort bien se faire reconnaître. » Cet employé, comme je l'ai dit était à Birmingham, tandis que j'étais à Beckenham.

Cet esprit me dit qu'il avait été poignardé pendant qu'il faisait ses études en France. Ce fait n'était connu que de son frère aîné et de sa mère. On l'avait caché à son père dont la santé était fort mauvaise.

Lorsque je fis ce récit au survivant, il pâlit et me confirma le fait.

Voici deux autres phénomènes qui se réfèrent uniquement à l'extériorisation du *double* humain :

Ma belle-sœur souffrait d'une maladie du cœur et Mme Varley et moi nous nous rendîmes en province pour la voir, car nous la croyions arrivée au terme de ses jours J'eus un cauchemar pendant lequel je ne pouvais remuer un muscle.

Tandis que j'étais dans cet état, je vis l'esprit de ma belle-sœur dans la chambre : or, je savais qu'elle était retenue au lit. Elle me dit : « Si vous ne pouvez bouger, vous allez mourir. » Mais je ne pouvais remuer et elle me dit : « Si vous vous soumettez à moi, je vous effrayerai et vous pourrez alors vous mouvoir. » Je refusai d'abord, voulant être plus complètement sûr de la présence de son esprit. Lorsqu'enfin je consentis, mon cœur avait cessé de battre. Je pensai d'abord que ses efforts pour me frapper de terreur avaient échoué, lorsqu'elle s'écria tout à coup : « Oh! Cromwell! je me meurs! » ce qui me frappa d'une telle terreur, que je fus arraché à ma léthargie et que je me réveillai comme à l'état normal. Mon cri réveilla Mme Varley et après avoir examiné la porte et constaté qu'elle était fermée à clef et au verrou, je lui racontai ce qui venait de se passer, lui faisant remarquer qu'il était trois heures quarante-cinq minutes, lui recommandant de ne rien dire à personne, mais de se borner à écouter le récit de sa sœur, dans le cas où celle-ci ferait une allusion quelconque à ce sujet. Dans la matinée, celle-ci nous dit qu'elle venait de passer une nuit terrible : qu'elle était venue dans notre chambre et avait été grandement troublée à mon sujet, car j'avais été bien près de mourir. Il était entre trois heures et demie et quatre heures du matin quand elle me vit en péril. Elle ne parvint à m'éveiller qu'en s'écriant : « Oh! Cromwell, je me meurs! » Je lui paraissais être dans un état tel que, sans cela, l'issue en eût été fatale.

J'ai observé un autre fait en 1860. Je venais d'établir le premier câble Atlantique. Lorsque j'arrivai à Halifax, mon nom fut télégraphié à New-York; M. Cyrus Fied transmit la nouvelle à Saint-John et au Havre; de telle sorte que quand j'arrivai, je fus cordialement reçu partout et qu'au Havre je trouvai un banquet tout préparé. Plusieurs discours furent prononcés et l'on s'attarda beaucoup Je devais prendre le steamer qui partait dans la matinée suivante et j'avais la vive préoccupation de ne pas m'éveiller à temps. J'employai donc un moyen qui m'avait toujours réussi jusque-là : c'était de formuler énergiquement en moi-même la volonté de m'éveiller en temps utile. Le matin vint et je me voyais moi même profondément endormi dans mon lit : j'essayai de m'éveiller, mais je ne le pus. Après quelques instants, comme je cherchais les moyens les plus énergiques pour me tirer d'affaire, j'aperçus une cour dans laquelle se trouvait un grand tas de bois dont deux hommes s'approchaient. Ils montèrent sur ce tas et en enlevèrent une lourde planche. J'eus alors l'idée de provoquer en moi le rêve qu'une bombe était lancée contre moi, sifflait à sa sortie du canon et qu'elle éclatait et me blessait à la face, au moment où les hommes jetaient la planche du haut du tas. Cela me réveilla en me laissant le souvenir bien net des deux actes : le premier consistant dans l'action de mon être intellectuel commandant à mon cerveau de croire à la réalité d'illusions ridicules provoquées par la puissance de volonté de l'intelligence. Quant au second acte, je ne perdis pas une seconde pour sauter à bas du lit, ouvrir la fenêtre, et constater que la cour, la pile de bois, les deux hommes étaient bien tels que mon esprit les avait vus. Je n'avais auparavant aucune connaissance de la localité; il faisait nuit quand j'arrivai, la veille, dans cette ville et je ne savais pas du tout qu'il y avait là une cour. Il est évident que mon esprit vit tout cela, tandis que mon corps gisait endormi. Il m'était impossible de voir la pile de bois sans ouvrir la fenêtre.

La CURIOSITÉ (5 et 20 février) publie une étude de M. Ernest Bosc sur l'*Or alchimique et les Alchimistes anciens et modernes.* L'auteur cite une lettre de M. Emmens, le savant américain, qui a trouvé, comme l'ingénieur français Clavenad, le moyen de réaliser la synthèse de l'or. Une partie des lingots produits a été achetée par la Monnaie de New-York et transformée en dollars. D'autre part, une association financière, l'*Argentaurum Syndicate*, a été fondée pour exploiter la découverte; elle est appelée, s'il faut en croire M. Emmens, à de gros bénéfices, car la production du métal précieux va augmenter avec le perfectionnement des moyens de fabrication :

Lorsque ma machine de force, écrit-il, maintenant presque finie, sera en état de fonctionner, elle nous permettra aisément de produire des pressions de 800 tonnes par pouce carré et de réaliser de véritables merveilles. Je ne doute pas que la production en or de l'*Argentaurum* ne soit portée jusqu'à 50.000 onces par mois d'ici à un an.

Or, 50.000 onces représentent 1.550 kilogr., c'est-à-dire le cinquième environ de la production mensuelle du Transvaal tout entier. On voit quelle importance aura la production artificielle de l'or au point de vue de la question monétaire : la découverte des Alchimistes modernes mettra peut-être d'accord Monométallistes et Bimétallistes.

Dans le numéro de LIGHT du 29 janvier, M. Edward R. Gardiner, vicaire de Long Wittenham, dans le Berkshire, fait le récit suivant :

Des phénomènes assez curieux, qui intéresseront peut-être quelques-uns de vos lecteurs, se sont produits dans la paroisse de Long Wittenham, dans le Berkshire, la veille du Nouvel An. Voici en détail ce que j'ai observé : après avoir célébré à l'église l'office de minuit, je rentrai chez moi à minuit et quart. Cinq minutes après, environ, comme j'étais assis, fumant tranquillement, seul, dans ma chambre avec mon chien, je tressaillis en entendant une demi-douzaine de coups sur la vitre de la croisée. Le chien, qui est toujours très sensible à la présence d'étrangers, n'y prit pas garde. Je me levai et écoutai attentivement, mais je n'entendis nul bruit de pas. Environ cinq minutes après, j'entrai dans une autre pièce, et, pendant une minute ou deux, j'entendis des coups très distincts sur le mur, près de la croisée. Je regardai au dehors, mais je ne vis rien, quoiqu'il fît un splendide clair de lune. Je notai immédiatement ces faits sur le papier, et me mis au lit. Le lendemain matin, un de mes paroissiens me demanda si j'avais été troublé de quelque façon dans la nuit. Je contai alors mes observations, et, en faisant part de ces faits dans la paroisse, j'appris que, dans un grand nombre de maisons, au moins vingt, des phénomènes identiques ou semblables s'étaient produits au même moment. Dans plusieurs cas, les coups sur les portes et les murs avaient été très violents, les habitants des maisons réveillés, et plusieurs d'entre eux étaient restés quelque temps sous le coup d'une violente terreur, mais nulle part rien n'avait été vu ni aucun bruit de pas entendu. Ce qui rend la chose plus curieuse encore, c'est que, dans plusieurs villages voisins, Appleford, Brightwell, Burcot., etc, le même fait exactement se produisit, juste au même moment, ce qui semble bien exclure l'hypothèse d'un mauvaise plaisanterie. Dans beaucoup de cas, il y eut deux séries distinctes de coups, séparés par un intervalle d'à peu près cinq minutes.

Je serais heureux que quelqu'un de vos lecteurs pût éclaircir cette affaire. Elle a suscité beaucoup de discussions dans toute cette contrée, mais aucune explication satisfaisante n'a été produite.

Dans le numéro du 5 février de la même revue, « Quæstor Vitæ » consacre un article à la *Constitution du double* (fluidique), et réfute l'opinion suivant laquelle le corps psychique (ou astral) serait formé d'éléments matériels.

« Le corps psychique, dit-il, doit être composé d'atomes vitaux en mode psychique ou de particules psychiques. Que cette vitalité psychique soit tirée dans notre organisme de la vitalité des cellules matérielles c'est probable. Il n'y a qu'une seule loi, dans le grand comme dans le petit. L'homme quitte à la mort son corps physique, et émerge dans sa forme psychique. Or, la physiologie nous enseigne qu'une œuvre semblable de mort s'opère *continuellement* dans l'organisme de l'homme, quant aux cellules qui le constituent. Les noyaux psychiques de ces cellules émergent de leur corps ou coques physiques, à ce qu'on appelle leur mort. Cette transmutation s'opère dans l'organisme de l'homme, qui est comme un univers, un macrocosme, pour ces cellules dérivées, qui vivent alors dans son plan psychique, ou, en d'autres termes, constituent la forme psychique de l'homme ou le corps psychique de l'âme, dont le double est une extériorisation partielle et temporaire.

On avait coutume de supposer jusqu'ici que la matière qui compose le corps de l'homme se renouvelait intégralement tous les sept ans. On considère maintenant que ce changement, cet écoulement, s'opère beaucoup plus rapidement, probablement tous les sept mois. La mort de l'homme entraîne naturellement celle de son corps et la cessation de la formation de nouvelles cellules dans celui-ci. Mais la mort des noyaux psychiques de toutes les cellules du corps n'est pas simultanée. Par suite, le désincarné, la personne psychique demeure reliée à ses restes physiques par une chaîne bio-magnétique, jusqu'à ce que toute la vitalité psychique en soit disparue. Pendant cette période, il reste en partie conscient, à la façon d'un somnambule, de son état terrestre. Lorsque toute la vie psychique en a été retirée, il tombe endormi et entre dans une période de gestation préparant sa régénération en un mode spirituel plus élevé.

La médecine, allopathique et homéopathique, n'agit que sur le corps physique, tandis que la médication psychique, c'est-à-dire le magnétisme et la suggestion, agissent sur les éléments psychiques et, par eux, sur le physique.

Mentionnons encore, parmi les autres publications reçues en grand nombre : MATINES, revue mensuelle de littérature et d'art dirigée par Serge Basset ; l'ECHO DU PUBLIC, toujours intéressant et documenté ; le PROGRÈS SPIRITE ; SBORNIK PRO FILOSOFII MYSTIKU A OKKULTISMUS, revue occultiste paraissant à Prague ; la RENAISSANCE MORALE ; la LUMIÈRE, etc., etc.

R. D.

Le Gérant : GASTON MERY.

IMP. NOIZETTE ET Cie, 8, RUE CAMPAGNE-PREMIÈRE PARIS

DEUXIÈME ANNÉE. — N° 29. 15 MARS 1898 LE NUMÉRO : 50 CENT.

L'ÉCHO DU MERVEILLEUX

REVUE BIMENSUELLE

LE BON SENS ET LE MERVEILLEUX

Francisque Sarcey récidive. Après la *Dépêche*, le *Figaro*. La première charge de ses « grains de bon sens » a été pour nous. Elle devait nous casser les ailes. Nous avons passé au travers

« Parmi les revues « qui s'occupent d'oc- « cultisme, de ma- « gisme, de spiritis- « me et autres fari- « boles en isme, écrit « notre Oncle, il y en « a une qui fait mon « bonheur, c'est l'*E* « *cho du Merveilleux*. « L'*Écho du Merveil-* « *leux* a dans l'asser- « tion une intrépidité « et une désinvol « ture dont je suis « toujours ravi. Il « se meut dans le « mystère avec au- « tant d'aisance que « s'il prenait le bateau « pour Saint-Cloud. »

MADAME A. DE THÈBES

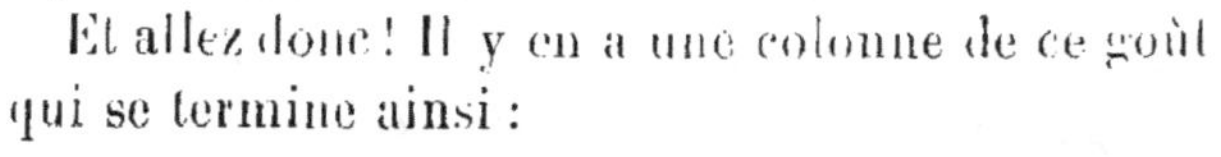

Et allez donc ! Il y en a une colonne de ce goût qui se termine ainsi :

« L'*Écho du Merveilleux* nous conte des bali- « vernes, avec une tranquillité merveilleuse. Ce « qui est peut-être plus étonnant encore, c'est « qu'il se trouve tant de gens pour les lire et pour « en être inquiétés. « J'ai vu des femmes « pâlir à ces récits. « Et qui sait ? peut- « être y a-t-il sur ce « point

Bon nombre d'hommes qui sont femmes

« comme dit le fabu- « liste.

« Et nous rions « des paysans qui « vont consulter le « sorcier du village « et se font duper « par lui ! C'est plus « aristocratique, évi- « demment, de se « faire tirer les car- « tes ou lire dans la « main par Mme de « Thèbes. Est-ce « plus sensé ? »

Vous le voyez, c'est, au fond, toujours le même grief : nous sommes des naïfs ou des toqués !

N'en déplaise à notre Oncle, nous ne sommes ni des toqués ni des naïfs, et, si nous avons un mérite à l'*Echo du Merveilleux,* c'est justement, il me semble, d'avoir répudié toutes les théories de l'occultisme, du magisme, du spiritisme et « toutes les fariboles en isme », pour n'étudier les faits qu'à la seule lumière du bon sens.

Mais, sans doute, il y a bon sens et bon sens, comme il y a fagot et fagot.

Le bon sens de M. Francisque Sarcey est très exclusif : il admet bien, avec Boileau, que

Le vrai peut quelquefois n'être pas vraisemblable,

mais il ne peut convenir que ce qui n'est pas vraisemblable puisse être quelquefois vrai.

Notre bon sens, à nous, est moins sûr de lui : il ne se fie pas au simple raisonnement, car rien ne lui prouve que les lois de l'esprit soient les lois des choses : il ne s'en rapporte qu'aux faits.

Prenons un exemple, celui-là même, d'ailleurs, qu'a choisi M. Sarcey.

Le bon sens de M. Sarcey pose en principe qu'il est impossible de lire dans l'avenir. Si on lui apporte les preuves du contraire, il ne prend pas la peine de les discuter, il les récuse en bloc comme apocryphes. Et si on lui démontre, pièces en mains, qu'elles sont authentiques, il ne vous écoute pas.

Dans son article de la *Dépêche,* M. Sarcey s'attaquait aux prophètes en général et à Nostradamus en particulier. Il lui reprochait de n'avoir rien prédit du tout — ou, au moins, d'avoir rédigé ses *Centuries* en des termes si embrouillés qu'il est aussi malaisé d'y découvrir le futur que facile d'y ajuster le présent. « C'est que, disait M. Sarcey, les prophètes sont merveilleux pour prêcher le passé : leur vue se trouble quand il s'agit de l'avenir. »

A cette assertion, notre collaborateur Quœrens répondit par ce fait précis :

Dans les *Oracles de Michel de Notre-Dame,* édités en 1867, Anatole Le Pelletier, commentant certains quatrains du prophète, annonçait, d'une façon fort explicite, la chute de Napoléon III.

M. Sarcey, qui lit avec tant de « bonheur » l'*Echo du Merveilleux,* a certainement parcouru l'article de Quœrens, qui lui était dédié.

Il feint de l'ignorer.

Toutefois, pour nous attaquer à nouveau, il a changé de terrain.

Au lieu de s'en prendre aux prophètes, il s'en prend aux chiromanciens.

A propos de Mme de Thèbes, il conte l'anecdote suivante :

About venait de se marier ; à cette époque-là, le reportage ne sévissait pas avec la même fureur qu'à présent, et ce mariage, bien qu'About fût en pleine renommée, n'avait pas fait grand bruit.

Il était venu à Pourville avec sa jeune femme, qu'il voulait présenter à Dumas. Tous trois se promenaient sur la plage, Mme About serrée au bras de son mari, toute frétillante et rieuse ; About et Dumas très empressés autour d'elle et fort gais.

On rencontre Desbarolles. About fait signe à Dumas de ne rien dire, et la conversation s'engage entre les trois hommes sans que Desbarolles ait été présenté à la jeune personne, qu'il ne connaissait point. Il en conclut à part lui que c'est vraisemblablement une actrice en herbe, peut-être en rupture de liaison sérieuse, et qui préfère garder l'incognito. Il était très homme du monde ; il n'insiste pas.

Tout en causant, on rentre à la maison et naturellement la conversation tombe sur les mystères de la chiromancie.

— Oh ! monsieur Desbarolles, dit la jeune femme, lisez-moi dans la main.

Desbarolles acquiesce en souriant ; il tire de sa poche une loupe qu'il avait toujours sur lui, et le voilà qui examine avec une attention profonde les lignes de la main qu'on lui tend.

— Eh ! eh ! beaucoup de goût pour les arts... pour l'art dramatique, surtout... un petit succès déjà, n'est-ce pas ? une belle carrière... la ligne de chance... Oh ! oh ! un grand amour... sera-t-il durable ?... Ligne brisée...

Et le devin continue sur ce ton, mesurant des mots, mais faisant des allusions de plus en plus claires à la profession qu'exerçait sa cliente de hasard, aux succès qui l'attendaient, aux déboires dont elle devrait prendre son parti.

Quand il eut terminé sa consultation et remis sa loupe dans l'étui :

— Mon ami, lui dit About avec malice, j'ai le plaisir de vous présenter Mme About, ma femme.

Desbarolles resta un moment interloqué, car la gaffe était forte, mais il en prit son parti, et tous les quatre rirent de bon cœur à l'unisson.

L'histoire est amusante. Elle ne prouve rien contre la chiromancie Car, avec de tels exemples, il serait trop facile vraiment de démontrer qu'aucune science n'est sérieuse Les meilleurs mathématiciens font des multiplications fausses, les plus éminents médecins se trompent sur la nature d'une maladie, et les princes de la critique, eux-mêmes, prédisent parfois des succès à des pièces qui tombent au lendemain de la première. Erreur n'est pas compte, et voilà tout.

Il suffit, par contre, d'un seul résultat juste, pour prouver qu'une méthode est bonne. Or, si on voulait rechercher tous les cas où Desbarolles annonça des faits exacts, je suis persuadé qu'on recueillerait facilement la matière d'un volume.

Mais laissons Desbarolles, puisqu'il est mort. Et revenons à Mme de Thèbes. Aussi bien c'est surtout à la Chiromancie personnifiée par elle que Francisque Sarcey s'en prend.

Tout le monde sait avec quelle précision Mme de Thèbes prédit à Morès sa fin tragique.

Voici comment elle a raconté elle-même, au mois de juin 1896, à un rédacteur du *Gaulois*, dans quelles circonstances cette prédiction fut faite :

C'était un soir de l'hiver dernier. Je dînais chez le Dr Tripier, le célèbre médecin électricien et ami, lui aussi, de notre inoubliable Dumas. Il y avait là le Dr Favre, ami également de Dumas, le Dr Paquelin, le colonel prince de Polignac, le Dr Depoux et quelques dames, dont je ne me rappelle pas les noms, tous amis du marquis de Morès, et le marquis lui-même.

Après le dîner, nous sommes allés au salon et avons fait de la chiromancie ; les dames bien entendu ont montré leurs mains. Après, les messieurs.

Et c'est moi qui ai demandé au marquis de Morès de bien vouloir me laisser voir sa main, car examiner la main d'un homme mêlé déjà à tant d'événements constituait pour moi une fort belle étude.

Je le vois encore, accoudé sur la cheminée du salon, et je me rappelle mon émotion en voyant la mort écrite d'une façon violente, dans la main droite, main de la volonté.

Je demande au marquis :

— Dois-je vous dire tout?

— Certainement, madame, me répondit M. de Morès d'une façon charmante; sans cela, ce n'est plus intéressant.

— Eh bien! vous avez la mort violente, mort horrible, mort en voyage, de votre fait, parce que vous le voulez, et cela, à quarante-deux ans. Votre main gauche, au contraire, qui est la fatalité, indique les honneurs, la réussite et une santé merveilleuse. Donc, de votre propre fait, vous courrez à la mort.

Un des assistants — je ne me rappelle plus lequel — je pense que c'est le Dr Paquelin, lui dit :

— Vous voyez, mon ami; vous avez tort.

La conversation alors devint générale, dans le salon, sur les sciences occultes, les opinions variant selon le scepticisme des uns, la croyance absolue des autres.

M. de Morès n'était ni croyant, ni sceptique. Moi, je tenais ferme, car j'avais vu dans sa main droite une coupure dans la ligne de vie, à quarante-deux ans, et des étoiles énormes sur ce qu'on appelle la plaine de Mars de la main.

Ces étoiles indiquent toujours blessures violentes, soudaines, surtout avec un type Jupiter et Mars, astres qui dominaient M. de Morès. Jupiter adore les honneurs et Mars venant brocher là-dessus, force est de les acquérir par la lutte, la bataille, en négligeant la prudence. Quand Mars domine Jupiter, vous comprenez bien, on néglige la prudence, on ne sait pas user de la diplomatie.

Voyant cela, et forte de ma conviction, je mis une grande énergie à détourner M. de Morès de voyages lointains. Car je dois ajouter que, dans les mains, les voyages sont écrits très spécialement, les longs voyages bien entendu, et, chez le marquis de Morès, les étoiles se trouvaient sur des lignes de voyages, et les étoiles indiquent précisément la mort violente.

C'est alors que M. de Morès me dit :

— Vous tombez mal, madame, je me dispose à aller chez les sauvages.

— Oh! monsieur, lui répondis-je, ne partez pas, ne partez pas, sinon vous êtes un homme mort!

M. de Morès réfléchit un instant en se tortillant les moustaches, puis, très calme, il me répondit :

— Je ne doute pas de la chiromancie, cependant je partirai. La seule concession que je puisse vous faire, c'est d'être très prudent.

On parla d'autre chose.

Ce récit a été confirmé par tous les témoins, notamment par le docteur Paquelin dans une lettre que publia le lendemain la *Libre Parole*.

Voici un autre fait plus récent que M. Sarcey pourra facilement contrôler par lui-même.

Un mois environ avant la première de *Cyrano de Bergerac*, Mme de Thèbes dînait chez le docteur D...

Coquelin, qui n'avait pu assister au dîner, vint, à la sortie du théâtre, vers minuit.

Mme de Thèbes, sur sa demande, examina sa main.

— Vous êtes à la veille, lui dit-elle, d'un triomphe. Votre succès dans Mascarille n'est rien à côté de celui qui vous attend dans le prochain rôle que vous allez créer. Ce sera le plus beau fleuron de votre couronne.

— Et l'argent?

— Je vois de l'argent, beaucoup d'argent. Vous refaites votre fortune. Et après, vous rentrez à la Comédie.

Coquelin était dans la joie.

— Bonne petite sorcière, s'écria-t-il, il faut que je vous embrasse.

Mme de Thèbes assistait à la première de *Cyrano*. Après la représentation, elle alla, avec quelques amis, féliciter l'artiste. Dès que Coquelin l'aperçut, il lui prit les deux mains :

— Avez-vous vu assez juste! déclara-t-il. Il faut que je vous rembrasse!

De fait, une partie de la prédiction était réalisée. Reste l'annonce de la rentrée à la Comédie-Française. Nous verrons bien.

Mais puisque nous sommes au théâtre restons-y. J'ai reçu d'un auteur dramatique très connu, M. Erny, qui, comme Sardou, s'intéresse passionnément au merveilleux, l'article suivant, sous forme de lettre ouverte à Francisque Sarcey :

Mon cher Sarcey,

Lorsque je vous ai envoyé mon livre vous m'avez écrit *que vous évitiez de parler des sujets que vous ne connaissiez pas*. Dans ma réponse, j'ai approuvé votre sage réserve, dont vous êtes sorti bien impudemment en publiant, dans la *Dépêche*, l'article reproduit par l'*Écho*.

Un écrivain de l'*Initiation*, qui signe QUÆRENS vous a répondu sur un point ; quant à moi, j'appelle votre attention *sur le fait suivant* :

Vous dites que : *Jamais une diseuse de bonne aventure ou une pythonisse, ou une somnambule n'a indiqué où se trouvait soit une montre volée, soit un bracelet.* De plus, vous semblez considérer (ou peu considérer) ces cartomanciennes, etc., comme saltimbanque et compagnie. Certes, dans le nombre il y en a de fausses, comme il y a de faux diamants et de faux billets de banque, mais beaucoup de ces femmes ont des dons psychiques indiscutables. En voici une preuve nette et décisive :

Une amie de ma mère, Mme P... (qui habitait rue Bourdaloue), ayant un jour constaté la disparition de sa montre (dans sa chambre), accusa naturellement sa bonne, qui se défendit si bien que Mme P... ne sût plus que penser. Un de ses amis, M. L..., lui suggéra l'idée de consulter une somnambule. Mme P... se récria en disant, comme vous, que c'étaient des farceuses. Mais M. L... ayant fort insisté, Mme P... alla avec M. L... voir une somnambule, à laquelle elle montra le porte-montre. (*Les somnambules vous demandent toujours un objet ayant appartenu à la personne qui les interroge.*) C'est ici que cela devient le plus étrange. La somnambule après mûr examen du porte-montre dit : *Je vois là-dessus des doigts d'enfant.*

Or, le jour où la montre avait disparu, une amie de Mme P... était venue la voir avec son petit garçon qui avait quitté le salon, comme tous les enfants qui ne tiennent pas en place.

Mme P..., très perplexe, n'osait accuser le fils de son amie, mais M. L... se risqua à en parler à l'amie de Mme P..., qui finit par avouer que son petit garçon était atteint de *kleptomanie*, et vous voyez que *l'on peut retrouver une montre volée* et que la somnambule avait vu juste, en disant que c'était un enfant qui avait pris la montre.

Je connais encore d'autres cas, mais *ab uno disce omnes*.

Croyez-moi, mon cher Sarcey, parlez-nous des choses de théâtre, où vous êtes très compétent (articles qu'on lit toujours avec intérêt); mais ne vous risquez plus sur ce terrain délicat des choses psychiques où vous raisonnez comme un aveugle des couleurs.

Bien à vous.

A. ERNY.

P.-S. — Dans les numéros des *Annales des Sciences Psychiques* du Dr Dariex, *septembre-octobre* 1896 et *janvier-février* 1898, vous trouverez *de très curieuses prédictions* (*réalisées*) de cartomanciennes.

Je pourrais citer beaucoup d'autres faits. Je me contenterai d'en signaler encore deux.

« Balivernes », écrit M. Sarcey, en parlant des phénomènes que relate l'*Écho du Merveilleux*.

Les deux récits auxquels je fais allusion ne peuvent, j'imagine, être traités par lui avec ce mépris. C'est, en effet, dans le *Temps*, journal sérieux, journal dont M. Sarcey est un des plus éminents rédacteurs, que je les ai trouvés. Le premier n'est autre que l'article *Pressentiments*, que nous avons reproduit dans notre dernier numéro et auquel je vous renvoie. Jamais, je crois, nous n'avons rien dit d'aussi extraordinaire.

Le second est l'article où était relatée l'enquête faite par les reporters du *Temps* au lendemain de l'incendie du Bazar de la Charité, au sujet de la prédiction que Mlle Couédon, un an auparavant, avait formulée dans le salon de M. Urbain de Maillé, devant plus de cent cinquante personnes. Cette enquête établit que, dans les termes les plus précis, la Voyante avait annoncé l'effroyable sinistre.

Voilà, il me semble, un groupe de faits dont il est difficile de mettre en doute la réalité, et qu'on ne peut raisonnablement traiter de simples coïncidences.

Je demande, après cela, si en présence de telles preuves, le bon sens — le vrai bon sens — est du côté de ceux qui ferment les yeux et nient de parti-pris, où du côté de ceux qui, faisant appel à l'expérience de chacun, cherchent à pénétrer le mystère de cet inconnu déconcertant.

GASTON MERY.

LA BAGUETTE DE COUDRIER

A MAROLLES-EN-BRIE

Il y a longtemps que je désirais voir tourner une baguette entre les mains d'un *sourcier*. Dans le Poitou, d'où je suis, ceux-ci sont très nombreux, mais je n'avais pas eu l'occasion d'en voir à l'œuvre. Aussi acceptai-je avec empressement l'aimable invitation que récemment m'adressa Papus de prendre part à des recherches de ce genre en sa « campagne » de Marolles-en-Brie.

Notre très aimable directeur devait être de la partie; mais, sans qu'il y eût du tout de sa faute, par suite d'une erreur provenant d'un malentendu, il ne put, dimanche dernier, se joindre à mon ami Pougnet et à moi pour accompagner Papus au lieu choisi pour nos expériences.

Nous voilà donc, ce jour-là, tous les trois en route, ou plutôt en chemin de fer, pour Villecresnes, la station où nous devions descendre... Cependant que le train s'achemine lentement vers son but, déversant à toutes les gares d'innombrables voyageurs, Papus nous conte mille histoires intéressantes, et nous charme en nous instruisant, comme à son ordinaire. Une heure passe vite, occupée de la sorte, et nous étions à Villecresnes que nous nous en croyions encore fort loin.

Nous prenons, au saut du train, la route de Marolles boueuse, et rayant d'un noir sale la blancheur éclatante des champs couverts de neige ; et, cinq minutes après, nous arrivions à la porte de la villa de Papus. La clef tourne dans la serrure, en attendant que la baguette tourne dans nos mains; nous voilà dans la place.

Un vrai labyrinthe que cette maison. Des pièces nombreuses, vastes, aérées, que nous fait visiter le maître du logis. Peu de meubles, comme il sied en une maison de campagne habitée rarement ; mais de ci, de là, pendus aux murs, des gravures pantaculaires ou des tableaux symboliques ; entassées sur des étagères, des piles nombreuses de journaux et de revues occultistes ; rangés dans des bibliothèques, des volumes, de dimensions et de formats divers, consacrés aux sciences hermétiques. Les choses ont leur voix ; celles-là nous crieraient, si nous l'ignorions, que nous sommes chez un disciple d'Hermès érudit et artiste.

La visite terminée, nous nous hâtons vers le jardin, vaste, comme la maison, orné d'arbres et de pelouses. Un bosquet de coudriers et de lilas se trouve fort à point tout près de la porte. Papus détache de l'un d'eux une tige, longue et flexible, et, la tenant de la façon classique, se place au-dessus d'une source dont il connaît l'origine ; puis il marche lentement, suivant le cours de l'eau, les yeux fixés sur la baguette. Nous voyons bientôt celle-ci s'agiter, se soulever, décrire un cercle complet, suivi de plusieurs autres, puis s'arrêter, dans un plan perpendiculaire au sol, au moment où Papus arrive à l'extrémité de l'allée, ayant parcouru une dizaine de mètres. Après un temps de repos, il se dirige à droite, dans la direction du puits, et la baguette recommence à se mouvoir. « Je vois, dit-il en riant, que je n'ai pas perdu le don que m'a communiqué mon ami Bonnaud, et qu'en cas de misère imprévue je pourrais gagner ma vie en recherchant les sources. Voyons si je puis, à mon tour, vous communiquer la même propriété ; je suis assez porté à le croire, car je pense que tout homme a en lui un sourcier qui sommeille, qu'il est facile d'éveiller. J'ai déjà transmis à plusieurs personnes, ou plutôt activé en elles, cette singulière faculté, notamment chez Chamuel, l'aimable éditeur que vous connaissez; pourquoi ne réussirais-je pas avec vous ? »

Ce fut mon ami Pougnet qui commença. Il avait vu, souventes fois, chez lui, aux environs de Niort, des paysans, spécialistes en cet art, suivre avec la baguette le cours souterrain de l'eau ; mais il n'avait pas tenté de les imiter. Aussi quelle ne fut pas sa surprise lorsqu'au contact des mains de Papus, il sentit la tige flexible tourner entre ses doigts ! Papus cesse de le toucher, la baguette continue à décrire ses évolutions. Il arrive au point où, l'instant d'avant, elle s'était arrêtée suivant la verticale : elle se tient à nouveau immobile dans la même position. Il marche dans la direction du puits : elle se remet en mouvement. En un mot, elle se comporte comme tout à l'heure aux mains de Papus, avec cette différence toutefois que son mouvement est inverse de celui qu'elle décrivait, tenue par ce dernier.

Encouragé par ce premier succès, Pougnet recommence ; il retourne à l'origine probable de la source, au milieu de l'allée d'où il est déjà parti ; la baguette décrit les mêmes courbes régulières. Curieux de voir si un déplacement transversal en modifiera les oscillations, il incline légèrement à gauche et enjambe la bordure de buis : il sent aussitôt très nettement une sorte de courant qui le traverse et l'électrise, produisant, dans les jambes et aux poignets surtout, des fourmillements caractéristiques ; il se trouve sans doute exactement au-dessus du cours d'eau souterrain, qu'il n'avait fait probablement, l'autre fois, que côtoyer. Se laissant guider par cette sensation nouvelle, il suit, en la chevauchant, la petite haie de buis, jusqu'à l'extrémité de l'allée, où la baguette s'arrête encore quelques instants, pour ne repartir qu'un peu plus loin, sur le chemin du puits.

Nous félicitons Pougnet de ses facultés de sourcier, qui viennent de s'affirmer si vite et avec tant de netteté, et Papus lui propose d'expérimenter s'il est sensible à l'action des métaux.

Il se dirige donc, à petits pas, tenant la baguette de la même façon, du côté de la grille de fer qui entoure le jardin. A un mètre à peu près avant de l'atteindre, il éprouve la sensation, le frisson de tout à l'heure ; et, au même moment, la baguette commence à décrire en l'air les cercles que nous connaissons, d'abord lentement, puis de plus en plus vite, à mesure qu'il se rapproche de la grille. Cette nouvelle expérience est donc satisfaisante ; répétée, elle donne les mêmes résultats : Pougnet n'est pas seulement sourcier, il est encore métalloscope.

Mon tour était venu de tenter l'épreuve. Je pris la fameuse baguette, et voici ce qui se passa. Elle ne tourna franchement dans mes mains qu'avec le contact de celles de Papus ou d'un objet tenu par lui : sans un lien, sans un conducteur entre lui et moi, la mince tige de lilas n'esquissait entre mes doigts que de timides essais, de pénibles quarts de cercle. En contact avec Papus, j'obtenais les mouvements de rotation complète décrits plus haut ; laissé à moi-même, de simples oscillations, très appréciables d'ailleurs. Mais, dans un cas comme dans l'autre, j'ai senti très bien le bois *vivre* et se tordre entre mes mains, sous un effort étranger à ma volonté, semblant chercher à se dégager de la prison de mes doigts.

C'est tout ce que j'ai obtenu, et c'est, en somme, peu de chose. Mais je tiens à dire, dans l'intérêt de ma réputation d'hydroscope, que mes essais n'ont duré que quelques minutes et qu'avec plus de persévérance j'eusse sans doute obtenu des résultats plus nets. Quoi qu'il en soit, le peu que j'ai observé m'a permis de constater, de *sentir* par moi-même la réalité du phénomène, que je ne mettais, d'ailleurs, pas en doute ; mon ami Pougnet l'a expérimenté mieux et plus complètement : c'est ce double témoignage que j'ajoute, pour ce qu'il vaut, — sinon autorisé, du moins sincère, — à la liste de ceux que l'*Echo* a déjà publiés.

RAYMOND DUPLANTIER.

Notes sur le Vampirisme

LES VAMPIRES

Qu'est-ce qu'un vampire? Dites-nous ce que vous en savez ? Telle est la question que plusieurs de nos lecteurs posent à notre directeur.

Dès l'antiquité les vampires apparaissent dans les croyances populaires. Ils s'appellent alors *lamies*. Ce sont des démons au corps de femme, à la queue de serpent. Les *lamies* déterrent les cadavres et les mangent, mais c'est surtout aux enfants qu'elles en veulent.

L'Orient arabe perpétue cette tradition. Les vampires prennent alors le nom de *Ghuls* ou *Ghols* dont nous avons fait *Goules*.

Au commencement du XVe siècle vivait à Bagdad, Aboul-Hassan, fils d'un riche marchand de cette ville. Il s'éprit d'une jeune fille très belle, Nad-Illah, et l'épousa. Mais au bout de quelques mois il s'aperçut que sa femme quittait toutes les nuits la couche et la maison nuptiales et n'y revenait qu'à la pointe du jour. Il la suivit, la vit entrer dans un cimetière, pénétrer dans un mausolée où l'attendaient d'autres goules, et prendre part à leur festin macabre.

Aboul-Hassan n'échappa lui-même une première fois à la mort qu'en tuant sa femme. Mais trois jours après qu'il l'eut fait enterrer, Nad-Illah lui apparut, le prit à la gorge et lui ouvrit une veine pour boire son sang. Il parvint à s'échapper, fit ouvrir le tombeau où l'on trouva le corps chaud et semblant respirer comme si elle eût été vivante encore. On reconnut alors que Nad-Illah était une *Ghul*: on déterra le cadavre, on le brûla et on en jeta les cendres dans le Tigre.

Dans les croyances du moyen-âge, le vampire apparaît fréquemment sous divers noms; mais c'est surtout dans les pays slaves que les légendes le mentionnent, ainsi qu'en Hongrie.

Le récit qui consacre pour ainsi dire officiellement l'existence du vampirisme et qui a servi de base à toutes les reproductions, adaptations, transformations qui en ont été faites sous des titres divers et avec une affabulation modifiée, ne remonte qu'au XVIIIe siècle.

En 1732, il arriva que les habitant du village de *Mettwett* (que les documents officiels autrichiens appellent *Medvegya*, dom Calmet, le *Mercure historique* et le marquis d'Argens *Medreiga* ou *Medruegna*), située sur la Morawa non loin de Belgrade, se plaignirent d'avoir eu treize morts dans l'espace de six semaines, et cela par la faute des vampires.

Le *Physicus contumaciæ cesareæ*, que nous appellerions aujourd'hui le médecin légiste inspecteur du cercle de Parakim, dont faisait partie Mettwett, se transporta dans ce village et fit ouvrir les tombes suspectes. Voici un extrait de ce rapport conservé aux archives de Vienne, que nous traduisons textuellement, afin de lui conserver sa saveur.

« Miliza, vampire, âgée de quarante-cinq ans, ensevelie depuis sept semaines, est venue il y a quelques années de chez les Turcs et s'est établie à Metwett, a toujours vécu en bon voisinage, sans qu'on sache qu'elle ait jamais servi le diable; de constitution maigre : mais, pendant qu'elle vivait encore, elle a raconté à ses voisins qu'elle avait mangé en Turquie deux moutons que les vampires avaient tués et qu'en conséquence, lorsqu'elle mourrait, elle deviendrait elle-même un vampire; sur lesquels discours le commun peuple a fermement établi sa croyance; laquelle personne j'ai vue en effet et comme la dite était, paraît-il, d'une constitution très maigre, âgée, depuis sept semaines dans la tombe et non dans un terrain sec, mais tout à fait humide, aurait dû être à moitié déjà décomposée; au contraire, avait encore la bouche ouverte, le sang frais et clair coulant du nez et de la bouche, le corps très enflé, toutes les veines gonflées de sang encore liquide — ce qui me parut suspect à moi-même et n'est pas pour donner tort aux gens. »

Le *Physicus* de Parakim ne s'en tint pas à Miliza. Il fit ouvrir la tombe d'une autre femme, Stanno, âgée de vingt ans, morte à la suite de ses couches, ensevelie depuis un mois. Celle-là « avait reconnu et racontait à ses voisins, que tandis qu'elle était encore en Turquie, où les vampires sévissaient très fort, pour se protéger contre eux, elle s'était frottée une fois avec le sang d'un vampire et avait dit qu'à cause de cela elle deviendrait aussi un vampire après sa mort. »

De même que le corps de Miliza, celui de Stanno n'était pas décomposé, celui de son enfant, mort presque en naissant et qu'on avait enfoui derrière la haie qui bordait l'enclos de sa cabane, parce qu'il n'avait pas été baptisé, était également intact.

Le *Physicus* n'en revenait pas. Il fit encore ouvrir les tombes de Milloï, garçon de quatorze ans, Joachim, garçon de quinze ans, Ruschitza, femme de quarante ans, qu'il trouva « moitié suspecte » et Pierre, enfant de cinq ans, qui lui parut « très suspect ».

C'est en 1732, comme nous l'avons dit que se passait ceci. La Serbie appartenait alors, depuis 1718, à l'Autriche, et à la suite des troubles de Medreiga et de l'enquête du *Physicus* de Parakim, le chirurgien du régiment baron de Furstenbusch, Jean Fluckingen, fut chargé d'une contre-enquête qui est conservée aux archives du ministère des finances de Vienne (section hongroise) sous le titre de « *Visum et Repertum ueber die sogenannte Vampyrs oder Blutauszaugers so zu Medvegya in Servien an der Turkischen Grâni den 7 Jannar* 1732 *gesehchen.* »

Dans les *Lettres juives*, le marquis d'Argens qui raconte l'histoire de Mettwett qu'il appelle Medreiga, l'accompagne d'une autre qui se passe dans la même région, à Kissilova.

« On vient d'avoir dans ces quartiers une nouvelle scène de vampirisme, qui est dûment attestée par deux officiers du Tribunal de Belgrade, qui ont fait une descente sur les lieux, et par un officier des troupes de l'empereur à Gradisch (en Esclavonie), qui a été témoin occulaire des procédures. »

« Au commencement de septembre, mourut dans le village de Kisilova, à trois lieues de Gradich, un vieillard âgé de soixante-deux ans, et trois jours après avoir été enterré, il apparut la nuit à son fils, et lui demanda à manger. Celui-ci lui en ayant servi, il mangea et disparut. Le lendemain, le fils raconta à ses voisins ce qui était arrivé. Cette nuit, le père ne parut pas; mais la nuit suivante, il se fit voir et demanda à manger. On ne sait pas si son fils lui en donna ou non; mais on trouva le lendemain celui-ci mort dans son lit. Le même jour, cinq ou six personnes tombèrent subitement malades dans le village et moururent l'une après l'autre peu de jours après. L'officier ou baillif du lieu, informé de ce qui était arrivé, en envoya une Relation au Tribunal de Belgrade, qui envoya dans ce village deux de ses officiers, avec un bourreau, pour examiner cette affaire.

« L'officier impérial, dont on tient cette relation, s'y rendit de Gradisch, pour être témoin d'un fait dont il avait si souvent ouï parler. On ouvrit tous les tombeaux de ceux qui étaient morts depuis six semaines.

Quand on vint à celui du vieillard, on le trouva les yeux ouverts, d'une couleur vermeille, et ayant une respiration naturelle, cependant immobile et mort, d'où l'on conclut qu'il était un signalé vampire Le bourreau lui enfonça un pieu dans le cœur. On fit un bûcher, et l'on réduisit en cendres ce cadavre. On ne trouva aucune marque de vampirisme, ni dans le cadavre du fils, ni dans celui des autres. »

Mais déjà le *Mercure galant* de 1693 nous renseignait sur les vampires en ces termes :

« Vous avez peut-estre etendu déjà parler d'une chose fort extraordinaire qui se trouve en Pologne et principalement en Russie. Ce sont des corps morts que l'on appelle en latin Striges et en langue du pays Upierz et qui ont une certaine humeur que le commun peuple et plusieurs personnes sçavantes assurent être du sang. On dit que le Démon tire ce sang du corps d'une personne vivante ou de quelques bestiaux, et qu'il le porte dans un corps mort, parce qu'on prétend que le Démon sort de ce cadavre en de certains temps, depuis midy jusqu'à minuit, après quoy il y retourne et y met le sang qu'il amasse. Il s'y trouve avec le temps en telle abondance qu'il sort par la bouche, par le nez, et surtout par les oreilles du mort, en sorte que le cadavre nage dans son cercueil. Il y a plus Ce même cadavre ressent une faim qui lui fait manger les linges où il est ensevely et en effet on les trouve dans sa bouche. Le Démon qui sort du cadavre va troubler la nuit ceux avec qui le mort a eu le plus de familiarité pendant sa vie et leur fait beaucoup de peine dans le temps qu'ils dorment. Il les embrasse, les serre en leur représentant la figure de leur parent ou de leur amy, et les affaiblit de telle sorte en suçant leur sang pour le porter au cadavre, qu'en s'éveillant sans connoistre ce qu'ils sentent, ils appellent au secours Ils deviennent maigres et attenuez, et le Démon ne les quitte point que tous ceux de la famille ne meurent l'un après l'autre. Il y a de deux sortes de ces Esprits les Démons. Les uns vont aux hommes et d'autres aux bestes qu'ils font mourir de la mesme sorte en suçant leur sang. Le ravage serait grand sans le remède qu'on y apporte. Il consiste à manger du pain fait, pétry et cuit avec le sang qu'on recueille de ces sortes de cadavres. On les trouve dans leurs cercueils, mols, flexibles, enflez et rubiconds, et non pas secs et arides comme les autres cadavres, quelque temps qui puisse s'être écoulé depuis qu'ils ont esté mis en terre. Quand on les trouve de cette sorte, ayant la figure de ceux qui ont apparu en songe, on leur coupe la teste, et on leur ouvre le cœur, et il en sort quantité de sang. On le ramasse et on le méle avec de la farine, pour le pétrir et en faire ce pain qui est un remède seul pour se garantir d'une vexation si terrible. Après qu'on leur a coupé la teste, ceux que l'Esprit tourmentait la nuit n'en sont plus troublez et se portent bien ensuite.

« Depuis peu de temps une jeune fille en a fait l'épreuve. La douleur qu'elle a sentie en dormant l'ayant éveillée pour demander du secours, elle a dit qu'elle avait veu la figure de sa mère qui estait morte il y avait déjà fort longtemps. Cette fille dépérissait tous les jours, devenant maigre et sans force. On a déterré le corps de sa mère qu'on a trouvé mol, enflé et rubicond. On luy a coupé la teste et ouvert le cœur d'où il est sorty grande abondance de sang. Après quoy la langueur où elle était a cessé, et elle est entièrement revenue de sa maladie. Des prestres dignes de foy, qui ont vu faire ces sortes d'exécution, attestent la vérité de tout ce que je vous dis, et cela est ordinaire dans la province de Russie. »

Dom Calmet dans son « *Traité sur les apparitions des anges, des démons et des esprits, et sur les revenants et vampires de Hongrie, de Bohême, de Moravie et de Silésie* (Paris, 1751) » fait également de l'aventure de Medreiga le plat de résistance du chapitre qu'il consacre aux vampires.

Je ne veux pas aujourd'hui, prolonger cet article déjà long. Mais s'il a intéressé les lecteurs de l'*Écho du Merveilleux*, je reviendrai sur ce sujet dans un des prochains numéros.

Pour ceux de nos lecteurs qu'intéressent les récits fantastiques j'ajoute que les romanciers modernes ont tiré parti du vampirisme. Paul Féval, dans la *Ville-Vampire* et dans *le Chevalier Ténèbre*, Alexandre Dumas dans les *Mille et un fantômes*, Mérimée dans les *Récits d'Illyrie*, pour ne citer que les plus connus.

H. Vernier.

M. de Charliac et Nostradamus

L'article si curieux de M. de Charliac a suscité quelques répliques. Celle-ci nous paraît la plus intéressante :

M. de Charliac a connu l'abbé Torné Chavigny ; il doit être un homme d'âge rassis. Aussi me semble-t-il fort singulier que son article ne renferme qu'une série d'hypothèses et d'affirmations dénuées de toute espèce de preuve.

Voici quelques passages que je me permets de signaler. « Danton n'était pas un nom connu en 1552. » Assurément : mais il fallait nous apprendre dans quel passage Nostradamus aurait cité ce nom en toutes lettres. Le prophète, il est vrai, en cite d'autres (Narbon, pour M. de Narbonne, Saulce l'épicier de Varennes, etc). Mais M. de Charliac ne s'est pas aperçu que ceci même prouve contre sa thèse. Il est en effet inadmissible que la lecture de la Bible et des Kabbalistes ait fait connaître à « un compilateur » ce que feraient ces personnages, lui ait donné le pouvoir d'annoncer l'attentat d'Orsini, et quantité de faits bien précis concernant notre histoire contemporaine !

« Nostradamus était juif : il s'en vante à tout propos. » Nostradamus était d'origine israélite : mais il fut catholique comme son père et son aïeul, et adversaire du protestantisme. Tous ses biographes sont d'accord sur ce point. — Fut-il « loin d'être un saint? » Il fut du moins un juste. Médecin savant, il montra un dévouement remarquable pendant une peste qui sévit sur son pays. Feu M. Torné a démontré plusieurs fois, particulièrement dans *Nostradamus et l'Astrologie*, que le prophète de Salon eut l'abnégation sublime de se faire traiter d'ignorant astrologue, parce qu'il fut un simple instrument de Dieu, ayant la mission de prédire pour prouver la Providence au siècle qui devait l'étudier, celui de la Révolution française.

M. de Charliac mentionne Torné à propos des *sixains* : comme si Torné ne les avait pas rejetés! Les sixains n'ont pas été imprimés du vivant de Nostradamus.

Après avoir « pâli de longues heures » sur les œuvres du prophète, M. de Charliac se dit *persuadé* que Nostradamus « fourmille d'erreurs. » Faute de preuves, cette assertion ne peut me *persuader*. Il reproche à l'abbé Torné des *erreurs absolues* à propos du comte de Chambord : après tout, le pauvre abbé n'a fait qu'une grave erreur sur l'identité de Henri V le Pacificateur qui doit régner sur notre patrie, et ce qu'il a dit du comte de Chambord reste applicable à ce personnage mystérieux. Il m'est impossible de voir un *mystère d'iniquité* dans le voyant de Salon, qui annonce, comme tous les prophètes orthodoxes, la venue du véritable Antechrist après le court triomphe qu'attend l'Eglise, et aussi la conversion des Juifs :

> La synagogue stérile sans nul fruit
> Sera reçue entre les infidèles.

Enfin M. de Charliac assure que les grands rabbins savent où sont les livres sibyllins, et que Nostradamus les a traduit dans ses *Centuries* : quant à prouver cette hypothèse intéressante, c'est difficile « assurément ». Si les preuves ne sont point fournies, il me sera loisible de conclure que Nostradamus est bien un prophète national et que M. de Charliac s'est laissé égarer par son imagination brillante de fils du Midi.

TIMOTHÉE.

La Madone de Campocavallo

M. Gaston Crosnier, dans l'*Écho* du 1er novembre 1897 (*Çà et là*), et M. R. D. dans celui du 15 janvier dernier (*A travers les revues*), nous ont entretenus du merveilleux phénomène d'exsudation de la Vierge en estampe de Novella (Corse). On connaît d'autres exemples d'images ou de reliques qui ont donné lieu à des manifestations extranaturelles :

A Le moine Raoul Glaber rapporte dans ses *Chroniques* que quelques années avant l'an 1000 un crucifix pleura dans une abbaye des environs de la ville d'Orléans, et, considérant ce prodige comme de sinistre présage, il ajoute : « Bientôt après il y eut des incendies dans les églises d'Orléans et de nombreuses maisons de bourgeois brûlèrent aussi. »

B En 1527, les contrées italiennes étaient plus que jamais agitées et bouleversées par la guerre. Le pape Clément VII était menacé. L'armée d'outre-monts s'approchait, envahissant les campagnes et prête à

La madone miraculeuse de Frascati (Italie).

s'élancer sur Rome, où régnait l'épouvante et la confusion. Cependant, à l'intérieur, les autorités civiles et religieuses prenaient les dispositions opportunes, les unes en se préparant à la défense, les autres en invoquant le secours du Ciel. On réunit les fidèles dans les églises et on implora particulièrement l'assistance de « Celle qui n'abandonne jamais ceux qui recourent à Elle avec confiance », et, en ce moment critique, cette confiance était d'autant plus ardente que le danger était plus pressant.

Les mères éplorées serraient leurs enfants dans leurs bras. Hélas! c'en était fait... Les hordes impies s'approchaient, l'air résonnait de leurs cris terribles. L'ennemi était aux portes : il était à Frascati. L'affreux tumulte retentissait de plus en plus près. Mais au moment où les soldats ennemis, impitoyables dans leur sauvagerie, passaient devant [illegible] que l'image de la [illegible] [illegible] [illegible] au mur [illegible], de temps immémorial, sur la route, à l'entrée de la ville, comme une fidèle gardienne, comme une barrière infranchissable aux hostiles incursions et comme un roc de salut que ces [illegible] ne pourraient abattre — de la bouche de cette Vierge sortit une voix terrible, menaçante :

« Arrière, ô fantassins, cette terre est à moi. »

A cette impérieuse sommation, les oppresseurs ne purent résister ; leurs chevaux se cabrèrent et refusèrent d'avancer, ils furent forcés de faire volte-face ; ils s'enfuirent précipitamment, et tombèrent paralysés, presque comme foudroyés dans la plus grande confusion, les uns sur les autres, s'écriant avec épouvante :

« Arrière ! arrière ! »

Cet heureux événement par lequel la Vierge de [illegible] s'était plu à manifester sa protection sur les habitants de Rome d'une manière si merveilleuse arriva un dimanche 1er mai. On pense bien que l'image de la Madone à qui la population devait son salut ne fut pas laissée sans honneurs. On construisit à l'entrée de la ville une très belle chapelle avec un autel pour y célébrer la messe et [illegible] une maison pour y loger le desservant. On transporta la sainte fresque dans le nouveau sanctuaire et c'est là qu'on la vénère encore aujourd'hui.

C. Deux autres prodiges, permanents, ceux-là, depuis des siècles ; ce sont :

1° La liquéfaction et le bouillonnement du sang de saint Janvier pieusement conservé à Naples ; le fait se répète chaque année à la date du 19 septembre, anniversaire du martyre de l'évêque de Bénévent.

2° Le découlement d'une espèce de manne, ou baume liquide, des ossements de saint Nicolas, reliques déposées dans une résille d'argent, sous un autel cénotaphe de même métal, ciselé. Tous les pèlerins de Bari en sont témoins, et le 16 novembre 1892 le czarevitch (aujourd'hui Nicolas II) remporta de son pèlerinage à Saint-Nicolas de Bari un flacon du liquide sécrété par les précieux restes de l'ancien évêque de Myre, liquide recueilli au moyen du pressurage d'une éponge avec laquelle on l'avait étanché sous ses yeux.

Mater Addolorata de Campocavallo

D. Dans les premiers jours d'octobre 1894 un merveilleux phénomène a provoqué une vive émotion dans toute la Calabre ; une statue en marbre du XVIIe siècle et qui jusqu'ici n'avait jamais rien présenté d'extraordinaire, la madone de Radiona, avait remué les yeux. C'était un colporteur qui, en priant devant cette vierge, avait vu soudain l'image promener ses regards autour d'elle, les fixer sur lui et tour à tour lever et baisser ses paupières marmoréennes, en un mot ses pupilles s'animer. Il se précipita hors de l'église et annonça le « miracle ». La nouvelle se répandit dans le pays avec une grande rapidité et, le soir même, la statue fut portée en procession dans le village.

Un second prodige se produisit alors ; il se forma autour de la lune un superbe halo qui prit la forme d'une croix. Tous les membres de la procession se jetèrent à genoux et prièrent. Depuis, Radiona fut remplie de pèlerins. Des cures « miraculeuses » s'opérèrent devant la madone qui, paraît-il, ne remua pas les yeux une seconde fois, l'ayant fait assez longuement la première. Les 7, 8 et 9 octobre ont eu lieu des fêtes qui ont coûté 20.000 lires à la paroisse calabraise devenue ainsi célèbre.

E) Mais j'arrive au plus fameux des faits extranaturels de cet ordre.

A quelques kilomètres de Lorette, et à un quart de lieue dans le diocèse d'Osimo (Italie) se trouve la petite commune de San Sabino. C'est sur le territoire de celle-ci qu'est située la ferme de Campocavallo, laquelle possède une petite chapelle pour les pauvres gens trop éloignés de l'église paroissiale.

Au mur de cette chapelle dénudée et pauvre comme la plupart de celles de campagne, est suspendu, depuis douze ans, un tableau de 55 centimètres de haut sur 40 de large, donné par un desservant. Il consiste en une Notre-Dame des sept douleurs (*une Vergine addolorata*) peinte à l'huile, reproduction probable de quelque toile de maître et qui, dans sa simplicité, ne manque pas d'un certain mérite artistique.

Placée à environ deux mètres au-dessus du sol, en pleine lumière, elle réunit toutes les conditions pour être bien vue. Les yeux, en particulier, se détachent nettement, d'autant plus que, levés au ciel, la moitié de la prunelle, d'un noir foncé, fait tache sur le blanc. Ils sont grands ouverts.

Le 16 juin 1892, jour de la Fête-Dieu, quelques pieuses paysannes étant restées dans la chapelle après la messe pour faire leurs dévotions devant cette image de la Vierge; l'une d'elles, une pauvre vieille, vit la Madone verser trois grosses larmes qui coulèrent tout le long du corps de son divin Fils. Croyant à une illusion d'optique, elle s'approcha et constata, outre les pleurs, une vive transpiration du visage et des mains.

Sûre de n'être le jouet d'aucune hallucination elle lui dit alors en lui tendant les bras :

« *Mamma mia*, qu'est-ce qui vous chagrine donc ainsi? »

Les allures de la sexagénaire avaient vite attiré l'attention des autres femmes qui s'aperçurent de l'étrange phénomène dès qu'elles eurent regardé la Notre-Dame des Sept-Douleurs. Leur surprise fut immense. La Vierge recommençait à répandre des larmes. Elles appelèrent des personnes qui passaient.

« Accourez ; la Madone du tableau qui pleure ! venez vérifier si par hasard nous nous tromperions. »

Ces personnes entrèrent et constatèrent le prodige comme les autres. Le custode mandé en hâte à la chapelle, et fort étonné à son tour, fit avertir le curé le plus voisin et le prêtre qui avait offert l'oléographe. Ce dernier ne voulait rien croire. Cependant le lendemain, 17, il se rendit de bon matin à l'oratoire de Campocavallo et y célébra la messe. Il vit, — et affirma pouvoir le jurer, — une sorte de sueur sur le visage de la Vierge; seulement il refusa de se prononcer et attribua le fait à une cause naturelle inconnue. Mais les femmes qui avaient vu les premières ne furent pas aussi discrètes, et la nouvelle se répandit rapidement. Il n'y eut plus qu'un cri dans le pays.

« La Madone de Campocavallo qui pleure ! »

La foule accourut. Le 17 juin, vers 2 heures de l'après-midi, ces braves gens, pressés autour du tableau, regardaient la Notre-Dame de Pitié, lorsque soudain de toutes les poitrines partit un cri de stupeur : tous venaient de voir en même temps la Vierge remuer les yeux.

L'émotion fut instantanée, indescriptible.

On priait, on gémissait, on se frappait la poitrine, on se signait, on se prosternait : la piété, le repentir, la crainte s'emparaient tour à tour des témoins.

La nouvelle fut connue tout de suite à l'évêché. Dans la soirée du même jour, le grand vicaire et le commissaire de police d'Osimo se rendirent à la chapelle de Campocavallo. Celui-ci enleva le verre du tableau et essuya soigneusement l'image. A ce moment les yeux de la Madone s'animèrent et s'abaissèrent sur lui pour le fixer. Immédiatement hors de lui-même, le commissaire tira de son doigt un magnifique anneau d'or qu'il portait et le donna à la Vierge.

Le lundi 20 juin, deux tourières du Refuge de Saint-Joseph de Lorette, les sœurs Marie-Augustine et Marie-Antoinette, et Vincent, le vieux serviteur du même couvent, furent témoins du merveilleux phénomène. Le petit garçon du domestique César, de Mgr de Marcy, un enfant de deux ans, fut porté à la chapelle; tout d'un coup il tendit ses petits bras vers la sainte image pour la toucher.

« Oh! oh! la *Madonna!* comme elle fait! elle fait comme ça! »

Et il ouvrait et fermait ses yeux comme il voyait faire à la Vierge.

Le maréchal des logis des gendarmes venus pour maintenir l'ordre, fut si ému du prodige que de suite il enleva sa chaîne et sa montre d'or et les offrit à la Notre-Dame des Sept-Douleurs. Deux libres-penseurs de Lorette attirés par la curiosité repartirent tout saisis également d'avoir vu l'icone ouvrir les yeux.

Le 26, la Madone ne pleurait plus, mais continuait à lever les regards au ciel, à les abaisser avec une indicible tristesse sur le corps de son Fils et à les promener de temps en temps sur l'assistance. Une jeune paysanne paralysée par une insolation (les coups de soleil sont très mauvais en Italie) se trouva subitement guérie en priant devant le tableau et a toujours bien marché depuis. Trois religieuses, les sœurs

Marie-Joseph, Antoinette et Adelina, contemplèrent avec enthousiasme la mobilité des pupilles et des paupières de la Vierge. Le 2 août elle ferma, rouvrit et tourna successivement les yeux trois fois en présence de plusieurs religieuses du Refuge de Saint-Joseph. Des guérisons miraculeuses se produisirent. Chaque jour une multitude de personnes assistèrent au même fait prodigieux.

Don Rodolfi, confesseur du dit couvent de Lorette et curé de la *Santa-Casa*, récusait tous les témoignages à l'aide du refrain:

« Je ne croirai jamais que lorsque j'aurai vu moi-même. »

Or il alla à Campocavallo avec deux autres prêtres; ces derniers virent à diverses reprises la Madone remuer les yeux et les regarder, mais Don Rodolfi ne vit rien : cette privation de la scène thaumaturgique était son châtiment.

La *Mater addolorata* pleura pendant dix-huit jours; ensuite, durant toute une semaine, son visage et ses mains furent baignés de sueur. Depuis lors elle n'a cessé de lever vers le ciel des regards suppliants, de les abaisser après avec une expression de profonde tristesse sur le corps du Christ qu'elle tient dans ses bras, de les fermer doucement, de les tourner à droite, à gauche, et de les attacher sur les personnes présentes.

Cependant le prêtre donateur du tableau et le grand vicaire s'étant rendus auprès de l'évêque, Mgr Mauri, de l'ordre des Frères-Prêcheurs, lui confirmèrent l'événement. Celui-ci, homme de savoir et d'une prudence consommée, donna des ordres pour que le clergé se tînt à l'écart de ces manifestations.

« Si la Madone veut réellement démontrer sa présence, dit-il, elle saura bien prendre les moyens nécessaires ».

Mais l'enthousiasme des fidèles augmentait de jour en jour et devenait totalement incompressible. La campagne de San Sabino, d'ordinaire calme et déserte, était sillonnée par de nombreux pèlerins, les uns à pied, les autres entassés dans des chariots traînés par des bœufs. La chapelle de Campocavallo ne pouvait les contenirs et ses alentours étaient noirs de monde. La foi débordait, car le thaumaturgique mouvement des pupilles et des paupières de la Vierge continuait. De la foule, des voix de petits enfants s'élevaient:

« Père, vois donc comme la Madone remue les yeux, les lève, les baisse, les arrête sur nous! »

L'évêque d'Osimo, pour donner satisfaction aux fidèles, permit au desservant, qui avait offert l'oléographie, de prendre la direction du pèlerinage naissant. Les faits étaient trop avérés pour que l'autorité diocésaine persistât à rester indifférente. Un registre fut ouvert où les témoins du prodige furent invités à consigner leurs constatations.

Dès le 19 août, plus de 3.000 signatures certifiaient que la *Mater addolorata* remuait les yeux et versait des larmes comme une personne vivante.

Enfin Mgr d'Osimo se décida à une visite à Campocavallo; il commença à réciter les litanies de la Sainte Vierge devant le tableau, mais il ne put les achever, tant il pleura après avoir vu l'air affligeant que prenait le visage de la Madone.

Les préfets d'Ancône et de Bologne vinrent d'autre part, sur l'entrefaite, pour confisquer la merveilleuse image ou fermer la chapelle; mais eux-mêmes remarquèrent effectivement quelque chose d'étrange, de fort insolite, « dans les yeux de la *vergine* », et ils se retirèrent sans avoir osé mettre leur injuste projet à exécution.

A partir du 28 août, le phénomène « miraculeux » se renouvela plus fréquemment le vendredi que le reste de le semaine. Dans les premiers jours de septembre, l'archiprêtre d'une des paroisses de Venise se rendit à la petite chapelle. Voulant bien s'assurer du prodige, il demanda aux fidèles qui l'entouraient, lorsque la Vierge levait les yeux au ciel :

« — La Madone regarde à terre, n'est-ce pas?

« — Mais non, répliquait un enfant, et avec lui d'autres personnes; vous vous trompez, Monsieur, la madone regarde juste dans le sens opposé, en l'air! »

Disant ainsi tout haut le contraire de ce qu'il voyait lui-même, l'archiprêtre contrôla la réalité des faits. Une seconde fois il répéta des questions inverses. Une troisième et dernière, étant rentré dans l'oratoire, la Vierge fixa sur lui un regard si plein de tendresse qu'il ne put plus se contenir et sortit pour pleurer.

« On ne comprend pas et on ne saurait rendre, dit-il aux autres pèlerins, ce qui se passe dans l'âme lorsque la Madone vous regarde; je suis sûr à présent de ce que j'ai vu et j'en parlerai sans hésitation dans ma paroisse. »

Le 2 octobre fut une journée particulièrement féconde en mouvements d'yeux de la *Mater addolorata* et en guérisons ou en grâces miraculeuses. Des mécréants s'en retournèrent convaincus du prodige, l'affirmant avec serment après avoir inscrit leurs dépositions sur le registre : « La *Vergine* a trois sortes de mouvements dans le regard : elle lève les yeux au ciel, assez lentement pour que tout le monde la voie, puis les abaisse vers la terre et les ferme; elle les rouvre, regarde à droite et à gauche, et parfois les attache sur certaines personnes. L'expression est douce ou sévère selon les individus sur lesquels elle les arrête. »

Le vendredi 4 novembre, la Madone qui, depuis le mois de juin, après ses dix-huit jours de larmes, se bornait à remuer les yeux, recommença en outre à pleurer. Mgr d'Osimo fit trois visites à l'image, ce jour-là. Le 5, le visage de la Vierge devint très pâle, chose qui se produisait surtout quand on la priait pour la conversion des pécheurs les plus éloignés de Dieu. La sœur Marie-Joseph ayant demandé intérieurement à la Madone de lui donner sa bénédiction et de tourner les pupilles de son côté avant son départ, une mission imposée par la supérieure du refuge devant la retenir, avec l'esprit réglementaire d'obéissance, quelque temps au couvent, la Dame des Sept-Douleurs fixa aussitôt sur elle un long et pénétrant regard qui la remplit d'émotion. Des larmes d'amour et de reconnaissance perlèrent aux cils de la religieuse; son cœur se gonflait et elle ne pouvait se résoudre à sortir de la chapelle.

Finalement le concours des pèlerins a tellement grandi que l'évêque a dû procéder le 10 décembre 1892 à la pose de la première pierre d'une basilique à Campocavallo, église destinée à donner à l'image un sanctuaire plus digne de son hyperdulie. Pendant la cérémonie la Madone oléographiée, qui était placée sous un riche baldaquin d'azur frangé d'or, n'a pas cessé de regarder la foule. Du reste le prodige a continué depuis, alternant sous ses différentes formes d'exsudation, de lacrymation, de mouvements d'yeux, de palléfaction et d'expressivités diverses de la physionomie. De nouvelles attestations innombrables, signées par des visiteurs de toute condition et de toute nationalité, viennent chaque jour le confirmer. Un grand nombre de miracles n'ont cessé de s'y opérer, sans parler des exaucements de prières, de vœux, et des conversions subites des pécheurs les plus irréductibles obtenues par l'intercession de la Mère de Pitié. Des sourds-muets et des aveugles de naissance y ont recouvré l'ouïe, la parole, la vue; les murs de la chapelle sont couverts de béquilles, d'ex-voto et de souvenirs de maladies et d'infirmités de toute nature.

Le procès commencé à Rome touchant les faits de Campocavallo est en très bonne voie et on espère ne pas attendre désormais bien longtemps le jugement favorable de l'Eglise.

H. Louatron.

A notre grand regret, l'abondance des matières nous oblige à remettre au prochain numéro le compte rendu des dernières séances de la Voyante.

LA QUINZAINE A TILLY

Vendredi prochain 18 mars, il y aura deux ans que se manifesta pour la première fois, l'apparition de Tilly. Nos lecteurs nous sauront gré de leur remettre sous les yeux le récit de cet événement. Nous l'empruntons à M. l'abbé Gombaut :

Première apparition 18 mars 1896. — Ce fut le 18 mars que se manifesta la première apparition.

Contrairement à ce que les notices racontent, Mme la directrice de l'école n'a nullement dit aux enfants, en cette soirée mémorable, ces paroles trop suggestives : « La sainte Vierge va vous récompenser, » paroles, du reste, qui seraient loin d'apporter, par le sens très vague qu'elles comportent, une explication satisfaisante du phénomène.

« J'ai spécialement exhorté les enfants », me dit la Supérieure, « à bien faire leur prière du soir pour se préparer à la fête de saint Joseph. »

On venait de commencer la récitation des prières, quand tout à coup, une des enfants, la petite L. Fontaine pousse vivement le coude de sa voisine, Françoise Levieux, et, tout émotionnée lui murmure à voix basse et comme timidement, craignant de se tromper : « Oh! regarde donc, on dirait qu'on a mis une sainte Vierge là-bas! »

L'enfant interpellée lève les yeux; subitement, comme mue par un ressort, elle se lève, et le visage empourpré par l'émotion, les bras étendus elle laisse échapper ce cri : « Oh! Madame (on donne ce nom aux religieuses) que c'est beau, on voit la bonne Vierge là-bas ! »

« Ces enfants sont folles ! » s'exclame la Supérieure, qui suspend la prière. Elle les rappelle sévèrement au respect que commande l'acte religieux qui est en train de s'accomplir. Vains efforts.

D'un commun élan, les enfants sont attroupées au centre de la classe, et toutes ces voix de fillettes, tremblantes d'émotion, de redire :

« Mais, Madame, venez donc voir! C'est la sainte Vierge ! »

Impressionnée par ce témoignage des enfants et encore plus par le ton de sincérité qui l'anime, non moins que par l'avidité de ces regards qui se rivent, amoureusement fascinés à la radieuse vision qui les captive et les béatifie, la Sœur veut se lever pour venir constater le céleste phénomène.

Les forces lui manquent pour aller jusqu'au bout; le sentiment de son indignité la retient et l'accable.

« Ces enfants peuvent voir, » murmure-t-elle, « mais moi je ne verrai pas. »

Troublée, elle persiste à rester au fond de la classe sans pouvoir approcher encore de la fenêtre d'où se découvre le lieu de la vision.

Elle cède enfin aux supplications réitérées des petites voyantes dont le visage rayonnant rend sensible le céleste phénomène; elle s'approche, une émotion inexprimable la secoue des pieds à la tête ; L'Apparition est là.

Les bonheurs célestes ne rendent pas égoïste; aussitôt, s'arrachant à la contemplation de la douce vision, sœur Saint-Patrice se traîne jusqu'à la cuisine, car elle chancelle comme écrasée par une révélation de l'au-delà. « Ce que j'ai dit à Sœur Sainte-B , » écrit-elle, « je serais bien en peine de le raconter. » Sœur Sainte-B. accourut; elle vit comme les autres.

Pendant ce temps, Sœur Saint-Cléophas accourt, sans savoir de quoi il s'agit, à la tête de son petit bataillon de la classe enfantine. Tout le monde voit et les petits bras se tendent vers la céleste vision.

La vision était la même pour toutes les voyantes.

On apercevait, là-bas, sur la droite des fours à chaux, au-dessus d'une haie, une Vierge rayonnante de clarté, dans l'attitude de l'Immaculée Conception.

L'Apparition est très nette dans ses contours, au sein d'une lumière qui parfois semble illuminer la classe.

Le lieu des apparitions est situé à 1.200 mètres sur le plateau, qui fait face à la colline où est construite la maison des Sœurs. — Un joli vallon, qu'arrose la Seulles, sépare les deux coteaux.

Le Champ, au-dessus duquel plane l'Apparition, appartient à M. Lepetit, riche et très chrétien industriel.

La Vierge apparaît de grandeur naturelle, avec la netteté de vision que l'on aurait à 40 ou 50 mètres, dans un éblouissement tempéré au sein duquel rayonnerait un corps glorieux, car si la main étendue est vue très distinctement, il faut ajouter que le léger sillon qui sépare les doigts serrés l'un contre l'autre n'est pas distinctement perçu; pour cette même raison de distance, une certaine indécision voile les traits.

Les vêtements, jusqu'à l'ombre des plis, sont vus avec une très grande netteté, et tout l'ensemble rayonne de grâce et de charme.

C'est dire que les lois de la vision ordinaire sont ici renversées par un phénomène qui se retrouve à Lourdes.

L'Apparition se présente dans le costume de l'Immaculée : Elle est revêtue d'une robe blanche que serre à la taille une large ceinture blanche (ou d'un bleu si pâle qu'il paraît blanc par le rayonnement) nouée par-devant et dont les extrémités retombent librement. Un voile pend sur sa tête, sans cacher le front, enveloppe tout le corps dans un gracieux plissement, laissant les bras libres depuis les coudes.

Un nuage lumineux et teinté du rose adouci de l'aurore l'entoure et s'étend sous ses pieds.

***

On récite le chapelet.

Tout ce petit monde ravi, enthousiasmé, se transporte par la pensée et le désir aux pieds de la belle dame, et effeuille avec une ferveur émue les roses mystiques du rosaire.

Les *Ave* s'égrènent; les dizaines succèdent aux dizaines, sans lassitude.

Cette inoubliable scène dura cinq quarts d'heure, et pendant ce long espace de temps on vit de faibles enfants de cinq à sept ans rester à genoux sur les tables sans ressentir de lassitude, quand, en d'autres temps, dix minutes d'un semblable exercice les eût épuisées de fatigue.

Ce détail prouve déjà la réalité du phénomène surnaturel.

L'influence sanctifiante de la divine apparition s'affirme dès cette première vision : un grand sacrifice est imposé aux aînées.

Depuis longtemps déjà l'heure fixée pour la confession était dépassée, et le vénéré pasteur attendait, prêt à gronder les petites ouailles retardataires.

Il fallut dire *au revoir* à la radieuse apparition qui leur mettait le cœur en joie; un dernier regard, comme une caresse d'amour, fut jeté à la divine Vierge, avec un dernier *Ave* et les petites voyantes descendirent dans la cour, d'où elles *ne virent plus rien.*

Là, on tint conseil un instant.

Il fut convenu que le silence serait gardé, car, enfin, on pouvait se tromper sur la nature de cette Apparition, et même l'illusion était à craindre, suggéra la Supérieure.

Ces précautions prises, les fillettes descendirent la colline, l'âme pleine d'un recueillement inaccoutumé, et l'oreille attentive aux invocations de plus en plus éloignées qui attestaient la continuelle présence de la béatifiante apparition.

Elles connurent, à ce moment, tout comme les petits voyants de Pontmain, comme Bernadette elle-même, combien ce sacrifice est dur.

La divine Vierge semble vouloir poser cet acte d'obéissance si méritoire à cet instant, comme préparation à ses divines faveurs.

Quelle confession fut celle-là!

« Jamais, note la Supérieure, je ne les avais vues s'y préparer avec autant de ferveur.

« Elles ont vraiment le Ciel dans l'âme, et une influence sanctifiante a passé sur tous les cœurs. Moi-même, je me sens toute transportée. »

La confession terminée, ce fut à l'autel de la Vierge que toutes vinrent dire de cœur ce que les lèvres devaient taire.

Puis, ce fut avec un empressement bien compréhensible que l'on reprit le chemin de l'école.

Au retour, les absentes apprirent que la vision avait duré jusqu'à 5 h. 1/2.

Que de regrets à cette nouvelle!

L'espérance vint les adoucir. « Elle reviendra », disaient nos petites victimes du devoir, et elles n'étaient pas éloignées de croire qu'un tel sacrifice aurait sa récompense.

***

Comme on le pense bien, le doux secret, confié à soixante enfants ne tarda pas être divulgué. Le vénéré pasteur en eut la communication. Il appela la directrice de l'école, et on réfléchit ensemble sur la gravité d'un cas si imprévu.

Les mauvaises langues, de leur côté, commencèrent à distiller leurs venins, et la joie du premier jour se voila d'une certaine ombre et d'un peu de tristesse.

Les pauvres fillettes en eurent le contre-coup.

Pendant toute cette fin de semaine et au commencement de l'autre, il leur fut interdit de se mettre aux fenêtres pour regarder ce mystérieux point de l'horizon qui avait pour elles tant d'attirance, il fallait le fuir du regard, ou aussitôt une punition de cinquante lignes à copier venait rappeler à l'infidèle que la béatification n'est pas d'ici-bas.

Ce n'est même plus à genoux sur les bancs qu'on prie ou qu'on récite le chapelet, mais sur les dalles de la classe, avec le grand mur de la haute fenêtre pour horizon.

La cour d'entrée, d'où on découvre la colline bénie, n'est plus le lieu de récréation. On joue de l'autre côté de l'école.

Quand je dis « on joue » je me sers d'un terme impropre... Je devrais dire « on cause » car nos petites théologiennes raisonnent à perte de vue sur cette mystérieuse affaire.

La conviction est unanime : « C'est la sainte Vierge que nous avons vue! Si on nous dit que ce n'est pas Elle, c'est pour que nous n'en parlions pas ».

Cette conclusion est adoptée par toutes comme la pure expression de la vérité. Tout ce petit monde est persuadé, jusqu'à la petite Marie-Louise qui bégaye une gentille description de la Belle Dame : « Elle avait un voile... Elle avait une ceinture... Elle faisait comme ça... » (Marie-Louise étend les mains.)

. . . .

CORRESPONDANCES

Mon cher ami

Le 18 mars n'est pas le jour réservé à la dernière vision de Marie Martel.

La Voyante a affirmé devant moi, et devant toutes les personnes qui ont assisté à la dernière extase que l'apparition devait se manifester encore dix fois à partir de cette époque.

Marie doit monter au champ le 19 et voir encore le 15 août.

Je vous prie de vouloir bien insérer cette rectification.

Bien à vous,

M. de L. L.

Monsieur le Directeur,

Je viens de lire avec un certain intérêt la lettre de votre correspondant, « un Témoin », sur le cas de la voyante Louise Polinière.

Une chose m'étonne au cours de cette lecture, c'est qu'il préjuge la décision de l'Ordinaire de Bayeux, en affirmant que cette jeune fille a été l'objet de visions célestes.

Si chacun a le droit de donner son avis, le surnaturel perd tout son caractère sérieux. Ce témoin n'a pas plus le droit de donner si affirmativement son opinion que je n'ai le droit, moi, de lui dire qu'il se trompe.

Très disposé à croire au merveilleux de Tilly, très anxieux, comme tant d'autres, d'en connaître le résultat, j'attends l'enquête documentée qui, seule, pourra m'éclairer. J'attends surtout la décision de cette enquête, qui sera faite par des prêtres de toute impartialité et de toute science théologique.

La Voyante avait annoncé, paraît-il, qu'une miraculeuse fontaine devait jaillir sur le plateau de Tilly; il n'y a pas de fontaine et, partant, pas de miracles. Dans ces conditions, plus que jamais, je trouve qu'il est bon de se tenir sur la réserve.

D'un autre côté, les détails de votre correspondant me paraissent puérils, et le résultat d'une vocation monastique donnée à une petite servante de ferme me paraît, comme couronnement de deux années d'extraordinaires manifestations, bien vulgaire.

Je préfère la simplicité de la Salette, le désintéressement et la naïveté des bergers de la sainte Montagne.

Recevez, Monsieur le Directeur, l'assurance de ma considération distinguée.

X.

LINGUISTOLOGIE

Je ne veux pas vous parler de la langue comme indicateur de maladie, mais je veux vous donner les indications nécessaires pour juger (très superficiellement, il est vrai) du degré de moralité (penser et agir) de l'irrévérencieux ou plutôt de l'irrévérencieuse (?) *qui vous la tirera*. Vous voyez, Mademoiselle, que vous ferez bien de retenir votre langue!

L'expérience et la logique m'ont prouvé qu'une langue qui se montre :

Agir	**Longue**	dénonce	*franchise.*
	Courte	—	*dissimulation.*
Penser	**Large**	—	*expansion.*
	Etroite	—	*concentration.*

Ces significations sont très générales. Pour plus de facilité, nous allons donner quelques détails.

Longue. — Nature franche, en dehors, agissant avec sincérité.

Courte. — Nature en dessous, cachant son jeu, agissant en sourdine.

Large. — Nature expansive, bavarde, ne sachant pas garder de secrets.

Etroite. — Nature réservée, discrète, n'aimant pas se communiquer.

Mais une langue peut se montrer en même temps longue et large, longue et étroite, etc. D'après ce que nous savons déjà, il nous est facile d'en donner les significations.

Longue et large. — Bavardage intense, franchise jusqu'à la naïveté. Inconséquence; on se laisse tromper facilement, ne connaissant pas la tromperie.

Longue et étroite. — De la franchise, mais on sait se tenir sur ses gardes. On pense ce que l'on dit sans toutefois dire ce que l'on pense.

Courte et large. — Bavardage et mensonge; on parle beaucoup, mais on ne dit pas ce qu'on pense.

Courte et étroite. — Ruse et mensonge excessifs. Impénétrabilité et beaucoup de prudence. Personnes toujours prêtes à tromper et qui doivent inspirer une grande défiance.

Et maintenant, que MM. les médecins ne ratent jamais l'occasion d'examiner la langue de leurs malades... ça peut toujours servir.

ELBÈRE NO.

A LA SOCIÉTÉ DES SCIENCES PSYCHIQUES

A la dernière séance de la Société des Sciences psychiques, M. le chanoine Brettes a été élu par 37 voix sur 38 votants, président de la Société, à la place de Mgr Méric, démissionnaire.

Cette démission a, d'ailleurs, fait tous les frais de la réunion.

A noter deux déclarations très importantes : la première, de M. le chanoine Brettes; la seconde du Dr Encausse (Papus).

M. le chanoine Brettes accepte volontiers la présidence de la Société, malgré la rude épreuve que cette Société traverse. Il ne recule devant aucune responsabilité. Il a toujours cru, il croit encore que la Société des sciences psychiques doit rester ouverte, même aux adversaires du catholicisme, à la condition que ces derniers s'y montrent loyaux et courtois. Papus a été mis en cause. Nul ne doute de sa courtoisie, mais l'orateur lui demande d'apporter une preuve de sa loyauté qui soit de nature à convaincre les plus sceptiques.

Papus va donner cette preuve. Il s'explique d'abord longuement sur son affiliation, très réelle, à l'ordre martiniste qu'il représente comme une école de philosophie dont les adhérents sont les adversaires déclarés du matérialisme. Il affirme ensuite que les martinistes ne sont, dans la Société des sciences psychiques qu'au nombre de trois, lui compris. Mais puisqu'on leur prête le dessein de s'emparer peu à peu de la direction de cette Société et d'en exclure les catholiques, il propose de décider que les ecclésiastiques seuls pourront désormais y exercer les fonctions de président, de premier vice-président et de secrétaire général.

On vote à l'unanimité la proposition de Papus, dont les déclarations, comme celles de M. le chanoine Brettes, ont été longuement applaudies.

ÇA ET LA

Zola et la physiognomonie. — La physiognomonie est cette science qui a pour but la connaissance de la nature intérieure de l'homme par sa nature extérieure.

On sait que le plus célèbre physionomiste à cette heure est M. Eugène Ledos, ce sage vieillard, ce solitaire, dont nous avons publié, il y a quelque temps, une très curieuse *interview*.

C'est dans le livre d'un de ses disciples, Julien Leclercq, livre paru *il y a deux ou trois ans* et abondamment documenté de reproductions, que nous rencontrons cet intéressant portrait de Zola :

« Poète et artiste sans contredit, M. Zola semble avoir le sens et la compréhension, poussés peut-être jusqu'à un génie particulier, des choses vulgaires qui l'affectent et dont il grossit l'importance.

« Un peu de fanfaronnade dans son matérialisme. Une sensualité cachée qui atteint l'imagination. Il a l'ambition triste; elle le pousse aux idées noires. *Il manque de flair, de perspicacité, de clairvoyance; les événements trahissent ses fausses combinaisons.*

« C'est un pessimiste sombre qui se donne des airs de tranquille optimisme... Il n'est ni généreux, ni serviable, à moins qu'on ne lui demande des services qui ne lui coûtent ni argent, ni dérangement, ou qui servent sa gloire. Il est avare, sauf pour ce qui est du luxe domestique.

« Car c'est un familial attaché à la maison, à son « home », un casanier qui ne se dérange que par ambition et par intérêt, et avec ennui.

« Production facile. Il y a chez lui un penchant à observer dans les régions basses et non une volonté. *Nature irritable et solitaire, il est l'homme du constant sacrifice à sa popularité.*

« Il se cramponne à la vie; il voudrait jouir de vivre et il ne le peut pas. Plus d'imagination que de puissance, et, cérébralement, un peu de désordre qui fait croire à l'encyclopédie. »

*
* *

Renée Sabourault. — Nombre de nos lecteurs nous demandent de leur indiquer ce qui se passe actuellement dans la famille Sabourault.

Les phénomènes qui s'y produisent sont, à peu de chose près, les mêmes que ceux dont nous avons parlé. Il faut signaler la présence d'un nouvel esprit familier de la petite Renée, qui signe : *Rouessener, supérieur alsacien* (?)

Voici, très résumé, le compte rendu d'une des dernières séances, à laquelle assistaient : le major F..., son fils, les familles Sabourault et François.

Au début, vers 8 h. 1/2, Renée reçoit une communication signée *Losanne* Celui-ci annonce l'arrivée d'une trentaine de ses amis! Puis, après avoir déclaré que la séance ne serait pas piquée des vers (*sic*), il assure qu'il ne sera fait de mal à personne.

A 9 heures, la lampe est emportée, le tapis qui recouvre la table est tiré violemment, les objets déposés sur cette table tombent avec fracas. La suspension, qui est hors de la portée des assistants, se balance d'une façon inquiétante.

En réponse à des questions posées, Renée obtient des communications signées *Losanne* et *Rouessener*, d'un goût et d'une intellectualité aussi remarquables que celles que nous avons publiées.

Le tapage recommence, les sonnettes retentissent, les boîtes à musique jouent, etc. *Rouessener* annonce qu'il va mettre Renée sur la table. Dans l'obscurité, on entend la voix de Renée : « J'y suis. » La lumière jaillit, Renée est sur la table, agenouillée au milieu de divers objets, sonnettes, boîtes à musique, papiers, tambour de basque, etc.,

« qu'une main matérielle n'eût pu déplacer sans attirer notre attention, » dit M. A. François.

Renée déclare qu'elle a été saisie par les flancs, doucement enlevée de son fauteuil, et déposée sur la table.

Il va sans dire que nous ne faisons ici qu'enregistrer les déclarations de M. A. François, et que, n'ayant point assisté à cette séance, nous nous en tenons à ce que nous avons dit précédemment.

*
* *

L'homme qui ne dort plus. — A l'âge de onze ans, William Kelly, né à Rockford, dans l'Ohio, fut pris d'une sorte de maladie nerveuse singulière, à la suite de laquelle il perdit complètement et pour toujours le sommeil. Après avoir été en traitement durant six mois à l'hôpital de Cleveland, il est entré comme ajusteur aux ateliers de Baldwin, où il fait un bon service.

Voilà quinze ans de cela, et son insomnie a résisté jusqu'à présent à tous les remèdes. Malgré son manque de sommeil, sa santé est excellente.

Les mauvaises langues prétendent qu'on vient de lui envoyer le *Paris*, de Zola.

*
* *

Un sujet du Dr Charcot. — La Salpêtrière possédait, il y a quelques années, un sujet très curieux sur lequel le Dr Charcot a fait d'intéressantes expériences d'hypnotisme.

Georges Poig..., ouvrier layetier, fut pris, à la suite d'un accident, d'accès de somnambulisme hystérique, qui le rendirent d'une sensibilité extrême à la suggestion.

Ainsi, un morceau de papier, jeté devant lui, prenait à ses yeux l'apparence d'une bête qu'il s'efforçait d'écraser du talon. Sa mémoire était hantée surtout par des scènes des *Mystères de Paris*. Si l'on frappait avec un gong, il croyait assister à un enterrement militaire. Un verre rouge lui faisait voir du sang; un verre bleu lui suggérait l'idée d'une cérémonie religieuse. L'eau de Cologne lui donnait des idées lubriques. Si on le touchait légèrement sur la joue, il se frottait et cherchait en l'air un papillon imaginaire. Quand on prononçait un nom politique devant lui, il se croyait dans une réunion publique, applaudissait et votait un ordre du jour fantaisiste.

*
* *

Le record du monstre. — C'est Bordeaux qui détient ce record; le monstre qui y venait au monde, la semaine dernière, est bien le plus horrible qui se puisse imaginer.

Il est double et exomphale : il se compose de deux parties accolées par leurs parois abdominales. La première partie constitue un enfant du sexe masculin, bien vivant, mais dont la malformation grave est d'avoir les intestins en partie en dehors de l'abdomen, et retenus simplement par une membrane très mince : on dirait une tumeur, de la grosseur du poing, sur laquelle s'implante le cordon ombilical. La deuxième partie représente les rudiments d'un enfant du sexe féminin, acéphale, n'ayant que deux doigts à une main et trois à l'autre; les jambes et les pieds sont bien conformés. Le monstre vivait, mais ne bougeait pas.

*
* *

Un chien savant. — Un Anglais, sir John Lubbock, vient, paraît-il, d'apprendre à lire à son chien. Voici comment il procéda :

Il prit deux cartes de papier bristol. Sur l'une d'elles, il imprima le mot *nourriture*, et laissa l'autre en blanc. La carte imprimée fut placée sur l'assiette contenant de la nourriture, et la carte blanche sur l'assiette vide.

Après avoir accoutumé le chien à en faire la distinction, on lui dit d'apporter la carte pour sa nourriture. S'il apportait la carte blanche, il en était privé, et on lançait la carte après lui. De cette façon, il apprit à apporter régulièrement celle des deux cartes qu'il fallait.

On donna ensuite plus d'extension à cette leçon en imprimant sur d'autres cartes les mots : thé, os, eau, etc.

Il fallut quelque temps pour que le chien pût arriver à faire une distinction entre les différents mots, mais il y parvint et put lire *hors*, *os*, *nourriture*, *thé*, et apporter celle des cartes imprimées portant le nom de la nourriture qu'il désirait.

*
* *

Télépathie. — Le 30 décembre dernier, M. C..., de Louviers, envoyait ses cartes de visite qu'il avait, la veille, mises sous enveloppe et affranchies. Arrivée à celle destinée à M. K..., un de ses amis de Gaillon, il la rejeta en disant : « Inutile, il est mort! » Aux observations de MM. Dubois et Lefebvre, qui se trouvaient à ce moment avec lui, il répondit avec conviction : « M. K... est mort, et mort d'une hémorrhagie; je l'ai vu cette nuit, sur son lit, et couvert de sang; j'ai assisté à sa mise en bière et à son enterrement. » Pendant quatre jours, il a persisté, devant plusieurs autres personnes dignes de foi, dans la conviction qu'il avait conservée de son rêve. Enfin, le 5 janvier, il apprit par une personne venue de Gaillon qu'en effet, dans la nuit du 29 au 30 décembre, M. K... était mort presque subitement d'une hémorrhagie.

*
* *

Un cas de léthargie. — Un curieux cas de léthargie est signalé à Ville-en-Hesbaye :

Le sieur H..., âgé de dix-huit ans, domestique de M. L..., propriétaire en cette localité, a souffert, il y a quelques mois, de gastrite. A un moment donné, malgré les sollicitations du médecin traitant, H... refusa toute espèce de nourriture, prétendant qu'il lui était impossible d'ingurgiter la moindre chose. On recourut à l'hypnotisme, et le malade reprit certains aliments. Le 6 janvier dernier, il s'endormit, et, depuis lors, les deux médecins traitants, MM. Mottar et Royer, qui se sont mis en rapport avec les sommités scientifiques du pays, ne sont pas parvenus à le réveiller.

Pendant les premiers jours, le malade, n'ayant absorbé aucune espèce d'aliment, maigrit à vue d'œil. Mais on parvint à lui desserrer les mâchoires par l'électrisation et à lui faire pénétrer une sonde au moyen de laquelle on introduit dans l'estomac des aliments liquides.

Ceux-ci se digèrent parfaitement et, ce qu'il y a de plus curieux, c'est que, malgré la continuité de son état léthargique, H... semble assez conscient au point que, sur le seul effet des commandements des médecins, les fonctions naturelles s'exécutent parfaitement.

Il est à remarquer également qu'il s'assimile facilement la nourriture liquide, car son état de maigreur dû à l'abstinence complète des premiers jours, tend à s'améliorer.

*
* *

Les prédictions du vieux Moore pour le mois de mars. — A une corde tendue entre deux poteaux sont accrochés plusieurs pantalons. Un officier des bureaux de la Guerre, l'épée à la main et le chapeau à plumes sur la tête, les désigne d'un geste impératif à trois Highlanders. Ceux-ci, vêtus de leur traditionnel costume, bonnets à poils, guêtres et jupes bigarrées, contemplent, avec une stupéfaction mêlée de rage, les pantalons qu'agite le vent. A leurs côtés, trois chiens d'Ecosse les regardent aussi et hurlent à ce spectacle. Au second plan, des femmes pleurent et s'essuient les yeux avec leurs mouchoirs.

Telle est la figure consacrée au mois de mars. Voici l'explication qu'en donne le *Vieux Moore* :

« Le dessin qui est sous nos yeux est un de ceux qui doivent être considérés en toute gravité, car il a trait à une partie de notre armée qui, pendant des générations, a été tenue dans la plus grande estime par toutes les classes de la nation.

Nous voyons tout de suite qu'il concerne les vaillants Highlanders; et le *Vieux Moore* ne serait pas du tout surpris si un ordre péremptoire, émanant du Ministère de la Guerre, décidait que ces splendides soldats en jupons devront adopter le costume ordinaire de la vie courante, pour ce qui regarde du moins les membres inférieurs; autrement dit, mettait les régiments de Highland en *culottes!!!* Les chiens eux-mêmes poussent des hurlements de désespoir. Au second plan, des femmes pleurent. Le *Vieux Moore* ne voit pas quel bien peut résulter du remplacement du jupon historique par le banal pantalon; l'effet serait plutôt de détruire l'individualité des régiments, et aussi cet *esprit de corps* qui est absolument nécessaire à toute armée.

L'Europe entière sera émue par une audacieuse tentative d'enlèvement de la personne de la plus haute importance en Espagne; il y aura une chasse très mouvementée sur la frontière, qui se terminera probablement en des complications entre deux pays.

Une rumeur extraordinaire viendra de la Tour (de Londres) vers la fin du mois. Nos joyeux hallebardiers seront appelés à exercer tout leur tact et leur ingéniosité en égard à ce mystérieux murmure, qui fera le tour de tous les journaux, et dont le résultat sera que la garde ordinaire sera augmentée et aura à monter des factions supplémentaires. De nouvelles entreprises et essais seront tentés pour atteindre le Pôle Nord, et ce serait vraiment une pitié si, après tout, le grand Nansen ne réussissait pas et ne gagnait la couronne, après son dur et persévérant labeur.

Un nombre alarmant de suicides, atteignant presque à l'épidémie, sera enregistré ce mois-ci. L'insouciant mépris de la vie est, le *Vieux Moore* regrette infiniment de le constater, devenu beaucoup trop commun Il n'est guère douteux qu'on ne puisse l'attribuer, dans une certaine mesure, à la libre-pensée et au mépris de tout enseignement religieux. »

Gaston Crosnier.

Thomas Martin de Gallardon

(*Suite*)

Lorsque Martin fut arrivé à Chartres avec M. le curé, le préfet eut d'abord avec celui-ci un entretien de près de trois quarts d'heure et M. le curé lui rapporta les événements comme il les avoit écrits jour par jour; Ensuite M. le préfet intérogea Martin, lequel répéta mot à mot et à plusieurs reprises ce qui a été dit ci-dessus. Il persista fortement dans sa déclaration et jura par tout ce qu'il y a de plus sacré qu'il ne disoit que la vérité. Il ajouta même que celui qu'il appeloit alors un phantôme, c'étoit servi plusieurs fois d'expressions que lui Martin ne connoissoit pas; et que deux fois il en avoit demandé l'explication à son frère. Le préfet écrivit sur-le-champ pour vérifier le fait, la réponse fut conforme à la déclaration de Martin.

M. le préfet entretint Martin pendant cinq quarts d'heure : frappé de sa contenance, de son assurance, de sa naïveté, il lui dit devant M. le curé : « Mais si « je vous faisois mettre en prison dans les entraves « pour annoncer ainsi des choses si contraires au « roi, que diriez-vous? — Monsieur, je dirois toujours « la même chose; puisque je l'ai vu et entendu. » — « Mais si je vous envoyois à une autorité supérieure « à la mienne, par exemple au ministre? Soutiendriez-« vous et répéteriez-vous ce que vous venez de me « dire? » — Oui, monsieur, et devant le roi lui-même. » M. le préfet, après avoir recueilli les témoignages les plus avantageux sur la conduite morale, politique et religieuse de Martin, se détermina à le faire conduire devant le ministre de la police générale, sous la garde de M. André, lieutenant de gendarmerie à Chartres, homme généralement estimé de toutes les personnes bien pensantes et attachées au roi. Martin vit avec plaisir dans ce voyage le moyen d'atteindre son but et de remplir ce qu'il nommoit sa mission.

Le vendredi 8 mars, Martin comparut devant le ministre de la police, sur les 9 heures du matin. Un moment avant qu'il fut introduit, il eut une apparition dans laquelle l'inconnu lui recommanda « de ne « pas fléchir et de n'avoir ni peur ni crainte mais de « dire les choses comme elles étoient ». M. Séjourné, l'un des secrétaires du ministre, interrogea d'abord Martin. Celui-ci répéta mot à mot le récit de toutes les apparitions qu'il avoit vues précédemment. Un autre secrétaire fit encore à Martin toutes sortes de questions, auxquelles il répondit avec exactitude et simplicité. Les secrétaires se retirèrent l'un après l'autre et Martin reconnut alors la vérité de ce qui lui avoit été dit, *vous confondrez l'incrédulité, et ils n'auront rien à vous répondre.*

Après eux le ministre l'interrogea lui-même près de trois quarts d'heure et le retourna de tous sens. Il lui dit en premier lieu qu'il avoit fait arrêter celui qui vouloit le tromper et l'avoit fait mettre en prison, qu'il ne le reverroit plus et que par conséquent il pouvoit s'en aller tranquille. « Oh! je ne crois pas cela », dit Martin, en assurant que l'inconnu venoit de lui apparoître; il a disparu trop promptement pour que vous ayez pu le faire saisir. Le ministre soutint qu'il n'avoit pas disparu pour lui et qu'il l'avoit fait arrêter. En même tems il dit à son secrétaire : « Allez voir s'il est bien en prison. » Le secrétaire, de retour, fit cette réponse : « Monseigneur, il y est toujours. — Eh bien! reprit Martin, s'il est en prison, je le reconnoîtrai bien, je l'ai vu assez de fois pour cela. »

Ensuite le ministre fit visiter la tête de Martin et la visita lui-même en remuant tous ses cheveux; à quoi Martin répondoit seulement : « Regardèz tant que vous voudrez. » Le ministre prit sur lui un ton d'autorité et comme on le sondoit pour savoir si quelque intérêt n'étoit pas le principe de sa démarche, Martin dit au ministre qu'il ne vouloit pas d'argent, qu'il lui étoit défendu d'en recevoir, qu'il ne s'acquittoit de sa mission que pour ne plus éprouver les poursuites de celui qui ne cessoit de l'obséder. « Les richesses, ajouta-« t-il, à ce sujet, ne peuvent aller avec la vertu ; il ne « faut de richesses que pour la vie. Monseigneur, « l'orgueil et la vertu peuvent-ils aller ensemble? « Celui qui pratique la vertu est l'ami de Dieu; et ce-« lui qui est dans l'orgueil est l'ami du démon et des « réprouvés. » Martin témoigna encore qu'il n'avoit aucune crainte, étant bien assuré qu'il ne lui arriveroit aucun mal. Le ministre lui dit alors : « Allez-vous-en déjeuner. » Mais Martin ne voulut jamais prendre de gras parce que l'on étoit en carême : il avait annoncé cette résolution du moment qu'il fut à Rambouillet où s'arrêta la voiture qui le conduisoit à Paris avec M. André.

(A suivre)

A TRAVERS LES REVUES

L'INITIATION de février publie un intéressant article de Papus sur la *Théorie physiologique des divers sommeils* : c'est, nous dit-il, « une simple adaptation des révélations de l'hermétisme aux données anatomiques et physiologiques de la science contemporaine. » Le même numéro publie un long *Cours de Mystique* fait par Sédir à la loge martiniste Hermanubis; nous croyons intéressant d'en citer quelques passages essentiels, au moment où les martinistes soulèvent les discussions que l'on sait parmi les catholiques :

... La Mystique est, en deux mots, la biologie de Dieu. C'est la science des mouvements de l'Absolu. Elle mène au pouvoir de création des Dieux, à la théurgie. Elle ne considère pas l'Absolu dans la Fatalité, comme firent les théosophes de la race noire elle n'étudie pas l'Absolu dans l'homme comme font les Hindous depuis quarante ou cinquante siècles; mais elle entraîne son disciple vers la sensation vive de la genèse intérieure du Ternaire.

Cette initiation ne se retrouve ni en Egypte, ni au Tibet, ni à Java, ni dans le désert de Gobi, ni même dans les Védas déchiffrés par les clefs atlantes. Sa porte est le Christ; son domaine est la race blanche. Ses canons sont les Evangiles, l'Apocalypse; ses commentateurs principaux sont l'Aréopagite, les frères de la vie commune, saint Thomas, les frères du libre esprit, Boehme, Saint-Martin, von Baader; son rituel est l'*Imitation de Jésus-Christ.*

...Les facteurs de la régénération, d'après Saint-Martin (fondateur du Martinisme) se réduisent à deux: l'Enthousiasme et l'Adoration ; remarquez ici une nuance importante.

L'Enthousiasme, la création de Dieu en soi, est le procédé des écoles d'Illuminisme naturaliste, tels les mystères ioniens et la *Bhakti* indoue. Mais le véritable disciple du Christ qu'était notre maître (Saint-Martin) reparaît lorsqu'il ordonne de prosterner ce Dieu humain aux pieds de l'Eternel dans une Adoration, une humilité et un sacrifice absolus.

Ainsi donc la Mystique, que l'on peut concevoir comme la faculté plastique du Feu principe, est au centre de tout, systèmes philosophiques, écoles d'initiation, états sociaux, elle possède l'essence de tout; et celui qui, concentré en elle, se tient immobile et anéanti d'amour, connaît le mot de toutes les énigmes.

A lire dans le même fascicule un article très documenté de notre collaborateur et ami Duplantier sur la *Lucidité ou Double Vue*, et quelques pages intéressantes de Saturninus sur *Sarcey et Gaston Mery*.

De M. Amo dans la PAIX UNIVERSELLE des 16-28 février, sous le titre *La Magie d'Amour* :

Qui envoûte, s'envoûte.

La *Justice* étant infaillible, l'homme n'a jamais le droit de se faire justicier.

Ne jugez pas, fut-il dit.

Quiconque exerce, sous quelque prétexte que ce soit, des pratiques occultes contre ses frères, est *agent des Ténèbres.*

Il n'est pas d'autre Voie divine que celle de l'Amour.

Notre Cœur doit envelopper tous les Etres, et radier sur tous ses chaudes et tendres flammes.

Il répand alors une Rosée de Vie sur tous ceux qui sont bons, et sur les tièdes aussi.

Sur tous ceux qui n'aiment pas encore ou vivent dans le Mensonge, il lance ainsi la Puissance mystérieuse qui en paralyse les Influences mauvaises, qui en dissout les Ténèbres enveloppantes.

Les Temps de l'Occultisme cérémoniel sont passés.

Nous sommes à l'ère de la *Magie d'Amour.* Cette adorable et sublime Magie est celle que la Terre va connaître désormais.

Elle est toujours bienfaisante et protectrice et, qui plus est, *toute-puissante.*

Vous qui aimez, vous qui savez unir votre Volonté à la *Volonté-une* qui régit les Mondes, vous dont le Cœur vibre à l'unisson de tous les Cœurs, vous dont les Aspirations ardentes s'élancent *vers toujours plus d'Amour et toujours plus de Lumière,* ne redoutez rien.

Nul ne saurait vous envoûter; nulle Influence ne saurait vous nuire.

Vous possédez l'invincible Cuirasse. et vous possédez la Source jaillissante et toujours abondante des purs Bonheurs.

Les Ténèbres fuient devant la Lumière qui vous illumine, et le Feu divin qui brûle en vous est le *Réducteur* suprême de toutes les Influences rampantes, froides et ténébreuses.

Nous sommes au temps de la Magie d'Amour, et *toutes les autres Magies sont à jamais condamnées.*

Dans le numéro de mars de l'HYPERCHIMIE, organe de la Société Alchimique de France, le directeur M. Jollivet-Castelot, continuant son *Précis de l'histoire générale de l'Alchimie*, étudie la vie et les œuvres de Raymond Lulle, Nicolas Flamel, Basile Valentin.

L'ingénieur Clavenad, dont nous avons plusieurs fois entretenu nos lecteurs, donne son avis sur l'*Hermétisme populaire* et se prononce pour sa vulgarisation, dans les termes suivants :

... D'une manière absolue, il faut chercher à faire

connaître la Vérité à tous quand on croit la posséder, et le moyen le plus direct pour y parvenir c'est de la mettre à la portée de chaque intelligence, au moyen d'une adaptation facile pour celui qui sait, et qui peut apprécier le degré d'avancement de chacun.

Ce sont les grands initiés qui doivent instruire les plus humbles. Un divin exemple nous a montré que la vérité devait être voilée dans certains cas, mais non pour la cacher, voilée plus ou moins, vêtue plus ou moins selon la capacité intellectuelle. Car les yeux ne voient pas tous le soleil de la même façon. Il est des yeux qui le regardent en face, d'autres qui ne peuvent le fixer qu'à travers un voile. Mais c'est toujours le soleil, et si on le voile, encore une fois, c'est pour le rendre perceptible.

Il n'y a donc pas de mystère, ni de doctrine secrète qui ne doive être enseignée, après adaptation, quand le mystère ou la doctrine relèvent de la vérité.

... Le Christ enseignait souvent une Vérité sublime-divine, en paraboles, mais c'était afin de se mieux faire comprendre.

Quand il disait : Ne donnez pas vos perles aux pourceaux, il signifiait uniquement que les pourceaux ne se les assimileraient pas. En somme, il faut toujours enseigner la Vérité au plus grand nombre. Le voile importe peu, car celui qui cherche la Vérité *pour la Vérité*, avec persistance, y parvient, quel que soit le moyen qu'il emploie.

Dans la Revue de la France moderne (février), un intéressant article d'Ismala sur les *Auras ou rayonnements fluidiques* ; nous en détachons le passage suivant :

Le magnétisme humain se trouve influencé, au moment de la naissance, par la position des planètes. Le soleil et la lune ont une force prépondérante. La lune reflète sur nous les formidables influences stellaires sous forme de rayons bénéfiques ou maléfiques.

Elle est magnétique et négative dans son action, tandis que le soleil est positif et nous envoie des rayons électriques.

Le corps humain projette le magnétisme par la tête, les mains et les pieds. L'action extérieure des astres sur nous, se porte sur le plexus solaire, ou région cardiaque qui est le grand centre de réception.

Les planètes ont chacune des influences différentes ; tout dépend de celles qui dominent à l'heure de la naissance dans la constellation qui se lève à l'ascendant. L'influence planétaire indique le tempérament, les goûts et les aptitudes de chacun. Lorsqu'on pourra faire dresser son horoscope, on connaîtra les événements possibles et la direction à suivre, la durée probable de la vie et autres choses intéressantes.

M. Jules Bois, dans la Revue Blanche, publie sous ce titre : *Visages de mages*, une violente attaque contre les Occultistes, qui, sans doute, suscitera de non moins violentes répliques. Voici un extrait qui donnera une idée du ton de l'article :

En fait, je ne crois pas pour les avoir approchés, à la puissance, et surtout à la science de ces petites sociétés mystiques. Forgées à l'image de la franc-maçonnerie, elles n'en sont qu'une médiocre parodie. Certainement, les Rose-Croix existèrent, en Allemagne particulièrement. C'était même, j'aime à le croire, les Lemice-Terrieux du temps, mystificateurs plus que mystiques, et leur programme, qu'Eliphas Lévi a reproduit, ne saurait même pas figurer aujourd'hui en lettres écarlates sur la toile d'une baraque foraine. Non, les travaux d'une psychologie plus profonde ne peuvent être accomplis que dans les hôpitaux, dans les laboratoires, dans les chambres — mystérieuses seulement parce que l'atmosphère en est pure et pensive — où un Pasteur découvre, par exemple, la loi des ferments. Tirer les vieilles épées rouillées, s'ajuster les masques désuets et suants du carnaval, répéter des formules incomprises et des rites sans vie, ne peut mener à rien ; car ce ne serait pas la peine de renoncer aux pompes des religions, qui, elles, du moins, renferment une splendide esthétique, pour s'enthousiasmer d'une farce et s'affubler d'une mascarade. On n'y peut que s'y ridiculiser soi-même, affaiblir son esprit, et perdre le respect de la vérité qui, elle, a besoin d'être nue. Les sociétés initiatiques ne peuvent servir qu'à créer un petit budget à leurs chefs. Le « client » s'éblouit d'une cérémonie où plane l'ombre des simagrées de Cagliostro, et il paie les frais de la séance. — Il n'y a de clair que l'argent sonnant.

Nous publierons, s'il y a lieu, les réponses faites à cet article.

G. C.

LES LIVRES

L'An Rouge, 1 beau volume par François de Nion, avec nombreuses illustrations de H. Chartier, 3 fr. 50. — H. Simonis-Empis, éditeur, 21, rue des Petits-Champs, Paris.

Les livres de guerre deviennent à la mode ; plus on s'éloigne de l'année terrible et plus elle semble vivante et saignante dans nos cœurs. Le *Désastre* de MM. P. et V. Margueritte, l'*An Rouge* qui vient de paraître, de M. François de Nion sont un indice significatif de cette préoccupation chez les esprits les plus éminents comme dans le public. Il semble que l'on cherche à se retremper dans les beaux souvenirs de cette époque de deuil et de gloire pour oublier l'heure présente et les tristesses de la patrie. Par une coïncidence saisissante ces ouvrages apparaissent aujourd'hui avec une actualité caractéristique. Les récits de M. François de Nion d'une documentation sûre qui leur donne le relief de pages d'histoire, prennent sous la plume de cet écrivain, d'un tempérament si spécial, l'intensité de vie et la matérialité d'image qui rendent son œuvre si remarquable et par lesquels il se rattache à la belle lignée française des Flaubert, des Maupassant et des Daudet.

L'*An Rouge*, que termine une très curieuse reconstitution de Paris sous la Commune et pendant la fameuse semaine de Mai, est illustré par le peintre H. Chartier, de gravures dont chacune est un petit tableau à la Detaille.

Le Gérant : Gaston Méry.

IMP. NOIZETTE ET Cie, 8, RUE CAMPAGNE-PREMIÈRE PARIS

L'ÉCHO DU MERVEILLEUX

REVUE BIMENSUELLE

MADAME MONGRUEL

Il est écrit que notre bon oncle Sarcey ne pourra jamais tracer un mot sur le Merveilleux sans commettre une bévue.

Battu à plates coutures dans sa discussion avec Mme de Thèbes, il s'était dit : « Je n'ai qu'un moyen de couvrir ma retraite, c'est de m'attaquer à des morts et de mettre à leur compte toutes les gaffes historiques : au moins ceux-là ne protesteront pas. Et j'aurai l'air d'avoir raison ! »

Et, pan ! il s'en prit à Mme Mongruel.

Il raconta que, vers 1849, Mme Mongruel s'était honteusement méprise en prédisant au général Cavaignac qu'il deviendrait président de la République.

Or, il se trouva que Mme Mongruel, bien loin d'être allée prophétiser, comme le pensait Sarcey, dans un monde meilleur, vivait encore dans celui-ci — et que, comme Mme de Thèbes, elle n'entendait point se laisser bafouer sans répondre. Elle écrivit donc à Sarcey qu'il se trompait.

Madame Mongruel.

Sarcey mentionna, avec une apparente courtoisie la rectification. Ce n'était qu'une tactique pour se ménager le prétexte de publier la lettre suivante, que lui adressa son ami M. Charles Edmond.

Mon cher ami,

En vérité, elle est trop forte, celle là !

Laissez-moi en finir une fois pour toutes.

Nous sommes en plein mois de novembre, et peu avant les élections présidentielles. Mme Mongruel habitait en ce temps-là un entresol quai Voltaire; je ne me rappelle plus le numéro.

C'est alors que, sur la recommandation d'une de ses clientes, la princesse Charles de Beauvau, elle fut invitée à consacrer sa soirée à une personne, amie de la princesse, dont on préférait pour le moment ne pas révéler le nom.

Mme Mongruel accepta la proposition d'autant plus volontiers que le cachet était considérable.

Le jour fixé, à neuf heures du soir, la voiture de la princesse de Beauvau alla chercher Mme Mongruel et la conduisit à la place de la Madeleine, n° 11, chez la comtesse de Kalergis-Nesselrode. Mme Mongruel monta un étage, et sans rencontrer âme qui vive, sauf le domestique qui lui ouvrit la porte; elle suivit une enfilade de chambres, où il n'y avait d'autre lumière que celle du flambeau porté par le domestique qui la précédait.

Finalement elle fut introduite et laissée seule dans un petit boudoir, tout au bout de l'appartement. Toutes ces précautions avaient été prises pour s'assurer contre une supercherie quelconque.

Dans la salle à manger qui se trouvait au bout opposé de l'appartement, une dizaine de convives venaient d'achever de dîner. Pas de femmes, à l'exception de l'amphitryonne, la comtesse de Kalergis, et, en fait d'hommes, autant que je me rappelle, Cavaignac, le Dr Cabarrus, Paul de Musset, le sculpteur Beer, moi et d'autres que j'oublie.

Mme de Kalergis était une grande amie du général Cavaignac. Rongée d'inquiétude et d'impatience, elle aurait bien voulu savoir lequel des deux compétiteurs allait décrocher la timbale présidentielle. Cavaignac était d'une humeur de chien. Il s'était fait tirer l'oreille avant de se résoudre à affronter une pareille épreuve. Longtemps il avait supplié qu'on la lui épargnât. Il avait allégué que l'aventure, si elle venait à s'ébruiter, l'exposerait aux lazzis des journaux bonapartistes et pourrait compromettre son élection.

Toutes ses prières avaient été vaines. Mme de Kalergis était tenace, et il n'y avait pas moyen de lui résister. C'est elle que célébra Théophile Gautier dans sa fameuse pièce de vers qui a pour titre : *Symphonie en blanc majeur*.

Cavaignac céda. Il se dirigea vers le boudoir où attendait Mme Mongruel dans une obscurité profonde. Il trouva à tâtons le fauteuil de la somnambule, lui prit la main et l'invita à vaticiner.

Après quelques paroles incohérentes, la pythonisse se sentit tout à coup en pleine clairvoyance et ne tarda pas à pérorer :

« Prince, lui dit-elle (entre autres choses), vous êtes à la veille de subir une rude épreuve. Mais rassurez-vous. La victoire vous attend. Vous mettrez sous vos pieds l'ignoble et stupide soudard qui ose vous disputer le pouvoir... »

Et patati, et patata, poussant sa pointe toujours dans le même sens.

Tout à vous, cher ami.

CHARLES EDMOND.

On a trouvé généralement que la publication de cette lettre émanée d'un tiers avait manqué de générosité. Mais on supposait que Sarcey, ignorant les motifs personnels d'animosité de M. Charles Edmond contre Mme Mongruel, l'avait reproduite de bonne foi, et on s'attendait à ce qu'il insérât, sans hésitation, la réplique de l'intéressée.

Cette réplique était ainsi conçue :

Monsieur et très honoré maître,

Dans votre article du *Figaro* (15 mars 1898), vous avez, ce me semble, à la suite de la lettre de M. Charles Edmond, conclu *un peu vite* contre Mme Mongruel, au profit d'un conteur fantaisiste.

Il ne s'agit ici ni du passé, ni de l'avenir, mais de rétablir une vérité absolue.

1° Jamais je n'ai habité quai Voltaire;

2° Jamais je n'ai été chez la comtesse Kalergis-Nesselrode, place de la Madeleine;

3° Jamais je n'ai eu l'honneur de donner de consultation au général Cavaignac.

Donc M. Ch. Edmond, qui avance les faits cités par vous, ne m'a jamais rencontrée, ainsi qu'il veut bien le dire, dans un endroit mystérieux et retiré, où j'aurais été conduit sur la demande de la princesse Ch. de Beauvau.

M. Ch. Edmond a été victime, assurément, d'une méprise ou d'une mystification tellement énorme que Vivier et Lemice-Terrieux ne l'auraient pas inventée.

Une consultation fut, en effet, donnée par moi au prince Louis ***. Mais comme tous les journaux de France et de l'étranger l'ont reproduite, qu'elle l'a été aussi, sous forme de prospectus tirés à 90.000 exemplaires, lancés dans tout Paris en avril 1848; comme aussi dans un volume paru en 1849 (*Prodige et merveille de l'esprit humain sous l'influence magnétique*), signé L.-P. Mongruel, mon mari décrivait cette consultation, nul doute que si elle n'avait pas été conforme à l'exacte vérité, on aurait, *en haut lieu*, crié au mensonge, et le prince Louis, alors au pouvoir, aurait mis facilement un terme à des racontars inexacts!... La prédiction fut envoyée à M. le comte de Saint-Priest et aux membres du gouvernement de la Défense nationale, comme en fait mention le volume en question dont il ne reste plus que deux exemplaires: l'un déposé à la Bibliothèque Nationale, l'autre chez moi.

Ceci dit, je vous prie d'agréer, Monsieur, toutes mes salutations distinguées.

J. MONGRUEL,
6, *chaussée d'Antin.*

Cette réplique dont l'insertion était de droit, Sarcey l'a gardée dans ses tiroirs. Après avoir publié le réquisitoire de M. Charles Edmond, il a refusé de publier la défense de Mme Mongruel. Nous parlera-t-il encore maintenant de son impartialité?

Mais si nos adversaires n'avaient pas de parti pris, ce serait trop facile de les convaincre. Prenons-les donc, comme ils sont, et ne nous décourageons pas pour si peu.

Aussi bien, pour un fait contesté, combien de centaines en pourrions-nous citer d'indiscutables. Les prédictions réalisées de Mme Mongruel sont très nombreuses. On n'a, pour en parler, que l'embarras du choix.

J'en signale une au hasard : l'annonce de la prise de Sébastopol. La prise de Sébastopol est du 8 septembre 1855.

Or, dans un vieux numéro du *Journal de*

Saône-et-Loire, daté du 21 février 1853, je trouve ces vers improvisés dans l'état magnétique par Mme Mongruel au cours d'une soirée où assistaient plus de six cents personnes.

Sur les bords de l'Euxin, au sud de la Crimée,
Formidable arsenal d'une nombreuse armée,
S'élève et s'enrichit au commerce des mers
Une ville fameuse à cent titres divers.
Mais, ô Sébastopol, écoute, tremble, pleure !
Le livre du Destin marque ta dernière heure.
D'innombrables légions viendront de l'Occident
Pour relever l'éclat du croissant d'Orient,
Au colosse du Nord livreront vingt batailles,
Jusqu'en ses fondements ébranlant ses murailles.
Ces peuples conquérants, que le fer ni la mort,
Vomis par tes engins n'éloigneront du port,
Détruiront tes remparts, laboureront tes plages,
Puis, gorgés de butin et lassés de carnage,
Ne laisseront debout, de tes vieux monuments,
Que des cadavres froids et des débris fumants.

Dans la brochure *Prodiges et Merveilles de l'esprit humain sous l'influence magnétique*, parue en mars 1849, on trouve relatées une foule de prédictions aussi précises qui se sont réalisées depuis. Qu'on me permette de citer encore celle-ci :

Le 20 mars 1848, à quatre heures, M. Mongruel remit à M. Barthélemy Saint-Hilaire qui l'avait convoqué à l'Hôtel de Ville, une note manuscrite ainsi conçue :

La SIBYLLE MODERNE affirme aux membres du gouvernement :

1° Qu'il y aura prochainement de grands mouvements populaires ;
2° Que M. Louis Blanc perdra en grande partie sa popularité;
3° Que des membres du gouvernement même se détacheront de la majorité et deviendront chefs de parti ;
4° Qu'il y aura en province anarchie et guerre civile ;
5° Que les barricades se relèveront à Paris contre les enfants des barricades de février, et qu'il y aura beaucoup de sang versé;
6° Qu'une autre révolution doit s'accomplir en France;
7° Qu'enfin, et plus tard, nous aurons la guerre avec l'étranger.

Tout ce que nous pûmes obtenir de M. Barthelemy Saint-Hilaire, déclare l'auteur de la brochure, ce furent ces paroles évasives : — « Je verrai cela. Oui, nous verrons... J'en parlerai... on verra... et je vous écrirai... »

M. Barthélemy Saint-Hilaire pensait déjà comme Sarcey.

N'empêche que cette prédiction du 20 mars 1848 s'est réalisée à la lettre, d'un bout à l'autre.

Tout le monde peut vérifier l'exactitude du fait, soit en consultant l'exemplaire de la brochure qui est entre les mains de Mme Mongruel, soit en consultant celui qui a été déposé à la Bibliothèque nationale.

Bien entendu, notre oncle n'en fera rien; mais j'imagine tout de même qu'il évitera, avec soin, d'ici quelque temps, de parler du Merveilleux dans « ses grains de bon sens » qui deviendraient vite, s'il n'y prenait garde, des « grains de non sens ».

GASTON MERY.

P. S.— Je liquiderai, autant que faire se pourra dans le prochain numéro, la question de la Baguette de Coudrier.

SCÈNES DU SABBAT

Sous ce titre, on lisait dans le *Bien Public*, de Dijon.

22 mars. — Un phénomène extraordinaire, pour ne pas dire incroyable, et qui relève de la sorcellerie ou de la magie et que plus de cent témoins, entre autres les notabilités de la commune, pourraient affirmer, s'est produit à Laroche-en-Brenil samedi 19 courant dans la maison habitée par M. Garrié-Migné, tisserand.

Il était 7 heures du soir, Garrié fut à peine couché que sa lampe s'éteignit brusquement, et, au même instant, retentit un bruit épouvantable. C'était l'horloge qui tombait de dessus sa boîte et se mettait à danser une sarabande infernale.

Il y a quelque quinze jours, le balancier de ladite horloge frappait violemment les parois de la boîte; pour éviter ce bruit, Garrié eut une idée géniale, il dépendit le balancier et les poids afin d'arrêter le mouvement, qui ne marcha que de plus belle, les aiguilles tournant à grande vitesse autour du cadran et le timbre retentissant continuellement; dépité, il s'en fut chercher un horloger qui, après examen, déclara qu'il n'y pouvait rien.

Inquiet de ce bruit insolite, le pauvre homme se leva en toute hâte, ralluma sa lampe, ramassa l'horloge, la posa sur la table, mais elle retomba aussitôt; affolé, il se mit à crier: Au secours! Au secours! Les voisins accoururent et il leur fut permis d'assister de la porte à un spectacle peu banal, mais qui n'avait rien de rassurant. Les tables et les chaises se culbutaient. Les lits remuaient. La vaisselle, rangée en différents endroits, sautait de tous côtés et volait en éclats, dont l'un vint atteindre Garrié à la lèvre supérieure et lui fit une blessure légère. Des assiettes qui étaient dans une chaudière pleine d'eau faisaient des sauts d'un mètre et s'échappaient de leur récipient. Des pots de laits placés sur des rayons étaient renversés et leur contenu coulait à flots sur les carreaux, Un de ces pots fut transporté dans une chambre voisine sans être culbuté. Des cadres fixés au mur tombaient à terre. Garrié, montant sur une chaise afin de prendre un litre rempli d'un liquide quelconque, laissa son sabot à terre, mais, celui-ci, prenant son élan, alla retomber sur le rayon où était placé le litre.

Les bouchons, rondelles et portes du poêle s'échappèrent à travers la fenêtre, brisant tous les carreaux et allèrent retomber dans la rue. Ceci pendant quatre longues heures.

Dimanche 20 courant, à 1 heure du tantôt, bris d'une assiette dans laquelle un enfant mangeait sa soupe.

A 3 heures du tantôt, culbute d'un buffet adossé à un mur, en présence de nombreuses personnes.

Ce phénomène cause au pauvre Garrié un préjudice d'au moins 100 francs et qui sait quand il s'arrêtera.

24 *mars*.— Le phénomène extraordinaire que je vous ai signalé continue toujours de plus belle dans la maison du pauvre Garrié, de Laroche-en-Brenil.

Dans la nuit du 21 au 22, différentes personnes, entre autres M. le curé de la commune, y étaient allés pour voir ce qui allait s'y passer. En leur présence une grande table massive, d'environ 3 m. 30 de longueur, a été culbutée. Relevée, elle retombait quelques instants après, et ainsi de suite pendant plusieurs heures. Il en fut de même pour une petite table placée dans un coin.

Dans la matinée du 22, le buffet, dont il a déjà été parlé et qui avait été remis à sa place habituelle s'avançait au milieu de la chambre en se balançant, comme s'il avait l'intention d'exécuter quelques pas de danse, et tombait.

La grande table, qui avait culbuté la nuit, s'est tout d'un coup dressée debout et elle est retombée sur le poêle qui a été brisé.

A chaque instant, les chaises sont culbutées.

Le gamin, dont l'assiette s'était cassée dimanche, était assis sur une malle qui se mit à trembler : Mme Garrié lui dit de descendre, prévoyant ce qui allait arriver. Mais son dernier mot était à peine prononcé qu'il était violemment projeté à une certaine distance, et que ce meuble était culbuté.

Pour en finir, on a été obligé de passer tout le mobilier dehors, excepté une armoire privilégiée, qui n'a pas encore été atteinte.

On peut juger de la terreur de Garrié et de sa famille, voire même de tous les habitants de la localité dont quelques-uns émettent des suppositions diverses plus ou moins baroques sur les causes de ce phénomène ; l'un l'attribue à l'électricité, un autre à des émanations du sol, un autre à un « sorcier », etc. Quel est celui qui a raison ? La chose est difficile à établir !

25 *mars*. — Les meubles qui avaient été sortis hier, mais provisoirement, de la maison de Garrié et que l'on avait remis en place le soir même, continuent de sauter et de se culbuter.

La grande table tombe à chaque instant et est presque disloquée.

Les chaises remuent de même.

Ce matin, un fourneau sur lequel bouillait une casserole pleine d'eau, a été renversé. Relevé et allumé aussitôt, il se culbutait quelques minutes après. A tout moment, M. le maire et M. le curé sont appelés et se rendent sur les lieux. La gendarmerie, venue pour déterminer la cause, ne l'a pu. Son enquête n'a pas abouti, et elle a été obligée de se déclarer incompétente en cette matière.

On le serait à moins.

Les visiteurs affluent de tous les environs. C'est une allée et venue continuelle.

26 *mars*. — Hier, continuation du phénomène.

Mme Garrié avait mis une casserole pleine d'eau sur le fourneau dont il a été parlé hier ; elle a été renversée violemment, et aussitôt le fourneau, resté debout, se mettait à courir par la maison.

Le gamin était debout contre la grande table qui se mit à trembler ; il fut repoussé par ce meuble qui se culbutait au même instant et dont les cabrioles se renouvellent à tout moment.

M. Garrié ne se décourage pas ; quand un meuble se met en mouvement, il essaye de l'arrêter, se mettant devant et écartant les bras en criant : « *Y va ben t'errêter !... Diable tu vas fini !...* » etc.

Les voisins sont impressionnés et frappés à un tel point qu'ils ont presque cessé leur travail. M. le curé n'y comprend absolument rien et ne sait à quoi attribuer ces faits, il en est de même pour M. le docteur.

Dans la nuit du 22 au 23, M. le curé avait apporté un crucifix et de l'eau de Lourdes afin de conjurer le mauvais esprit. L'eau de Lourdes était contenue dans un vase en verre, qui fut placé sur une petite table ; à un moment donné, celle-ci s'est culbutée avec le verre qui ne s'était pas séparé d'elle dans sa chute, au point qu'il a été fracassé sous cette table et que des éclats étaient incrustés dans le bois. Quand on enleva le crucifix de dessus la table de nuit, celle-ci fut culbutée instantanément. Un fait à remarquer, c'est que ce phénomène se localise dans la grande chambre d'habitation, laissant indemnes les autres chambres et hébergeages divers.

Deux quêtes ont été faites parmi les visiteurs présents au profit de Garrié. L'une a produit 5 francs, l'autre 2 fr. 50. Ces petites sommes l'aideront à remplacer la vaisselle brisée.

Il semblerait que le malheur prenne plaisir à s'acharner sur ces pauvres gens vraiment dignes d'intérêt; l'an dernier, Mme Garrié avait eu une jambe cassée; elle était à peine guérie et commençait à marcher, qu'elle tombait et se cassait un bras en deux endroits.

Un voisin de bonne foi affirme avoir, dans la soirée du 23, entendu craquer très fort deux gros peupliers plantés non loin de la maison hantée.

L'affluence des curieux est toujours considérable. Ce n'est qu'une continuelle allée et venue de voyageurs venant de tous côtés.

27 *mars*. — Le phénomène signalé se renouvelle à chaque instant.

Dans la nuit du 24 au 25, en présence de plusieurs personnes notables et de bonne foi, la grande table a été culbutée à différentes reprises; les chaises dansaient plus fort que jamais.

Une, entre autres, sur laquelle était assis un gamin, s'est mise en mouvement s'avançant au milieu de la chambre avec son fardeau.

C'est à ce gamin, à défaut d'autres explications, que l'on attribue maintenant la cause du phénomène.

28 *mars*. — Quand tout le monde fut parti, Garrié se coucha; il était à peine endormi que retentissait un bruit épouvantable: c'était l'horloge qui, avec sa boîte, s'affalait de tout son long sur le carreau où elle se brisait.

Garrié eut tellement peur qu'il se leva et courut à la porte afin d'appeler les voisins.

Il tenait le loquet pour ouvrir, lorsqu'il ressentit un choc violent: c'était un bol plein de son qui, placé sur un rayon à l'extrémité opposée, venait de prendre son élan et l'atteignait derrière la tête, lui faisant une forte bosse.

Quand il fut recouché, les lits se mirent à tressauter et à trembler.

Le gamin, à qui on a fini par attribuer les causes du phénomène, appartient à l'Assistance; pour se rendre compte du fait, on l'a emmené à Saulieu, au dépôt de l'Assistance, pour huit jours, après lesquels on le ramènera.

Soit coïncidence ou effet du hasard, depuis son départ rien ne s'est produit.

LA MYSTIQUE DU BERGER

*** *Les bergers de la Brie.*

Le métier de berger est assurément le plus noble du monde, quoi qu'en puisse penser le vulgaire. Nul mot n'évoque plus d'images, grandes, curieuses, charmantes. Images charmantes, depuis les lointaines frondaisons des idylles de Théocrite et de Longus jusqu'aux pimpantes fêtes de Boucher et de Watteau, les bergers galants de l'Arcadie, de l'Alphée, du Lignon doux coulant, du pays d'Estelle, heureux qui ont donné leur nom à la plus enviée des heures:

Love took up me glass of times,.. etc.

Cette conception d'art ne laisse pas, n'a pas laissé surtout, sans doute, de correspondre à quelque agréable réalité.

Et quel merveilleux livre ne ferait-on pas avec l'histoire des bergers héroïques et saints, sainte Geneviève, sainte Solange, Benaget, le petit pâtre qui bâtit par ordre de Dieu le premier pont d'Avignon, travail que n'avaient osé entreprendre ni les Romains ni Charlemagne, et qui mourut à dix-huit ans, ce travail gigantesque achevé. Les bergers saints, les saintes bergères sont innombrables. La plus illustre est sans doute l'héroïne qui prend place en ce moment sur nos autels, la bonne Lorraine Jeanne d'Arc.

Mais il n'y a pas que des saints parmi les bergers merveilleux. Les voix mystérieuses qui chuchotent autour du pâtre, dans le bruissement des branches, ne lui ordonnent pas toujours une œuvre d'héroïsme et d'amour. Les formes imprécises qui semblent errer dans sa solitude, à l'heure accablante où rôde le démon de midi, à l'heure crépusculaire lorsque l'Etoile du berger tremble à l'horizon incertain, ne sont pas toujours des formes de clarté comme celles qui gardaient le troupeau de Solange pendant que priait la pastoure. Les « mauvais bergers », sont aussi fréquents que les saints bergers, et une histoire de leurs méfaits magiques serait infiniment curieuse.

Les plus renommés pour leurs sortilèges étaient ceux de la Brie. Peut-être devaient-ils cette famosité à une étrange affaire jugée en dernier ressort par le

Parlement de Paris en 1691 et qui montre à l'œuvre toute une association de bergers sorciers.

Le factum à la requête du plaignant débute par ces considérants remarquables.

« ... Expose... qu'il s'agit dans ce procès d'un crime public, et *de délivrer toute la province de la Brie de l'esclavage où elle est sous la tyrannie des bergers*, dont les maléfices sont parvenus à un tel point qu'il n'y a pas de fermier dans cette province qui n'en ait ressenti les funestes effets, non seulement par la mort de leurs bestiaux, mais même par celle des hommes à la vie desquels ils commencent à attenter par les mêmes maléfices.

... « Il se verra que de pauvres femmes, veuves sans défense, ont été obligées de s'abandonner à leurs bergers, par les menaces qu'ils leur faisaient de faire périr leurs troupeaux ; qu'ils se servent de même de mémoires et conjurations pour obtenir la compagnie charnelle de femmes et de filles, et pour *encheniller*, c'est-à-dire faire mourir de langueur des fermiers et autres qui leur déplaisent.

« ... L'intérêt même de Sa Majesté se rencontre en la punition de ces crimes, en ce que, par la ruine des principaux fermiers de la province de Brie, leurs impôts tombent sur d'autres pauvres habitants qui en sont accablés et ne paient ni le Roi, ni leurs maîtres. »

Une requête des habitants de la contrée au Roi confirme les assertions du factum. Le crime de *Pierre Hocque* n'était donc pas nouveau en Brie.

Ce Pierre Hocque était berger chez le sieur Eustache Visier, receveur de la terre et seigneurie de Pacy, près Brie-Comte-Robert. Il passait pour grand clerc et même pour sorcier, connaissant les vertus des plantes, sachant lire, possédant une petite bibliothèque composée du grand Albert, de l'*Enchiridion* et de quelques autres grimoires que vendaient alors les colporteurs. Du reste, il ne semble pas qu'on eût rien à lui reprocher, hors son humeur farouche et sournoise.

Le sieur Visier se prit de querelle avec ce berger lettré et le chassa. Peu après il s'aperçut que ses moutons, ses chevaux, étaient atteints d'un mal mystérieux. Ils moururent par dizaines. Malgré tous les soins et les remèdes, Visier en perdit pour cinq à six mille livres.

Convaincu que son ex-berger avait jeté un sort sur ses troupeaux, le fermier rendit plainte devant le bailli de Pacy. Plusieurs témoins accusèrent Hocque de s'être livré à des opérations magiques. Le bailli, pourtant, ne retint pas le crime de magie. Le berger fut condamné aux galères pour neuf ans, comme coupable d'avoir fait mourir les troupeaux de son ancien maître au moyen d'un poison que les bergers de Brie appelaient des « guogues ».

Ici commence l'intérêt de l'histoire.

« Le dit Hocque, étant détenu à la Tournelle en attendant la chaîne, et le sieur Eustache Visier voyant que ses chevaux, vaches, bêtes à laine continuaient de mourir, il trouva moyen de se servir de l'entremise du nommé Béatrix, autre forçat, pour l'exciter à faire cesser cette mortalité, qui le ruinait complètement. A quoi le dit Béatrix s'étant employé par l'espoir de quelque récompense, le dit Hocque lui avoua (1) qu'il était vrai qu'il avait mis un sort d'empoisonnement sur les bestiaux du dit Pacy (*Visier*) qui devait durer cinq ans, ajoutant qu'il n'y avait que le nommé Bras-de-Fer, ou le nommé Courte-Épée, aussi bergers, qui le pussent lever, et, à la prière du dit Béatrix, offrit d'en charger l'un ou l'autre.

« Mais, ne sachant pas écrire, il dicta une lettre au dit Béatrix et l'adressa à son fils aîné Nicolas, par laquelle il lui mandait d'aller au lieu de Courtois, près de Sens, prier de sa part le dit Bras-de-fer de venir à Pacy lever le dit sort, sans marquer au dit Bras-de-Fer qui en était l'auteur.

« Cette lettre dont l'original est au greffe de la cour, fut portée. Mais à peine était-elle partie, que le dit Hocque, faisant réflexion sur ce qu'il avait fait (2), tomba dans une manière de désespoir, s'écriant que Béatrix lui avait fait faire un chose qui allait être cause de sa mort; qu'il ne pouvait l'éviter au moment même où Bras-de-Fer lèverait le sort. Il accompagna ces paroles de clameurs et de contorsions si extraordinaires qu'il souleva tous les forçats contre Béatrix, et qu'ils l'auraient assommé sans le secours du sieur de la Mothe, capitaine du château de la Tournelle, et de ses gardes, qui les en empêchèrent. Ce fait est déposé au procès. Le dit Hocque demeura dans le même désespoir pendant cinq ou six jours, au bout desquels il mourut.

« Sur quoi *il est à remarquer que ce fut précisément au même jour où ledit Bras-de-Fer commença de lever le sort*. En effet, Bras-de-Fer s'étant rendu à Pacy, trouva, au moyen de figures et d'impiétés exécrables, la charge (3) qui était sur les chevaux et sur les vaches, et la jeta au feu en présence du sieur Visier et de ses domestiques; mais en même temps il témoignait le plus grand regret parce que *l'Esprit lui avait révélé* que c'était Hocque qui avait fait ladite charge et *qu'il mourait à cette heure même à six lieues dudit*

1. « Hocque était en état d'ivresse, dit un autre rapport.

2. « Les fumées du vin dissipées. »

3. C'était un vase de fer, contenant un mélange de graisse, de sang et d'herbages, enterré dans l'écurie.

Pacy, qui est justement la distance de Paris; que c'était une femme qui avait causé ce désordre, *et qu'elle mourait aussi à une lieue et demie dudit Pacy.*

« Et, en effet, il est justifié au procès que la femme Hocque avait contribué à ce malheur en excitant le ressentiment de son mari et de ses enfants contre le plaignant *et que cette femme était morte* (à l'heure dite) *effectivement à une lieue et demie de Pacy*, en un endroit où Hocque s'était précédemment retiré.

« Si la Cour désire s'éclaircir du fait concernant l'étrange mort dudit Hocque, elle en trouvera la preuve dans son greffe, avec le procès qui, depuis, a été fait tant audit Bras-de-Fer qu'aux enfants de Hocque et aux nommés Petit-Pierre et Jardin, ses complices... (1). »

En effet, l'affaire ne s'arrêta pas là. Le dit Bras-de-Fer s'était montré naïf pour un sorcier de ne pas envoyer promener le mandataire de Hocque, en assurant qu'il n'entendait rien à tout cela. Par surcroît, cet ingénu magicien refusa de lever le sort jeté sur les moutons, disant que ce sort avait été jeté par les enfants de Hocque, et qu'il ne voulait pas tuer ces pauvres petits comme leurs parents.

Le sieur Visier s'empressa de faire arrêter Bras-de-Fer, les enfants de Hocque et deux bergers, Petit-Pierre et Jardin, présumés leurs complices dans le sortilège. « Il fut de plus trouvé chez Jardin des livres et mémoires de magie, chargés de divers caractères, contenant le moyen de faire mourir les bestiaux, d'attenter à la vie des hommes et à l'honneur des femmes, ainsi que plusieurs oraisons à l'Esprit et invocations au Démon. Ce livre est au greffe de la Cour. »

Il intervint contre Bras-de-Fer, Petit-Pierre et Jardin, sentence (23 janvier 1688) par laquelle ils furent condamnés à être pendus et brûlés, les deux fils et la fille de Hocque condamnés au bannissement perpétuel. Sur appel, cette sentence fut infirmée, les trois bergers condamnés seulement aux galères et les enfants de Hocque bannis pour neuf ans. Loin de garder leur ban, ils allèrent, dès leur sortie de prison, « arroser de vinaigre la charge sur les moutons », si bien que la mortalité recommença. Le sieur Visier les fit de nouveau arrêter, et ils furent condamnés à mort, sentence que la Cour infirma encore, abaissant la peine aux galères pour les deux fils et au bannissement pour la fille.

Le receveur de la terre et seigneurie de Pacy put croire qu'il allait vivre en paix. Mais il n'en fut rien. La sombre cabale des bergers de Brie l'avait condamné. Ruiné entièrement, il dut quitter la recette de Pacy. Le sieur Lefebvre, secrétaire du Roi, seigneur de ladite terre, entreprit de la faire valoir lui-même. En peu de jours, il perdit plusieurs chevaux et quarante-six moutons.

Une nouvelle instruction fut ouverte contre les bergers jeteurs de sorts. On arrêta Pierre Biaule, parent de Hocque, et un nommé Lavaux Médard. Ils avouèrent qu'ils avaient fait périr les bestiaux par le moyen d'un maléfice qu'ils nommaient entre eux les *neuf conjurements*. Biaule et Lavaux furent pendus et leurs corps brûlés.

***

Deux choses intéressantes dans cette affaire. Au point de vue de l'étude historique des mœurs, il est assurément curieux de voir fonctionner dans la Brie du XVIIe siècle, cette sorte de Sainte-Wehme de bergers maléficiants. Au point de vue du Merveilleux, la mort soudaine de Hocque et de sa femme, au moment prédit où l'autre berger défaisait « leur sort », est un fait véritablement extraordinaire.

Hocque seul, prédisant sa mort et mourant en effet, on se l'expliquerait sans peine. Ce serait de l'auto-suggestion. Toutefois, il ne savait pas quel jour on « lèverait la charge ». Il faudrait admettre encore une coïncidence curieuse. Mais la prédiction du berger Bras-de-Fer : « Hocque va mourir à six lieues d'ici. » Mais la mort de la femme du berger, à la même heure ?

Ce problème macabre a été longuement étudié par plusieurs médecins du temps. L'un d'eux, le sieur Saint-André, prétend le résoudre d'une manière assez curieuse. Il refuse d'abord de croire à un pacte diabolique. Ce serait offenser la dignité d'un aussi grand personnage que Lucifer, de supposer qu'il peut entrer en rapport avec des manants tel qu'un berger de Brie.

« La mort de Hocque, dit-il, est un événement purement naturel, qui ne saurait avoir d'autre cause que les émanations venimeuses sorties de la « gogue » au moment où elle a été levée, *et qui ont été emportées vers ce malfaiteur par celles qui étaient sorties de son corps lorsqu'il la préparait.*

« Tant qu'elles ont été cachées dans la terre, elles y sont restées et s'y sont conservées sans aucune dissipation. Mais quand Bras-de-Fer a levé la charge, ces esprits sortis du corps de Hocques, se trouvant en liberté, sont retournés vers le lieu de leur origine, et ont entraîné avec eux les parties les plus malignes et les plus corrosives, qui ont agi sur le corps de ce malheureux berger comme elles faisaient sur celui des animaux qui les flairaient. »

Comment, en vérité, la superstition peut-elle per-

1. *Factum par le sieur de Visier...* Lainé, rapporteur.

sister sur terre alors que la science est toujours prête à nous fournir sur les faits merveilleux des explications aussi simples, aussi limpides et aussi satisfaisantes que celle-là?

GEORGE MALET.

LA QUINZAINE A TILLY

LE 18 MARS

Après vingt-deux mois d'observations et d'études, je pensais que ce deuxième bout de l'an, cette dernière visite à Tilly, ne devait plus avoir pour moi qu'un intérêt relatif.

Saturé d'extases, imprégné de merveilleux, je m'attendais presque à subir le sentiment très humain de lassitude qu'engendre fatalement la fréquence des spectacles, et voilà que, devant les Voyants, je suis encore empoigné par le fait très simple et très beau des ravissements.

Qu'y a-t-il donc dans tout cela et d'où vient cette indéniable attraction qui séduit, qui trouble si doucement, qui supprime cette fatigue émanant des choses trop-vues, trop observées?...

17 *mars*. — C'est toujours l'hiver, les haies d'ormes sont encore dépouillées, mais, sous un ciel gris, très fin, presque lumineux, flotte un air tiède, printanier.

A ceux qui prétendent que Tilly est définitivement enterré, je puis affirmer, une fois encore, que les hôtels sont bondés, que l'habitant est mis en réquisition et que la table d'hôte, trop petite, est des mieux composées,

Chez le Doyen, même accueil amical. Je retrouve comme par le passé l'homme froid, réservé. Je ne saurais comprendre autrement l'observateur, le confident intime des Voyantes; je trouve correcte son attitude que tant d'autres trouvent désespérante.

Du Doyen chez la Voyante, il n'y a qu'un pas, c'est une visite indiquée. A Tilly, l'hôtel, la recherche de ce confortable qui est une des grandes préoccupations du voyage, devient presque un détail.

« On camperait volontiers ici, » me disait un ami, le marquis de R...

Je retrouve Marie comme je l'avais laissée, il y a six semaines, un peu plus fatiguée peut-être, mais toujours bonne, toujours gaie.

— Et votre santé?

Elle sourit tristement, fixe sur moi son œil clair :

— Mauvaise, oh! bien mauvaise.

En effet, son bras droit est considérablement enflé, un linge ensanglanté entoure son poignet, elle souffre cruellement de l'épaule à l'extrémité des doigts.

— Qu'avez-vous aux poignets?

— Ce n'est rien, me dit-elle.

J'insiste, un tiers me dira ce qu'elle hésite à me confier. Voilà le fait.

La semaine dernière, pendant le Chemin de Croix, devant le statue du Calvaire, la pauvre fille éprouva subitement une si intense douleur qu'elle faillit s'évanouir. Craignant d'attirer sur elle l'attention du public, dans le sentiment infini de souffrance, elle déchira de ses ongles la chair de son bras.

Pendant cette visite d'une heure, pas une plainte, pas un mot de découragement, toujours le même visage souriant, sillonné parfois d'une crispation douloureuse, rapide comme l'éclair.

Où donc peut-elle puiser cette énergie incomparable, la pauvre endolorie, qui vit désormais sans sommeil, sans nourriture?

18 *mars*. — L'anniversaire, le deuxième bout de l'an de l'apparition.

La Voyante assiste à la messe de l'aurore, immobile dans son capulet blanc; elle est là comme dans ses extases, naturelle, peu suggestive: tout cela satisfait mon esthétique, donne du poids à mes observations.

« J'ai le regret d'être revenue pour voir toujours la même chose », disait une personne assoiffée de merveilleux, mais qui n'éprouve de véritables émotions qu'en présence des sensationnelles extases; les murs qui ont des oreilles, des bouches aussi, peut-être, m'ont rapporté ce propos. Je l'enregistre avec plaisir, il vient à l'appui de cette simplicité que j'apprécie toujours, il a sa valeur.

A 4 heures, la Voyante arrive; quelques bancs disposés dans la pâture permettent aux nombreux spectateurs de voir l'extase sans se bousculer.

Très radieuse, cette extase; elle ne débute pas par un tremblement nerveux, comme le racontait l'autre soir *la Patrie*; la voyante, à genoux dans un petit vent frais, très frais même, n'est pas inondée de cette sueur froide dont parle le même journal, elle est au contraire calme, transfigurée, resplendissante.

Longues prières, ardentes invocations, court colloque avec l'apparition, agréable, à coup sûr, à en juger par la beauté, la sérénité du visage de l'extatique.

19 *mars*. — Beaucoup de monde dans l'enceinte de la petite chapelle. On attend Marie à 3 h. 1/2. Chacun prépare sa place, j'entends quelques propos aigres-doux, les caractères s'affirment par des paroles, par des gestes, par des bourrades, mais qu'importe tout

cela? En attendant l'heure du recueillement, c'est le côté humain qui se manifeste, inévitable.

La barrière s'ouvre, c'est une course folle dans la prairie, les jeunes filles arrivent bonnes premières, elles choisissent les meilleures places. C'est un droit acquis.

Quarante-cinq minutes d'extase charmante, que l'on me pardonne ce mot profane. L'attitude du public est calme, recueillie, émue. Il subit le charme de l'ineffable prière de la voyante.

Le soir est venu, plus de vent, c'est l'heure exquise où tout est profondément calme. Comme le boulevard est loin!

20 *mars*. — M. G... est arrivé hier très tard, c'est aujourd'hui qu'il doit avoir sa dernière vision, sa dernière extase. Je rencontre cet humble à l'église dans un coin de la chapelle Saint-Joseph, il a la fièvre, paraît à bout de forces. « Je n'en peux plus, » me dit-il. Malgré tout, il veut monter à pied au champ, c'est pour lui un pèlerinage, un calvaire plutôt.

A 1 h. 1/2, il arrive lentement, il est exténué, s'arrête devant la petite chapelle ; l'extase arrive vite. Tout à coup, il se dirige à droite, entre dans la pâture entouré par la foule qui le bouscule; mais il n'a pas conscience de tout cela, sa vision est là, devant lui, elle le dirige.

Arrivé à une centaine de mètres de l'ormeau, M. G... s'arrête, désigne du doigt l'espace devant lui. « C'est là, » dit-il. Puis il s'abîme dans une indicible prière, il supplie la Vierge, lui demande la guérison des infirmes, l'amour de la prière. Tout cela est admirable.

Vingt minutes d'extase, d'attitude suppliante, d'une sublime simplicité.

Maintenant, les cloches sonnent à toute volée, la foule descend vers l'église, par petits groupes.

M. G..., le moribond de tout à l'heure, est désormais plein de force. J'ai dit, par ailleurs, que Marie Martel se réconfortait toujours au contact de son apparition. Je rapproche les deux faits, sans commentaires.

J'ai pu avoir avec le voyant, dans l'intimité, une longue conversation. J'attachais une importance capitale à cet entretien. Maintenant, je suis fixé.

M. G... a eu une vision très nette, il sait l'avenir de Tilly, du moins, l'affirme-t-il. La Vierge lui a dit : « Je veux telle chose ici. » Elle n'a pas exprimé un désir, mais d'une voix ferme et douce, elle a dit, elle a affirmé sa volonté.

La discrétion ne me permet pas de rapporter toute sa conversation, l'avenir nous éclairera.

Marie Martel monte au champ après les vêpres, elle ne doit pas voir la Vierge mais entendre seulement sa voix.

Physiologiquement, cette extase devant avoir pour nous une portée considérable, quelle sera son attitude ?

Un des plus fins observateurs des faits de Tilly étudie avec soin cette délicate question.

Devant le nuage resplendissant, mais fermé, Marie n'a plus ses élans, son visage exprime l'étonnement, elle écoute dans une respectueuse attitude ; mais Jeanne d'Arc apparaît et le rayonnement revient. « Vénérable Jeanne d'Arc, priez pour nous. » Elle clame cette invocation pendant ces courtes extases; l'héroïque Vierge semble lui apparaître pour la soutenir et la consoler.

Simple reporter, j'ai noté mes impressions, maintenant mon rôle est terminé, j'attends l'avenir, le jugement autorisé, et je déclare hautement que je l'accepte sans restrictions et sans arrière-pensée.

Paris, 21 *mars, cinq heures du soir*. — Résultat complet des courses, *le Jour*, *la Patrie*, les dernières nouvelles. Hélas ! les émotions si douces de là-bas ne sont plus; il faut retomber dans les réalités des choses sociales et politiques... C'est la vie.

Mis DE L. L.

LA QUINZAINE

Vendredi 18 mars. — Le second anniversaire de la première apparition a attiré à Tilly de nombreux pèlerins. Il y avait foule au champ Lepetit, et, depuis le matin jusqu'au soir fort tard, les prières se sont continuées sans interruption devant la statue de la Vierge placée dans la petite chapelle provisoire.

Marie Martel devait se rendre au Champ à 4 heures. Bien avant cette heure l'enceinte de la chapelle était remplie de monde. On récitait le rosaire dans le plus grand recueillement, à chaque dizaine on chantait des cantiques.

A 4 h. 1/4 arrive la voyante qui s'arrête un instant pour prier devant la chapelle. Pendant ce temps la foule s'empresse de passer dans la pâture, où ira bientôt se placer l'extatique. Les bancs qu'on a apportés à l'avance pour faciliter à tout le monde la vue de la voyante sont vite garnis.

Marie aussitôt arrivée à sa place se met à genoux et commence la récitation du chapelet. Elle en récite une dizaine. Puis ses paupières s'agitent plusieurs fois, son regard se fixe et l'extase se produit. Il est 4 h. 1/2.

Au début, la voyante parle très bas. Elle récite le *Notre Père* et le *Je vous salue Marie*. Ses mains sont jointes. Elle invoque Jésus Fils de David, la Vierge et Jeanne d'Arc, demande ensuite des guérisons et fait un grand signe de croix.

Après une prière à la Sainte Vierge elle invoque par sept fois et assez fort saint Gabriel. « Je serai bien contente, dit-elle... J'accepte, donnez-moi la force... Que c'est beau !... Je serai bien contente... Faites des miracles, que l'on croie en vous ! » Puis, ce sont de nouvelles invocations à Jeanne d'Arc, Jésus Fils de David, saint Gabriel et la Reine du très saint Rosaire. La voyante fait alors un deuxième signe de croix, puis élève un peu les mains et on l'entend prononcer : « Toutes les belles étoiles ! » Les invocations recommencent. Pendant les prières et les invocations, les bras de la voyante sont restés chargés de chapelets déposés par les pèlerins.

L'extase s'est terminée après avoir duré quarante-cinq minutes. En même temps que Marie Martel une personne très honorable et très digne de foi a vu des anges : deux d'entre eux présentaient une banderole sur laquelle étaient écrits ces mots : *Notre-Dame de l'Espérance.*

Samedi 19. — A 3 h. 1/2 arrive Marie Martel. Assistance aussi nombreuse que la veille. Après la récitation de deux dizaines de chapelet, l'extase se produit. Elle dure quarante-deux minutes. La voyante voit saint Joseph qu'elle invoque quinze fois de suite. Elle demande des grâces particulières et la guérison des malades ; puis on l'entend prononcer : « Saint Joseph, montrez-vous à tous... Comme c'est éblouissant !... Je vous en supplie, faites que ce soit aujourd'hui... prenez le petit enfant sous votre sainte protection... Protégez-le et toute sa famille ». Elle demande la délivrance des âmes du Purgatoire, et se remet à prier.

Un instant plus tard la voyante recommence à parler, mais très bas. On entend cependant. « Elle en voit aussi tomber, elle est bien contente !... » Au moment où la vision est sur le point de disparaître, la visionnaire la supplie de rester encore. « Oh ! ne vous en allez pas, je vous en supplie ! » Le regard s'élève un peu ; les mains jointes se portent à hauteur du visage ; Marie prononce encore : « Je ne vous vois bientôt plus, ma bonne Mère ! » Puis la tête s'incline en avant, la vision a disparu.

Dimanche 20 mars. — De toutes les personnes venues à Tilly pour le 18, très peu sont reparties. Chacun est resté pour assister à la dernière vision de M. G...

On ne sait pas exactement l'heure où il se rendra au Champ, car on n'ignore pas qu'il est très souffrant. D'aucuns même font circuler le bruit qu'il ne pourra pas monter au champ Lepetit.

Vers midi, le bruit se répand qu'il doit s'y rendre à 1 h. 1/2. Dans tout le pays on s'empresse de monter au Champ pour arriver avant l'heure indiquée.

M. G... arrive près de la chapelle, bien malade, en effet ; il a peine à se soutenir, plusieurs personnes l'accompagnent. Il vient bien lentement.

Aussitôt arrivé devant la statue de la Vierge il se met à genoux et récite tout bas une prière.

Sa prière achevée, il se relève et demande qu'une personne récite le chapelet.

A la fin de la deuxième dizaine, la vision apparaît. Se tournant du côté droit, M. G. fait le geste de montrer avec le roigt et dit : « C'est de ce côté-ci ! » Et il se met en madche dans la direction de la pâture, en arrière de la chapelle. Arrivé à la barrière, il s'arrête un instant, porte le doigt en avant et dit : « *Ici* ! » Puis il continue de marcher en entrant dans la pâture et en suivant la direction de la haie du côté droit. Il invoque, en marchant, la Reine du très saint Rosaire. Après avoir marché l'espace de 80 mètres environ, il s'arrête de nouveau en disant : « C'est ici ! C'est bien ici... Y a-t-il besoin d'une preuve ?... Non... Je serais bien incapable... Je ferai ce que vous voudrez... Oh ! il faut prier, prier beaucoup... La Sainte Vierge le demande. On prie cependant... Il y en a qui ne prient pas... Que faut-il faire ?... Réciter le rosaire... Maintenant vous ferez de moi ce que vous voudrez... Je vous le demande puisque vous l'accordez... C'est bien ici ! » En prononçant ces dernières paroles M. G... étend la main droite, en avant comme pour désigner un emplacement, et le voyant répète par trois fois : « Oui c'est bien ici... On commencera bientôt... » Ensuite, ce sont des demandes particulières. L'extatique recommande à sa vision huit petits orphelins. « Je vous recommande aussi mes frères (ou mon frère), mes sœurs, mes trois petits neveux. Qu'ils soient bons chrétiens et qu'ils aient une bonne mort ! C'est ce que je vous demande, ma bonne Mère ! » Suivent des invocations à Marie et à la Reine du très saint Rosaire.

Le regard s'élève un peu et l'extatique prononce le mot, *guérison*, avec une intonation de voix qui fait croire qu'il lit ce mot. Il invoque plusieurs fois saint Bernard. — L'expression du visage devient un peu triste et on entend ces paroles : « Ma bonne Mère, c'est la dernière fois que je vous verrai... Je vais m'agenouiller... Je ne veux pas rester debout en votre présence. » Et, en même temps, il tombe à genoux. « C'est le dernier jour, dit-il, quel sacrifice !... Puisque vous le voulez que votre volonté soit faite !... Je reviendrai ici... Oui... Vous prier. (Il répète ces mots plusieurs fois.) Vous m'avez accordé tant de grâces quoique bien indigne !... Oh ! accordez les grâces aux personnes qui les sollicitent ! » Les mains s'élèvent à hauteur d'épaule, la paume tournée en dehors. Le visage devient radieux. Il dit : « Je ne souffre plus, ma bonne Mère ». Puis : « Le petit enfant est ici, sur lequel vous avez jeté un regard de bonté... Vous le regardez !... C'est votre désir... Merci, ma bonne Mère... Oh ! vous remontez !... » La tête s'incline en avant. La vision a duré vingt minutes.

Durant sa vision, le voyant a vu une maison de prêtres séculiers qui doit s'élever à la place même choisie par la vision. Le nom du directeur lui a été révélé, ainsi que celui de quatre prêtres qui doivent l'accompagner. Le voyant a révélé leurs noms à l'autorité esclésiastique : Dans la même vision M. G... a vu également la Vierge dans l'attitude de l'Immaculée Conception, environnée d'une pluie d'étoiles.

Après les offices de l'après-midi, Marie Martel s'est rendue au Champ. Elle a eu une extase de vingt-cinq minutes. Mais elle n'a pas vu sa vision, elle n'a entendu que sa voix. Des anges et Jeanne d'Arc lui sont apparus ensuite.

Vendredi 25. — A 3 h. 1/2, Marie Martel est au champ Lepetit. Elle a une vision a peu près semblable à la précédente. Elle ne voit pas la Vierge. Elle récite le rosaire, en invoquant Jésus, Fils de David, après chaque *Je vous salue Marie.*

Y.

CORRESPONDANCE

Cher Monsieur Mery,

Il paraît que j'ai scandalisé un de vos lecteurs *en affirmant comme célestes* les visions de Louise Polinière. J'en suis désolé, car en vous écrivant, sur votre demande, ce que je savais de cette enfant je croyais n'avoir jamais employé d'affirmations. J'ai dit : je crois ; mais ce mot je l'emploie journellement pour *je pense* et je n'ai jamais eu l'intention de formuler *un credo*. Je n'exprimais qu'une idée personnelle. Croyez bien, cher Monsieur, que je n'ai jamais essayé d'imposer mon opinion ; je respecte trop celle des autres et je sais parfaitement que chacun est libre de penser ce qu'il voudra des événements de Tilly.

Soyez surtout persuadé que je suis loin de vouloir devancer le jugement de l'ordinaire et que rien n'autorise cette supposition, car j'ai toujours été et je suis avant tout respectueux de l'autorité ecclésiastique. Je ne veux en aucune façon rester sous le coup d'une suspicion à cet égard, et si, dans mes écrits, il y a quelque chose de répréhensible, je suis tout disposé à le désavouer en public comme en particulier.

Encore une fois, je suis désolé d'avoir prêté le flanc à semblable interprétation. En répondant à votre désir, je n'ai voulu que raconter ce que j'ai vu, ce que j'ai entendu, et je n'ai pas cherché à imposer ma manière de voir à personne.

Quant à la fin de Louise qui se dit appelée au Carmel, je n'ai pas à savoir si elle est vulgaire ou sublime. Je ne sais pas davantage s'il y a des rapports entre elle et l'avenir de Tilly. Mais ce que je sais, c'est que, si c'est Dieu qui a fait toutes les choses étonnantes, il saura bien les mener à bonne fin.

Et j'attends avec soumission le jugement que les sages et les savants prononceront par la bouche de Monseigneur de Bayeux quand l'heure sera venue.

J'avais encore bien des choses intéressantes à vous dire, mais je m'abstiendrai dorénavant et il ne me reste plus qu'à vous saluer bien cordialement.

Un témoin.

Espérons que notre correspondant, qui s'est mépris sur nos intentions, reviendra sur sa décision et qu'il ne voudra pas priver nos lecteurs des choses intéressantes qu'il a à nous dire sur Louise Polinière, et que seul il est en situation de connaître.

A propos de Nostradamus

Mon cher Directeur,

Vous m'autorisez à répondre quelques mots à M. Timothée. J'ai à répondre ceci :

L'abbé Torné-Chavigny est mort après le comte de Chambord, vers 1885, ayant eu tout le temps de constater l'inanité de ses prédictions concernant ce Prétendant. J'avais six ans alors et j'étais très précoce. J'ai retenu ses discours et, parvenu à la puberté, j'ai rejeté ses scholies comme fantaisistes. Ce renseignement d'état civil, qui paraît préoccuper M. Timothée, établit que je n'ai point encore tiré au sort. Comme le style de mon contradicteur est fort « rassis » si son raisonnement est enfantin, je conclus, de mon côté, qu'il est de l'âge de mon père.

Mais l'âge n'y fait rien. Mon printemps va s'efforcer de démontrer à son automne le bien fondé de mon « Essai sur Nostradamus ».

J'ai basé mon système sur l'hypothèse. C'est ce que tout bon catholique — et je le suis — doit faire, l'Eglise infaillible s'étant réservé le droit exclusif de poser la thèse, c'est-à-dire de définir la signification exacte des prophéties.

J'ai fondé mon hypothèse sur des inductions et j'ai appuyé mes inductions sur des faits certains et sur des autorités considérables. N'est-ce pas ainsi qu'on doit procéder en toute matière et particulièrement en matière aussi délicate qu'une prophétie?

J'ai relevé dans Nostradamus des aveux qui ne laissent aucun doute sur l'attachement de ce faux converti aux pratiques sacrilèges de ses ancêtres, les kabbalistes et les sorciers. M. Timothée assure que Nostradamus était baptisé comme son père et son aïeul. Mais l'Europe en est peuplée de juifs faux chrétiens qui reçoivent le baptême, depuis vingt générations et non pas trois, et qui restent entêtés dans leur aveuglement. Il s'en est levé cinquante mille en Espagne, après 1833, que l'on croyait sincèrement catholiques depuis 1492. Il s'en est levé dix mille en Bretagne, après 1791, qui, flétris du sobriquet infamant de *caqueux*, avaient traversé plus de cinq siècles sous le manteau de l'hypocrisie, depuis l'édit d'expulsion rendu par le duc Jean, en 1239, et le mercredi d'avant Pâques.

M. Torné et M. Timothée expliquent les sacrilèges et les idolâtries de Nostradamus d'une façon qui aggrave le cas de leur auteur. Ils disent qu'il a menti et s'est diffamé. Mais c'est un gros péché de mentir et un crime de se diffamer comme de se suicider.

Nostradamus vaticine le retour de la Synagogue à l'Eglise. Il est en désaccord, sur ce point, avec tous les Pères de l'Eglise, sauf trois. Les autres enseignent, en effet, que l'apostasie des juifs est irrémissible, se fondant sur ce passage de la première épître de saint Paul aux Thessaloniciens :

« Les juifs, ennemis de tous les hommes, comblent « tous les jours la mesure de leurs crimes, et la « colère de Dieu s'est appesantie sur eux pour l'éter« nité — *usque in finem* en latin, εις τελος en grec. »

Je cite toujours de mémoire, étant enfoui dans un trou dénué de bibliothèque sérieuse.

N'importe ! cette mémoire est assez fidèle et je me crois de force à soutenir la discussion sur le sens sinon sur la lettre de mes citations.

« Mais l'esprit vivifie et la lettre tue! »

Nostradamus appelle la Synagogue « un arbre stérile et sans fruits. » Et voilà pourquoi M. Timothée lui décerne un brevet de bon chrétien. Un juif équivoque seul a pu s'exprimer comme Nostradamus. Un bon chrétien aurait dit que la Synagogue est « un arbre vénéneux portant des fruits de mort. »

Enfin, Nostradamus prédit un règne glorieux à un dernier roi de France. Nous l'attendons, avec une certaine impatience, ce grand roi, depuis quinze cents ans. La prophétie très précise s'en trouve dans un écrit qui remonte à saint Martin et que quelques-uns attribuent même à saint Augustin. Elle a défrayé mille commentaires et Nostradamus n'a pas fait grand effort pour la découvrir et la transcrire en patois franco-judische.

Cette prophétie est-elle un leurre ?

J'espère fermement que non, mais *chi lo sa?* Dans son *Rappel des Juifs*, publié en 1643, Isaac de la Peyrère, juif baptisé comme Nostradamus, insinue que ce dernier roi des Francs sera surtout un roi de la Juiverie, et cela me rend perplexe.

Je concède que Nostradamus n'a pas nommé Danton mais qu'il a nommé Narbonne, Saulce, et, j'ajouterai, M. de Bourgoing et Léon XIII. Nous sommes donc d'accord sur le fond. M. Timothée ne veut pas que son auteur ait trouvé ces noms dans les livres mystérieux de la Kabbale et moi je le soupçonne de les y avoir trouvés. Ce détail nous différencie.

Mon critique me demande où sont les livres sibyllins. Je le demande aussi et mon article a précisément pour but d'encourager les érudits à le chercher.

M. Timothée assure que Nostradamus, médecin *savant* — qu'en sait-il? — administrait à propos des vomitifs aux pestiférés.

Mais alors ! nommons Brouardel prophète et canonisons Germain Sée, puisqu'il est mort !

Recevez, mon cher Directeur...

P. de Charliac.

Une négligence typographique a fait dire à M. Erny dans sa lettre ouverte à Francisque Sarcey : « J'ai approuvé votre sage réserve, dont vous êtes sorti impudemment en publiant, dans la *Dépêche*, l'article reproduit par l'*Echo*. » Nos lecteurs ont rectifié d'eux-mêmes. C'était imprudemment qu'avait écrit M. Erny.

CHEZ LA VOYANTE

Nous n'avons pu, dans notre dernier numéro, donner le compte-rendu des séances du 3 et du 10 mars. Beaucoup de nos lecteurs s'en sont plaints. Nous allons les dédommager aujourd'hui en leur donnant, en une seule fois, le compte-rendu des trois dernières réunions. Il y a peut-être, d'ailleurs, avantage à en user ainsi. Il est rare qu'on puisse, dans la même séance, saisir des phrases qui aient un sens complet. Mais comme l' « Ange » revient toujours, au commencement de chaque réunion, sur ce qu'il a dit dans les précédentes, on a quelque chance — si on assiste de suite à deux ou trois réunions, avec l'intention arrêtée de ne s'intéresser qu'à certains faits auxquels il a été fait allusion déjà, sans se laisser distraire l'esprit par aucune prédiction nouvelle — d'arriver à recueillir, sur le même sujet, des phrases ou des bribes de phrases suffisamment nombreuses pour qu'il soit permis, en les rapprochant les unes des autres de fixer un texte à peu près exact. C'est, du moins, la méthode que je vais essayer d'employer à l'avenir. Nous la jugerons à ses résultats.

A la séance du 3 mars, l' « Ange », sans y insister, avait dit :

Un crime va se passer...
Dans Paris va se passer...
Un parti à cet homme est donné...
Quand sa mort va se passer,
Des documents seront montrés
Qui vont vous certifier...

Ces bouts de phrases, saisis au vol, semblaient se rattacher au même fait. A la séance du 10 mars, j'avais chargé la personne qui me remplaçait de porter surtout son attention sur ce fait-là. Malheureusement, dans les notes qu'elle m'a remises, je n'ai rien trouvé qui s'y rapportât. Par contre, à la séance du 24 mars, où j'assistais moi-même, je fus plus heureux. Je pus enregistrer les paroles que voici :

... Car un crime doit se passer
Sur un homme qui est aisé :
Je vous en ai causé.

(Je souligne, en passant, le mot *causé* qui est incorrect. On ne cause pas *à* quelqu'un ; on cause *avec* quelqu'un. « L'ange » jadis aurait dit : *Je vous en ai parlé.* La remarque peut paraître oiseuse. Je la fais cependant pour en tirer plus tard des conclusions).

Puis, toujours sur le même fait, ces autres phrases :

Une rumeur doit s'élever
Quand ce crime doit passer...
Sur un homme sera porté,
Et qui est haut monté :
C'est dans un lieu aisé
Dont vous n'avez idée...
Des crimes de tous côtés ;
Un surtout doit s'élever
Une violence sera donnée,
Contre un homme sera donnée...

De l'ensemble de toutes ces phrases, il semble assez clairement résulter ceci : c'est qu'un assassinat menace un homme politique, puisque c'est un chef de parti, et que cette « violence » qui sera commise « à Paris » produira une « rumeur ». Serait-ce l'annonce d'un nouveau crime à la Caserio?

« Des documents seront montrés, qui vont vous certifier... » avait dit l' « Ange ». Cela semblait indiquer que la mort violente de « l'homme haut monté », ne serait pas sans conséquence au point de vue de l'avènement du roi futur, puisque, si on se reporte aux prédictions antérieures, l'avènement de ce roi est subordonnée à la découverte de certains papiers, devant établir son origine royale.

J'appliquai donc mon attention à retenir ce que l' « Ange » dirait du roi. J'ai pu enregistrer les paroles suivantes :

Le roi va être montré
Et c'est de vous approché...
La honte sera donnée
A plusieurs qui se sont moqués...
Bien des gens vont regretter
Et leur habit vont retourner...
Le roi va être montré,
Non ici, de ce côté,
Mais son étoile va briller...
Un homme que je vois monter
Voudra la mission empêchée...
Je vois qu'il va monter
Ce n'est pas éloigné...
Mais il ne va faire qu'aider
Car Dieu saura l'ôter...

De l'ensemble de ces citations tronquées, on pourrait peut-être extraire cette proposition : L'homme que Dieu *saura ôter*, l'homme que l' « Ange » *voit monter* est précisément celui qu'un crime inattendu frappera, causant partout une grande rumeur. Il sera frappé, justement parce qu'il aura voulu « empêcher la mission » c'est-à-dire l'avènement du roi, probablement en cachant les papiers que sa mort fera découvrir.

Quel peut être cet homme, à qui un parti sera donné, et qui sera tué pour avoir voulu faire échouer la mission?

Les lecteurs qui se sont intéressés avec quelque suite aux vaticinations de Mlle Couédon se souviennent sans doute que, à plusieurs reprises, elle a parlé d'un prince qu'on prendrait pour le futur roi, et qui serait frappé. Ce prince, elle le désignait alors clairement comme appartenant à une famille qui avait régné sur la France. Et l'on s'est demandé s'il s'agissait d'un Orléans ou d'un Bonaparte.

L' « Ange » ne s'est jamais prononcé à cet égard.

Mais la prédiction que fit devant moi, il y a quelques jours, Mme Mongruel et que j'ai reproduite dans la *Libre Parole* est intéressante à rappeler ici :

Mme Mongruel annonce, en effet, qu'un jeune homme qui est actuellement soldat en Russie, acquerra par sa conduite en Algérie, où un incident inattendu l'appellera bientôt, une popularité telle que, à la faveur de certains événements, il apparaîtra comme le dictateur attendu.

Je ne tiens pas, cela va sans dire, à ce rapprochement — et je le signale seulement pour les curieux.

Parmi les autres notes recueillies pendant les dernières séances de la Voyante de la rue de Paradis, à mentionner

l'annonce nouvelle d'une catastrophe où périront des enfants.

Car des jeunes seront ôtés,
Dans le feu ils seront ôtés...
Un incendie s'élever...
Je vois qu'il va s'élever....
On n'y a pas la piété,
Dans le monde, c'est la piété.
Devant Dieu, ce n'est la piété.
C'est le luxe qui a aidé :
Faut que le feu ait passé!...

la prédiction d'une guerre navale où l'Angleterre et la France seront aux prises.

Les Anglais vous sont opposés
Depuis les temps passés.
Une guerre va être donnée
Qui ne pourra pas rappeler'
Celle qui est du passé...
Ne doit pas longtemps durer...

Enfin des conseils pieux.

La prière est donnée...
Il ne faut pas y manquer...
Faut que le luxe soit ôté
Dieu veut la vérité
Et l'esprit de charité
Et l'esprit de pauvreté...
De Dieu faut se pénétrer...
Oh! qu'en tout Dieu soit loué
Devant lui faut s'abaisser...
Je ne puis trop répéter
Que des malheurs vont passer
Et qu'il faudra tout payer :
Dieu est le Justicier!...
Une seule science est aisée
Elle est de Dieu-z-envoyée :
Aux humbles elle est donnée,
Cette science c'est la piété,
Avec la charité;
Il est temps de la pratiquer...
Mais pour que cette science aisée
En vous puisse pénétrer
Faut que l'orgueil soit enlevé...
Surtout ne pas s'envier
Surtout ne vous mépriser...
Il faut bien s'en rappeler

Je prie les curieux de remarquer de quelle manière le langage de la Voyante se modifie. Il y a là, à mon sens, un phénomène très curieux, et dont il sera peut-être intéressant de suivre attentivement le développement.

G. M.

Plusieurs de nos abonnés se plaignent de n'avoir reçu le dernier numéro de l'Echo du Merveilleux *qu'avec deux ou trois jours de retard. Si le fait se renouvelait, nous les prierions de nous en informer, afin que nous puissions adresser nos réclamations à l'administration des Postes.* L'Echo du Merveilleux *est toujours expédié la veille du jour dont il porte la date.*

Les prédictions de M. Ledos

A propos de la dernière séance de la *Société des Sciences psychiques*, le *Temps* a interwievé M. Ledos. Voici les passages essentiels de l'article.

Couramment on désigne M. Ledos, par ces mots : « Le prophète de Napoléon. » M. Ledos, paraît-il, possédait aux Tuileries un crédit particulier et ses prophéties, plus d'une fois troublèrent l'impératrice.

M. Ledos donne toujours des consultations malgré ses quatre-vingts ans. Il dévoile l'avenir en lisant dans les traits, et sa clientèle reste encore nombreuse : on demande une audience, M. Ledos fixe un jour, et vous n'avez plus qu'à l'écouter. Il est, naturellement, assidu aux séances de la Société des sciences psychiques, mais se plaint du peu de besogne sérieuse qu'on y fait.

Il n'y prit, d'ailleurs, presque jamais la parole.

Il y a peu de temps, toutefois, comme un sujet soumis à l'examen des sociétaires racontait qu'il apercevait Andrée gravissant le pôle, M. Ledos intervint : « Andrée ne reviendra pas, dit-il. Andrée est perdu. » Et M. Ledos nous énumérait quelques-unes de ses prédictions les plus retentissantes en nous montrant des lettres et pièces justificatives. A la Société des sciences psychiques, on les cite parmi les plus intéressantes.

Quand Emille Ollivier, nous dit-il, fut appelé à la la présidence du conseil des ministres par Napoléon III, mon ami Alexandre Dumas vint me trouver, et, me montrant une photographie, il me dit : « Il paraît « que voilà le Richelieu moderne? » J'examinai la photographie d'Emile Ollivier et lui répondis : « Cet « homme-là? Il sera le fossoyeur de l'Empire et le « mauvais génie de la France! »

« En 1860, un familier des Tuileries, avec lequel j'étais très lié, le marquis de Boissy, me présenta le portrait du jeune prince impérial. Alors je déclarai : « Cet enfant ne régnera jamais; il mourra prématu- « rément et violemment. »

« En 1864, je parcourais les Tuileries, au mois d'août avec le prince Murat, la duchesse d'Otrante, deux ministres et quelques amis. Je dis soudain : « Il « ne restera plus, dans peu d'années, une seule pierre « de cet édifice. » On s'étonna, me demandant si cette chute de l'empire que je prévoyais ferait couler beaucoup de sang : « Pas un pétard ne sera tiré pour dé- « fendre l'empire, » répondis-je. Tout cela ne s'est-il pas réalisé? Je me rappelle encore que j'avais fait au P. Captier, supérieur de l'Ecole d'Arcueil, une prédiction qui émut beaucoup les dominicains; je lui avais dit qu'il serait fusillé un jour ou l'autre Et il le fut, en effet, vous le savez, comme otage en 1871... »

M. Ledos évoque ainsi de nombreux souvenirs. Il avait prédit tous nos malheurs de 1870, et généralement on le traitait de mauvais Français ou de fou.

Il était question assez récemment, racontait un journal de Lyon, de lui envoyer une commission rogatoire : sur le corps du comte de Villeplaine, secrétaire d'ambassade, tué d'un coup de feu en août 1890, à

Saint-Chameaux, dans le Tarn, on avait trouvé un papier écrit par M. Ledos : celui-ci prophétisait quatorze ans auparavant, que M. de Villeplaine mourrait violemment frappé à la tête dans tel quartier de la lune qu'il disait. Un magistrat racontait cette anecdote curieuse en novembre dernier, et un de nos confrères parlait à ce moment de l'utilité qu'il y aurait à questionner le doyen des psychiques.

Le merveilleux est le domaine de M. Ledos. Aussi la discussion entre sociétés rivales le trouve assez indifférent; les académiciens, passent, dit-il, l'extra-naturel reste.

M. Francisque Sarcey dira sans doute, que les prédictions de M. Ledos, comme toutes les prédictions, ont été faites après coup. Pour peu qu'il le désire, M. Ledos lui prouvera le contraire.

LETTRE D'UN PROPHÈTE

Un de nos lecteurs de Belgique nous a communiqué à plusieurs reprises, l'année dernière, des prédictions dont il se disait l'auteur. Ignorant sur quelles bases il fondait ses calculs, nous avions jusqu'ici gardé pour nous ces prédictions. Or, il se trouve que la plupart se sont réalisées. Nous croyons donc curieux de publier, sous toutes réserves, la nouvelle lettre qu'il nous envoie :

Wervicq-Belgique, le 24 mars 1898.

Monsieur Mery,

Vous me feriez grand plaisir en prenant connaissance de mes prévisions pour l'année courante.

Les voici :

Fin de-mars-commencement d'avril: Chute du ministère Méline; constitution d'un cabinet de concentration républicaine sous la présidence de...

Avril-mai-juin : Evénements importants en Orient. — Troubles à Constantinople entraînant la déposition d'Abdul-Hamid ; désordres à Athènes, suivis de l'abdication du roi Georges ; reprise des hostilités entre la Grèce et la Turquie; défense héroïque par les Grecs d'une position retranchée, près des Thermopyles ; intervention des puissances : démonstration devant Salonique par les escadres de la Sextuple Entente; évacuation de la Thessalie par l'armée turque.

Mai : Elections législatives en France, favorables à la droite et à l'extrême-gauche.

Juin : Dès les premières séances de la nouvelle Chambre des députés, crise ministérielle; le centre, affaibli par les élections, s'unit à la droite pour tenir tête à la coalition socialiste-radicale ; formation d'un cabinet républicain trés modéré.

Aussitôt après les élections, les partisans de Dreyfus reprennent leur campagne; certaines déclarations faites à l'étranger causent beaucoup d'émoi en France ; le gouvernement français fait voter une loi portant défense de publier quoi que ce soit ayant trait au procès Dreyfus ; des mesures de rigueur sont prises contre les journaux qui enfreignent cette loi.

Juin-juillet : Nouveaux scandales. Campagne contre Félix Faure; il démissionne et est remplacé par... (Waldeck-Rousseau?)

Juillet: La loi qui a autorisé l'expulsion des princes est rapportée.

— Durant toute la session qui suit les élections, les séances de la Chambre des Députés sont très mouvementées et souvent tumultueuses; nombreux duels entre parlementaires.

Juin-juillet-août : Grandes chaleurs et sécheresse calamiteuse.

Vers la mi-juillet : Fortes secousses de tremblement de terre en France.

Fin juillet-août-septembre : Guerre en Allemagne. — Les armées russes envahissent l'Allemagne à l'improviste ; les Allemands commencent leur concentration autour de Berlin puis reculent devant l'envahisseur et ne s'arrêtent qu'en Westphalie, où ils opèrent leur jonction avec l'armée autrichienne; alors s'engage une lutte horrible qui dure plusieurs jours et qui se termine par la défaite des Russes suivie de leur retraite désastreuse. — Aussitôt la guerre déclarée, l'Italie mobilise son armée; la France en fait autant et l'on peut craindre un moment que la conflagration ne s'étende à toute l'Europe ; mais le gouvernement français se contente d'observer la marche des événements et l'incendie reste circonscrit.

A la fin de l'été, pluies diluviennes et grandes inondations.

Au mois d'août le duc d'Orléans rentre en Erance; au mois d'octobre une campagne vigoureuse est entamée en sa faveur.

Dès le mois de novembre, disette en France par suite de la mauvaise récolte de l'année.

En novembre ou décembre la peste fait son apparition en Europe.

Dans le courant de l'année, nombreux attentats anarchistes.

Veuillez agréez, Monsieur Mery, l'assurance de ma considération la plus distinguée.

A. NOLF.

ÇA ET LA

L'année astrale. — Voici, d'après Mme de Thèbes, ce que nous réserve l'année *astrale* 1898, qui commence, selon les mages anciens, avec le printemps, et qui se trouve sous l'influence de la planète Mars. Nous laissons la parole à la célèbre chiromancienne :

« Sous l'influence de Mars, on peut voir des inoffensifs devenir furieux, des complaisants exterminateurs, des timides audacieux. Les crimes passionnels se multiplieront pour des motifs parfois misérables, futiles souvent, toujours disproportionnés...

« Le nom de Mars, dans toutes les langues anciennes, signifie *embrasé*, et sa personnification est celle du dieu de la guerre. 1859 et 1866 étaient des années écloses sous l'influence de Mars-aux-rayons-rouges : elles ont vu Solférino et Sadowa... La planète aggrave la surexcitation des esprits, favorise les turbulences, appelle les violences de toute nature. La sagesse de Jupiter, qui, naguère, nous régissait, a apaisé heureusement les pires désordres, évité les conséquences graves des conflits tumultueux. Demain, les mêmes causes auraient de bien plus désastreux effets. J'ai lu, ces jours-ci, des mains tragiques qui me font redouter le triomphe des violents, si la prudence et la raison ne viennent pas balancer cette tendance astrale.

« Pour conclure, avertissez d'être, cette année, sur leurs gardes, ceux qui naquirent du 21 mars au 21 avril et du 23 octobre au 21 novembre... Mars les menace, en effet, plus spécialement...

« Mais, — j'aurais pu commencer par le dire tout d'abord! — Mars est, en ce moment, aussi loin de nous, dans le ciel, qu'il lui est possible de l'être, et nos chances d'échapper à ses funestes influences s'en trouvent naturellement augmentées!... »

Cette dernière constatation nous rassure un peu.

*
* *

Une conférence de M. Jules Bois. — M. Jules Bois a fait, jeudi 24 mars, au musée Guimet, une conférence des plus intéressantes sur le psychisme hindou et le psychisme occidental. Il a, pour la première fois en France, expliqué avec précision et avec tout le contrôle scientifique, d'après les documents modernes sur l'hystérie et l'hypnotisme, les phénomènes des temples du Thibet où les prêtres s'ouvrent le ventre pour attirer le public amoureux du feu, les cérémonies de la croissance de la graine en quelques heures, et les rites de l'enterrement du fakir et de sa résurrection. Enfin il a révélé des détails inédits encore sur la *Hata yogha*, les mystérieuses pratiques que le Père Huc appelle démoniaques, et par lesquelles les fakirs arrivent à accomplir leurs prestiges. Il a ensuite comparé le fakir et le médium; il a montré que celui-ci était beaucoup plus empirique, et que l'autre était plus scientifique. Il a fait la critique d'Eusapia Paladina, de Mlle Florence Cook, et des médiums Home, Eglington et Slade. Il a montré le côté crépusculaire du spiritisme, où les ombres l'emportent souvent sur la lumière. Il a vanté le rôle de la Société anglaise « or Psychichal research » pour tout ce qui regarde le contrôle attentif des phénomènes, et a considéré la *Société psychologique* comme la continuation en France de ces travaux, complétés par les études des phénomènes orientaux et la collaboration des femmes auxquelles cette société est ouverte.

M. Jules Bois a terminé par une étrange description de l'initiation brahmanique, de la vie des Yoghis, au fond des forêts, dans l'extase, et leur méthode pour recruter des disciples et les envoyer de par le monde prêcher une sorte de religion universelle. Le public, qui s'était précipité à cette conférence et dont on n'a pu retenir qu'un tiers, a fait un succès aux dernières phrases particulièrement, où M. Jules Bois a déclaré que le progrès matériel n'était rien s'il ne s'y adjoignait pas le progrès intérieur. « Il ne suffit pas, a-t-il dit, de monter en automobile ou de trouver la direction des ballons. Il faut, avant tout, trouver la direction de son âme. »

*
* *

Un buste baromètre. — Il existe, au musée de Cherchill (département d'Alger), un buste en marbre, de Néron, croyons-nous, qui présente cette particularité bizarre de changer de couleur lorsque le temps doit varier.

Le marbre, de blanc qu'il était, prend alors une teinte rosée. On a cherché à expliquer le phénomène en disant que ce marbre devait contenir un sel de fer, sur lequel agissait l'humidité atmosphérique. Si le phénomène se produit depuis l'introduction de ce buste à Cherchill, c'est-à-dire depuis l'établissement des Romains en Afrique, il faut convenir que le sel en question est bien remarquable.

*
* *

Magnétisme et volonté. — Un médecin bien connu, le Dr Récamier, se trouvant, il y a quelques années, dans un village de la Basse-Bretagne, fut consulté par un paysan et sa femme au sujet d'un bruit de ferraille que le mari entendait chaque nuit, à une heure déterminée, et si rapproché de ses oreilles que cette musique étrange semblait résonner dans son cerveau. La femme, couchée dans le même lit que le métayer, n'entendait rien. Le pauvre homme ne pouvait plus dormir.

— As-tu des ennemis? lui demanda M. Récamier.

— Il y a le forgeron qui m'en veut, dit le paysan, parce qu'il me doit de l'argent. Mais il demeure à l'autre bout du village. Ce n'est donc pas le forgeron, n'est-ce pas, monsieur?

Ayant obtenu ce renseignement, le docteur congédia le Bas-Breton en lui promettant que le bruit allait cesser. Aussitôt M. Récamier manda secrètement le forgeron, gaillard un peu obtus, mais plein d'assurance.

— Que fais-tu, tous les soirs à minuit? lui dit M. Récamier en le regardant d'un air sévère.

Le forgeron, ébahi, nia tout dabord. Il ne soutint pas cependant l'œil interrogateur du médecin.

— Ma foi, monsieur, répondit-il enfin, je cogne à minuit sur mon chaudron pour taquiner le métayer N..., à qui j'en veux.

— Vous n'êtes pas voisins; il lui est impossible d'entendre.

— Oh! monsieur, je crois que si.

Voilà ce qu'on peut appeler le magnétisme de la volonté.

*
* *

Explosion dans un couvent. — Au couvent de l'Apparition de la Vierge, à Koursk, la nuit du 20 mars dernier, a eu lieu une forte explosion produite par une matière détonante, posée par un malfaiteur inconnu sous le tabernacle de l'image miraculeuse de l'Apparition de la Sainte Vierge.

Le tabernacle en fonte, les degrés de l'autel, les candélabres, les portes et les vitres ont été brisés, et une crévasse s'est ouverte dans le mur. On suppose que l'engin était muni d'un mécanisme d'horlogerie. *La Sainte Image, seule, est restée intacte.*

*
* *

Télépathie. — Une de nos abonnées nous écrit :

« Il est arrivé souvent à mon mari de rêver des choses qui se passent à des distances plus ou moins éloignées. C'est la mort d'une personne à peine connue, le voyage d'une autre, et toujours à l'heure précise où se passe l'événement.

« Il y a quelques années, mon mari vit que des chemineaux ou des gitanos avaient déposé une boîte de fer blanc, avec une petite somme, sous l'arche d'un pont, à 30 kilomètres de chez nous. Intrigué, il s'y rendit, et trouva le tout comme son rêve le lui avait indiqué. »

Il est, hélas! par le monde, des femmes qui seraient peut-être fort ennuyées d'avoir un mari aussi clairvoyant.

*
* *

Chez les occultistes. — Le conseil suprême de l'ordre

kabbalistique de la Rose-Croix, *toutes chambres réunies*, selon l'expression du Dr Papus, vient d'élire le successeur de Stanislas de Guaita à la dignité de grand-maître. C'est M. Ch. Barlet qui a réuni le plus grand nombre de suffrages.

M. Barlet dirigera donc, à l'avenir, les diverses manifestations des groupes de la Rose-Croix et des loges martinistes.

Les occultistes, au reste, se remuent fort en ce moment. Ils viennent de fonder une faculté libre des sciences hermétiques. On y étudie la symbolique, la théogonie, la cosmogonie, la physiogonie, la biogonie, etc., etc.

***

Une pétition originale. — Les habitants du département de Castañas, dans la république de San Salvador, se plaignaient vivement de la sécheresse prolongée qui ruinait leurs récoltes. Las de demander au ciel une pluie bienfaisante par des processions, les notables du lieu s'avisèrent de lancer une proclamation par laquelle, si dans le délai de huit jours il ne tombait pas d'eau, personne ne serait plus tenu d'assister au service divin; si un autre laps de huit jours s'écoulait sans pluie, les églises, les objets du culte, etc., seraient détruits, et enfin, après un autre délai de huit jours, tous les prêtres, moines et religieuses seraient exécutés, et autorisation accordée de transgresser tous les commandements de Dieu et de l'Eglise.

Or, par une singulière coïncidence, il survint de grandes pluies quatre jours après la publication de l'extraordinaire proclamation, de sorte que les gens de Castañas doivent être aujourd'hui convaincus qu'on obtient plus du ciel par la menace que par la prière.

***

La vue par le bout des doigs. — Une petite fille de douze ans, nommée Ethel Gilliam, habitant Palouse, dans le district de Washington, était gravement malade, au point qu'un jour on la crut morte. Mais avant que les cérémonies d'enterrement fussent finies, elle revenait à elle. A partir de ce moment, elle devint, paraît-il, complètement aveugle. Peu à peu se développa en elle la clairvoyance, de façon qu'elle voit aujourd'hui, sans yeux, mieux qu'auparavant avec ses yeux, car elle voit aussi bien la nuit que le jour; elle décrit des objets, n'importe lesquels, qui se trouvent derrière elle ou devant elle; elle lit aussi bien dans des livres fermés qu'ouverts, et trouve même plaisir aux beautés d'un tableau, lorsqu'elle peut faire passer ses doigts dessus. Souvent elle décrit des scènes qui se passent à plusieurs lieues d'elle, et qui concordent toujours avec l'endroit et l'heure; elle dépeint des scènes célestes que son âme dégagée aperçoit pendant la nuit. Elle dit exactement l'heure que la montre indique et donne les chiffres des pièces de monnaie qu'on lui présente.

Un soir arrivaient chez elle deux messieurs, portant un carton rempli d'imageries: au seul contact des bords d'une image, elle la devinait exactement. De mêmeelle écrit et lit dans l'obscurité; elle mange et boit très peu; en un mot, on se trouve devant une véritable énigme.

Nombre de médecins sont frappés d'étonnement devant ce problème, pour la solution duquel leurs théories sur la vie et la mort sont impuissantes.

***

Intéressante séance. — Un de nos lecteurs d'Avignon, M. Marthe, nous adresse le compte rendu de phénomènes dont il a été témoin dans cette ville, en compagnie de M. et Mme Toursier, Mme Guillemin, M. et Mme Roussel, et quelques autres personnes. Nous en détachons quelques passages :

« Un cahier est placé devant Mme Guillemin qui, médium à effets physiques, s'est aussi plusieurs fois révélée médium écrivain mécanique. Le désir exprimé par tous est d'obtenir une communication écrite.

« Après quinze minutes d'attente, le crayon est resté immobile aux doigts de Mme Guillemin, mais de forts craquements commencent à se faire entendre dans le plateau de la table. On retire le cahier.

« La table gémit et semble onduler sous la pression d'une force qui paraît impuissante à la soulever.

« M. Roussel demande à l'influence mystérieuse de répéter la batterie rythmée qu'il va jouer sur la table, et, avec les ongles, il tambourine la batterie *aux champs*. Cette batterie est aussitôt répétée, d'une manière imparfaite d'abord, puis, après trois essais, d'une manière absolument exacte et rythmée. Quelque temps après, la table se lève du côté du médium pour s'incliner du côté opposé, puis elle se relève et recommence ce balancement plusieurs fois, sans reprendre pied d'un côté, sans toucher au parquet de son pourtour, mais allant jusqu'à l'effleurer. Le même balancement est exécuté plusieurs fois également dans le sens du grand diamètre du plateau; puis la table se couche sur le côté et se met à tourner comme une meule de pressoir. Elle se relève ensuite et, se dressant toute haute suivant son grand diamètre, et s'appuyant sur une seule roulette, elle semble vouloir quitter le sol.

« Diverses questions sont alors posées, et les réponses sont faites par coups frappés par les pieds de la table, qui se soulève et retombe rapidement avec autant de facilité qu'un simple et léger guéridon. »

***

M. Jules Bois et les occultistes. — Dans notre dernier numéro, nous avons publié une partie des attaques dirigées par M. Jules Bois contre les sociétés secrètes d'initiation occultiste, martinisme, Rose ✝ Croix kabbalistique et autres. Nous avons rencontré, ces jours-ci, le chef d'un de ces groupements, et nous lui avons demandé ce qu'il pensait de l'article de M. Jules Bois. « Il nous laisse fort indifférents, nous a-t-il répondu. M. Bois reconnaît lui-même qu'il n'est pas occultiste, mais homme de lettres; il n'a jamais été admis dans aucune de nos associations secrètes; peu nous importe, dès lors, ses appréciations. Nous tenons seulement à protester contre l'affirmation qui nous représente comme des exploiteurs : en réalité, aucune cotisation ni droit d'aucune sorte n'est exigé de nos adhérents; ce sont, au contraire, les chefs de loges qui supportent personnellement tous les frais. Cette rectification faite, nous n'avons rien à ajouter; nous dédaignons les attaques et les injures, et sommes bien décidés à n'opposer à nos détracteurs que le silence et le pardon. Qu'ils se le tiennent pour dit et n'espèrent pas nous entraîner à de vaines polémiques : nous n'avons pas de temps à perdre et préférons travailler. »

***

Le banquet de la presse spiritualiste. — Dimanche dernier, le Syndicat de la presse spiritualiste réunissait en un banquet amical, au Palais-Royal, ses membres et les personnes qui s'intéressent à sa cause. Quatre-vingts convives environ avaient répondu à l'appel des organisateurs. M. Durville présidait, en remplacement de M. G. Delanne, indisposé. Au dessert, des discours ont été prononcés par MM. Durville, Alban Dubet, Papus, Bouvéry, Duplantier et Gaillard. Sur la proposition de M. Dubet, il a été décidé que ce banquet aurait lieu tous les trois mois, et les assistants se sont séparés en se donnant rendez-vous pour le mois de juin.

GASTON CROSNIER.

Thomas Martin de Gallardon

(Suite)

Au sortir de la police, Martin retourna au logement qu'il occupoit avec M. André, hôtel de Calais, rue Montmartre. Le soir du même jour l'inconnu lui apparut dans la cour de l'hôtel de Calais et lui parla ainsi : « Vous avez été questionné aujourd'hui, mais on ne « veut rien faire de ce que j'ai dit. Celui que vous « avez vu ce matin a voulu vous faire accroire qu'il « m'avait fait arrêter, vous pouvez lui dire qu'il n'a « aucun pouvoir sur moi, et qu'il est grandement « temps que le roi soit averti. « Martin fit part à M. An- « dré de cette révélation. Celui-ci, qui avoit ordre de rendre compte aussitôt de tout ce qui se passoit, alla chez le ministre, et le lendemain matin il fit connoître à Martin qu'il lui avoit parlé, quoi qu'il l'eut trouvé couché (1).

Le samedi 9 mars, Martin étoit descendu dans la cour sur les 7 heures du matin ; comme il remontoit à sa chambre, l'inconnu le prévint dans l'escalier : « Vous allez, lui dit-il, avoir la visite d'un docteur, « qui vient voir si vous êtes frappé d'imagination, si « vous perdez la tête ; mais ceux qui vous l'envoyent « sont plus fous que vous. » Rentré dans sa chambre, Martin raconta ceci à M. André qui lui répondit : « Je ne sais pas ce que vous allez voir. »

Ce jour-là même, sur les 3 heures après-midi, un homme bien mis vint à l'hôtel de Calais demander à parler à M. André. C'étoit M. Pinel, médecin très renommé pour les maladies mentales ou de folie. Comme M. André étoit absent, on l'adressa directement à son compagnon de voyage avec qui M. Pinel lia bientôt conversation. « Vous êtes donc, lui dit-il, venu de Chartres avec M. André ? — Oui. — Vous êtes donc de connaissance avec M. André. — Non ; avant de venir je ne le connaissois pas, c'est M. le préfet qui l'a envoyé avec moi. — Comment donc, M. le préfet vous envoye-t-il comme ça à Paris. — M. le préfet m'envoye pour parler au Ministre. — Ah ! vous allez voir le Ministre, vous ? — Je ne suis pas à le voir, je l'ai vu hier. — Ah ! vous avez vu le Ministre. — Oui ; je l'ai vu hier, et vous, pourquoi venez-vous me questionner ? Il m'a été dit ce matin qu'il viendroit un docteur me visiter ; je ne sais pas ce que c'est qu'un docteur mais je pense bien que c'est vous qui êtes le docteur. Vous venez voir si je suis frappé d'imagination, si j'ai perdu la tête, mais il m'a été dit que ceux qui vous envoyent sont plus fous que moi. » Sur ces entrefaites, M. André revint à l'hôtel de Calais et le Dr Pinel s'entretint avec lui en l'absence de Martin qui alla prendre son repas. En descendant M. Pinel lui dit : « L'appétit va-t-il bien ? » Martin répondit : « Ça ne manque pas par là. »

1. Dans un rapport détaillé, lequel est daté de Paris, M. le lieutenant André a rendu compte à M. le Préfet d'Eure-et-Loir de la conduite de Martin pendant les huit jours qu'il a été chargé de l'accompagner.

Le dimanche 10 mars, sur les 8 heures du matin, l'inconnu se présenta à Martin et lui dit : « Comme « l'incrédulité est si grande, il faut que je vous dé- « couvre mon nom. Je suis l'Archange Raphaël, ange « très célèbre auprès de Dieu ; j'ai reçu le pouvoir de « frapper la France de toutes sortes de plaies. »

Lundi 11 mars, nouvelle apparition, dans laquelle il fut enjoint de nouveau à Martin d'aller parler au Roi lui-même et de lui rappeler des événements arrivés pendant son exil qui le frapperaient d'étonnement ; il lui fut dit, qu'au moment qu'il seroit devant le Roi on lui inspireroit ce qu'il auroit à lui révéler ; Martin fut aussi averti d'un entretien que M. André venoit d'avoir dans le même hôtel avec un Anglais au sujet de Martin lui-même : l'Ange lui dit alors : « Celui qui étoit avec vous, s'est entretenu « de vous avec quelqu'un ; quoi que vous n'entendiez pas leur langage. Ils ont dit ensemble que « vous veniez parler au Roi ; et l'autre a dit à votre « conducteur que quand il seroit dans son pays, il « lui donnât des nouvelles pour savoir comment cela « s'est passé. »

Le mardi 12, à 7 heures du matin, comme je m'habillais, rapporte encore Martin, dans une relation, l'apparition se présenta et me dit : « On ne veut rien « faire de ce que j'ai dit, plusieurs villes de France « seront détruites, il ne restera pas pierre sur pierre, « la France sera en proie à tous les maux ; d'un « fléau on tombera dans un autre. Aussitôt je dis à « M. André : « Puisque vous désirez le voir, le voilà « qui me parle. » M. André saute aussitôt du lit, vient « au lieu que je lui avois montré contre la fenêtre, il « étend les bras, il tâtonne de toutes parts, et ne sen- « tant ni n'entendant rien, il me dit : « C'est étonnant « que je n'entende ni ne voye rien, comment se peut- « il faire que l'un voye et l'autre ne voye rien. » Je lui « dis : « Je ne comprends pas cela non plus. » Il faut bien « que je voye et que vous ne voyez pas, puisque je le « vois et que je l'entends, et voilà comme il me dit, etc. « M. André s'habille et sort sur les 10 heures. »

Le même jour, mardi 12 mars, l'Archange avertit Martin qu'on alloit écrire dans son pays pour prendre des informations sur lui, savoir quelles étoient ses habitudes, quelles personnes il fréquentoit, etc. Martin s'est empressé d'en prévenir son frère, sa lettre est du 12. Celle du Préfet qui fut chargé de prendre des informations à Gallardon est datée du 16 (les deux lettres sont déposées à l'hospice de Charenton).

Le 13 mars, sur deux rapports du docteur Pinel, le le Ministre de la Police générale fit transférer Martin à Charenton pour y être traité par M. Collard, médecin en chef, conjointement avec M. Pinel. Dès le matin du même jour, le Ministre avoit mandé Martin avec M. André, à qui il donna des ordres secrètement dans son cabinet, Martin étoit resté à l'attendre dans une antichambre. Voici comme Martin s'exprime au sujet de son voyage à Charenton : « En sortant de chez « le Ministre, l'apparition m'est apparue et m'a dit : « On va vous conduire dans une maison où vous allez « être détenu et votre conducteur s'en retournera seul « dans son pays. » M. André m'a dit : « Nous allons nous « promener. » Je lui dis : « Oui. Vous allez me con- « duire dans une maison où je vais être examiné, in- « terrogé, questionné et vous, vous retournerez seul « chez vous. — Non, nous nous en retournerons en- « semble. — Nous ne nous en retournerons pas en- « semble ; mais on a beau faire, malgré tout ce « qu'on fait contre moi, je parviendrai à parler au « Roi, et on verra bien que les affaires ne viennent « pas de moi-même. Il faut nécessairement qu'elles se « fassent. « M. André m'a dit : » On fera comme on vou- « dra, il faut bien que je fasse ce qu'on m'a com- « mandé. » Martin et son conducteur sont arrivés à Charenton, sur les midi. « A Charenton, continue « Martin, je dis à M. André : « Vous voyez bien que vous « vous en allez et moi je vais rester. — Je sais bien, « répond M. André, que vous me l'avez dit en venant, « mais il faut que je fasse ce que le Ministre m'a « commandé. »

(*A suivre.*)

A TRAVERS LES REVUES

Dans la PAIX UNIVERSELLE (n^os^ des 1er-15 mars et 16 mars-15 avril), M. Fulgence Bruni, sous le titre *Préludes martinistes dans le Congrès de l'Humanité*, indique les conceptions philosophiques et sociales de l'Ordre martiniste, auquel il se vante d'appartenir. Les renseignements qu'il fournit peuvent donc être considérés comme exacts et, en quelque sorte, officiels. Nous pensons intéresser nos lecteurs, — ceux surtout qui s'occupent de théologie et de sociétés secrètes, — en reproduisant, à titre de documents, les passages les plus importants des articles de M. Bruni.

... Le but spirituel que poursuit le Martiniste est, dit-il, la *Réintégration* ; il veut, autrement dit, refaire notre immortalité par la force universelle et toute-puissante, l'Amour. Il veut et il peut communiquer avec les pures intelligences et arriver à la plénitude de son être devenu parfait pour obtenir la *réintégration universelle qui renouvellera la nature et finira par purifier le principe même du mal*...

... Dans la grande chute, il est resté une faible étincelle du feu incréé qui, comme une vague ressouvenance des sphères célestes, s'oppose, dans nos heures de repos et d'affranchissement, aux instincts inférieurs, et que nous devons, en l'avivant, arracher aux séductions de l'éternel serpent jusqu'à ce que, n'ayant d'autre souci que le Grand Tout, et aveuglée par la divine harmonie, elle regagne l'état édénique, l'Intuition dominant les sens, l'Idéal s'opposant aux appétits grossiers. C'est l'Ἔννοια tombée que, selon la pensée profonde et délicate des Gnostiques, nous devons racheter pour nous élever nous-mêmes vers les nobles régions de l'Idée. C'est par le désir de l'Illumination que se réalise le vrai Martiniste, l'Homme Nouveau. Chute, Rédemption ! Tels sont les extrêmes entre lesquels flottent toutes les fraternités secrètes...

... Le Martinisme, la Gnose, la Théosophie nous enseignent que *le mal n'est pas éternel*, que les mauvais eux-mêmes arriveront à la réintégration. Telles sont les idées qui nous unissent, nous spiritualistes indépendants, contre les foudres et les enfers de l'Eglise romaine...

Voilà pour les doctrines métaphysiques du Martinisme : nous tenons à mettre nos lecteurs en garde contre ce dangereux mysticisme, si éloigné des dogmes de l'Eglise. Voici maintenant pour le but pratique et les moyens d'action de la secte :

... Les œuvres de Cl. de Saint-Martin, de même que le grand drame de l'initiation martiniste, ne tendent, sous le voile de symboles délicats, qu'au rachat final de l'humanité courbée sous le joug de la misère et de la superstition...

... L'Occultisme (ensemble des doctrines philosophiques du Martinisme) est une *science* dans la plus haute acception du mot, car elle conduit au sublime la raison humaine par le sentier de l'inflexible vérité ; c'est une *religion*, parce qu'elle réunit les membres épars du Théisme universel pour arriver à une morale nouvelle, à un socialisme conciliant les différentes apparences de l'homme considéré comme *tri-unité*, par l'application de la méthode synthétique du passé aux procédés analytiques contemporains. Qu'on le veuille ou non, nous ne sommes que les rouages infiniment petits de cette grande machine qu'est l'Humanité..., l'Humanité vivante, pensant sous l'impulsion distincte de chacune des cellules qui la composent dans son essence mystérieuse...

... La société qui, pour nous occultistes, est l'organisme psychique du règne humain et, par conséquent, triple comme l'est chaque créature vivante, devra nécessairement, à l'avenir, être basée sur la *Synarchie*. Nous devons comprendre plus que jamais que l'époque de l'individualisme, les temps de la déclaration des droits individuels, avec la grande révolution de 1789, sont clos pour jamais. Quoi que puissent en penser les Libertaires qui s'appuient sur l'individualisme philosophique du XVIIIe siècle, l'humanité s'éloigne du séparatisme pour tendre vers l'unité. Aujourd'hui, pour hâter le triomphe de l'Unité sur la Multiplicité, de l'Altruisme sur l'Egoïsme, pour établir, contre l'anarchie, la république universelle du devoir et de la fraternité entre les peuples de toute la terre, les lois morales de l'ésotérisme deviendront un auxiliaire puissant. Le travail des occultistes donne à l'homme des sciences la force qui lui est nécessaire en lui faisant entrevoir les destinées de l'humanité future formant une chaîne avec des mondes plus avancés que le nôtre.

... C'est le plan Astral que nous devons émouvoir; c'est en vain qu'un initié tenterait d'agir sur les masses s'il n'est parvenu, auparavant, à se rendre maître des forces occultes qui régissent l'humanité paresseusement ignorante. La force des sociétés ésotériques réside dans le silence autant que dans l'affinité psychologique qui lie les adeptes entre eux, dans l'unité des idées et dans la tactique commune à chacun d'eux. Plus sera serré le lien hyperphysique qui unit les membres d'une association, quelque éloignés qu'ils soient les uns des autres, plus sera puissant le levier de la propagande et plus tôt, et d'une façon plus prodigieuse, se réalisera l'idéal suprême...

... Ce qui doit importer, pour le moment, c'est la conquête de la *Gnose* : j'entends par là non celle que certains occultistes considèrent comme un ensemble systématique de doctrines philosophico-religieuses, ce qui en est une fausse interprétation, mais la véritable *Gnose* ou illumination intérieure. La Gnose est incommunicable et indicible comme est incommunicable et indicible le divin Tétragrammaton : c'est la résultante glorieuse de la *Connaissance du Moi*.

Saluons l'Astral des *pensées-pensées*, bonnes, justes, fraternelles; édifions la nouvelle Jérusalem sur le binaire granitique Jakin-Boas, symbole du parfait équilibre entre le masculin intellectuel et le féminin intuitif; mais, voulons *oser*, sachons aussi nous *taire* jusqu'à ce que nos frères de l'au-delà nous autorisent à parler. Sachons nous taire, mais sachons aussi lever l'épée symbolique. Défendant le Gnosticisme pur, nous renverserons le faux Gnosticisme, c'est-à-dire le sectarisme romain. Ainsi s'évanouiront les injustices qui fermentent dans le sein de l'ordre social moderne...

Hum! Hum! Tout cela sent diablement le roussi!

M. G. Naudet, dans la SCIENCE FRANÇAISE du 18 mars, étudie la *Photographie de la pensée* découverte par Thomas Edison, fils du célèbre électricien américain. Avant lui, un Anglais, M. W. Ingles Roger, prétendait avoir résolu ce problème. Edison fils est arrivé à des résultats plus précis. Voici comment il opère :

Le dispositif exact de l'appareil est un des secrets précieux du laboratoire du cerveau du jeune Edison. L'aspect extérieur de la chambre se rapproche assez d'une chambre photographique ordinaire. Elle est carrée, en forme de boîte, placée sur le trépied traditionnel, et porte une large ouverture à travers laquelle se rassembleront les traits délicats de la pensée. Mais ceci n'est qu'une partie de l'appareil. Un long cylindre en cuivre, de huit pouces de large. rempli de prismes de miroirs, forme aussi une partie importante du système. C'est à travers ce cylindre que le penseur devra lancer son regard intense en le fixant sur l'ouverture déjà mentionnée dont est pourvue la chambre. Il y a encore une certaine bandelette mystérieuse dont on entoure la tête en couvrant le front et en passant par la base du crâne. Cette bandelette est pourvue de deux disques d'une grande délicatesse disposés de telle sorte qu'ils reposent sur les côtés de la tête quand on l'ajuste. De ces disques partent deux fils métalliques très fins, qui vont rejoindre deux autres disques faisant partie d'une petite machine électrique posée sur un trépied. Un tube de Crookes dans lequel les rayons X répandent leurs mystérieux effluves achève de compléter cette bizarre et curieuse installation.

La théorie du jeune Edison est qu'on ne peut photographier qu'une pensée à la fois, et qu'il faut maintenir fixement cette pensée dans l'esprit pendant une minute pour donner à la chambre le temps de la recueillir. L'objet choisi était une pièce de monnaie. Edison l'apprêta, avertissant son sujet étrangement intrigué par l'appareil décrit, qu'il eût à la regarder fixement à concentrer sa pensée sur elle avec toute l'intensité dont il était capable, et à s'abstenir de toute autre pensée ou idée. Il la regarda une minute pleine jusqu'à ce qu'il lui semblât, suivant son expression, qu'elle était photographiée en grandeur naturelle dans son œil. Alors, l'esprit encore fixé sur cette pièce, le sujet s'assit devant la chambre, ajusta devant ses yeux le tube en laiton qui présenta à sa vue les prismes brillants avec une lentille grossissante, tandis que les rayons X l'inondaient par derrière de leur lueur mystérieuse. Puis, pendant une minute, il regarda fixement.

La plaque présenta une tache obscure et ronde, assez vague, d'aspect flou et indéterminé. Mais, d'après le jeune Edison, c'est le portrait d'une pensée humaine. Il le gardera comme une relique sacrée et une preuve palpable du premier résultat pratique de son intéressante découverte.

Dans la REVUE DES REVUES du 15 mars, M. Eugène Müntz examine la question *Léonard de Vinci était-il mage?* L'auteur reconnaît que le Vinci fréquenta beaucoup de mystiques et d'amateurs des sciences occultes et que lui-même a laissé plusieurs gravures représentant des opérations magiques ou des scènes de sorcellerie. Toutefois il conclut que Léonard de Vinci ne fut ni sorcier, ni magicien, ni mage :

Aucun savant de son temps, aucun sans exception ne s'est prononcé aussi catégoriquement contre toute fausse science. Sa magie à lui consiste à creuser plus profondément, et avec plus d'indépendance qu'on ne l'avait fait jusqu'alors, les mystères de la nature : *Rerum cognoscere causas.*

Proclamons-le donc hautement; si sa curiosité l'a entraîné du côté des sciences occultes, l'incomparable rectitude de son jugement l'en a sans cesse détourné; s'il aimait à jouer avec le feu, il savait retirer sa main assez à temps pour ne pas se brûler. Quel dommage pour les âmes portées au mystère et pour les peintres! Avec son vaste front sillonné de rides, ses sourcils épais, son sourire amer et sarcastique, sa longue barbe inculte, il eût si bien fait — en peinture — debout dans le cercle magique, une baguette à la main, évoquant les morts et faisant fléchir le cours des astres!

Dans LIGHT du 5 mars, M. W. J. Grinley, sous le

titre *Cas probant d'intervention d'esprits*, raconte le fait suivant :

Ce fut un jeune homme qui prenait part à nos expériences qui eut la preuve de cette intervention; jusque-là, bien que ses parents fussent des Spiritualistes ardents et désirassent lui voir partager les mêmes opinions, il conservait toujours ses doutes et attendait une preuve convaincante de la réalité du rôle des esprits. Un de nos guides (spirituels), un docteur, lui donna la description d'un vieux monsieur qui, disait-il l'accompagnait; mais il ne put le reconnaître. Le guide précisa alors la position qu'occupait le vieillard et indiqua qu'il appuyait sur sa tempe l'index de la main gauche. Le jeune homme fut encore incapable de reconnaître l'esprit ami, mais lorsqu'il écrivit à ses parents il leur demanda s'ils avaient connu quelqu'un qui répondît au signalement fourni, et ceux-ci lui répondirent qu'il coïncidait, jusque dans les moindres détails, avec celui de son grand-père décédé. Avant de terminer, permettez-moi de dire que certaines gens, qui semblent tout connaître sur le spiritisme, prétendent que la clairvoyance (médiumnité voyante) n'est qu'hallucination ou peut être lecture de pensée: mais j'ose dire que cette explication ne s'adapte pas au cas que je viens de rapporter, car le jeune homme ignorait complètement qu'il eût un parent répondant au signalement indiqué : aussi ne put-il pas le reconnaître. Des résultats comme celui-là sont très bons, car nous n'expérimentions que depuis quelques mois, et je pense que si des personnes veulent se réunir en un cercle animé d'un esprit droit et loyal (celui d'une recherche sincère et désintéressée), elles obtiendront d'aussi bons résultats que nous-mêmes, et, comme nous, auront le plaisir de prouver, de façon incontestable, qu'il n'y a pas de mort, mais seulement d'autres vies.

Du numéro du 19 mars de la même revue, sous le titre : *Une étrange expérience* et la signature W. H. W.

Je vous envoie le compte rendu d'un phénomène qui s'est produit le 10 courant, et que je trouve si extraordinaire que je serais heureux que quelqu'un de vos lecteurs pût m'aider à l'expliquer. J'avais été absent de Lyndhurst (où j'habite) toute la journée, et, étant rentré à Brockenhurst par le train, je montai dans l'omnibus qui conduit les voyageurs à Lyndhurst. Je fus d'abord seul pendant quelques minutes, — cinq ou six, — et, durant ce temps, je vis distinctement quatre ou cinq faces sur la mienne, qui se reflétaient sur la glace devant laquelle j'étais assis. La couleur de ces faces était, autant que je puis me rappeler, entièrement blanche, et l'une d'elles était celle d'une personne très âgée. Aucune ne reproduisait les traits de personnes mortes connues de moi. Une jeune dame monta alors dans l'omnibus, la voiture s'ébranla, et les manifestations cessèrent. Un fait digne de remarque, c'est qu'à ce moment mon esprit était très éloigné de ce sujet : j'étais uniquement préoccupé de trouver un titre pour un morceau de musique que j'avais composé.

Reçu aussi la PLUME du 15 mars, qui contient une intéressante *Chronique idéaliste* de M. Jacques Brieu; la REVUE SCIENTIFIQUE ET MORALE DU SPIRITISME (mars), qui publie la suite de l'étude de M. G Delanne sur le *Caractère positif de la doctrine spirite*; l'INITIATION, dont le numéro de mars, consacré à la *Littérature occulte et surtout à Alfred de Musset*, mérite mieux qu'une simple mention ; nous y reviendrons.

R. D.

LES LIVRES

Faits extraordinaires de Tilly-sur-Seulles, par C.-M.-J. Dricas (Paris, librairie de la Croisade Française, 9, rue de Beaujolais.)

Cette coquette brochure relate de la façon la plus intéressante et parfois la plus émouvante, les événements qui se déroulent à Tilly depuis deux ans.

L'auteur, qui est prêtre, annonce que cette brochure est vendue au profit d'une bonne œuvre.

***

Ces bons Juifs! par Raphaël Viau, préface d'Edouard Drumont (A. Pierret, éditeur, 37, rue Etienne Marcel.)

Voici un livre qui peut se vanter d'arriver à son heure. Au lendemain des procès Dreyfus et Zola il permettra à tous les Français de se rendre compte clairement de la façon d'opérer d'Israël dans toutes les classes de la société.

Rempli d'anecdotes tantôt plaisantes et tantôt tragiques, écrit avec une verve mordante et souvent impitoyable, il montre en effet le Juif contemporain successivement dans le commerce, dans la politique, dans la finance et dans le grand monde.

C'est une œuvre qui soulèvera sans doute bien des colères, mais qui suscitera peut-être aussi bien des approbations à son auteur.

***

Le nez de Flairdecoin, par JEAN DRAULT. (Librairie Henri Gautier, 55, quai des Grands-Augustins, 3 francs.)

Rien de plus amusant que ce nouveau volume de notre ami Jean Drault, illustré par Charly.

C'est l'histoire cocasse d'une erreur policière, commise par un agent qui croit avoir du nez, mais qui en manque totalement.

L'infortuné a arrêté un romancier dans le domicile duquel il a saisi le plan d'un roman plein d'assassinats.

Les lecteurs du romancier sont arrêtés comme complices, parce qu'ils ont écrit à ce romancier, que l'agent a pris pour un criminel dangereux.

Le tout se dénoue chez un juge d'instruction littéralement gâteux.

Il est impossible, d'ailleurs, de raconter par le menu cet imbroglio compliqué, où le rire vous étreint pendant 300 pages.

Le Gérant : GASTON MERY.

IMP. NOIZETTE ET Cie, 8, RUE CAMPAGNE-PREMIÈRE PARIS

DEUXIÈME ANNÉE. — N° 31. 15 AVRIL 1898 LE NUMÉRO : 50 CENT.

L'ÉCHO DU MERVEILLEUX

REVUE BIMENSUELLE

LA BAGUETTE DE COUDRIER

Je m'étais dit que, en cherchant bien, je finirais sans doute par découvrir une théorie qui rendrait compte, sinon d'une façon définitive, du moins d'une façon ingénieuse, de cet étrange phénomène de la baguette tournante.

J'ai compulsé, je crois, tous les ouvrages qui traitent de la rabdomancie ; j'ai interrogé une foule de savants. J'ai même, dans l'espoir qu'un heureux hasard me mettrait sur une bonne piste, différé le plus possible la publication de cet article.

Toutes mes peines ont été inutiles. Je dois avouer, à ma grande confusion, que je n'apporte aucune explication, véritablement satisfaisante, du pouvoir du *sourcier*.

J'ai fait tout d'abord appel à la Science ; mais elle n'a pu me fournir aucune hypothèse intéressante et la raison en est bien simple : elle ne veut pas admettre la réalité du phénomène. Nos savants modernes sont ainsi : plutôt que de confesser leur impuissance, ils nient carrément les faits, quand ils ne peuvent les expliquer.

Les savants de jadis avaient un peu plus de bonne foi. Ils n'avaient pas moins d'audace. Ils ne niaient point les faits, mais ils se seraient crus déshonorés, s'ils n'en avaient donné une théorie quelconque. Le contemporain de Voltaire, le physicien Formey, par exemple, ne craignait pas d'écrire, avec une conviction imperturbable :

Considérons, dit-il, une aiguille d'acier librement suspendue; la matière magnétique, sortie du sein de la terre, s'élève, se réunit dans une des extrémités de cette aiguille où, trouvant un accès facile, elle chasse l'air ou la matière du milieu ; celle-ci revenant sur l'extrémité de l'aiguille la fait pencher en lui donnant la direction de la matière magnétique. Il n'en est pas autrement de la *baguette*. Les particules aqueuses, les vapeurs qui s'exhalent de la terre et qui s'élèvent, trouvant un libre accès dans la tige de la branche fourchue, s'y réunissent, l'appesantissent, repoussent l'air ou la matière du milieu (apparemment la moelle du bois). La matière chassée revient sur la tige appesantie, lui donne la direction des vapeurs et la fait pencher vers la terre pour nous avertir qu'il y a sous nos pieds une source d'eau vive. Cet effet vient peut-être de la même cause qui fait incliner les branches des arbres plantés le long des eaux. L'eau leur envoie des parties aqueuses qui chassent l'air, pénètrent les branches, les chargent, les affaissent, joignent leur propre pesanteur au poids de l'air supérieur et les rendent enfin, autant qu'il se peut, parallèles aux petites colonnes de vapeur qui s'élèvent.

Quand on a lu cette théorie cocasse, on comprend presque que la Science actuelle se récuse. Mieux vaut se taire, vraiment, si on n'a rien de plus sérieux à dire.

Après la Science, j'ai interrogé la Théologie. Elle ne m'a pas répondu d'une manière beaucoup plus nette. L'abbé de la Trappe (frère Jean-Armand), le célèbre abbé de Malebranche et le père Lebrun croyaient à la vertu naturelle de la baguette quand elle indiquait les sources, mais à l'intervention diabolique quand elle découvrait les trésors. Par contre, l'abbé Pirot, chancelier de l'Eglise et de l'Université de Paris, concluait dans tous les cas à l'intervention de l'esprit malin. Rien de curieux comme ses dissertations à ce sujet sur Dieu, les anges et le démon!

Mais comment souscrire aujourd'hui aux conclusions de ces théologiens, quant on songe que, de nos jours, les plus habiles *sourciers* ont été ou sont encore des prêtres : l'abbé Paramelle, l'abbé Carrié, l'abbé Caudéran.

Si la Science officielle et la Théologie n'ont rien trouvé de péremptoire, il y a gros à parier, pensais-je, que les Sciences occultes ne se montreront pas plus perspicaces. Tout de même, j'ai voulu savoir ce qu'elles pensaient. Papus, comme vous savez, m'a dit: «La théorie du phénomène est basée sur les affinités du magnétisme humain avec le magnétisme terrestre ; c'est un application des lois générales découvertes par Bruck. » Et cette affirmation, si catégorique qu'elle fût, ne m'a pas convaincu. J'aurais préféré une démonstration.

Il est vrai que M. Bonnaud-Diaz a tenté cette démonstration. Mais si vous l'avez comprise, tant mieux pour vous ! Moi, je n'y ai vu que du bleu.

L'éditeur Chamuel, à qui j'avais confié mes perplexités, m'a confié un vieux bouquin, intitulé: *La Verge de Jacob*.

— Ne le perdez pas, m'a-t-il dit en me le remettant. Il est aujourd'hui à peu près introuvable. Il a été imprimé à Lyon, sans nom d'auteur, en 1693. Il m'a paru si intéressant que je m'apprête à le rééditer. Lisez-le. Il vous donnera sûrement la solution du problème qui vous préoccupe.

Je l'ai lu. J'y ai trouvé un traité complet de la manière d'opérer ; mais je n'y ai pas découvert l'explication que je cherchais. Sur les causes du phénomène, voici seulement ce qui est dit :

La plus saine Philosophie convient que les Astres influent sur toutes les choses sublunaires, et que la qualité qui est propre ou particulière à chaque corps animé ou inanimé dépend absolument, ou tire sa nature de celle que lui imprime l'Astre, qui domine sur lui lors de sa génération. L'expérience nous convainc tous les jours de cette vérité et nous apprend à même temps que la connaissance de la plupart de ces différentes qualités sont des lettres closes pour les hommes; que véritablement ils en découvrent quelques-unes, mais qu'il n'y a que l'Etre souverain qui en ait une idée parfaite. Et que lors qu'il permet que les mortels en tirent quelques-unes des ténèbres où leur ignorance les tient ensevelies, c'est un bénéfice, qui procède moins de leur travail et de leur expérience que d'une grâce particulière, que sa divine bonté accorde à leur indigence et au soulagement de leur misère.

L'homme, de même que les autres corps, et comme le plus noble, participe à ces influences. L'un ne respire que pour la guerre, l'autre que pour l'étude, et ne peut assouvir sa curiosité. L'un semble être né pour le commerce, l'autre pour édifier ou pour l'agriculture. L'un aime les procès et a l'esprit des affaires, l'autre les abhorre et les fuit comme contraires à son repos et à sa tranquillité. Enfin, l'un naît poète, l'autre devient orateur. Et pour m'énoncer avec l'apôtre saint Paul, l'*un a le don de la foi, l'autre de guérir les malades, l'autre de faire des miracles, l'autre de prophétiser, l'autre du discernement des esprits, l'autre de parler diverses langues, l'autre de les interpréter, et toutes ces choses sont opérées par un même esprit qui distribue à chacun selon qu'il lui plaît.*

Il est constant que toutes ces différentes inclinations des hommes ne procèdent et ne leur sont imprimées au moment de leur naissance que par les différentes conjonctions, ou par les différents aspects des planètes avec les signes et les autres Astres qui dominent ou qui influent pour lors. Ils sont comme les causes secondes dont Dieu se sert pour répandre ou pour verser ses différents dons sur les hommes. Et si, par sa grâce, chacun, à son particulier, était assez heureux pour connaître la pente de l'Astre qui influe en lui principalement, il réunirait sans difficulté, en s'adonnant aux occupations qui en dépendent, ou en corrigerait en quelque façon la malignité, s'il prenait soin d'éviter les occasions où elle le peut faire pécher.

Ce n'est pas mon dessein de m'étendre ici sur la preuve de cette proposition, ni d'apprendre comment et quels sont les astres qui produisent ces différents effets. Outre que cette matière est trop relevée pour moi, elle mériterait un plus ample volume et se trouve absolument hors de mon sujet. Tout mon objet n'est que de traiter de ceux à qui Dieu, par l'influence des astres, a imprimé la faculté de découvrir, par le moyen de la *Verge* qu'on appelle *de Jacob*, toutes les choses cachées, souterraines et autres.

On tient que ceux qui ont cette vertu ou cette faculté sont nés sous la planète de Mercure ou de Saturne et sous les signes du Verseau et du Toreau : il s'en trouve beaucoup qui ont un pareil ascendant, ou en tout, ou en partie, mais je puis dire qu'il y en a très peu qui aient une véritable connaissance de leur influence, on qui s'en sachent servir. C'est un trésor caché, c'est une vertu morte en eux, qui leur est entièrement inutile. Je veux la réanimer en leur faisant part de quelques expériences que j'ai faits, ou que j'ai vu faire sur le sujet et, en leur montrant la pratique de la Verge de Jacob, leur faire réduire en acte une vertu qu'ils ne possédaient qu'en puissance...

Tout cela revient à dire, au fond, que le pouvoir de faire tourner la baguette est un don du ciel, qu'on ne peut pas expliquer, quelque chose comme l'étrange faculté de la petite Jeanne Blancard qui, à cinq ans, composait des mélodies à rendre Massenet jaloux, ou du fameux Inaudi qui, mentalement, résout en une minute des problèmes dont les mathématiciens du bureau des longitudes mettraient plus d'un mois à trouver la solution.

Mais ce n'est là qu'une constatation, ce n'est pas une théorie. Il faut pourtant, à défaut de grive vous contenter provisoirement de ce maigre merle, à moins que vous n'accordiez quelque attention à mon opinion personnelle qui, dans l'état actuel de mes connaissances sur le sujet, peut se résumer ainsi :

La caractéristique du phénomène — et je suis étonné que, tous les auteurs depuis Touvenel jusqu'à M. R. Duplantier l'ayant notée, aucun n'en ait vu l'importance — me paraît être la sensation de malaise, l'espèce de fièvre qu'éprouve le sourcier, et dont la baguette, simple accessoire, ne sert qu'à déterminer l'intensité, à la manière du thermomètre dans les cas de fièvre ordinaire.

Et, dans ces conditions, la seule explication qui me paraisse plausible me semble pouvoir se formuler en cette interrogation, inattendue sans doute et peut-être saugrenue : est-ce que la faculté du *sourcier* n'est pas tout simplement une forme inétudiée encore et latente de l'hydrophobie ?

GASTON MERY.

UNE LETTRE DU CURÉ
DE LA ROCHE-EN-BRENIL

La Roche-en-Brenil, le 4 avril 1898.

Monsieur Mery,

J'ai lu avec grand intérêt les numéros de l'*Echo du Merveilleux* que vous avez bien voulu m'adresser. Il y a de grandes analogies entre les faits d'Yzeures et ceux constatés à La Roche où « l'esprit » paraît plus malfaisant : Il brise et détruit, causant un dommage appréciable aux pauvres Garrié.

Les phénomènes relatés dans le *Bien Public* que vous citez sont exacts dans leur ensemble, à part quelques détails de temps, de durée, quelques-uns mêlés d'un peu d'exagération. Ainsi n'ai-je point entendu dire que la table en question *se soit redressée d'elle-même*, pour retomber sur le poêle et le briser; elle avait été relevée par les personnes présentes, autant du moins que je me suis informé.

Voici ce dont j'ai été témoin : Appelé le lundi 21, vers 10 heures du soir, par les Garrié qui ne savaient plus à quel saint se vouer, je me suis presque aussitôt rendu à la maison où j'ai trouvé les tables couchées sur le côté dans l'état où elles étaient tombées, m'a-t-on dit. Je les ai relevées moi-même, et ai attendu. Jusqu'à 11 heures 1/4, rien d'anormal ne s'est produit. Pour rassurer les Garrié, qui sont croyants, avant de les quitter j'ai béni simplement la maison selon le rituel romain : *Benedictio domûs*. J'ai ensuite placé sur la table un verre dans lequel j'ai versé un peu d'eau de Lourdes qui m'avait été donnée par un pèlerin.

Je retournais chez moi, accompagné de deux jeunes gens, quand, à cinquante pas de la maison, un bruit violent se fait entendre, les Garrié fuient en poussant des cris. Nous retournons ; l'obscurité la plus complète régnait au logis hanté. J'entre; la lampe qui avait été projetée à terre est retrouvée par l'enfant qui m'avait suivi ; je la rallume. Les deux tables étaient renversées, la plus grande, sur laquelle le verre avait été placé, sens dessus dessous.

A l'aide d'un des jeunes gens dont j'ai parlé, je relève la table et trouve mon verre brisé en morceaux à l'endroit même de la table où je l'avais placé ; il y avait imprimé, parfaitement marquée, sa trace ; des éclats de verre étaient incrustés tout autour.

Stupéfait, je l'avoue, je causais du phénomène avec le jeune homme qui m'avait aidé à redresser la table; je tournais à moitié le dos à celle-ci ; mon interlocuteur la regardait, quand, au bout d'une ou deux minutes, il s'écrie : « Tiens la voilà qui part encore. »

Je me retourne, j'entends un bruit violent et sec, comme celui d'une forte branche qui casse sous un puissant effort, je vois la table renversée toujours sens dessus dessous à un demi-mètre environ de le place qu'elle occupait, un de ses coins s'était brisé dans la chute. Le guéridon ou petite table sur lequel j'avais placé mes ornements et un chapelet n'avait pas bougé.

Sans nous décourager, nous relevons la table; j'y dépose mon crucifix. Je veux voir. Quelques instants après, mon vicaire, inquiet de mon absence prolongée, me rejoint; je lui raconte les faits, cette fois tourné vers la table, et lui propose de demeurer encore. Pendant notre conversation, on entend un petit bruit comme celui d'une serrure qui grince. Mon abbé lève les yeux du côté d'où il semblait provenir ; il voit la table de nuit placée près du lit (à 35 ou 40 centimètres à peu près) s'incliner sur le côté et s'affaler sur le pavé. Le marbre, qui la recouvre est détaché, le tiroir sorti de son alvéole avec ce qu'il contient. Le meuble est aussitôt redressé par nous-mêmes. Nous attendons trois quarts d'heure, sans qu'un phénomène nouveau se produise. Nous retournons à notre domicile, laissant plusieurs personnes décidées à tenir compagnie aux victimes de ces manifestations. Aucun bruit ni mouvement insolite n'a été constaté pendant le reste de la nuit.

Tels sont les faits, Monsieur Mery, qui se sont passés en ma présence, et que je vous raconte avec des détails que vous trouverez peut-être minutieux. En pareille circonstance rien, me semble-t-il, ne doit être négligé.

Le « sabbat » a repris les jours suivants; les mêmes objets: tables, chaises, buffets, pétrissoire, se renversaient à des intervalles plus ou moins rapprochés. La dernière scène s'est passée dans la nuit du jeudi 24 au vendredi 25, plus violente que les précédentes. L'enfant dont la présence était toujours constatée au moment des manifestations a été éloigné et la maison est entrée dans son calme habituel. Les visiteurs affluent quand même; ils s'en retournent déçus.

Vous voulez bien me demander, Monsieur, mon opinion sur ces faits indéniables. J'en'en ai point d'arrêtée. Il ne paraît pas qu'ils puissent être attribués à une cause naturelle. L'instantanéité et la violence avec laquelle ils se produisent, dépasse les forces humaines, et fait écarter toute supposition de supercherie ou *farce*, le mot a été prononcé. J'incline à y voir une intervention extra-naturelle. L'agent premier je l'ignore. Je suis fortement attaché aux doctrines de l'Eglise sur l'intervention du démon plus fréquente qu'on ne le suppose; je ne répugne point aux découvertes de la science. L'observation du cas présent n'a pas été à mon sens, faite sérieusement par beaucoup. Il n'a pas été fouillé, et ne peut plus l'être. Il paraît difficile d'émettre une opinion ferme.

Veuillez agréer, Monsieur Mery, l'expression de mon respectueux dévouement.

BOURGEOT,

Curé à la Roche-en-Brenil.

P. S. J'entends dire à l'instant que l'enfant, médium présumé, mis en observation et interrogé, aurait avoué que des passes magnétiques lui auraient été faites par un individu qu'il désigne. Je ne puis contrôler l'assertion.

LA MYSTIQUE DU BERGER

*** *Les Bergers de la Brie.* II.

Le terrible châtiment qui avait frappé, en 1688, le berger Hocques et sa famille, et les bergers Bras-de-fer, Petit-Pierre, Jardin, Pierre Biaule et Lavaux-Médard, ne terrorisa pas, du moins pas longtemps, les bergers ensorceleurs de la Brie. Voici une autre histoire, moins tragique, mais peut-être plus étrange encore, qui se passa en 1705. Elle est rapportée longuement par le P. Le Brun, dans son *Traité contre les superstitions*, et entourée de tous les témoignages qui la peuvent rendre incontestable dans ses plus singuliers détails. (1).

Le 18 avril 1705, un jeune gentilhomme, M. Denis Misanger de la Richardière, traversait à cheval le village de Noisy, lorsqu'au milieu de la forêt, en face de la Chapelle, son cheval s'arrêta brusquement, sans qu'il pût le faire avancer, bien qu'il lui donnât plusieurs coups d'éperon. Il y avait là, appuyé contre la chapelle, sa houlette en main, deux chiens noirs couchés à ses pieds, un Berger de mauvaise mine, qui regardait le sieur de la Richardière avec une expression d'ironie méchante, et qui lui dit : — Monsieur, je vous conseille de rentrer chez vous, car votre cheval n'avancera pas.

Le jeune la Richardière, continuant de piquer son cheval, répondit avec humeur au berger :

— Je ne me soucie point de ce que tu dis.

— Je vous en ferai bien soucier, murmura le berger, qui s'éloigna avec ses chiens noirs.

Le cheval reculait toujours et se cabrait, effrayé, couvert d'écume. M. de la Richardière dut descendre et le ramener par la bride au logis de monsieur son père dans le même village.

Peu après (le vendredi, 1er mai), le jeune homme fut attaqué d'une maladie extraordinaire, qui commença par une sorte de léthargie. Il tomba ensuite dans des accès de fureur convulsive; on fut obligé de le faire garder et tenir par cinq ou six personnes, de peur qu'il ne se précipitât par les fenêtres ou ne se cassât la tête contre les murs. L'émétique qu'on lui donnait lui fit jeter quantité de bile, et il demeura quatre ou cinq jours assez tranquille.

Vers la fin de mai, on l'envoya en changement d'air à la campagne. Il lui survint de nouveaux accidents si extraordinaires qu'on le jugea ensorcelé. Ce qui parut confirmer cette conjecture, c'est qu'il n'eut jamais de fièvre et conserva toutes ses forces, malgré ses maux et les remèdes, également violents. M. de la Richardière raconta alors sa rencontre du 18 avril avec le Berger, devant la chapelle de Noisy.

On fit dire des messes à Saint-Maur-des-Fossés, à Saint-Amable et au Saint-Esprit. Le jeune de la Richardière assista à quelques-unes, mais il déclara qu'il serait guéri seulement le 26 juin, à Saint-Maur. Une aventure inouïe devait précéder sa guérison.

Un jour rentrant dans sa chambre, dont il avait la clef dans la poche, il poussa un cri d'effroi : le Berger était assis dans son fauteuil, sa houlette à la main, ses chiens noirs à ses pieds. Les personnes accourues aux cris du malheureux jeune homme ne virent rien.

---

1. Le Brun, t. I. pages 281 et suivantes.

Lui était tombé dans des convulsions violentes. Pendant tout le jour et toute la nuit suivante, il vit le Berger dans sa chambre, qui le regardait d'un air ironique et menaçant. Le lendemain, vers les six heures du soir, M. de la Richardière tomba de son lit criant que le Berger était sur lui et l'écrasait. Il saisit un couteau et en frappa cinq fois le vide, après quoi il parut calmé : — « J'ai frappé le Berger de cinq coups au visage », dit-il. Et il avertit ceux qui le veillaient qu'il allait avoir cinq faiblesses, les priant de le secourir et de le secouer fortement. Les cinq faiblesses se produisirent comme il l'avait prédit.

Le vendredi 26 juin, M. de la Richardière étant allé à la messe à Saint-Maur, répéta qu'il serait guéri ce jour-là. Après la messe, le prêtre lui mit l'étole sur la tête et récita l'Evangile de saint Jean. Pendant cette prière, le jeune homme vit saint Maur, dans son habit de Bénédictin, debout devant lui, le Berger à sa gauche, portant aux visages les marques sanglantes de cinq coups de couteau. M. de la Richardière ne put se retenir de crier, « Miracle! Miracle! » et assura qu'il était guéri, comme il l'était, en effet.

Le 29 juin, le désensorcelé, qui était retourné à Noisy, s'amusait à tirer la pie dans les vignes. Le Berger, avec son visage sanglant, apparut soudainement devant lui. M. de la Richardière lui donna de la crosse de son fusil sur la tête. Le Berger s'écria : — « Monsieur vous me tuez! » et s'enfuit.

Le lendemain, cet homme se présenta de nouveau devant M. de la Richardière, se mit à genoux, lui cria pardon et lui dit : « Je m'appelle Damis; c'est moi qui vous ai jeté un sort qui devait durer un an. Par le secours des messes et des prières, vous en avez été guéri au bout de huit semaines, mais le sort est retombé sur moi et je n'en pourrais guérir que par miracle. Je vous prie de faire prier pour moi, car je vais mourir. » Il disparut, ayant dit cela, avec sa soudaineté ordinaire.

Cependant le bruit de tous ces faits étranges s'était répandu dans le pays, et la maréchaussée se mit à la poursuite du Berger. Il parvint à lui échapper en jetant sa houlette et en tuant ses chiens, (du moins disparurent-ils). Une fois encore, le dimanche 13 septembre, Damis vint trouver M. de la Richardière et lui annonça qu'il avait eu le bonheur de rentrer en grâce près de Dieu. Après être resté vingt ans sans s'approcher des sacrements, et tout absorbé dans des commerces détestables et sataniques, il s'était repenti et confessé, à Troyes, et avait enfin été admis à la Sainte Table. Mais il demandait encore des prières car il sentait bien, disait-il, qu'il allait mourir. M. de la Richardière fut ému et laissa Damis se retirer sans difficulté. Huit jours après, une lettre de la femme du Berger lui apprenait la mort de ce mystérieux individu, le priant de faire dire pour lui une messe de *Requiem*; ce qui fut exécuté.

Dom Calmet, qui a résumé longuement l'histoire du berger. Damis dans son *Traité des Apparitions* (1) la trouve surtout prodigieuse « en ce qu'elle prouve qu'un magicien peut se rendre invisible à plusieurs personnes pendant qu'il se découvre à un seul homme. » Mais il a manifestement peine à croire que le Berger ait pu s'introduire dans la chambre de M. de la Richardière sans ouvrir ni forcer la porte. La présence des chiens noirs est plus embarrassante à croire que celle de l'homme; nous nous sommes familiarisés, depuis, avec l'action extra-corporelle de l'homme vivant se manifestant par l'apparition de son double. Peut-être comme dans l'affaire de Cideville, étaient-ils « cinq. y compris le Berger », les quatres autres aptes à prendre toutes apparences! Don Calmet s'étonna encore que le Berger ait pu jeter un sort sans toucher la personne. Mais (d'après les plus graves auteurs) il ne paraît pas du tout que le contact soit nécessaire; c'est d'ailleurs ce que semble indiquer le mot jeter. Dans l'affaire de Cideville, dont nous venons de parler, le berger Thorel n'avait pas touché l'enfant — bien que les phénomènes d'obsession aient redoublé lorsqu'il l'eut touché, par la suite.

Ce qui paraît plus étrange, non pas inexplicable toutefois, c'est le don de prévision singulier que montre le jeune la Richardière (qu'il va éprouver cinq faiblesses; qu'il sera guéri le 26 juin). On conçoit cependant que, dans des circonstances si anormales, une lucidité particulière puisse s'éveiller chez le patient. Peut-être ce phénomène tentera-t-il à quelque dissertation intéressante un savant lecteur de l'*Echo*. J'exprime ma gratitude à ceux qui ont bien voulu déjà m'envoyer des notes fort curieuses. Je recevrai avec reconnaissance toute anecdote authentique sur les bergers jeteurs de sorts, nombreux encore dans nos compagnes, dernières silhouettes pittoresques d'un monde merveilleux presque disparu.

GEORGE MALET.

Parmi les communications que j'ai reçues, aucune n'est plus intéressante que celle de notre collaborateur M. Elbère No, relative à un berger de Briare :

C'était un peu avant la guerre (de 1870). Il était sept heures du soir; il faisait nuit. M. B..., qui revenait de Briare en voiture, traversait la forêt avant d'arriver à Châtillon. Tout à coup, son cheval s'arrêta net, soufflant bruyamment : un homme venait de surgir au milieu de la route, si brusquement qu'on eût pu croire

1. Pages 422-428.

qu'il sortait de terre. C'était un nommé L..., qui passait pour sorcier. (Du reste, Châtillon était et est sans doute encore renommé pour ses sorciers. Il n'était pas rare, alors, d'être réveillé vers minuit par des bruits épouvantables sous vos fenêtres : c'était une « virette », — un homme ou une femme affublé d'une peau de bête, traînant des chaînes, avançant par bonds effrayants, suivi de chiens qui hurlaient.)

Cet individu donc demanda en ricanant à M. B... s'il y avait place pour lui dans sa voiture. M. B..., qui le connaissait de réputation, lui répondit sans enthousiasme qu'il pouvait monter.

A un endroit où la route qu'ils suivaient était coupée par une autre, L... demanda à descendre. M. B... arrêta son cheval. Quelques secondes après, vers l'endroit où le berger avait disparu dans la forêt, éclatèrent des cris, des hurlements horribles, exprimant la rage et la douleur. Epouvanté, M. B... cria « L..., L... est-ce vous? qu'y a-t-il? » L'affreux bruit cessa; la voix de L... toute tremblante, répondit : « Non... non... ne venez pas! » Et soudain les cris éclatèrent de nouveau, atroces. M. B..., terrifié vit le berger bondir sur la route et courir, les vêtements en lambeaux, le visage en sang, et *plus un seul cheveu sur la tête, plus un seul poil sur la figure.* »

De nombreux témoins, assure M. Elbère No, pourraient attester encore la véracité de ce fait prodigieux, et qu'il ne s'agit pas d'un berger portant perruque, à qui quelque bergère surprise aurait griffé le visage et arraché les cheveux.

APPARITION D'UNE AME
QUI DEMANDE DES PRIÈRES

Plusieurs de nos lecteurs nous demandent pourquoi nous n'avons jamais parlé des faits dont on va lire le récit. La raison est bien simple : c'est qu'il se sont passés à une époque où *l'Echo du Merveilleux* n'existait pas encore. Mais puisqu'on nous prie de les rappeler, nous le faisons bien volontiers. Voici l'article que *Le Pèlerin* publiait le 1er novembre 1896.

La Congrégation des Dames de la Sainte-Union (dont la maison-mère est à Douai) possède une maison à Denain (Nord) et une autre à Hénin-Liétard (Pas-de-Calais). Une religieuse de cette dernière communauté d'Hénin-Liétard reçut vers Pâques l'ordre de se rendre à Denain pour aider la Sœur cuisinière. Lors de son départ, sa supérieure, malade depuis longtemps d'un cancer à l'estomac et sentant sa fin approcher, lui recommanda instamment de prier pour elle après sa mort, ce que la Sœur promit bien volontiers. Ladite supérieure expira dans les premiers jours de mai. Or, six ou sept semaines après, le 26 juin, arriva à Denain l'événement que je vais raconter.

C'était jour de lessive à la communauté, et on avait pris des femmes de journée pour cette besogne. La nouvelle Sœur, les manches retroussées, aidait à la lessive et vaquait entre temps aux autres occupations du ménage. Vers l'heure du midi, elle descendit à la cave chercher de la bière pour le dîner des lessiveuses. En se baissant pour tirer sa bière, elle aperçut *de côté*, sans s'en préocuper davantage, une religieuse qui se trouvait au bas de l'escalier et semblait se diriger vers une seconde cave dépendant de la première. Un instant après elle vit cette religieuse tout près d'elle, à son côté gauche, et avant qu'elle eût pu lever la tête pour voir de quoi il s'agissait, elle se sentit cruellement *pincée* (c'est son expression) à l'avant-bras droit; en même temps, elle reconnut la voix de la supérieure défunte d'Hénin-Liétard lui disant : *Priez car je souffre* (1). Le tout s'était accompli en moins de temps

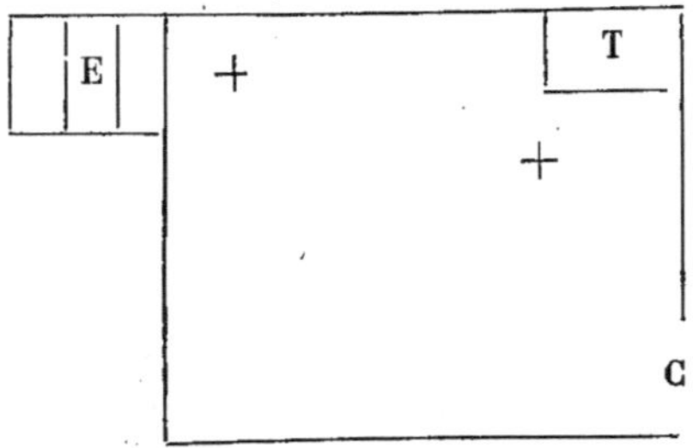

E, escalier de la cave.
C, entrée de la seconde cave.
T, tonneaux à bière.
+ + Places occupées successivement par l'apparition.

qu'il n'en faut pour le raconter. La pauvre Sœur affolée de terreur, remonta précipitamment de la cave et se laissa tomber plus morte que vive sur un banc placé près de l'entrée.

Cependant les lessiveuses, ne la voyant pas venir, s'inquiétèrent et allèrent voir s'il ne lui était point survenu d'accident. Elles la trouvèrent tout en larmes et, malgré toutes leurs questions, ne parvinrent à en tirer aucune parole. Les religieuses, prévenues, arrivèrent à leur tour et ne purent tout d'abord en obtenir davantage (2). Enfin, elle put, au milieu de ses san-

1. La disposition de la cave, fera mieux comprendre la manière dont les faits se sont produits.

2. L'émotion qui suffoquait la Sœur explique suffisamment son silence. (Son trouble était tel, qu'elle ne put se rendre compte si elle avait fermé ou non le robinet du tonneau de bière; un de ses premiers soins, lorsqu'elle commença à se calmer, fut d'y envoyer voir. De fait elle l'avait fermé.) D'autre part, elle éprouvait peut-être de la répugnance à manifester sa pensée devant les femmes de journée; car (ainsi qu'elle l'a expliqué plus tard), elle n'osait croire à une appparition réelle, et elle inclinait à penser qu'une

glots, articuler ces mots : « On m'a pincée. — Où donc vous a-t-on pincée? » lui demanda-t-on. Elle montra son bras, que la manche de la robe retroussée comme je l'ai dit, laissait en partie découvert (1), et on fut stupéfait d'y voir quatre marques rouges transversales comme si une main de feu y avait été appliquée. En dessous, une brûlure plus profonde, ayant la forme du pouce et sur laquelle une ampoule s'était déjà levée. (Des ampoules semblables ne tardèrent pas à se former aussi sur les autres brûlures.) (2). Plus intrigués que jamais, les témoins de cette scène accablèrent la Sœur de questions et obtinrent enfin le récit de ce qui était survenu.

Le bruit de cette affaire se répandit aussitôt dans la ville; un grand nombre de personnes vinrent aux informations et purent contempler à leur aise les traces laissées sur le bras de la Sœur par l'apparition.

La Supérieure générale, informée du fait, manda la Sœur à Douai, où son bras fut examiné et photographié par le Dr Toison (3), médecin de la communauté.

Par la suite, les brûlures se guérirent peu à peu à la façon des brûlures ordinaires. Aujourd'hui, il n'en reste plus que les cicatrices.

Inutile de dire l'émotion produite dans la contrée par cet événement. Si une sainte religieuse, qui a passé sa vie à se dévouer, qui s'est préparée à la mort par de longue souffrances chrétiennement supportées, doit subir en Purgatoire une cruelle expiation pour ses légères imperfections, que doivent attendre les mondains qui ne rêvent ici-bas que plaisirs et jouissances!

Pour être complets reproduisons aussi cette lettre que le Dr Toison adressa à *la Croix*, qui avait inséré l'article du *Pèlerin*.

Mon Révérend Père,

Vous publiez dans le dernier numéro du journal *La Croix* un article me mettant en cause au sujet d'un fait survenu dans le Nord, il y a quelques mois.

Sœur facétieuse avait imaginé cette plaisanterie pour lui faire peur. Cette supposition, malgré son invraisemblance, fut la première qui se présenta à son esprit lorsqu'elle voulut se rendre compte de ce qui lui était arrivé. On va voir que ce n'était point conforme à la vérité. — Ces détails ont leur importance parce qu'ils coupent court à toute hypothèse d'*auto-suggestion*.

1. Cette circonstance, que la Sœur avait les manches retroussées en faisant son travail permet aux témoins d'affirmer qu'avant de descendre à la cave, elle ne portait aux bras aucune marque ni blessure d'aucune sorte.

2. Selon le langage médical, les brûlures de la partie supérieure était du 1er degré, et celle de la partie inférieure du 2e degré.

3. Le Dr Toison est un praticien distingué qui habite Douai, et en même temps fait un cours à la Faculté catholique de médecine de Lille.

Veuillez me permettre de préciser *une partie* de ce qui est inexact ou indécis dans l'exposé.

Mon rôle unique a été d'examiner chirurgicalement la blessée et de constater des lésions ressemblant à des brûlures plus qu'à toutes autres lésions.

Je n'ai fait aucun examen du système nerveux.

Les lésions ont été photographiées en ma présence par un photographe professionnel, mais non par moi-même.

Quant à la cause des lésions constatées, ni moi-même ni les confrères qui ont vu la malade n'ont, je crois, rien affirmé et ne peuvent sans doute rien affirmer de certain.

Cette restriction constitue un fait trop important pour que je ne vous demande point, dans l'intérêt de la vérité, de publier ces lignes le plus tôt possible.

Veuillez agréer, mon Révérend Père, l'assurance de mes meilleurs sentiments.

Dr J. Toison.

En publiant cette lettre, la *Croix* annonçait que les faits racontés par le *Pèlerin* étaient l'objet d'une enquête canonique. Est-il indiscret de demander si cette enquête a réellement eu lieu et si oui, quel en a été le résultat?

LA QUINZAINE A TILLY

Depuis le 25 mars, il n'y a pas eu de visions au champ Lepetit.

De nombreuses personnes sont allées, chaque après-midi, réciter en commun le rosaire devant la statue de la Vierge.

Le jour de Pâques, en sortant des offices, la foule, comme tous les dimanches, s'est rendue au pied de l'ormeau ; mais il n'y a pas eu de voyante.

Par contre, le lundi de Pâques, Marie Martel a eu une extase de vingt minutes.

Dans sa vision, elle n'a pas vu la Vierge. Jeanne d'Arc seule lui est apparue et elle l'a invoquée plusieurs fois.

Marie Martel ne reviendra au champ que le 1er mai.

Y.

CORRESPONDANCE

1er avril 1898.

Monsieur Gaston Mery.

Permettez-moi de vous signaler un fait très délicat et naturellement sous les plus grandes réserves.

J'étais à Tilly le 18 mars. Le soir, les personnes réunies à table dans la petite salle de l'hôtel Morel, espérant que M. Guérard reviendrait, montèrent au Champ, et l'on pria longtemps et pieusement dans la petite chapelle qui se trouvait toute garnie de pèlerins entourant jusqu'au fond la statue de la Vierge.

Cette statue, je l'avais vue un an auparavant; et je l'avais trouvée d'une banalité qui me choquait un peu.

Or, ce soir-là, pendant une heure au moins, je l'ai considérée et m'étonnais de ne plus avoir la même impression. Je la trouvais toujours d'une facture très simple; mais je trouvais dans cette simplicité une harmonie céleste et une impression irréprochable, sans gaîté ni tristesse, une expression de miséricorde et de bonté qui contrastait avec son expression première.

Etait-ce illusion? Toujours est-il que, vers dix heures, le

rosaire étant terminé, plusieurs dames manifestèrent le désir de redescendre à Tilly, puisque M. Guérard ne venait pas, et qu'il était déjà tard. C'était demander qu'on redescendit avec elles par cette nuit très noire. — Et l'on commença à éteindre les cierges.

A ce moment, une femme du pays nous dit : « Voyez-vous comme Elle a l'air triste » en parlant de la statue et elle ajouta : « C'est parce que nous nous en allons. » C'était vrai ; mais je lui répondis que peut-être l'éclairage était-il différent depuis qu'on avait éteint déjà une partie des cierges. « Oh! mais non, reprit-elle, en prenant un cierge pour l'éclairer de près. Regardez. Ce n'est pas la première fois que je le remarque quand on s'en va. Vous voyez bien ; Elle fait la moue. » Et vraiment la chose me paraissait si vraie que j'aurais bien voulu qu'on restât un peu plus pour voir si l'expression aurait encore changé! Mais mon avis n'ayant pas prévalu, on redescendit à Tilly.

Le lendemain, ayant parlé du fait à différentes personnes de la localité ou habituées du Champ, on me dit de divers côtés : « Oui, on a déjà observé tel ou tel changement ; ainsi, elle pâlit lorsqu'on est aux mystères douloureux du Rosaire, et d'autres choses analogues ; mais chacun avait crainte d'en parler »

J'en dis quelques mots au Doyen qui, tout en gardant une très grande réserve, ne fut aucunement surpris ; ajoutant qu'on ne pouvait rien affirmer.

De retour à Paris, je recherchai dans un ouvrage traitant des pèlerinages de la Sainte Vierge diverses relations que je me souvenais avoir lues, mentionnant certaines statues de la Vierge qui avaient donné des signes de vie des plus surprenants. J'en retrouvai dix ou quinze analogues et plus extraordinaires encore. Dans la pensée que ces faits peuvent intéresser vos abonnés, je me fais un plaisir de vous en envoyer un relevé avec les désignations, les dates et avec note abrégée sur chaque fait.

Agréez, monsieur, mes sentiments très distingués.

H. L.

Notre-Dame du Guet, à Bar-le-Duc.

En 1130 une bande de pillards, dissimulant sa marche, allait se jeter sur la ville du Bar. Ils se croyaient sûrs du succès, personne ne les ayant aperçus. Soudain la statue de la Vierge placée comme une sentinelle sur la porte principale du château des comtes de Bar, s'écrie : « Au guet! la ville est prise. » Ah! tu nous dénonces, crie un des assaillants furieux, et, prenant une pierre, il la lance contre la statue en ajoutant : « Prends garde à toi. » Mais il tombe raide mort.

La garnison du château se précipite et les assaillants, effrayés par la mort de leur camarade, prennent la fuite.

Notre-Dame de Déols (Déols ou Bourg-Dieu, près Châteauroux).

En 1187, un soldat de Richard Cœur-de-Lion, faisant partie des troupes envoyées pour défendre Châteauroux assiégé par le roi de France, perdait au jeu ; il éclate en blasphèmes, et voyant l'image de la Vierge tenant l'Enfant Jésus dans ses bras, ce misérable saisit une pierre et, à la vue de tout le monde, la jette contre la statue et casse à l'Enfant Jésus un bras qui tombe à terre. Aussitôt, le sang ruisselle en abondance de la blessure et coule jusque sur le sol. Le coupable est saisi d'un mouvement frénétique et expire sur place. Jean sans Terre survient accompagné du comte de Limoges, ramasse le précieux débris, et, plus tard, le dépose dans une chapelle qu'il fait bâtir en Angleterre et dédie à la Vierge sous le titre de Notre-Dame-du-Réduit.

En 1202, Poitiers était assiégé par les Anglais à qui un traître avait promis de dérober pour eux les clefs de la ville, gardées par le maire à son chevet. Les clefs que le traître devait voler ont disparu. On les demande au maire sous un prétexte faux. Le maire constate leur disparition et, effrayé donne l'alarme et va recommander la ville à la Vierge en son église de Notre-Dame-la-Grande, et trouve les clefs de la ville entre les bras de la statue de Notre-Dame.

Les Anglais furent repoussés, perdant 1.500 hommes.

En 1244, les habitants du bourg d'Avignon, près Orléans, attaqué par l'ennemi, apportèrent la statue de la Vierge à la porte du bourg. L'un de ceux-ci, abrité derrière la statue, lance des flèches et tue plusieurs des assaillants. L'un d'eux crie à l'arbalétrier : « Tu ne saurais maintenant éviter la mort, ni cette image te défendre, si prestement quittant icelle, tu n'ouvres la porte de la ville. » Une flèche bien dirigée allait atteindre l'arbalétrier ; mais la statue, pour le préserver, avance le genou, la flèche s'y enfonce et y reste plantée.

La statue conservée à Notre-Dame-des-Miracles fut brûlée par les protestants en 1560.

En 1251, Ralbert Constant, prince de Saint-Brieuc, revenant de croisade, s'était endormi avec ses hommes près d'une chapelle à Notre-Dame-des-Misères, près de Toul.

Une bande de brigands s'avance pour les assassiner quand la statue leur crie : « Gare le cou ». Ils sont sauvés et Ralbert, l'année suivante, fit bâtir une chapelle sous ce titre « Gare le cou ».

A Toul en 1284, un nommé Lambert priait aux pieds de la statue de la Vierge. Soudain les lèvres de la Vierge s'entr'ouvrent : « Prenez garde, dit-Elle, l'ennemi approche et va surprendre la ville, et en témoignage de vérité, invitez les passants à entrer ; devant vous tous, j'avancerai le pied droit. » Une patrouille passait à la porte de l'église et fut témoin du prodige.

Réunissant aussitôt quelques autres soldats, le petit bataillon se dissimule, tombe sur l'ennemi et sauve la ville.

Par reconnaissance, la ville chaussa d'argent le pied de la sainte Vierge, orna son front d'une couronne de diamants et son bras d'un sceptre d'or, et fut nommée Notre-Dame-au-pied-d'argent, nom de la cathédrale de Toul.

Au XIVe siècle, il y avait grande discussion entre les théologiens sur le dogme encore discuté à cette époque de l'Immaculée Conception.

En 1304, un docteur nommé Scott, chargé par le pape de prêcher en faveur de ce dogme, priait devant une statue de la Vierge de granit, placée par saint Louis sur la porte souterraine de la sainte chapelle. Lorsqu'il leva les yeux, la statue lui souriait et le sourire resta gravé dans le granit.

A la suite de son prêche, il fut décidé que les docteurs en Sorbonne devaient s'engager par serment à enseigner le dogme. Ce fut à la suite de ce succès que le prodige s'était produit.

Notre-Dame-des-Vertus, à Aubervilliers, près Paris.

En 1336, la sécheresse menaçant les récoltes on venait de faire à cette intention une procession, le second mardi de mai. Une jeune fille restée à l'église pour orner la statue de la Vierge la voit se couvrir d'une sueur abondante. Surprise, elle appelle d'autres personnes pour constater le phénomène. Puis toute la population accourt, le bruit s'en étant répandu dans Paris, des foules se pressaient à Aubervilliers malgré la pluie qui tombait à torrents, et que cette sueur avait semblé prédire.

Philippe VI s'y rendit avec sa cour.

A cette occasion un comte de Toulouse ayant rencontré des pèlerins et s'en étant moqué, enfla aussitôt, et, se voyant près de mourir, il se repentit, fut guéri, et offrit un don à Notre-Dame-des-Vertus.

Notre-Dame-des-Miracles, à Rennes.

En 1345, les Anglais assiégeaient Rennes. Impuissants à la prendre de force, ils essayèrent d'une mine qui parvint bientôt au cœur de la place, sous l'église de Saint-Sauveur. Instruits de ces travaux, les Rennois étaient dans une étrange perplexité. Des prières ferventes se faisaient dans toutes les églises.

Un jour du mois de février, les cloches de Saint-Sauveur se mettent d'elles-mêmes en branle. On accourt : sur l'autel de Marie brûlent des cierges que n'avait point allumés la main des hommes. Et prodige ! la statue détache de son sein un doigt protecteur qui indique un point... On fouille en cette place, et l'on entend, puis on rencontre les pionniers anglais qui sont massacrés. Leurs compatriotes déconcertés se mutinent et le duc de Lancastre, leur chef, est obligé de lever le siège.

Dernière réplique de M. de Charliac

Cher Monsieur Mery,

L'honorable M. de Charliac qualifie mon raisonnement d'enfantin. Daignez m'autoriser à insérer dans l'*Echo* ces rectifications.

Un de mes correspondants, il y a déjà quelque temps, m'a fait savoir que l'abbé Torné avait quitté ce monde avant le comte de Chambord. Un autre, qui fut jusqu'au dernier moment l'ami dévoué du pauvre abbé, m'a écrit ces lignes : « ... On dut le transporter à l'hospice de la Charité. Le curé de Saint-Sulpice le confessa, l'administra. Il retrouva dans son délire plusieurs moments lucides, fit preuve alors de sentiments chrétiens admirables. Il fut enterré le 7 juillet 1880 au cimetière nouveau d'Ivry, concession temporaire de 5 ans, n° 140, 2e division, 2e ligne. J'ai été m'agenouiller sur cette tombe quelques jours après. Une petite croix de bois avec son nom, voilà le seul honneur rendu à un grand savant, pieux, humble, méconnu, délaissé, et victime comme tous les saints des méchancetés des hommes. »

Or, M. de Charliac émet cette affirmation : « L'abbé Torné-Chavigny est mort après le comte de Chambord vers 1883, ayant eu tout le temps de constater l'inanité de ses prédictions concernant ce Prétendant. J'avais six ans alors et j'étais très précoce. J'ai retenu ses discours, etc... »

Je me suis permis d'avertir M. de Charliac de se défier de son imagination : aujourd'hui, j'ajouterai qu'il doit se défier de sa mémoire. Malgré son étonnante précocité il est impossible qu'il ait pu, à l'âge de quelques mois, retenir ce que disait l'abbé Torné. La charité m'oblige à supposer que M. de Charliac le confond avec un autre prêtre (1).

Mon contradicteur a raison de constater que l'Europe est peuplée de juifs faux chrétiens. Il n'a pas pour cela le droit d'affirmer que tout juif converti, ou descendant de convertis, judaïse en secret.

Le prophète français se dévouait aux pestiférés : je ne donne pas sa science et son dévouement comme preuves d'inspiration.

Jamais Nostradamus ne s'est représenté lui-même comme un sacrilège et un idolâtre. Mais il a poussé l'abnégation jusqu'à vouloir passer, de son vivant et après sa mort, pour un astrologue, et jusqu'à se faire insulter par des adversaires et traiter d'ignorant. C'est qu'il voulait contribuer à discréditer l'astrologie (telle que trop de gens la comprenaient), et, de plus, réserver à notre temps la connaissance de toutes ses œuvres. Plusieurs seront, d'après certains quatrains, prochainement découvertes. Alors seulement il sera compris et admiré de tous les catholiques ; alors les Sarcey seront réduits au silence. Nostradamus dit dans sa lettre à César : « Je te suplie que jamais tu ne vueilles employer ton entendement à telles resveries et vanitez qui seichent les corps et mettent en perdition l'âme, donnant trouble au faible sens : mesme la vanité de la plus éxécrable magie réprouvée jadis par les sacrées escritures, et par les divins canons, au chef duquel est excepté le jugement de l'Astrologie judicielle : par laquelle, et moyennant inspiration et révélation divine par continuelles supputations, avons nos prophéties rédigées par escrit. » Donc il admet seulement ce qu'admet l'Église, mais non qu'on puisse savoir l'avenir par les astres sans tenir compte de la volonté de Dieu et de la liberté humaine. Il fait allusion à la concordance de certaines conjonctions astronomiques avec les grands événements de l'histoire. Albumazar, le cardinal d'Ailly, Turrel, etc., avaient annoncé la fin du monde ou de grands changements pour la période de 1789 à 1814.

Quant à l'avenir des juifs, je pense qu'ils vont reconstituer le royaume de Jérusalem, qu'une minorité se convertira sincèrement dès notre temps, mais que les autres prépareront l'avènement de l'Ante-

---

1. Rien de plus facile que de vérifier la date du décès à l'hospice de la Charité. Mes lecteurs apprécieront ce que vaut l'étonnante hypothèse de M. de Charliac : « Nostradamus aurait trouvé des milliers de faits concernant l'histoire future de la France dans des livres sybillins conservés par des rabbins... jusqu'ici introuvables comme ces livres eux-mêmes !!! »

christ et ne seront convertis qu'après sa venue. Mais cette question est trop grave pour être traitée en une page : il faudrait consacrer plusieurs années à parcourir les ouvrages qui lui sont consacrés, depuis le traité de P. Malvenda sur l'Antechrist jusqu'à « la mission des Juifs » de M. l'abbé Goudet (1). Avant que M. de Charliac n'ait lu tous ces livres, il aura des cheveux gris aux tempes comme l'auteur de cet article, qui le prie d'agréer l'expression de ses sentiments de fraternité chrétienne.

TIMOTHÉE.

Une prédiction de Nostradamus

Marseille, ce 30 mars 1898.

A Monsieur le Directeur de
l'Echo du Merveilleux. Paris.

Monsieur,

Dans votre numéro du 15 mars de *l'Echo du Merveilleux*, vous parlez de Nostradamus et de ses prophéties. Permettez-moi de vous faire connaître le fait suivant, qui vous intéressera peut-être.

En 1893, j'ai passé l'été dans un village de la Somme, à Vaux-les-Amiens. C'était le 25 septembre, jour de la fête du pays. M. le curé du village, un ami, mort depuis, avait réuni ses confrères des environs pour fêter le Patron, suivant la tradition dans ces contrées, et j'étais parmi les invités.

Pendant le repas, la conversation s'engage sur les événements du jour. C'était le moment de l'arrivée de l'Escadre russe à Toulon et des préparatifs pour la réception des officiers de cette Escadre à Paris. Parmi les convives, se trouvait M. le curé d'A..., joli village situé sur la rive gauche de la Somme, à 10 kilomètres d'Amiens, environ. Ce brave curé, aussi savant que modeste, s'occupe beaucoup de rechercher les événements futurs prédits par Nostradamus; quelqu'un lui demanda, en riant, si, dans cette circonstance extraordinaire, Nostradamus ne dévoilait pas un fait marquant.

M. le curé d'A... nous dit ceci : « Messieurs, un grand malheur est prêt de se produire. Selon Nostradamus, le chef de l'Etat actuel doit être assassiné, au milieu d'une grande réunion d'hommes *de toutes les nations*, par un Italien, d'un coup d'un instrument en fer, couteau, poignard, etc. Comme le Président de la République doit aller à Toulon rendre sa visite à l'Escadre russe, je crains que ce fatal moment ne soit arrivé, d'autant plus qu'on parle déjà d'un complot. »

Comme bien vous le pensez, les esprits forts (et il y en partout) laissaient voir sur leurs lèvres un léger sourire d'incrédulité, à la suite d'une révélation qui paraissait si extravagante.

Cependant, le sérieux avec lequel ce brave ecclésiastique avait parlé m'avait frappé, et j'attendais avec anxiété la fin de ces fêtes pour savoir comment tout se passerait. Bref, rien ne se produisit heureusement et, rentré chez moi, à Nyons (Drôme), je ne pensais plus à cela, si ce n'est pour me dire que M. le curé s'était trompé.

Au mois de juin 1894, j'étais au café, lorsqu'on nous apprit qu'une dépêche arrivée à la Sous-Préfecture annonçait que Carnot avait été victime, à Lyon, d'une tentative d'assassinat et qu'il était blessé. Cette dépêche, très laconique, ne parlait absolument que d'une blessure. Tout de suite, la prédiction de M. le curé d'A... se présente à mon esprit et je dis : « Le Président de la République n'est pas blessé. Il est mort. Il a été tué par un Italien, d'un coup de couteau, ou de poignard. » On me regarde étonné... J'ajoute : « Je sais cela par un brave curé depuis l'an passé ; il nous l'avait prédit, et cet événement est consigné dans les prophéties de Nostradamus dont le curé s'occupe beaucoup. »

En effet, c'était bien à Lyon que ce malheur devait arriver, car c'était bien là, pendant l'Exposition universelle, au milieu d'une *grande réunion d'hommes de toutes les nations* que cet assassinat devait être perpétré, selon Nostradamus, et non à Toulon où il n'y avait officiellement que des Russes et des Français.

Heureusement pour moi, dans le bouleversement produit par ce crime abominable, ce que j'avais dit resta ignoré, à peu près ; car si je l'avais répété, je me serais certainement fait arrêter; mais cette prophétie du curé d'A... n'en produisit pas moins une forte impression sur moi.

Si le fait que j'ai l'honneur de vous exposer peut intéresser vos lecteurs, je vous autorise à en tirer le parti qu'il vous plaira, en évitant toutefois de désigner M. le curé d'A..., pour ne pas blesser sa modestie ; mais si vous-même allez par hasard à Amiens, prenez une voiture et allez faire une visite à ce brave abbé, vous ne regretterez par votre course. Je suis certain que vous serez surpris de tout ce qu'il vous dira. C'est un homme excessivement aimable et bon.

Je vous prie d'agréer, Monsieur, l'assurance de mes sentiments respectueux.

BLANC,
Capitaine en retraite.

1. Paris, Delhomme et Briguet, 1890.

CHEZ LA VOYANTE

De toutes les prédictions de la Voyante qui, tant bien que mal, ont pu être enregistrées depuis deux ans, les unes, comme celles qui avaient trait, par exemple, à la chute du ministère Bourgeois, aux cyclones, à l'affaire Dreyfus, à la catastrophe du Bazar de la Charité, se sont, en quelque sorte, réalisées à la lettre, les autres ne se sont pas réalisées encore, mais rien ne permet de dire avec certitude qu'elles ne se réaliseront point.

Aucune d'elles par contre n'a été contredite par un fait. Et pour tout observateur impartial, il n'y a, jusqu'à présent, aucune raison péremptoire de mettre en doute la clairvoyance de Mlle Couédon.

Cette situation va-t-elle durer?

Parmi les prédictions, non réalisées encore, il en est une, en effet, dont la réalisation, à l'heure actuelle, paraît bien compromise, c'est celle qui est relative à la durée du cabinet Méline. L'« Ange, on s'en souvient, a déclaré que le ministère Méline ne ferait pas les élections et tomberait sur un dossier. Or, les Chambres se sont séparées, les élections auront lieu dans trois semaines, et rien ne fait prévoir que le ministère puisse être amené, d'ici là, à démissionner.

Les deux dernières séances, celle du 31 mars et celle du 7 avril, ont été, en somme, peu intéressantes. L' « Ange » a réédité des prédictions anciennes, et il a renouvelé ses conseils de piété. Très peu de chose à noter, qui ne fasse pas double emploi avec ce qui a déjà été enregistré.

L' « Ange » parle de la guerre, de la révolte des Indes, de l'apparition prochaine de la Vierge à Lourdes, où elle se montrera à une jeune fille, et à Pontmain, où elle se montrera à deux enfants. A Lourdes, elle apparaîtra dans la grotte. A Pontmain, elle apparaîtra dans un autre lieu que la première fois.

Questionné, à ce moment, sur Tilly, par un assistant qui lui demandait si Louise Polinière se ferait carmélite, l'« Ange » a répondu :

Ça lui est réservé
On ne peut pas s'y tromper.
Cette grâce doit lui être donnée.
En un temps plus aisé.

Sur Marie Martel il a dit :

Ses souffrances vont augmenter.

Puis il recommanda d'invoquer les saints.

Les saints, il faut prier
J'engage à les prier.
Y a tant de maux à passer.
Sainte Barbe, il faut prier,
J'engage à l'invoquer.
Il y a utilité
Et grande utilité...
Saint Christophe, faut *prier*
Jésus il a porté...
Sainte Anne, faut *prier,*
J'engage à la prier...
Sainte Monique, il faut prier...
Sainte Claire, il faut prier...
Saint Ignace, il faut prier...

Et, ainsi de suite; une partie du calendrier fut passé en revue.

De ci, de là, j'ai encore saisi des phrases obscures comme celles-ci :

Satan veut s'emparer
Pourra pas s'emparer
Mais voudra s'emparer...

Ou encore :

Les serfs furent humiliés.
Les grands seront humiliés,
Par les grands humiliés.
Un grand doit humilier.
Des grands va humilier.

Il est impossible de ne pas constater à nouveau quel changement s'opère dans la forme du langage de l' « Ange » — et aussi, hélas! dans ses idées. Ce n'est souvent maintenant que répétition et confusion.

Les fidèles amis de Mlle Couédon prétendent que l' « Ange » veut ainsi mettre à l'épreuve la foi que certains ont en lui et qu'il récompensera plus tard par des discours magnifiques ceux qui, pendant cette période de volontaire vulgarité, ne se seront pas laissé gagner par le scepticisme?

Chose étrange, d'ailleurs, que je veux constater en finissant, c'est surtout depuis que les paroles de l'« Ange » deviennent de plus en plus troubles, que, de tous côtés, m'arrivent les témoignages les plus sérieux, en faveur de sa lucidité ancienne.

Voici, par exemple, l'une des dernières lettres reçues ; elle est du colonel Wilbois.

Paris, le 9 avril 1898.

Mon cher monsieur Mery,

Comme je vous l'ai dit l'année dernière, à l'époque où j'ai eu ma première visite chez Mlle Couédon, elle m'a fait une prédiction dont je vous ai parlé, qui se réalise actuellement de tous points, et qui portait sur une affaire dont elle ne pouvait connaître le premier mot et sur des personnes dont elle ne pouvait soupçonner l'existence. Je vous ai montré l'autre jour une lettre qui était le commencement de la prédiction et sa preuve. Je vous autorise à donner *mon nom* dans l'*Echo du Merveilleux*, en disant que la prédiction se développe tous les jours, *sans dire ce que c'est* (c'est une...), mais en disant que Mlle Couédon m'a dit ce qui se passait alors et que j'ignorais (on m'a révélé depuis), et que Mlle Couédon m'a minutieusement décrit la manière, avec les personnes, dont se développerait l'affaire. Je vous ai montré la preuve devant notre ami le commandant Biot.

Recevez, cher monsieur, mes bien sincères amitiés.

A. Wilbois.

Je pourrais reproduire nombre de témoignages du même genre.

G. M.

RÊVES PROPHETIQUES

Angers, le 7 mars 1898.

Monsieur,

Pensant intéresser vos nombreux lecteurs et mettre quelque peu à contribution la science de vos collaborateurs, je viens vous soumettre un ensemble de phénomènes occultes qui se sont passés dans ma famille, de père en fils; ressortissent-ils à la *télépathie* ou souffrance physique d'un acte qui se passe au loin, à l'*onéiromancie* ou divination par les songes, je ne saurais l'affirmer, penchant plutôt pour un mélange de ces deux phénomènes occultes, se passant pendant le sommeil.

I. — Alors que mon père était encore interne dans un collège, situé dans une ville éloignée de sa famille, il vit une nuit en songe « sa grand'mère, vêtue de blanc qui s'avança vers lui et lui dit : « Adieu, mon cher enfant », et disparut.

Tout troublé de cette vision, mon père ne put se rendormir, il ignorait que sa grand'mère fût même malade.

Le lendemain, à huit heures du matin, un télégramme lui apprenait la mort, durant la nuit, de sa grand'mère, dont le dernier adieu avait été, en effet, pour son petit-fils qu'elle aimait beaucoup.

Ce rêve prophétique ou télépathique est le seul qui se soit bien gravé dans ma mémoire, parmi bien d'autres, racontés par mon père chez qui ce phénomène était assez fréquent.

II. — Ma sœur aînée à son tour eut aussi des rêves prophétiques, comme si elle avait hérité du don de notre père.

Un matin (il m'en souvient comme si c'était d'hier, la chose se passait en février 1881), elle s'éveilla en sursaut dans la chambre que nous occupions, à sa villa de la S. près P. (Vienne) et me dit tout émue :

« Je rêvais qu'on sonnait à la grille, qu'une voiture
« roulait sur le gravier de l'avenue et que la bonne
« d'enfants ouvrant la porte de notre chambre nous
« disait :

« On vient prévenir ces dames que Mme M., leur
« tante, vient de mourir cette nuit à onze heures. »

Comme je souriais d'un air incrédule, la cloche de la grille tinta, une voiture roula dans l'avenue, et, quelques minutes après, la bonne d'enfants vint nous annoncer la mort de la tante en question, décédée en effet à onze heures de la nuit.

III. — Quelques mois plus tard, pendant un voyage à N., ma sœur fit encore un rêve analogue. Elle vit en songe un ancien caissier de sa maison (qui s'était marié depuis huit jours à peine); il était étendu baignant dans son sang, dans les bois de L., près P., suicidé d'un coup de revolver.

A son réveil le facteur apporta une lettre annonçant le malheur tel que ma sœur l'avait rêvé; le cadavre avait été retrouvé au milieu du bois où ma sœur l'avait vu en songe, et suicidé de la façon précitée.

IV. — A mon tour, j'eus quelques rêves analogues.

Ainsi une nuit je fis le rêve suivant : « J'accompagnais un char funèbre portant le cadavre d'une jeune femme de mes amies; il était couvert de couronnes; le frère de la défunte me disait : « Quel malheur, elle
« si gaie, il y a un mois à peine, quand je la quittais
« avec vous. »

A mon réveil, effrayée du présage, je courus chez mon amie qui, heureusement, se portait à merveille.

Quinze jours plus tard, elle mourait, fauchée en six jours, par une pneumonie grippale.

Son frère, prévenu par télégramme, arriva à temps pour recevoir son dernier soupir et assister à l'enterrement; il me tint en effet le langage cité plus haut.

V. — Une autre fois je rêvais le retour dans notre ville d'une famille d'amis, partis en garnison dans l'Est depuis peu de temps, sans qu'il ait été question le moins du monde de ce retour subit et imprévu.

Le lendemain, j'appris leur retour dans notre ville, au grand étonnement de tous leurs amis et connaissances.

Ainsi donc, pour résumer, mon père, ma sœur aînée et moi, avons eu des songes qui se sont réalisés soit au moment même du songe, soit plus tard.

Les rêves de ma sœur eurent lieu à une époque où mon père n'en avait plus; les miens apparurent à leur tour lorsque ma sœur n'eut plus les siens; le don avait-il donc passé successivement de l'un à l'autre?

A chaque fois, sauf la dernière, le songe avait eu pour objet la mort d'une personne parente, amie, ou très connue, et avait été accompagnée de phénomènes de télépathie.

Tels sont, monsieur, les phénomènes occultes qui se sont passés dans ma famille et que je tenais à communiquer aux lecteurs de votre savant journal, afin qu'ils puissent les approfondir et les comparer s'il y a lieu à d'autres phénomènes similaires.

ALY.

Une heure de chiromancie

Puisque la sorcellerie est à la mode, j'ai résolu de poursuivre mes visites chez les sorciers en réputation. Je me suis présenté chez Mme de Thèbes, dont les talents m'avaient été vantés par des gens dignes de foi. Depuis longtemps, je désirais exposer ma main aux lumières de cette chiromancienne, que l'amitié de Dumas fils, jointe à quelques prophéties retentissantes, a rendue célèbre. Elle ne réside pas dans une ruelle obscure, comme les tireuses de cartes de Montmartre. Elle a choisi pour s'y établir une des nobles avenues qui avoisinent l'Arc de Triomphe. Mme de

Thèbes n'opère point clandestinement; c'est une sybille aristocratique, la sybille de la Haute. Son logis est bourgeoisement meublé; je n'y ai pas aperçu le chat, le corbeau, les poules noires en qui s'incarne l'esprit malin; les seuls animaux que j'y aie rencontrés sont quelques éléphants d'apparence débonnaire; encore étaient-ils en porcelaine. A part ces bibelots et deux ou trois bouddhas accrochés au mur, la pièce dans laquelle on m'introduit ne renferme rien qui évoque la magie. L'ornementation en est discrète : burins classiques, lithographies familiales, portrait d'Alfred de Musset, d'après Eugène Lami; livres d'images et panoramas propres à amuser l'impatience des clients. Ces frivolités se trouvent chez tous les dentistes. Mais d'autres objets qui frappent tout d'abord mes yeux, relèvent la dignité de ce salon et l'empêchent d'être confondu avec un salon vulgaire. Ce sont des mains de plâtre, répandues à profusion, sur la cheminée, sur la table et les consoles; des mains dressées et des mains couchées, des mains de conditions et d'âges divers. La plupart sont des mains de qualité et portent, inscrite au crayon bleu, l'indication de leur origine. La main d'Alexandre Dumas fils a été pieusement placée dans un coffret de cristal. Mme de Thèbes lui a voué une vénération particulière. Elle a traité d'autres mains illustres avec un peu plus d'indifférence, et relégué pêle-mêle dans un bahut la main de Dumas père unie à la main de miss Menken, la main impassible de Christine Nilsson, la main obstinée d'Émile Zola, la main compliquée d'Edouard Drumont, la main tumultueuse de Coquelin, la main impérieuse et caressante de Sarah Bernhardt... J'examine avec curiosité ces reliques, mais je suis brutalement arraché à ma méditation. Une porte s'est ouverte sans bruit : la maîtresse de céans est devant moi. Elle a une taille imposante; et, quoiqu'elle ait passé les limites de la prime jeunesse, elle conserve, sur sa physionomie, les traces d'une réelle beauté. Le regard est pénétrant, la voix empreinte d'énergie, mais non de rudesse; Mme de Thèbes a dans toute sa personne comme un air de gravité et de distinction qui sied à son ministère. Une femme pour qui l'avenir n'a pas de voiles ne saurait ressembler à une petite danseuse du corps de ballet. Mme de Thèbes eût fait une admirable prêtresse de Vesta. Elle m'a invité, d'un geste ample et simple tout ensemble, à pénétrer dans son cabinet de consultations.

— Je suis à vos ordres!...

Ce n'est pas sans un frisson d'inquiétude que j'ai confié mes phalanges à la devineresse. Elle les a patiemment observées à l'aide d'une loupe et y a lu des indications précises, touchant mon caractère et ma destinée. Elle ne m'a pas caché que de graves accidents me menaçaient, mais que, si je le voulais fermement, je parviendrais à les conjurer. Longtemps elle a discouru, me prodiguant les conseils, m'indiquant les écueils parmi lesquels je devrais évoluer pour éviter le naufrage, m'avisant des surprises que me réservait l'avenir, insistant sur les joies, glissant sur les peines. Mme de Thèbes est généreuse; elle ménage les faibles créatures qui ont recours à ses soins; elle consent à les alarmer, dans la mesure où cela est utile, mais elle ne les précipite pas dans le désespoir; elle joint la prudence à la perspicacité. L'ayant remerciée de ses bons offices, j'ai cru pouvoir lui soumettre un doute que ses paroles m'avaient suggéré.

— Comment, lui ai-je dit, conciliez-vous la fatalité avec l'exercice du libre arbitre? Si les hommes sont voués par avance à subir des catastrophes et que vous en voyiez le signe marqué dans leurs mains, c'est qu'elles sont nécessaires. Et je ne conçois pas qu'ils puissent échapper à leurs conséquences... Ils marchent au malheur comme l'agneau marche à l'abattoir, sous la direction d'une force inéluctable, qu'il n'est pas de leur pouvoir de modifier...

Mme de Thèbes sourit. Il est visible que l'argument ne la touche pas et qu'elle a de quoi y répondre... Une autre objection me poursuit, que je ne puis me tenir d'exprimer...

— J'ai la plus grande confiance dans la valeur de vos prédictions. Mais avouez que votre théorie est un peu trop complaisante. Elle prévoit les éventualités opposées. Et cela me gêne. Que l'événement se produise ou ne se produise pas, vous avez toujours raison. Je dirais, si je ne craignais d'offenser la chiromancie en votre personne, que c'est une façon de se « garder à carreau »...

Cette fois, Mme de Thèbes m'interrompt et, sans marquer aucune mauvaise humeur, elle cherche à me ramener à un plus juste sentiment des choses.

— Vous n'êtes pas le premier qui s'embarrasse dans ces difficultés apparentes. Je n'entreprendrai pas de les résoudre par le raisonnement. Elles lui échappent. Nous sommes entourés de phénomènes inexplicables. Je vous renvoie aux livres de Desbarolles, du docteur Papus, et aux pages lumineuses que Dumas fils a écrites sur ce sujet. Ces savants démontrent qu'il existe un lien entre le cerveau et les lignes de la main. Je puis ajouter, à leur témoignage, l'opinion que m'ont donnée vingt années de pratique et d'expérimentation. Chacun de nous est soumis à des influences qui, sans qu'il en ait conscience, opèrent sur lui. Influence atavique, influence astrale. Nous obéissons à l'obscure impulsion de nos aïeux; et nous avons reçu l'empreinte des corps célestes qui, selon la vieille expression, ont présidé à notre naissance. L'un est dominé par Vénus, un autre par Jupiter, un autre par Saturne. Ces forces, favorables ou néfastes, nous prédisposent à accomplir certains actes, d'où sortira, pour nous, le bonheur ou le malheur. Et c'est ainsi qu'on peut dire que l'homme est prédestiné. Cependant il lui est possible dans une large mesure de lutter contre ses instincts et de les vaincre. Et c'est ainsi qu'on peut dire que l'homme est libre. Or, l'action du destin est gravée dans la main gauche, l'action de la volonté est gravée dans la main droite. Et c'est pourquoi il faut comparer ces deux mains, qui se complètent et se corrigent, afin de prononcer un jugement équitable...

Mme de Thèbes débite avec assurance cette petite dissertation. Ce sont là des matières où elle a coutume de s'exercer. Après avoir repris haleine, elle poursuit :

— Le chiromancien ne s'y trompe pas. Il discerne tout de suite si la personne qui le vient consulter est ou n'est pas favorisée des dieux, si elle doit suivre paisiblement son destin ou le combattre. En un mot, il y a deux types de mains, correspondant à deux types d'individus. Il y a la main heureuse, il y a la main malheureuse. Ceux qui prétendent que la « chance » n'intervient pas dans les affaires humaines sont de grands présomptueux...

Je suis impatient de savoir à quelles particularités on reconnaît qu'une main est chanceuse ou malchanceuse. Mme de Thèbes va au-devant de mon désir. En quelques traits de plume, elle construit une figure où sont assemblés idéalement tous les présages de la félicité. Cette main pourrait être celle de M. Bidard, dont la fortune est demeurée légendaire. Et, tout en dessinant, l'obligeante Mme de Thèbes achève mon instruction.

La main heureuse contient des lignes peu abondantes, mais elles sont nettement et profondément tracées. Elles s'élèvent du poignet vers les doigts et ne forment pas d'îles, ni de labyrinthes. La ligne de cœur se termine par une fourche sous l'index; la ligne de Vénus ne présente point de complication; la ligne de tête n'est que légèrement infléchie. Une telle main dénote la tranquillité d'humeur, le parfait équilibre, la sensibilité modérée. C'est la main de l'égoïste, satisfait de soi, indulgent aux autres, doué d'excellents organes et qui jouit avec plénitude de la vie. Il respire le parfum des roses et ne se pique pas aux épines... Cependant la plume de Mme de Thèbes continue de courir sur le papier. Les lignes qu'elle y marque sont brisées, torturées, hérissées de grilles et d'étoiles.

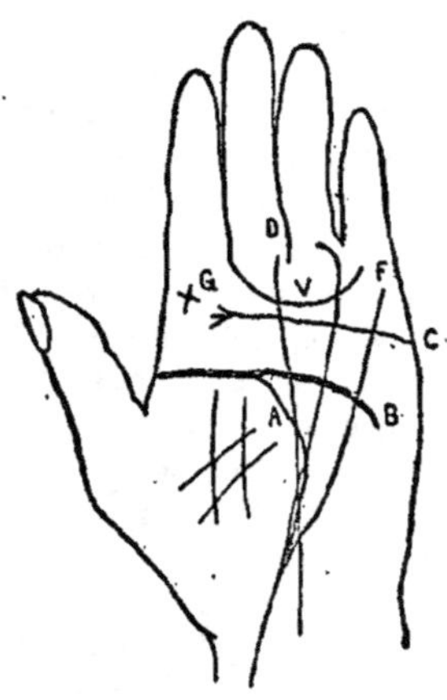

LA MAIN HEUREUSE

A. ligne de vie. — B. ligne de tête. — C. ligne de cœur. — D. ligne de chance. — F. ligne de mercure. — G. croix de mariage d'amour. — V. ligne de Vénus.

— Je plains, poursuit-elle, ceux dont la main est bâtie sur ce modèle. Ils seront agités, indécis, prompts à l'enthousiasme et au découragement, travaillés par les nerfs, inhabiles à conserver leur sang-froid et poussés vers le crime par la violence de leurs passions.

J'ai pris cette main malheureuse et l'ai placée auprès de ma main ouverte. Et je remarque entre elles des ressemblances qui ne laissent pas de m'affliger. Serais-je donc exposé à devenir criminel? Mon cœur se serre à cette incertitude. Et je prie Mme de Thèbes de m'en affranchir, dût son arrêt redoutable me condamner. J'aime mieux, de toute manière, être fixé sur mon sort :

« — Présentez votre main droite... »

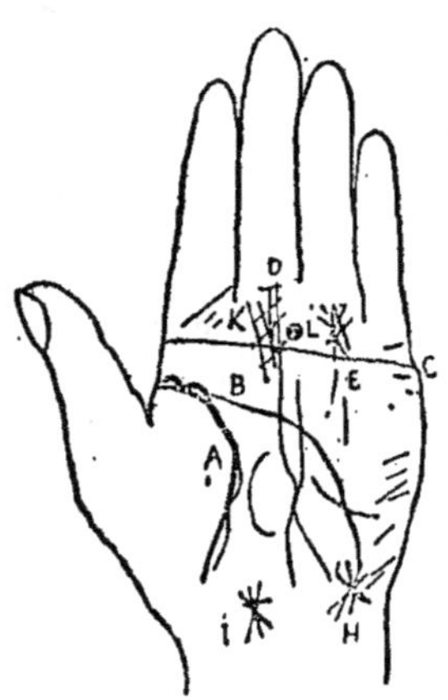

LA MAIN MALHEUREUSE

A. ligne de vie. — B. ligne de tête. — C. ligne de cœur. — D. ligne de chance brisée. — E. ligne du soleil brisée. — I. H. Etoiles (mauvais augure). — K. L. Grilles sur les monts de Saturne et d'Apollon (mauvais augure).

La sueur au front, la poitrine oppressée, j'attends l'oracle... Mme de Thèbes attache sur moi un regard bienveillant, où je crois démêler comme un soupçon d'ironie.

— Dieu soit loué! dit-elle... Votre main droite efface votre main gauche. Vous triompherez de tous les maux par l'application et la patience.

J'avais besoin de cette assurance. Il me paraît que Mme de Thèbes a énormément d'esprit.

Je lui ai demandé quelques souvenirs sur Dumas fils qui fut, au début de sa carrière, son maître et son protecteur. Elle a conservé pour sa mémoire une filiale gratitude. C'est Desbarolles, leur ami commun, qui les présenta l'un à l'autre. Mme de Thèbes souhaitait vaguement d'entrer au théâtre. L'auteur de *Denise* l'engagea à choisir une voie moins encombrée. Il avait appris la chiromancie du chevalier d'Arpentigny; elle avait des notions de cette science; il l'y perfectionna et lorsque mourut Desbarolles, il lui conseilla de prendre sa succession...

— Travaillez pendant un an. Je vous soumettrai à une épreuve. Si vous en sortez victorieuse, je me charge d'assurer votre succès.

Elle se plongea dans l'étude des Chaldéens et des Egyptiens. Au jour dit, Dumas fils tint sa promesse; il convia à sa table douze physiologistes, membres de la Faculté de médecine et de l'Institut. Après le dessert, ils passèrent un à un dans un petit salon où les attendait la devineresse. Elle ignorait leurs noms (à ce qu'elle m'a affirmé), et n'avait pas vu leurs visages. Je suppose qu'ils furent satisfaits de sa conversation, puisque le lendemain Dumas publiait, dans le *Figaro*, un compte rendu élogieux de cette séance. Mme de Thèbes était lancée. Depuis ce temps, elle n'a cessé de travailler. Elle a palpé des mains roturières et des mains royales ; mains sèches de douairières, mains maquillées de comédiennes, mains dévotes, mains galantes, mains de financiers aux doigts crochus, mains d'artistes aux doigts fuselés. Quand elle allait voir Dumas, il se divertissait à lui demander l'horoscope de ses visiteurs. Et c'est ainsi qu'elle eut l'avantage d'annoncer à M. Ferdinand Brunetière qu'il éprouverait, dans un délai rapproché, deux satisfactions considérables. Il les eut, en effet, car il fut nommé, quelques mois plus tard, membre de l'Académie française et directeur de la *Revue des Deux Mondes* Je ne rappellerai pas les prédictions qui furent faites au marquis de Morès et qui l'avertirent des dangers où il courait. Il avait la ligne de vie brusquement interrompue dans la main droite, indice de la mort, causée par une imprudence. Mme de Thèbes a été mandée dans les pays étrangers auprès de personnages qui ont usé de précautions extraordinaires pour garder l'incognito. Dernièrement, un conseiller d'ambassade la presse de boucler ses malles et de se rendre à Rome au plus vite.

— Vous y rencontrerez une dame qui vous abandonnera sa main, mais dont les traits resteront cachés à vos regards. Jurez que vous n'essayerez pas de pénétrer ce mystère.

Mme de Thèbes, que cette aventure amusait comme un roman, franchit les Alpes. Les choses se passèrent comme on le lui avait annoncé. On la conduisit dans une maison isolée, et là, à travers une tenture, apparut cette main auguste sur laquelle elle avait à déployer sa sagacité... Mme de Thèbes s'en tira fort bien. Elle sut être agréable tout en demeurant sincère, ce qui est le fin du fin de l'art de prophétiser, et elle ne viola point les règles du protocole. A l'issue de l'entretien on daigna se découvrir devant elle. Mme de Thèbes fut touchée aux larmes par cette preuve d'estime.

Le merveilleux exerce son attrait sur les princes comme sur les humbles mortels. Nous n'avons pas beaucoup changé depuis Ptolémée.

Quel est l'état d'âme de ceux qui se font dire la bonne aventure ? Il est fâcheux que l'on ne puisse observer leur physionomie, tandis que Mme de Thèbes les assiste, écouter les aveux qui leur échappent, les questions qui se pressent sur leurs lèvres. Tous les drames, toutes les comédies de l'humanité se dépouillent, dans ce lieu, du manteau de l'hypocrisie... On ne se défend pas contre une sorcière ; elle vous tient et vous ligotte à son gré ; la chiromancie est une école supérieure de psychologie. Et, sans doute, a-t-elle fourni à Dumas plus d'une indication précieuse... Mme de Thèbes, qui est son élève, se flatte de posséder assez exactement les mœurs d'aujourd'hui. Sans oublier la discrétion où l'oblige le devoir professionnel, elle m'a communiqué quelques-unes des impressions générales qu'elle a recueillies et qui valent la peine d'être citées :

Les hommes affectent un scepticisme qu'ils n'ont pas en réalité. Ils sont crédules et ne le veulent point paraître. Leur curiosité s'attache aux jouissances positives : « Serai-je riche? Aurai-je de la gloire? Aurai-je de la santé? » Tels sont leurs soucis habituels. Quand Mme de Thèbes les voit accourir, c'est qu'ils sont menacés dans un de ces biens, qu'ils vont se battre en duel, ou qu'ils sont en proie à des embarras pécuniaires... ; les femmes, au contraire (sauf celles pour qui l'amour se subordonne à des raisons d'intérêt) se préoccupent peu de l'argent. Le sentiment est leur principale affaire. Elles tremblent pour leurs enfants dès qu'ils sont malades, ou bien elles veulent apprendre si elles sont trahies par un amant, par un mari. Mme de Thèbes les rassure de son mieux. Elles lui demandent ingénument les moyens de ramener l'infidèle. « Apportez-moi une page de son écriture, » dit la chiromancienne. Et elle se guide là-dessus pour appuyer sa consultation. Si l'écriture marque chez le mari un naturel timide, elle ordonne à la femme de lui faire, en rentrant, une scène vigoureuse. Si l'homme est violent, elle recommande à la femme de filer doux et de s'enfermer dans une bouderie diplomatique.

L'expédient est adroit, encore qu'il n'ait rien de commun avec la chiromancie. Je complimente Mme de Thèbes sur son ingéniosité.

— Ne riez pas, reprend-elle... Je vis parmi les tristesses, je touche le fond de la misère humaine. Sur dix femmes qui viennent m'entretenir, il en est huit qui aspirent au veuvage. Je vois où tendent leurs questions; elles ont soif d'apprendre si elles seront bientôt libérées du joug conjugal; les hommes, à qui cette servitude pèse moins, parce qu'ils savent l'alléger, ont d'autres tourments. Ils guettent des héritages et se rongent d'impatience à les attendre... Partout, autour de moi, la Mort est espérée et sollicitée...

Ces phrases sont imprégnées d'éloquence et d'amertume. Mme de Thèbes n'a pas d'illusions sur la vertu des Parisiens de 1898... Elle ne cesse de m'exhorter en m'accompagnant jusqu'au seuil de sa maison :

— Répétez, de grâce, que la chiromancie est une science positive qui se distingue du somnambulisme extralucide, du marc de café, du blanc d'œuf, et d'autres pratiques, où la fantaisie se mêle au charlatanisme. Conseillez aux mères de s'en pénétrer... Qu'elles s'habituent à lire dans la main de leurs fils, et elles leur épargneront les rudes épreuves, qui viennent des fausses inclinations et des vocations contrariées. Surtout qu'elles n'oublient pas d'examiner la main de leurs futurs gendres...

J'ai pris congé de Mme de Thèbes, enviant, à part moi, les honnêtes gens à qui elle communique sa certitude. L'essentiel est d'avoir, dans la vie, un brin de foi...

ADOLPHE BRISSON.

Le Temps, du 8 avril.

A LA SOCIÉTÉ DES SCIENCES PSYCHIQUES

Séance du 6 mars 1898.

Au début de la séance, M. le chanoine Brettes, président, informe les membres présents que l'autorité ecclésiastique a été mise au courant des incidents qui avaient jeté quelque peu de trouble au sein de la Société. La question est donc pendante; il faut attendre une réponse qui ne saurait tarder.

M. le chanoine Brettes donne ensuite lecture de certaines modifications dans la rédaction des statuts, afin de bien préciser le caractère des travaux de la Société.

Voici le texte de l'article 2 modifié, qui traite du but de la Société :

« Le but de la Société est de permettre à la science et à la foi de se rencontrer pratiquement et de discuter en particulier les faits psychiques, en vue de préciser, autant que l'état actuel de la science le permet, les limites que peuvent atteindre les forces de la nature. »

L'article 3 sera formulé de la façon suivante : « L'accord entre la science et la foi devant être démontré surtout par la discussion contradictoire, la Société, après s'être assuré les garanties qui doivent maintenir son esprit, ouvre ses portes aux savants sans leur demander aucune profession de foi catholique. »

Le Président fait aussi connaître à la Société que « certains professeurs », dont il n'est pas autorisé à donner les noms, voudraient, tout en gardant l'anonyme, s'entretenir de temps à autre avec les membres du Bureau. Les communications qui résulteraient de ces entrevues seraient lues, au cours des séances, par un des membres du Bureau, et sous sa responsabilité.

Après quelques menues discussions, l'ensemble des modifications est adopté à l'unanimité.

La parole est alors donnée à M. Gasc-Desfossés, rapporteur de la Commission nommée par la Société, pour vérifier la réalité de l'origine organique des courants vitaux extra-corporels révélés par le galvanomètre de M. de Puyfontaine.

L'appareil de M. de Puyfontaine est bien connu; c'est un galvanomètré construit il y a plusieurs années par Ruhmkorff, sur les indications spéciales à lui données. M. de Puyfontaine enregistre des courants issus des mains prises en communication avec l'appareil par des manettes métalliques et des fils de cuivre isolés. Il faut dire que ce galvanomètre, fait d'ailleurs comme tous les autres, a une sensibilité spéciale.

Tandis que le fil de cuivre enroulé sur le cadre des galvanomètres ordinaires a environ trois cents mètres de long, le galvanomètre dont il s'agit a un fil en argent (ce métal étant plus conducteur que le cuivre), dont la longueur est de quatre-vingts kilomètres. « Il signale avec une parfaite précision, dit M. Gasc-Desfossés, les courants qui partent des mains de l'opérateur pour arriver à l'aiguille de son cadran. »

Ce qui est très particulier ici et très important à établir pour l'hypothèse du fameux fluide, c'est la possibilité pour la volonté, avec une habitude et un entraînement suffisants, de diriger le sens des courants et d'en régler l'intensité. M. de Puyfontaine peut fixer l'aiguille du galvanomètre sur telle ou telle division du cercle gradué à la demande du spectateur, en réglant par sa volonté le débit de courant qui sort de ses mains.

M. Gasc-Desfossés, après avoir décrit les expériences auxquelles il a assisté chez M. de Puyfontaine, en compagnie des membres de la Commission, conclut à l'origine organique des courants extra-corporels enregistrés par le galvanomètre.

Après lui, M. le Dr Rozier prend la parole.

M. le Dr Rozier, qui faisait également partie de la Commission, n'est pas de l'avis de M. Gasc-Desfossés; il n'a pu arriver aux mêmes résultats que M. de Puyfontaine, loin de là, et l'appareil, entre ses mains, est demeuré absolument inerte.

« Il y a, dit-il, *vingt et un ans* que M. de Puyfontaine possède ce galvanomètre! Nous pouvons donc lui reconnaître, dans le maniement de cet instrument, un entraînement qui nous fait défaut. Il peut le faire marcher d'une façon quasi-instinctive. Ces expériences ne me paraîtront donc point suffisamment probantes tant que nous ne serons pas tout à fait édifiés sur le degré de sensibilité de l'appareil. Car tout est là. »

M. le Dr Rozier attribue les déviations de l'aiguille à des causes purement naturelles, à l'existence de courants électriques qui doivent s'établir en pareil cas.

Les deux adversaires et les partisans de l'un et de l'autre engagent, sans pouvoir arriver à se mettre d'accord, une courtoise discussion qui occupe la fin de la séance.

G. C.

ÇA ET LA

Le dragon n'est pas une légende. — M. de Lagatina écrit de Saïgon, le 1er mars :

« Je vous parlerai, dans un prochain courrier, de la baie d'Halong et de l'étonnant archipel de Fraï-Tsi-Long (griffes du dragon). J'ai à vous en dire, dès aujourd'hui, des choses tellement étonnantes que je n'aurais jamais pris la responsabilité de les écrire si elles n'étaient absolument authentiques et même *officielles*, comme vous allez voir.

« Qui n'a entendu parler du fameux « serpent de mer »?

« Plusieurs personnes prétendaient l'avoir vu. Mais un vénérable journal des temps passés faillit tomber sous le ridicule pour avoir raconté la chose. On ne parlait que du « grand serpent de mer du *Constitutionnel!* » Et cependant, peut-être bien qu'on l'avait réellement vu!

« Qui ne connaît la légende des dragons qui gardaient des trésors, du dragon que terrassa saint Michel, de celui que pourfendit saint Georges, comme en témoigne l'empreinte des livres sterling?

« Tout le monde, avons-nous dit, a entendu parler de cet être légendaire, mais personne n'y croit. Je n'y croyais pas non plus, il y a deux jours encore.

« Or, voici ce qui est arrivé.

« Il faut d'abord rappeler que les Annamites qui fréquentent ces parages dans leurs pauvres sampans (petits bateaux plats), prétendent, de temps immémorial, qu'ils rencontrent parfois le « dragon » et ils en ont grand peur. Les Européens ont toujours pensé que ce dragon n'existait que dans l'imagination des sampaniers.

« Il y a quelques mois, un lieutenant de vaisseau, commandant un petit navire de guerre, prétendit avoir vu un dragon dans ce même archipel. Comme cet officier a de l'*assent*, on pensa que son dragon était peut-être parent de la sardine de l'entrée du Port-Vieux.

« Mais voilà bien une autre affaire. Le 24 février, c'est-à-dire le lendemain du jour où je quittai moi-même ces parages, le commandant du *Bayard*, qui est à l'ancre près de l'île de la Noix, M. le capitaine de vaisseau Meunier, dit Joannet, capitaine de pavillon de l'amiral Gigault de La Bédollière, et dix autres officiers du *Bayard*, virent à peu de distance de leur navire deux animaux qui paraissaient avoir une trentaine de mètres de long et trois environ de diamètre, qui n'étaient ni des baleines, ni des cachalots, ni aucune espèce de souffleurs, et qu'on ne pouvait pas prendre non plus pour des serpents. Ces officiers ne crurent pas pouvoir mieux les désigner que sous le nom de « dragons », à cause de leur ressemblance avec l'animal, jusqu'à présent chimérique, ainsi nommé!

« L'amiral Gigault de La Bédollière trouva le fait si intéressant qu'il en fit faire un procès-verbal signé par tous ceux qui avaient vu, et qu'il transmit immédiatement ce procès-verbal, par télégramme, à M. Doumer, gouverneur de l'Indo-Chine.

« Ainsi le « dragon », cette légende de notre enfance, existe, et ce n'est pas pour faire une figure de rhétorique que les Chinois ont appelé cet archipel Faï-tsi-Long ou griffes du « dragon ». Ils avaient vu l'étrange animal.

« Que de réflexions cela ne peut-il pas nous conduire à faire? Avec quelle légèreté ne traitons-nous pas les choses de chimères ou de rêverie, seulement parce qu'elles nous sont inconnues? »

***

L'anneau de l'évêque Ulger, d'Angers. — M. de Mély entretient l'Académie de l'inscription d'un anneau trouvé dans le tombeau de l'évêque d'Angers, Ulger.

Cette bague porte une inscription indéchiffrable, très certainement cabalistique, et ne pouvant être expliquée que par une clef qu'il faudrait découvrir. Au dix-septième siècle, elle n'était probablement pas encore perdue, car M. de Mély vient de trouver, dans un inventaire du dix-septième siècle, une bague ayant appartenu à saint Blaise, évêque de Sébaste, portant la même inscription, et dont un savant cabaliste de l'époque avait donné l'explication.

Quant à la formule elle-même, elle paraît d'origine anglo-saxonne.

***

La prophétie de « la Rampante ». — Le héros d'une des plus étranges causes célèbres du monde, Arthur Orton, le faux Tichborne, est mort la semaine dernière à Londres. On sait que cet aventurier, fils d'un boucher du Wapping, essaya de se faire passer pour sir Roger Tichborne, héritier d'une fortune de près de cinquante millions. D'où un double procès qui dura huit ans environ, et dont le compte-rendu occupa *quinze cents* colonnes du *Times*. Arthur Orton fut enfin condamné à quatorze ans de travaux forcés. En 1895, sorti de prison, misérable, il se décida à « plaider coupable » et publia ses confessions dans *The People*.

Les Tichborne étaient une vieille famille catholique d'Angleterre, sur laquelle on racontait une légende curieuse. Une lady Mabilla Tichborne avait la charitable habitude de faire donner, le jour de l'Ascension, un pain et une pièce de monnaie à chaque mendiant qui se présentait à la porte de son manoir. A son lit de mort, la pieuse dame supplia son mari de continuer cette charité, et d'y affecter le produit d'un champ. Le seigneur, avaricieux et goguenard, lui répondit qu'il consacrerait volontiers à cela le produit du terrain qu'elle pourrait parcourir pendant le temps qu'un cierge mettrait à se consumer. Or, la pauvre dame était impotente.

Elle se fit porter au fond du parc, et, se traînant, rampant, parvint à parcourir, pendant que la torche brûlait, vingt-cinq acres d'une terre très fertile, qu'on appela depuis le « champ de la Rampante ». Elle mourut le même jour, après avoir prophétisé les plus grandes calamités pour sa famille si jamais l'aumône achetée par son acte héroïque venait à être interrompue.

Cette aumône fut religieusement continuée par ses descendants jusqu'au commencement de notre siècle, où l'affluence des mendiants et leurs désordres la fit interrompre. Aussitôt les plus étranges revers s'abattirent sur les Tichborne. Après plusieurs morts soudaines dans la famille, l'héritier du titre et du nom disparut mystérieusement, naufragé, croit-on, et la tentative audacieuse d'un imposteur vint apporter le trouble que l'on peut penser dans cette maison. Presque tout le peuple anglais avait pris parti pour Orton et maudissait les Tichborne.

***

Une mauvaise nuit. — Une de nos abonnées, Mme veuve P..., nous adresse le récit suivant:

« Il y a environ huit jours, vers une heure du matin, je me trouve réveillée par des coups formidables, frappés, comme avec une massue, à ma droite, vers la ruelle du lit. En même temps, j'entends à ma gauche un bruit retentissant de cymbales. Ce bruit dura l'espace de quelques secondes.

« Je me levai, effrayée, ne sachant que penser. Ma première idée fut qu'il y avait le feu dans la maison voisine et que les pompiers démolissaient la cloison. Or, il n'y avait ni feu, ni pompiers.

« Je fus au moins une heure sans oser m'endormir. A la fin, la fatigue l'emportant, j'allais fermer les yeux, lorsque je sentis une bonne tape sur mon bras gauche, puis j'eus la sensation que deux mains s'appuyaient sur mes épaules en me lançant dans l'espace, en même temps que je sentais une chaleur intense des épaules aux pieds. Je voulus faire le signe de la croix, mais mon bras droit était comme soudé à mon côté, et j'ai dû tirer ma main droite avec ma main gauche et la soulever avec une peine infinie jusqu'à mon front. Après quoi, je ne sentis plus rien et me crus délivrée.

« Mais, au bout de deux heures, une autre tape, sur la tête cette fois, vint m'avertir que la séance recommençait. Elle fut exactement semblable à la précédente. Puis tout fut terminé.

« Je vous affirme de la façon la plus absolue que j'étais bien éveillée et ne rêvais pas. »

***

Rêve réalisé. — M. Clark, de Kidderminster (Angleterre), était allé pêcher le brochet dans l'étang de Hurcott, en compagnie de M. F. Stone et M. Lewis, le garde-pêche. Avant que les lignes ne fussent jetées à l'eau, M. Lewis raconta que sa femme avait rêvé, la nuit précédente, que le plus gros brochet qui ait jamais été pris dans l'étang avait été ou devait être pêché par deux visiteurs. M. Clark dit en souriant qu'il ne croyait pas aux rêves, et M. Lewis répliqua : « Eh! bien, nous allons voir. » On prit d'abord du menu fretin, puis à la ligne de M. Stone mordit un gros poisson qu'on eut toutes les peines du monde à tirer de l'eau; c'était un énorme brochet, mesurant 45 pouces et pesant 26 livres.

M. Lewis triomphait. Le poisson fut envoyé à un naturaliste de Londres.

***

L'arbre qui siffle. — Cet arbre, le *tsofar*, producteur de la *gomme Sennaur*, dans le sud de la Nubie, fait entendre, d'après le Dr Schweinfurth, lorsque le vent souffle à travers les branches, un son analogue à celui de la flûte. « Ces propriétés musicales, dit-il, surprenantes de la part d'un arbre, même gommeux, sont dues à ce fait que la base des épines, dont ses branches sont hérissées, est perforée par un insecte spécial qui, pour sucer la gomme, transforme toutes les épines en petites flûtes. » Le *tsofar* n'est autre qu'un *acacia*.

***

Le bébé prophète. — Il existe, paraît-il, à Chicago, une petite fille nommée Winnifred Cline, âgée de trois ans et demi, qui est un véritable et surprenant phénomène. Si jeune, elle est déjà prophète!

Ses prédictions ordinaires consistent à annoncer des visites inattendues ou autres petits événements de ce genre; le tout est dit naturellement et comme par hasard. Lors de l'élection présidentielle, aux Etats-Unis, elle prédit, âgée seulement de deux ans, le succès de Mac-Kinley, et elle se prononça avec la plus grande fermeté. Le père de l'enfant fait de nombreux voyages, mais écrit régulièrement; la mère étant un jour inquiète de ne pas recevoir la lettre habituelle, la petite Winnifred lui affirma que la lettre avait été écrite en temps voulu; elle arriva effectivement en retard.

Un jour, elle annonça à sa grand'mère qu'elles iraient toutes deux le jour même chez une dame Vail; cela parut absurde, mais Winnifred maintint son dire, et quelques instants après arriva une lettre d'invitation pressante, qui détermina l'accomplissement de la prédiction.

Ce petit prodige, non seulement annonce les visiteurs longtemps à l'avance, mais décrit en même temps leurs dispositions d'esprit, leur état de santé. Elle prévoit toutes les indispositions de sa grand'mère et lui donne à cet égard des conseils précieux.

Winnifred Cline n'est pas nerveuse, et sa santé est parfaite. Elle n'aime pas à jouer avec les enfants de son âge, qu'elle traite en « babies », mais recherche ceux qui ont une dizaine d'années de plus qu'elle. Elle est d'une intelligence peu commune et retient tout ce qu'on lui apprend.

Nous ne connaissons pas de bébé français capable de « battre le record » de cette jeune Américaine, qui nous semble vraiment un peu trop avancée pour son âge.

***

Un fait extraordinaire. — Il y a dans la province d'Avellino (Italie) un petit village de 897 habitants que l'on nomme Cas . lven-re, et voici ce qui vient de s'y passer.

Une femme du peuple aurait eu, il y a quelques jours, une vision. La Sainte Vierge lui ayant apparu, lui aurait dit qu'elle devait faire creuser, dans un terrain situé près du cimetière, appelé vulgairement Quattre moggia, et qu'on trouverait sous une voûte un tableau de la Vierge des Sept-Douleurs. La vision voulait que ce tableau fût exposé à la vénération des fidèles, leur promettant de nombreuses grâces.

Cette femme du peuple raconta la vision et comme preuve indiquait tout ce que l'on trouverait dans les fouilles, comme si elle en avait eu sous les yeux la coupe géologique.

On n'eut pas de difficultés à obtenir du propriétaire la permission de faire des fouilles sur son terrain, et l'ardeur croissait à mesure que l'on vérifiait en creusant l'exactitude complète de ce qu'avait dit la voyante. On arriva ainsi à 30 metres (chiffre indiqué dans les diverses relations) et on y rencontra, comme l'avait prédit la voyante, une voûte. On la défonça et on y trouva le tableau de la Vierge tel que l'avait décrit la personne qui avait eu la vision.

L'autorité ecclésiastique s'est empressée de se porter sur les lieux et Mgr Jannachino, évêque de Cerretto Sannita, est allé tout vérifier par lui-même. On attend avec impatience le résultat de son enquête.

Ce qu'il y a encore d'extraordinaire, c'est qu'à s'en tenir aux nouvelles qui viennent des pèlerins, les eaux qui coulent aux environs des fouilles seraient devenues miraculeuses, et on aurait déjà signalé un certain nombre de guérisons instantanées.

GASTON CROSNIER.

A TRAVERS LES REVUES

L'INITIATION, la revue dirigée par Papus, est toujours intéressante. Le numéro de mars est consacré à la *Littérature Occulte et surtout à Alfred de Musset*. M. Jules Lermina étudie la *Littérature et l'Occultisme* et explique les inspirations et le génie des littérateurs dignes de ce nom par l'influence, l'absorption même des forces astrales :

Le génie, dit-il, n'est qu'une canalisation de l'astral. L'homme, quoiqu'en souffre son incurable vanité, n'est qu'un appareil à la fois récepteur, enregistreur et transmetteur des forces de la nature, autant de celles qu'on a coutume d'appeler matérielles que des spirituelles. Il s'assimile les éléments *rupiques*, les désagrège et les transforme, en tant que son appareil cérébral est plus ou moins parfait, en terrain d'adaptation pour les forces *manasiques*. Accumulateur de force plus ou moins brutale, il est plus ou moins apte, placé en certaines conditions, à dégager l'étincelle...

... Les idées sont des êtres vivants qui peuplent l'astral. Elles peuvent traverser des millions de cerveaux, sans y laisser de trace. Quelques-uns — et on peut rapidement les compter — reçoivent entités spirituelles, les élaborent, les fécondent et les restituent dans leur beauté complète et développée.

Quand, aux prédispositions ataviques, s'ajoute la volonté, quand l'imprégnation de l'astral est fréquente et persistante, quand elle crée ce mode réflexe de travail cérébral qui s'appelle l'intuition ou plus vulgairement l'inspiration, l'écrivain est au-dessus de tous les hommes: prophète comme Moïse, patriote comme Eschyle, railleur comme Aristophane, philosophe comme Platon, médecin comme Paracelse, évocateur comme Homère, comme Shakespeare, comme Hugo, démolisseur comme Voltaire ou raisonneur didactique comme Descartes, illuminé comme saint Martin, Bœhme et Fabre d'Olivet, il doit aux forces inconnues, occultes, la puissance qu'il exerce sur ses contemporains et sur ses successeurs. Son cerveau a été un miroir d'astral et en a reflété quelques rayons sur l'humanité. Ainsi de tous les hommes qui ont jeté dans le monde une idée, un progrès, un mot de justice et de vérité, tous ont été des intermédiaires généraux entre l'astral et le matériel, tous ont pénétré dans le spirituel et nous en ont rapporté un reflet.

Ainsi se confirme cette affirmation : la littérature n'est qu'une des branches de l'occultisme.

Pour vérifier son hypothèse, M. Lermina prend l'exemple de Shakespeare : à son avis, le grand tragique anglais fut un de ces récepteurs d'influences astrales qu'il vient de définir.

Certes, Shakespeare étudia beaucoup, mais une existence d'homme — et la sienne fut courte — ne suffirait pas à expliquer son étonnante érudition, si l'intuition n'était venue à son aide. De tous les points du monde intellectuel de son temps, les entités astrales convergèrent en ce cerveau, préparé par la nature et modelé par un travail constant.

Shakespeare, nous dit-on, écrivait vite, sur le premier coin venu d'une table de taverne, et l'œuvre, comme fond et comme forme, jaillissait parfaite de sa plume. Il tenait les yeux à demi fermés, les prunelles en haut, à ce point qu'on ne voyait que le blanc de la sclérotique. C'est que Shakespeare entendait, écoutait la voix muette de l'astral, le murmure silencieux mais pénétrant de l'inspiration. L'inconnu lui dictait et il n'était en quelque sorte qu'un secrétaire de l'astral.

On a dit qu'il savait tout. L'expression est vraie, mais elle veut une explication. Selon que Shakespeare orientait son esprit, il s'établissait une attraction entre ses fibres cérébrales et les idées adéquates au sujet médité. Ces idées venaient en essaim, lui apportant l'intuition, la divination. Ce qu'il savait se grossissait, se complétait de ce que lui apportait l'astral. Les tableaux akâsiques se présentaient à lui, achevant les quelques traits qu'il avait déjà recueillis...

... Eut-il conscience de cette aide de l'astral? Oui, et c'est à cette compréhension qu'il convient d'attribuer sa retraite prématurée. Jeanne d'Arc ne put, à son grand regret, retourner dans son village, lorsqu'elle sentit que l'astral serait fermé pour elle, alors qu'elle n'entendit plus les voix, muettes aussi, celles-là. Du jour où elle agit seule, elle fut perdue.

Shakespeare n'obéit pas aux mêmes entraînements. Dès que s'affaiblit en lui la vision surhumaine, il déposa la plume et s'en alla dans sa petite ville de Stratford-sur-Avon. Ainsi de notre temps fit Rossini, le chantre immortel de *Guillaume Tell*. Tous ces hommes étaient des écouteurs de l'astral; quand leur cerveau — soit fatigue, soit modification organique — ne l'entendit plus, ils se turent eux-mêmes...

Il y a, dans tout cela, à prendre et à laisser; mais ce n'est pas ennuyeux à lire.

M Lefebure étudie longuement et avec érudition *l'état psychique d'Alfred de Musset* : il cite tous les faits de la vie de Musset et tous les passages de ses œuvres qui se rapportent à l'Occultisme ou à l'extranaturel. Enfin M. Sédir donne un détaillé *Catalogue d'œuvres littéraires inspirées de* l'Occultisme. — A signaler aussi le récit des dernières expériences de M. A. François avec Renée Sabourault.

L'Hyperchimie de ce mois publie une monographie du Sâr Péladan qui contient, à doses égales, le blâme et la louange; voici l'appréciation qu'elle porte sur ce Mage.

... Il est un excellent écrivain très personnel et très français, un styliste consommé, original aussi, et que goûtait fort le fameux Barbey d'Aurevilly. Certes, Peladan apparaît comme un de nos meilleurs hommes de lettres, amoureux de la phrase pure et harmonieuse : nous en appelons à tous ceux qui l'ont lu avec impartialité.

Artiste raffiné, tant en peinture qu'en musique, fanatique de Wagner auquel il consacra de superbes chapitres qui le firent connaître et aimer, Péladan, malgré son intransigeance absolue, servit pieusement la cause de la Beauté dont il se constitue, sans trêve, un très féal chevalier.

Son intransigeance orgueilleuse, ses excentricités nuisirent pourtant beaucoup à ses idées et à son œuvre auprès du public. Catholique, le Sâr Péladan se montre intolérant et... peu orthodoxe. Ecrivain, il apparaît d'une fécondité superbe, — vingt romans, dont pas un de très mauvais, des précieuses notes d'art, plusieurs ouvrages de magie pure, — mais d'allure exagérée et aux assurances paradoxales.

Magiste, il demeure médiocre, justement en raison d'une regrettable étroitesse d'esprit; il ne cultive que le moi, la personnalité orgueilleuse et exclusive; sa trilogie kabbalistique : *Comment on devient Mage, Comment on devient Fée, Comment on devient Artiste*, développe une ascèse extrêmement dangereuse si elle est prise à la lettre, magnifique par contre dans l'ensemble. Le néophyte sculptera son caractère, mais au détriment de la bonté et de la vaste intelligence, à moins qu'il ne sache lire de haut.

Nous ne pouvons que regretter de voir un esprit aussi puissant que celui de Péladan épouser les erreurs de l'Intolérance toujours si odieuse et celles d'un orgueil qui frise parfois le ridicule. Mais nous tenons à saluer en lui l'artiste parfait qu'il aurait dû se contenter d'être. Ni métaphysicien, ni kabbaliste profond, le Sâr Joséphin Péladan, — en dépit de son titre vaniteux d'Archimage, — est un véritable écrivain de race, un courageux portant haut sa bannière au sein de la Foule stupide qu'il écrase — trop — de son dédain.

Le directeur, M. Jollivet Castelot, continuant son *Précis de l'Histoire générale de l'Alchimie*, étudie le célèbre Paracelse, médecin et hermétiste, fondateur de la médecine homéopathique :

... Dès son jeune âge, il eut la vocation de la médecine; mais dès qu'il jugea la routine qui faisait alors, comme aujourd'hui, le fond de cette science, il résolut de rénover les systèmes, et se basant sur les préceptes de la Spagyrie, il reconstitua la Thérapeutique rationnelle, intégrale, l'Homéopathie hermétique. Paracelse nous semble une admirable figure d'Initié. Indifférent aux attaques, que, de toute part, on lui lançait; avec la violence d'une inébranlable conviction, ce profond Alchimiste s'attacha à chasser du temple de la médecine les seuls marchands qui s'y trouvaient.

Au lieu de ne s'en prendre qu'au corps physique,

dans les périodes de maladie, *il agissait sur le corps astral*, sachant que la dynamique régit le corps tout entier, et que par ses influx ou ses afflux l'on ramène l'équilibre normal. Le Soufre, le Sel et le Mercure : tels étaient les principes auxquels il recourait, les corporéifiant en drogues, en élixirs aux dilutions convenables, afin de guérir l'âme, par là même le corps qui en dépend, au lieu de détruire le corps directement comme ses confrères empiristes.

Paracelse pratiqua à Zurich, puis à Bâle, où sa réputation fut grande au désespoir de ses moins avisés collègues. Dans ses villes, il ouvrit des cours; mais sa manière hardie de professer, ses sorties originales, toujours justes contre la médecine actuelle, sa langue bizarre et embarrassée, éloignaient de lui la plupart des auditeurs.

Très versé dans la science hermétique, Paracelse connaissait la transmutation des métaux, s'adonnait à, la Palingénésie, aux évocations astrales, ce qui nous le démontre d'une puissance adeptale peu commune...

Dans le n° 2 de cette année de l'HUMANITÉ INTÉGRALE, M. Blin raconte, sous le titre *Phénomènes vécus*, d'intéressantes expériences :

J'ai dit que, quand nous faisions une évocation, surtout quand nous n'étions que nous quatre, ma femme, mes filles et moi, le phénomène se produisait presque immédiatement. Il en vint à se produire instantanément; nos mains étaient à peine en contact avec la table que celle-ci se soulevait; bientôt nous remarquâmes que quand nous étions à table, *pour manger*, il suffisait que trois ou quatre de nos mains fussent posées sur la nappe, n'importe dans quelle position, pour qu'il se manifestât des craquements, alors même que nous n'avions aucune intention d'évoquer. Puis aux craquements succédèrent des mouvements de la table; elle se mouvait de droite à gauche, et de gauche à droite, alternativement, sur un parcours de 10 à 20 centimètres. Il va sans dire que la vaisselle et la verrerie protestaient contre cette agitation insolite ; mais, comme les mouvements étaient mesurés et doux, cela nous amusait; rien ne cassait, et, le curieux du phénomène l'emportait sur son danger pour la faïence. Nous établîmes alors un système de correspondance au moyen de ces allées et venues circulaires, et alors, tout en mangeant, nous conversions avec les trépassés; quand nous parlions entre nous, c'était l'un d'eux parfois qui se mêlait à notre conversation, absolument comme s'il avait été là, assis près de nous.

Il nous sembla un jour qu'aucun de nous ne touchait la table, alors qu'un de nos amis défunts était en train de la secouer. Il nous fut bien facile de nous en assurer : toutes nos mains se dressèrent en l'air, et, malgré cela, la table dictait sa phrase, et, je le répète, avec des allées et venues d'une amplitude de vingt centimètres au moins. Parfois, la table se rapprochait en ligne droite de Jeanne; celle-ci se reculait sur sa chaise; la table avançait d'autant, et continuait d'avancer et de presser l'enfant contre le dos de sa chaise jusqu'à ce que Jeanne se plaignit de cette pression; il suffisait alors de prier le meuble de délivrer l'enfant, la table revenait à sa place normale; s'il tardait à le faire et que ma femme, placée en face, voulût tirer à elle la dite table, il lui était impossible de la faire bouger de place! et, je le répète encore, dans ces moments-là, aucun de nous ne touchait à la table.

Je comprends bien que ce que je raconte là sera cru avec difficulté. C'est pourtant la plus exacte expression de la vérité. Du reste, ce fait a eu des témoins : entre autres, Colin et son fils. Bientôt il arriva ceci : aussitôt que nous nous mettions à table pour manger, nous étions à peine assis que la table partait à tourner; elle y allait alors dans une amplitude de cinquante centimètres. Il n'y eut bientôt plus moyen d'y tenir, car cela prenait une tournure plus que désagréable; ainsi, quand je versais à boire à l'un de nous, au moment où le vin sortant de la bouteille allait couler dans le verre, la table pirouettait, le verre alors disparaissait et je versais sur la nappe. On riait d'abord; mais le vin n'en était pas moins perdu, et la nappe salie. Si je faisais mine de me fâcher, la table *riait*, c'est-à-dire qu'alors elle se secouait d'un mouvement rapide et saccadé sans bouger de place. Si j'avais réussi à verser à boire sans accident, c'était autre chose qui arrivait : en rebouchant la bouteille, je ne faisais quelquefois que placer le bouchon sur le goulot sans l'enfoncer; alors les défunts présents s'amusaient à tourner la table jusqu'à ce que le bouchon fût tombé. Les choses en vinrent au point que nous ne pouvions plus avoir nos verres pleins, car le vin était projeté au dehors. De même, le bouillon hors de nos assiettes, le café hors des tasses. Un soir, un employé de nos bureaux, M. Schneighans, et sa femme, vinrent passer la soirée avec nous; on prit le café; à peine assis, la table pirouette; pour être tranquilles, nous transportons les tasses et les autres accessoires sur la table où je travaille : c'est une table-bureau, carrée, en chêne massif et d'un poids énorme; là nous fûmes en sûreté, mais encore trouvèrent-ils moyen de la remuer et de la pousser en ligne droite, sur vingt centimètres, tantôt à droite, tantôt à gauche. M. et Mme Schneighans étaient ébahis. Quand le café fut pris, on se mit à la table ordinaire, et nous fîmes l'expérience convaincante que voici : nous étions tous debout, autour de la table, en nous en écartant le plus possible; nous étendîmes nos mains au-dessus de la table *sans la toucher* (nos mains se trouvaient à vingt centimètres au-dessus); immédiatement, elle se mit en mouvement et tourna, par saccades. C'est une réponse à ceux qui sont persuadés que la table ne tourne que parce qu'on la pousse inconsciemment...

Ces phénomènes rappellent, on le voit, ceux qui se passaient à Yzeures et à Poitiers, chez les Sabourault, au moment de leurs repas.

R. D.

L'abondance des matières nous oblige à renvoyer à notre prochain numéro la suite de l'intéressante relation de la vie de Martin, de Gallardon.

Le Gérant : GASTON MERY.

IMP. NOIZETTE, 8, RUE CAMPAGNE-PREMIÈRE, PARIS

DEUXIÈME ANNÉE. — N° 32. 1er MAI 1898 LE NUMÉRO : 50 CENT.

L'ÉCHO DU MERVEILLEUX

REVUE BIMENSUELLE

UNE CARTOMANCIENNE

MADAME SITEAUT

Je ne vous ai jamais présenté de cartomancienne. Ce n'est pas faute d'en connaître. J'en connais au contraire beaucoup. Elles pullulent à Paris. Les unes m'envoient leurs cartes. Les autres m'expédient des prospectus. Je ne bouge pas. Je me méfie.

Il ne suffit pas de se dire cartomancienne pour l'être, il faut encore croire à la cartomancie — et chez les cartomanciennes de profession cette croyance est rare. Il en est cependant quelques-unes qui ont foi en ce qu'elles appellent leur science ; mais celles-là sont peut-être pire que les autres, car si vous avez le malheur de contredire une de leurs assertions, elles ne vous lâchent point qu'elles ne vous aient, contre l'évidence même, démontré votre erreur, les cartes, selon elles, ne pouvant avoir tort.

Parler des unes, ou parler des autres, c'était dans ces conditions, fort périlleux. Et je me suis tu.

Mais je puis aujourd'hui rompre ce silence obstiné. J'ai découvert une cartomancienne, qui croit très sérieusement à la cartomancie, mais qui ne cherche pas à imposer sa conviction à autrui. Bien mieux ; quand on la met en défaut, elle est la première à convenir de son erreur sans mauvaise grâce.

— Les plus malins se trompent dans leurs comptes, dit-elle ; et c'est le fait des pédants seuls de se croire la science infuse.

Elle se nomme Mme Siteaut, et elle habite un des coins les plus ignorés de Montmartre. Elle fuit la réclame, et elle m'a prié de ne point donner son adresse. J'ai dû promettre de la taire. Mais je n'ai point promis de vous cacher le moyen de vous la procurer. Or, ce moyen est à la portée de tous. Interrogez n'importe quel habitant du boulevard Rochechouart et demandez lui où demeure la « Mère aux chats » Il vous le dira sans hésiter.

Pourquoi « la Mère aux chats » ? Ah ! c'est que... Voilà : la cartomancie n'est dans la vie de Mme Siteaut qu'un accessoire ; le principal, c'est la charité, une charité, une charité spéciale, la charité envers les bêtes. Dans le budget de Mme Siteaut ce que rapporte la cartomancie est destiné à venir en aide aux animaux errants.

Aussi, quelle arche de Noé que son appartement ! Vous sonnez, aussitôt des aboiements multiples, des miauléments prolongés, se font entendre. Une bande de chiens et de chats de toutes tailles et de tous poils vous environne. Ce sont tous des orphelins, des estropiés, de pauvres êtres de souffrance recueillis par la magicienne. Après les chiens, ce sont les oiseaux; après les oiseaux... que sais-je? Il y a même des tortues. Qui se serait douté qu'il y eut dans Paris des tortues vagabondes?

La « Mère aux chats » est une femme assez grande, au port majestueux, au profil césarien, mais aux yeux intelligents et doux. L'ensemble de la physionomie respire la bonne foi. On est tout de suite sûr de ne pas avoir affaire à une faiseuse.

Après quelques minutes d'attente dans un petit cabinet au meuble rouge, plus que modeste, sur les murs duquel pendent des pancartes où se lisent des sentences de ce goût : « *Le repos n'est doux que pour celui qui travaille. — L'activité dans le travail ne consiste pas tant à faire beaucoup qu'à faire bon. — L'homme le plus parfait est celui qui sait se rendre le plus utile à ses semblables,* » je suis introduit dans le salon de consultation.

La pièce est ornée d'un canapé, de quelques chaises, d'une curieuse cage où gazouillent une nuée de canaris, d'une profusion de bibelots, et d'une table de noyer sur laquelle opère la cartomancienne.

— Avant de me tirer les cartes, demandai-je à Mme Siteaut, dites-moi, je vous prie, comment l'idée vous est venue de vous occuper de cartomancie?

Le plus aimablement du monde, Mme Siteaut me répondit :

— Lorsque j'étais tout enfant, dans la maison où habitait ma famille, nous avions pour voisine une jeune femme très instruite à qui une bohémienne avait appris à tirer les cartes. Souvent, j'allais chez cette voisine, et elle m'apprit à son tour ce qu'elle avait appris de la bohémienne. Je m'amusais parfois à tirer les cartes à mes amies. D'abord, je me trompais souvent. Peu à peu, je me trompais moins. J'ai été pendant dix-sept ans caissière au Café d'Orsay. Je faisais les cartes aux clients. C'était encore par manière de passe-temps. Puis je perdis ma place. Mon mari mourut. Alors je me souvins d'une prédiction de la jeune femme, notre voisine, qui m'avait annoncé qu'un jour la cartomancie me servirait à me tirer d'affaire. Je devins ainsi cartomancienne de profession. Voilà mon histoire. Elle n'est pas très romanesque.

— Pardon ! fit-je, et tous ces chiens, tous ces chats..., ?

— Oh ! fit Mme Siteaut en caressant un caniche qui venait de lui sauter sur les genoux, je ne suis pas si bonne qu'on le dit !

Charité et modestie, qui se serait avisé d'aller chercher ces vertus chez une cartomancienne ? Pourtant, il n'y a pas à dire, elles y sont !

Je demandai :

— Donc, empiriquement, vous êtes devenue cartomancienne; avez-vous cherché, ensuite, à vous expliquer la cartomancie?

— Oui, j'ai lu tout ce qu'on a écrit sur ce sujet. La cartomancie, comme la chiromancie, se rattache à l'astrologie...

Et, alors, Mme Siteaut me développa toute une théorie, qu'il serait un peu long d'exposer aujourd'hui, sur les rapports de l'astrologie et de la cartomancie. Puis, elle tira de la cheminée, qui lui sert de bibliothèque, un lot de vieux bouquins, et me dit :

— Lisez tout cela. Vous en saurez autant que moi.

Mais comme je n'ai pas l'intention de m'établir cartomancien, je me récusai.

Mme Siteaut continua :

— L'intuition joue un grand rôle en cartomancie. Les cartes ont des significations fixes ; elles ont aussi des significations imprécises qu'il faut approprier aux circonstances. En outre, elles se combinent entre elles. Tout cela est affaire de flair, de tact, d'inspiration. Il faut savoir marier ce qu'imposent les règles avec ce qu'indique l'intuition. Il y a une orthographe en cartomancie, comme en tout, qu'il faut respecter, et qui s'apprend. Mais il y a aussi le style, qui ne s'apprend point. Il faut avoir le don.

Après ces explications, Mme Siteaut me tira les cartes. Elle me les tira d'abord avec le *Tarot* et ensuite avec le jeu, dont la composition est attribuée à Mlle Lenormand. Je ne vous dirai point les résultats de l'expérience. Ils ne vous intéresseraient pas. Tout ce que je dois constater c'est que Mme Siteaut m'a dit des choses dont la précision et la vraisemblance m'ont laissé rêveur. Elles corroboraient en effet, à bien peu de différence près, celles que m'ont dites d'autres devins contemporains — preuve que si les prédictions de tous ces diseurs de bonne aventure ne correspondent pas toujours à la réalité, elles dérivent tout au moins de calculs et de raisonnements dont les bases sont concordantes. Et cela seul me paraît déjà très remarquable !

Au reste, Mme Siteaut, comme je l'ai dit en débutant, ne cherche nullement à vous prouver que la cartomancie est une science exacte. Elle vous dirait même, je crois, si on la poussait, que la cartomancie est une science éminemment inexacte — et que c'est justement son inexactitude qui fait son charme.

Mais elle ajouterait aussitôt à l'épithète *inexacte*, celle-ci : *consolatrice*.

Les nombreuses femmes, ouvrières ou femmes du monde, qui se rendent chez Mme Siteaut ne croient guère pour la plupart à la *cartomancie*; mais elles ont confiance en la *cartomancienne*. Elles savent que, de sa bouche, ne tomberont que des paroles qui, au lieu de les troubler, les apaiseront. Elles savent qu'en sortant de chez « la Mère aux chats », elles se sentiront calmées, l'esprit débarbouillé de ses chimères, l'âme débarrassée de ses papillons noirs. Et elles y vont.

La brave femme soigne les bêtes malades; elle panse aussi les cœurs blessés. C'est peut-être tout le secret de son succès.

GASTON MERY.

LA GUERRE CUBAINE

ET LE FUTUR ROI

Paris, 17 *avril* 1898.

Près Moulins, au hameau de Panloup (dépendance du bourg d'Yzeure), vaticine, particulièrement aux jours de fête consacrés à la Sainte Vierge, une jeune femme de vingt-huit ans, Mme Pinaud, dont les prédictions sont vraiment remarquables.

Mme Pinaud a déjà été présentée aux lecteurs du *Voile d'Isis* par M. Ch. Godard sous le nom de « Voyante d'Yzeure » (28 février et 4 avril 1894), et aux lecteurs de l'*Anti-Maçon* par M. de K. de Borgia avec le qualificatif « d'extatique de Panloup » 16 juillet et 1er août 1896), et son portrait figure dans l'*Anti-Maçon* du 1er octobre 1896, p. 299.

La voyante habite un humble logis de paysan. C'est, nous dit M. de Borgia « une petite femme mince, de taille moyenne, brune, avec des yeux bleus très calmes et très doux, une expression très sympathique, une allure très naturelle. » Lors des extases « le corps est soulevé, les yeux prennent l'apparence transfigurée, les membres se raidissent et la voyante parle avec précipitation. Quand l'apparition s'en va, elle fixe toujours l'époque de son retour. »

Interrogée sur ses visions, Mme Pinaud répond ainsi : « Je suis une pauvre femme et non pas une sainte. Je n'ai pas cherché à voir la Sainte Vierge. Je ne l'ai pas désiré. Mais elle est venue parce qu'elle est la maîtresse de venir à qui elle veut. — On a dit que c'était le démon. Oh ! j'espère bien que ce n'est pas lui. On a jetté tant d'eau bénite ! Elle souriait pendant qu'on l'aspergeait. Le démon ne travaille pas pour le Bon Dieu. — M. le curé, dites-vous, ne croit pas. Il a ses raisons. La Sainte Vierge le convaincra s'il le faut. — On a dit aussi que j'étais hystérique névrosée, je le sais. Il faut laisser dire. Dire que je suis malade ne me rendra pas malade, n'est-ce pas ? — La première fois que je vis la Sainte Vierge ce fut la veille de ma première communion. Etant dans la cour des sœurs, je vis tout à coup une grande clarté et dedans une belle dame vêtue de blanc. Elle me bénit, me dit qu'elle était la Sainte Vierge et ajouta qu'elle reviendrait me voir. Je m'évanouis... Douze ans se passèrent sans que la Dame revînt. — A chaque apparition la Sainte Vierge dit de faire pénitence. »

Voici d'après l'*Anti-Maçon* (p. 226-227), quelques-unes des prédictions qui fussent faites le 2 juillet 1896.

1. Malheur à Paris à cause de ses scandales et de sa corruption ! Paris est le grand coupable.

2. Je vois le Seigneur au-dessus de Montmartre tenant dans sa main droite une couronne de gloire et dans sa main gauche une épée renversée en signe de pardon pour notre France, si elle se relève de ses iniquités.

3. De terribles châtiments sont proches. Il y aura de si grands fléaux que la créature ne peut les concevoir. La France sera accablée d'épidémies. Il y en aura d'un nouveau genre. Ceux qui sont restés fidèles ne périront pas.

4. Dans 6 fois 6 lunes le fléau éclatera (ceci n'est pas prophétique). Les moissons seront médiocres et insuffisantes. Les bouleversements, les cataclysmes se succéderont prochainement.

5. Toutes les nations d'Europe s'entrechoqueront. Le sang sera versé de toutes part et se répandra à flots dans la mer.

6. Mais après le sang versé, la miséricorde divine, reparaîtra. Un roi sera donné à la France.

Ces prédictions gagnent singulièrement à être comparées à celles que fit naguère Mlle Couédon sur le même sujet. Je les emprunte au 1er fascicule de la *Voyante*, paru vers le 15 mars 1896 (p. 33-34).

1. Paris, de toutes les villes de la France, sera la plus éprouvée.

2. Quelque chose sur laquelle « l'Ange » ne s'explique pas arrivera à la Basilique du Sacré-Cœur à Montmartre.

3. Une épidémie éclatera pendant laquelle les personnes frappées auront la peau des membres comme tachée de points sanguinolents (C'est sans doute au sujet de cette affection singulière que « l'Ange » a ajouté plus tard : « Une maladie ignorée. — Je vois des croûtes se former — une odeur épouvantable s'exhaler. » *Écho du Merveilleux* 1897, p. 27.)

4. Quand viendra l'heure de moissonner... des catastrophes de toutes sortes, des inondations désoleront la France. Le soleil rapproché de la terre épandra une chaleur torride. Il va pleuvoir du feu.

5. La guerre éclatera... Elle sera effroyable. Elle sera bientôt générale...

6. Tous ces châtiments n'auront d'autre but que de préparer le retour de la royauté dans la France régénérée.

La voyante d'Yzeure-Panloup, on l'a vu ! a annoncé que de grandes calamités surviendront dans 36 lunes à partir du 2 juillet 1896. Or, 36 mois lunaires (de 29 jours 1/2) font exactement 1.962 jours, ce qui nous donne la date du 30 mai 1899. C'est là sans doute ce que marque Mlle Couédon quand elle parle de la veille de la moisson.

Mme Pinaud prédit également un fléau d'un nouveau genre qui ne fera pas périr « ceux qui seront restés fidèles » Mlle Couédon n'a pas, que je sache, signalé cette particularité. En revanche on la trouve dans de nombreuses prophéties et particulièrement dans la prédiction attribuée au père Clausi. »Il viendra, dit-il, un grand fléau uniquement dirigé contre les impies. Ce sera un fléau tout nouveau... » (Baron de Novaye — *Guerre et Révolution*, p. 94.)

Enfin l'extatique insiste sur « le sang qui se répandra à flot dans la mer. » Ceci est très remarquable et n'est généralement pas marqué dans les vaticinations du même ordre. Aujourd'hui que la guerre cubaine est imminente on peut se demander si ces paroles ne faisaient pas, à deux ans de distance, allusion aux combats maritimes qui vont sans doute l'ensanglanter.

Cette hypothèse prend singulièrement de la force lorsqu'on consulte à ce sujet les centuries de Nostradamus. Voici en effet ce que nous annonce le Voyant de Salon :

Mars et le sceptre se trouvera conjoinct,
Dessous Cancer calamiteuse guerre,
Un peu après sera nouveau Roy oingt
Qui per longtemps pacifiera la terre. (VI, 24.)

quatrain que j'interpréterais volontiers ainsi : « En une année dominée par Mars (1898), peu après que l'année précédente dominée par le sceptre où Jupiter aura cessé (1897, année régie par Jupiter, a cessé astrologiquement le 20 mars 1898) éclatera une guerre désastreuse en une région située sous le tropique du Cancer (ce dernier passe précisément entre Cuba et la Floride, assez près de la Havane). Peu après sera sacré le Grand Monarque qui doit apporter au monde les bienfaits d'une longue paix. »

Ainsi il semble que la guerre cubaine fasse partie de cette série de fléaux qui doivent préparer la venue du nouveau roi. Ceci ne doit pas autrement nous surprendre. Mlle Couédon n'a-t-elle pas dit que l'année commencée (1897) « ne ferait que précéder celle qui doit tout amener ? » (*Echo du Merveilleux*, 1897, p. 11.)

Nostradamus n'est pas le seul prophète qui ait annoncé le sacre du « nouveau Roy ». *Le Voile d'Isis* du 17 décembre 1896 rapporte d'après l'abbé Tholon, la prédiction suivante : « Mgr Langénieux avait sept ans lorsque dans sa ville natale (Villefranche-sur-Saône), sa mère le tenant par la main, une femme qui passait pour sainte dans le pays, l'arrêta par la main. « J'ai quelque chose à vous dire... Mon enfant vous serez évêque et vous sacrerez le roi. » Le prélat a confirmé le fait à M. l'abbé Baguet, curé de Béhéricourt près Noyon (Oise). » Mgr Langénieux a soixante-quatorze ans : il est archevêque de Reims et sa santé paraît excellente. On peut croire que la prédiction qui lui fut faite en 1831 se réalisera jusqu'au bout.

Enfin la date de cet heureux sacre paraît nous être donnée par l'abbé Trithème en son « Traité des causes secondes ». Voici le texte de sa prédiction tel que nous le trouvons dans un opuscule de M. Bué : *la main du général Boulanger* (p. 73) : « En l'an de grâce 1899, le 14e jour du mois de novembre, après trois siècles et demi d'angoisses et trois siècles et demi d'espérances, naîtra sous l'influence du génie solaire Michaël une ère nouvelle qui apportera au monde 354 ans et 4 mois de bonheur et de paix. Cette ère nouvelle appartenant au règne du Soleil, son fondateur sera un solaire. » Voilà, n'est-il pas vrai, la longue paix prédite d'autre part dans Nostradamus,

Et maintenant attendons les événements !

Veuillez agréer, monsieur, l'assurance de mes meilleurs sentiments.

QUAERENS.

P.-S. — Dans le dernier numéro de l'*Echo du Merveilleux*, M. Blanc raconte que la mort de M. Carnot lui fut annoncée d'après Nostradamus, un an à l'avance, par M. le curé d'A. comme très prochaine et devant être entourée de circonstances précises (coup de poignard donné par un Italien au milieu d'une grande réunion d'hommes de toutes les nations). Je ne mets pas en doute la véracité de M. Blanc, mais je serais bien aise de savoir à l'aide de quels quatrains du prophète de Salon M. le curé d'A... a pu faire une prédiction si nette quant à la date probable de l'assassinat et quant aux circonstances qui l'ont marqué.

Le miracle de Campocavallo

20 *avril* 1898.

Monsieur,

Dans l'*Écho du Merveilleux*, numéro 29, du 15 mars dernier, vous parlez des faits extraordinaires qui se sont passés en Italie, à Campocavallo, en 1892 et 1893, faits très exacts.

Au commencement de 1893, me trouvant à Rome, je voulais aller moi-même les constater; malheureusement, je fus malade tout le temps de mon séjour dans cette ville, séjour d'ailleurs très court car je partais pour la Terre Sainte. Je fus extrêmement fâchée de ce contre-temps et, depuis la fin de l'année 1893, je n'avais plus rien su de Campocavallo et pensais que, depuis cinq ans, ces faits surnaturels avaient dû prendre fin, quand votre article vint me les remémorer.

Je voulus savoir, de source certaine, ce qu'il en était advenu, et le 6 avril j'écrivais dans ce but à la supérieure du Refuge Saint-Joseph de Lorette dont il a été question.

Voici la réponse que j'en ai reçue ces jours-ci et que, sur le conseil de mon voisin — notre ami commun — le marquis de Lespinasse-Langeac, je vous copie textuellement, dans la pensée qu'elle pourra intéresser les lecteurs de l'*Écho*.

De notre couvent de Lorette, ce 13 *avril* 1898.

Madame,

Nous nous empressons de satisfaire votre pieux désir d'avoir des nouvelles sûres des merveilles de l'image miraculeuse de Campocavallo. Comme vous le dites vous-même, Madame, la chose nous est très facile car, chaque semaine, nos heureuses sœurs tourières vont présenter à la divine Mère Affligée les suppliques et photographies qui nous sont envoyées de tous les pays du monde à cet effet. Nous avons l'honneur d'être les humbles petites commissionnaires de la sainte Madone.

Oui, Madame, l'Image miraculeuse meut encore les yeux, les ouvre, les ferme, les élève, les abaisse, les fixe avec sévérité ou maternelle bonté, selon que la Vierge bénie le juge à propos. C'est un miracle permanent et des plus consolants. Elle a pleuré trois fois depuis 1893 Les guérisons, conversions, etc., se succèdent nombreuses et éclatantes; les ex-voto arrivent de toutes parts. Une magnifique église s'élève près de la pauvre petite chapelle qui renferme le précieux tableau; elle sera solennellement dédiée en 1900 pour abriter l'Image miraculeuse.

Le Saint-Père Léon XIII a envoyé une bénédiction toute spéciale aux pieuses personnes qui prient la Vierge bénie de Campocavallo et qui la font connaître, aimer et prier.

Le prodige du mouvement des yeux est presque continuel; tout le monde ne le voit pas toujours; cependant, la plupart du temps, toutes les personnes présentes remarquent également l'expression de son béni visage et le disent tout haut, avec leur foi italienne.

Ordinairement, pendant le mois de mai la douce Madone est plus prodigue de ses maternels regards pour consoler ses enfants et les encourager à la ferveur pendant son beau mois.!

Votre dévouée en Notre-Seigneur,

SŒUR MARIE du Verbe Incarné.

Pour notre très honorée Mère prieure.

Vous remarquerez, Monsieur, ce que la sœur dit à propos du Saint-Père, car c'est important: cette bénédiction donnée par Lui aux dévots à Notre-Dame de Campocavallo est comme une sorte de reconnaissance par l'Église de la réalité des faits et de leur origine surnaturelle et divine.

Ma lettre est déjà beaucoup plus longue que je l'aurais voulue, cependant, monsieur, je voudrais vous dire un mot — rien qu'un mot — du miracle de saint Janvier dont vous avez fait mention dans le même numéro.

J'ai été témoin deux fois — en 1877 et en 1886 — de la liquéfaction du sang de saint Janvier. Cette liquéfaction se produit non seulement à la date du 19 septembre comme vous le dites, mais aussi, et chaque année, le premier samedi de mai, anniversaire de la translation des reliques du saint de Pouzzoles à Naples. C'est à cette époque que je l'ai vue et le miracle se reproduit *tous les jours pendant neuf jours.*

Enfin, étant allée à Pouzzoles, située à 12 kilomètres de Naples, les Capucins de cette ville qui conservent dans leur église la pierre, encore tachée de sang, sur laquelle a été décapité saint Janvier, m'ont assuré que chaque fois que le miracle se produit, tandis que la liquéfaction s'opère à la cathédrale de Naples, à ce moment-là même, cette pierre ressue le sang.

Mais n'étant allée à Pouzzoles qu'après le miracle terminé, je n'ai pu constater *de visu* la réalité de ce fait.

Vous ferez, Monsieur, ce que vous voudrez de ces quelques renseignements.

Recevez, je vous prie, l'expression de mes sentiments distingués.

CL. DE VANSSAY,
6, rue du Parvis-Notre-Dame à Évreux.

LA MYSTIQUE DU BERGER

⁂ III. *La baguette de Jacques Aymar.*

La baguette de coudrier, ce hochet magique qui ne se rencontre plus aujourd'hui que dans des mains bourgeoises, voire même ecclésiastiques, appartint d'abord aux bergers. Les débuts du « sourcier », d'où « sorcier » dérive manifestement, se perdent dans la nuit des âges. Une de ses premières apparitions, en belle lumière, en France, au XVIIe siècle, fut singulièrement sensationnelle.

Le 5 juillet 1692, à Lyon, un marchand de vin et sa femme étaient trouvés assassinés dans leur cave. La boutique, au-dessus, où ils logeaient, avait été pillée. On ne put découvrir les assassins.

Quelques personnes, entre autres un voisin de ces malheureuses gens, eurent alors l'idée de faire venir un paysan de Saint-Marcellin en Dauphiné, nommé Jacques Aymar. Berger — et non maçon, comme quelques-uns ont dit — il s'était acquis grand renom par une vertu singulière : d'abord *sourcier*, sa baguette n'avait pas tardé à découvrir l'or et l'argent enfouis, et les reliques des saints; puis, les criminels : jeteurs de sorts, voleurs, meurtriers. C'est ainsi qu'il avait délivré d'un sortilège les troupeaux décimés des dames religieuses de Sainte-Cécile, en conduisant leur fermier, par sa baguette, au lieu où se cachait le sorcier sacrilège, qui s'enfuit et quitta le pays. A Grôle, près de Grenoble, il découvrit de la même façon des voleurs, qui avouèrent : fait attesté par M. Basset, alors juge, plus tard président de MM. les trésoriers de France.

La baguette, en bois quelconque, tenue par les branches de la fourche, s'inclinait d'elle-même dans la direction de l'objet cherché. S'il s'agissait seulement d'une source, Jacques Aymar ne ressentait rien; s'il s'agissait d'or ou d'argent, de reliques enfouies ou d'un voleur, le berger éprouvait un frémissement des orteils, et son front se couvrait de sueur. Pour un meurtrier, c'était un tremblement de tout le corps, une chaleur ardente, un frisson de fièvre, des nausées. Cet homme étrange avait alors trente ans, né le 8 septembre 1662, entre minuit et une heure, a-t-on soin de nous dire, pour permettre aux astrologues de chercher dans son thème de nativité l'explication de ce don merveilleux. Il s'était enrichi à ce nouveau métier, comme on pense, et depuis longtemps ne gardait plus les troupeaux.

Jacques Aymar arriva donc à Lyon, et se mit à la disposition du lieutenant criminel, qui le fit conduire dans la cave où le meurtre avait été commis. A peine y fut-il entré qu'un tremblement violent le saisit, son pouls s'éleva comme dans une grosse fièvre, et la baguette s'inclina rapidement vers l'endroit où l'on avait trouvé les corps.

Guidé par elle, suivi des gens de justice et d'une foule de curieux, Jacques Aymar quitta la maison, s'engagea dans les rues, entra même dans la cour de l'archevêché, sortit de la ville (1) par le pont du Rhône et prit à droite, le long du fleuve. Un commis du greffe et deux archers l'accompagnaient.

Ils arrivèrent à la maison d'un jardinier, vers laquelle la baguette s'inclina fortement. Elle y désigna une table, et, sur le buffet, une bouteille vide. Jacques Aymar assura que les assassins étaient entrés dans cette maison, s'étaient assis à cette table et avaient vidé cette bouteille. Cependant le jardinier protestait qu'il n'avait vu personne. Ses enfants, deux gamins de neuf et onze ans, juraient aussi que personne n'était entré. Ils avouèrent enfin ce qu'ils cachaient, de peur d'être grondés par leur père : que, plusieurs jours avant, ayant laissé la porte ouverte pendant que le jardinier travaillait assez loin de la maison, trois hommes étaient entrés, s'étaient assis à la table et avaient bu.

On reprit l'étrange chasse Une lieue plus loin, la baguette oscilla vers le Rhône; en approchant du fleuve, on reconnut, à des traces de pas dans le sable, que les assassins avaient dû s'embarquer là. Aymar et les archers s'embarquèrent à leur tour, la baguette continuant de leur indiquer le chemin sur le fleuve comme sur terre. Ce n'était pas le bon chemin, le plus aisé et le plus sûr : ainsi, leur barque passa sous une arche du pont de Vienne où l'on ne passait jamais. Ils en conclurent que les fugitifs n'avaient pas de pilote.

Pendant ce voyage, Aymar faisait arrêter la barque à tous les endroits où les meurtriers avaient abordé. Il suivait leur trace dans les auberges : la baguette, à la stupéfaction générale, s'inclinait jusqu'à les heurter

1. Le lendemain seulement ; l'expérience avait commencé le soir : on trouva fermée la porte du pont.

vers les tables et les pots sur lesquels les misérables avaient posé les mains.

On arriva ainsi au camp de Sablons. Là, Jacques Aymar fut pris d'un tremblement de fièvre et de nausées. Il sentit que les assassins n'étaient pas éloignés. Mais, craignant que ce ne fussent des soldats et que sa faible escorte ne le défendît mal contre eux, le berger refusa d'aller plus loin. Il revint à Lyon.

Le lieutenant criminel, le Procureur du roi et quelques personnages, parmi lesquels l'Intendant, lui préparaient une épreuve. L'arme du crime, une serpe de bûcheron, avait été retrouvée. On la mêla parmi d'autres serpes semblables, devant lesquelles on plaça Aymar : la baguette, aussitôt, désigna l'instrument du meurtre. L'Intendant voulut recommencer l'expérience : lui-même banda les yeux au berger et le conduisit devant les serpes, recouvertes de paille : une seconde fois, la baguette donna des preuves de sa mystérieuse clairvoyance.

Très ébranlés dans leur scepticisme, les magistrats n'hésitèrent pas à renvoyer le sorcier au camp de Sablons avec une plus nombreuse escorte d'officiers de police. Mais les meurtriers l'avaient déjà quitté. Jacques Aymar les poursuivit jusqu'à Beaucaire, où il comprit aux mouvements de la baguette que les trois hommes s'étaient séparés, prenant des directions diverses. Il suivit dans la ville la trace de celui qui lui parut le principal des trois et sa verge magique le conduisit devant la prison : l'assassin était déjà là. Aymar passa les prisonniers en revue : sa baguette frémit, une nausée le secoua devant un petit bossu, incarcéré, depuis quelques heures à peine, pour larcin, et qui protesta comme un beau diable quand il s'entendit accuser de meurtre.

Mais, ramené à Lyon par l'itinéraire de la poursuite, le bossu fut reconnu partout, dans les auberges, chez le jardinier, pour avoir passé là avec ces deux hommes dont les enfants donnaient le signalement. Il dut entrer dans la voie des aveux. Il raconta que le jour du crime, étant à Lyon, il avait été abordé par deux hommes à l'accent provençal qui l'engagèrent comme valet. Il les accompagna chez le malheureux marchand de vin et fit le guet pendant qu'ils entraient dans la boutique. Il ne savait rien de plus ; il avait reçu six écus.

(Pendant ce retour, Aymar ne pouvait marcher derrière le bossu sans éprouver de violents maux de cœur, et même vomir. Il prit le parti de précéder la troupe, d'assez loin.)

A Lyon, le misérable compléta ses aveux. Lui et ses deux complices étaient entrés chez le marchand de vin, sous prétexte de faire remplir une grosse bouteille recouverte d'osier, qu'on avait trouvée à moitié pleine dans la cave et devant laquelle la baguette d'Aymar avait frémi. Mais il affirmait toujours s'être borné à faire le guet dans la boutique, pendant que ses compagnons égorgeaient le marchand de vin et sa femme, descendus avec eux à la cave. Ils volèrent cent trente écus, huit louis d'or et une ceinture d'argent.

Ils avaient ensuite erré par la ville, s'étaient réfugiés un instant dans une grande cour (celle de l'Archevêché), étaient sortis par le pont du Rhône, avaient détaché une barque... etc... etc... Tout l'itinéraire indiqué par la baguette.

Cependant, Jacques Aymar s'était remis à la poursuite des deux autres meurtriers dont il avait abandonné les traces à Beaucaire. Après plusieurs détours, la baguette le ramena à cette même prison où il avait fait sa première capture. En effet, le geôlier déclara que la veille un homme ressemblant à l'un des deux criminels en fuite, d'après leur signalement, était venu demander des nouvelles du bossu. Aymar les poursuivit jusqu'à Toulon, et au delà, sur mer, car ils s'étaient embarqués, probablement pour Gênes. L'eau salée, pas plus que l'eau douce ne déconcertait la baguette. Elle désignait les points où ils avaient pris terre, des oliviers sous lesquels ils avaient dormi, etc. La poursuite ne s'arrêta qu'à l'extrémité des eaux françaises.

Ce demi-insuccès n'aurait pas manqué de nuire à la gloire de Jacques Aymar. On disait déjà : « Mais comment n'a-t-il fait découvrir que le moins coupable des trois ? » lorsque fut exécuté le bossu, condamné à la roue. En allant au supplice, il passa devant la boutique du marchand de vin, où fut lue la sentence. Cet homme, alors, avoua qu'il était le principal coupable, ayant eu la première idée du crime et l'ayant suggérée à ses complices.

Depuis huit jours, tout Lyon ne parlait que de la baguette merveilleuse et du merveilleux berger. Selon l'usage de l'époque, les savants en écrivirent à leurs confrères de Paris et d'ailleurs. Des polémiques s'engagèrent. Plusieurs tenaient l'homme pour sorcier et conseillé du diable, malgré son rôle d'auxiliaire de la justice : de ce nombre furent le célèbre P. Malebranche et le non moins célèbre abbé de Rancé. Mais nombre d'autres, et notamment l'abbé de la Garde, les médecins Paulhot, Garnier et Chauvin, qui publièrent sur cet étrange cas de longs mémoires, M. de Bérulle, etc., soutinrent qu'il n'y avait aucune sorcellerie ; seulement une conformation particulièrement délicate, qui rendait Aymar sensible aux « corpuscules » émanés des assassins. Comment lesdits corpuscules attendaient-ils plusieurs jours, sur les chemins, voire sur la mer, à travers vents et pluies, le passage du berger, c'est une difficulté qui ne paraît pas les avoir beaucoup émus. Dans la « Lettre du Docteur Chauvin à la marquise de Sénozan » et dans la *Physique occulte* de l'abbé de Vallemont (1762, à la Haye, sans nom d'auteur) cette question des corpuscules est traitée avec abondance et curieusement.

C'était devenu un sport chez les Lyonnais d'importance d'essayer de faire tourner une baguette dans la cave tragique du marchand de vin. Elle tourna dans les mains de M. Grimaut, directeur de la Douane, et dans celles d'un jeune procureur nommé Besson. Ce procureur éprouvait même des sensations identiques à celles d'Aymar. « Lorsque je mettois mes doigts dans chacune de ses mains, pendant que la baguette tournoit, — est-il dit dans une lettre à l'abbé Bignon, — je sentois des battements d'artères tout à fait extraordinaires; il avoit le pouls élevé comme dans une fièvre; il suoit à grosses gouttes. »

Aymar, pendant ce temps, avait découvert chez le lieutenant du roi l'auteur d'un vol important. Sa gloire était à son comble. On parlait de lui à Paris autant qu'à Lyon. Dès le mois d'août, le *Mercure de France* avait longuement rapporté les merveilles de sa baguette. Les « Lettres à l'abbé Bignon », par un des témoins les plus considérables en intelligence de ces événements, étaient lues avec avidité à la Cour.

M. le Prince, fils du grand Condé, prince fort préoccupé de science, fit venir Aymar à Chantilly (janvier 1693). Cet honneur devait causer la perte du berger de Saint-Marcellin.

Sa baguette échoua complètement, piteusement, dans toutes les expériences de Chantilly, pour retrouver de l'or et de l'argent caché. M. le Prince, qui avait caché cet argent lui-même, en divers endroits sur une pelouse, eut ensuite quelque peine à le retrouver, dont il prit de l'humeur, car c'était un prince fort économe. Il fit mettre dans le *Mercure* (n° d'avril) que la baguette était une illusion.

A Paris, le berger ne fut pas plus heureux. On lui fit indiquer l'auteur d'un vol imaginaire, et on l'en railla. Mandé chez M. de la Fontaine, lieutenant aux gardes, il se défia d'un tour semblable, soutint qu'il n'y avait pas eu vol : or, M. de la Fontaine avait bien été volé.

De plus, il semble que Jacques Aymar se rendit coupable lui-même de quelques friponneries, notamment au préjudice d'un sieur Ferrouillat, marchand drapier, rue des Mauvaises-Paroles, qu'il mena, un soir, loin par delà Neuilly, pour retrouver du drap volé, et abandonna brusquement dans les ténèbres Le sieur Ferrouillat lui avait donné d'avance un vêtement et six écus.

Aymar, gâté par la Cour et la grand'ville, prétendait en outre que sa baguette pouvait prédire l'avenir, en répondant aux questions par des mouvements, découvrir l'infidélité des femmes, la bonté des étoffes, etc. Il fut bafoué partout et renvoyé dans son pays, où il continua sans gloire de prédire à tort et à travers, aidé, dit-on, par la police locale, qu'il payait pour l'informer.

Son don était perdu.

***

Ce don avait-il existé?

Il semble que le *Mercure* et les salons parisiens ont été sévères pour le sorcier dauphinois, grisé et perverti manifestement, d'ailleurs, par ce nouveau milieu. L'abbé de Vallemont, qui le vit à Paris « deux heures par jour presque un mois durant », croyait pourtant à ce don, et a écrit un gros volume pour l'expliquer (par les fameux corpuscules.) Il défendait encore Aymar dans la preface de la seconde édition de son livre, publiée longtemps après que le berger magicien eut disparu dans sa province.

Et quoi qu'il en soit de ses mésaventures à Paris, les aventures de Lyon restent incontestables. Elles sont attestées autant que n'importe quel fait historique, par les gens les plus dignes de foi et les plus divers de caractère : magistrats, savants, ecclésiastiques, gens de cour (tels que le comte de Varax, M. de Montgerol, etc.). La relation officielle que fit dresser M. de Vaginé, procureur du roi, chargé de l'instruction, ne saurait être révoquée en doute, et d'ailleurs ne l'a jamais été. Elle rapporte les faits dans tous les détails que nous avons donnés plus haut. Vouloir expliquer ces faits par la complicité de la police serait un enfantillage.

Mais quel était le secret du berger? Un sens particulier, ou l'hyperacuité d'un sens ordinaire; ou encore l'aide mystérieuse qu'obtiennent trop souvent les mauvais bergers? Contre cette hypothèse, un homme naïf disait au P. Malebranche : « Mais un procureur a obtenu des phénomènes analogues; (*le sieur Besson, comme nous l'avons raconté*) pouvez-vous croire que ce procureur ait quelques rapports avec le démon? » Un procureur... En vérité, il faudrait être bien hardi pour le supposer! Voilà un argument qui semblera tout à fait bon.

George Malet.

Manifestations télépathiques

DE TRÉPASSÉS

Parmi les soldats envoyés à Madagascar se trouvait le fils d'un brave ouvrier des ateliers de Fives-Lille qui habite Mons-en-Barœul (Nord) avec sa femme.

A la lecture des journaux qui rapportaient que nos pauvres troupes manquaient de tout sous un climat malsain et que les provisions envoyées prenaient de fausses directions, la pauvre mère était bouleversée de sinistres pressentiments : jusque dans ses rêves elle voyait son enfant en proie à l'impitoyable fièvre, mal soigné et tendant les bras vers elle pour implorer du secours.

Toutefois, ceci ne présente rien de surprenant et beaucoup d'autres mères de soldats ont pu avoir de ces angoisses poignantes et des frayeurs auxquelles les préoccupations de batailles restaient étrangères.

Mais dans la nuit du 5 au 6 septembre 1895, la pauvre femme eut un horrible cauchemar. Elle assista à l'agonie de son fils ; elle le vit luttant contre la mort, à deux pas d'elle, et l'impression fût si vive, si violente, qu'elle se réveilla en sanglotant et réveilla brusquement son mari pour lui expliquer, non sans peine tant elle suffoquait, qu'elle sortait d'être témoin du trépas de leur fils à Madagascar.

« — Allons, lui dit le brave homme frissonnant « sous le coup de ce lugubre réveil, vas-tu donc « maintenant ajouter foi aux rêves? Tout songe, tout « mensonge... Tu te fais du mal avec tes continuelles « appréhensions; la nuit ton imagination travaille « là-dessus. Je t'ai déjà répété cent fois que dans les « bavardages des journaux il faut en prendre et en « laisser. Sais-tu d'où te vient un pareil cauchemar? « De la persistance de ton idée fixe. »

Puis continuant à la raisonner de son mieux :

« — Ton fils est vigoureux et il n'a jamais été ma- « lade. Il reviendra, je te le garantis, Dieu merci ! »

Hantée par le poignant spectacle, la mère interrompait :

« — Non, non, je l'ai trop bien vu ! En mourant il « a crié : Maman ! maman !... Oh ! je l'ai bien entendu... « Mon pauvre Louis, je ne le verrai plus ! »

Et la pauvre femme eut une effrayante attaque de nerfs.

Le lendemain on écrivit au soldat. Les jours, les semaines se passèrent ; pas de nouvelles. Enfin, vers le 14 octobre en arrivait une, fatale; hélas !... l'avis de décès du jeune homme.

Or, il se trouva que la date et même l'heure de la mort coïncidaient exactement avec celles du cauchemar de la mère et que les époux avaient notées ainsi que des voisins à qui la chose avait été racontée, pour voir qui aurait raison.

Cette manifestation télépathique de trépassé n'est par un cas isolé ; on en rencontre beaucoup d'autres. En voici encore quelques-unes :

Le fameux médium Home raconte dans ses mémoires :

« J'allai avec ma famille résider à Troy, dans l'état de New-York, situé à près de 300 milles de Norwich où habitait mon camarade d'enfance Edwin. J'avais alors 13 ans et mon ami 15 1/2.

« Un soir, vers la fin de juin, après une veillée fort calme passée avec quelques amis, ma famille s'était retirée dans ses appartements respectifs et moi-même j'avais gagné ma chambre si pleinement éclairée par la lune que la bougie était devenue inutile. Mes prières dites, j'étais assis sur le lit et je me préparais à ramener le drap sur moi lorsqu'une obscurité soudaine sembla envahir la chambre. Cela me surprit, car je n'avais pas vu un seul nuage dans le ciel...

« Au sein même de cette obscurité il se produisit une lumière qui augmenta graduellement, et mon attention fut attirée au pied du lit où se tenait mon ami Edwin !

« Il faut dire ici qu'un mois avant cette vision nous avions convenu ensemble que celui des deux qui le premier quitterait la terre se présenterait le troisième jour à l'autre, si toutefois Dieu le permettait, pour vérifier ce qu'il y avait de fondé dans toutes les étranges histoires qu'on racontait sur des apparitions de personnes après leur mort.

« Edwin m'apparut dans une sorte de nuage lumineux qui éclairait sa figure plus nettement dessinée que si la vie l'eût animée. Ses traits étaient les mêmes, à part un certain rayonnement et la différence que sa chevelure qui était longue dans la vision roulait sur ses épaules en boucles ondoyantes.

« Il me regarda avec un sourire d'ineffable douceur ; puis, levant lentement son bras droit vers cieux, il fit trois cercles dans l'air, après quoi la main, le bras, puis le corps, lentement s'évanouirent. Alors la clarté revint dans ma chambre ; je restai un instant muet et sans mouvement, et je sonnai aussitôt que je pus le faire.

« Ma famille, me croyant malade, s'empressa autour de moi. Je m'écriai : « J'ai vu Edwin ; il est mort il y a trois jours aujourd'hui et à la présente heure. » Le fait se vérifia trois jours plus tard, à l'arrivée d'une lettre annonçant qu'après quelques heures de maladie, Edwin avait succombé à une dyssenterie maligne.

« En 1850, j'eus une semblable vision qui m'annonça la mort de ma mère, laquelle habitait à Waterford, à 12 milles de moi. »

On m'objectera que l'on n'est pas obligé de croire tout ce qu'a raconté Home. Je répondrai qu'il n'y aurait rien d'étonnant à ce que ce *sensitif* ait été, plus qu'un autre, particulièrement apte à recevoir une communication télépathique, qu'en tous cas les deux faits suivants étant analogues et acceptés comme authentiques, il n'y a pas de raison de récuser davantage le récit du médium.

« Mgr de Ségur rapporte un troublant exemple de visite de trépassé à un ami :

« C'était en Russie, à Moscou, dit-il, peu de temps avant la terrible campagne de 1812. Mon grand-père maternel, le comte Rostopchine, gouverneur militaire de Moscou, état fort lié avec le général comte Orloff, célèbre par sa bravoure, mais aussi impie qu'il était brave.

« Un jour, à la suite d'un souper fin arrosé de copieuses libations, le comte Orloff et un de ses amis, le général V., voltairien comme lui, s'étaient mis à se moquer affreusement de la religion et surtout de l'enfer.

« — Et si, par hasard, dit Orloff, si par hasard il y avait quelque chose de l'autre côté du rideau?...

« — Eh bien! répartit le général V., celui de nous deux qui s'en ira le premier reviendra en avertir l'autre. Est-ce convenu?

« — Excellente idée! répondit le comte Orloff.

« Et tous deux, bien qu'à moitié gris, se donnèrent très sérieusement leur parole d'honneur de ne pas manquer à leur engagement.

« Quelques semaines plus tard éclata une de ces grandes guerres comme en vit seule la fameuse épopée napoléonienne. L'armée russe entra en campagne, et le général V. reçut l'ordre de partir immédiatement pour prendre un commandement important.

« Il avait quitté Moscou depuis deux ou trois semaines lorsqu'un matin, de très bonne heure, pendant que mon grand-père faisait sa toilette, la porte de sa chambre s'ouvre brusquement. C'était le comte Orloff, en robe de chambre, en pantoufles, les cheveux hérissés, l'œil hagard, pâle comme un mort.

« — Quoi! Orloff, c'est vous? à cette heure? et dans un costume pareil? qu'avez-vous donc? qu'est-il arrivé?

« — Mon cher, répond le comte Orloff, je crois que je deviens fou. Je viens de voir le général V.

« — Le général V.? Il est donc revenu?

« — Eh non! reprend Orloff, en se jetant sur un canapé et en se prenant la tête à deux mains, non, il n'est pas revenu? et c'est là ce qui m'épouvante!

« Mon grand-père n'y comprenait rien. Il cherchait à le calmer.

« — Racontez-moi donc, lui dit-il, ce qui vous est arrivé et ce que tout cela veut dire.

« Alors, s'efforçant de dominer son émotion, le comte Orloff raconta la conversation de leur souper fin et la promesse qu'ils s'étaient mutuellement faite, puis il poursuivit:

« — Or, ce matin, il y a une demi-heure à peine, j'étais tranquillement dans mon lit, éveillé depuis longtemps ne pensant nullement à mon ami, lorsque tout à coup les deux rideaux de mon lit se sont brusquement ouverts, et je vis, à deux pas de moi, le général V., debout, pâle, la main droite sur sa poitrine, me disant : « Il y a un enfer, et j'y suis! » et il disparut. Je suis venu vous trouver de suite. Ma tête part! Quelle chose étrange! Je ne sais qu'en penser! »

« Mon grand-père le calma comme il put, lui parlant d'hallucinations au réveil, de cauchemars, lui faisant ressortir qu'il y a bien des choses extraordinaires, inexplicables, etc. Puis le comte Orloff fut reconduit en voiture à son hôtel...

« Dix ou douze jours après cet étrange incident, un courrier de l'armée apportait à mon grand-père, entre autres nouvelles, celle de la mort du général V. Le matin même du jour où le comte Orloff l'avait vu et entendu, à la même heure où il lui était apparu, à Moscou, l'infortuné général, sorti pour reconnaître la position de l'ennemi, avait eu la poitrine traversée par un boulet et était tombé raide mort!... »

Le récit de Mgr de Ségur me rappelle une autre anecdote tenue pour parfaitement véridique et qui offre avec la précédente beaucoup de ressemblance. C'est par elle que je vais terminer :

Le marquis de Rambouillet, frère aîné de la duchesse de Montausier, et le marquis de Précy, aîné de la maison de Nantouillet, tous deux âgés de 25 à 30 ans, étaient intimes amis et allaient à la guerre comme y allaient au XVIIe siècle tous les jeunes gens de qualité.

Un jour qu'ils s'entretenaient des affaires de l'autre monde, après plusieurs discours qui témoignaient assez qu'ils n'étaient pas trop persuadés de tout ce qui s'en dit, ils se promirent, l'un à l'autre, que le premier qui mourrait en viendrait apporter des nouvelles à son camarade.

Au bout de trois mois, le marquis de Rambouillet partit pour la Flandre où il y avait alors la guerre, et Précy, arrêté par une grosse fièvre, demeura à Paris. Six semaines après, Précy entendit, sur les six heures du matin, tirer les rideaux de son lit, et se tournant pour voir qui c'était, aperçut le marquis de Rambouillet « en buffle et en bottes ».

Il sauta de son lit voulant aller se jeter à son cou pour lui témoigner la joie qu'il avait de son retour; mais Rambouillet reculant de quelques pas en arrière lui dit que les embrassades n'étaient, hélas! plus de saison, qu'il ne venait que pour s'acquitter, avec la permission de Dieu, de la parole qu'il lui avait donnée; qu'il avait été tué la veille dans telle circonstance, que tout ce que l'on disait de l'autre monde était bien réel, qu'il devait songer à vivre d'une autre manière et qu'il n'avait point de temps à perdre parce qu'il serait tué dans le premier combat où il se trouverait.

On ne saurait exprimer la pénible surprise du marquis de Précy. Ne pouvant se résoudre à croire ce qu'il entendait, il fit de nouveaux efforts pour embrasser son ami qu'il était tenté de soupçonner d'une macabre tromperie; mais il n'embrassa qu'une « fumée », et le marquis de Rambouillet, voyant combien son camarade persistait dans son incrédulité, lui montra l'endroit où il avait reçu le coup mortel : c'était dans les reins et le sang paraissait encore couler de la plaie.

Sur ce, il disparut, laissant Précy terrifié.

Revenu bientôt de sa stupeur, celui-ci appela son valet de chambre et réveilla en même temps toute la maison par ses cris. Plusieurs personnes accoururent; il leur raconta ce qui venait de se passer. Tout le monde attribua cette vision à la force de la fièvre « qui, sans doute, avait altéré son imagination », et on lui conseilla de se recoucher lui montrant que cela ne pouvait être qu'un mauvais rêve.

Le marquis de Précy protestait contre toute possibilité d'hallucination; mais il eut beau préciser les moindres circonstances de l'aventure, certifier qu'il était parfaitement éveillé quand il avait vu et entendu son ami, on refusa de prendre ses assertions au sérieux jusqu'au jour où la nouvelle de la mort du marquis de Rambouillet fut enfin apportée par la poste de Flandres.

Alors on constata la concordance extraordinaire qui existait entre les détails de la dépêche et ceux fournis par Précy sur la fin de son camarade, sur l'endroit de sa blessure, et il était impossible qu'il eût appris tout cela naturellement. Dans la suite le marquis de Précy s'étant trouvé, pendant la guerre de la Fronde, au combat du faubourg Saint-Antoine y fut tué (1652).

H. LOUATRON.

LA QUINZAINE A TILLY

Dans sa dernière vision qui a eu lieu le lundi de Pâques, Marie Martel a vu, comme je l'ai rapporté, Jeanne d'Arc. Je dois ajouter qu'elle a vu en plus l'Agneau, et qu'elle a entendu des voix lui dire que les plus grandes faveurs seront accordées là où se trouveront plus tard les marches de l'Autel principal.

Ces voix disaient également que pour obtenir des grâces il fallait surtout se servir de l'invocation « Reine du très Saint-Rosaire priez pour nous qui espérons tous en vous. »

La Voyante a entendu encore la promesse qu'elle reverrait la Basilique, mais seulement l'extérieur. « Il faudra regarder attentivement, » a dit la voix.

Si les visions sont plus rares au champ Lepetit il n'en n'est pas de même pour les grâces obtenues. Les guérisons sont fréquentes et nous pouvons en enregistrer quelques-unes, dont nous savons que les preuves ont été fournies à l'autorité ecclésiastique.

1° La guérison d'une personne atteinte d'une paralysie complète. Au moment où il n'y avait plus aucun espoir de la guérir, une amie présente à Tilly invoqué et prie la Vierge, immédiatement le mieux revient et la malade est guérie.

2° Un pauvre enfant condamné par les médecins, s'est trouvé, après un vœu qui a été fait à la Vierge, à Tilly, immédiatement hors de danger.

3° Une plaie déclarée incurable est guérie par l'application d'une médaille présentée au champ Lepetit et appliquée sur la plaie, en prononçant ces paroles adressées à la Vierge : « Comme preuve que c'est vous qui apparaissez à Tilly, guérissez-moi. »

4° Une pauvre femme, dont l'estomac était complètement rongé par un cancer, a été guérie par l'application du bois de l'Ormeau. La malade a ressenti au moment de cette application une commotion étrange. Tous les symptômes de la maladie cessèrent pour faire place à un bon appétit et une bonne digestion.

Le 1er mai, Marie se rendra à la place ordinaire de ses visions. Il en sera probablement de même tous les jours durant le mois de mai consacré à la Très Sainte Vierge.

Y.

A propos de Marie Martel

Monsieur le Rédacteur,

Je n'ai ni qualité, ni mission pour porter un jugement quelconque sur les faits étranges de Tilly, au sujet desquels les autorités ecclésiastiques compétentes se réservent le droit de se prononcer, quand elles estimeront le moment venu, si toutefois elles trouvent convenable de le faire.

Mais, comme il ne manque pas de gens toujours plus pressés que l'Eglise, — beaucoup plus sage qu'eux en pareille matière, — soit pour traiter ces faits de pure fumisterie, soit pour les envoyer... au diable, permettez-moi, sans prendre parti pour ou contre les visions tilliennes, de réfuter quelques objections courantes, non point sans doute d'une façon directe et absolue, mais par analogie, dans le but d'amener à plus de prudence le monde des critiques superficiels et trop peu réfléchis.

Le premier reproche fait aux apparitions de Tilly, c'est qu'il y en a trop; le second, c'est qu'elles sont trop variées; d'où l'on conclut qu'aucune d'elles ne saurait être ni sérieuse ni divine. Puis on évoque la Salette, Lourdes et Pontmain, ou tout s'est passé beaucoup plus rapidement.

Or, je trouve une sorte de réponse anticipée à ce reproche, comme à d'autres dont je parlerai par la suite, dans un acte épiscopal du prélat le moins suspect de crédulité en notre fin de siècle, aussi bien que le plus adulé des gouvernants de la troisième république : Mgr Guilbert, évêque de Gap, d'abord, puis d'Amiens, enfin archevêque de Bordeaux et cardinal.

Il s'agit de sa *Lettre pastorale* en date du 25 janvier 1872, visant l'introduction de la cause de béatification d'une humble bergère des Alpes du temps de Louis XIV, Benoîte Rencurel, née le 29 septembre 1647, morte en odeur de sainteté au Laus, le 28 décembre 1713, et que le pape Pie IX venait de proclamer *vénérable*, le 7 septembre 1871.

Dans cette *Lettre*, le prélat pourtant fort peu crédule, je le répète, signale les visions et apparitions diverses, dont cette vénérable sœur Benoîte — ainsi appelée parce qu'elle appartenait au Tiers-Ordre de Saint-Dominique — fut témoin *pendant cinquante-trois ans*, à partir du mois de mai 1664, époque où la jeune voyante allait atteindre sa dix-septième année.

En même temps, il rappelle la merveilleuse origine du sanctuaire de Notre-Dame du Laus, dans les Alpes, près Gap en Dauphiné, et la fondation providentielle de ce célèbre pèlerinage, qui fut, il y a deux siècles, aussi fécond en merveilles de toutes sortes, que Lourdes l'est de nos jours, quoi qu'en disent messieurs les adversaires du surnaturel.

Ces notions préliminaires une fois données pour l'intelligence des lecteurs de l'*Echo*, voici, sans commentaires, les passages frappants de la *Lettre pastorale*, où ils pourront voir comme moi la réponse à l'objection citée plus haut contre la multiplicité et la variété des apparitions de Tilly, ou du moins un engagement notoire à montrer plus de réserve à leur endroit :

« Au mois de mai, Benoîte, qui avait alors dix-sept ans, conduisait son troupeau sur la montagne de Saint-Maurice, lorsque le saint lui apparut sous la forme d'un vieillard vénérable et lui annonça qu'elle verrait bientôt, dans le vallon voisin, la mère de Dieu. Le lendemain, en effet, à l'endroit indiqué, la Vierge Marie se manifesta visiblement à l'humble bergère, et ce fut le commencement d'une série *d'apparitions qui se sont continuées, presque sans interruption, pendant plus de cinquante ans.*

« Elles furent *très fréquentes, quotidiennes*, dans la vallée de Saint-Etienne-d'Avençon, depuis le mois de mai jusqu'à la fin d'août de cette année. C'est là que Benoîte interrogea ce qu'elle appelait la belle Dame, et qu'elle en reçut cette réponse : « Je suis Marie, « mère de Jésus, mon très cher fils, qui veut que je sois « honorée dans cette paroisse, mais non en ce lieu-ci. »

« De l'autre côté de la Vance, sur la colline qui porte le nom du Laus, se trouvait un petit oratoire couvert de chaume, dédié à Notre-Dame de Bon-Rencontre : c'était le lieu choisi par la Reine du ciel, et notre bergère y était attendue...

« Si tous les sentiers de la montagne et de la vallée du Laus, si la pauvre demeure de la bergère furent souvent le théâtre de ses célestes apparitions, ce fut surtout dans le béni sanctuaire *qu'elles se multiplièrent à l'infini*, selon la promesse qui lui avait été faite : « *C'est là que vous me verrez souvent.* » En effet, pendant sa longue vie, Benoîte ne cessa d'être en rapport continuel avec *la Bonne Mère, dont elle recevait les communications les plus mystérieuses.*

« Et ce n'était pas seulement la Très Sainte Vierge ; mais *saint Joseph* et *plusieurs autres saints*, mais *les bons anges* venaient pour l'avertir, pour la consoler et l'encourager ; mais *le Sauveur lui-même* lui apparaissait... »

Pour copie conforme :

UN PETIT NORMAND.

Une Voyante sous la Terreur

I

La célèbre prophétie de Cazotte, recueillie par la Harpe, a été, est, et sera longtemps considérée comme apocryphe, malgré le mémoire justificatif de Deleuze, que l'*Echo du Merveilleux* rappelait dernièrement avec beaucoup de raison. Malheureusement, ici le siège est fait depuis longues années, et tout le monde connaît la ténacité des erreurs historiques : il faut s'y reprendre à plus d'une fois pour les déraciner.

Revenir sur la prédiction de Cazotte ne sera donc pas inutile. Des deux objections, l'une de fait et l'autre de principe qu'on oppose à cette prophétie, la première ne semble pas bien difficile à réfuter. La Harpe dit que la prédiction, « si elle avait eu lieu », ne serait pas un grand miracle parce que « ce miracle n'est nullement rare » ; toutefois, il assure qu'elle « n'est que supposée ». Voilà une affirmation précise comme l'a remarqué M. de Lavenem.

Mais il faut s'en rapporter à La Harpe? C'était de l'aveu commun, malgré tous ses titres officiels de professeur et d'académicien, une sorte de cuistre capable de bien des supercheries littéraires : Or, une des fraudes de plume les plus habituelles est le démarquage. En relisant son récit de la prédiction, La Harpe a pu s'apercevoir qu'elle était d'un effet saisissant, si bien que, charmé de ce petit morceau, il a pu aussi ne pas hésiter beaucoup à s'en attribuer le mérite, quitte à faire pénitence du péché. Il avait des repentirs commodes, après sa conversion. On conte là-dessus une jolie anecdote d'un grand dîner vers la fin duquel il disparut tout à coup : la maîtresse de la maison s'inquiéta, le chercha, et le découvrit dans un coin en train de battre sa coulpe pour tous les bons morceaux qu'il avait mangés. Mais il les avait mangés (Sainte-Beuve, *Causeries du lundi*, t. V.).

La seconde objection a plus d'importance que la

première : Ce n'est rien moins que l'idée encore très répandue qu'on ne saurait pénétrer l'avenir, préjugé sur lequel F. Sarcey insiste et appuie de tout son poids. Si à la pesanteur du bon Sarcey, trop matériel pour n'être pas matérialiste, on ajoute comme il convient celle de feu Renan (combien feu!) et de tous les autres fils de Homais qu'engendra Voltaire, ces esprits ventripotents ne feront pourtant pas pencher la balance. La lignée des prudhommes sceptiques ne représente en définitive que deux ou trois petites générations perdues dans la durée et l'immensité de l'histoire. Quoi qu'ils en aient, il faut bien tenir compte du *consensus* universel, qui témoigne en faveur de la seconde vue : on constate le fait, si on ne l'explique pas, notre science n'expliquant rien dès qu'elle aborde une question tant soit peu ardue.

Dans ces conditions, la chose ne peut se juger seulement d'après les répugnances transitoires d'une caste bornée; rien n'empêche de passer outre et d'y apporter un argument nouveau.

Cet argument, c'est que la prophétie de Cazotte peut être étayée de faits analogues, détaillés, constatés, et contemporains, entre autres celui qu'a rapporté en son temps le Dr Petetin.

Petetin, que M. de Rochas cite plusieurs fois à l'appui de ses propres expériences, était un médecin lyonnais instruit, prudent et sagace, qui a recueilli d'importantes observations sur la catalepsie hystérique dans son *Électricité animale*, ouvrage publié l'année même où mourut l'auteur, en 1808. Il avait constaté chez ses crisiaques presque tous les symptômes aujourd'hui connus, notamment ceux que vingt ans plus tard Deleuze résumait ainsi dans son *Instruction pratique sur le Magnétisme* : « Il se développe chez les somnambules des facultés dont nous sommes privés dans l'état de veille. Telles sont celles de voir sans le secours des yeux, d'entendre sans le secours des oreilles, de voir à distance, de lire dans la pensée, d'apprécier le temps avec une exactitude rigoureuse, et, ce qui est plus étonnant, celle de pressentir l'avenir (p. 315).

Suivant Petetin, ces phénomènes proviendraient d'une concentration anormale du fluide nerveux au cerveau et à l'épigastre, et le fluide nerveux ne serait autre que le fluide électrique. Pour établir cette identité (analogie, en tous cas), que nombre de savants admettent aujourd'hui, par exemple le Dr Fugairon, Petetin montrait que les corps bons ou mauvais conducteurs du fluide électrique étaient également bons ou mauvais conducteurs du fluide nerveux : il partait de là pour traiter ses maladies par l'électricité. Un peu plus, il aurait pu découvrir la polarité humaine, mais des idées préconçues l'en détournèrent. S'il employait l'électricité comme moyen curatif, il ordonnait aussi avec la plus grande confiance les bains à la glace, médication héroïque qu'il justifie par un curieux exemple de l'intuition, quasi miraculeuse qu'ont certains malades du remède qui doit les guérir.

Une jeune hospitalière d'une petite ville du Jura était hystérique. Un jour, après une crise très violente, « la sœur mit la tête entre les cuisses, s'enveloppa de son voile et fit tant de culbutes qu'on l'eût prise pour une boule, si des cris perçants et continus ne se fussent échappés de son sein. Comme elle roulait, une autre sœur ouvrit la porte de la salle; le ballon passant à côté d'elle, l'enfila avec la rapidité de l'éclair; il franchit quelques marches, traversa la terrasse, et se précipita de trois ou quatre pieds de hauteur, dans une rivière couverte d'un tapis de glace.

On n'a jamais su positivement quelle partie de la malade cassa la croûte transparente, mais le mouvement de rotation était si fort qu'il continua après le choc, et la sœur ne fut retirée de l'eau que par une contre-ouverture pratiquée au hasard, qu'elle saisit adroitement. » Elle continua tous les matins à se baigner dans la même rivière, malgré le froid, et fut « parfaitement » guérie (p. 215-217).

Pour faire connaître Petetin, et par la même occasion l'attitude impartiale de nombre de savants en pareilles matières, il y a un siècle, voici quelques-unes des expériences du docteur sur ce qu'il appelle le transport des sens à l'épigastre : il avait découvert que les crisiaques voient, entendent, etc., par l'épigastre ainsi que par le bout des doigts et des orteils. Une malade était au lit : « Je ne soulevai les couvertures qu'autant qu'il en fallait pour glisser une carte qu'enveloppait ma main, et la fixer sur l'estomac. Je vis sa physionomie changer; elle exprimait tout à la fois l'attention, l'étonnement et la douleur. *Quelle maladie ai-je donc? Je vois la dame de pique.* Je retirai aussitôt la carte, et la livrai à la curiosité des spectateurs; ils pâlirent en reconnaissant la dame de pique. Je plaçai une seconde carte avec les mêmes précautions... *C'est* dit-elle, *le dix de cœur*. Enfin une troisième. *Salut au roi de trèfle.* Je demandai aussitôt à la malade en lui parlant sur les doigts : Où avez-vous vu ces cartes? — Dans l'estomac. — Avez-vous distingué leurs couleurs? — Certainement; elles étaient lumineuses et m'ont paru plus grandes qu'elles ne le sont ordinairement; mais je vous prie de me donner un peu de relâche, cette manière de voir me fatigue beaucoup. » Petetin prouva qu'il n'y avait rien là de surnaturel, en plaçant sur l'estomac de la cataleptique un anneau enveloppé de soie, corps mauvais conducteur de l'électricité : l'anneau resta invisible pour le sujet dans cette enveloppe et devint visible la soie ôtée (p. 44-47).

D'autres expériences fort intéressantes eurent lieu avec une nouvelle malade et sous les yeux de plusieurs médecins. Petetin raconte ainsi la dernière (p. 191).

« Mon collègue abandonna la chaine, passa dans l'antichambre, mit quelque chose dans sa bouche, rentra, reprit la chaîne » (une chaîne de laiton faisant communiquer l'épigastre du sujet avec la bouche de l'interlocuteur, ce qui constituait un embryon de télégraphe ou de téléphone, comme on voit) — et au premier contact, Mme de Saint-P... fit un mouvement de la bouche, comme si elle savourait. — Ce chocolat est-il bon? Signe négatif. — Ce n'est donc pas du chocolat que vous goûtez? Signe approbatif. — Un caramel? Signe négatif. — Du biscuit? Négatif. — Du massepain? Grand signe approbatif. M. C... tira de sa poche l'autre moitié de massepain, dont il conservait quelque reste dans la bouche; il remercia Mme de Saint-P..., et obtint la permission de la visiter.

« Mon collègue, convaincu par ses propres expériences, du transport des sens à l'épigastre, au bout des doigts et des orteils, me déclara avec franchise que si elles eussent manqué, celles de MM. D... et J... ne lui auraient inspiré aucune confiance, tant ces prodiges sont au-dessus de la raison et des lois de l'économie animale. Ces messieurs firent le même aveu; et l'impression fut si forte chez *M. Dolomieu*, que sa santé en fut altérée au point qu'il garda la chambre toute la journée. »

Il n'était pas *nickelé*.

II

Petetin avait bien remarqué, dès l'abord, la double vue dont les hystériques faisaient preuve notamment pour connaître les maladies, leurs accès et leurs remèdes; mais quant aux péripéties de la vie courante, il avait été mis en méfiance par la description que donna une crisiaque d'une sorte de mariage imaginaire. C'était un simple jeu d'esprit, une fantaisie de malade, qui empêcha le docteur de prêter aux faits de clairvoyance l'attention qu'ils méritent : il eut néanmoins par la suite, l'occasion d'en observer quelques-uns, qui le firent revenir sur sa première impression.

Une jeune demoiselle, à l'âge de quatorze ans, éprouva des crises convulsives dont l'intensité allait parfois jusqu'à la lévitation. « La malade, assise, s'élève tout à coup à la hauteur de quatre pieds, pour tomber perpendiculairement, tantôt sur une bande de cheminée, tantôt sur une table, le gros orteil de l'un ou l'autre pied soutenant tout le corps dans une direction perpendiculaire; pour lors elle ne ressent aucune douleur, elle a toute sa connaissance (p. 129).

Elle se rétablit, puis au bout de quatre ans une rechute eut lieu, et Petetin fut appelé près de la malade; il ne la guérit qu'avec beaucoup de peine, car elle était très affectée de prévisions sur la guerre civile qui alors désolait Lyon, où elle habitait : c'était en 1795.

« Son état s'améliora sensiblement jusqu'au 29 mai », mais ce jour-là des troubles éclatèrent, Petetin dut prendre les armes, et la jeune fille eut l'intuition de ce qui se passait : « La malade, que je trouvai le lendemain dans son accès de catalepsie me reçut comme un revenant; elle me gronda de m'être si fort exposé » (p. 153). Cette clairvoyance se manifesta à plusieurs reprises, notamment au cours d'un accès plus violent ou plus long que les autres. Elle prédit alors les divers incidents du siège de Lyon, et cela d'une manière presque aussi détaillée que Cazotte l'avait fait pour l'ensemble de la Révolution française.

« Je regrette de n'avoir pas pris en note, dit Petetin, toutes les prédictions que la malade fit à son frère pendant la durée de cet accès, sur la journée sanglante qui devait avoir lieu le 29 septembre, sur la reddition de la ville le 7 octobre, l'entrée des troupes le 8, et les proscriptions sanglantes qui suivraient de près les affiches trompeuses dont on bercerait la crédulité des citoyens. *Dans le moment où je parle, que ne vois-tu, comme moi, l'orgie que le général et ses affiliés font au château de la Pape! Le feu qui consume l'arsenal et qui dévorera la plus grande partie du quartier d'Amai, les remplit d'une joie féroce.* Toutes ces prédictions se sont accomplies à la lettre; mais j'avoue que le rêve de ma première cataleptique me les fit rejeter, quoiqu'au fond, le reproche que celle-ci m'adressa pour m'être exposé à la journée du 29 mai me donnât les plus noirs pressentiments » (p. 162-163).

Ainsi, voilà une jeune fille qui montre une clairvoyance bien attestée et comparable à celle de Cazotte lui-même, toute proportion gardée quant au nombre et à l'importance des événements. Il serait étrange, en effet, qu'un cataclysme aussi formidable que la Révolution n'eût suscité aucun prophète. C'est surtout dans de pareilles crises que les esprits s'exaltent.

Cazotte encore (ce renseignement ne vient pas de La Harpe) annonça la date de sa condamnation et laissa une correspondance « où brille », dit l'abbé Migne dans son Dictionnaire des sciences occultes, « un certain esprit prophétique inexplicable ». Cette correspondance fut publiée dans le Bulletin du Tribunal révolutionnaire, et réimprimée l'an VI, en 1798. Si Cazotte prédit sa mort, Saint-Martin prédit son salut, à la même époque, et ils ne se trompèrent ni l'un ni l'autre.

Une des sœurs de Chateaubriand, la charmante et malheureuse Lucile, l'Amélie de René, eut le pressentiment de l'une des journées révolutionnaires les plus funestes. « De la concentration de l'âme naissaient chez ma sœur, dit le grand écrivain dans ses Mémoires d'outre-tombe, des effets d'esprit extraordinaires; endormie, elle avait des songes prophétiques; éveillée, elle semblait lire dans l'avenir. » Assise à minuit en face d'une horloge du château de Combourg, elle « entendait des bruits qui lui révélaient des trépas lointains. Se trouvant à Paris quelques jours avant le 10 août..... elle jette les yeux sur une glace, pousse un cri et dit : je viens de voir entrer la mort. »

De même que Lucile voyant le 10 août dans une glace, Marie-Antoinette vit son supplice dans une carafe que lui présenta Cagliostro, paraît-il, et un certain chevalier de Jaucour vit l'annonce de la Révolution dans une tapisserie. Il existait alors une prophétesse périgourdine, Mlle Suzette de la Brousse, qui « avait prédit en 1779 à Dom Gerle qu'il serait député en 1789 », rapportent les frères de Goncourt, et qui mandait à l'Assemblée nationale, en 1790, par la plume d'un prêtre nommé Drevet, que si l'on refusait d'employer les moyens qu'elle indiquerait, il en coûterait à notre nation *la plus terrible saignée.* » (*Histoire de la Société française pendant la Révolution*, p. 140.)

En réalité, la Révolution fut environnée de mysticisme, faits et théorie. Dans son étude sur *Saint-Martin et son maître Martinez Pasqualis*, Franck énumère les sociétés occultes du temps avec une amusante préciosité, par où l'on voit qu'il s'est donné beaucoup de peine pour mal écrire, mais ce genre de mérite n'ôte rien à la vérité du tableau. « On distinguait l'école de Lyon, fondée et gouvernée par Cagliostro, celle d'Avignon, qui fut plus tard transportée à Rome; celle de Zurich, suspendue aux lèvres éloquentes de Lavater; celle de Copenhague ou du Nord, qui ne jurait que par le nom de Swendenborg; celle de Strasbourg, uniquement nourrie des écrits de Jacob Bœhm; celle de Bordeaux, attentive aux oracles de Martinez Pasqualis; celle des Philalèthes de Paris qui, cherchant sa voie entre Martinez et Swendenborg, empruntait également ses inspirations à l'un et à l'autre. Au sein même de la Terreur, était venue éclater l'aventure de dom Gerle et de Catherine Théot: le mysticisme avait tissé sa toile autour de l'échafaud, et, quelques années auparavant, le mesmérisme donnait le vertige à toute la France » (p. 9 et 10).

Durant les guerres de l'Empire, au milieu de commotions non moins terribles que celles des années précédentes, les militaires eux-mêmes n'échappèrent pas à la poussée d'alors vers le merveilleux : ni les pressentiments, ni les prémonitions, ni les visions, ni les avertissements télépathiques ne leur manquèrent. Sans parler du général Lassalle qui eut la prévision de sa mort avant Wagram, de même que Cervoni avant Eckmühl, ni du père de V. Hugo qui entendit à une distance impossible le bruit d'une fusillade mettant son frère en danger, ni de Napoléon averti de sa fin prochaine par l'apparition de Joséphine, le général de Pelleport, le général Thiébault, le général Marbot, le comte Miot de Mélito, et bien d'autres, nous ont laissé dans leurs mémoires une foule de matériaux, une vraie mine de documents pour l'histoire de ce qu'on pourrait appeler *le Surnaturel à la grande armée.*

L.

CHEZ LA VOYANTE

J'imagine que notre Oncle commence à croire au Merveilleux. Comment expliquer d'autre manière qu'il en parle si souvent? Un des derniers « grains de bon sens » était encore consacré à votre serviteur. Je l'avoue sans honte, l'attaque était, cette fois, infiniment plus habile que les précédentes. Francisque Sarcey affirmait brutalement que j'avais lâché — le mot y était — l' « Ange de » Mlle Couédon. Tout d'abord, je n'ai pas trouvé cela très malin. Ça l'était pourtant, vous allez voir pourquoi.

Ma première impression en lisant l'article du *Figaro* avait été celle-ci :

« Je ne répondrai pas à cette accusation. Elle ne « tient pas debout. Tous ceux qui s'intéressent aux « prédictions de Mlle Couédon savent très bien que je « ne peux pas *lâcher* l' « Ange » puisque je n'ai jamais « dit que je croyais à l' « Ange ». Ils savent que de- « puis ma première brochure jusqu'au dernier numéro « de l'*Écho*, j'ai toujours considéré en simple observa- « teur, les manifestations curieuses de la rue de Pa- « radis. Mon rôle s'est borné, d'une part, à enre- « gistrer des opinions contradictoires sur la Voyante « et sur l'influence qui la domine; d'autre part, à « noter aussi exactement que possible les prédictions « et les faits qui s'y rattachaient. Je n'ai jamais « donné, ni même laissé pressentir mon idée de der- « rière la tête sur l'entité que Mlle Couédon affirme « être l' « Ange Gabriel » — et cela pour une bonne « raison, c'est que je n'en ai pas et n'en ai jamais

« eue. Dans ces conditions, prétendre que je *lâche* « l' « Ange » de Mlle Couédon, c'est une absurdité. A « quoi bon répondre à une absurdité ?

Eh ! bien, c'est moi qui étais absurde. Triomphez, mon Oncle ! J'aurais dû mieux connaître la psychologie du public qui juge les choses en gros. Pour le public, du moment que je constatais que l'une des prédictions de la Voyante menaçait de ne point se réaliser, c'était que j'abandonnais la Voyante. Le public est ainsi fait. Il ne faut pas lui changer ses habitudes. On a toujours tort quand on va contre l'idée qu'il s'est fait de vous.

Sarcey, lui, qui la connaît dans les coins, avait escompté cet état d'âme des lecteurs. Volontairement, il a écrit, en employant le mot *lâcher*, une chose qu'il savait inexacte, en se disant : « Mon gaillard, tu m'as fait toucher les épaules dans nos dernières discussions. A mon tour ! »

Encore une fois, c'était bien calculé.

Voici, en effet, ce qui s'est passé.

Chez Mlle Couédon, on ne lit pas le *Figaro* et l'article de Sarcey y est resté ignoré jusqu'à jeudi dernier. Seulement, une foule de lettres étaient arrivées, commentant, d'après Sarcey, ma nouvelle attitude. Si bien que, le 21 avril, lorsque les personnes que j'avais priées de me remplacer à la séance arrivèrent, « l'Ange » resta muet.

Le jeudi suivant, c'est-à-dire jeudi dernier, je me rendis moi-même à la séance. A peine étais-je arrivé que l' « Ange » cessa encore de parler. Il n'y avait pas d'erreur : ma présence était la cause de ce silence. Je demandai des explications. Et c'est alors que je compris la véritable portée de l'article de Sarcey.

La Voyante m'avoua le chagrin que lui avaient causé les lettres reçues. Dans l'ignorance de cet article, elle les supposait de très bonne foi inspirées uniquement par mes dernières réflexions dans l'*Echo* : et je lui en veux un peu de cette supposition, car Mlle Couédon sait bien que la parfaite indépendance et l'impartialité avec lesquelles je parle de ses prédictions sont les gages même de l'intérêt que le public y prend.

Mlle Couédon sembla me reprocher également de noter avec trop de souci les incorrections de langage de « l'Ange ». Avec un peu de réflexion, Mlle Couédon aurait compris que ces incorrections mêmes pourraient être une des preuves les plus curieuses de la présence en elle d'une influence étrangère à sa volonté. Je m'expliquerai là-dessus quand on le désirera.

Maintenant, l'incident est clos. Et, je l'espère, malgré les manœuvres de notre Oncle, le prochain numéro de l'*Echo* contiendra, comme à l'ordinaire, les comptes rendus des séances du jeudi. G. M.

ÇA ET LA

Une nouvelle maison hantée. — C'est à Tours, cette fois, que les faits suivants viennent, paraît-il, de se produire.

Voici ce que publie *l'Union libérale de Tours* :

« L'immeuble portant le numéro 34 de la rue Etienne-Marcel est le théâtre d'étranges phénomènes.

« Le brave menuisier qui l'habite se demande comment cela va finir, car, depuis lundi dernier, c'est, dans sa maison, une sarabande infernale des malins esprits qui agissent surtout la nuit.

« Veut-il se coucher? Crac, ses draps s'enlèvent comme par miracle !

« Veut-il allumer sa bougie pour se rendre compte de ces extraordinaires facéties? Impossible, les lumières s'éteignent comme par enchantement.

« Et avec cela, le lit, les armoires, les tables, les chaises, tout, en un mot, prend part à la petite fête nocturne, et les craquements sinistres se succèdent avec une rapidité vertigineuse.

« Des voisins incrédules ont voulu se rendre compte *de visu*, et ils ont confirmé les récits des locataires !

« Les langues vont leur train dans le quartier, les contes de fées sont surpassés...

« Voilà une excellente occasion pour tous ceux qui, à Tours (et ils sont nombreux), pratiquent les sciences occultes, de se rendre compte par eux-mêmes de ces étranges et bizarres phénomènes. »

*
* *

Apparitions à New-York. — Nous donnons sous toutes réserves le récit ci-dessous paru, à la date du 29 mars, dans différentes feuilles de New-York, relatant l'apparition dont aurait été témoin le R. P. Thibault dans une église du quartier de Syracuse :

« Le R. P. Clovis Thibault, de la paroisse catholique de Saint-Joseph, dit que l'Enfant-Jésus lui est apparu dans son église. Les prières des Quarante Heures ont eu lieu au commencement de la semaine dernière dans cette église. Or, dans l'après-midi de lundi, pendant qu'elle priait devant le maître-autel, Mme Harvey, qui tient la maison du R. P. Thibault, aperçut, dit-elle, l'Enfant-Jésus, les mains élevées et la figure tournée vers le Saint-Sacrement, qui était exposé sur le Tabernacle. Il portait une boule blanche dans sa main gauche.

« Mme Harvey avertit le prêtre, qui fut aussi témoin de ce spectacle surnaturel.

« L'apparition fut vue également par plusieurs autres personnes présentes. Depuis ce jour, des milliers de personnes visitent l'église, dans l'espoir de voir l'apparition. »

*
* *

Campocavallo à Lourdes. — De M. le comte de P... :

« Des phénomènes étranges se passent, depuis septembre dernier, au couvent des Passionnistines de Lourdes, sis à l'extrémité de la ville, sur la route de Bagnères, à une demi-heure de la Grotte. Ce couvent, de date récente, et dont l'ordre fondé par Saint-Paul-de-la-Croix a peu de couvents en France, a eu l'idée de faire exécuter en pierre ou stuc de grandeur naturelle la représentation de la Vierge de Campocavallo. On sait que la Vierge de ce tableau pleure, remue les yeux, etc , et est devenue un pèlerinage célèbre sous le nom de Notre-Dame-des-Sept-Douleurs. La Vierge tient son Fils, descendu de la croix, sur ses genoux. Or, à Lourdes, ce n'est plus un tableau, mais un groupe. En septembre et en octobre, Notre-Seigneur a été vu avec des larmes dans les yeux; ces derniers remuaient, la poitrine était haletante, et la Vierge pleurait aussi.

« Parfois les yeux du Christ sont très clairs, parfois ternes, et le sang coule autour du front. A d'autres moments, sa figure est rayonnante, et le corps livide se recouvre de sueur. Aux endroits essuyés ou frottés avec des linges, le corps prend le ton de chair vive, et bien des personnes en ont été témoins. La bouche de la Sainte Vierge s'est entr'ouverte, et elle pleure abondamment comme à Campocavallo. Les yeux remuent comme ceux de Notre-Seigneur, et les paupières se relèvent ou s'inclinent.

« Comme la curiosité publique devenait trop grande, la Sœur supérieure eut l'idée de faire poser une grille devant le groupe pour qu'on n'y pût toucher; mais les ouvriers, en la plaçant, furent tout surpris des changements qui s'étaient opérés dans les statues, et particulièrement de l'ouverture de la bouche.

« Les pères de la Grotte, les prêtres de Lourdes, Mgr de Tarbes, interrogés à ce sujet, ont recommandé de faire, si possible, le silence sur ces manifestations, dont je parle d'après un témoin oculaire. »

***

Pour Mme de Thèbes. — Un de nos lecteurs, à qui la chiromancie n'est cependant pas étrangère, nous écrit qu'il a dans les mains une ligne qu'il n'a retrouvée dans aucune autre, malgré ses recherches.

« Cette ligne « supplémentaire », nous dit-il, est courte, mais très nette, aussi nette que les lignes de cœur et de tête, et se trouve entre ces deux dernières.

« J'ai plusieurs fois demandé des explications à des gens ayant une certaine habitude de la chiromancie, mais sans succès. Je serais curieux de savoir ce que signifie cette ligne, qui se trouve dans la main droite comme dans la gauche. »

Que notre correspondant aille voir Mme de Thèbes, nul doute qu'il n'obtienne l'explication de cette anomalie.

***

Les superstitions en Tarn-et-Garonne. — M. le chanoine Henry Calhiat, de la Société archéologique de Tarn-et-Garonne, au cours d'un travail récent, fait revivre les superstitions qui eurent cours dans ce département.

L'auteur fait connaître le rôle bien connu des nécromanciens, que joue encore le « cœur de bœuf dardé de pointes et cuit à sec dans une marmite ». Quand le cœur éclatait, on était guéri ou sauvé.

M. Calhiat esquisse aussi la physionomie de plusieurs sorcières, qui passaient pour avoir des remèdes contre les maladies, les sortilèges et les maléfices. Consultées par les paysans, elles ordonnaient tour à tour à leurs clients des pains bénits, des messes et même des communions. Quelques-unes n'exigeaient rien pour leurs honoraires, mais recevaient volontiers des cadeaux; d'autres avaient leur tarif, qu'il fallait respecter scrupuleusement.

***

Le suicide d'un cheval. — Le suicide d'un cheval qui se jette dans la Seine, comme un désespéré de la vie, est un « fait-divers » peu banal.

Cet événement s'est produit au Pont-Royal, à Paris.

Le cheval en question était attelé à un omnibus de la ligne de la Porte-Saint-Martin à Grenelle. Il tirait péniblement dans la direction de la rive gauche le lourd véhicule, — qui se trouvait au grand complet, — sur la pente assez raide du Pont-Royal. Il était onze heures environ.

Soudain, la pauvre bête, qui était sujette, nous a-t-on dit, à des attaques d'épilepsie fréquentes, s'abattit sur la chaussée.

Le cocher et le conducteur s'empressèrent de la dételer aussitôt. Ils la relevèrent à grand'peine. Mais la crise ne passait point.

Pour essayer de la calmer, le cocher se mit à la promener sur le pont.

Après quelques pas, l'animal s'échappa tout à coup des mains de son gardien, et avant qu'on ait pu y mettre obstacle, il enjambait le parapet du pont et se précipitait dans la Seine.

De nombreux passants, témoins de l'incident, virent alors l'infortuné cheval lutter en nageant contre le courant qui l'entraînait, puis disparaître sous l'eau.

Voici pour les savants, pour les observateurs, un sujet d'études. Les animaux se suicident-ils? Il y a une légende qui veut que le scorpion, quand il se sent en péril, retourne son venin contre lui-même et se tue. Mais la chose n'a pas été prouvée; au contraire même, on l'a démentie. Le cheval du Pont-Royal aurait-il été seulement victime d'un écart trop brusque, d'un saut trop violent? C'est possible. Mais il y aura des gens qui, se basant sur l'intelligence des animaux, soutiendront que la pauvre bête, lasse du métier qu'on lui faisait accomplir dans ce Paris qu'on a appelé « l'enfer des chevaux », a réellement voulu se soustraire à une vie pénible, et que c'est bien volontairement qu'elle s'est précipitée dans la Seine.

***

Un sourcier. — Il existe, paraît-il, dans les Basses-Pyrénées, un prêtre qui est d'une grande habileté dans l'art de découvrir les sources.

On le mande de très loin, et il est rare qu'il ne trouve pas l'eau demandée. Il vient même de trouver tout dernièrement une source de pétrole.

***

La Vierge aux canons. — Le fait ci-dessous remonte à la guerre de 1855 entre Russes et Turcs, en Asie-Mineure. 9.000 Russes se battaient désespérément contre 35.000 Turcs, et l'anéantissement de la petite armée russe paraissait certain, lorsque tout à coup, toute l'armée turque prit la fuite de la façon la plus incompréhensible. Les Russes prirent 24 canons et firent un grand nombre de prisonniers. Lorsqu'on demanda à ceux-ci pourquoi les Turcs avaient fui si subitement, ils répondirent unanimement qu'au-dessus des batteries russes planait une Vierge tout en blanc et dominée par une croix éclatante de lumière, et qu'il n'y avait pas à résister dans ces conditions.

Des soldats russes, prisonniers dans le camp turc, avaient également été témoins du phénomène. On a voulu expliquer l'apparition par les formes singulières qu'affecte parfois la fumée des canons, et la croix par un phénomène météorologique, une parhélie ou un faux soleil, mais sans pouvoir arriver à une explication satisfaisante.

***

Rêve révélateur. — Un filon d'or extrêmement important a été découvert près de Golden, dans le Denver, grâce à un songe qui s'est présenté trois fois depuis vingt et un ans, à M. J.-T. Carey, et ce n'est qu'après le troisième rêve qu'il quitta Rockford, dans l'Illinois, pour venir dans le Colorado. Dans chacun de ces rêves, il voyait une vieille gouvernante indienne qui l'avait beaucoup aimé et qui venait lui indiquer l'Ouest et lui donner, penchée sur son oreiller, toutes les indications pour trouver de l'or, beaucoup d'or.

Il vint donc à Denver en droite ligne, et de là à Golden avec la résolution de chercher de l'or à l'embouchure d'Indian Creek. Les fermiers de Golden voulurent le détourner de son projet, qu'ils considéraient comme une folie. Il persista et, grâce aux indications précises reçues dans son rêve, il vint droit à l'endroit qui lui avait été désigné. Là il creusa et trouva, en effet, beaucoup d'or. A treize pieds de profondeur, le minerai du filon fournit 66,96 d'or et 22,17 d'argent. La mine est actuellement patentée et va être exploitée en grand par M. Carey et ses deux cousins.

Ce fait, nous assure-t-on, est authentique.

GASTON GROSNIER.

Thomas Martin de Gallardon

(Suite)

En remettant Martin entre les mains du Directeur de l'hospice, M. André le lui recommanda comme un homme droit, religieux et digne de tout intérêt. Dès le 15 mars, Martin écrivit la lettre suivante à son frère.

« 15 mars 1816, Maison Royale de Charenton.

« Mon frère, je t'écris cette lettre pour te faire savoir que je suis toujours en bonne santé ; je souhaite que la présente vous trouve tous de même. Je te dirai que je suis à l'hospice de Charenton depuis le 13 du mois. Je te prie de faire aller l'ouvrage. Je te dirai que je ne prends aucun chagrin, mais je sais que ma femme est dans un grand chagrin, pour moi je mets tout à la volonté de Dieu. Je te dirai que je serois content si je pouvois voir quelqu'un de mes parents. On croit que c'est par fantaisie que je tiens toujours le même langage. Tu me connois bien, puisque nous avons toujours été ensemble, je te dirai que je suis toujours le même. Je prendrai toujours les remèdes qu'on me fera prendre, mais tout cela sera inutile, parce que je suis toujours bien comme je suis, et que cela ne venoit pas de moi : mais la chose m'est bien recommandée, tant que ma commission ne sera pas faite, je ne serai pas tranquille. »

Durant tout le temps qu'il fut à Charenton Martin ne présenta aucun symptôme de maladie ; il avoit été envoyé à la maison de santé (porte une relation) par le Ministre, d'après un certificat qui le déclaroit *atteint d'une maladie intermittente avec hallucination de sens* (1). Peu après son arrivée, selon la même relation, « l'impression pénible que sa reclusion avoit d'abord produite en lui, paraissoit entièrement dissipée (et la lettre précédente en fait également foi). Il répondit, avec beaucoup de bon sens, d'assurance et de simplicité aux questions qu'on lui fit touchant les motifs qui avoient pu occasionner les mesures qu'on avoit prises à son égard. »

1. Les imbéciles, que veulent-ils dire avec leur hallucination de sens.

Le même jour, vendredi 15 mars au matin, comme il étoit occupé à lier les cordons de ses souliers dans sa chambre, l'Archange lui apparut et lui dit : « Que puisqu'on le traitoit de cette manière, il ne reviendroit plus le visiter et il ajouta : « Qu'on fasse examiner la chose par les docteurs en Théologie si on doute de sa possibilité ? L'on verra (en suite) si elle est réelle ou non, et si l'on n'en veut rien croire, ce qui est prédit arrivera. » Il dit à Martin en finissant : « Mettez votre confiance en Dieu, il ne vous arrivera aucun mal ; je vous donne la paix ; n'ayez nul chagrin, ni inquiétude. »

Il est à remarquer, est-il dit dans une relation, qu'à plusieurs reprises (c'est-à-dire à l'hospice comme à Gallardon), l'Ange se servit de tournures de phrases et d'expressions qui n'étoient pas intelligibles pour Martin. C'est ainsi qu'il fut dans le cas de demander à M. Le Gros, surveillant de la Maison de santé à Charenton, ce que c'étoit que docteur en Théologie, expression dont l'Ange s'étoit servi dans la dernière apparition.

Quelques jours après, le 15 mars, le frère de Martin vint à Charenton. Cet homme qui, à en juger par ses discours, paroît avoir beaucoup de bon sens et de droiture, dit qu'on avoit toujours observé chez Martin un caractère extrêmement doux et modéré, qu'on n'avoit jamais remarqué en lui d'idées exaltées sur quelque point que ce fût, qu'il avoit toujours mené une conduite irréprochable et basée sur des sentiments religieux bien entendus et dégagés de tout fanatisme et superstition, que les révolutions, de quelque nature qu'elles eussent été, n'avoient jamais produit sur son esprit une impression remarquable, qu'il avoit toujours joui d'une bonne santé au physique comme au moral, que personne de la famille n'avoit eu de maladie d'esprit. Il ajouta que lui-même étant avec son frère à labourer, il vit ce dernier s'arrêter (un jour) dans l'attitude d'un homme qui écoute, il voulut (alors) s'arrêter, mais il fut obligé de courir après son cheval qui continua à marcher malgré lui. Son frère lui fit part de ce qui s'étoit passé.

(A suivre.)

A TRAVERS LES REVUES

LA REVUE SCIENTIFIQUE ET MORALE DU SPIRITISME (avril) conte le cas suivant d'extériorisation du *double* humain où l'empereur Frédéric fut acteur et le poète Gœthe témoin :

Gœthe se promenait un soir d'été pluvieux avec son ami K..., revenant avec lui du Belvédère à Weimar,

Tout à coup le poète s'arrête, comme devant une apparition et allait lui parler. — K... ne se doutait de rien et ne voyait absolument rien. — Soudainement, Gœthe. s'écria : « Mon Dieu ! si je n'étais sûr que mon « ami Frédéric est en ce moment à Francfort, je jure- « rais que c'est lui »!... Ensuite il poussa un formidable éclat de rire : — « Mais c'est bien lui... mon ami « Frédéric!... Toi ici, à Weimar?... Mais au nom de « Dieu, mon cher, comme te voilà fait... habillé de ma « robe de chambre... avec mon bonnet de nuit... avec « mes pantoufles aux pieds... ici, sur la grande « route?... » K..., comme je viens de le dire plus haut, ne voyait absolument rien de tout ceci, et s'épouvanta, croyant le poète atteint subitement de folie. Mais Gœthe, préoccupé seulement de sa vision, s'écria en étendant les bras : « Frédéric! où as-tu « passé... grand Dieu?... mon cher K. n'avez-vous pas « remarqué où a passé la personne que nous venons « de rencontrer? » — K... stupéfait, ne répondait rien. Alors le poète, tournant la tête de tous les côtés, s'écria d'un air rêveur : « Oui! je comprends... « c'est une vision... cependant quelle peut être la « signification de tout cela?... mon ami serait-il mort « subitement?... serait-ce donc son esprit?... » Là-dessus, Gœthe rentra chez lui, et trouva Frédéric chez lui... Les cheveux se dressèrent sur sa tête : « Arrière fantôme! » s'écria-t-il en reculant, pâle comme un mort. « Mais, mon cher, est-ce là l'accueil « que tu fais à ton plus fidèle ami?... » — « Ah! cette « fois » s'écria le poète riant et pleurant à la fois, « ce « n'est pas un esprit, c'est un être de chair et d'os », et les deux amis s'embrassèrent avec effusion. — Frédéric était arrivé au logis de Gœthe trempé par la pluie et s'était revêtu de vêtements secs du poète; ensuite il s'était endormi dans son fauteuil et avait rêvé qu'il allait à la rencontre de Gœthe et que celui-ci l'avait interpellé avec ces paroles : « Toi ici à « Weimar?... quoi?... avec ma robe de chambre... « mon bonnet de nuit... et mes pantoufles, sur la « grande route?... — de ce jour le grand poète crut « en une autre vie après la vie terrestre. »

Le Progrès Spirite du 5 avril publie une intéressante étude de M. Marius Decrespe intitulée *Religion et Paganisme*. M. Amédée Thabourin signale une manifestation d'esprit accomplie en exécution d'une promesse :

Je viens vous signaler une promesse faite par la grand'mère de ma femme, de revenir après sa mort, si elle pouvait, promesse faite bien des fois en ma présence, et cela une année avant sa désincarnation. Le 15 juillet 1887, la pauvre femme mourait à l'âge de soixante-dix-neuf ans. Un mois après, elle tenait la promesse qu'elle avait faite.

Une nuit, ma femme et sa mère furent éveillées par un bruit insolite partant du grenier. « Ce sont des chats, dirent-elles, qui se sont introduits dans le grenier. » Au même instant, comme pour leur prouver qu'elles se trompaient, et aussi pour bien fixer leur attention, de forts grattements partant du parquet leur firent comprendre que la morte tenait la promesse qu'elle avait faite. Les nuits suivantes, des pas pesants se faisaient entendre dans l'escalier, et quelqu'un semblait geindre en s'affaissant lourdement sur le palier. Cela se renouvela pendant plusieurs nuits, et il est à noter que la maison n'était habitée que par la famille.

Enfin, pour terminer les manifestations de l'Esprit, un frôlement, accompagnée de fortes pressions, se produisit à plusieurs reprises, vers minuit, dans leur lit et sur leurs pieds.

Après quelques prières dites pour la morte, toutes manifestations cessèrent; elles ne se reproduisirent que l'année suivante sur sa tombe.

Dans la Revue spirite d'avril, M. Joseph de Kronhelm consacre un article au célèbre médium écossais *David Duguid*; nous en détachons les passages suivants :

... David Duguid, de Glascow exerçait la profession de menuisier et son éducation fut celle d'un simple ouvrier; il n'avait appris ni le dessin ni la peinture, avant que le don médianimique se révélât en lui. En 1865, assistant à des séances de spirites chez M. Whitteker, artiste-peintre à Glasgow, il s'exerça à devenir écrivain, obtint sur une feuille le dessin assez grossièrement exécuté d'un vase de fleurs sous un arc de triomphe antique. Dans une séance ultérieure, il dessina de la main gauche, avec de la craie de couleurs variées, une corbeille de fleurs puis quelques figures.

Il essaya de peindre avec des couleurs à l'eau, exécutant le tout en état somnambulique; l'esprit qui s'était emparé de son être disait avoir été, sur la terre, un peintre hollandais, promettant de se faire connaître par l'exécution médianimique de l'une de ses œuvres. Peu après, Duguid peignit avec des couleurs à l'huile, un paysage avec rochers, ermitage, fortins en ruines et chute d'eau. Cette composition était signée J. R. Plus tard, on découvrit que c'était la copie d'un tableau de Ruysdaël, célèbre peintre de l'école hollandaise.

A son réveil, le médium décrivit la physionomie de l'esprit qui lui était apparu, ainsi que le costume, lequel était en rapport avec l'époque; lorsqu'on lui fit voir le portrait de Ruysdaël, sans le lui nommer, il reconnut immédiatement celui de l'esprit peintre qui lui était apparu.

Plus tard Duguid eut l'assistance de l'esprit du célèbre artiste Jean Steen. Assisté par ces deux esprits, David Duguid peignit plusieurs tableaux de diverses dimensions; chaque fois il y avait progrès réel. Ces œuvres furent jugées d'une bonne exécution par tous les connaisseurs; elles avaient le cachet caractéristique de l'école hollandaise.

Depuis 1869, David Duguid, pour convaincre les incrédules a peint des tableaux miniatures, il les distribua gratuitement aux visiteurs, car ils ne pouvaient être vendus; il suivait le conseil donné par les esprits.

On tint dès lors des séances obscures, et c'est ainsi que le médium en état somnambulique (transe) peignit en quelques minutes les tableaux miniatures dont il vient d'être fait mention.

A part ces tableaux, Duguid obtint aussi de l'écriture directe en différentes langues inconnues du médium ; du grec, de l'hébreu, du latin, du russe, du polonais, etc. Pour convaincre les visiteurs de la réalité du phénomène, on imagina de préparer, pour la peinture à l'huile, de simples cartons desquels les assistants déchiraient un coin ; on mettait la palette, les couleurs et les pinceaux près du médium, et après la séance les visiteurs s'assuraient que les coins conservés s'adaptaient exactement aux cartons. Une supercherie était tout à fait impossible...

... D'autres phénomènes se produisirent encore par ce médium remarquable, tels que coups, transports d'objets, mouvements à distance du médium de tables, chaises, corbeilles, etc., etc. Depuis 1871, David Duguid a été souvent soulevé avec sa chaise à une assez grande hauteur ; il a aussi été recouvert par d'autres vêtements, pendant qu'il était lié sur une chaise, ses vêtements personnels sous les liens, sans que ceux-ci fussent défaits. Pendant ces séances d'expérimentation à effets physiques, on observait des lumières très brillantes, qui montaient et descendaient dans l'appartement. On obtint aussi des attouchements de mains. En un mot, c'est un des médiums les plus remarquables de notre époque. Il a été étudié par plusieurs savants anglais, entre autres le Dr Sexton, qui ont publié le récit des faits observés et rendu témoignage de son extraordinaire médiumnité...

R. D.

LES LIVRES

Souvenirs d'un abbé journaliste, par l'abbé P. Fesch (Flammarion, 26, rue Racine, éditeur).

Voici un livre qui sort de l'ordinaire. Jusqu'ici on avait pu lire les mémoires de généraux ou de soldats, d'hommes de lettres ou d'artistes ; mais jamais encore d'abbé journaliste.

C'est une chose vraiment curieuse que cette entrée du du prêtre non seulement dans la vie moderne, mais dans ces milieux particuliers, un peu fermés, qui sont les salles de rédactions.

On trouvera dans ces pages écrites d'une plume alerte, dans une langue très primesautière des tableaux animés, des idées qui ne manqueront pas de soulever d'ardentes discussions.

***

Spiritualisme et Spiritisme, par le Dr Georges Surbled (Téqui, 29, rue de Tournon, éditeur).

La question du *spiritualisme* est d'actualité. C'est pourquoi M. le Dr Surbled, bien connu par ses travaux de psycho-physiologie, a fait une œuvre opportune en lui consacrant tout un livre. Qu'est-ce que le *spiritualisme*? Comment le dédain dont il était autrefois victime a-t-il fait place à une faveur croissante, à une victoire incontestée? Comment l'esprit est-il envisagé par la philosophie, par la science, par les savants même libre-penseurs de l'école de médecine? Toutes ces questions sont abordées et résolues dans une série de chapitres aussi clairs que savants.

M. le Dr Surbled n'est point tendre pour les auteurs qui ont tenté de confondre le spiritualisme et le spiritisme. Il établit les différences essentielles qui séparent les deux doctrines, en des pages empreintes de la conviction la plus ardente.

Livre intéressant, qui suscitera sûrement des approbations et des colères.

***

Voici deux livres bien curieux : **Traité de la pierre philosophale** de saint Thomas d'Aquin, traduit du latin pour la première fois, et la **Théosophia practica** de Gichtel, traduite également en français pour la première fois (Bibliothèque Rosicrucienne, Chamuel, 5, rue de Savoie).

Nous devons à l'érudition infatigable de M. René Philipon de voir ces deux ouvrages de valeur tirés de l'oubli.

***

Chants du Tabernacle. Vingt-cinq cantiques à la Sainte-Eucharistie. Solos et chœurs à deux voix avec accompagnement d'orgue. Un beau vol. in-8° : 3 fr. 75, chez l'auteur, M. l'abbé Poulet, curé de Tressen, par Bouloire (Sarthe).

Voici un nouveau recueil de cantiques à l'Eucharistie, que nous signalons volontiers à l'attention de nos lecteurs. Musique facile et chantante, accompagnements harmonieux et variés, excellent ensemble, telles sont les principales qualités de cet ouvrage. Les paroles des couplets sont rythmées avec soin et les cantiques ont été écrits dans les tons les plus simples pour en faciliter l'exécution. Paroisses, communautés, collèges, pensionnats trouveront dans cet ouvrage de gracieuses compositions pour les principales fêtes. Une jolie cantate pour le soir de la première communion termine le volume.

***

A propos d'Eusapia Paladino, par Guillaume de Fontenay (Société d'éditions scientifiques, 4, rue Antoine-Dubois).

Ce très bel ouvrage est orné de reproductions photographiques qui ajoutent encore à l'intérêt du texte. Nous devons, pour aujourd'hui, nous borner à le signaler, nous promettant d'y revenir à loisir dans un prochain numéro.

***

Pastels et Figurines, par Louis Delaporte (librairie Fontemoing, 4, rue Le Goff, Paris).

C'est une suite d'études sans liaison apparente, ce qui, ailleurs, pourrait choquer, ce qui, dans ce livre nous charme. Successivement défilent devant nous, et pour notre plus grand agrément : Anatole France et Alfred de Vigny, Daudet et Mme de Sévigné, Jules Lemaître et Boileau, Ferdinand Fabre et Bourdaloue, d'autres encore.

D'éminentes qualités de style recommandent cet ouvrage aux lettrés et aux délicats.

***

Polichinelles, par Auguste Germain (chez Simonis. Empis, 21, rue des Petits-Champs).

Gai, pimpant, alerte, spirituel, sont les qualificatifs généralement employés en parlant d'Auguste Germain Jamais ils ne furent plus mérités que dans son dernier livre. Les Polichinelles dérideront les plus moroses. C'est une qualité qu'il n'est pas donné à tout le monde de posséder.

Le Gérant : Gaston Mery.

IMP. NOIZETTE, 8, RUE CAMPAGNE-PREMIÈRE, PARIS

DEUXIÈME ANNÉE. — N° 33. 15 MAI 1898 LE NUMÉRO : 50 CENT.

L'ÉCHO

DU

MERVEILLEUX

REVUE BIMENSUELLE

LA RENTRÉE EN SCÈNE DE LOSANNE

RENÉE SABOURAULT

J'ai reçu, il y a quelques jours, de M. Sabourault, qui habite maintenant 62 rue de la Fédération, une lettre dans laquelle il m'informait que les phénomènes de hantise qui, dans son logement de la rue Didot avaient fini par disparaître, recommençaient de plus belle dans son nouveau domicile. M. Sabourault me priait de venir par moi-même vérifier la réalité des faits. Un soir de la semaine dernière, je me suis rendu à son invitation. J'ai été témoin de manifestations, à mon sens fort curieuses. Mme F..., qui se trouvait là et qui en a été témoin comme M. et Mme Sabourault et comme moi-même, pourra au besoin certifier l'exactitude de mon récit.

Tout d'abord nous nous assîmes, dans la salle à manger, autour de la table. Pendant que nous causions de choses et d'autres, Renée devant qui on avait placé une main de papier se mit à écrire automatiquement. Voici ce qu'elle écrivit :

Ah! c'est très bien. Je suis content de voir M. Méry et Mme F... Eh! bien, vous allez être content. Je vais vous faire un potin à tous cassé. Vous êtes content n'est-ce pas, et vous allez en avoir bien votre part. Vous en seré bien content, j'ai six amis et Losanne qui y est. Vous êtes content de le trouvé.

ROBERT.

Après quelques instants d'arrêt, Renée se remit à tracer de la même écriture automatique les phrases suivantes :

Il y a longtemps que je vous ai pas vu. Mais je veux vous voir un peu plus souvent. Je commence à neuf heures.

LOSANNE.

Il était alors 8 h. 3/4.

— Nous sommes à tes ordres, mon brave Losanne, fis-je. Mais nous promets-tu une belle séance?

Il répondit :

— Oui, mais il faut qu'elle soit couchée tout à fait.

Et il ajouta :

PROGRAMME

Coup de poing dans la cloison comme le tonnerre, petit coup dans le lit et dans la cloison, gratement, roulement du lit. Enfin tous un tas d'affaires.

LOSANNE.

Nous nous étions remis à bavarder attendant l'heure convenue. A neuf heures moins cinq, Renée écrivit :

Eh! bien, que la fillette se couche et puis je commencerai.

Renée disparut dans sa chambre. Quelques minutes plus tard, elle nous appelait. Losanne, pour bien prouver qu'il était là, venait de repousser le lit à 25 centimètres environ de la cloison.

La lampe restant allumée, nous nous assîmes devant le lit. La fillette, couchée sur le dos, les jambes allongées (mais ne touchant pas le pied du lit) avait les mains croisées sur la poitrine.

D'abord, on entendit tinter un des ressorts du sommier, comme si on l'avait heurté avec un objet en métal. Puis, on perçut des coups secs et des grattements. Mais ce n'étaient que des bruits sans signification — nullement révélateurs en tout cas d'une influence intelligente.

Je demandai :

— Losanne, pour nous prouver que tu n'es pas une force inconsciente, joue nous un air.

Les coups et les grattements se firent entendre avec des intervalles variés; mais cela ne rappelait aucun air connu. On sentait que Losanne « cherchait » et qu'il ne « trouvait » point.

Je me mis moi-même à battre la retraite avec mes ongles sur une planchette qui se trouvait à ma portée. Aussitôt en frappant sous le lit, Losanne m'accompagna. Je m'arrêtai. Losanne continua. C'est une remarque que j'ai faite déjà : il faut le plus souvent *amorcer* les phénomènes pour qu'ils se produisent. On dirait que les forces de l'invisible qui, dans ces circonstances, se manifestent, ne sont douées par elles-mêmes ni d'intelligence ni de volonté ou, du moins, qu'intelligence et volonté ne sont en elles qu'à l'état latent, et qu'il faut en quelque sorte les « accoucher ».

Après la retraite, Losanne, stylé par moi, battit différents airs; mais, chaque fois, à partir du moment où je cessais moi-même de tambouriner, Losanne devenait hésitant, et l'air commencé s'achevait en bruits quelconques et sans mesure.

Mme F... fit alors remarquer que, à la rigueur, on pouvait croire que tous ces bruits divers étaient produits par la petite Renée qui, à notre insu, passait la main entre la cloison et le bois du lit.

Je repoussai le lit contre le mur. Losanne continua à manifester sa présence de la même façon qu'auparavant. Pour plus de sûreté encore, je lui demandai de faire entendre deux bruits différents à deux endroits distincts. Sans se faire le moins du monde prier, il *gratta* au pied du lit et il *frappa* à la tête. Il n'y avait plus d'hypothèse de supercherie possible, à moins de croire qu'un compère était caché sous le sommier. Nous vérifiâmes, car il ne faut rien négliger pour convaincre les incrédules. Il n'y avait aucun compère sous le sommier.

On sait que les phénomènes de cet ordre sont, en général, d'autant plus nets, que l'obscurité est plus profonde.

Je proposai :

— Veux-tu, Losanne, que nous éteignions la lampe?

Un coup violent nous informa que Losanne y consentait.

Nous baissâmes la mèche jusqu'à la lumière bleue. Immédiatement, brusquement, brutalement même, le lit fut repoussé à 40 centimètres de la cloison.

Je le remis en place et, voulant me rendre compte approximativement de la force dont disposait Losanne, je posai les deux mains sur le bord du lit en disant :

— Essaie de lutter avec moi, mon brave Losanne. Qui de nous deux est le plus résistant?

Je sentis aussitôt une force, à peu près égale à la mienne, pousser le lit sur moi. Je le maintins, il ne bougea pas d'abord et j'entendis seulement quelques craquements, puis, comme je diminuais ma résistance, le lit avança. Alors je constatai ce phénomène inattendu : le matelas s'enflait, s'arrondissait, à la façon d'une voile ou d'un ballon qui se gonfle.

La petite Renée était alors immobile près de la ruelle. Ce n'était ni son pied, ni sa main, qui, ainsi, gonflait le matelas. C'était bel et bien, une force inconnue, qui s'évanouissait — qui fondait en quelque sorte — sous mes paumes et sous mes doigts quand j'essayais de la saisir.

Je fis part du fait à M. Sabourault.

— Oh! me dit-il, s'il y avait des rideaux vous seriez plus étonné encore. A Yzeures, les rideaux de la couchette de Renée, tantôt s'agitaient comme sous l'influence d'un vent violent, tantôt se plissaient comme sous la pression d'une main invisible.

Mme F. . s'approcha et constata comme moi cet inexplicable gonflement du matelas. En nous penchant, nous appliquâmes ensuite nos oreilles sur le bois du lit. On l'entendait vibrer, résonner, ainsi que les ressorts du sommier. La sensation était étrange. On eut dit des doigts, des ongles, en très grand nombre, qui cherchaient à saisir, à agripper. Puis, comme sous l'effort de tous ces doigts invisibles, le lit de nouveau avança brusquement d'une vingtaine de centimètres.

Je jetai un trousseau de clefs sous le sommier, en demandant à Losanne d'essayer de l'agiter. Nous entendîmes des grattements dans le bois et dans les ressorts, d'abord lents, mesurés, puis, soudain, impatientés. Le trousseau de clefs ne bougea pas.

Je ramassai les clefs. Et, pour les mettre en contact direct avec Losanne, je les pendis avec un foulard au pied du lit.

— Essaye de les secouer maintenant, dis-je.

Les mêmes grattements recommencèrent. Losanne cherchait à agiter le trousseau de clefs. Il n'y parvenait pas. A la fin, il trouva cette solution : il repoussa brusquement le pied du lit à 40 centimètres du mur et le trousseau de clefs ainsi secoué résonna. On entendit ensuite dans la cloison comme un bruissement de joie.

Pendant quelques instants encore nous continuâmes, au hasard de l'inspiration, à mettre ainsi à l'épreuve les petits talents de société de ce bon Losanne. Avec une complaisance et une docilité parfaites il se prêta à toutes nos fantaisies.

L'espiègle, le brutal, et aussi le grossier personnage qu'il était jadis, est devenu un compagnon presque sociable. Il donne l'impression d'un démon apprivoisé. Les savants officiels devraient bien profiter de ses bonnes dispositions actuelles pour aller lui dire deux mots.

GASTON MERY.

La dernière séance de la Société des Sciences Psychiques a été tout entière consacrée à l'audition et à la discussion d'une intéressante communication du docteur Encausse. Nous en rendrons compte dans le prochain numéro.

MASTER REESE

Les journaux ont beaucoup parlé, cette quinzaine, de ce pseudo-docteur Reese qui, dans quelques salons parisiens, a donné des preuves de sa lucidité vraiment inouïe, puis est reparti, brûlant la politesse à une foule de curieux qui avaient pris rendez-vous avec lui.

Heureusement, Mme de Thèbes a pu le voir à deux reprises et, sur notre demande, elle a bien voulu nous donner sur ce singulier personnage les renseignements qu'on va lire :

Cher Monsieur Mery,

Vous me demandez de vous dire, sans manquer au secret professionnel, qui est le professeur Reese, et ce que je pense de lui.

Je peux, sans trahir ce brave Yankee, vous dire qu'il est juif, juif polonais, et qu'il a été élevé en Amérique.

Je l'ai rencontré dans le salon d'une de nos grandes artistes et il est venu me faire une visite.

J'ai pu l'étudier à mon aise.

Cet homme est absolument remarquable comme producteur du phénomène de transmission de pensée. En Amérique on l'appelle d'ailleurs, « le liseur de pensées ».

C'est un primitif, un être d'instinct sans culture intellectuelle.

J'ai vu ses mains. Elles sont épaisses, larges, dures, avec des doigts bien carrés, ce qui indique un être de combativité, de résistance et surtout un être positif. Le sens pratique de la vie et de l'argent est chez lui très développé. Il a fait en Amérique, où il jouit d'une très grande réputation, une énorme fortune.

Aucune ligne dans sa main indiquant l'intuition ou la divination ; mais ce qui est un fait, c'est qu'il possède certaines facultés du cerveau tellement exaltées qu'il arrive à des phénomènes de lecture dans votre pensée, absolument stupéfiants. C'est le rayon X vivant.

Non seulement il lit ce que vous pensez, mais aussi ce que vous avez pensé ; vos souvenirs les plus lointains, il les exhume. Il vous dira le nom de votre mère, de votre père, le nom du camarade de collège qui couchait à votre droite dans le dortoir ; il suffit que vous ayez su une chose pour qu'il vous la répète : c'est, je vous le répète, stupéfiant de justesse. Il y a là un don qui tient du merveilleux.

Il lit en vous comme en un livre ouvert. Son cerveau fonctionne sous votre fluide magnétique et si, par hasard, il se trouve un peu arrêté par un sujet ayant un fluide réfractaire, il met son front en contact avec le front du livre qu'il veut lire — si je peux m'exprimer ainsi, car le front est bien la couverture du livre qu'il ouvre — et immédiatement il lit ; il lit vite et impeccablement.

Quant à prédire l'avenir... ça, c'est une autre affaire. Je ne crois pas beaucoup aux devins ; je crois aux inspirés ; mais les inspirés ont les doigts fuselés, et, avec Reese, nous en sommes loin.

Cependant il a fait des prédictions. La première, que l'Alsace et la Lorraine nous reviendraient en 1903, et que les Espagnols seraient victorieux dans un combat naval qui se livrerait le 9 mai.

Attendons.

Voilà, mon cher monsieur Mery, tout ce que je peux vous dire. Aux savants maintenant à expliquer s'ils le peuvent ce phénomène étrange qui consiste à pouvoir lire dans un cerveau vivant.

Bien à vous.

A. DE THÈBES.

UNE REUNION CHEZ ENER

M. Ener, le très habile photographe que nos lecteurs connaissent, a eu l'aimable attention de mettre à la disposition d'un petit groupe de savants et de curieux son vaste atelier du boulevard Malesherbes pour y faire quelques expériences pratiques de science psychique, dont toutes les phases seront par lui photographiées avec ses merveilleux appareils instantanés.

La première de ces réunions a eu lieu jeudi 5 mai. Y assistaient : MM. le colonel de Rochas, Dr Baraduc, A. Van des Naillen, président de l'École des Ingénieurs de San Francisco, membre de l'Académie des sciences de Californie, Baclé, Varaigne, O. Murray, correspondant de *Light*, Jules Bois et Gaston Mery.

Le colonel de Rochas avait amené un sujet tout à fait exceptionnel, Mlle Lina.

Les premières expériences ont surtout porté sur ce qu'on pourrait appeler la polarité de la sensibilité. Il suffisait au colonel de Rochas de poser le bout du doigt sur le front du sujet avec la volonté de l'anesthésier partiellement pour que — sans qu'un mot ait été prononcé — les parties du corps, désignées mentalement par l'opérateur, devinssent immédiatement insensibles. Armé d'un stylet et d'un crayon gras, le colonel délimitait les regions insensibilisées. Le sujet, ainsi tatoué, a été photographié.

La seconde partie de la séance a été consacrée à des expériences d'un tout autre ordre. Mlle Lina, endormie du sommeil hypnotique, a été placée debout, devant l'objectif. Puis l'un des assistants s'est mis au piano.

Aussitôt, le sujet a commencé de mimer tous les sentiments exprimés par la musique, avec des mouvements et des attitudes d'un rythme et d'une harmonie impeccables. On avait réellement une impression de définitive beauté. Rien de saccadé, d'automatique, de heurté; jamais une hésitation, jamais un à-coup; c'était, à la lettre, une musique de gestes. Ce que les mimes les plus réputés exécutent sur les scènes de nos théâtres ne peut donner qu'une très faible idée de la perfection à laquelle atteint Mlle Lina. Il serait vraiment à souhaiter qu'elle pût se montrer en public. Drapée dans des costumes et dans des étoffes appropriées aux morceaux qu'on exécuterait auprès d'elle, elle serait, nous en sommes persuadés, un spectacle infiniment plus esthétique que celui de ces poses plastiques, si à la mode aujourd'hui, et qui n'ont avec l'art qu'un rapport bien incertain.

Telles ont été les expériences improvisées à cette première réunion chez Ener; nous rendrons compte régulièrement de toutes celles qui seront effectuées aux réunions prochaines. M. Ener a bien voulu nous promettre qu'il autoriserait l'*Écho du Merveilleux* à reproduire ses clichés, chaque fois qu'il n'y aurait point d'indiscrétion à le faire.

Puisque nous parlons d'Ener, disons pour répondre à celles de nos lectrices qui nous ont demandé l'adresse d'un spécialiste chez lequel elles pourraient faire photographier leurs mains, qu'Ener est, à ce point de vue, le photographe le plus désigné. Mme de Thèbes possède une collection de clichés de lui absolument remarquables.

UNE EXPERIENCE FACILE

ET PEUT-ÊTRE DÉCISIVE

A MM. Gasc-Desfossés, de Puyfontaine, Rozier et à tous les membres de la Société des Sciences psychiques.

On cherche depuis longtemps à prouver, par un instrument, l'existence du fluide humain.

Le magnétiseur Lafontaine, Louis Lucas, le Dr de Puyfontaine, le Dr Baraduc, bien d'autres ont fait, dans ce but, des expériences remarquables.

J'ai refait, pour mon compte, d'abord telles quelles, ensuite avec certaines modifications, les expériences de Lafontaine. Je les ai trouvées probantes.

Récemment, je me suis inspiré des expériences accomplies par le Dr Baraduc avec le biomètre cuirassé de mica (adiaélectrique) et d'alun (adiathermique) et muni d'une aiguille de métal. Mais j'ai simplifié le procédé de manière à me passer d'alun.

Voici mon expérience :

Dans un bocal de verre mince reposant sur une cheminée de marbre est suspendue horizontalement à un fil de soie non filée, une petite baguette en *bois* d'agave (1). (L'agave est fort léger. Mais je ne serais pas étonné de voir l'expérience réussir avec d'autres bois légers, sureau etc., et même bois blanc très mince.)

La baguette est immobile.

Sur le flanc du bocal de verre s'appuie à plat une feuille de mica (adiaélectrique, d'après le Dr Baraduc).

Alors, à travers le *mica* et le verre, je présente le médius de la main droite devant la baguette immobile et je produis sur elle une *attraction*. Je la fais dévier de plusieurs degrés (2), en l'*attirant*.

Et maintenant, je pose aux physiciens les questions suivantes :

1° La *chaleur* peut-elle *attirer* une baguette de bois d'agave suspendue en un vase de verre ?

2° L'*électricité* peut-elle attirer cette baguette quand une feuille de mica est interposée?

3° Le *magnétisme* (strictement conforme au magnétisme de l'*aimant*) peut-il *attirer* une baguette en bois d'agave.

Je ne me donne pas pour physicien. Mais il me semble que, si le caractère adiaélectrique du *mica* est bien établi, la physique répond *non* aux trois questions.

Et on se trouve obligé d'admettre que la main humaine émet une force spéciale qui n'est ni la chaleur, ni l'électricité, ni le magnétisme, ou qui est, du moins, une *forme spéciale* de l'électricité ou du magnétisme.

L'expérience est assez curieuse et assez simple pour que les savants se donnent la peine de la recommencer et de la contrôler.

Elle est assez facile pour que, si les savants officiels fond la sourde oreille, les chercheurs indépendants de science psychique s'emparent de cette expérience.

Il n'y a pas là un appareil coûteux comme le biomètre :

Un simple bocal de verre mince (3), un peu de bois

---

1. A chaque extrémité de la baguette est suspendue par un fil de soie non filée, une petite boule également en bois d'agave. Ce dispositif permet d'équilibrer plus aisément la baguette. Il n'est pas, je crois, indispensable.

2. Mon bocal de verre mince est plongé par la base jusqu'au niveau de l'aiguille, dans un cristallisoir gradué, de sorte que je peux mesurer exactement le chemin de l'aiguille au-dessus du cercle gradué.

3. On peut remplacer le cristallisoir gradué en collant sur les

léger (on trouve du bois d'agave chez les coiffeurs qui s'en servent pour affiler les rasoirs), un peu de soie non filée (on en trouve chez les fabricants de galvanomètres et ailleurs), une feuille de mica (on en trouve chez les marchands de « salamandres » « poêles mobiles » et autres appareils de chauffage à foyer fermé) et, avec une faible dépense, on se prouve à soi-même l'existence de la spéciale force humaine encore discutée par les Académies et l'on se réjouit dans la vérité qui n'a pas besoin d'être officiellement estampillée pour *être*.

ALBERT JOUNET.

flancs du bocal une bande de papier sommairement graduée à la main. On prouve ainsi un mouvement, bien qu'on ne le mesure qu'approximativement.

LE MERVEILLEUX AU SALON

Chaque année, le Salon reflète d'une manière bien caractéristique les préoccupations d'esprit du moment. C'est un baromètre d'une espèce toute particulière où se peut mesurer, pour l'observateur, le degré d'intensité dans l'opinion de telle ou telle question.

C'est ainsi que le Salon de l'année dernière comptait un grand nombre de toiles russes, ou tout au moins franco-russes.

La note dominante du Salon de cette année est, incontestablement, le Merveilleux.

L'*Echo du Merveilleux* aurait donc manqué à ses devoirs les plus élémentaires en ne donnant point à ses lecteurs un compte rendu spécial.

Ce n'est pas une petite besogne dont m'a chargé là notre aimable directeur.

D'abord parce qu'il y a fort à faire.

Ensuite, parce qu'il faudrait l'esprit précis de notre bon oncle lui-même (dont la conversion au merveilleux, assure-t-on, est proche) pour établir une classification raisonnée de toutes les toiles que j'ai notées, avec, je le crains, un ecclectisme un peu naïf. Mais je voudrais bien vous voir à ma place. Où commence le merveilleux, dans un tableau, et où finit-il ?

Miracles, apparitions, fantômes, légendes, histoire de Jésus, Christ en croix, Christ même et surtout au milieu de gens modernes, scènes de la vie des saints, peintures mystiques, allégoriques et symboliques, il y a, au Salon, de tout cela en quantité,

On y voit aussi des tireuses de cartes, des sorcières. des sibylles, des fées, des héros de la mythologie, des rêves étranges, des animaux chimériques, des pèlerinages. Que n'y voit-on pas?

Tout cela, dites-vous, ne se réclame pas également du Merveilleux.

D'accord, mais de quoi tout cela se réclame-t-il?

Il y a aussi de cruelles énigmes devant lesquelles je me suis creusé la tête bien inutilement. Une chose m'a consolé : personne ne semblait les comprendre plus que moi.

Quoi qu'il en soit, le Salon de cette année montre que nous assistons en art comme en littérature, à un mouvement de réaction très violent contre le réalisme scientifique qui se contente de nier ce qu'il ne peut expliquer. Ce mouvement, me semble-t-il, suit deux courants parfaitement opposés et qui, comme les extrêmes, se touchent : d'une part, retour à de vieilles croyances délaissées, dont la simplicité apparaît, par contraste, plus poétique; d'autre part, marche résolue vers le mystère, vers l'au-delà, vers l'insondable, marche dans laquelle il faut emporter comme bagages une érudition soutenue et un esprit solide.

Et le trait d'union qui réunit ces deux courants, c'est la recherche d'une foi, d'une croyance, le besoin de s'évader d'une vie qu'on veut nous montrer chaque jour de plus en plus laide.

Mais revenons à nos tableaux.

SOCIÉTÉ DES ARTISTES FRANÇAIS

LES CHRIST

On voit, chaque année, beaucoup de toiles représentant le Christ, mais jamais certainement on n'en vit autant que cette année. Par une innovation fort à la mode depuis quelque temps, et qui ne m'en paraît pas pour cela très heureuse, on fait intervenir le Christ au milieu de scènes de la vie moderne. Cette intervention, sans doute, peut être dictée par une pensée pieuse, il n'en est pas moins vrai qu'elle enlève à Jésus de son caractère sacré.

Dans son *Bal pour les pauvres* (salle 4), par exemple, M. de Laubadère a peint le Christ assis à la porte d'un bal d'où sortent des gens costumés, et tenant dans sa main la sébille où luit l'or destiné aux malheureux. La foule des masques se presse en riant. Au premier plan, un *incroyable*, bien campé d'ailleurs, lorgne d'un air à la fois surpris et insolent le divin quêteur dont le visage reste grave et impassible.

Mais nous allons trouver représentée, toute la vie de Jésus.

Voici le joli triptyque de M. Henri Cain : *l'Apparition aux bergers*; — *la Marche vers l'étable*; — *la Crèche* (salle 7). C'est une composition douce et reposante. L'expression des bergers, à la vue de l'ange qui vient leur annoncer la naissance du Seigneur, est très remarquable.

Plus loin, *la Fuite*, de Dudley-Hardy (salle 27), nous montre Jésus sur son âne, traversant, vers le soir, un champ fleuri de bleuets et de coquelicots. Cette toile, très simple, ne manque pas de charme.

Dans la salle voisine (salle 25), M. Avy nous fait voir Jésus se reposant chez Marthe et Marie. Jésus, l'air accablé de fatigue, est assis sur une marche. L'une des femmes, occupée à tirer de l'eau d'un puits, interrompt sa besogne et se retourne pour le regarder. Un rayon de soleil se joue dans le haut du tableau.

La *Conversion de Marie-Madeleine* (salle 5) est une fort belle œuvre. Debout, au milieu de la foule, Jésus parle. Son attitude est à la fois simple et majestueuse. Madeleine, en écoutant cette parole, sent une émotion profonde s'emparer d'elle. Elle tombe à genoux, le visage tourné vers le Christ, et sur ce visage se lit la transformation qui s'opère en son âme. M. Devambez a su rendre avec infiniment de talent la beauté de cette scène.

Les Christ en croix sont nombreux. L'un des plus poignants est celui de M. Bourgonnier (salle 5) dont l'expression est vraiment saisissante. Les pieds ouverts saignent, une lumière crue accentue encore l'effet produit, et le rend même quelque peu pénible.

Le Calvaire de Giacomotti (salle 28) est également d'une grandeur tragique.

C'est ici que se place une des toiles les plus remarquables du Salon : *Le dernier reflet de la Croix*, d'Inness (salle 18). Le Christ mort est descendu au tombeau par quelques fidèles, quand une lumière soudaine vient baigner l'entrée du souterrain dans lequel il va disparaître. La description ne peut donner qu'une idée bien pâle de cette scène d'une conception élevée et d'une exécution parfaite.

Voici maintenant : *Le Soir de la Résurrection*, de Bacon (salle 17). Dans une ardente lumière, le Christ apparaît à ses disciples assemblés. Les attitudes étonnées des disciples, l'expression auguste du Christ sont rendues avec un réel talent.

Il convient de citer encore :

La Madeleine, de Wostry; *La Cène*, de Joseph Aubert; *Le divin Prisonnier*, de Paul Legrand; *La Pêche miraculeuse*, de Looymans; *Le Démoniaque*, de René Lelong, que vient calmer Jésus : *La Prière de la Glorification*, de Henry Perrault; *Le Messie* de Serres; *Le Christ parlant à la foule sur les bords du lac Tibériade*, de Louis Roger.

LES SAINTS ET LES MIRACLES

Les saints aussi sont en faveur.

Saint François prêchant aux poissons (salle 19) est une toile qui, entre autres qualités, possède celle d'être amusante. Saint François est assis sur le bord de la barque, les jambes pendantes. A sa parole, les poissons accourent et se rangent en demi-cercle suivant un rang de taille irréprochable. L'auteur de ce tableau, M. Paupion, a même poussé le scrupule de l'exactitude jusqu'à peindre sur des feuilles de nénuphar quelques grenouilles ventrues, accompagnées de grenouilles plus petites, leurs filles, évidemment, qu'en bonnes mères, elles ont cru devoir mener à ce spectacle essentiellement moral.

Fra Angelino, de Chicotot (salle 21) « Pendant son sommeil un ange achevait son travail. » Le frère, assis devant un chevalet sur lequel repose une toile à demi terminée, dort, la palette à la main. Derrière lui, un ange aux longues ailes blanches vient s'emparer des pinceaux et continue la peinture commencée. Procédé recommandé aux peintres paresseux. Cette composition est des plus harmonieuses.

Saint Jean-Baptiste, enfant, le bras autour du cou d'un mouton est également une toile fort gracieuse.

N'oublions pas non plus : *Saint Columba et ses moines*, de Georges Girardot (salle 14) Une tempête furieuse agite la mer. La barque dans laquelle se trouvent le saint et les moines, est désemparée, la voile se déchire. Saint Columba monte alors sur la proue, étend les bras et la mer se calme.

Notons enfin la décoration de M. Flandrin, destinée à la chapelle Saint-Jean des Sulpiciens : *la Vocation de saint Jean et le retour du Calvaire*, — *la Sainte Vierge et saint Jean* ; et l'envoi de M. Pagès : *saint Eloi travaille à la châsse de saint Martin*.

LE MYSTICISME ET LA RELIGION, LOURDES

La première toile à signaler dans cette série, est celle que M. Hippolyte Fournier a intitulée simplement : *Foi* (salle 25). On aperçoit au fond une chapelle. Au premier plan un prêtre est agenouillé, en extase au pied d'une croix de bois sur laquelle un ange est posé, endormi, une croix lumineuse au-dessus de la tête. Puis, dans le fonds, comme une vision, dans une note indécise, Jésus sur la croix et des théories d'anges qui semblent gagner le Paradis.

Au bas, sur la terre, c'est la plaine silencieuse. Cette œuvre est fort belle, encore qu'un peu trop compliquée.

M. Jean Brunet a été heureusement inspiré dans : *le chemin du Calvaire au Sépulcre dans la nuit du Vendredi saint* (salle 21). Dans la nuit bleuâtre des anges sont agenouillés tout le long de la route, et leurs robes blanches se détachent doucement sur le fond bleu. Dans le haut, c'est le Calvaire avec ses trois croix sombres, dans le fond, le sépulcre noir. L'idée était touchante, et elle a été exprimée avec grâce.

La grande composition de M. Garnelo-Alda : *Lourdes*, (salle 4) est vraiment intéressante. Devant l'entrée de la grotte illuminée de cierges, c'est la foule des malades, des croyants et des curieux, en des attitudes diverses, les uns agenouillés, les autres debout, les plus malades allongés sur de petites voitures. En haut resplendit la statue de la Vierge. A droite, la masse sombre des arbres dans un fouillis de verdure, fait ressortir davantage la clarté de la grotte en laquelle tous ces gens viennent chercher la guérison et la foi.

Bien touchante aussi la toile de M. Renard-Brault : *la Prière console* (salle 12). Une femme, une pauvre femme au pâle visage empreint de fatigue et de résignation, sort d'une chapelle où elle vient de prier. Elle tient d'une main un petit enfant serré sur son cœur ; de l'autre main, elle traîne un bambin un peu plus âgé. La neige couvre la terre, et, derrière la malheureuse, parmi les flocons blancs, un ange apparaît dans une lumière céleste, comme pour porter secours à la morne douleur de cette humble.

Dans *le Chemin de croix à Notre-Dame des Victoires* de M. Gabriel Guérin (salle 4), des fidèles prient avec ferveur, pendant que des anges aux tuniques flottantes semblent les contempler du haut d'un nuage bleu.

A signaler encore dans cet ordre d'idées :

La *Vierge douloureuse*, de Moreau-Néret ; la *Jeune vierge écoutant*, de Séars, qui a l'air de prêter l'oreille, à de mystérieuses voix ; *la Vie* : *Joie et Douleur*, diptyque de Charles Landelle, dans lequel le premier volet représente un enfant naissant sur lequel se penchent des anges au sourire heureux, et le second une croix portant une couronne d'épines, devant laquelle les anges pleurent celui qui n'est plus ; *l'Offrande à la Vierge*, de Mlle Sourel.

APPARITIONS, FANTOMES, ETC.

Une apparition sensationnelle, celle de Clémence Isaure aux troubadours (salle 16). Auteur : M. Henri Martin. Les troubadours sont assemblés dans un bois de sapins, au bord de la mer. Ils sont habillés de robes rouges, semblables, pour la forme, à celle dans laquelle on a coutume de représenter le Dante, longs fourreaux surmontés de capuchons. L'effet de ces robes parmi les troncs lisses et élancés des sapins également rouges, est fantastique. Ils contemplent la fondatrice des jeux floraux, enveloppée de voiles blancs flottants, et qui semble sortir de la mer. Trois femmes en pleurs et vêtues de noir accompagnent Clémence Isaure qui présente aux troubadours un parchemin signifiant un arrêt cruel. Le sujet n'est pas banal, l'exécution non plus.

Remords, de L. Mark (salle 24), représente un homme qui gît à terre, écrasé sous le poids du crime qu'il a commis, les yeux égarés. Le remords, qui le poursuit et le terrasse, a pris la forme d'une femme aux contours à peine perceptibles, au corps verdâtre. L'impression générale qui se dégage de l'ensemble est assez saisissante, malheureusement ce tableau est placé à une telle hauteur que les détails échappent à l'examen.

Il est impossible de ne point parler de la toile de Mme Consuelo Fould : *Enterrée vive !* (salle 17) dont le sujet a été tiré des *Chroniques de Picardie*. Voici l'histoire telle qu'elle est contée par l'épigraphe apposée au bas du tableau : « La dame de D... tomba en léthargie le jour de ses noces. La croyant morte, son époux la fit envelopper dans sa robe de mariée comme en un linceul et enterrer parée de ses bijoux. Or, la nuit suivante, deux fossoyeurs ouvrirent le cercueil, arrachèrent les étoffes, les colliers. En retirant violemment une bague, ils réveillèrent la dame, et, la voyant remuer, s'enfuirent épouvantés. Elle sortit du tombeau où elle ne rentra que dans un âge fort avancé et après avoir servi une pension aux deux voleurs. » On voit le parti qu'il était possible de tirer d'un scénario aussi dramatique. La dame de D... sort du tombeau à demi-nue, les yeux fixes brillent dans la face blême, le corps, d'une pâleur cadavérique, se détache sur le fond noir du tableau.

Rêve de gloire de Louis Cabanes (salle 23). Le poète s'est endormi à sa table de travail, qu'éclaire la lampe au large abat-jour. La gloire lui apparaît en songe. Elle est à demi enveloppée d'une étoffe légère et flottante. D'une main, elle porte une lyre ; de l'autre elle tend au poète une branche de laurier. Cette toile ne manque point de qualités, mais l'idée n'est pas d'une originalité étonnante.

Je passe sous silence plusieurs tableaux analogues qui ne présentent pas grand intérêt.

SORCIÈRES, SIBYLLES, DEVINS

Ces personnalités redoutables ont inspiré plusieurs de nos peintres, entre autres :

M. Fuster, dont l'envoi s'intitule : *Sapho consultant la Pythonisse* (salle 5). Le temple au milieu duquel vaticine la Pythonisse n'a rien de commun avec l'appartement de Mme Mongruel, et nous ramène au temps où nous pâlissions sur l'histoire grecque. La sibylle est assise sur son trépied et tend les bras vers la statue de la déesse qu'elle invoque. Derrière elles des joueurs de flûte soufflent dans leurs primitifs instruments. L'encens répand ses parfums dans l'air. Sapho, rêveuse sous son long voile, est assise dans un fauteuil de pierre, et semble médusée par la nouveauté de ce spectacle. L'œuvre dénote une recherche consciencieuse et un sens achevé de l'antiquité.

M. Maurice Demonts, dans : *les Présages* (salle 11), nous représente un Desbarrolles du moyen âge, lisant dans les mains de trois jeunes femmes, fort jolies, d'ailleurs. Cette séance de chiromancie se passe dans une salle d'un vieux château, et le soleil couchant éclaire heureusement les visages des trois jeunes dames, à qui le devin annonce sans doute d'agréables événements, car elles sourient. Un jeu de cartes jonche le sol, en un désordre qui ajoute encore au pittoresque de la scène.

A mentionner aussi la deuxième toile de Mme Consuelo Fould : *Chez la sorcière; le talisman.* Une femme en toilette somptueuse brandit victorieusement le talisman rêvé ; dans le fond grimace la tête de la sorcière, pendant que la fumée s'échappe du vase où brûlent les herbes magiques.

MYTHOLOGIE, LÉGENDES, FÉES

Je renonce à tenter un compte rendu détaillé des tableaux de cette catégorie : ils sont trop !

Voici les principaux :

Persée combattant le dragon, de Dupuy. Le héros essaie de transpercer le terrible animal, pendant qu'Andromède, attachée à une roche, se lamente.

Orphée, de Raynolt.

La Fée des eaux, de Parker, qui semble s'élever des profondeurs du lac à la surface duquel dorment de larges feuilles de nénuphars ; l'ensemble est sobre et puissant.

Ascalaphe changé en hibou, de Georges Pigeard, avatar éminemment désagréable, qui survient au malheureux Ascalaphe dans un marécage noir et lugubre, où le vent fait frissonner les roseaux.

ALLÉGORIES, SYMBOLES, RÊVERIES

Un grand nombre des toiles qui pourraient figurer sous cette rubrique ne rentrent certainement pas dans le cadre du merveilleux. Je crois, cependant, qu'il est permis d'en citer quelques-unes, par exemple :

Le Conquérant, de Courselles-Dumont (salle 21). Ce conquérant n'est autre que Napoléon Ier, à cheval sur une centauresse domptée, mais lasse, armée d'une longue lance avec laquelle elle fait sur tout son passage de sanglantes hécatombes. Napoléon, le front tendu, mène son étrange monture vers une bête chimérique, aux formes indéfinissables, qui luit dans le lointain. L'allégorie est transparente.

Clair de lune, d'Emile Boggis (salle 3). L'auteur s'est inspiré d'un passage des *Fêtes galantes* du regretté poète Verlaine. Une longue théorie de personnages costumés se déroule au clair de lune, dans un parc à jets d'eau et à blanches statues ; les plus lointains, dont on ne perçoit que les silhouettes semblables à des ombres, se dirigent vers une forme ailée qui leur tend les bras. La toile porte, en épigraphe, les beaux vers connus :

Votre âme est un paysage choisi
Que vont charmant masques et bergamasques...

L'Épopée (salle 3), de Bussière, belle figure qu'un Gaulois, soulevant la roche qui le recouvre, regarde passer, et que suit la foule des guerriers de toutes les époques.

Vers le rêve, de Matisse ; *la Calomnie*, de Bernet.

Mais arrêtons-nous, car, insensiblement, nous dépassons les limites, déjà élargies, du merveilleux.

SOCIÉTÉ NATIONALE DES BEAUX-ARTS

On aurait pu croire que ce Salon, étant donné son caractère d'imprévu, allait sacrifier au merveilleux, dans les mêmes proportions que la société rivale. Si surprenant que le fait puisse paraître, il n'en est rien, et notre récolte, dans les salles de la Société des Beaux-Arts, sera vite faite.

Voici donc, pêle-mêle, les quelques toiles à citer :

Le Christ et les pèlerins à Emmaüs, de Dagnan-Bouveret. Dans cette œuvre, que d'aucuns trouvent fort belle, le Christ, au milieu des pèlerins, est éclairé par une lumière éclatante, trop éclatante peut-être. Détail bizarre : le peintre s'est placé dans un coin du tableau, avec une jeune femme et un enfant, et c'est pour tout le monde un profond sujet d'étonnement que de voir nos contemporains à Emmaüs, parmi les pèlerins !

L'Initiation à l'idéale sagesse des hommes de tous temps; symbole de la révélation d'un meilleur avenir, de M. Leempoels. M. Leempoels est un peintre du plus grand talent, dont la facture est parfaite. Mais les hommes de tous temps qu'il nous fait voir, se groupant, en costumes différents, autour du Christ debout au milieu de la toile, ne laissent pas que de nous chiffonner un peu. Il faut louer, malgré cela, l'élévation de la conception.

Encore *Le Christ et les Pèlerins à Emmaüs*, de M. G. Melchers. Cette fois nous ne retrouvons plus de personnages de notre époque.

Les disciples (Pierre et Jean) courent au sépulcre le matin de la Résurrection, de E. Burnand ; *L'Annonciation aux Bergers*, de Duhem, qui dégage une certaine poésie ; *La Vision*, de H. Havet, qui s'offre sous la forme d'une femme couchée sur la mer, et dont les cheveux flamboient aux derniers rayons du soleil; *Ulysse et les Sirènes*, de A. Koopman; *Saint Sébastien*, de E. Visconti.

A voir encore :

Saint Joseph au travail, de P. Delance, décoration pour l'église Notre-Dame d'Oloron; *La Légende du Charmeur de rats*, de Osterlind.

Enfin, terminons par la touchante petite toile d'Édouard Sain, *La Vierge du deuil*, esquisse faite en souvenir des victimes du Bazar de la Charité. Aux pieds de la Vierge, au-dessus de laquelle volent deux anges, des femmes en deuil et des enfants aux têtes blondes déposent des couronnes. C'est un souvenir ému de cette catastrophe horrible, si récente, et déjà si lointaine.

CONCLUSION

Ce résumé est très imparfait, et, quoique long, très incomplet; pour qu'il en fût autrement, il eût fallu que l'*Écho du Merveilleux* augmentât encore ses colonnes! Aussi bien, il n'a d'autre prétention que de signaler aux lecteurs les principales manifestations, au Salon de cette année, de ce penchant au merveilleux, qui, à notre époque, s'affirme chaque jour plus vivace.

Ce mouvement est d'ailleurs trop visible pour échapper à tout observateur de bonne foi. Seule la science officielle, c'est-à-dire la fausse science, le nie, ou affecte de n'en point tenir compte; elle ne conçoit pas qu'on puisse dépasser les frontières qu'elle-même a tracées, et qui limitent, croit-elle, l'étendue du savoir. Malheureusement pour elle, les faits sont là pour battre en brèche ces prétentions orgueilleuses : il suffit d'ouvrir les yeux.

Et la science, impuissante à expliquer des phénomènes qui la déconcertent, sera impuissante également à arrêter ceux qui cherchent — et ils sont nombreux — les causes de ces phénomènes, ou ceux que sollicite l'attrait du merveilleux.

GASTON CROSNIER.

Un Christ prodigieux à Rome

Rome, 1er mai.

L'église paroissiale de Sainte-Marie in Monticelli, dans le quartier de la Regola, est très ancienne. Consacrée par Innocent II, en 1143, elle est le centre d'une population très dense et très laborieuse. C'est dans cette église que vient de se produire un fait étrange qui a eu du retentissement dans Rome entière.

Le soir du 15 avril, pendant le chemin de croix, deux jeunes filles vont à la sacristie, disant qu'une image de Notre-Seigneur ouvrait les yeux. Cette image est une vieille peinture sur toile, sans mérite artistique, mais qui était l'objet de la vénération des fidèles parce qu'à plusieurs reprises, et notamment en 1854, elle avait ouvert les yeux. Le fait avait été attesté par des procès-verbaux et divulgué par la voix de la presse; il s'était déjà, d'ailleurs, manifesté d'autres fois, ce qui rend raison de la vénération dont on l'entourait.

Le Christ est représenté les yeux plus qu'à demi clos, la tête est penchée sur la poitrine dans l'attitude d'une personne accablée par la souffrance, et on peut distinguer, mais avec peine, entre les paupières presque fermées, le blanc de la pupille au milieu duquel est un point noir représentant l'iris.

Le curé croit que les jeunes filles ont été l'objet d'une illusion et les renvoie.

Les jeunes filles, loin de se taire, appellent l'attention des autres personnes présentes, qui voient, elles aussi, le Christ ouvrir les yeux et promener ses regards sur l'assistance. Le mouvement était donc double. L'un, des paupières qui s'élevaient, l'autre, du globe de l'œil qui avait des mouvements latéraux et verticaux comme ceux d'une personne vivante qui veut embrasser un champ visuel qui se présente sous un grand angle. Au bout de quelques minutes, les yeux se refermaient peu à peu et la peinture reprenait son état normal.

Le peuple s'émeut, on se presse, et le soir on eut de la peine à fermer l'église.

Le lendemain, de bonne heure, un délégué de la Sûreté publique se présente, par ordre supérieur, à l'église, pour examiner la peinture. Il fait décrocher le tableau, palpe le dos de la toile pour savoir s'il ne renfermait pas quelque mécanisme, sonde la paroi à laquelle il était attaché, ne trouve rien d'anormal et fait replacer le tableau. Il cause ensuite quelques instants avec le curé à la sacristie, puis, rentrant dans l'église, sa mission terminée, il regarde en passant le crucifix, et voilà que les yeux du Christ s'entr'ouvrent et le regardent fixement. Le délégué est bouleversé par ce regard inattendu dont rien ne pourrait rendre l'intense profondeur; il recule, semble frappé de stupeur, puis sort précipitamment pour échapper à cette vision. Rendant compte de tout à ses supérieurs hiérarchiques, il reçoit ordre de ne pas parler de l'enquête qu'il vient de faire, ni surtout de la façon inattendue dont elle s'est terminée.

La foule se presse pour voir le prodige, les prêtres ont peine à la contenir à l'intérieur, tandis qu'ils sont obligés de requérir la police pour maintenir l'ordre aux abords de l'église.

On pourrait croire à une hallucination, mais il est assez étrange que, si le fait se produit, il se produit pour tous ceux présents dans l'église et non pour quelques privilégiés seulement. Si la figure du Christ ouvre les yeux, tout le monde le voit au même moment et de la même manière. Et ce qui distingue ce prodige d'autres similaires, c'est, ainsi qu'il a été déjà noté, que le globe de l'œil, une fois que les paupières se sont ouvertes, se promène lentement sur l'assistance comme si Notre-Seigneur voulait se rendre compte de toutes et de chacune des personnes qui la composent. Ce regard qui rappelle la scène de l'Evangile, « Et le Seigneur s'étant tourné, regarda Pierre » (Luc, XXII, 61) produit les mêmes effets. Pierre pleura amèrement. Et le peuple s'écrie en tombant à genoux : « Mon Jésus, miséricorde. »

De nombreux faits de conversion se sont vérifiés à la vue de cette image ; l'émotion produite est telle que des prêtres se sont évanouis, des personnes ont été si frappées de la vision qu'elles ont été obligées de s'aliter en rentrant chez elles et que de tous côtés on n'entend parler que de cet événement.

Le cardinal-vicaire a voulu examiner la chose de plus près et a ordonné d'enlever l'image qui a dû même être portée au Vatican, le Souverain Pontife désirant la voir. Mais le concours des fidèles ne diminue pas, et des Romains viennent s'agenouiller nombreux devant la place vide implorant la miséricorde de Dieu.

Tels sont les faits étranges qui viennent de se passer à Rome. L'autorité ecclésiastique a ouvert une enquête. Des personnes témoins du prodige sont allées à la sacristie déposer de la vérité de ce qu'elles ont vu, et on a déjà plus de 600 signatures. Ce ne sont pas des simples femmes qui ont vu, mais des prêtres, des religieux, des hommes du peuple, des personnes qui ne croient pas et sortaient tout émues et bouleversées, des gendarmes, mais ces derniers ont été obligés au silence.

Le curé de la paroisse se borne à recevoir les déclarations et ne veut point par prudence se prononcer puisque ses supérieurs examinent le fait. Et c'est une sage réserve.

L'enquête terminée, il faut croire que l'image sainte sera replacée dans l'église et on verra alors si ces faits recommencent. Il est en tout cas certain qu'ils ont produit dans cette paroisse de grands fruits de sanctification.

Don Abbondio.

(*Le Pèlerin* du 8 mai 1898.)

LA QUINZAINE A TILLY

Dimanche, 1er mai. — La journée du dimanche 1er mai a été une journée entièrement consacrée à la prière en l'honneur de la Vierge Immaculée. De nombreux étrangers étaient venus à Tilly, les uns pour remercier la Reine du Ciel des grâces obtenues par son intercession, les autres pour demander des guérisons ou des grâces particulières. Aussi ce n'a été qu'un long pèlerinage toute la journée à la petite chapelle, construite à l'endroit où l'Apparition veut bien se manifester.

Les offices de la journée ont été aussi très suivis. Un admirable sermon, prêché par un prêtre éloquent, a remué tous les cœurs.

Après les vêpres, chacun s'empresse de monter au champ Lepetit, et les prières recommencent dans le plus grand recueillement. Entendu ces paroles : « On n'est réellement bien pour prier qu'ici ! »

La petite chapelle est admirablement décorée de fleurs et de guirlandes. De nombreux cierges brûlent près de la statue de la Vierge et font ressortir les *ex-voto* accrochés en arrière et apportés par les amis de Tilly.

L'Ormeau, lui aussi, n'a pas été oublié, et un massif de fleurs s'étend tout autour du tronc.

Mais il est cinq heures. C'est l'heure où la voyante doit arriver. Une partie de l'assistance passe dans la pâture, en arrière de la chapelle, où bientôt va se placer Marie Martel, suivie par une assistance nombreuse. Environ trois cents personnes sont présentes au moment où Marie Martel se met à genoux à la place habituelle de ses visions. Pour la première fois, on lui a réservé un emplacement plus grand. La foule a bien voulu s'écarter un peu en arrière et former un cercle plus vaste qu'à l'ordinaire ; on se presse moins les uns sur les autres et chacun pourra voir l'attitude de la visionnaire et suivre tous ses mouvements durant son extase.

Marie Martel, une fois à genoux, commence la récitation du chapelet ; l'extase ne tarde pas à se produire.

La voyante prononce plusieurs fois : « O Marie conçue sans péché », puis on entend le mot : « pénitence ». Le visage exprime un peu la tristesse. Marie Martel se remet à invoquer plusieurs fois : « O Marie. » Ses mains s'élèvent et elle prononce : « Comme ça tombe ! » L'expression du visage devient radieuse. La voyante semble transfigurée. Elle est réellement belle alors.

Ce sont ensuite des demandes de guérisons et de grâces particulières.

Marie fait le signe de la croix, prononce plusieurs fois : « Saints Anges, priez pour nous », parle de la Basilique qu'elle reverra le 15 août, voit Jeanne d'Arc qu'elle invoque plusieurs fois, récite le quatrième mystère joyeux, demande à sa vision de nous bénir et fait un deuxième signe de croix. Puis viennent des invocations à la Reine du Très Saint Rosaire. A la fin, elle supplie l'Apparition de rester encore. « A demain, 4 heures, » dit-elle.

L'extase a duré plus d'une heure.

Marie a vu beaucoup de petits anges qui entouraient la Vierge et qui étaient très près d'elle.

Immédiatement après l'extase, Marie s'est tournée vers une des personnes présentes et lui a dit :

« — Madame, vous avez vu des anges, car la Vierge me l'a dit.

« — C'est vrai, répond cette personne. J'en ai vu même beaucoup, et deux d'entre eux tenaient une banderole où étaient inscrits ces mots : *Notre-Dame de l'Espérance*. J'ai vu, en outre, tomber des lis et des roses en abondance. »

La voyante s'est adressée ensuite à deux jeunes filles infirmes, venues demander à Tilly leur guérison et leur a déclaré : « La Vierge m'a dit que vous seriez bientôt guéries. » Pendant l'extase, ces deux jeunes filles ont ressenti des douleurs intolérables et sont reparties heureuses et confiantes en leur guérison.

Chacun a quitté le Champ, fortement impressionné.

Lundi, 2 mai et jours suivants. — Depuis le 1er mai, Marie se rend au champ Lepetit tous les jours, mais elle n'a pas de vision de la Vierge. Elle voit beaucoup de petits anges, puis Jeanne d'Arc.

Dans une de ses visions de la semaine, elle a vu, placée au-dessus de la tête de Jeanne d'Arc, à un mètre environ, une couronne formée de roses et de petites lances dorées, tenue par des anges.

Elle a invoqué plusieurs fois saint Michel. Elle entend à chaque vision des voix. Elle ne reverra la Vierge que le 19 courant.

Y.

CHEZ LA VOYANTE

Je suis désolé de l'apprendre à nos lecteurs : à l'avenir, ils seront privés du compte-rendu des séances hebdomadaires de Mlle Couédon. L'« Ange » ne veut plus qu'on enregistre ses prédictions. La mesure ne s'applique pas seulement à votre serviteur ; elle s'applique à tout le monde. Et, de fait, parmi ses nombreux amis, la Voyante n'a pu ou voulu en désigner un, pour se charger à ma place du soin de prendre des notes pendant les réunions.

J'ai demandé quelques explications à Mlle Couédon.

— Les hommes, m'a-t-elle répondu, ont mal interprété ou mal rapporté les paroles de « l'Ange ». Et c'est pour éviter ces erreurs de texte ou d'interprétation qu'il ne veut plus qu'on enregistre ses prédictions.

— Le moyen est, en effet, très sûr, fis-je.

Puis j'ajoutai :

— Il me parait cependant, mademoiselle, bien difficile de nier que « l'Ange » ait, il y a bien des mois déjà, prédit que le ministère Méline tomberait sur un dossier, avant les élections ?

— Distinguons, repartit la Voyante, qui est infiniment subtile. L'« Ange » a dit qu'un « dossier » « pousserait » à la chute de ce ministère ; il n'a pas dit que cette chute arriverait avant les élections. L'« Ange » ne précise jamais de date (1).

— C'est la précaution qu'il prend d'ordinaire ; mais, cette fois, il ne l'avait pas prise.

Et je priai Mlle Couédon de se reporter au numéro de l'*Echo du Merveilleux* du 15 décembre 1897 où se trouve consignée la réponse que, à cette question : *le ministère Méline présidera-t-il aux élections prochaines ?* l'« Ange » formula en ces termes :

Il n'y doit pas compter.
Je vois qu'il sera ôté

Mais la Voyante a réponse à tout :

— La première partie de la prédiction (Le ministère va tomber — ce n'est pas éloigné — Il y a un dossier — qui va comme y pousser) a été faite en séance publique. La seconde (relative à l'époque de cette chute) a été faite, à vous en particulier, pendant la période où les réunions du jeudi étaient suspendues.

— Le fait est exact, repris-je. Et il ne me déplaît point que vous le releviez vous-même, car il semble donner raison à ceux de vos amis qui sont d'avis que l'influence qui se manifeste par votre bouche n'est pas toujours la même.

Je songeai en parlant ainsi à la lettre que voici :

Cher monsieur Mery,

Quoi qu'en pense Mlle Couédon, je suis d'avis que le *phénomène ange* est relativement rare, chez elle, aujourd'hui.

C'est au début qu'il fut intensif et remarquable ; la plupart du temps, *cette influence semble s'éloigner* — sans qu'on puisse affirmer qu'elle ne reviendra pas — pour laisser place à la seule intuition de la voyante, à *son état somnambulique spécial*.

---

1. S'il en est ainsi, pourquoi Mlle Couédon ne m'a-t-elle pas demandé jadis de protester contre la prédiction relative à la chute du ministère Bourgeois qu'on lui attribua d'après Chincholle, comme elle proteste aujourd'hui contre la prédiction relative à la chute du ministère Méline ? La première était pourtant infiniment plus précise que la seconde, puisqu'elle fixait non pas seulement l'année ou le mois, mais le jour. Il est vrai que l'événement prouva qu'elle était juste. Aussi bien, la voyante se trompe, en affirmant que « l'Ange » ne fixe jamais de date. L'erreur est d'ailleurs naturelle, puisque Mlle Couédon affirme ne point se souvenir des propos que « l'Ange » tient par sa bouche. Maintes fois « l'Ange » a annoncé que tel événement se produirait avant tel autre. Il a même annoncé des événements devant se produire dans l'année. Rien ne me serait plus aisé que de citer des exemples.

Quand je l'ai consultée, je n'ai constaté que ce dernier état : 1° avec exactitude parfaite de ce qui me fut dit sur le plan de l'existence pratique, 2° avec une curieuse phrase qui n'est significative que pour moi, sur un plan élevé, 3° avec méconnaissance de choses plus hautes.

Il y avait donc une voyance somnambulique assez limitée, bien que juste sur le plan de l'existence terrestre.

D'ailleurs, une susceptibilité chez « l'Ange » serait inexcusable et témoignerait peu favorablement de cette influence, car, franchement, la banalité des choses dites en dernier lieu, avec cette impossibilité de s'exprimer, légitiment positivement les doutes que vous avez publiés.

La preuve que de l'ombre se mêle à cette lumière, c'est l'inexactitude de certaines prédictions jointes à la remarquable vérification de certains autres.

Car, enfin, l'ange Gabriel en personne ne paraît me faire avouer quel ministère Méline ne préside pas aux Elections, contrairement à sa prédiction.

Il vaut mieux supposer que l'ange n'apparaît que rarement dans cette voyance naturelle de Mlle Couédon, sinon ce serait attribuer à ce *messager céleste* des erreurs impardonnables.

Mlle Couédon serait mieux inspirée en reconnaissant elle-même le dualisme du phénomène ; elle mettrait sur le compte de *sa voyance* les erreurs et non sur le compte d'un ange qu'elle compromet en croyant le servir, en lui attribuant des « erreurs certaines ».

1° *Mlle Couédon semble être une somnambule assez lucide, naturellement.*

2° Ce sujet, ce médium a dû servir d'instrument pour l'action temporaire d'une entité supérieure qui s'est nommée l'ange Gabriel, et qui n'apparaît qu'à de rares intervalles.

Ce dualisme explique les erreurs et les exactitudes du phénomène Couédon, considéré dans son ensemble.

Excusez mon bavardage, je ne prétends pas avoir sondé tout ce mystère.

A vous très cordialement.

VITT.

J'ajoutai :

— Au fond, tout cela, Mademoiselle, prouve votre bonne foi, et n'a rien, en somme de désobligeant pour vous. N'est-ce pas un fait reconnu que partout où il y a eu des manifestations d'ordre divin il y a eu des manifestations d'ordre diabolique ?...

Mais je n'eus pas le temps d'achever ma pensée. Un tel émoi, à la supposition que ce n'était peut-être pas toujours l' « Ange » qui parlait, se peignit sur le visage de la Voyante, et sur celui de sa mère qui assistait à l'entretien, que je ne crus pas devoir insister. Nous parlâmes d'autre chose.

Je me garderai de faire aucune réflexion ironique sur les nouvelles dispositions de l' « Ange » de Mlle Couédon. Je me permettrai seulement de remarquer que c'est au lendemain de la constatation d'une erreur — qu'il eut été bien facile de me faire rectifier plus tôt si elle était de mon fait (1) — que l' « Ange » s'est avisé de supprimer le seul moyen de contrôle qui fut à notre portée, pour vérifier et pour prouver à l'occasion la véracité de ses paroles.

Et je ne soulignerai même point le léger ridicule qu'il y aurait de la part d'un « Ange » à trouver excellent ce moyen de contrôle, quand il permet de constater l'exactitude de certaines prédictions et défectueux quand il démontre l'inanité de certaines autres ; car ma pensée est que, — depuis une époque que j'ai eu le soin de marquer au cours de mes articles par des réserves très nettes, — une entité nouvelle s'est, à l'insu sans doute de Mlle Couédon, substituée par intermittence, tout au moins, à l'entité primitive et que ce n'est plus toujours « l'Ange » des débuts qui vaticine...

GASTON MERY.

A propos de M. Ledos

Monsieur,

Vis-à-vis du scepticisme que vous rencontrez quelquefois à propos de la publication des nombreux faits merveilleux dont vous entretenez les lecteurs de votre Revue, il me semble presque un devoir d'affirmer hautement que toutes les investigations que j'ai faites jusqu'ici, en en suivant les traces à travers Paris, au fur et à mesure que vous les indiquez, m'ont prouvé que tout ce que vous avancez est entièrement vrai et n'est empreint d'aucune exagération.

Le fait cependant qui me semble le plus curieux de tous est la lucidité extraordinaire de M. Ledos qui se dit simplement physionomiste, mais qui doit, en dehors de ses connaissances de la physionomie humaine, être doué de la double vue d'une manière remarquable et toute particulière ; je dis particulière, car, d'ordinaire, les voyants ne perçoivent les choses qui se dérobent à nos yeux matériels, qu'en état de transe, M. Ledos les voit et les juge sans sortir de son état normal.

Je me suis présentée chez M. Ledos, vieillard d'un aspect vénérable et affable, plutôt en sceptique, par suite d'un jugement donné par un de ses disciples sur la physionomie de Zola, que curieuse et impatiente de connaître l'avenir que je ne m'attendais pas à voir dévoilé. C'est en effet avec un petit sourire incrédule que je me suis assise en face de lui, me réservant mes critiques en mon for intérieur, sur la façon dont les traits de ma figure seraient interprétés.

En général, nous sommes tous des dilettantes en physiognomonie, puisque c'est d'après ce que l'effigie matérielle nous montre des âmes que nous plaçons jusqu'à preuve du contraire, nos affections ou au moins nos préférences ; tel front, tel nez, telle bouche laissent augurer telle aptitude,

1. C'est ainsi, par exemple, que je rectifiai sur la demande de Mlle Couédon, une erreur d'interprétation relative à la date de la guerre prochaine. (Voir le 9e fascicule.)

tel caractère. telle qualité; qu'une étude suivie conduise à un certain résultat, rien là de surprenant.

Cependant, dès l'abord, M. Ledos donna une appréciation de mon caractère que ma figure semble plutôt cacher que manifester. Sans la moindre hésitation, il continua à me disséquer pendant près de deux heures; sans me fixer le moins du monde, mais plutôt comme s'il lisait en moi, il mit mon âme à nu, jusqu'en ses plus intimes replis et en dépeignit les mouvements les plus secrets, enfin je sentis que les yeux de mon juge voyaient plutôt mon état d'âme que la pauvre enveloppe qui la dérobe aux yeux des humains.

La conséquence que j'en tire, est qu'il ne s'agit pas ici d'une science de physionomiste *seulement*, mais d'un cas de clairvoyance doublée d'un jugement scientifique. Je m'explique : je crois M. Ledos savant et voyant à la fois, car ma figure, aux traits peu extraordinaires, n'a pas l'indiscrétion de raconter ma vie entière. Et c'est bien ma vie entière que M. Ledos me présenta et non seulement un ensemble de choses, mais des détails circonstanciés du passé, du présent, avec leurs effets pour l'avenir et jugés par quelqu'un qui voit *et l'effet et la cause.*

Il y a des gens qui n'aimeraient pas une telle vivisection psychique, moi, j'en ai été ravie, car j'aime le merveilleux quand il est réel et prouvé.

Pour ceux qui doutent, il est facile de se convaincre et M. Sarcey, s'il était courageux, accepterait le défi.

Quant à moi, je regrette que M. Ledos ne se soit pas fait juge d'instruction; combien sa clairvoyance et sa perspicacité auraient pu simplifier certaines procédures et sauver d'innocents condamnés!

Aujourd'hui notre sommeil ne serait pas troublé par Dreyfus et Esterhazy!

Que ne pense-t-on pas à les faire comparaître tous deux devant lui?

Voici, Monsieur, ce que j'ai tenu à vous soumettre en vous envoyant en même temps mes sincères remerciements pour toutes les indications précieuses que vous donnez à vos lecteurs.

Veuillez agréer, Monsieur, l'expression de mes sentiments très distingués.

CLAIRE G...

Paris, 4 avril 1898.

ÇA ET LA

Les doigts en spatule. — C'est le crime d'hier. Mardi dernier, les journaux relataient un double assassinat, boulevard Poissonnière. Un jeune ouvrier mécanicien-dentiste, nommé Albert Martin, a tué, à coups de marteau, son patron, M. L. Banderly, directeur de l'Institut dentaire situé au coin de la rue et du boulevard Poissonnière. Puis il s'est acharné sur la caissière, Mme Compredont, qui, par miracle, a pu avoir la vie sauve.

M. Banderly avait, dit-on, le pressentiment que son ouvrier commettrait un jour ou l'autre quelque crime et avait décidé de se débarrasser de lui. Albert Martin, en effet, a une physionomie de brute qui inspire peu de confiance, mais il a surtout une particularité bien spéciale : les doigts de ses mains sont en spatule, c'est-à-dire larges et aplatis, son pouce est très fort, et le dentiste à qui cette particularité n'avait pas échappé avait dit un jour :

— Ce diable d'Albert a la main de l'assassin.

Le pauvre homme ne s'était pas trompé. Cela prouve une fois de plus que l'art où excelle Mme de Thèbes repose sur des bases sérieuses.

***

Mains-Talismans. — Puisque nous parlons de mains, citons cet extrait de *l'Echo du Public*, sur les mains-talismans.

« Les petits juifs d'Algérie portent généralement fixée à leur fez (coiffure) une main en argent portant gravé le nom de Dieu en hébreu. Ce talisman doit préserver son possesseur contre les mauvaises influences. Les mains rouges ou bleues peintes sur les maisons ont la même destination.

« Les enfants arabes musulmans portent des mains semblables. Mais tandis que la main juive a 3 doigts égaux et 2 plus petits, la main arabe a les 5 doigts égaux. Cette dernière est souvent remplacée par un peigne en ivoire à 5 branches que les enfants portent sur leur coiffure. Le nombre magique de 5 est parfois porté à 7 dents, nombre également magique.

« Les mains-talismans à 5, 6 et 7 doigts jouent en Orient un rôle important sur lequel il y aurait beaucoup à écrire. »

***

Un moderne Nostradamus. — Un devin, d'une sagacité surprenante, paraît-il, mais qui cependant désire garder l'anonyme, a confié à l'un de nos confrères un anagramme d'une troublante actualité.

Voici comment aurait procédé ce moderne Nostradamus :

Il a disposé en cercle toutes les lettres auxquelles il voulait trouver un sens. Il a choisi celles qui composent les mots *l'Espagne et les Etats-Unis*. Il a rangé ces lettres en cercle sur un guéridon d'acajou puis a promené lentement son regard autour du cercle en laissant errer son esprit dans une vague contemplation. Peu à peu les mots sont apparus. Il a alors effacé du cercle les lettres qui composaient ces mots et les a mises à part. Reprenant ensuite sa contemplation circulaire jusqu'à ce que de nouveaux mots en accord avec les premiers complétassent le nouveau sens il a épuisé le cercle.

Et voici ce qu'il a trouvé :

« *Etat Latin Sera Sûr Triompher Anglo Saxons Unis Tous Et Pas Energiques, Ni Instruits Sur Terre Ni Grands Artilleurs Et Exercés.* »

Cette prophétie aurait été faite quinze jours avant le bombardement de Matanzas. Notre confrère n'a pas l'air de prendre au sérieux ce mystérieux devin.

Nous non plus.

***

Autour du mystère. — Sous ce titre, après avoir rappelé la grosse querelle existante entre M. Francisque Sarcey et notre directeur, M. Clovis Hugues raconte, dans le *Petit Provençal*, des faits de transmission de pensée et de divination dont il fut témoin :

« Il y a quelques années, dit-il, chez moi, dans mon salon, devant quarante invités, le prodige de la transmission de la pensée fut réalisé non pas une fois, mais vingt fois, trente fois, autant de fois qu'il nous plut de le répéter. Vous rappelez-vous ce Zamora qui étonna un moment Paris? Nous lui avions bandé les yeux; l'un de nous, chacun à tour de rôle, se campait derrière lui, le regardait dans le dos, pensant à quelque chose que le sujet devait faire. C'était tantôt une potiche à porter sur la cheminée, à reporter ensuite sur quelque meuble, tantôt une statuette à déposer dans les bras d'une dame, tantôt un tableau à décrocher, etc.. Zamora ne rata pas une expérience, pas une, pas une! Là où il devenait terrible, par exemple, c'était quand on lui demandait l'heure à une seconde près. Tout d'abord, il exigeait qu'on lui posât la montre sur la tête; après quoi il vous disait l'heure et la seconde avec une exactitude que le soleil lui-même lui aurait enviée. Mais voilà, il commençait par casser la montre, la jetant sur le parquet d'un rapide hochement de tête, et il vous disait, avec un bon sourire : « Qu'est-ce que vous voulez! Il fallait que l'aiguille s'arrêta juste à la seconde, sans quoi ce n'aurait plus été la même et vous auriez douté. »

« A la troisième montre cassée, nous arrêtâmes les frais.

« Et n'ai-je pas entendu Mlle de S... dans l'état somnambulique de double vue, me décrire étage par étage, porte par porte, l'humble maison où je suis né, avec son jardinet, sa petite boutique, son bosquet gazouilleur et son tic tac de vieux moulin? Paillard, le bon peintre Paillard, qui a vécu quelques jours chez les miens, dans le joli tremblement des hauts platanes, en était bleu. »

***

Le petit prédicateur américain. — Encore un jeune Américain prodige! Il se nomme Lawrence Dennis, âgé de trois ans, enfant d'honnêtes travailleurs d'Atlanta (Géorgie).

Cet enfant prononce, ou plutôt balbutie des sermons et exhorte ceux qui vont chez ses parents à l'entendre prêcher. Après avoir placé toutes les chaises en cercle, il invite les visiteurs à s'asseoir, se place au centre, monte sur une chaise et s'exprime ainsi :

« Je vous dis à tous que si nous ne pardonnons pas les offenses de nos frères, Dieu ne nous pardonnera pas les nôtres. Soyez bons, Satan ne peut pas vous faire de mal, si Dieu est avec vous. Ne cessez pas de prier, jusqu'à ce que vous croyiez que Dieu vous aime. Je suis petit, mais j'aime Dieu et il m'aime; je fais en sorte que son peuple l'aime et fasse le bien. Priez, priez, je vous dis, et si vous voulez vous souvenir que Jésus est mort pour vous, vous suivrez son enseignement pour être bons et heureux. Amen! »

Le portrait du jeune prédicateur a été publié dans le *New-York-Word*.

Les intentions de ce jeune homme sont évidemment louables, mais pourquoi faut-il qu'on ne rencontre qu'en Amérique de semblables petits prodiges!

***

Le globe hypnotique. — C'est le nom de l'appareil avec lequel on peut, paraît-il, s'hypnotiser soi-même. Il se compose essentiellement d'une petite boule en verre de quatre centimètres de diamètre, teintée en bleu, et au centre de laquelle est fixée une aiguille d'acier. Cette boule est placée sur un support en bois. Il suffit de braquer ses yeux à une distance de quinze centimètres, et pendant deux ou trois minutes, sur la pointe de l'aiguille, pour goûter aussitôt toutes les sensations, agréables ou pénibles, de l'hypnose.

Avis aux amateurs.

***

Diamandi, le calculateur prodige. — Ce calculateur à la mémoire prodigieuse (qui est aussi poète et romancier) est de retour à Paris après une longue absence. M. Henri de Parville, qui a assisté à l'une de ses séances de calcul mental, le différencie en ces termes d'un autre calculateur fameux, Inaudi :

« Diamandi possède une mémoire *visuelle*, à l'opposé de Inaudi qui possédait une mémoire auditive. Nous voulons dire par là que Diamandi se rappelle les nombres quand il les a vus inscrits; au contraire, Inaudi ne s'en souvenait que lorsqu'on les lui avait énoncés un à un bien distinctement. Donc, chez l'un, mémoire par impression des yeux; chez l'autre, souvenir par impression des sons sur l'oreille. Cette différence offre de l'intérêt. Diamandi ne voit pas les chiffres toujours tels qu'ils sont écrits sur un tableau noir; il les dispose lui-même mentalement sur une ligne courbe affectant un peu la forme d'un M et il les groupe de plus en plus serrés à mesure qu'il arrive au bout des inscriptions. Son cerveau les voit ainsi inscrits sur cette double courbe idéale et au moins pendant plusieurs jours. »

Quant aux calculs, Diamandi les fait comme Inaudi ou Mondeux. Combien y a-t-il de secondes dans 87 siècles, y compris les années bissextiles? En allant vite, le premier venu ne ferait pas le calcul, le crayon en main, en moins de cinq minutes. Au bout d'une minute, Diamandi répond : Il y « a, dans 87 siècles, 2.745.551.120.000 secondes. » Ce qui est exact.

GASTON CROSNIER.

Thomas Martin de Gallardon

(*Suite*)

M. Royer Collard a examiné Martin avec beaucoup d'attention; le 18 mars, il a donné onze questions au directeur de la Maison de santé à Charenton, qui les a adressées au maire et au curé de Gallardon. (Elles sont ci-après annexées) dans la vue de s'assurer de son caractère, de son genre d'esprit, de ses opinions, de sa conduite, etc. Les réponses ont été uniformes et précises. Elles présentent Martin comme un homme simple, franc, ouvert, modéré, remplissant ses devoirs fidèlement, mais sans ostentation, ennemi de la révolution sans aigreur, ami du Roi et de l'ordre sans apparat, d'humeur gaie, d'un caractère ferme, point crédule, point ami du merveilleux, incapable de servir un parti aux dépens de la vérité et de la sincérité.

21 ET 24 MARS 1816

MINISTÈRE DE L'INTÉRIEUR

MAISON ROYALE DE CHARENTON

QUESTIONS *proposées sur le nommé Thomas Martin, par M. Royer Collard, médecin en chef de la maison Royale de Charenton, et spécialement chargé, par Son Excellence le Ministre de la Police Générale, de le traiter.*

QUESTIONS	RÉPONSES DE M. LE CURÉ	RÉPONSES DE M. LE MAIRE
1	1	1
A-t-on connoissance qu'il ait existé dans la famille du sieur Martin, soit parmi ses ayeux directs, soit même parmi ses ascendants latéraux, une ou plusieurs personnes qui aient été aliénées d'une manière quelconque, ou qui aient eu seulement une imagination ardente ou un caractère bizarre? L'apoplexie, la paralysie et, en général, les affections nerveuses, ont-elles été observées plus ou moins souvent dans cette famille?	(*Nota*) La plupart des réponses que j'ai à faire ici ne seront que des redites, des notices, indications et certificats que j'ai fournis depuis le 26 janvier à M. l'évêque de Versailles, à M. le Préfet d'Eure-et-Loir, et à Son Excellence Mgr le Ministre. La famille Martin, tant du côté paternel que maternel, est une des plus anciennes de Gallardon. On n'a jamais connu personne de cette famille attaqué des affections physi-	La famille Martin est connue de temps immémorial dans Gallardon, et jamais on n'a entendu dire que qui que ce soit de cette famille ait été affecté d'aucune des affections ci-contre. De même la famille Ridet, côté maternel de Martin.

QUESTIONS	RÉPONSES DE M. LE CURÉ	RÉPONSES DE M. LE MAIRE
	ques ici demandées; on les a toujours connus pour tranquilles, sobres et honnêtes.	
2 A-t-on remarqué chez lui quelque chose d'extraordinaire avant le mois de janvier dernier?	2 Avant le mois de janvier dernier, il étoit d'un caractère uni et ses démarches y répondoient.	2 Qui que ce soit ne s'est aperçu de rien d'extraordinaire avant l'époque contre-citée.
3 A-t-il donné, à une époque quelconque, des signes d'aliénation même passagère?	3 On ne s'est jamais aperçu d'aucune marque d'aliénation même passagère.	3 Jamais Martin n'a donné les plus petits signes, même passagers, d'aliénation.
4 A-t-on eu occasion d'observer chez lui ou une grande susceptibilité nerveuse, ou une imagination prompte à s'exalter à la moindre impression?	4 Son imagination paisible lui faisoit prendre tranquillement tous les événemens.	4 Martin a toujours été d'un caractère doux et uni, paisible et tranquille.
5 S'est-on aperçu que le sang lui portât facilement à la tête, et que, dans certaines circonstances, son visage devînt rouge et ses yeux enflammés?	5 Jamais il n'a paru incommodé du sang, son visage et ses yeux ne m'en ont jamais donné aucun indice; il n'a jamais été traité pour maladie par aucun médecin ou chirurgien.	5 Il n'a jamais éprouvé aucune incommodité causée par le sang. Son visage et ses yeux n'ont jamais changé.
6 N'a-t-on jamais remarqué chez lui quelque légère atteinte ou même de simples menaces d'apoplexie, telles que des vertiges, des tournoyemens, une tête lourde et embarrassée?	6 Il ne s'est jamais douté d'aucune de ces impressions.	6 On n'a jamais vu aucune marque semblable en lui.
7 Quel est son caractère? Est-il doux, simple, tranquille, modéré. Ou bien emporté, violent, bizarre, dissimulé?	7 Il est non seulement doux, modéré, simple, mais il excelle en tous endroits. On ne croit pas qu'il sache ce que c'est que colère ou emportement; il ne connoît pas davantage ce que c'est que dissimulation.	7 Le caractère de Martin a toujours été très doux, tranquille, simple, ferme et droit; il n'a jamais fait voir ni colère, ni emportement, ni violence.
8 Quelle a été sa conduite relativement aux affaires politiques? S'en est-il beaucoup occupé? A-t-il pris parti pour ou contre la Révolution et les révolutionnaires? A-t-il mis de la chaleur dans ces sortes de discussions? Les événemens de 1814 et ceux de 1815 en particulier ont-ils fait sur lui une forte impression? Comment a-t-il pris le retour de Bonaparte, au 20 mars, et la seconde rentrée du Roi, au mois de juillet suivant, lui a-t-elle causé une joie bien vive?	8 Les affaires politiques ne l'ont jamais occupé; il a été contre la Révolution, parce qu'il croyoit qu'elle faisoit beaucoup de mal. Il a été en butte à la haine des révolutionnaires. Il n'est jamais entré dans leurs discussions. Il n'a jamais été bien aise du retour de Bonaparte, mais sans agitation. Il s'est réjoui, mais sans émotion, du retour du Roi, et, depuis le mois de juillet, est très content de la situation présente de l'Etat, mais il ne le manifeste pas d'une manière marquée.	8 Il ne s'est jamais mêlé d'affaires politiques; la Révolution a toujours semblé lui déplaire, surtout par rapport aux désordres qu'elle a causés, auxquels il n'a jamais pris part. Il a été tranquille dans les événemens contre cités, de même qu'au 20 mars, rentrée de Bonaparte. Il sembloit cependant fâché de la sortie du Roi; a pris aussi tranquillement la rentrée du Roi au mois de juillet, s'en est réjoui, mais sans apparat.
9 A-t-il été habituelement religieux? Est-il instruit passablement de la religion? En remplissoit-il exactement les devoirs avant le mois de janvier dernier? Mettoit-il du zèle et de la chaleur? Avoit-il une devotion ardente et outrée? S'occupoit-il beaucoup des matières	9 Il a toujours eu un fond de religion; il en remplit les devoirs ponctuelement, mais sans s'en prévaloir. Il ne s'en occupe qu'à l'Eglise, aux heures d'offices publics, dans ses livres d'offices, les seuls livres qu'il ait parce qu'il n'est pas lecteur. Il ne parle jamais contre ceux qui	9 A été reconnu dans la paroisse pour s'acquitter exactement de ses devoirs de religion, mais sans emphase et sans pretentions. N'est point lecteur; il n'a que les livres d'église.

QUESTIONS	RÉPONSES DE M. LE CURÉ	RÉPONSES DE M. LE MAIRE
religieuses? Faisoit-il des lectures ou voyoit-il des personnes propres à l'exalter sous ce rapport? En parloit il souvent dans les conversations, et comment?	n'ont pas de religion : enfin il n'a rien d'exalté en cette matière. Je ne le voyois même jamais en particulier. Quand je le rencontrois dans les champs, à son ouvrage, je lui demandois, comme c'est assez ma coutume envers tous les autres : « Comment va l'ouvrage ? » Il me répondoit d'une manière aisée : « Monsieur le curé, vous êtes bien honnête, il va bien. » Thomas Martin connoissoit bien ces deux commandemens de l'Eglise : *Tous tes péchés confesseras. Ton Créateur tu recevras.* Il étoit exact à les accomplir, mais si exact, si littéralement exact, que je ne le voyois qu'une fois par an.	
10 A-t-on remarqué qu'il eût l'esprit faible et facile à ébranler? Lui faisoit-on croire aisément des choses extraordinaires? Sait-on si, dans sa jeunesse, on lui a fait des contes de sorciers et de revenans, et s'il en avoit conservé l'impression? Sait-on aussi s'il avoit eu occasion d'entendre parler de prédictions ou d'annonces relatives aux temps actuels, et s'il en avoit été frappé?	10 Tout simple qu'il est dans sa conduite et dans son intérieur, je ne crois pas qu'il soit facile à ébranler; il est capable de soutenir sa pointe quand il est attaqué à tort. On ne s'est jamais occupé, dans sa maison de contes de sorciers ou de revenans; je crois que si on lui en parloit, il les mépriseroit. Il ne connoît pas les prédictions en général. Je ne crois pas que rien de semblable l'ait jamais frappé.	10 N'a jamais passé pour esprit faible, ni porté à croire des choses extraordinaires. Les contes de sorciers et de revenans n'ont jamais été d'usage dans ce pays. Il ne sait pas ce que c'est que prédiction.

QUESTIONS	RÉPONSES DE M. LE CURÉ	RÉPONSES DE M. LE MAIRE
11 Enfin a-t-on remarqué dans tout l'ensemble de sa vie physique et morale quelque chose qui ait pu le disposer aux accidens qu'il a éprouvés, ou influer sur leur production?	11 Je n'ai connoissance d'aucune cause qui ait produite en lui les sensations qu'il a éprouvées depuis le 15 janvier dernier. Je n'ai ri des premiers rapports qu'il m'en a faits, je me suis appliqué à lui en détourner l'imagination. Ce n'est qu'après deux semaines, de nouveaux retours que je me suis déterminé, d'après ses demandes réitérées, de l'envoyer à Mgr l'évêque de Versailles. Je certifie tout l'énoncé ci-dessus et de l'autre part véritable, selon les connoissances que je me suis procuré sur les lieux. Ce 21 mars 1816. Signé : LA PERRUQUE, curé de Gallardon. Pour copie conforme : Le Préfet d'Eure-et-Loire, signé : Cte DE BRETEUIL.	11 On n'a jamais remarqué rien d'extraordinaire dans la vie de Martin, uniquement occupé de ses travaux de labour, ne fréquentant jamais ni les cabarets, ni les lieux des jeux. Ce que je certifie véritable dans tout son contenu. Ce 21 mars 1816. Signé : GEORGES, maire de Gallardon.

Le 26 mars, Martin écrivit de l'hospice de Charenton la lettre suivante à son frère (elle a été copiée en présence de Martin, sur sa lettre, qui n'avoit pas encore été mise à la poste).

« Mon frère, je t'écris cette lettre pour te marquer « que je suis toujours en parfaite santé. Je souhaite « de tout mon cœur que la présente vous trouve tous « de même. Comme j'ai commencé à t'écrire, la « même apparition m'est apparue. Elle m'a dit les « choses en ces termes : Mon ami, je vous avois dit « que je ne reviendrois plus vous voir; je vous assure « que j'aurois une grande douleur si mes démarches « étoient inutiles; je vous assure que le plus terrible « fléau est prêt à tomber sur la France et qu'il est à « la porte; les peuples en voyant arriver ces choses « seront saisis d'étonnement et sécheront de frayeur. « Ce qui avoit été prédit autre-fois est arrivé comme

« ces choses avoient été annoncées. De même la « chose arrivera si on ni pratique pas ce que j'or- « donne. La France n'est plus que dans l'irreligion, « l'orgueil, l'incrédulité, l'impiété et l'impureté, et « enfin livrée à toutes sortes de vices. Si le peu- « ple se prépare à la pénitence, ce qui est prédit sera « arrêté ; mais si l'on ne veut rien faire de ce que j'an- « nonce, ce qui est prédit arrivera ».

(*A suivre.*)

A TRAVERS LES REVUES

Le JOURNAL DU MAGNÉTISME. — M. Bourgoint-Lagrange conte que, se trouvant un soir chez Mme Olympe Audouard qui s'occupait ardemment de spiritisme, il évoqua l'esprit de Voltaire, et en obtint la « communication » suivante :

« Esprits d'élite qui, planant au-dessus de la vulgarité humaine, cherchez à pénétrer les secrets d'outre-tombe, ne vous laissez pas entraîner par la propension au merveilleux, si naturelle à l'homme. Aussi faibles et peu nombreux que soient les phénomènes par lesquels nous nous manifestons réellement, ils sont bien assez surprenants pour votre entendement comprimé par la matière. Soyez attentifs à ce seul exemple : lorsque, pour la première fois, l'un de vous ouvre un livre composé par un auteur mort il y a cent ans, la pensée de cet auteur n'apparaît-elle pas à celui qui lit aussi neuve et aussi fraîche qu'au moment où elle a pu être exprimée ? Cependant, personne n'a jamais eu l'*idée* que l'IDÉE réside dans les caractères imprimés. L'idée est donc un corps d'une nature particulière qui voltige autour de vous et qui, saisie par un cerveau bien organisé, est fixée par son ordre sur le papier. Nos âmes, dégagées des liens matériels, forment comme une atmosphère dans laquelle vous êtes plongés. Lorsque vous en évoquez une, vous ne faites qu'ouvrir un livre. Ne cherchez donc pas à savoir de nous ce que nous avons ignoré de notre vivant. Interrogés sur le Passé, nous répondrons suivant que nous l'avons connu nous-mêmes, et plus nous avons été savants, plus nous avons possédé l'Histoire, par exemple, plus nos réponses sont satisfaisantes. Questionnés sur le Présent, nous en savons souvent moins que vous, car dégagés des soins et des préoccupations qui vous agitent, nous sommes à peu près indifférents à tout ce qui se passe chez vous, sauf en ce qui concerne nos proches et le sort de notre patrie. Quant à l'Avenir, vous provoquez mon rire d'autrefois lorsque je vous vois vous consumer en efforts impuissants afin d'en obtenir de nous la notion anticipée. La mort ne nous a pas rendus infinis. Bornés, nous n'avons la perception que de choses bornées. Ainsi, ne perdez pas votre temps à vouloir pénétrer l'insondable.

« Paris, jeudi 29 octobre 1874, 1 heure du matin.

« VOLTAIRE. »

M. Bourgoint-Lagrange fait suivre la reproduction de cette « communication » des lignes suivantes :

Je suis encore, je l'avoue, fort indécis, au point de vue de la survivance de l'âme en tant qu'individualité précise conservant, après la mort, la conscience de ce qu'elle a été pendant la vie terrestre. Mais je dois dire, pour rendre hommage à la vérité, que j'ai écrit la « communication » de Voltaire tout d'un trait, sans réfléchir une seconde ; et je dois attirer l'attention sur cette particularité que ladite « communication » rappelle, d'une manière frappante, le style de Voltaire, dans les moments où l'infatigable railleur se donnait la peine de s'exprimer sur un ton exclusivement sérieux. Or, je le déclare en toute humilité, je serais absolument incapable de pasticher le style de Voltaire, même en m'y préparant de longue main.

M. Bourgoint-Lagrange est vraiment trop modeste.

L'INITIATION. — A lire un article de Saturninus, *Joseph de Maistre et les Martinistes*, et la suite des considérations très substantielles et très judicieuses de M. R. Duplantier sur *la Lucidité ou Double Vue*.

L'HYPERCHIMIE publie une savante étude, signée docteur Berke, sur la *Médecine Hermétique*.

LA PAIX UNIVERSELLE publie un article fort documenté de M. A. Erny sur les *Photographies du docteur Baraduc*.

LA REVUE SPIRITE nous donne des nouvelles d'Eusapia Palladino. Les voici :

Eusapia Palladino (1) invitée à Saint-Pétersbourg par le grand duc Nicolas Nicolaiewitch s'est arrêtée le 20 mars 1898 à Varsovie; elle a passé deux jours chez moi.

Une remarquable différence se laisse voir dans l'extérieur du célèbre médium depuis son dernier séjour dans notre ville en 1893. Eusapia a pris de l'embonpoint, est devenue un peu plus grave, sa chevelure d'un noir de corbeau s'est argentée d'un rayon de cheveux grisâtres. Cependant l'énergie, qui caractérise les types du Midi n'a en rien diminué, peut-être même a-t-elle augmenté avec l'âge.

Naturellement la soirée ne pouvait se passer sans une petite séance improvisée dans un cercle familier, d'autant plus que l'obligeant médium ne se fit pas trop prier, laissant exposer son don aux personnes qui lui sont sympathiques et en général tous ceux qui possèdent sa confiance.

Aussi au lieu d'une petite séance, que nous attendions n'osant opprimer le médium fatigué d'un long voyage, — grâce à son obligeance, nous avions une grande séance, qui dura deux heures et demie, depuis 11 heures jusqu'à 2 heures après minuit, interrompue d'une petite demi-heure.

Mais, hélas! « John King » ne voulut accepter aucu-

---

1. L'auteur nous prie de ne pas changer un iota à son compte rendu, *nous obéissons*.

nement l'éclairage artificiel pratiqué dans mes séances avec le médium Janek, connu déjà par mes articles aux lecteurs de la Revue, — éclairage, où comme au clair de la lune, les assistants de la séance peuvent non seulement se voir, mais même observer chaque détail de leur toilette.

Le guide d'Eusapia consentit à grand'peine à se servir de notre table lumineuse.

Nous nous assîmes au nombre de sept personnes y comptant le médium. Deux docteurs, deux dames, ma femme et moi. Messieurs les docteurs s'assirent de chaque côté du médium, qui leur tint les mains et pressa avec les siens leurs pieds.

La bougie était posée plus loin sur une petite table lumineuse. Il faisait donc clair au salon.

Dans ces conditions, après une attente de quelques minutes, nous avions obtenu trois lévitations irréprochables à courts intervalles et à un demi-mètre du plancher. Tout de suite après cette manifestation on nous demanda en typtologie : « Meno luce ». Nous entourâmes donc la bougie avec un grand volume. « John » trouva que c'était peu. Nous posâmes la bougie au fond d'une boîte profonde, — il était également mécontent et frappait toujours son « meno luce ». Comme la bougie placée encore derrière le poêle ne lui suffisait pas, nous l'éloignâmes et alors « John » se tranquillisa et nous déclara sa satisfaction par les mouvements analogues de la table.

En récompense de notre condescendance, il nous gratifia de quelques phénomènes precédés d'un froid de plus en plus fort, que nous ressentîmes à nos mains posées sur la table et aux fronts. Ensuite vinrent les attouchements des petites mains délicates, qui se frottaient légèrement contre les contrôleurs du médium, ou caressait leurs cheveux ou leurs visages ; elles atteignaient même les troisièmes personnes de chaque côté.

Ce n'étaient pas des attaques brutales de pattes ordinaires comme aux séances avec Janek. En général les phénomènes à la séance avec Eusapia se distinguaient plus noblement.

Mais hélas! A peine la force psychique se mit en jeu tout de bon, « John King » renouvela sa demande de diminuer de lumière.

Il s'agissait d'une seconde fenêtre du salon, que j'ai manqué de couvrir. Je me suis donc avancé avec regret à la fenêtre pour abaisser la rolette.

Nous fûmes récompensés, pourtant, d'un phénomène si authentique, que même l'obscurité de la chambre n'y était pas un obstacle.

Sitôt que je repris ma place après avoir recouvert la fenêtre, le médium commença à signaler une grande inquiétude se tournant sur sa chaise, gémissant, se levant, s'asseyant, s'appuyant de tout son corps contre ses contrôleurs d'un côté ou de l'autre, le froid nous enveloppa toujours plus fortement, puis tout à coup résonnèrent les touches du piano éloigné de nous de quelques pas, qui, pressées d'une main mystérieuse çà et là, retentirent sur le clavier. — En entendant ceci Eusapia se mit à faire avec ses doigts divers mouvements sur la table. Elle frappa dessus avec un doigt, avec deux et trois, et le piano exécutait tout cela avec précision. Elle glissait avec la main entière sur la table, comme pour frotter une allumette et le piano interpréta un passage semblable, qui retentit à nos oreilles.

Tandis que nous nous écriâmes, émerveillés d'un phénomène si étrange, le médium nous recommanda de reculer avec la table plus loin du piano et nous parvînmes ainsi jusqu'au canapé placé contre la paroi vis-à-vis au piano. Le médium ne cessa pourtant de remuer avec ses doigts de diverses manières sur le plat de la table et ses mouvements reproduits en sons résonnèrent sur le clavier.

Nous demandâmes un nouveau phénomène. Après quelques instants nous sentîmes son approche, car le médium sembla souffrir énormément. Voici que l'album aux photographies assez pesant, qui était sur le piano tombe sur notre table ; — peu de temps après s'élancent vers nous les cahiers à musique et aussi un pot avec des jacinthes en fleurs, posé sur la fenêtre, effleurant la tempe d'un des docteurs (contrôleurs du médium), apparaît au milieu de nous sur la table. Quelqu'un le prend en main et propose aux faiseurs invisibles de le reprendre.

Une main s'étend, et prenant le pot qu'on lui présente, tourne un moment en circulant au-dessus de nos têtes, et le pose sur les genoux d'un des contrôleurs du médium. — Nous regrettons de n'avoir pu voir cette main maniant le pot, faute d'éclairage.

Comme pour répondre à ce souhait une main longue, bien faite, ne ressemblant à aucune main des assistants, se glissa plusieurs fois sur le plat lumineux, et même elle tapa la main de quelqu'un.

Les personnes assises plus près du médium commencèrent à chanceler sur leurs chaises, on essayait de les élever en haut. A peine l'une de ces personnes a-t-elle quitté sa place, que sa chaise reculée violemment en arrière se porta tout à coup en haut et nous ne nous aperçûmes pas quand elle grimpa sur la table.

Quand on l'ôta et la personne n'ayant pas sa chaise y prit place, vinrent les attouchements des mains invisibles, à tous les assistants presque.

Les contrôleurs assuraient à chaque instant, que tout est en bon ordre et que le maintien du médium est sans reproche.. Les mains mystérieuses opéraient sans cesse dans le cercle, flattant, caressant les uns, tapant les autres, les embrassant ou frappant légèrement sur le dos. Il arriva aussi que cette main saisissait la main d'un assistant pour frapper les mains voisines ou leur caresser la tête.

Après une heure de séance nous fîmes un petit intermezzo, et commençâmes une discussion sur les faits éprouvés : chacun redisait à sa manière ses sensations. Le médium essuyait son front pénétré de sueur.

S'étant reposé pendant une demi-heure, il nous engagea à continuer la séance, proposant, pourtant, d'échanger la table lumineuse contre une habituelle. Quand nous nous assîmes tout autour, une aventure formelle s'éleva. « John » probablement se matérialisa entièrement, car nous l'avions pleinement partout. Ici il renversait quelqu'un avec sa chaise ; là, il se pressait avec sa barbe longue et molle, telle qu'aucun des messieurs présents n'en possédait une semblable. Il se fourrait par force parmi ceux qui étaient assis autour de la table, il faisait le tour du cercle, et enfin, saisissant le tambourin posé sur le piano, il le secouait en l'air, le jetait sur notre table ou en coiffait quelqu'un, luttait avec celui qui ne voulait pas lui rendre le tambourin, en un mot, nous avions l'impression d'une personne vivante parmi nous.

Mais comme l'énergie de notre nouveau venu mystérieux commença à prendre des formes assez violentes, nous résolûmes de finir la séance, qui se prolongea à une heure bien tardive.

Et encore une fois je dois exprimer mon regret qu'à part les lévitations, qui commencaient la séance, tout se passait au milieu des ténèbres profondes, qui, dans les séances suivantes, se laisseraient assurément diminuer.

Eusapia, néanmoins, quitta notre cité le lendemain pour se rendre au but de son voyage, recevant les adieux affectueux de ses partisans.

WITOLD CHLOPICKI.

Le LOTUS BLEU offre à ses lecteurs la primeur de quelques pages d'un ouvrage du colonel H.-S. Olcott, président de la Société théosophique. Le colonel y raconte quelques incidents de la vie de Mme Blavatsky et ses relations avec les « esprits ».

La LUMIÈRE. — Un article de M. Marius Decrespe sur *la Vision provoquée chez les aveugles.*

De LIGHT du 9 avril, sous le titre : *Une apparition* :

M. R. Seithel, de Fribourg (Bade), nous envoie, par une lettre du 28 mars, le récit du fait suivant dont il garantit l'authenticité :

« Mercredi dernier, la bonne d'un de mes amis d'ici dit, le matin, à sa maîtresse que, s'étant éveillée dans la nuit, elle avait vu son père décédé se tenant auprès de son lit. Il lui dit : « Ta belle-sœur est très mal et en danger de mort. » Elle lui demanda si elle devait aller la soigner, et il répondit : « Non, votre sœur Rose s'y rendra dans ce but. » Le même jour, vers midi, arriva un télégramme du frère de la bonne, qui disait : « Ma femme est très mal, viens vite. » La bonne prit le train, mais revint le soir même, et dit : « J'ai trouvé ma belle-sœur très mal ; elle avait accouché et le médecin qui la soigne avait passé les deux dernières nuits auprès d'elle. Ma sœur Rose arrivant à l'improviste, je pus confier ma belle-sœur à ses soins. »

Voilà certainement un fait indiscutable. Etait-ce un songe? Non, car la bonne était éveillée. Etait-ce une matérialisation du père? Peut-être, car la bonne et son père avaient échangé des paroles. La bonne, de même que la famille dans laquelle elle sert, n'a aucune idée du spiritisme.

Le numéro du 16 avril de la même revue publie le récit suivant d'une curieuse hallucination provoquée par le voisinage et la crainte d'un danger :

Un jour ou deux avant Noël, une dame sortait de Park-square, par Boylston-street. Le pavé était humide et très glissant. Elle avait évité les chariots et voitures, et continuait sa route à travers la rue boueuse, lorsqu'elle vit, descendant la pente de Boylston-street, un double attelage traînant, à toute vitesse, un lourd camion, dont le timon faisait saillie à l'avant. Elle glissa sur le pavé mouillé, et ce léger accident ayant retardé sa marche, l'attelage était sur elle, pour ainsi dire, avant qu'elle s'en fût aperçue. Le galop des chevaux était si rapide que le conducteur n'aurait pu les retenir ou les détourner à temps pour la sauver. Elle fit un effort désespéré pour s'échapper et glissa de nouveau ; à cet instant, le timon du chariot frôla sa joue de si près qu'elle en sentit le rapide mouvement. C'est ici que se place le phénomène psychologique en question. La dame entendit et sentit très distinctement le craquement de ses os broyés sous les roues du camion ; elle était, en son intime conviction, sous les roues du véhicule, qui allait fatalement l'écraser. Au même instant, cette pensée traversa son esprit : « Il n'y aura moyen d'établir mon identité que par une carte de circulation sur les chemins de fer qui se trouve dans mon sac et qui porte l'adresse de mon mari. Qu'il sera triste pour lui d'en entendre parler de cette façon ! » Elle vit alors une sorte de tableau panoramique de son mari et de ses enfants chez elle, ne pouvant trouver les présents de Noël, qu'elle avait caché en des endroits divers de la maison. Son imagination passa en revue chaque place séparée, avec tous les détails de son entourage, où ces cadeaux étaient déposés, les uns dans le grenier, les autres dans les cabinets, d'autres dans le bureau, etc.

En réalité, pendant ce temps, la dame avait gagné le trottoir et n'avait pas le moins du monde été renversée ! Le tout avait duré un court instant, le temps de parcourir trois pieds du trottoir. L'impression des os broyés, les roues passant sur elle, et tout le reste, avait été pure imagination et lui était venu à l'esprit au moment où le timon du chariot lui avait frôlé de près le visage. Néanmoins elle gardait des douleurs dans tous les membres et ne put, pendant quelque temps, effacer de son esprit l'impression qu'elle avait été réellement renversée et écrasée.

Le Gérant : GASTON MERY.

IMP. NOIZETTE, 8, RUE CAMPAGNE-PREMIÈRE, PARIS

DEUXIÈME ANNÉE. — N° 34. 1er JUIN 1898 LE NUMÉRO : 50 CENT.

L'ÉCHO

DU

MERVEILLEUX

REVUE BIMENSUELLE

LES BIENFAITS DU MAGNÉTISME

Mme veuve Martellet (Adèle Colin) nous adresse la relation suivante de sa guérison par le magnétisme. Nos lecteurs liront certainement avec plaisir et intérêt ce curieux récit de la gouvernante d'Alfred de Musset. Rappelons, à ce propos, que Mme Martellet est l'auteur d'un volume de *Souvenirs* sur le poète, qui paraîtra incessamment.

Le 21 mai 1875, je tombai malade pour la première fois de ma vie; j'avais cinquante-neuf ans.

Je fus prise d'un rhumatisme articulaire très douloureux, mes pieds, mes mains enflèrent, les articulations étaient énormes, j'avais les mains grosses comme ma tête, je souffrais horriblement.

On appela un médecin, je pris plusieurs drogues, rien n'y fit.

On décida de me faire transporter chez mon frère qui habitait le bois de Boulogne, à Bagatelle.

J'arrivai là le 4 juin.

Mon mal ne fit qu'empirer ; l'enflure disparue, le mal se porta sur mon bras droit, il gonfla tellement, qu'il était, à partir du coude jusqu'au poignet, gros comme une carafe. L'enflure était transparente et augmentait tous les jours ; je criais toute la nuit, mes doigts se desséchaient, la peau s'en allait par morceau la main était violacée, presque noire, je ne sentais plus mes doigts.

On avait essayé et épuisé tous les calmants, même le chloroforme qui me soulagea un jour, mais le lendemain ne fit plus rien. L'enflure gagnait l'épaule, la douleur était intolérable [illegible].

Je pensais à rentrer [illegible] on voulait me faire mourir chez mon frère. Il me disait qu'il fallait demander [illegible] le médecin, qui ne voulait plus venir, s'il y avait un danger immédiat, le docteur ne voulut rien dire, je me sentais perdue.

C'était un samedi, j'avais décidé que l'on me ramènerait à Paris le lundi suivant.

Le dimanche, un ami de mon frère vint déjeuner avec lui. On me demanda si je voulais bien que l'on essayât de me magnétiser pour me soulager, je répondis que, me sentant perdue, cela m'était indifférent, on pouvait faire de moi ce que l'on voudrait.

L'ami de mon frère s'appelait M. Eliard. Je me laissai magnétiser, il y avait là quatre personnes, mon frère, ma sœur, et deux autres personnes. On [illegible] mon pauvre bras, qui était posé inerte sur un oreiller.

On commença à me faire des passes avec la main, sans me toucher. A la troisième passe je demandai à l'opérateur ce qu'il avait de chaud dans la main. Il n'avait rien, et je sentais pourtant une chaleur sensible. On continua toujours sans me toucher, je commençai à remuer mes doigts qui ne ressemblaient plus à rien.

Mme Vve Martellet (Adèle Colin).

Au bout de quelques minutes M. Edard me dit de lever mon bras, que je sentais bien. Je levais mon bras à quelques centimètres, quand la main de l'opérateur était placée, au-dessus, à distance.

C'était un fait, je me sentais soulagée.

M. Edard me dit : « Je sens que j'opère sur votre bras et que je vous ferai beaucoup de bien.

« Je reviendrai dimanche prochain, nous recommencerons, en attendant restez au lit le moins possible. »

Je trouvai cette dernière recommandation déplacée; depuis une semaine je ne pouvais absolument pas me lever...

Il me dit aussi que je n'aurais plus la fièvre et que je dormirais, ceci me plut infiniment, car toutes les nuits j'avais la fièvre, j'étais tourmentée.

A dix heures, je m'endormis jusqu'au lendemain matin à six heures.

Ma belle-sœur, qui me soignait, était étonnée, moi j'étais heureuse d'avoir passé une bonne nuit. — J'essayai, quand je fus seule, de me lever, je descendis avec un manteau sur mes épaules, on crut que je devenais folle ; on m'habilla, et je ne me recouchai que le soir à huit heures.

Par ordre de M. Edard, on enveloppait mon bras toutes les nuits dans de jeunes feuilles d'aulne.

Je continuai à aller mieux, mon bras diminuait, me faisait moins mal, mais je ne pouvais pas le remuer.

Le dimanche suivant, on recommença les passes, il y eut un progrès marqué. Je levais mon bras avec la main de l'opérateur, au-dessus, à une hauteur de vingt-cinq centimètres; il était moins lourd et puis je dormais la nuit, je n'avais plus de fièvre.

Le 20 juin, le dernier dimanche où je fus magnétisée, on fit venir à Bagatelle un médecin que M. Edard connaissait. Je me plaignis de ne pas avoir d'appétit. Le médecin dit à M. Edard d'agir sur les voies digestives et que sûrement l'appétit reviendrait.

A point nommé, le lendemain, j'entendis le tir aux pigeons, et je demandai si on pouvait en avoir, mon frère en apporta deux. On les fit rôtir, il me semblait que je les mangerais bien tous les deux, mais je ne dis rien.

A table, mon frère m'en servit la moitié d'un, mais je ne perdais pas de vue les autres; on le remarqua, mon frère me dit : « Tu mangeras bien l'autre moitié? » Je lui répondis : Il me semble que je les mangerais bien tous les deux. » On me les laissa. A partir de ce moment, j'eus un appétit extraordinaire, je levais la main à la hauteur de ma tête, je commençais à écrire au crayon.

En prenant congé de moi, M. Edard me dit : « Vous êtes guérie. » Il me donna trois marrons, et me dit : « Ces marrons que vous porterez sur vous, vous préserveront des rhumatismes. »

Je porte les trois marrons, ils se sont usés dans ma poche, je leur ai fait une enveloppe de peau, que j'ai renouvelée plusieurs fois.

Il y a environ un an, ayant senti une douleur au genou, je cherchai mes marrons : je ne les avais plus. Je fouillai ma garde-robe; je les retrouvai dans une jupe que je ne portais plus depuis un mois.

Je les réintégrai dans ma poche, la douleur se dissipa, je n'ai plus rien senti, ni dans mon bras, ni dans les genoux, et j'ai quatre-vingt-deux ans.

M. Edard est mort à Passy-Paris en 1889.

Veuve Martellet (Adèle Colin).

UNE GUÉRISSEUSE

Monsieur le Directeur,

La curiosité, ce sentiment qui sommeille dans tous les cœurs de femme, m'a poussée, ces temps derniers, à aller voir Mme Guertiau, la voyante de Montreuil-sous-Bois.

J'ai pensé que le récit de cette visite pourrait peut-être trouver sa place dans votre si intéressant journal; j'espère que vous ne m'en voudrez pas de cette prétention.

Voici les faits :

Lorsque je me présentai à la porte de Mme Guertiau je n'eus point la peine de sonner, car cette porte était entr'ouverte. L'ayant poussée, je me trouvai dans un jardinet assez grand, très ensoleillé, où une bonne en costume de Bretonne faisait sécher des torchons. Dans un hangar où se trouvaient pêle-mêle, des seaux, du charbon, des instruments de jardinage, je vis un homme penché, ramassant du coke.

— Mme Guertiau, s'il vous plaît?

— C'est ici, me dit l'homme en se relevant.

— Je voudrais la voir.

— Si vous avez pris un rendez-vous ce sera fait tout de suite, sinon...

Il eut un geste vague qui me donna des inquiétudes.

— J'ai un rendez-vous, hasardai-je.

— Dans ce cas, je vais vous faire monter, quand j'aurai rempli mon seau... Entrez dans la salle en attendant et donnez votre nom.

J'entrai dans une pièce assez grande où des femmes en bonnet, en chapeau, en cheveux même, attendaient leur tour, sans aucune résignation, ainsi que le trahissaient leurs conversations.

Ah! elles n'étaient pas muettes! Et leurs papotages sentaient plutôt la loge du concierge que le salon de Mme Aubernon. Mais toutes rendaient hommage à Mme Guertiau qui les avaient guéries ou était en train de les guérir.

— Madame F..., appela-t-on dans l'escalier.

Je me précipitai et me trouvai de suite dans la chambre de la voyante. Modeste chambre tapissée de perse à ramages, meublée d'un grand lit, d'une armoire et d'une table en face de laquelle est assise Mme Guertiau. Le front appuyé dans sa main gauche, cachant ses yeux, elle semble s'abstraire du monde des vivants.

Je m'approche doucement de la table, le mari me fait signe de m'asseoir.

Mme Guertiau n'a pas bougé, mais sa main droite cherche la mienne.

Elle la prend, la tient un instant, la palpant, tâtant le pouls, toujours sans regarder.

Enfin, elle découvre son front et je vois ses yeux bleus, comme embués, qui regardent devant elle, mais sans regard, si je puis m'exprimer de la sorte. Elle me parle d'une voix douce un peu cassée, un peu nerveuse, et me dit sur mon tempérament et ma santé des choses absolument vraies.

— Vous me permettez de vous questionner? luidis-je.

— Mais oui.

— Cela ne vous fera pas sortir de cet espèce de sommeil éveillé?

— Pas du tout.

— Qui est-ce qui vous met dans cet état de voyance?

— D'abord ce furent les médecins; depuis un an c'est mon mari, et quelquefois moi-même,

— Vous n'êtes pas dans cet état toute la journée?

— Non, le matin, je m'occupe de mes affaires, de mes enfants, de la maison, mais je ne me sens pas bien, il me semble que je ne suis pas moi. Après midi, mon mari me fait quelques passes sur le front, les yeux, et je tombe dans l'état où vous me voyez, jusqu'au soir.

— Comment cela vous a-t-il pris?

— Du plus loin que je me souvienne, j'ai subi cette influence. Je me levais, la nuit, étant endormie; je faisais le travail que mes parents m'avaient commandé dans la journée et que je n'avais pu finir. J'étais stupéfaite le lendemain en voyant le travail achevé. Les années me changèrent et cela passa. Une fois mariée, mon mari me vit me lever plusieurs fois la nuit; mais comme toujours je lui disais ce que j'allais faire, il ne s'en préoccupait pas. Ce fut à l'occasion d'une maladie d'un de mes enfants que le don se manifesta.

Mon dernier bébé, âgé de trois ans, était très malade. Je venais de passer plusieurs nuits, près de lui, lorsqu'une de ces dernières nuits je m'endormis. Plusieurs personnes étaient dans la chambre. Elles me virent tout à coup me lever et, les yeux ouverts, protester énergiquement contre le traitement que l'on faisait suivre à mon enfant, donnant des détails sur sa maladie et indiquant comment il fallait le soigner. Les gens qui étaient présents furent stupéfaits et me demandèrent d'écrire ce que je disais. Je l'écrivis. Le lendemain je ne comprenais rien à ce qu'on me racontait. Le médecin auquel on avait montré mon ordonnance répondit :

— Mme Guertiau a dû étudier la médecine.

— Mais elle sait à peine lire et écrire, lui répondit-on

Alors le médecin voulut se rendre compte, me rendormit et me présenta différents sujets malades. Je leur expliquai à tous leur cas et ce qu'il fallait faire.

On me proposa alors de m'attacher à un hôpital: on aurait pris soin de mes enfants, en les mettant sans doute à l'Assistance publique; on aurait placé mon mari et profité de moi.

Je refusai net et je résolus de me consacrer tout entière au soulagement de tous ceux qui auraient confiance en moi.

— Mais comment faites-vous pour les remèdes?

— Je soigne par les herbes.

Malgré cela, le bruit des nombreuses guérisons opérées a éveillé la jalousie des médecins et pharmaciens du pays. On m'a fait un procès et je suis obligée, pour éviter de nouveaux ennuis, d'avoir un médecin avec moi, qui signe mes ordonnances.

Cela du reste n'a rien changé à ma manière de soigner par les herbes, ni à la clairvoyance de mon diagnostic.

J'ai de nombreuses attestations des malades que j'ai guéris. Si vous voulez les voir.

Je remerciai Mme Guertiau et comme je m'en allais, je la vis qui remettait son front dans sa main, afin de ne pas perdre la lucidité de son sommeil si utile aux nombreux malades que son pouvoir guérisseur attire.

Voilà, Monsieur, ce que j'ai vu à Montreuil-sous-Bois.

C. F.

Reportages dans un fauteuil

*** *Le merveilleux dans Balzac.*

Ce serait le titre d'un gros et bien curieux volume. Le magicien de lettres dont M. Rodin vient de dresser sur Paris effaré une si étrange image, a vécu dans le merveilleux comme la salamandre dans le feu, lorsqu'il finit par s'y consumer. Tout devenait merveilleux dans ses mains d'enchanteur, sous ses yeux hantés de mirages éclatants. Au pied de son mur croulant des Jardies, il voyait pousser des ananas dont il se faisait cinquante mille livres de rente. Chaque tasse de thé qu'il offrait était accompagnée de l'histoire fabuleuse de ce thé d'or. Le soleil ne le mûrissait que pour l'empereur de la Chine. Des mandarins de première classe étaient chargés, par privilège, de l'arroser et de le soigner sur sa tige, où de jeunes vierges le cueillaient en chantant avant le lever du jour. Le Fils du Ciel en envoyait, par caravanes, quelques poignées à l'Empereur de Russie; et c'était par le ministre de cet autocrate, que Balzac, de prince en ambassadeur, tenait celui dont il favorisait son visiteur ébahi. Si l'on prenait trois fois de ce thé magique, on devenait borgne; six fois, aveugle. Comme il était d'ailleurs fort bon, Gozlan, tendant sa tasse, s'écriait:

— Je risque un œil!

Au doigt du grand visionnaire, un anneau d'argent devenait la bague même du prophète. Au milieu d'une nuit d'hiver, Balzac frappe à la porte de son ami Laurent-Jan.

— Lève-toi! crie-t-il, nous sommes riches. Nous allons partir pour l'empire du Mogol.

— Es-tu fou? demandait Laurent-Jan, se frottant les yeux et les écarquillant à la fois.

Balzac prit son ami par le bras, et le conduisit près de la lampe.

— Regarde cette bague, lui dit-il mystérieusement.

— Eh bien, je la vois... Cela vaut trente sous.

— Malheureux!

— Disons trois francs, et n'en parlons plus.

— Tais-toi!... Apprends que cette bague m'a été donnée à Vienne par le fameux historien, M. de Hammer. Il sourit, en me disant : « Un jour vous connaîtrez l'importance du petit cadeau que je vous fais. » Je ne pris pas garde à ces paroles; je croyais n'avoir qu'une turquoise ordinaire...

— Eh bien?

— Eh bien, il y a des caractères arabes gravés sur cette turquoise. Hier, à la soirée du ministre de Naples, j'ai demandé leur signification à l'ambassadeur ottoman. A peine eut-il jeté les yeux sur ma bague qu'il poussa un cri dont toute la réunion s'est émue: « Vous avez une bague, me dit-il, en s'inclinant jusqu'à terre, qui vient du Prophète, c'est son nom qui est gravé sur la pierre; elle fut volée par les Anglais au grand Mogol, puis vendue à un prince d'Allemagne. Allez tout de suite à la cour du grand Mogol qui a offert des tonnes d'or et de diamants à celui qui la lui rapporterait... vous reviendrez avec les tonnes. » Figure-toi si j'ai bondi! Je viens te prendre, mon cher Jan, pour partir ensemble.

— Et c'est pour cela, s'écria Laurent-Jan, que tu m'a réveillé au milieu de la nuit!

— Ne te recouches pas!... Ne veux-tu pas de la fortune? Doutes-tu de la parole de l'ambassadeur?

— Je persiste à t'offrir trente sous de la bague du Prophète, dit Laurent-Jan en se refourrant dans son lit.

Balzac, furieux, fit pleuvoir les plus violentes injures sur la tête du sceptique. Courbé, brisé par la rage, il finit par s'étendre sur un canapé, et s'endormit en rêvant aux trésors du grand Mogol. Le lendemain il ne parlait plus de la bague.

On connaît cent anecdotes pareilles. Mais ce n'est pas de ce merveilleux fantasmatique que nous voulions parler. Balzac fut non seulement un halluciné mais un voyant. Nul n'a fait de plus hardies et de plus curieuses incursions dans le Mystère. Bien qu'imparfaitement initié, il a tout deviné par la puissance de son génie.

L'auteur de *Séraphita* avait, du reste, de qui tenir son entraînement vers le merveilleux. Son père, vieillard original, « dont Hoffmann eut fait un personnage de ses créations fantastiques », dit Mme Surville, bien que plutôt sceptique d'apparences, croyait aux songes, et était persuadé que, par un certain régime qui maintenait « l'équilibre des forces vitales », il dépasserait cent ans. Aussi mit-il toute sa fortune dans la tontine Lafarge. Il mourut d'accident à quatre vingt-trois ans. Sa mère était « ardente au merveilleux ». Elle avait collectionné les mystiques et connaissait tous les magnétiseurs et toutes les somnambules célèbres de l'époque. C'est elle qui fournit les matériaux de *Séraphita* (1).

Dans la *Peau de chagrin*, première pierre de l'assise métaphysique de Balzac, tout est mythe et allégorie. C'est la formule de la vie humaine, abstraction faite des individualités. *Louis Lambert* est une œuvre fort supérieure à ce conte orientalement fabuleux. Toujours un peu matérialiste dans son mysticisme, Balzac conçoit l'âme comme un fluide matériel, éthéré, analogue à l'électricité. « Le cerveau est le matras où l'*animal* transporte ce que chacun de ses organes peut absorber de cette substance, et d'où elle sort transformée en volonté. » Nos sentiments sont des mouvements de ce fluide : il jaillit dans la colère, il pèse sur nos nerfs dans l'attente. Les idées sont des êtres organisés qui vivent dans le monde invisible et influent sur nos destinées. Émanées d'un cerveau puissant, elles peuvent maîtriser le cerveau des autres et

1. *Balzac*, par Mme L. Surville (née Balzac) p. 106.

franchir comme l'éclair d'énormes intervalles. Il explique ainsi la transmission de la pensée, la vue à distance, la divination prophétique. La mystique de *Séraphita* reste chrétienne. La destinée humaine est présentée comme une suite de vies ascendantes où l'âme, guidée d'abord par l'amour de soi, puis par l'amour des êtres, et enfin par l'amour du ciel, traverse tour à tour le monde naturel, le monde spirituel et le monde divin.

Les séances de magnétisme auxquelles assista Balzac, lorsqu'il méditait la peinture de l'Androgyne céleste de Swedenborg, lui ont fourni pour *Ursule Mirouet* l'admirable chapitre de la conversion du docteur Mirouet. Le vieux médecin sceptique est conduit par un de ses confrères, mesmérien, chez un personnage que l'on aura peut-être peine à reconnaître dans ce portrait démesuré :

« En ce moment se produisait à Paris un homme extraordinaire, doué par la foi d'une incalculable puissance et disposant des pouvoirs magnétiques dans toutes leurs applications Non seulement ce grand inconnu, qui vit encore, guérissait par lui-même à distance les maladies les plus cruelles, souverainement et radicalement, mais encore il produisait instantanément les phénomènes les plus curieux du somnambulisme, en domptant les volontés les plus rebelles. La physionomie de cet inconnu, qui dit ne relever que de Dieu, et communiquer avec les anges, comme Swedenborg, est celle du lion ; il y éclate une énergie concentrée, irrésistible.

« Ses traits, singulièrement contournés, ont un aspect terrible et foudroyant ; sa voix, qui vient des profondeurs de l'être, est comme chargée d'un fluide magnétique ; elle entre dans l'auditeur par tous les pores.

« Dégoûté de l'ingratitude publique, après des milliers de guérisons, il s'est rejeté dans une impénétrable solitude...

« Enveloppé dans le souvenir de ses bienfaits comme dans un suaire lumineux, il se refuse au monde et vit dans le ciel, etc. »

La somnambule endormie par ce mage va en esprit chez le docteur Mirouet, à Nemours. Elle voit les billets de banque que le docteur a cachés dans un volume des *Pandectes*; elle entend la prière ardente que fait la petite Ursule pour la conversion de son parrain. Le vieil incrédule, après vérification, est foudroyé et se convertit.

Balzac était aussi convaincu que son héros; il écrivait à Mme Caran : « Songez au magnétisme, qui n'est pas une illusion. »

Il croyait à l'astrologie judiciaire comme en témoigne *Catherine de Médicis* et à la conquête de l'Absolu avec Balthazar Clorès. Le *Cousin Pons* atteste sa foi en la chiromancie, dont s'enorgueillit Desbarolles, et en la cartomancie. C'est dans cet admirable chapitre intitulé « Traité des sciences occultes » que se trouve cette prédiction à demi réalisée : « Tant de faits avérés sont issus des sciences occultes qu'un jour ces sciences seront professées comme la chimie et l'astronomie. »

Balzac s'est montré plusieurs fois, ainsi, oraculaire et prophétique. L'excellent Anatole de la Forge en citait une preuve bien curieuse. D'après lui, le royaliste Balzac fut le messie de Gambetta et de l'opportunisme dans celui de ses ouvrages qui contient la célèbre théorie de la vertu expressive des noms, — *Z. Marcas* écrivait-il dans le *Siècle* du 1er août 1883, — n'est rien moins que l'histoire, par anticipation et *don de prophétie*, du tribun de la défense nationale, du vainqueur du gouvernement de l'ordre moral. » Non seulement les origines, les dons intellectuels, l'aspect physique (à un œil près), et la physionomie sont semblables chez Marcas et chez Gambetta; mais encore, en décrivant la maladie et la mort de Marcas, Balzac décrivait d'avance la fin lamentable du tribun de Belleville.

« Semblable à Pitt, qui s'était donné l'Angleterre pour femme, Marcas portait la France dans son cœur il en était idolâtre. La France au troisième rang! Ce cri revenait toujours dans ses conversations. *La maladie intestine du pays avait passé dans ses entrailles.* » M. de la Forge souligne cette dernière phrase, qui lui paraît s'appliquer admirablement à Gambetta, et note que cette scène de la vie politique a été écrite aux Jardies, dans la maison même où le Gênois devait mourir!

Assurément rien n'est plus merveilleux dans Balzac! Il faut tirer l'échelle et s'arrêter après ce trait d'ingéniosité opportuniste.

GEORGE MALET.

De l'Insuffisance de l'Hypnotisme

POUR L'ÉTUDE DES FAITS PSYCHIQUES

Voici le résumé de la conférence que le docteur Papus a faite à la dernière séance de la Société des sciences psychiques et dont nous avions promis de rendre compte.

Lorsque les phénomènes psychiques produits par les magnétiseurs forcèrent l'attention des savants à se porter vers l'étude du sommeil provoqué, on crut faire preuve de finesse en se renfermant dans l'application exclusive des procédés élémentaires de fascination, mécanique ou verbale, déguisés sous le nom d'*hypnotisme*, avec la suggestion comme grand cheval de bataille. Cela permit de dire que « de même que l'alchimie a précédé la saine chimie, de même que l'astrologie a précédé la saine astronomie, de même le magnétisme n'a été que le prélude mystique du médical et doctrinal hypnotisme. Ceux qui disent de pareilles balivernes exposent simplement une ignorance aussi transcendante que risible. Car il ne faut jamais avoir lu un livre d'alchimie, ou un traité d'astrologie, ou un recueil de faits magnétiques, pour croire les affirmations intéressées des encyclopédistes du XVIIIe siècle, qui, pareils à beaucoup de publicistes contemporains, mettaient une coquetterie spéciale à traiter les sujets qu'ils ignoraient le plus.

Or, l'alchimie, l'astrologie, le magnétisme forment la section métaphysique et philosophique, la section réellement vivante de la chimie, de l'astronomie et de l'hypnotisme. Les travaux récents de M. Berthelot sont venus prouver notre dire au sujet de l'alchimie et quelques lectures dans les textes originaux suffisent pour justifier nos autres affirmations.

Les hypnotiseurs forment donc une classe d'expérimentateurs cantonnés dans les applications les plus élémentaires et les plus grossières du sommeil provoqué et leur véritable caractère est celui de *garçons des laboratoires d'études psychiques*, si l'on se place au point de vue réellement général de la question. Pour être garçon de laboratoire il faut une certaine pratique, un certain tour de main et, à ce point de vue, les hypnotiseurs sont parfaitement à leur place. Ils endorment, ou croient endormir, des sujets et des patients, font les suggestions nécessaires, réveillent plus ou moins complètement; et là s'arrête leur domaine. S'ils veulent jouer au pontife et appliquer leurs petites connaissances à l'explication des faits psychiques compliqués, ils deviennent aussitôt grotesques ou très amusants, suivant les variétés.

L'hypnotisme est le B, A, Ba des études psychologiques; il faut l'étudier, le pratiquer; mais à la condition d'aller plus loin et plus haut et de ne pas s'arrêter à cette porte du vestibule, bien proche de l'office, et surtout à condition de ne pas vouloir y retenir de force ceux qui veulent pousser au moins jusqu'au salon.

Sans savoir davantage par quel mécanisme un point brillant ou un commandement de dormir provoque un sommeil spécial, sans pouvoir différencier scientifiquement ce sommeil du sommeil normal, ou des autres sommeils provoqués, l'hypnotiseur possède un talisman caractéristique de ce qu'il croit sa science : c'est le mot *suggestion*. De même que le garçon du laboratoire de chimie à qui vous demandez pourquoi le zinc et l'acide chlorhydrique font de l'hydrogène et qui vous répond : « C'est la Chimie », sans en savoir plus, de même le garçon des laboratoires psychiques crie : « Suggestion, suggestion », à chaque phénomène qu'il constate sans chercher à l'expliquer autrement que par ce mot — vide et ridicule, quand on pénètre au fond des choses.

Demandez à un de ces bons matérialistes pratiquant l'hypnotisme, si la *suggestion mentale*, l'action d'un cerveau sur un autre sans intermédiaire matériel existe, et il vous répondra : « Jamais de la vie, cela détruirait mes théories et je serais forcé d'admettre qu'il y a en l'homme un principe autre que la matière; la suggestion mentale est une utopie, comme le fluide magnétique. »

Cinq minutes après demandez au même matérialiste comment il explique le fait d'une somnambule racontant à une personne qu'elle voit pour la première fois les moindres détails de sa vie passée, et l'hypnotiseur vous répondra : « Suggestion mentale ».

Ainsi la suggestion mentale est niée ou appelée en témoignage, suivant les cas, par le même individu, qui ne se rend pas compte du côté comique et grotesque de son rôle. Ajoutez-y l'auto-suggestion pour les faits d'apparitions, d'évocations et de manifestations télépathiques et vous aurez le manuel de l'ignorance du parfait hypnotiseur, en trois leçons.

Pour savoir que la suggestion mentale existe et quel est son vrai domaine, pour bien marquer le rôle de l'auto-suggestion dans les faits psychiques, il faut aller plus loin que l'hypnotisme. Ainsi les applications astrologiques de M. Ledos exigent un travail et une science que bien peu de médecins pourraient acquérir en trois ou quatre ans d'études supplémentaires ; les analyses des faits de médiumnité ou des apparitions télépathiques demandent des connaissances spéciales que les hypnotiseurs ne posséderont que quand ils auront bien voulu travailler quelques années de plus.

Nous ne voulons pas allonger cette courte note par d'autres considérations. Nous voulions fixer le rôle exact de l'hypnotisme et la place réelle des hypnotiseurs par rapport aux faits psychiques et nous appelons tout particulièrement l'attention des théologiens sur l'importance qu'aurait la mise à jour des anciennes expressions employées par la théologie mystique et par Goëres, avec les termes nouveaux utilisés pour exposer des faits identiques.

Dr Papus.

A PROPOS DE MARIE MARTEL

Monsieur le Rédacteur,

Dans l'*Echo* du 1er mai, vous m'avez permis d'exposer deux répliques, qu'on peut faire aux principales objections courantes; contre l'hypothèse et la possibilité du surnaturel divin dans les apparitions de Tilly.

Ces objections émises par maintes personnes fort peu au courant des faits surnaturels antérieurs à notre siècle, consistent à rejeter en bloc toutes les visions tilliennes, sous prétexte qu'elles sont : d'abord, bien *trop fréquentes* ; ensuite, beaucoup *trop variées* ; d'où cette conclusion hâtive et hasardée — tirée *à priori*, avant toute enquête ecclésiastique seule valable à cet égard — qu'elles ne sauraient être sérieuses ni dignes de la moindre attention.

Le cardinal archevêque de Bordeaux, Mgr. Guilbert, dans sa *Lettre pastorale* du 25 janvier 1872 — alors qu'il était évêque de Gap — a fourni lui-même, par anticipation, le moyen de réduire à néant la valeur probante de ces deux reproches, notamment en ce qui concerne les visions de Marie Martel, en faisant remarquer :

1° Que les apparitions de la bergère du Laus, la vénérable Benoîte Rencurel, furent *très fréquentes*, presque *quotidiennes*, et cela *pendant cinquante trois ans*, depuis 1664 jusqu'en 1713;

2° Qu'elle voyait, non seulement *la Très Sainte Vierge*, mais encore *saint Joseph et plusieurs autres saints*, ainsi que *les bons anges* et parfois, en outre, le *Sauveur lui-même*.

3° Un autre reproche a été fait également aux apparitions de Marie Martel : c'est qu'elles ont changé plusieurs fois de théâtre. Ainsi, dans la première année, elles avaient lieu d'ordinaire auprès de l'ormeau, et, depuis de longs mois, c'est dans la pâture, à cent mètres environ de l'arbre en question, qu'elles se manifestent à cette voyante. Pourquoi ce déplacement, si en réalité elles étaient divines ? — Pour toute réponse, contentons-nous de citer ici cet autre passage de la *Lettre pastorale*, où Mgr. Guilbert parle ainsi du Laus et de ses environs: « *Chaque ravin, chaque rocher, chaque sentier rappelle quelque apparition céleste.* »

4° Soit, dira-t-on alors ; mais, du moins, il y avait sans doute des miracles éclatants, pour confirmer la présence au Laus du surnaturel divin, et c'est ce qu'on ne voit pas du tout à Tilly, où ils tardent pas trop longtemps à venir en vérité ! — Revenons donc encore à la *Lettre pastorale* ci-dessus ; la première vision de la bergère des Alpes avait eu lieu, en mai 1664, avons-nous dit ; or, la première guérison signalée qui s'opéra au Laus n'advint que vers la mi-septembre de l'année suivante, 1665, au cours de la première enquête canonique, qu'on y fit à cette époque et que nous allons raconter sommairement et en citant textuellement le passage relatif à ce sujet dans le document pontifical de Mgr de Gap :

« Vers la mi-septembre 1665, le pèlerinage avait à peine un an d'existence, M. Antoine Lambert, official et vicaire général, administrateur du diocèse, en l'absence de l'archevêque, partit pour le Laus (*Le Laus appartenait alors au diocèse d'Embrun, réuni maintenant à celui de Gap*) accompagné du père André Gérard, recteur du collège des jésuites d'Embrun, et qui fut plus tard grand pénitencier à Rome, de Jean Bonafous, secrétaire de l'archevêque et de plusieurs autres ecclésiastiques distingués. *Tous, ils l'avouaient eux-mêmes, étaient fort prévenus contre la nouvelle dévotion qu'ils voulaient proscrire et* conséquemment, *contre la Bergère*. L'enquête fut longue et très rigoureuse, et il est aisé de concevoir combien de questions captieuses et difficiles furent adressées à cette pauvre fille pour la surprendre et la mettre en contradiction avec elle-même.

« Mais jamais ses juges, ne purent la trouver en défaut, et ils furent forcés d'admirer sa sagesse autant que sa simplicité. Cependant *ils ne se sentirent pas encore convaincus* et résolurent de prendre du temps pour réfléchir, avant de rien juger. *Ils auraient voulu, disaient-ils, un miracle!* — Le miracle ne se fit pas beaucoup attendre.

« Au moment où ils se disposaient à repartir pour Embrun, une pluie torrentielle, et évidemment aussi providentielle, les força de rester, et deux fois le même incident se renouvela le lendemain. Le jour suivant, l'official disait la messe, quand tout à coup un cri se fait entendre : Miracle, messieurs, miracle! Catherine est guérie !

« Catherine Vial, de Saint-Julien-en-Beauchêne, était depuis six ans privée de l'usage de ses jambes par une infirmité que les médecins regardaient comme incurable. Celui de Serres et M. Corréard, chirurgien de Veynes, tous deux calvinistes, avaient déclaré qu'ils se feraient catholiques s'ils la voyaient marcher sur ses pieds à son retour de Laus. Depuis huit jours, la malade se faisait transporter dans la modeste chapelle, et son état avait plusieurs fois excité la pitié du vicaire général et de sa suite. Aussi fut-il ému jusqu'aux larmes au bruit de cette guérison, et il eut peine à terminer le saint sacrifice.

« Catherine était là présente : la dernière nuit, à la fin de la neuvaine, elle s'était sentie subitement guérie et était venue d'elle-même remercier Dieu et la très sainte Vierge de sa prodigieuse guérison.

« M. Lambert dut contater juridiquement l'authenticité du miracle. Lui-même dressa, de sa main, le procès-verbal qu'il signa avec tous les ecclésiastiques qui l'accompagnaient, avec Catherine Vial et ses parents, quelques curés du voisinage et plusieurs autres témoins. Cet acte porte la date du 18 décembre 1665, et est conservé dans les archives du Laus.

« On conçoit que, témoin de ces merveilles, l'official d'Embrun soit devenu favorable au nouveau pèlerinage et à la pieuse Bergère. Il n'avait cessé de répéter dans son émotion : « *Digitus Dei est hic*, le doigt de Dieu est ici ! » et le P. Gérard disait à son tour : « Il y a quelque chose d'extraordinaire dans cette chapelle ! »

Comme on le voit, le premier miracle dûment attesté, ainsi que les deux conversions éclatantes du Laus qui l'accompagnèrent, n'étaient arrivés qu'*au bout de seize mois d'apparitions continuelles*, et encore, *à la fin d'une enquête en règle*. — Mais, du moins, cette enquête avait été réalisée dès la deuxième année des apparitions du Laus, tandis que la troisième année des visions de Tilly suit son cours, sans que la moindre enquête n'ait encore été décidée : 1° pour examiner si certaines d'entre elles sont dûes à une cause surnaturelle divine, ou si toutes proviennent, soit de prestiges purement diaboliques, soit d'hallucinations et d'influences simplement morbides ; 2° pour contrôler efficacement et apprécier la valeur exacte des guérisons, faveurs et conversions obtenues, dont on parle depuis un certain temps déjà.

Or, qu'on attende donc patiemment cette enquête — qui tarde bien un peu, il est vrai — avant de porter un jugement décisif et autorisé sur les faits tilliens, si l'on ne veut pas s'exposer à émettre une opinion fautive et erronée à leur endroit !

Car, évidemment, la meilleure ligne de conduite à suivre ici, c'est encore et toujours la sage réserve recommandée l'an dernier par S. E. le cardinal Parocchi, parlant au non de la S. Congrégation du Saint Office, et la meilleure devise, celle du défunt évêque de Bayeux, Mgr. Hugonin : « Attente respectueuse et prière. »

Quoi qu'il en soit, cela vaut mieux, tout bien réfléchi, que de risquer un jugement quelconque et prématuré sur l'ensemble des phénomènes aussi incontestables qu'étranges et variés de Tilly-sur-Seulles.

UN PETIT NORMAND.

P.-S. — Certaine lettre anonyme, écrite par une dame... également anonyme, à une date, non moins anonyme, a été publiée par *la Croix*, supplément des 22 et 23 mai 1898. Cette lettre, ou plutôt son auteur féminin, J. M. tend à faire croire que toutes les apparitions tilliennes, ressortent uniquement de la puissance infernale. J'y reviendrai prochainement, si vous me le permettez, en évoquant à cette occasion les faits étranges qui se passèrent à Lourdes, en 1858 au temps des célèbres et divines apparitions de Bernadette, du propre aveu de leur illustre historien, Henri Lasserre.

Mlle COUÉDON ET L'ABBÉ PETIT

Nous avons reçu de M. l'abbé J. A. Petit, que nos lecteurs connaissent déjà, la lettre suivante :

Romescamps, par Abancourt, Oise, 17 mai 1898.

Cher Monsieur,

Mlle Couédon est un instrument d'une merveilleuse délicatesse ; mais, en l'absence du maître de la maison, des laquais peuvent promener sur les touches leurs mains grossières et produire des cacophonies.

Vous avez eu raison de signaler le changement survenu dans la diction : c'était un signe très caractéristique, attestant un changement d'influence.

Tout est-il perdu ? Je ne le crois pas ; mais, en tout cas, si l'instrument n'est pas entièrement faussé, il est gravement compromis.

Il était d'ailleurs absurde de penser qu'une entité aussi haute que l'archange Gabriel se serait astreinte à parler à heure et à jour dits, devant un cercle de personnes plus ou moins sympathiques. Les choses ne se passent point ainsi.

Je n'ai pas l'honneur de connaître Mlle Couédon, mais je lui porte intérêt : aussi je vous prie de lui donner le conseil de se ressaisir. Qu'elle évite surtout toute complaisance en elle-même.

C'est pour n'avoir pas conservé cette humilité et m'être cru mieux doué qu'un autre, que j'ai été quelque temps moi-même trompé de la façon la plus pitoyable. Je me croyais toujours en relation avec les mêmes augustes personnages, bien que de nombreux signes eussent dû m'ouvrir les yeux, et, trop confiant en ma propre perspicacité, je fus le jouet de mystificateurs invisibles. Vous pourrez voir dans la *Rénovation religieuse*, ouvrage édité par la duchesse de Pomar, p. 61, les conseils qui me furent donnés.

Grâce à Dieu, Mlle Couédon évitera, je l'espère, les terribles épreuves que j'ai subies ; mais il lui faut toujours se tenir en garde. Vous ne pouvez vous imaginer combien de surprises nous réserve ce monde invisible, si peu connu encore expérimentalement. A ce point de vue, toute erreur, toute mystification doit être soigneusement consignée, pour permettre de mieux établir plus tard les règles de la critique en cette matière délicate.

Que Mlle Couédon ne se désespère pas : elle n'est pas la première à qui ces choses arrivent. Quant à moi, je n'éprouve aucune honte à convenir que j'ai été quelque temps mystifié, et pourtant, plusieurs centaines de personnes savent que, de 1892 à 1894, j'ai été instruit des graves événements qui commencent à s'accomplir ; et des témoins peuvent attester que j'ai parlé de la mort prochaine de l'empereur de Russie (Alexandre III), à une époque où ce colosse était encore plein de santé. Mon nom même a été accolé à celui de Mlle Couédon, à propos de l'incendie du Bazar de la Charité.

A Dieu ne plaise que je me glorifie de rien : je n'ai été qu'un instrument !

Dans le cas de Mlle Couédon, qui a été aussi le mien, il n'y a donc pas de honte à convenir qu'on a été trompé. L'important est de ne point persévérer dans son erreur, et d'éviter qu'elle se renouvelle. Toute obstination d'amour-propre deviendrait funeste. Il faut faire absolument abnégation de soi-même, autrement il est certain que les entités ou les individualités supérieures choisiront d'autres interprètes plus dignes ou plus fidèles.

Si l'on n'est pas entièrement sûr de l'identité de l'invisible qui se communique, il faut se taire et même, si j'ose me servir de cette expression, lui fermer la porte au nez. Il n'y a rien à craindre : les saints ne s'offensent pas de cet excès de précaution.

Avec mes encouragements, veuillez agréer, cher Monsieur, l'expression de mes sentiments bien dévoués.

Abbé J.-A. PETIT.

A cette lettre était joint un article du *Messager*, écrit par M. l'abbé Petit sur la demande de M. Léon Denis, l'auteur de *Christianisme et Spiritisme*. Nous en extrayons les passages suivants :

Mes études sur le spiritisme remontent au mois de mai 1871.

Partisan résolu de la *Communion des Saints*, je ne doutais nullement qu'ils ne pussent se communiquer à nous; mais ce que je vis, joint à la lecture du livre du chevalier Des Mousseaux, *la Magie au XIXe siècle*, me persuada que le spiritisme était purement et simplement une nécromancie diabolique.

J'étais encore sous cette impression, quand j'entrai en relation purement littéraire avec lady Caithness, duchesse de Pomar.

Elle me parla des manifestations de Marie Stuart, dans le petit sanctuaire érigé dans l'hôtel de l'avenue de Wagram. N'osant mettre sa parole en doute, j'attribuai le fait à l'illusion. Elle n'insista pas. Mais, peu à peu, nous nous trouvâmes liés d'une sincère amitié. Je devins l'hôte de Holyrood (1), et j'eus tout le loisir de me rendre compte, de nuit et de jour, de ce qui se passait.

Voyant mon incrédulité, la duchesse ne me parlait plus de ces apparitions. J'assistai à quelques séances et ne vis absolument rien d'anormal.

Le premier phénomène que je remarquai eut lieu au mois de juillet 1892.

J'étais seul, vers midi, dans le petit sanctuaire, en pleine lumière, quand j'entendis de petits coups dans le portrait en pied de la Reine; et, immédiatement après, je sentis une main me frapper doucement sur l'épaule gauche. Je ne vis personne. J'en parlai à la duchesse, qui se mit à sourire en me disant : « Patience! vous verrez autre chose.

Dans la nuit du 12 au 13 septembre, vers deux heures du matin, j'étais endormi; mais il me semblait que quelqu'un, penché vers moi, me parlait à l'oreille et me touchait à l'épaule droite. Une secousse un peu plus forte me réveilla, et j'aperçus à côté de mon lit la même forme lumineuse que j'avais vue précédemment, mais cette fois, avec une netteté de contours et de traits qui ne permettait pas de se méprendre sur l'identité physique du personnage.

C'était trop d'audace. Je m'assis sur mon lit, et j'intimai l'ordre à l'apparition diabolique de me laisser tranquille : j'avais besoin de dormir, et je n'étais pas dupe de ses supercheries.

La figure s'éclipsa instantanément; un coup vibrant retentit dans l'armoire à glace placée près du lit, et je fus délivré; je ne m'endormis que sur le matin.

Dans l'après-midi, je me rendis seul encore au petit sanctuaire, pour m'assurer qu'il n'y avait aucune supercherie aux séances.

Le soir, il devait y avoir une de ces séances. J'y arrivai, tenant à la main mon *Histoire de Marie Stuart*. Je la déposai négligemment sur le tapis, au pied du tableau dont j'ai parlé.

La duchesse seule savait ce qui s'était passé la nuit précédente. L'étonnement des membres du cercle fut considérable quand cette phrase fut dictée *ex abrupto* :

« Mon cœur ne doit pas faire attendre plus longtemps l'assurance d'un pardon pour une offense qui, quoique irrévérencieuse, n'a pas été donnée en parfaite volonté offensive. Le sommeil est impérieux, surtout lorsque le travail intellectuel absorbe tous les instants du jour et même de la nuit. Aussi je me joins à vous pour calmer cette ardeur qui est susceptible de porter atteinte à la santé et empêcherait l'accomplissement des œuvres qui résument toute une vie de dévouement, et que je désigne de ma main... »

On regarde, et mon *Histoire*, que personne n'avait vu déposer lorsque l'on s'asseyait à la table, était justement sous la main de la Reine.

J'en fus ébranlé, mais non convaincu.

Le lendemain, nous nous entretenions de ce qui m'était arrivé la veille, quand tout à coup, un son métallique retentit sur la table. Nous levons les yeux vers le grand lustre : rien. La duchesse, qui avait senti un léger choc à l'épaule, porte la main à son oreille, pour sentir si la boucle y était encore : elle y était. Elle tire alors à elle le plateau en argent qui était au milieu de la table, et trouve une médaille de l'Immaculée Conception! On se demande qui avait une médaille; moi seul en avais une, et je l'avais encore. Au même moment, une jeune dame s'écrie : « J'entends une voix. » La voix lui disait ces mots, écrits séance tenante : « Dieu a permis cette faveur, en réponse à la demande de son fidèle serviteur. Voilà le témoignage et le gage de mon attachement et de ma reconnaissance. Si la médaille était tombée ailleurs, elle eût passée inaperçue en tombant sur le tapis. Qu'elle vous protège et vous serve de sauvegarde! La bonté de Dieu est si grande! Remercions-le à genoux! »

Cette fois, la preuve était péremptoire; il n'y avait plus à douter : j'étais convaincu. Mais ce n'était encore qu'une partie du phénomène. Le lendemain, en examinant la médaille, je fus surpris d'y voir un défaut de frappe très caractéristique. La médaille ressemblait à une autre de rebut que j'avais, depuis des années, dans une petite boîte, en compagnie d'un verre à lunettes et de deux clefs de montre. La petite boîte était dans une case de mon bureau de travail.

Arrivé à mon domicile, je n'eus rien de plus pressé que de comparer, avec une parente, les deux médailles. La boîte ne renfermait plus que le verre à lunettes et les deux clefs. C'était donc un apport des plus significatifs, à plus de trente lieues de distance.

Mais, loin de Paris, je retombai dans ma première manière de voir. Je ne pouvais plus dire qu'il y avait illusion; mais quelque âme démoniaque n'avait-elle pas fait cet apport?

Le doute me porta malheur, et quelques personnes savent, pour en avoir été les témoins, par quelles épreuves d'ordre à la fois divin et diabolique j'ai dû passer. Selon toute vraisemblance, je devais y perdre la vie ou la raison. Ces épreuves, peut-être, étaient seules capables de m'amener à d'autres idées, en me donnant une connaissance plus parfaite du monde spirituel. Terrassé plutôt que persuadé, je fus obligé, à la fin, de m'avouer vaincu.

Je termine par un autre ordre de faits. On sait que la madone de Rimini et d'autres images saintes changent de traits et de couleur. Ce prodige a été attesté par une lettre pontificale de Pie IX et a eu de nombreux témoins.

Le même phénomène d'ordre purement magnétique, qu'il serait trop long d'expliquer ici, s'est plusieurs fois reproduit dans le portrait de Marie Stuart. Nous l'avons vue plusieurs fois souriante ou les traits bouleversés, et de nombreux témoins peuvent également en rendre témoignage.

Quand, après mes terribles épreuves, je remis les pieds à Holyrood, les assistants furent frappés de la pâleur de

1. Nom de l'Hôtel de Lady Caithness, avenue Wagram.

la Reine. Il y avait trop longtemps que je ne l'avais vue pour pouvoir en juger; j'écoutai simplement les réflexions qui étaient faites. Nous sûmes ensuite que j'étais la cause de ce changement physique. La Reine s'exprima ainsi au début de la séance : « Ne vous attristez pas en constatant ma pâleur. Je ne suis affligée qu'en apparence; j'aurais, au contraire, lieu de me réjouir : notre cercle semble vouloir s'agrandir. Il trouve des cœurs qui ne cherchent qu'à suivre le chemin conduisant à Dieu. Encore faut-il étreindre la croix... »

A ces mots, de vives lueurs apparaissent au-dessus de Marie Stuart. Un moment nous croyons à un incendie. Puis le plafond devient éclatant; il étincelle comme la neige sous les rayons du soleil, projetant sur nous un éclat irisé.

Nous ne ferons aucun commentaire, laissant à M. l'abbé Petit la responsabilité entière de ses écrits et de ses opinions, et à nos lecteurs le soin de les apprécier comme ils l'entendront.

LES PETITES HANTISES

I

TAPISSERIES ANIMÉES

Comme il montait suant et piqué par les glaives
Une femme eut pitié, le voyant prêt à choir.
Et l'essuya, posant sur son front un mouchoir;
Et, quand elle rentra chez elle, cette femme,
Vit sur le mouchoir sombre une face de flamme.

(V. Hugo, *La Fin de Satan*, Le Gibet, III.)

Rien de plus divers que les procédés par lesquels peut s'obtenir, volontairement ou non, l'espèce d'extase favorable aux visions, aux prémonitions, et aux transmissions de pensée. Un sommet de montagne, une pierre dressée, un bois sauvage, un arbre même, le tournoiement de l'eau courante, les exhalaisons du sol, le sang fumant, une mélopée, une coupe brillante, la vue ou le cri subit d'un oiseau, bien d'autres phénomènes ou objets inspiraient les anciens. Aujourd'hui les moyens diffèrent : c'est, par exemple, le maniement des cartes, la contemplation d'une boule de cristal ou du marc de café, la concentration du regard sur un point éclairé, etc. Un peintre anglais, Kenlemans, se contentait de dessiner un œil d'oiseau. L'essentiel, en définitive, est que l'imagination soit fortement frappée et surtout fixée d'une manière quelconque, d'où il suit que chaque époque a pu et dû subir sur ce point des influences spéciales.

Ainsi, avant la Révolution, lorsque l'usage des tapisseries était plus répandu qu'aujourd'hui, surtout dans les châteaux, cette fantasmagorie toujours présente, cette vie factice, immobile et muette des vastes tentures à personnages devait agir à la longue comme une obsession sur la pensée. C'étaient des visions toutes faites dont il suffisait de se souvenir, et plus d'une tapisserie eut de la sorte un caractère particulièrement suggestif. Marie-Antoinette, à son arrivée en France, ne fut-elle pas violemment impressionnée par une tapisserie, en quelque sorte prophétique, qui représentait le Massacre des Innocents?

Les frères de Goncourt rapportent, dans leur Histoire de la Société française pendant la Révolution, qu'« au mois de juillet 1790, on arrêtait deux inspirés qui prétendaient avoir vu la conjuration du duc d'Orléans sur les tapisseries de Saint-Cloud » (p. 141). Eusèbe Salverte dit de son côté : « Voyez dans les *Souvenirs d'un homme de cour*, t. I, p. 324-329, le récit d'une apparition fantasmagorique qui doit dater du milieu du XVIIIe siècle. Elle consistait spécialement à donner l'apparence de la vie et du mouvement à des personnages de tapisseries. » (*Des Sciences occultes*, 2e édition, p. 214.)

Ce procédé ou quelque chose d'analogue est décrit par Edgar Poë, qui a donne un rôle aux vieilles tentures féodales toutes les fois qu'il en a trouvé l'occasion, par exemple dans le *Masque de la Mort Rouge*. Dans *Ligeia*, le héros du conte avait décoré d'une manière fantastique l'ancienne abbaye anglaise où il résidait. « C'était dans la tenture de l'appartement, hélas! qu'éclatait la fantaisie principale. Cette matière (celle de la tenture) était un tissu d'or des plus riches, tacheté, par intervalles irréguliers, de figures arabesques, d'un pied de diamètre environ, qui enlevaient sur le fond leurs dessins d'un noir de jais. Mais ces figures ne participaient du caractère arabesque que quand on les examinait, à un seul point de vue. Par un procédé aujourd'hui fort commun, et dont on retrouve la trace dans la plus haute antiquité, elles étaient faites de manière à changer d'aspect. Pour une personne qui entrait dans la chambre, elles avaient l'air de simples monstruosités; mais à mesure qu'on avançait, ce caractère disparaissait graduellement, et, pas à pas, le visiteur changeant de place, se voyait entouré d'une procession continue de formes affreuses, comme celles qui sont nées de la superstition du Nord, ou celles qui se dressent dans les sommeils coupables des moines. L'effet fantasmagorique était grandement accru par l'introduction artificielle d'un fort courant d'air continu derrière la tenture, — qui donnait au tout une hideuse et inquiétante animation. »

Mais le poète de l'opium et de l'hypnose, le prince du mystère, comme l'appelle son traducteur, avait subi trop profondément la fascination des grandes tapisseries décoratives pour s'en tenir là. La forme de sa Ligeia émerge des tentures qu'il a si complaisamment décrites : il se produisait « des bruits, — de légers bruits — et des mouvements insolites dans les rideaux », et aucun des personnages du conte ne parvenait à croire « que ces soupirs à peine articulés et ces changements presque insensibles n'étaient que les effets naturels du courant d'air habituel. » De même, dans *Ombre*, le spectre collectif des amis morts qui reviennent hanter les survivants, sort des draperies encadrant la salle : « Et voilà que du fond de ces draperies noires où allait mourir le bruit de la chanson, s'éleva une ombre, sombre, indéfinie, — une ombre semblable à celle que la lune, quand elle est basse dans le ciel, peut dessiner d'après le corps d'un homme : mais ce n'était l'ombre ni d'un homme, ni d'un Dieu, ni d'aucun être connu. Et frissonnant un instant parmi les draperies, elle resta enfin, visible et droite, sur la surface de la porte d'airain. »

Dans *Metzengerstein*, Poë représente une tapisserie animée d'une vie non plus apparente ou spectrale, mais matérielle. Comme les familles hongroises Metzengerstein et Berlifitzing étaient en rivalité, le dernier des Metzingerstein n'avait pas craint de mettre le feu aux écuries de ses ennemis : il contemplait l'incendie, quand, dans la chambre de son palais où il se trouvait alors, « ses yeux se tournèrent machinalement vers l'image d'un cheval énorme, d'une couleur hors nature, et représenté dans la tapisserie comme appartenant à un ancêtre sarrazin de la famille de son rival. Le cheval se tenait sur le premier plan du tableau, — immobile comme une statue, — pendant qu'un peu plus loin, derrière lui, son cavalier déconfit mourait sous le poignard d'un Metzingerstein. » La rumeur de l'incendie attira un moment l'attention du jeune homme, puis « son regard retourna machinalement au mur. A son grand étonnement, la tête du gigantesque coursier, — chose horrible ! — avait pendant ce temps changé de position. Le cou de l'animal, d'abord incliné comme par la compassion vers le corps terrassé de son seigneur, était maintenant étendu, roide et dans toute sa longueur, dans la direction du baron. Les yeux, tout à l'heure invisibles, contenaient maintenant une expression énergique et humaine, et ils brillaient d'un rouge ardent et extraordinaire. » Le cheval devenu vivant se détache de la tapisserie ; une sorte d'entente ou de rapport magnétique s'établit entre lui et le baron, ils ne se quittent plus, et l'animal vengeur conduit son cavalier à la mort dans un nouvel incendie, celui du château de Metzengerstein, cette fois.

La fin du conte est invraisemblable, puisque c'est un conte, mais jusqu'au moment où le cheval quitte complètement la tapisserie, Edgar Poë n'a pas dépassé les limites du surnaturel possible. On en jugera par le fait suivant, qui peut être considéré comme typique relativement au genre de hantise dont il s'agit. Il est emprunté aux Mémoires de Mme de Genlis, laquelle présente d'abord à ses lecteurs le héros de l'aventure.

« Le chevalier de Jaucour avait une figure très agréable, un visage rond, plein et pâle, des yeux noirs, de jolis traits, des cheveux bruns négligés et dépoudrés, il ressemblait en effet à un *clair de lune*. Sa taille était noble, il avait bonne grâce. Son caractère était excellent, plein de droiture et de loyauté. Il avait fait plusieurs campagnes de guerre : étant entré au service à douze ans, il avait montré autant d'intelligence militaire que de bravoure. Son esprit était comme son caractère, sage et raisonnable. A l'un de ces soupers, ma tante dit que j'avais peur des revenants. Alors Mme de Gourgues proposa au chevalier de Jaucour de me conter *sa belle histoire de la tapisserie*. J'en avais entendu parler comme d'une chose parfaitement vraie, car le chevalier de Jaucour donnait sa parole d'honneur qu'il n'ajoutait rien, et il était incapable de faire un mensonge qui d'ailleurs n'aurait eu alors aucun sel. Cette histoire est devenue prophétique à l'époque de la Révolution. Je puis la rapporter avec une scrupuleuse exactitude parce qu'ayant beaucoup vu le chevalier de Jaucour je la lui ai fait conter cinq ou six fois en ma présence ; la voici :

« Le chevalier, né en Bourgogne, fut élevé dans un collège à Autun. Il avait douze ans lorsque son père, qui voulait l'envoyer à l'armée sous la conduite d'un de ses oncles, le fit venir dans son château. Le soir même, après souper on le conduisit dans une grande chambre où il devait coucher ; on établit sur une sorte de trépied au milieu de la chambre une lampe allumée, et on le laissa seul. Il se déshabilla et se mit au lit sur-le-champ, en laissant brûler sa lampe. Il n'avait nulle envie de dormir, et, comme il avait à peine regardé sa chambre en y entrant, il se mit à la considérer. Ses yeux se portèrent sur la vieille tenture de tapisserie *à personnages* qui se trouvait vis-à-vis de lui. Le sujet en était bizarre ; elle représentait un temple dont les portes étaient fermées. Sur le haut de l'escalier de cet édifice était debout une espèce de pontife ou de grand-prêtre vêtu d'une longue robe blanche. Il tenait d'une main une poignée de verges et de l'autre une clef ; — c'était peut-être l'Onias du second livre que Machabées. — Tout à coup le chevalier, qui regardait fixement cette figure, se frotte les yeux croyant avoir un éblouissement ; ensuite il regarde de nouveau, et la surprise et le saisissement le glacent et le rendent immobile !... Il voyait cette figure se mouvoir et descendre gravement les marches de l'escalier !... Enfin la voilà hors de la tapisserie et dans la chambre, qu'elle traverse ; elle arrive tout près du lit, et, s'adressant à ce pauvre enfant, pétrifié par la terreur, elle lui dit bien distinctement ces paroles : *Ces verges fustigeront un grand nombre ; quand tu les verras s'agiter, n'hésite pas à prendre la clef des champs que voilà*... A ces mots la figure tourne le dos, s'éloigne, se rapproche de la tapisserie, remonte l'escalier et se remet à sa place. Le chevalier, baigné d'une sueur froide, fut pendant un quart d'heure tellement privé de force qu'il était hors d'état d'appeler ; enfin on vint. N'osant confier cette aventure à un domestique, il dit seulement qu'il se trouvait mal, et l'on resta auprès de lui tout le reste de la nuit. Le lendemain, le comte de Jaucour, son père, l'interrogeant sur ce qu'il avait eu la nuit, il conta sa vision. Au lieu de se moquer de lui, comme le chevalier s'y attendait, le conte l'écouta fort sérieusement, ensuite il lui dit : « Rien n'est plus extraordinaire, car mon père, dans « sa première jeunesse, eut aussi dans cette même « chambre, avec le même personnage représenté dans « cette antique tapisserie une scène fort étrange ». Le chevalier aurait bien voulu savoir le détail de cette vision de son grand-père, mais le comte n'en voulut pas dire davantage; il ordonna même à son fils de ne plus lui en parler, et le jour même le comte fit détendre toute cette tapisserie, qu'il fit brûler en sa présence dans la cour du château. Voilà cette fameuse histoire dans toute sa naïveté. Mme Radcliff eut été bien heureuse de la savoir et je crois que chevalier de Jaucour, à l'époque de la Révolution, se la rappela ; ce qu'il y a de certain, c'est qu'*il prit la clef des champs*, lorsqu'il *vit les verges s'agiter*. Il n'hésita pas à quitter la France. »

Le moyen employé par le comte pour empêcher la hantise était assurément radical : son équivalent atténué a réussi dans un autre cas, celui de l'Enfant Brillant, *the Radiant Boy*, célèbre pour s'être montré trois fois à Lord Castlereagh. L'enfant brillant hantait une chambre à tapisseries, dans un vieux château fréquenté par sept ou huit spectres qui n'ont pas tous dit leur dernier mot : il a suffi de changer en fumoir la chambre tapissée de l'Enfant Brillant pour le faire disparaître. (A. Lang, (*Dreams and Ghosts*, p. 202.)

La suppression du *Radiant Boy* a son intérêt, car elle donne jusqu'à un certain point la clef du mystère.

Si une image quelconque peut, par la fixité de ses yeux ou autrement, susciter l'espèce de somnambulisme qu'on appelle aujourd'hui la *transe*, il devra logiquement s'établir entre l'objet fascinateur et le voyant une sorte de lien plus ou moins durable, comme le rapport qui unit un magnétiseur et son sujet. L'homme laissera ainsi quelque effluve, capable même de lui survivre, dans la représentation qui l'a si puissamment attiré. Pourquoi pas? Est-ce qu'on ne photographie pas aujourd'hui l'irradiation de la pensée? Et, d'autre part, est-ce que notre personnalité ne se perpétue pas dans une mèche de cheveux, dans un habit?

C'est un fait assez connu que, pour les sensitifs en particulier, notre image persiste pendant quelque temps dans les endroits que nous avons occupés. A propos de Mlle Sagée, jeune institutrice qui avait la propriété de se dédoubler d'une manière visible pour tout le monde, Aksakof parle de la photographie d'un médium obtenue dans une attitude et une place que le sujet avait quittées douze ou quinze minutes auparavant ; « le médium a laissé son influence à la place qu'il avait occupée, et si une personne douée de clairvoyance s'était trouvée dans la pièce, elle l'y aurait vue à cet endroit » (*Animisme et Spiritisme*, p. 79 et 504). On peut citer dans le même ordre d'idées, comme exemples remarquables de clairvoyance, celui d'un enfant vu en double parce qu'il avait un frère jumeau, et celui d'un autre enfant vu sur tous les sièges d'une chambre, parce qu'en effet il s'était amusé à s'y asseoir successivement. Catherine II, l'impératrice de Russie, apparut une fois à toute sa cour comme à elle-même, sur son trône; en maîtresse femme qu'elle était elle fit tirer sur ce double qui disparut.

Si un meuble reçoit l'image d'une personne, il peut en prendre aussi la sensibilité, dans une certaine mesure. M. de Rochas ayant caressé un fauteuil *sensibilisé* par Mme Lux : « elle a rougi en souriant. » Il s'y assied : « Elle a paru oppressée et m'a prié de me lever parce que j'étais trop lourd. » (*L'Extériorisation de la Sensibilité*, p. 226).

La matière du siège qui conserve ainsi l'influence n'est sans doute pas indifférente. M. de Rochas cite parmi les objets les plus propres à emmagasiner la sensibilité « les corps visqueux, surtout ceux d'origine animale, comme la gélatine, la cire, l'ouate, les étoffes à structure lâche ou pelucheuse comme le velours de laine. » (Id. p. 69). Le même auteur rappelle la curieuse histoire de la chemise d'Anne de Clèves, que le duc d'Anjou toucha par hasard, ce qui suffit pour le rendre amoureux de la jeune princesse (p. 247-8). En ce qui concerne les tapisseries, il est clair que la laine dont elle sont faites se prête on ne peut mieux à la captation des effluves.

Tapis ou tapisserie, c'est tout un, et aujourd'hui que les tapisseries se font rares, la hantise peut fort bien se loger dans un tapis, malgré l'incommodité de la chose. Une sorte de pendant au *Radiant Boy* aurait été obtenu de la sorte par photographie « spirite » d'après M. Stead (du Borderland). C'est un petit enfant de couleur ayant un collier de perles, et prenant à chaque épreuve une pose différente. « Dans certaines il rit, dans d'autres il roule des yeux effrayés. Le double collier est tantôt autour du cou, tantôt autour de la tête. Toutes les fois que cet enfant se manifeste, le photographe ôte toujours le tapis de la table qui ordinairement se trouve à côté de la personne qui pose et invariablement, le tapis se reproduit dans le portrait de l'enfant qui paraît s'en faire un manteau. » (*Annales des Sciences psychiques*, 1896, p. 186) On voit que dans ce cas particulier, le tapis est nécessaire à la production de l'image enfantine.

L.

Une découverte métaphysique

Pour la première fois peut-être, depuis que des hommes de loisir l'ont jadis inventée, la métaphysique vient de faire un pas en avant. Grâce à un médecin américain, M. Richard Hodgson, et à une certaine Mrs Piper, médium et l'une des notabilités de Boston, la métaphysique est enfin parvenue à se procurer une preuve absolument positive, matérielle même, de cette immortalité de l'âme dont elle s'était jusqu'ici bornée, un peu en l'air, à nous affirmer l'existence. Oui, c'est maintenant une vérité acquise: l'âme est immortelle! Et l'on comprendra que, à l'exposition d'une vérité aussi importante, la revue anglaise *Proceedings of the Society for psychical research* ait cru devoir consacrer toutes les trois cents pages de sa dernière livraison. Je ne puis, hélas! lui consacrer ici qu'une centaine de lignes, mais je vais du moins essayer d'indiquer rapidement les circonstances où s'est produite une découverte destinée, si je ne me trompe, à dépasser en célébrité celles mêmes du phonographe et de la machine à écrire.

Au mois de fevrier 1892 mourut par accident, dans une rue de New-York, un jeune avocat, nommé George Pelham, qui avait partagé sa vie entre l'étude du droit et celle des problèmes de la métaphysique. Peu de temps avant sa mort, il s'était entretenu avec son ami M. Hodgson de l'immortalité de l'âme, qu'il tenait pour une belle chimère, puisque, en tout cas, la preuve en était à jamais impossible. M. Hodgson, au contraire, croyait à la survivance de l'âme. Les deux amis s'échauffèrent, multiplièrent les arguments et finirent par se jurer que celui des deux qui mourrait avant l'autre, au cas où son âme lui serait maintenue, ferait tout au monde — à l'autre monde — pour révéler à son ami ce qui en était.

Or, il advint que quatre ou cinq semaines après la mort de Pelham, M. Hodgson assista chez Mrs Piper à une séance de spiritisme, en compagnie d'un autre ami du défunt, M. Hart, qui avait précisément sur lui des objets ayant appartenu à leur ami commun. Et voici que Mrs Piper, ou plutôt l'esprit qui parlait par sa voix, déclara tout à coup que George Pelham était là. Et non seulement il était là, en effet, quoique invisible, mais, pour prouver sa présence; il rappela à MM. Hodgson et Hart des détails d'entretiens intimes qu'il avait eus avec eux. Et ce ne fut pas tout. Il dit encore à ces messieurs des choses que ni eux ni Mrs Piper ne pouvaient certainement pas connaître : de sorte qu'il n'y avait pas à penser à une *auto-suggestion* de leur part. Il leur raconta en détail une conversation qu'il avait eue jadis avec sa fiancée, la fille de ses voisins de campagne, les Howard. La conversation fut, par la suite, reconnue absolument exacte.

M. Hodgson, cependant, avait beau croire à l'immortalité de l'âme : il était médecin et s'estimait tenu au scepticisme scientifique. Il s'ingénia donc à accumuler les contre-épreuves, à mettre en doute l'évidence même, à entourer ses conversations avec son défunt ami d'un formidable appareil de garanties et de précautions. Il y fit assister d'autres personnes ayant connu Pelham, d'autres encore qui ne l'avaient point connu. A toutes, le mort fit des réponses pleines de tact, exactement celles qu'il leur aurait faites s'il les avait rencontrées, en parfaite vie, dans un salon de New-York.

Pour tout le détail de ces épreuves et témoignages, je ne puis que renvoyer au rapport de M. Hodgson. J'avoue qu'ils me paraissent aussi solidement établis que peuvent l'être des comptes rendus d'expériences scientifiques. Et une chose en ressort avec une certitude absolue ; c'est que Mrs Piper, à l'état de sommeil magnétique, s'est assimilé d'une façon irréprochable l'âme d'un mort qu'elle ne connaissait pas, et dont cependant elle s'est trouvée savoir jusqu'aux plus intimes pensées. Il y a là une expérience de spiritisme rigoureusement scientifique et dont on ne peut nier qu'elle ait produit un résultat *surnaturel*, si l'on admet, avec les savants, qu'il y ait des choses *naturelles* et d'autres *surnaturelles*; ce qui m'a toujours paru, en vérité, difficile à admettre, les choses les plus simples de la vie m'ayant toujours semblé pour le moins aussi singulières et inexplicables que toutes les imaginations des *Mille et une nuits*. Mais on ne saurait nier que Mrs Piper n'ait révélé aux amis de feu Pelham des détails exacts que lui seul pouvait connaître. Et le plus étonnant est qu'en outre elle leur a dit, en son nom, des choses assez raisonnables, au lieu des invraisemblables sottises que débitent à l'ordinaire les médiums, au nom de Socrate, de Victor Hugo et des autres grands esprits qui sont censés nous parler par leur bouche.

Un jour, en effet, Pelham fit savoir à M. Hodgson qu'il voulait s'entretenir avec lui de la vie de l'âme après la mort. L'entretien eut lieu en présence des Howard, qui n'hésitèrent pas, eux non plus, à reconnaître leur défunt ami dans l'esprit qui parlait devant eux.

« Jim ! dit familièrement feu Pelham à M. Hodgson, est-ce vous ? Je suis bien heureux de vous retrouver. Je suis d'ailleurs très heureux ici, mais surtout depuis que je puis m'entretenir avec vous. Je ne puis encore, pour ainsi dire, rien faire ; je viens de m'éveiller à la réalité de la vie après la mort. Dans les premiers moments, c'était comme une nuit noire, impossible de rien distinguer, les ténèbres, qui précèdent l'aube, vous savez ce que je veux dire ? J'étais perdu, assommé. Mais bientôt je vais être assez remis pour pouvoir m'occuper... Si vous saviez comme j'ai été surpris de me trouver vivant. J'étais si absolument certain que tout finissait avec la mort! Mais c'est que nous avons un fac-similé astral de notre corps matériel. »

Tels sont les faits que nous rapporte M. Hodgson. Je m'aperçois qu'ils ne prouvent, jusqu'à présent, que l'immortalité de la seule âme de feu George Pelham. Mais n'est-ce point assez l'habitude des soi-disant « esprit forts » de déclarer qu'ils croiront à l'existence de l'autre monde le jour où une seule âme en sera revenue ? Pour ceux-là, la lecture de la dernière livraison des *Proceedings of the Society for psychical research* aura un intérêt bien plus grand encore que pour ceux qui, trouvant dans leur cœur une affirmation suffisamment forte de l'immortalité de l'âme, n'ont besoin d'aucun médium pour achever de les en convaincre

T. DE WYZEWA.

(*Le Temps*, 17 mai.)

RENÉE SABOURAULT

Une de nos aimables lectrices nous adresse la lettre suivante :

Jeudi, le 26 mai.

« Cher Monsieur Mery,

« Comme je vous l'avais dit, voulant me rendre compte si les phénomènes dont j'ai été témoin chez M. Sabourault se produiraient dans un lit quelconque, j'avais invité hier Mme Sabourault à venir passer la soirée chez moi avec sa fillette. La petite Renée a paru enchantée de se trouver chez moi, et je crois que la belle poupée que je lui ai donnée a contribué pour beaucoup à me mettre dans ses bonnes grâces.

« Bref, au moyen de l'écriture automatique que vous connaissez, un de ses « Esprits » familiers qui signa : Robert, nous fit savoir qu'il ne se passerait rien dans la table de la salle à manger, mais qu'il fallait que l'enfant se couchât *dans mon lit*.

« J'ai cru que c'était un défi, et je répondis que j'y consentais, à la condition qu'une fois Renée partie, les bruits cesseraient.

« Nous sommes donc montées à ma chambre, Renée, sa mère et moi; et la petite, s'étant déshabillée, s'est mise au lit.

« A peine si elle y était que des petits coups dans le bois du lit se sont fait entendre, ainsi que des grattements très forts dans le sommier ; *on eût dit des chiens rongeant du bois*.

« M'étant approchée du lit, j'ai senti sur la main des souffles froids, nets et glacés.

« M. l'abbé X... qui se trouvait à cette réunion, ainsi que M. B... ont parfaitement senti ce souffle glacé qui semblait se dégager des couvertures.

« Tout d'un coup, étant dans une demi-obscurité, la fillette nous dit qu'elle se sentait tirée hors du lit, et, en effet, m'étant approchée tout près d'elle, je la sentais qui glissait, emmenant avec elle les couvertures et les draps.

« Renée s'étant recouchée, nous lui avons donné de quoi écrire, et « Robert » écrivit qu'il voulait rester chez moi pour passer ses vacances *comme chez le Dr Corneille*.

« Je tiens à votre disposition la communication que cet excellent *Robert* a bien voulu nous faire.

« Croyez, cher monsieur, à l'assurance de mes meilleurs sentiments.

« S. F. »

En léthargie depuis quinze ans

Le plus extraordinaire cas de léthargie que l'on connaisse est, ce me semble, celui de Marguerite Boyenval, qui habite chez sa mère, à Thenelles, petit village voisin d'Origny-Sainte-Benoîte, dans l'Aisne, et dont l'histoire a déjà été si souvent racontée dans les journaux.

Cette jeune femme est tombée dans un état comateux il y a bientôt quinze ans, sous le coup d'une violente émotion. Depuis cette époque elle a toujours dormi profondément sans discontinuer.

Longtemps on suspecta la sincérité de son sommeil et on pensait qu'elle simulait la léthargie ; mais plusieurs médecins éminents, parmi lesquels il suffit de citer MM. Charcot et Brouardel, visitèrent Marguerite, et ils déclarèrent qu'il fallait écarter toute idée de supercherie. Dailleurs M. le Dr Charrier, d'Origny-Sainte-Benoîte, n'a cessé de venir voir la pauvre dormeuse quotidiennement, depuis l'accident et il atteste, qu'elle ne s'est jamais réveillée un seul instant.

Ce cas de coma si phénoménal ne cesse d'attirer beaucoup de visiteurs à Thenelles. Ils sont admis à contempler la jeune femme sur son lit. On la croirait morte, tout d'abord, à cause de sa pâleur et de son amaigrissement ; mais en l'examinant avec attention on finit par constater le très faible mouvement que produit sa respiration.

On nourrit l'infortunée au moyen d'une sonde en lui ouvrant la bouche de force.

Les docteurs Beaunis, Geischdlen et Bernheim disent que le sommeil somnambulique n'étant qu'un sommeil anormal, on peut, du moins pour certains sujets, faire passer le dormeur du sommeil naturel au sommeil hypnotique et du sommeil léthargique au sommeil naturel, sans le réveiller. Ils ajoutent que des expériences ont été faites à ce sujet et qu'elles ont été couronnées de succès. On a alors assurément dû essayer d'hypnotiser Marguerite Boyenval et de lui suggérer le réveil à échéance ?...

Si l'on considère que l'on introduit quelques aliments liquides dans l'estomac de la dormeuse de Thenelles, on trouvera plus extraordinaires encore les deux cas de léthargie suivants dans lesquels il est attesté que les sujets n'ont pris aucune nourriture ni absorbé aucune liqueur.

Dans ses *Expériences sur la résistance opposée par beaucoup d'êtres vivants aux basses températures*, John Hunter raconte que, revenant de Sibérie au mois de juin 1771, il trouva toute la population d'Oslianka (petite ville située en Russie, au pied des monts Ourals) rassemblés autour d'un bloc de glace rapporté d'un val voisin et dans lequel était incrusté le corps d'un homme âgé de trente-cinq ans environ.

« Comme ce corps, dit-il, paraissait aussi frais que s'il n'avait été asphyxié que depuis une demi-heure, je le fis dégager, et après l'avoir fait débarrasser de ses vêtements, j'ordonnai de le plonger dans l'eau froide de sorte qu'il se trouva enduit d'une couche de glace. Je le fis mettre ensuite dans de l'eau tiède et peu après dans une eau plus chaude. Enfin on le coucha dans un lit bien chaud où je lui administrai le traitement de l'asphyxie au moyen duquel il a été rappelé à la vie.

« Quel a été l'étonnement de tout le monde lorsque cet individu, ayant repris l'usage de ses sens, a déclaré en langue russe qu'il s'appelait Bjornstow, qu'il était ingénieur, qu'il habitait Viatka, qu'il était né en 1733, et que revenant d'une recherche de gisements aurifères il avait été enseveli sous une « lavange ». Après maintes explications et vérifications nous constatâmes avec une extrême surprise que Bjornstow était resté trois ans congelé ; lui-même ne voulait pas croire, tout le premier, qu'il avait séjourné si longtemps, sans connaissance, sous la glace. Force nous fût pourtant de nous rendre à l'évidence après une longue et minutieuse enquête. Ses deux compagnons témoignèrent l'avoir vu emporter sur le versant du mamelon situé en face du leur par « une lavange, » et ils l'avaient considéré comme enseveli et avaient rapporté à sa famille la pénible nouvelle.

« Ayant conservé depuis lors des relations avec cet ingénieur, il me déclara avoir ressenti pendant fort longtemps dans la suite une grande raideur dans toutes les articulations ; celle du cou lui était particulièrement douloureuse. Peu à peu ses jointures recouvrèrent une flexibilité relative, mais jamais complète.

« J'avais étudié déjà, ajoute John Hunter, des états de congélation apparente de poissons envoyés du Nord en Angleterre et reprenant vie en arrivant dans notre climat, après avoir passé plusieurs jours dans cet état. Je connaissais aussi la longue suspension de vie chez les rotifères desséchés, puis la mort temporaire très prolongée des fakirs de l'Inde, tous faits déjà si extraordinaires, mais... revenir à la vie après une congélation de trois années, voilà un phénomène encore plus merveilleux ! »

Ce fait est-il croyable? En tout cas ce fut lui qui ouvrit à Hunter une voie nouvelle dans ses travaux scientifiques, car depuis la « résurrection » de Bjornstow il ne dirigea plus ses études que du côté de ces genres de phénomènes.

Ce qui a discrédité beaucoup le rapport du savant anglais c'est un petit conte brodé sur ce même sujet et paru en 1827 dans la *Gazette de Lyon*. L'auteur de la nouvelle, — un chroniqueur marseillais ou gascon à coup sûr, — se contenta de changer les noms de personnes et de pays et affirmait que son héros était resté en léthargie deux cents ans (!) sous la glace. C'était pire que la féerie de la *Belle au bois dormant*, et les lecteurs finirent par mettre dans le même sac aux fables et le conte de la *Gazette de Lyon* et le récit d'Hunter. Sans doute de ce qu'une chose est vraisemblable ou peut être exceptionnellement possible, il ne s'ensuit pas qu'elle soit vraie, mais je rappellerai que Claude Bernard, interrogé sur le crédit que méritait l'histoire de Bjornstow, répondit que théoriquement le fait était possible à la condition que la congélation n'ait pas altéré les tissus, puis il parla de résultats analogues qu'il avait obtenus sur des grenouilles.

Enfin voici une page extraite de *La Cour et le camp de Rundjet-Sing*, *d'Osborne*, dont les absurdes exagérations du trop fameux Dr Bataille n'infirmeront jamais la véridicité :

« On boucha avec de la cire, bien pétrie pour l'amollir, le nez, les oreilles et tous les autres orifices par lesquels l'air aurait pu entrer dans le corps du fakir qui s'était plongé dans le sommeil léthargique à force de se fixer le nombril. On n'excepta que la bouche dans laquelle il avait préalablement replié sa langue pour fermer le passage de la gorge. Cela fait on acheva de le déshabiller, on le mit dans un sac de toile qu'on ferma et qu'on cacheta du sceau de Rundjet-Sing, puis on le déposa dans une boîte de sapin qui, fermée et scellée également, fut descendue dans le caveau. Par dessus on répandit et on foula de la terre, on sema de l'orge et on plaça des sentinelles.

« Le maha-rajah, très sceptique sur cette mort, envoya deux fois des gens pour fouiller la terre, ouvrir le caveau et visiter le cercueil. On trouva chaque fois le fakir dans la même position et avec tous les signes d'une suspension de vie.

« Au bout de dix mois, terme fixé, on procéda à son exhumation. Nous examinâmes attentivement par nous-mêmes l'intérieur de la tombe ; nous vîmes ouvrir les serrures à nous appartenant, briser les sceaux et porter le cercueil au grand air. Quand on en tira le fakir, les doigts posés sur son artère et sur son cœur ne purent percevoir aucune pulsation.

« La première chose qui fut faite pour le rappeler à la vie (et la chose ne se fit pas sans peine) fût de ramener la langue à sa place naturelle. On remarqua que l'occiput était brûlant, mais le reste du corps très frais et très sain. On l'arrosa d'eau chaude, — et au bout de deux heures le ressuscité était aussi bien que dix mois auparavant. Ses ongles et ses cheveux avaient cessé de croître. Comme il craignait beaucoup d'être entamé par des vers ou des insectes, il avait fait suspendre, pour s'en préserver, la boîte où il reposait, au centre du caveau.

« L'enterrement et l'exhumation de ce fakir avaient eu lieu en présence du souverain Rundejet-Sing, du général Ventura, des principaux sirdars et du capitaine Wade. »

H. LOUATRON.

ÇA ET LA

Kaddour ben Abderrahman. — Un de nos lecteurs d'Oran nous signale un Maure, médecin et devin, nommé Kaddour ben Abderrahman, qui fait, paraît-il, des cures véritablement remarquables, et est, en quelque sorte, le père Jourdain d'Oran.

« Il n'emploie, dit notre correspondant, en fait de médicaments, que des plantes et des signes; et, sans que vous énonciez rien (à l'opposé des médecins), vous détaille lui-même votre genre de maladie, vos souffrances et les causes de votre affection, se prononce alors pour la guérison ou bien simplement pour un soulagement. Il ajoute des divinations sur le passé, le présent, l'avenir, s'étendant jusqu'à la désignation des sources.

« Il possède un diplôme délivré par les sommités médicales et religieuses de Tunis, et désirerait entrer en relations avec les Sociétés diverses de Paris. »

***

Pour être heureux. — A ceux qui ont l'intention de convoler en « justes nopces », il est peut-être intéressant d'indiquer le jour qu'il faut choisir pour se marier.

L'astrologie nous affirme qu'il en est d'heureux et de malheureux.

Voici donc les jours d'où l'on doit dater son bonheur d'après les énergiques affirmations de l'astrologie :

1er, 3, 10, 19 et 21 janvier; 1er, 3, 10, 19 et 21 février; 3, 5, 12, 20 et 23 mars; 2, 4, 12, 20 et 22 avril; 2, 4, 12, 20 et 23 mai; 1er, 3, 11, 19 et 21 juin; 1er, 3, 12, 19, 21 et 31 juillet; 2, 11, 18, 20 et 30 août; 1er, 9, 16, 19 et 28 septembre; 1er, 8, 15, 17, 27 et 29 octobre; 5, 11, 13, 22 et 25 novembre; 1er, 8, 10, 19, 23 et 29 décembre.

On n'a vraiment que l'embarras du choix.

***

Un voyant. — Une personne parfaitement éveillée, nous écrit M. A..., un de nos lecteurs, a eu récemment une vision étrange.

« Le lit dans lequel elle était couchée lui sembla être transporté place de la Concorde. Elle tournait le dos au pont, et, près de la statue de Strasbourg, elle vit une grande foule qui débouchait de la rue Royale. Ce peuple entourait un général monté sur un cheval blanc, et tenant de la main droite son épée nue. Derrière lui était un génie ailé, représentant un enfant de douze ans environ. Il souriait et tenait une couronne de lauriers qu'il se disposait à poser sur la tête du général, que le voyant n'a pu reconnaître puisqu'il lui tournait le dos.

« Une heure après environ, la même personne vit un grand cercle d'or se former et, au milieu, la croix de la Légion d'Honneur, étincelante comme les étoiles Notez que le voyant était parfaitement éveillé et n'avait rien fait pour provoquer ces visions.

« En 1870, ce voyant avait appris de la même façon la catastrophe de Sedan, six semaines avant la bataille, aussi a-t-il confiance dans la réalisation de ces révélations. »

Nous ne mettons point en doute la sincérité de M. A..., mais nous nous garderons d'être aussi affirmatifs.

***

Superstitions. — Si l'œil d'un enfant confère le don d'invisibilité, le foie d'une vieille femme (!) donne à celui qui le mange un pouvoir magique. Peut-être est-ce dans cet ordre d'idées qu'il faut rechercher le motif des horribles crimes de Jack l'Eventreur et des hideux exploits du même genre accomplis à Inspruck, en Tyrol et ailleurs.

A Barcelone, il y a quelques mois, quand on exécuta six anarchistes, de vieilles femmes vinrent tremper leurs mouchoirs dans le sang ruisselant, en faisant le signe de la croix. Elles étaient convaincues que ce talisman leur communiquerait une puissance surnaturelle.

La croyance au mauvais œil, qui se retrouve encore en France et en Angleterre, est générale en Italie. Parmi ceux que la crédulité publique avait doués de ce mystérieux pouvoir, il faut citer le pape Pie IX; et bien des pèlerins catholiques, qui s'agenouillaient devant lui pour recevoir sa bénédiction, ne manquaient jamais, avant de se relever, d'étendre vers lui deux doigts de la main droite en manière de conjuration.

***

Signe de guerre. — Les habitants de New-York ont été témoins, le 6 avril dernier, du fait suivant:

Après une journée sombre, les nuages se dissipèrent et la lune apparut au ciel. Elle se montra tout d'abord entourée d'un immense cercle de vapeur, d'une symétrie irréprochable, ainsi que cela arrive lorsqu'on est menacé d'un orage. Puis, de chaque côté de la lune, deux bras nébuleux commencèrent à s'élever tranquillement vers le grand cercle, décrivant des arcs de lumière parfaits, comme s'ils avaient été tracés par quelque compas céleste.

Le nouveau tracé continua jusqu'à ce que la forme d'une éclipse fut décrite, coupant en deux la circonférence du grand cercle, la lune se trouvant placée à l'une des extrémités comme une comète.

Ce phénomène a créé une profonde émotion partout où il a été visible, et l'on fait mille conjectures sur son apparition. Des milliers de personnes ont pu le voir.

Un vieux soldat, qui a pris part à la guerre de la rébellion, a déclaré qu'il avait été témoin d'un phénomène semblable quelque temps avant que le premier coup de fusil fût tiré au fort Sumter. Il a dit qu'il présageait le bombardement de la Havane par la flotte américaine dans un avenir prochain.

La position de la lune à l'une des extrémités du cercle signifie, d'après nombre de personnes, que l'Espagne doit certainement disparaître comme une comète.

Les Américains ne pouvaient manquer d'expliquer de cette façon ce phénomène, qui est cependant curieux à constater.

***

Les fétiches. — Beaucoup de dames, aujourd'hui, portent des fétiches. C'est aux Américaines, paraît-il, que nous sommes redevables de cette mode, d'un goût discutable, qui consiste à porter dans une broche ou un médaillon une minuscule tortue — vivante — ou même une araignée.

Nous empruntons à un de nos confrères du *Gaulois* l'historique du fétiche :

« Tous les noirs de l'Afrique, tous les jaunes de l'Asie, ont eu leurs figurines, leurs emblèmes, leurs symboles sacrés. Le serpent devin qu'adorent encore certains nègres leur vient d'une Egypte antérieure aux pyramides. Les Pharaons faisaient sculpter des bœufs Apis, des caïmans, des oignons, d'un format réduit, dont ils s'entouraient comme de boucliers contre la mauvaise fortune.

« Les « lares » des anciens et les petits dieux domestiques des gris gris de nos jours sont de la même famille.

« Les Romains ne faisaient que consulter les augures et le vol des oiseaux; ils avaient leurs amulettes.

« Au seizième siècle, les fétiches se mondanisent. Ils revêtent les formes les plus profanes. Ils sont légers ou graves. Les gens d'épée ont les leurs, mais les femmes surtout. Marguerite de Navarre, si couverte de pierreries qu'elle n'en pouvait marcher, y mêlait des joyaux artistiques qui écartaient le mauvais œil. Vous connaissez le suave et tendre billet d'Agnès à Guillaume de Machau, le poète, renvoyant à son « tres doulx cuer » ses patenôtres

« et vous promet loyalement que je les ai portées, tout en « l'estat que les vous envoie, deux nuis et trois jours, sans « oster d'entour moi. » Et les petites patenôtres de Charles V, à cinq boutons de Damas?

« Et le miroir magique de Gabrielle d'Estrées, don du roi Henri IV, du glorieux Béarnais, qui, avant le siège de Paris, n'avait pour toute garde-robe que douze chemises et cinq mouchoirs? Et la tête de mort, toute petite, d'ivoire sculpté, que portait Henri III? Et les colères de Carle Vernet, logé à l'Académie de France à Rome, parce que son fils Horace s'était permis de railler sa dévotion aux fétiches que lui avait légués son grand-père?

« Et, enfin, le trèfle en émeraude donné par le prince Louis-Napoléon Bonaparte à Mlle de Montijo quand elle retournait en Espagne, d'où elle ne devait revenir que pour être l'impératrice Eugénie? Napoléon III était fataliste. Il tenait beaucoup à un petit miroir qu'il avait acheté quelques sous à l'époque où il n'était que prétendant, et il lui rapportait sa réussite. Mais nul ne fut plus fétichiste que Napoléon Ier. On remplirait un volume avec ses ferveurs occultistes. »

Gaston Crusnier.

Thomas Martin de Gallardon

(*Suite*)

« L'Archange me dit aussi que je ne puis désirer « une meilleure santé, que l'on me fasse voir par les « Docteurs les plus savants qu'ils ne pourroient trouver aucune maladie en moi. Il me dit aussi que si « je suis retenu ; c'est que l'on veut faire une épreuve « de moi. Il dit que c'est une erreur de vouloir « m'éprouver, après toutes les choses qui sont « écrites. »

Depuis que Martin était retenu à l'hospice de Charenton, il était sujet à la visite du médecin; mais le jeudi 28 mars il n'y parut point. Martin s'exprime ainsi à ce sujet : « Jeudi 28 mars sur les 5 heures « après-midi, comme je me promenois dans le jardin, « l'Archange se présenta devant moi et me demanda « pourquoi je n'allais pas à la visite? Je lui réponds, « j'y vais, il me dit : mais bien brièvement, elle est « faite... et moi c'était par exprès que je tardais tou- « jours à y aller. Je m'amusois tant que je pouvois, « parce que tous ces gens qui étoient de la visite se « moquoient de moi.

... (L'Ange ajouta) : Vous ne voulez pas mentir, *il « vaut mieux obéir à Dieu qu'aux hommes*. L'Ange de « lumière ne peut pas annoncer les choses de téné- « bres, l'Ange de ténèbres ne peut pas annoncer les « choses de lumière. Qu'on profite de la lumière. « tandis qu'on a la lumière. Pour vous, mettez votre « confiance en Dieu, il ne vous arrivera aucun mal « et avec cela il a disparu ».

Tous les chefs ci-dessus, porte une relation, sont extraites d'une déposition authentique faite par Martin entre les mains d'un homme respectable, connu par ses vertus et son mérite et qui l'a signée de sa main.

Voici encore comment Martin s'est exprimé au sujet de l'apparition suivante :

« Le dimanche 31 mars, j'étois sur les 2 à 3 heures « de l'après-midi dans le jardin, il m'a apparu et dit : « Il y aura encore des discussions sur cette affaire, « les uns diront que c'est une imagination, les uns « diront que c'est un ange de lumière, et les autres « que c'est un ange de ténèbres.

« *Je vous permets de me toucher*. Il me prend la « main droite et me la serre (1). Il ouvre sa redingote « par devant, quand elle a été ouverte cela m'a sem- « blé plus brillant que les rayons du soleil et je n'ai « pu l'envisager (2). Il ferme sa redingote et je n'ai « plus rien vu de brillant. Il m'a semblé comme aupa- « ravant. Après cela il m'a défait son chapeau, et m'a « dit en montrant sa tête et touchant son front avec « sa main (3): L'Ange rebelle porte ici les marques « de sa condamnation et vous voyez que je n'en ai « pas. Il me dit : « Rendez temoignage de ce que vous « avez vu et entendu. »

L'Ange dit encore à Martin avant de le quitter ; Quelqu'un de la maison vous a demandé de me prier « de le prendre sous ma protection ; vous lui direz « que celui qui observe la religion telle qu'elle est « annoncée, et qui a une ferme croyance, sera « sauvé. »

Trois relations des plus dignes de foi ajoutent encore au sujet de Martin que dès les premières apparitions, l'Archange lui dit : « Qu'il paraîtrait devant « le Roi, et qu'alors, il lui découvriroit des choses « secrettes du tems de son exil, qu'il ne le lui diroit « qu'au moment qu'il paroîtrait devant lui, qu'il ne « pourroit les découvrir qu'au Roi; qu'il lui feroit « connoître les conspirations qu'on fait contre lui. « Enfin, il lui fut dit : Selon que porte une relation, « que tout seroit fini lorqu'il auroit vu le Roi. »

N'omettons par ce que l'on trouve encore à la fin de la relation que nous venons de citer, Martin m'a assuré (dit celui qui l'a rédigée), que toutes les fois que l'Archange lui a parlé, ça a toujours été avec une douceur inéfable, clairement et en peu de mots. Une autre relation témoigne aussi que l'Ange parloit constamment avec une grande douceur et qu'il employait souvent l'expression, *Mon ami*. Une fois cependant,

---

1. Une relation ajoute *affectueusement*, dans une autre l'auteur s'exprime ainsi : *aussi véritablement, aussi sensiblement*, me dit Martin, *que je serre maintenant la votre*.

2. C'étoit, est-il dit dans une autre relation, *comme un soleil brulant et luisant, qui l'éblouit et lui fit baisser les yeux*.

3. Une des relations ajoute : *et relevant ses cheveux*.

comme on l'a appris à Gallardon, il lui a parlé en le tutoyant et s'est exprimé avec force et autorité pour le presser de s'acquitter de la commission.

Je ne puis attester dit encore l'auteur d'une relation bien circonstanciée, qu'ayant causé longtemps avec Martin, je l'ai trouvé d'une raison parfaite ; son nouveau genre de vie si opposé aux habitudes qu'il avoit chez lui, ne lui donne pas la moindre inquiétude. Il a une femme et des enfants, et s'en remet entièrement à la Sainte volonté de Dieu, sur leur sort et sur le sien.

En un mot, il jouit d'un calme surnaturel. Il a une grande douceur, une piété sans exaltation ; il m'a dit que sa dévotion consistoit à garder les commandements de Dieu et de l'église. Il est d'une naïveté et d'une simplicité qui ne peuvent se concevoir. Il reste à son aise avec tout le monde.

Entrevue de Martin avec Sa Majesté (1).

Le mardi 2 avril, un secrétaire du ministre de la Police Générale est venu porter à Charenton au directeur de la Maison de santé, un billet écrit de la main du ministre, ordonnant de lui envoyer Martin qu'on venoit chercher dans un cabriolet ; le billet du ministre portait que le lendemain Martin retourneroit libre dans son pays, puisque le médecin en chef de Charenton (M. Royer Collard), pensoit qu'il n'y avoit pas de traitement à lui faire : Il paroît, porte une relation digne de foi, que M. Collard avoit déclaré qu'il ne regardoit point cet homme comme aliéné, et cet avis ayant été rapporté à Mgr l'archevêque de Rheims, grand aumônier de France, celui-ci avoit informé le Roi de ce qui se passoit ; de sorte que le Roi avoit donné ordre au ministre de la police de lui amener l'homme arrivé de Chartres qu'il avoit fait conduire à Charenton. De son côté Mgr l'archevêque de Rheims avoit invité M. le curé de Gallardon à venir à Paris afin qu'il put fournir sur le compte de Martin les renseignemens qu'on jugeroit nécessaire (2).

Voici comme Martin s'est expliqué dans sa relation particulière, au sujet de son entrevue avec Sa Majesté. C'est la même relation qui a été envoiée le 29 avril par M. le curé de Gallardon à M. le Préfet de Chartres ; elle a été écrite de sa main et d'après le rapport de Martin lui-même.

« Le mardi 2 avril 1816. Comme j'étois à dîner (à la Maison de santé), il vint quelqu'un de la part du ministre de la Police Générale, qui depuis quatre semaines me retenoit à Paris (et à Charenton). On venoit me chercher pour aller à Paris. Nous arrivons à l'hôtel de la Police où le ministre m'a dit : Vous voulez donc aller parler au Roi ? (Réponse) : Oui. Et ma commission ne sera pas faite avant que je lui aye parlé comme on me l'a toujours dit : et que je lui dise ce qui m'est annoncé. (Le ministre) mais, qu'avez-vous à dire au Roi ? (Martin) je ne sais pas pour le moment. Ce que j'ai à lui dire, la chose me sera annoncée quand je serai devant le Roi (le ministre), eh bien ! puisque vous voulez y aller, je vais vous y conduire. Vous allez voir un bon Roi, qui est notre Père à tous. Mais il ne me disoit pas qu'il avoit reçu l'ordre du Roi de m'y mener.

(*A suivre.*)

1. La version de cette entrevue est celle qui ressort de la combinaison des récits parus en 1817-1830 et 1831. Elle n'est point conforme à celle qui a paru en 1832, dans l'ouvrage de M. l'abbé Perreau, vicaire général de l'archevêché de Paris et ancien secrétaire de la grande Aumônerie de France. Nous donnerons cette seconde version, à la suite de la présente publication. Nos lecteurs feront eux-mêmes la comparaison.

(N. DE LA R.)

2. On sait à n'en pas douter que plusieurs personnes de la plus haute considération attendoient avec inquiétude l'entrevue de Martin avec le Roi.

Dans une lettre du curé de Gallardon, écrite le 8 mai 1816, au curé de Maintenon, on lit ces mots :

« Mgr l'Archevêque de Rheims après mon rapport me paroissant fort soucieux et fort inquiet m'a dit : Je ne sais quelle impression cela fera sur le Roi... J'ai vu à Paris des personnages de la plus haute volée qui attendoient avec soupir l'entrevue de cet homme avec le Roi, pour juger de la réalité des apparitions, des révélations et du résultat. Toutes ces personnes en ont été instruites, et leurs craintes n'ont pas diminué non plus que les miennes pour l'avenir. »

A TRAVERS LES REVUES

LES ANNALES DES SCIENCES PSYCHIQUES. — M. C. Moutonnier, ancien professeur d'anglais à l'école des hautes études commerciales de Paris, publie, sous ce titre : *Cas de Chicago*, le récit des curieuses expériences qu'il a faites avec miss Bangs.

Grâce à ces médiums, M. Moutonnier a obtenu des communications tracées sur l'ardoise et signées du nom de sa fille et du nom de son gendre, morts depuis plusieurs mois. Chose étrange, l'écriture de ces communications était d'une ressemblance frappante avec celle de l'un et l'autre des défunts. Les *Annales* reproduisent les *fac simile* de ces communications à côté d'autographes authentiques. L'analogie qui est en effet réelle.

Comme malgré ces résultats, M. Moutonnier affectait de rester sceptique, le médium lui dit :

— Vous voyez ces fleurs qui sont sur cette table, à côté de vous, eh bien ! puisque vous semblez douter de la possibilité qu'ont les esprits de se communiquer à nous, et que vous demandez une preuve matérielle de la présence de votre fille dans cette chambre, priez-la de faire passer une de ces fleurs que vous choisirez dans votre lettre.

M. Moutonnier choisit la couleur rose et adressa une prière mentale à sa fille.

Quand il ouvrit sa lettre, à la fin de la séance, il y trouva non seulement les pages blanches couvertes d'écriture, mais encore dans l'intérieur des questions qu'enveloppaient les pages destinées aux réponses, — le tout plié comme il l'y avait mis avant la séance — une des fleurs roses du bouquet, ayant toute sa fraîcheur et son parfum, comme si elle venait d'être cueillie.

M. Moutonnier pour prouver que ces expériences ont été faites avec toutes les garanties possibles, conclut ainsi :

Tels sont, cher Monsieur, dans toute leur vérité et dans leurs moindres détails, les faits de ces séances extraordinaires. Je vous les donne sans commentaires. Toutefois, afin d'éclairer tous ceux qui liront ces lignes sur le *modus operandi* et les mesures de précaution que j'ai prises pour rendre impossible toute fraude de la part du médium, je donne ci-dessous les points principaux nécessaires à la recherche de la vérité.

1° J'étais inconnu et étranger et c'était la première fois que je voyais le médium : elle ignorait donc tout ce qui me concernait;

2° Les deux séances ont eu lieu en pleine lumière du jour, entre trois et quatre heures de l'après-midi ;

3° Les ardoises, le papier destiné aux réponses ainsi que l'enveloppe ont été scrupuleusement examinés par moi, je les ai trouvés intacts, et toutes ces pièces ainsi que mes questions sont restées en ma possession et sous ma surveillance depuis le commencement de la séance jusqu'à la fin ;

4° Aucune tierce personne n'est entrée dans la chambre pendant l'heure des séances ;

5° Toutes les portes de la chambre sont restées closes pendant toute la durée des séances et il n'y avait dans la chambre ni paravent ni autres objets pouvant faciliter la fraude; au contraire, la table sur laquelle étaient les ardoises était isolée et au centre de la chambre ;

6° Le médium n'a mis les mains ni sur les ardoises, ni sur le papier ou l'enveloppe, le tout étant resté en ma possession;

7° Pendant les séances, le médium n'a manifesté dans sa manière d'être aucun signe extraordinaire, à l'exception d'un sentiment de fatigue à la fin ;

8° Dans la communication (ainsi qu'il est permis de s'en convaincre) l'écriture anglaise est différente de l'écriture française, mais il y a entre les deux et l'écriture originale de mon gendre et de ma fille une ressemblance frappante ;

9° Dans la teneur de la communication, il y a un caractère bien marqué d'individualité de la part de l'intelligence et qui n'appartient pas au médium ;

10° Le bout de la mine de plomb placé par moi entre les deux ardoises pour permettre d'écrire, avait disparu ;

11° Dans l'examen de l'intérieur de l'enveloppe à la deuxième séance, il n'y avait aucune trace de fleur;

12° Une fleur rose de pois de senteur, toute fraîche et toute odoriférante, a été trouvée par moi, à la fin de la séance et à l'ouverture de l'enveloppe ;

13° Je n'avais, lors des séances, en ma possession ni lettres ni autres écrits provenant soit de ma fille, soit de mon gendre pouvant faire découvrir les noms de ces derniers dont les communications sont signées;

14° Pendant toute la durée des séances, j'ai eu toujours toute ma lucidité d'esprit;

15° Un tour d'escamotage du genre de celui qui consiste à faire disparaître et réapparaître des objets, sans que l'escamoteur y ait appliqué les mains ou ait eu un compère, pourrait à juste titre être considéré comme un miracle.

Donc, pour toutes les raisons qui précèdent, et à moins qu'il ne me soit prouvé que j'ai été trompé, je déclare être intimement convaincu que les phénomènes dont j'ai été le témoin ont dû être produits par une force émanant d'une intelligence invisible et supérieure à celle de l'homme.

En foi de quoi j'ai signé la présente déclaration.

Paris, le 1er novembre 1897.

C. MOUTONNIER,

Ancien professeur d'anglais
à l'école des Hautes-Étude commerciales de Paris.

LA PLUME. — Une interessante *Chronique idéaliste*, de M. Jacques Brieu.

LA REVUE SCIENTIFIQUE ET MORALE DU SPIRITISME. — M. A. Delanne, sous ce titre, *Les Apports*, relate les curieux faits qui se seraient produits, tout dernièrement, à Dijon, dans la famille Cram.

Puis, pour me convaincre qu'ils étaient familliers avec les manifestations de ce genre nommées « apports », M. et Mme Cram ouvrirent un charmant petit coffret où étaient renfermés les objets donnés par leurs esprits familiers; tous portaient la date de leur arrivée et une attestation signée par tous les témoins présents aux seances.

« Un apport » attira particulièrement mon attention. C'etait une mèche de cheveux gris, un peu rugueuse au toucher. Les cheveux avaient appartenu au père vénéré de Mme Cram, décédé depuis six mois. Ils furent reconnus par toute la famille, conformes comme nuance et comme texture, à ceux du défunt.

Voici les explications que me donna Mme Cram sur l'obtention de cet apport prodigieux :

C'était le 5 novembre 1897, à 9 heures du soir, que réunis autour de ce guéridon, notre guide spirituel me pria de poser ma main droite à plat au milieu du plateau, il invita mon mari à poser sa main sur la mienne, puis il dit aux deux autres personnes présentes d'en faire autant. On avait un peu baissé la lumière. Nous attendîmes quelques minutes dans cette bizarre position, je commençai à ressentir quelques picotements sous la paume de la main, puis quelques chatouillements plus accentués; bientôt après, ils devinrent tellement insupportables que je ne pus les subir plus longtemps. Des coups frappés dans le guéridon furent le signe de ma délivrance et quelle ne fut pas notre surprise, en soulevant nos mains réunies, de voir sous la mienne qui adhérait au plateau, la mèche de cheveux que vous venez de voir et qui sont ceux de mon cher père.

« Nous les conservons avec vénération comme une relique sacrée. »

Touché profondément de tout ce que je voyais et entendais, je priai nos aimables amis de me permettre d'assister à une de leur soirée, ce qui me fut gracieusement accordé.

Malheureusement, à cette soirée-là, « l'esprit » ne fit aucun apport. Il se contenta de dire qu'il en ferait huit jours plus tard. M. Delanne s'en retourna à Paris déçu; mais quelques jours après son retour, il reçut de M. Cram une lettre l'informant que l'apport consistant en un bouquet, avait été fait à l'heure dite (???)

Du LIGHT ce *Cas d'idendité d'esprit* rapporté par M. Alfred Clegg :

Ma femme, qui est un médium développé, était allée, le 20 mars, rendre visite à des amis, à Stratford. A son arrivée, il se trouva que ceux qu'elle allait voir n'étaient pas chez eux; et, après avoir quitté son manteau, elle s'assit en attendant leur retour. Quelques instants après, une dame, vieille amie des maîtres de la maison, était annoncée; et, comme elle entrait dans le salon, ma femme *vit* clairement que l'esprit du fils de la vieille dame l'accompagnait. Ma femme se sentit poussée à décrire l'esprit à la mère; et, pendant qu'elle le faisait, le fils dirigeait ma femme, lui faisant dire sans erreur tous les symptômes de sa dernière maladie, une bronchite.

Lorsque Mme Clegg fut revenue à l'état normal, la vieille dame lui dit que, bien qu'elle eût suivi, chaque semaine, les réunions d'un cercle spirite, depuis la mort de son fils (il était spirite pendant qu'il vivait), elle n'avait pu obtenir des nouvelles de sa survivance.

Il est inutile de parler de la joie que cette expérience causa à la vieille dame. alors surtout qu'elle ne connaissait pas du tout Mme Clegg et ne l'avait jamais vue auparavant. C'est là, à mon avis, un cas évident d'identité d'esprit, et il est d'autant plus curieux qu'il s'est manifesté spontanément, en dehors de toute attente.

Nous lisons aussi dans le même numéro, le récit suivant d'un *Songe télépathique* :

J'ai un oncle, frère unique de ma mère, qui construit et entretient les usines de fabrication de poudre et dynamite de la maison Noble et Cie de Paris. Comme il voyage beaucoup il arrive souvent que nous restons, pendant plus ou moins de temps, sans entendre parler de lui, et nous sommes parfois inquiets. dans la crainte que quelque chose de grave ne lui soit arrivé. Or, une nuit de février 1897, je faisais un rêve tout à fait ordinaire et banal, à Omaha (Nébraska), lorsque tout à coup j'entendis une formidable détonation, et vis des flammes vertes et bleues s'élancer dans toutes les directions comme l'éclair, et je me sentis comme anéantie. Il me fallut plusieurs minutes pour me rendre compte que je n'étais pas morte et que tout cela n'était qu'un rêve. Je songeai aussitôt à mon oncle et pensai qu'une des usines avait sauté. Le matin, à déjeuner, je parlai à mon frère de ce songe frappant qui n'avait aucun rapport avec le rêve banal et lui dis que j'étais certaine qu'une des usines de l'oncle avait été détruite par une explosion. Deux jours après, un journal du matin publiait une dépêche câblée, annonçant que la fabrique de dynamite de Noble, près d'Ayrshire, en Ecosse, avait sauté, et que l'explosion avait tué une demi-douzaine d'hommes et brisé les vitres dans un rayon de quarante milles. Informations prises, j'appris que la catastrophe s'était produite au moment même où j'avais eu le songe, en tenant compte de la différence d'heure entre le Nébraska et l'Ecosse. Mon oncle n'était pas en ce moment au voisinage de l'usine, mais en France.

A rapprocher des songes de même nature que contait dans notre avant dernier numéro notre collaboratrice Aly.

LA REVUE THÉOSOPHIQUE FRANÇAISE (LE LOTUS BLEU). à lire la suite des intéressantes « Variétés occultes » du colonel H. S. Olcott.

LES LIVRES

Théories et Procédés du Magnétisme, avec portraits, têtes de chapitres, vignettes et figures dans le texte. Cours professé à l'Ecole pratique de Magnétisme et de Massage, par H. Durville. Prix : 3 francs, à la Librairie du Magnétisme, 23, rue Saint-Merri.

Cet ouvrage, annoncé depuis plusieurs années, est attendu avec impatience par tous les étudiants du Magnétisme. Il comprendra deux volumes. Le premier, qui vient de paraître sous un élégant cartonnage, expose la théorie des principaux maîtres de l'art magnétique depuis trois siècles. Leur théorie est fidèlement analysée, leurs procédés sont minutieusement décrits, et de longues citations de chacun d'eux sont reproduites.

Si ce volume ne suffit pas entièrement à ceux qui veulent étudier à fond la théorie et la pratique du magnétisme, il suffit amplement à tous les amateurs voulant acquérir les connaissances nécessaires pour pratiquer avec succès le magnétisme curatif au foyer domestique.

***

Christianisme et Spiritisme, par Léon Denis. (*Les vicissitudes de l'Evangile, la doctrine secrète du christianisme, relations avec les esprits des morts, la nouvelle révélation.*) Leymarie, éditeur, 42, rue Saint-Jacques.

Cet ouvrage soulève des questions trop graves et aboutit à des conclusions trop discutables pour que nous puissions en rendre compte en quelques lignes. Nous en signalons seulement aujourd'hui l'apparition en attendant que nous puissions en faire une critique approfondie.

Le Gérant : GASTON MERY.

IMP. NOIZETTE ET Cie, 8, RUE CAMPAGNE-PREMIÈRE PARIS

DEUXIÈME ANNÉE. — N° 35. 15 JUIN 1898 LE NUMÉRO : 50 CENT.

L'ÉCHO DU MERVEILLEUX

REVUE BIMENSUELLE

EUSAPIA PALADINO

Eusapia Paladino, le célèbre médium napolitain, est actuellement en Russie. Elle y a été appelée au mois de mars dernier par le grand duc Nicolas Nicolascewitch chez lequel elle est demeurée un mois. Elle est restée ensuite quelques jours chez le général comte Recoussu, puis est partie pour Moscou où elle est descendue chez un riche négociant qui lui a donné mille roubles pour cinq séances. Très prochainement elle sera à Paris. Elle veut bien se prêter à une nouvelle série d'expériences devant une commission de savants qui sera présidée par le colonel de Rochas. A ce propos, on réédite contre elle un certain nombre d'accusations, qui pourraient se résumer en une seule : Eusapia n'est qu'une étonnante prestidigitatrice.

Je n'ai jamais vu, pour ma part, Eusapia Paladino et je me garderai bien de la défendre contre les allégations que M. Henri des Houx s'est chargé de formuler dans la *République Française*. Je me contenterai de renvoyer le lecteur aux ouvrages du colonel de Rochas, par exemple, ou à ses articles dans la *Chronique Médicale* ; ou encore aux articles du Dr Dariex et de M. J. Ochorowicz, dans les *Annales Psychiques,* ou enfin au très intéressant volume de M. Guillaume de Fontenay, *Les Séances de Montfort l'Amaury*.

Mais peut-être ne sera-t-il pas indifférent, à propos d'Eusapia, d'exposer quelques considérations générales pouvant s'appliquer à la plupart des médiums et qui, notamment, feront comprendre à certaines personnes peu au courant de ce que j'appellerai la « manipulation » des phénomènes psychiques, le pourquoi de la nullité des expériences qu'elles ont tentées avec Renée Sabourault. Nos lecteurs trouveront dans le prochain numéro cet exposé que les discussions soulevées par les articles de la *Croix* sur Tilly, m'obligent à supprimer dans celui-ci. G. M.

La pétition des Somnambules

Les journaux ont annoncé, ces jours derniers, que M. Clovis Hugues avait déposé sur le bureau de la Chambre un projet de loi tendant à réformer un article de code pénal interdisant aux magnétiseurs et aux somnambules l'exercice de leur profession. M. Clovis Hugues à qui j'avais demandé quelques renseignements sur ce projet de loi, m'a répondu par la lettre que voici.

Mon cher Mery,

On a un peu exagéré : il y a tant de Méridionaux à Paris ! Quand j'ai déposé sur le bureau de la Chambre la pétition des magnétiseurs demandant à entrer dans le droit commun par l'exercice de la patente, je ne m'étais point engagé à la soutenir devant mes collègues, au cas où elle aurait été condamnée par la commission. Rien ne m'autorise en effet à me faire l'apôtre d'une idée essentiellement scientifique, tout au moins à mon point de vue, et qui ne pourrait être utilement portée à la tribune que par un homme appartenant à la science d'une façon spéciale. J'ai mes idées sur la question, parce que j'ai été le témoin de phénomènes qui m'ont troublé ; j'ai moi-même opéré dans la partie, si j'ose employer cette expression familière dans une question qui touche par tant de points à des domaines insuffisamment explorés. Mais, je vous le répète, je ne me sens pas l'autorité suffisante et j'aurais trop peur d'être renvoyé à mes rimes. Mon rôle s'est borné à déposer la pétition, tout citoyen français ayant le droit de s'adresser à la Chambre par cette voie et ma conscience m'ordonnant toujours, en pareil cas, d'aider personnellement à la manifestation naturelle de ce droit.

Ceci dit, bien à vous, et que le sommeil vous soit léger, si mon explication, peut-être chargée d'un dernier fluide, vous a légèrement endormi !

CLOVIS HUGUES.

Reportages dans un fauteuil

*** *Un député sorcier. Le Merveilleux aux Antilles.*

L'honorable M. Légitimus, député de la Guadeloupe, est attendu aujourd'hui ou demain à Paris, non sans curiosité. On s'est amusé à lui faire une réputation de sorcier, peut-être parce qu'il a trouvé le moyen de signer ici un manifeste pendant qu'il voguait en pleine mer. De spirituels journalistes assurent que le noir élu pratique notamment l'usage du *pail*. On sait en quoi consiste cette coutume vénérable.

A la veille d'un grand événement ou d'une entreprise importante, les sorciers des Antilles, pour conjurer le malin esprit, dansent au clair de lune et préférablement dans un cimetière, une bamboula frénétique, accompagnée de hurlements à faire fuir le diable : ce qui est leur but en effet.

M. Légitimus, dit la chronique, aurait eu grand soin de danser le *pail* à la veille de son élection. Le résultat a été si heureux qu'il ne manquera pas sans doute de recommencer pour chaque vote un peu important. Il y aurait là de quoi compenser surabondamment, pour les amateurs de spectacles pittoresques, la perte du Dr Grenier.

Mais, sérieusement, existe-t-il encore des sorciers aux Antilles ? Sans aucun doute. Toutes les superstitions, maléfices, sortilèges africains s'y sont perpétués sourdement.

La plus grande partie de la population à la Guadeloupe et à la Martinique se compose de mulâtres et de métis, provenus du croisement de la race blanche avec les nègres esclaves, amenés par la traite. Deux compagnies eurent longtemps le privilège de la traite : la Compagnie du Sénégal et celle de Guinée. Le Roi Louis XIII les avait autorisées à grand'peine, mais on lui remontra que les nègres seraient au moins aussi heureux dans l'esclavage créole, assez paternel quoiqu'en aient dit les négrophiles, et en particulier celui que les nègres nommaient affectueusement « Chéché » — Schœlcher. D'autre part, c'était le moyen de les instruire dans la Religion.

Les premiers missionnaires aux Antilles eurent une peine infinie à débarbouiller de leurs superstitions les nègres qu'ils catéchisaient. Lorsqu'ils se croyaient sûrs d'un néophyte on le surprenait en adoration devant son gri-gri. Le P. Labat, le plus célèbre de ces missionnaires, raconte vingt histoires de ce genre. Parmi ces nègres, hantés de superstitions idolâtriques, il y avait de vrais sorciers, puissants. Le P. Labat assure avoir été témoin de ce fait extraordinaire. Un petit nègre, venu de Guinée, était domestique chez les Pères. Les voyant contrariés par une sécheresse persistante, il leur proposa de faire pleuvoir. Les Pères acceptèrent par curiosité. Le négrillon prit trois oranges, les posa à terre, un peu éloignées les unes des autres, se prosterna devant chacune, prit ensuite trois rameaux d'oranger, se prosterna de nouveau, et les planta près des oranges. Il fit une troisième génuflexion, en marmottant quelque sorte de prière, puis se releva une des branches d'oranger à la main. Un tout petit nuage apparaissait à l'horizon. Le petit nègre, de son rameau lui fit signe. Les Pères, émerveillés, virent alors le nuage glisser rapidement dans le ciel bleu, et quelques minutes après une pluie légère tombait sur le jardin de la Mission.

Voici un autre fait plus extraordinaire encore. Le P. Labat n'en fut pas témoin, mais il le tenait de M. Vaubel, directeur du comptoir de Danemark à l'île Saint-Thomas.

Un nègre, convaincu de sorcellerie et notamment d'avoir fait parler et prophétiser une figurine de terre allait être pendu M. Vaubel, rencontrant ce malheureux en route pour la potence, lui dit :

— Eh bien, tu ne feras plus parler ton gri-gri ?

— Massa, dit le nègre en son patois, moi faire parler votre canne, si vous vouloir.

La curiosité du négociant danois fut grandement excitée. Il obtint qu'on retardât l'exécution, donna sa canne au nègre, qui la planta en terre et fit autour des gestes bizarres,

— Que voulez-vous qu'elle vous dise ? demanda-t-il.

— Si le vaisseau que j'attends est parti du port, s'il fait un bon voyage, quel jour il arrivera ?

Le sorcier recommença ses cérémonies, puis dit à M. Vaubel :

— Vous l'entendre parler, maintenant.

Et *il s'éloigna* avec sa funèbre escorte. M. Vaubel entendit alors une voix petite et claire qui semblait sortir de la canne et disait :

— Le vaisseau que tu attends est parti d'Elseneur tel jour, avec tel capitaine, tant de passagers, telle cargaison. Son voyage a été bon, sauf un coup de vent qui a rompu le petit hunier et emporté la voile d'artimon. Il mouillera ici avant trois jours.

Le surlendemain le navire arrivait en effet, et tous les renseignements donnés par la grêle voix mystérieuse furent reconnus aussi exacts. Mais le sorcier nègre ne put s'en glorifier, pendu depuis l'avant-veille (1).

1. Nouveau voyage aux îles françaises d'Amérique. 6 v. 1722.

***

On trouverait malaisément aujourd'hui dans les Antilles des sorciers de cette force. Ils pourraient faire chez nous une plus belle fortune que par la députation ! Mais il est certain que l'esprit superstitieux des fils de Cham vit toujours dans la population métisse et mulâtre, et n'a pas laissé de contaminer la population blanche. Ce n'est pas M. Légitimus, mais un autre député qui, dit-on, a enlevé tous les suffrages au moyen d'un cinématographe que maniait un de ses agents. Les bons électeurs crurent voir un ambassadeur du Zombi, le diable nègre, personnage plutôt malicieux que méchant. Le dieu noir est le Vaudou, symbolisé par la couleuvre.

On sait qu'une puissante et mystérieuse société a existé, et sans doute existe encore, sous ce nom. Un procès bien curieux devant la cour prévôtale de la Nouvelle-Orléans, en 1863, permit d'entrevoir les rites des vaudoux. Quand les officiers de police pénétrèrent dans le temple, ils se trouvèrent en présence de cinquante femmes dévêtues (dont deux blanches) qui dansaient une ronde frénétique, pendant que la grande prêtresse, à l'autel, invoquait le dieu. Au milieu de la salle, qu'éclairaient des centaines de bougies, bouillait, dans une vaste marmite, un mélange indéfinissable. Des parfums brûlaient, entre des corbeilles d'argent pleines de couleuvres.

Chose curieuse, le P. Labat qui fournit des renseignements si intéressants sur le merveilleux au début du XVIIIe siècle, fait lui-même, aujourd'hui, partie du merveilleux des Antilles. Son nom est resté légendaire; quand un feu follet voltige sur les mornes, on dit populairement que c'est le P. Labat, qui revient, avec sa lanterne.

Les Dames créoles croient surtout aux songes. Comme les femmes grecques couraient les raconter au Soleil, dès qu'elles ouvrent les yeux, si elles n'ont pas leur mari sous la main, elles sonnent leur femme de chambre pour les lui dire et discuter avec elle l'augure inquiétant ou heureux des prestiges du sommeil.

Le merveilleux d'Haïti est plus inquiétant et plus sombre. Le code pénal de cette République punit gravement les faiseurs de *caprelatas*, *ouangas*, *dompèdres*, *macandals* et autres sortilèges, sans préjudice des peines plus graves encore qu'ils peuvent encourir à l'occasion des crimes qui accompagnent trop souvent ces maléfices. On sait en effet que les sorciers papalois et ghions pratiquent le cannibalisme et en font même, en de certaines circonstances, une sorte de devoir religieux.

Dans son livre, la *République noire*, sir Spencer Saint-John raconte le procès et l'exécution des sorciers Floréal-Apollon, Congo-Pelé, Tante Jeanne et Roséide Sumeira, pris en flagrant délit d'anthropophagie religieuse dans leur *hommfort* de Bizoton. C'était sous le général Geffrard.

D'après une récente correspondance du *Journal des Débats*, il paraît que depuis Florvil Hippolyte, qu'on disait affilié à la secte des *Venu-Bindingues*, et dont la favorite était la fameuse tante Victoire, une *mammaloi*, les pratiques de magie noire ont pris dans les masses une recrudescence alarmante. On a vu tout dernièrement aux Cayes, ville du Sud, un bouc-fétiche enterré en grande pompe par un gros personnage de l'endroit, vieux Macandal. Ces faits ont été rapportés par l'*Indépendant* de Port-au-Prince, numéro du 24 décembre 1896.

Nous voilà bien loin de M. Légitimus, qui est paraît-il, en réalité, un homme très éclairé et très correct, en dehors du goût de sa race pour les cravates rouges. Il faut renoncer à l'espoir de compter parmi nos députés un sorcier notoire, en compensation de tant de législateurs qui, notoirement, le sont si peu.

George Malet.

CHEZ ENER

Mlle LINA

On sait que le groupe de savants et d'hommes de lettres, à la disposition de qui M. Ener, le très artiste photographe du boulevard Malesherbes, a mis gracieusement son vaste atelier, a décidé de se réunir une fois par mois. La deuxième réunion a eu lieu jeudi 2 juin.

On a continué, avec Mlle Lina, les curieuses expériences sur les rapports du geste et de la musique.

On a ensuite fait prendre au sujet diverses poses par suggestion, notamment une qui a été fort gracieusement et fort noblement interprétée : *La nature soulevant ses voiles devant le savant.*

Grâce à M. Ener toutes ces poses sont photographiées et restent comme des documents précis dont il sera possible de tirer un jour un livre des plus intéressants pour les artistes.

Pendant la seconde partie de la réunion M. de Rochas a expliqué ce qu'étaient les points *hypnogènes* (les *stigmates du diable* des anciennes sorcières) et comment on les trouvait.

Il a montré que ces points étaient insensibles à la surface de la peau, mais présentaient le phénomène de l'extériorisation de la sensibilité : ils constituent dans la cuirasse charnelle des trous, par où s'échappe

Mlle Lina (en état de veille).

la substance du corps astral, avec laquelle on entre ainsi en communication beaucoup plus facilement que partout ailleurs.

C'est là que se localisent généralement les sensations télépathiques ainsi qu'on en a eu une preuve au moyen de l'envoûtement par la photographie.

Cette expérience a été particulièrement intéressante parce que le sujet *n'en avait aucune idée* et que les phénomènes observés ne pouvaient être attribués à la suggestion.

On a commencé à endormir Mlle Lina assez profondément au moyen de passes, puis on a mis entre ses mains une plaque photographique dans son châssis [illegible].

Après avoir retiré la plaque et l'avoir placée dans l'appareil, on a réveillé le sujet qui ne conservait aucun souvenir de ce qui venait de se passer.

On lui a demandé alors de poser. On est allé développer la plaque dans le laboratoire situé à l'étage supérieur.

Les spectateurs *n'ont pas tardé alors* à voir le sujet pâlir et se plaindre de maux de cœur et d'un refroidissement général — c'était la plaque qu'on agitait dans l'eau froide.

Quand la plaque a été développée on l'a apporté près du sujet et on a piqué, en plusieurs points, la couche de gélatine ; le sujet a ressenti, à chaque fois, les piqûres *mais toujours au cœur de l'estomac* où se trouve l'un de ses points hypnogènes.

Le rapport entre la plaque et le sujet diminua rapidement, c'est-à-dire que la plaque perdit rapidement ses propriétés rayonnantes.

Le sujet, qui au commencement de l'expérience percevait ce qui se passait sur la plaque située à une dizaine de mètres de distance dans le laboratoire, ne ressentait presque plus, au bout d'un quart d'heure, les coups d'épingle donnés à cette même plaque à un mètre d'elle. En soufflant sur la plaque on finit par la rendre tout à fait inerte.

On juge, par ce trop sommaire compte rendu, de l'intérêt vraiment captivant de ces séances chez Ener,

Mlle Lina (en état d'hypnose).

où l'on reproduit, sous l'œil impartial de l'appareil photographique, les phénomènes dont M. de Rochas a donné la genèse et la description dans ses savants ouvrages, notamment dans son livre *l'Extériorisation de la sensibilité* (Chamuel, éditeur).

Un grand nombre de nos lecteurs nous font part de leur grand désir d'assister à ces expériences. A notre grand regret, nous ne pouvons leur donner satisfaction. Les réunions chez Ener sont des séances d'études et non des spectacles. Elles perdraient vite ce caractère, si on y admettait les curieux.

Cela ne veut pas dire que nos lecteurs seront toujours condamnés à ne connaître nos expériences que par ouï-dire. Il se pourrait fort bien que, d'ici peu, quelques-uns de nos amis organisassent une sorte de séance publique où seront reproduites toutes celles de ces expériences qui pourront l'être sans inconvénient. Est-il indiscret de dire par exemple que M. Jules Bois et M. Bonnaud-Diaz se disposent à faire bientôt des conférences où ils présenteront à leurs auditeurs le merveilleux sujet qu'est Mlle Lina ?

En attendant, Mlle Lina consentirait peut-être — à condition d'y être accompagnée par des personnes qu'elle connaît et qui ont l'habitude des phénomènes hypnotiques — à prendre part à des séances chez des particuliers.

Mais nous serions, dans ce cas, reconnaissant à nos lecteurs de s'entendre directement avec le sujet, dont nous tenons l'adresse à leur disposition.

EXEMPLE CONTEMPORAIN

DE PACTE DIABOLIQUE

Le 19 janvier 1889, à la fin d'un dîner donné par M. H..., du Mans, on se mit à parler de la séance d'hypnotisme de Donato qui avait fait courir toute la ville, et de fil en aiguille, on en vint à discuter les phénomènes spiritiques. L'abbé Drou... (curé de S.., petite paroisse de l'Orne), un des convives, dit qu'il fallait faire une différence entre l'hypnotisme et le spiritisme, et que les effets obtenus sous cette dernière étiquette ne devaient être attribués ni au fluide magnétique, ni au prétendu périsprit des morts, mais uniquement au démon, et qu'un médium n'était, à son avis, qu'un pactisant.

M. Br., riche propriétaire, autre convive, se récria qu'il croyait en Dieu, mais qu'il ne croyait pas du tout dans le diable, que ce n'était pas par conséquent pour ajouter foi à toutes ces « balançoires de pactes et d'évocations; que pour lui Satan n'était que le mal personnifié, allégorisé.

Plusieurs amis, parmi lesquels un avocat (Me J.) et un médecin (le Dr N.), gens pourtant sceptiques par excellence, n'hésitèrent pas à lui répliquer qu'il avait tort, qu'un chrétien ne pouvait pas consciencieusement élaguer, dans l'Ecriture sainte, ce qui contrariait sa thèse, que la Bible n'était point qu'une longue suite de tropes; qu'enfin, à défaut de religion, l'histoire devait bien avoir quelque autorité quand elle enregistrait certains faits préternaturels, que rejeter des cas de pactes dûment constatés équivaudrait à récuser tout témoignage humain, et qu'alors, où serait l'histoire!... En un mot l'avocat et le docteur ne partageaient point l'incrédulité de M. Br. Le prêtre voyant le parti pris de ce dernier et voulant d'ailleurs conserver de bonnes relations avec lui, puis jugeant surtout que ce n'était ni le lieu, ni le moment d'un sermon, détourna la conversation et l'on causa d'autres choses.

Quelques jours après, M. Br. et le docteur rentraient ensemble, légèrement échauffés par de fines libations, d'une de ces dernières parties de chasse de l'année où l'on s'applique « à jouir de son reste » parce qu'elle précède la fermeture. Le long de la route ils s'amusaient à comparer les souches qui émergeaient des haies à des êtres fantastiques. « Comment, en vint bientôt à dire M. Br. à son compagnon, vous qui avez fait tant d'étude, vous croyez aux pactes et aux évocations! M. le curé, lui, c'est son « métier » qui le veut; mais vous! Ah! je ne vous reconnais plus là, mon cher. — Alors, vous n'y croyez pas? — Allons donc! Ah bien! pour ça non, par exemple. — Hé bien, puisque vous êtes si malin, reprit le médecin, oseriez-vous donner votre âme au diable par écrit, et lui dire : « Tiens, si tu viens chercher ce papier, elle est à toi. » — Parbleu oui, je ferais bien cela, mais ce serait illogique, puisque, je vous le répète, je n'y crois pas. — C'est égal, voyons donc, faites-le tout de même; je vous en mets au défi. »

Les deux chasseurs franchissaient le seuil de la superbe habitation; le docteur pensait : « Il n'oserait « pas ; peut-être fera-t-il néanmoins semblant, mais « je ne manquerai pas de lire le libellé, et comme il « ne sera point rédigé de « façon à le compromettre, « j'aurai la preuve, par le seul fait de son échappa- « toire, qu'il doute, malgré sa fanfaronnerie. »

M. Br. fit entrer son ami dans son bureau. « Allons, voyons-le à la besogne, le brave, le malin, dit le médecin. — Tenez, mon pauvre docteur, répondit le propriétaire en s'asseyant, regardez! Il faut que ce soit vous pour que je perde mon temps à une bêtise pareille. » Il déchira une feuille de papier à lettre et trempa sa plume dans l'encrier. « Pardon, observa le médecin, quand on expérimente on se met dans les conditions voulues; un contrat de cette nature s'écrit et se signe avec son sang. »

Très vite et avec un haussement d'épaules qui montrait que M. Br. était bien près d'envoyer promener son camarade avec toutes ses comédies, il déboucla une de ses guêtres, releva son pantalon, et se piqua le mollet au-dessus de sa chaussette avec un ardillon, et recueillant de temps en temps sur sa plume une gouttelette de sang qui perlait à l'écorchure, il écrivit ceci : « Satan, je ne crois pas que tu existes; mais « si par hasard je me trompe, si vraiment tu existes, « prouve-le moi de suite en emportant ce papier par « lequel je te donne mon âme, et mon âme est à toi « sans autre condition et sans plus de formalité. « Georges Br. »

Déjà le docteur qui lisait par-dessus son épaule, voyait son ami s'exclamer triomphant : « Hé bien! quoi? Ça y est-il? Où est votre diable? » Mais, ô terreur! M. Br. n'eut pas plutôt achevé son parafe que l'obligation disparut subitement de sous sa plume sans qu'il fût possible de savoir par où ni comment. Coup de vent? quand tout était fermé! Rêve collectif? Quand on était bien éveillé! Tour d'escamotage? Il n'y avait pas lieu de s'arrêter une seule minute à de semblables conjectures.

M. Br. ne pouvait en croire ses yeux ; il gesticula, blasphéma, trépigna, bousculant tous les papiers et les tiroirs de son bureau, cherchant à genoux par terre sous les meubles et sous le tapis. Il força son camarade à se déshabiller, fouilla en vain dans toutes ses poches dans les manches, dans les doublures, et jusque dans les chaussures; il l'accabla de reproches furieux, lui disant avec des yeux extraordinairement hagards qu'il était l'auteur de sa douleur et de son désespoir.

Le docteur ne trouvait rien à répondre tant il était désolé et épouvanté. Toute la maison fut sur pied. Mme Br., la première, mise au courant de l'incident tragique, envoya quérir M. le curé de S. en toute hâte, estimant qu'en la circonstance lui seul était capable de remédier à ce douloureux état de choses. L'abbé Drou... arriva aussitôt très impressionné. Il recommanda de ne pas ébruiter l'affaire pour bien des raisons toutes plus valables les unes que les autres.

M. Br., pris d'une fièvre violente, tomba en délire et resta pendant trois semaines en cet état, donnant des craintes terribles à sa femme, à sa fille, au prêtre et au docteur, car s'il mourait sans reprendre connaissance, c'est-à-dire sans pouvoir faire du fond du cœur un acte de contrition qu'adviendrait-il, hélas! de son âme?

M. N. se fixa au chevet de son ami pour toute la durée de la fièvre cérébrale. Là il dut essuyer avec résignation, en esprit de pénitence, les plaintes de l'épouse et les remontrances du curé; il ne négligea aucune des ressources que la science met à la disposition des humains, aucun des soins les plus tendres, et ne recula devant aucune fatigue. Le saisissement semblait avoir occasionné la grande maladie de M. Br.

Pendant que le docteur soignait le corps avec tant de dévouement, l'abbé Drou., qui rappelait à l'entourage de M. Br. qu'il faut avant tout mettre sa confiance dans la miséricorde de Dieu, conseilla à chacun de faire une sainte communion à l'intention du malade, et de commencer aussitôt une neuvaine avec un fervent « souvenez-vous » à chaque fois à la Vierge et avec une ardente prière à l'archange saint Michel, ces deux précieux intercesseurs ne devant pas être oubliés.

Enfin, au bout de vingt-quatre jours (16 février), après la communion de clôture, M. Br. reprit connaissance et qui plus est, courage; il se confessa, reçut le viatique, et depuis son état alla toujours en s'améliorant. Malgré les consolations du curé, il lui restait néanmoins de l'inquiétude au sujet de son écrit que possédait encore le démon. Bien qu'il ne le fît pas voir, le prêtre ne laissait pas que d'attendre avec anxiété la restitution du pacte; il s'ouvrit de ses scrupules à son ordinaire qui lui indiqua les moyens dont l'Église dispose à cet effet.

On recommença une neuvaine. L'abbé Drou..., lisait un matin (2 mars) une sommation du rituel des exorcismes lorsque M. Br. se sentit vivement égratigner le dessus de la main droite. Il jeta un cri de souffrance. Le papier sur lequel était tracé l'abandon de son âme au démon venait de lui être remis roulé et roussi dans la même main. La plaie était profonde, très douloureuse, mais, étrange phénomène, elle ne saignait pas.

Tenant le récit de ces faits de la bouche même de M. le curé de S., un des témoins de la sombre aventure, je les considère comme d'une authenticité absolument incontestable. Les occultistes et les spirites ne verront, je le sais, dans toute cette histoire, qu'un simple cas de médiumnité dans un cercle de gens prédisposés par leur éducation religieuse à attribuer au diable une soustraction et un apport purement psychiques, mais j'avoue que je suis trop profondément catholique pour les suivre dans leur théorie.

H. Louatron.

LA MORT DE LA STIGMATISÉE D'INZENZAC

Cher monsieur,

La stigmatisée d'Inzenzac est morte. Peut-être avez-vous eu connaissance de cette nouvelle. Dans le doute je vous la communique avec les quelques renseignements qui me sont parvenus.

Françoise Hellegouarch est décédée le mardi 24 mai à 3 heures du matin et a été inhumée le jeudi. Depuis un certain temps elle était sujette à de fréquentes syncopes. Lorsqu'elle rendit le dernier soupir, on crut donc à une de ces syncopes et on attendit jusqu'à neuf heures avant que de faire la déclaration. A ce moment, le corps sembla se réchauffer un peu puis sa température retomba de nouveau. La rigidité cadavérique se produisit, mais cependant au moment de la mise en cercueil, soixante heures après la mort, elle ne présentait encore, malgré le temps orageux, aucun signe de décomposition. Une foule considérable a assisté aux obsèques. On a beaucoup remarqué que le temps, très beau jusque-là, s'est obscurci et qu'au moment de l'inhumation un fort coup de tonnerre a éclaté, suivi de violentes averses. Bien des personnes ont naturellement vu là une coïncidence mystérieuse.

On se souvient que de nombreux médecins sont venus visiter au cours de sa maladie celle que l'on appelait la « miraculée » d'Inzenzac, et que le Dr Pitre entre autres, professeur à la Faculté de Bordeaux, très renommé pour sa compétence dans les maladies nerveuses, s'était borné à conclure à une maladie *simulée*. Les stigmates cependant n'étaient que trop réels, et, dans ces derniers temps, il était impossible de les nier.

Françoise Hellegouarch avait une foi très vive. Nous avons signalé son dernier pèlerinage à Lourdes, au mois de septembre, après lequel elle se trouva un peu mieux. Mais son état s'aggrava bientôt après et depuis plus de six mois elle prédisait sa mort avant le mois de juillet.

Un ami de la famille, qui est allé la voir la semaine avant sa mort, la trouva ranimée. Elle lui dit que le jour de l'Ascension elle avait eu la vision de la Vierge et du Christ et qu'elle reçut la communion de ses mains. Elle ajouta que le Christ lui dit : « Courage, mon enfant, tu ne souffriras plus longtemps. » Et de nouveau elle prédit sa fin prochaine.

Et maintenant que Françoise est morte, le village de Kerguer qu'elle habitait est redevenu la solitude qu'il était autrefois. Seuls quelques curieux s'y rendent encore, mais la foule des croyants se dirige vers l'humble cimetière de la paroisse, et là, chacun attend avec confiance le moment où, du fond de la tombe, la jeune fille donnera des signes qui prouveront qu'elle méritait bien son titre de « miraculée ».

En vous adressant ce dernier écho de la vie de la stigmatisée d'Inzenzac je suis heureux de vous renouveler, cher monsieur, l'assurance de mes amitiés et je reste :

Votre dévoué

EMILE GUÉRET.

LA QUINZAINE A TILLY

Le compte-rendu de la deuxième quinzaine de mai nou est arrivé trop tard et nous n'avons pu l'insérer dans le numéro du 1er juin. Nous le donnons dans celui-ci :

JEUDI, 19 MAI. — C'est le jour de l'Ascension. Malgré le mauvais temps, il y a à Tilly beaucoup d'étrangers. Ils sont surtout nombreux l'après-midi, près de la chapelle, où ils attendent l'arrivée de la voyante qui, à cinq heures, vient s'agenouiller à la place ordinaire de ses visions.

Après la récitation de quelques dizaines de chapelet, l'extase se produit, aussi calme et aussi belle qu'aux visions précédentes. La durée de cette extase a été de vingt-huit minutes. Marie a beaucoup prié. Elle a invoqué plusieurs fois : « *Marie conçue sans péché, Reine du très Saint Rosaire* » et « *Saint Jean-Baptiste* ».

On l'a entendue prononcer : « Oh! elle en voit encore! montrez-vous à elle. » (Ces paroles étaient à l'intention d'une personne présente qui a été, en effet, favorisée d'une vision.)

La voyante, à plusieurs reprises, demande d'une voix forte : « *Mère Prieure, priez pour nous!* »

Ce sont ensuite des demandes de guérisons : « Guérissez-les! dit-elle, je vous en supplie... Oh! protégez-nous! » On entend ces mots : « Saint Jean-Baptiste... il va l'emporter... le petit mouton... » Puis la voyante se remet à prier. Elle dit six fois de suite : « Saints anges, priez pour nous! » et elle invoque la vénérable Jeanne d'Arc. « Elle ne viendra bientôt plus, » dit-elle encore deux fois.

Marie fait le signe de la croix, prononce ces mots : « Donnez-nous l'amour du Bon Jésus! » puis ceux-ci : « Le petit mouton ne paraîtra plus, » élève les yeux, supplie la vision de rester encore.

« Comme ça tombe!... Comme les petits anges voltigent!... Restez encore, je vous en supplie... »

Les mains de la voyante s'élèvent un peu; elle paraît suppliante et dit : « Je serais bien contente. » La tête se penche en avant; la vision est terminée.

Marie ne verra plus Jeanne d'Arc que deux fois.

La voyante continue à se rendre au Champ toutes les après-midi. Il en sera de même jusqu'à la fin du mois de mai. Ensuite ses visions deviendront de plus en plus espacées.

Durant l'extase du 19, la personne qui a été favorisée d'une vision a vu des anges tenant des banderoles. Sur l'une étaient ces mots : « *Notre-Dame de l'Espérance, priez pour nous.* » Sur une autre : « *Sursum Corda.* »

En outre, elle a vu des fleurs de lis montées sur leurs tiges. Certaines tiges avaient trois fleurs et d'autres cinq. Des roses et des petites fleurs qui ressemblaient à des marguerites tombaient en abondance.

On a beaucoup remarqué, placée en arrière de la voyante, une jeune mère tenant un petit enfant. Cet enfant, que l'on croyait perdu, a été guéri subitement, et les parents, habitant Cherbourg, sont venus à Tilly rendre grâce à la Très Sainte Vierge et accomplir le vœu qu'ils avaient fait pour obtenir la guérison.

Les dernières visions de Marie, à la fin du mois de mai, ont été sensiblement pareilles aux précédentes.

Depuis le 1er juin, Marie n'est pas remontée sur le plateau.

Elle n'aura pas de vision, croit-on, avant le 26 juillet.

Y.

UNE POLÉMIQUE

On trouvera peut-être que les trois articles qui suivent se répètent en quelques points. Nous avons cependant tenu à les insérer in-extenso *tous les trois. Ils constituent à notre sens des documents importants, révélateurs d'un état d'esprit, dont il sera peut-être un jour curieux de retrouver les traces.*

LE DIABOLIQUE A PARIS

On s'imaginait, au début des visions tilliennes, que, du moment où certains y constataient des apparitions étranges et d'ordre diabolique, il fallait absolument tout rejeter en bloc comme ressortant de la puissance infernale et des prestiges du Malin.

Ceux qui raisonnaient et concluaient ainsi, même dans les rangs du clergé, où telle semblait être la note dominante alors, ignoraient à coup sûr ou avaient complètement perdu de vue l'article V du Livre cinquième de *Notre-Dame de Lourdes* par Henri Lasserre que nous allons, si vous le voulez bien, leur remettre sous les yeux.

Il en résultera nécessairement que, si Tilly doit être jamais condamné par l'Eglise, ce ne sera pas encore pour le motif allégué ci-dessus, pas plus que pour ceux que nous avons déjà réfutés dans l'*Echo* des 1er mai et 1er juin, ni pour d'autres qui nous restent à voir ultérieurement.

Laissons maintenant la parole à l'illustre écrivain :

« Quelques filles de Lourdes, d'une haute vertu, et parmi lesquelles nous ne nommerons qu'une sainte servante vénérée de tous, Marie Courrège, eurent, paraît-il, à la Grotte, à deux ou trois reprises et isolément la même vision que Bernadette. Cela se répandit vaguement, mais ce fut sans influence sur la masse du public. »

Ce passage de Lasserre est déjà une réponse à tous ceux qui se figuraient que, seule, Bernadette aurait été favorisée des apparitions de la Vierge bénie, à Lourdes, en 1858.

Mais continuons, pour constater avec lui l'intervention des prestiges diaboliques à la même époque :

« *De petits enfants eurent aussi des visions*, mais d'un tout autre ordre, *d'un ordre effrayant*. Quand le surnaturel divin apparaît, le *surnaturel diabolique* tâche de s'y mêler. L'histoire des Pères du désert et des mystiques donne presque à chaque page la preuve de cette vérité. L'abîme était troublé et le mauvais Ange avait recours à ses prestiges pour jeter le trouble dans l'âme des croyants.

« Ces divers faits, assez mal observés à l'époque, n'ont point (maintenant surtout que la mémoire en a oublié certains détails) une précision assez rigoureuse pour que nous leur ouvrions les portes de l'Histoire. Nous les indiquons seulement pour ne rien négliger. Les visions vraies n'eurent qu'une importance individuelle : le reste tomba de soi-même. »

Lorsque Henri Lasserre écrivait ces lignes, il ne songeait pas évidemment qu'un jour viendrait où leur *importance* sortirait des bornes qu'il leur avait assignées. Et cependant, le moment n'est peut-être pas loin où il conviendra d'ouvrir, à deux battants, les *portes de l'Histoire* aux faits étranges qu'il avait cru devoir passer sous silence dans son si intéressant ouvrage.

Quoi qu'il en soit, « avant l'année 1858, alors que Bernadette était encore une inconnue et même éloignée de Lourdes, des faits préternaturels semblèrent indiquer que cette partie de la rive Massabielle serait un jour un lieu prédestiné. » Or, il en a été de même à Tilly, quatre ans avant les visions de l'école des Sœurs, fait observer M. l'abbé Gombault. Voilà pour les visions antérieures aux célestes apparitions de Bernadette.

En 1858, continue le même écrivain, fort bien documenté, nous le savons, « à partir du 10 avril, Satan s'agite, et... les faits diaboliques se multiplient à *la grotte même*, aux *abords de la grotte*, dans la *ville de Lourdes*, et, en même temps pour achever de troubler les esprits, il inaugurait dans le voisinage de Lourdes, toute une série de phénomènes qui se produisirent aux alentours, sans ordre et sans but. » Voilà pour les visions concomitantes, dans lesquelles « l'imitation fut si parfaite, l'Immaculée fut si habilement *singée*, et cela jusqu'au bout, que les fidèles et les *théologiens* eux-mêmes y furent trompés, et sont *encore*, peut-être, dans leur illusion. » De plus, détails à noter : « ces apparitions de fausses Vierges, contrefaçons de l'Apparition céleste, furent *fréquentes*, très *variées*, et les *visionnaires si nombreux* que, vers 1878, il en existait encore plus de *trente* qui pouvaient témoigner dans cette affaire. »

Enfin, amis lecteurs, « sachez également que ces contrefaçons du divin, à Lourdes, ne précédèrent pas seulement les visions de Bernadette, mais que ces opérations démoniaques se produisaient encore au mois de janvier 1859, c'est-à-dire six mois après la dernière vision de Bernadette, 16 juillet 1858. »

Ainsi, comme on le voit, le diabolique se manifesta à Lourdes avant, pendant et après le surnaturel divin, S'ensuit-il, alors, que parce qu'il se serait également manifesté à Tilly, on doit renvoyer au diable toutes les apparitions de cette localité, comme le prétendent certains adversaires tenaces et irréductibles?

Notre avis personnel est qu'il serait bon d'y regarder de plus près et d'attendre patiemment l'enquête canonique tant désirée, seule capable de trancher en définitive la question.

En attendant, nous formons des vœux pour que son Eminence le cardinal Richard, archevêque de Paris, autorise au plus tôt le R. P. L. Gos-Marie Cros, jésuite, à publier son ouvrage donnant le détail des apparitions diaboliques de Lourdes, ouvrage dont son prédécesseur le cardinal Guibert avait cru devoir suspendre la publication, alors que l'impression des premiers fascicules en était déjà faite par l'un des éditeurs catholiques les plus renommés de Paris. Car le temps paraît venu pour que l'histoire complète de Lourdes, dont le manuscrit est composé depuis vingt ans, soit enfin divulguée.

Quant au « savant prélat », suffisamment démasqué par *La Croix, Supplément* du jeudi 26 mai, dans son article intitulé : A TILLY, il aura, quoi qu'il advienne, fait un fameux pas de clerc, avec la lettre de sa fameuse dame anonyme, publiée par *La Croix, Supplément* des 22 et 23 mai.

UN PETIT NORMAND.

TILLY ET CAMPOCAVALLO

Rome, 7 juin 1898.

Monsieur,

Déjà une fois vous avez bien voulu donner dans l'*Echo* une hospitalité bienveillante à quelques renseignements que je vous transmettais. Aujourd'hui je vous demande de bien vouloir donner place dans le numéro qui paraîtra le 15 de ce mois à la lettre ci-jointe que le journal *la Croix*, à qui je l'avais tout d'abord adressée, a refusé d'insérer. « L'insertion de notre malheureuse « missive du mois dernier, m'a-t-il été répondu, nous « vaut en ce moment une avalanche d'épîtres plus « violentes les unes que les autres, si bien que le « Père Directeur me prie de vous dire qu'il se refuse « à publier à l'avenir quoi que ce soit à ce sujet. »

C'est une preuve du retentissement qu'a eue la publication de la lettre signée « J. M. » et des protestations qu'elle a soulevées.

Le bruit qu'elle a causé ne saurait déplaire aux amis de Tilly. Le Diable qui en avait été chassé paraît vouloir tenter son dernier assaut : il sera vaincu et, un jour qui n'est pas éloigné, espérons-le, la vérité se dégagera d'une façon d'autant plus éclatante qu'elle aura été plus combattue. La lutte et la contradiction sont la marque, et la *marque nécessaire, indispensable*, des œuvres divines. Mais on ne peut que regretter, au nom de la vérité et de l'impartialité, qu'après avoir publié un document du genre de celui signé J. M., *la Croix* n'ait pas cru devoir permettre *au moins une* réponse sérieuse — car l'on ne saurait considérer comme telle la pâle et fade protestation venue du Nord qu'elle a seule donnée. — Elle en a cependant, je le sais, reçu une fort bien faite et *nullement violente* d'un de vos collaborateurs qu'elle a refusée.

En ce qui me concerne, voici la lettre que je lui ai adressée; c'est le récit fidèle et sincère d'un fait; là, ni polémique, ni violence.

Lorette, 30 mai 1898.

Monsieur le Directeur,

Abonnée et lectrice assidue du journal *la Croix*, j'ai lu attentivement la lettre d'une dame que vous avez publiée à propos de Tilly. Je n'ai pas l'intention d'y répondre ; de plus autorisés l'auront fait, je n'en doute pas, car elle demandait une rectification sérieuse. Je me borne à vous dire que je crois bien connaître celle qui a signé J. M. J'étais moi-même à Tilly — dont je suis une fidèle et une croyante — en même temps qu'elle, et, d'après ce que je sais et ce que je lui ai entendu dire, il n'y a pas lieu d'être surpris de la manifestation diabolique dont elle dit avoir été l'objet.

Puisque vous avez déjà publié dans *la Croix* plusieurs articles sur les apparitions de Tilly qui intéressent et passionnent tant de personnes, je compte sur votre impartialité pour bien vouloir donner place dans vos colonnes à ma lettre, à l'endroit même où les autres ont paru.

Vous avez jadis — en 1892 — parlé d'un tableau miraculeux de Notre-Dame des 7 Douleurs de Campocavallo (Italie), dont la Vierge a pleuré et remué les yeux.

J'ai voulu voir ce prodige qui continue toujours ; samedi dernier, 28 mai, je me suis rendue à Campocavallo; je suis restée plus de *deux heures* devant la Sainte-Image *à ses pieds*, et *tout près*; je la voyais donc fort bien.

Il est nécessaire de vous faire observer que, sur cette image, la Vierge a les yeux élevés vers le Ciel, qu'en conséquence on ne voit guère que la moitié de la prunelle qui est noire, tandis qu'en dessous on voit beaucoup du blanc de l'œil.

Or, pendant ces deux heures, entre autres prières, adressées à la Vierge de Campocavallo, je lui ai fait celle-ci : « Ma bonne mère, si c'est bien vous qui « apparaissez à Tilly à Marie Martel, je vous supplie « de le faire connaître en condescendant à abaisser « votre regard jusqu'à moi? »

A l'instant même, les yeux de la Vierge se portèrent sur moi d'un mouvement si rapide et si complet que j'en sursautai si fort que les personnes qui étaient près de moi s'en aperçurent et me questionnèrent.

Je laisse à vos lecteurs le soin de conclure !...

Plus qu'un mot : Le prodige de Campocavallo a été formellement reconnu par Rome qui a autorisé la construction d'une magnifique basilique que j'ai vue, laquelle est fort avancée et sera inaugurée en 1900.

Recevez, monsieur le directeur, l'expression de mes sentiments distingués.

UNE PÈLERINE DE TILLY.

Je n'ajoute rien, me bornant à dire à l'*Echo* ce que je disais à la *Croix* : « Je laisse à vos lecteurs le soin de conclure !... »

Recevez, monsieur, l'expression de mes sentiments distingués.

C.

LETTRE A LA « CROIX DE PARIS »

J'ai demandé l'insertion de la lettre suivante au journal *La Croix de Paris* : on lui a donné les honneurs du panier.

Cet organe catholique préfère les chemins ombreux aux routes ensoleillées, les lettres anonymes aux articles signés.

La *Croix* nous apprend que le document signé J. M. lui est communiqué par un prélat ; or ce document figure au dossier remis par Mgr Hugonin, de regrettée mémoire, entre les mains de ses mandataires. Comment se fait-il qu'il soit sorti du dossier seul et unique, et de quel droit le dit prélat malgré le décret si net du Saint Office s'est-il permis de le livrer à la publicité ?

La lumière sera faite sur tout cela, je l'espère.

Mardi, 24 mai 1898.

Monsieur le Directeur,

Je viens de lire dans le supplément de la *Croix* du 23 mai la lettre de Mme J. M.

Je suis un des crédules pèlerins de Tilly, mais je suis aussi et surtout un observateur consciencieux et impartial des faits étranges vus et constatés par des milliers de personnes dans le champ de M. Lepetit. Pendant vingt-cinq mois j'ai suivi pas à pas les événements, je les ai notés, classés, et je puis affirmer que j'ai interrogé avec soin les nombreux voyants de là-bas.

Permettez-moi de m'étonner qu'au lendemain de la mort de Mgr l'Évêque de Bayeux votre catholique journal vienne, du simple fait d'une lettre extra étrange, jeter le discrédit sur des phénomènes d'ordre extra-naturel que le saint et regretté prélat avait, lui, jugés dignes d'étude.

Jusqu'à sa dernière heure, Mgr Hugonin a conservé toute sa vigueur d'esprit et toute son intelligence, son entourage nous l'affirme hautement ; le dossier, y compris la lettre de Mme J. M., envoyée non pas quelques jours mais quelques semaines avant sa mort, a été remis entre les mains des prêtres compétents qui doivent continuer son œuvre. Jusqu'à présent l'ordinaire du diocèse s'est tu. Cette affirmation du diable à Tilly, de votre part, me paraît, je le répète, un manque de respect pour la mémoire de Mgr Hugonin.

Ce qui m'étonne encore, c'est que vous n'ayez jamais eu un mot, une bonne parole pour Tilly, cherchant tout au contraire à affirmer votre incrédulité par des articles et des lettres qui ne pouvaient que jeter le trouble dans l'esprit de vos lecteurs sans les éclairer en aucune façon.

Relisez donc le décret de la congrégation du Saint Office et comprenez que si telle feuille scientifique et rationaliste se permet de démentir ces phénomènes de l'au delà, vous, organe catholique, vous devez rester dans les réserves que ce décret impose.

Vous lancez aux quatre coins de la France cette nouvelle que le diable est à Tilly. Nous le savons bien, parbleu, qu'il y est ; ce n'est un secret pour personne ; il est là, autour de l'ormeau, comme il a été à Lourdes, comme il y est encore.

J'ai une profonde dévotion pour la Vierge Immaculée de la Grotte ; mais je regrette que l'histoire de cette admirable manifestation divine ait été tronquée.

On a caché au public un des côtés intéressants, toute une série de faits importants, toute la partie diabolique enfin.

« Lourdes ne réussira jamais si tout cela est connu » disait-on au R. P. Cros, de Toulouse, et on a étouffé cet enseignement de Dieu qui avait permis au maudit d'affirmer lui aussi son existence.

A l'heure actuelle, quantité de personnes ignorent que le démon s'est manifesté autour des roches Massabielle.

Que vos lecteurs sachent donc que le R. P. Cros faisait imprimer une histoire du diabolique à Lourdes, chez Gaume, éditeur, rue de l'Abbaye, et qu'un jour, par ordre, il est venu anéantir les cent premières pages imprimées de ce volume.

Vous n'avez jamais parlé de tout cela, que je sache, alors que votre devoir était de le faire. Mais en revanche pour Tilly vous avez étouffé tout ce qui pouvait donner quelque consolation, quelque espérance, pour nous montrer la sinistre figure de Satan.

Tout cela est de la partialité pure.

Mme J. M. a vu le diable, c'est convenu. Je ne le conteste pas, je ne m'en étonne pas. Elle a vu Légion, le légendaire démon de la légendaire dame noire qui se roulait dans les avoines vertes devant l'ormeau ; mais ce qu'elle nous raconte est vraiment d'une charmante naïveté.

Elle nous montre la hideuse figure de Légion et nous dit que plus la prière est ardente plus le diabolique visage devient expressif, ce qui, en son français, signifie plus affreux, plus épouvantable ; cela me semble très naturel car les prières ne sont pas faites pour le rasséréner.

Le colloque du lendemain me paraît ineffable : « Vous êtes donc le diable ? pourquoi prenez-vous « cette forme ? »

« Pour tromper la crédulité publique » Ainsi voilà le diable qui se montre dans toute sa laideur, qui se nomme, qui l'écrit sur un croissant pour affirmer que c'est bien lui, et qui a la prétention, sous ce masque, de faire croire qu'il représente la Vierge ! Il est vraiment d'une simplicité et d'une bêtise immenses ce diable-là. Les théologiens lui accordent cependant une grande intelligence.

« Que voulez-vous ? »

« Des hommages. Nous n'avons du reste ici aucune « hostilité, on nous laisse faire librement. »

En dehors de l'intention malveillante que souligne cette phrase, il est facile de saisir une invite à la fermeture immédiate du champ, mais il devient de plus en plus bête, le diable Légion ; il demande et recherche des hommages et fait tout ce qu'il peut pour supprimer ses adorateurs. Quelle inconséquence, quelle singulière manière de faire de la réclame !

Mme J. M. souffre cruellement de voir la foi avec laquelle on prie.

Je ne saurais compatir à ses souffrances et, en pèlerin charitable, je lui indique le remède, le baume qui doit remettre la paix dans son cœur ulcéré ; qu'elle consulte les docteurs par excellence, saint Thomas d'Aquin et saint Bonaventure, elle y verra que devant une apparition, fût-elle diabolique, la prière adressée à Dieu avec foi, et avec la ferme intention de l'adresser à Dieu seul, va droit à son but. Devant ces oraisons le diable fait la grimace ; mais il ne sera jamais un obstacle pour les empêcher de parvenir à celui qui a dit : « Lorsque plusieurs personnes seront réunies en mon nom pour me prier je serai au milieu d'elles. »

Vous demandez que l'on rase l'Ormeau. M. Lepetit fera ce qu'il voudra ; cet homme si pieux, si charitable, si désintéressé, ne prendra sur ce point que les avis de ceux qui ont mission de lui en donner. En tout cas il eût été plus à-propos de ne pas froisser gratuitement un abonné dont la grande générosité est connue de tous — de la *Croix* en particulier. — Vous affirmez le diable à Tilly, mais vous ne parlez pas de la Vierge ; au résumé vous n'avez pas plus le droit de nous montrer le premier que de nier la présence de Marie Immaculée. Comme nous tous, vous avez le devoir strict de vous conformer au décret du Saint Office et d'attendre la décision de l'ordinaire de Bayeux.

Marquis DE LESPINASSE-LANGEAC.

Pour qu'on ne puisse nous accuser d'avoir manqué d'impartialité en insérant les articles du Petit Normand, *de Mme C..., et de M. le marquis de Lespinasse, nous donnons ci-après l'article de la* Croix, *qui a provoqué cette polémique, et l'article rectificatif qu'elle publia quelques jours plus tard.*

LES APPARITIONS DE TILLY

On nous écrit :

On sait que la scène fantastique des apparitions se déroule autour d'un ormeau. La crédulité des pèlerins a décortiqué cet arbre. De l'écorce, on a fait des infusions et des tisanes auxquelles on attribue des miracles et des guérisons.

Quelques jours avant sa mort, Mgr Hugonin, évêque de Bayeux, recevait la lettre suivante :

« Je reviens de Tilly les larmes aux yeux, profondément impressionnée de ce que j'ai vu et entendu.

« Je jure devant Dieu, sur le salut de mon âme, que ce que j'écris ici est la vérité. Je suis très sûre de n'avoir pas perdu un seul instant mon sang-froid pendant la scène que je vais raconter, et de n'avoir été l'objet d'aucune hallucination.

« J'arrive à Tilly à 8 heures du soir. Après avoir cherché un logement, je me rends au champ Lepetit, j'y trouve une cinquantaine de personnes priant et chantant des cantiques. Un quart d'heure après, je me sens prise d'une grande frayeur. Je m'éloigne de l'arbre en question (à peu près de 10 mètres), et, de là, je vois quelque chose s'enrouler autour de l'arbre et prendre la forme d'une statue recouverte d'un voile très léger.

« La figure est animée, les yeux sont flamboyants, le rire ironique. Tout l'ensemble de la physionomie effrayant à voir. Plus la prière est ardente, plus il y a d'expression sur les traits. Peu à peu, je ne vois plus rien.

« Je m'éloigne, ne disant à personne ce que je viens de voir. Le lendemain, j'ai voulu me rendre compte si je n'avais pas été victime d'une illusion. Je me rends d'abord à l'église, ensuite au Champ, vers 7 heures du matin ; il fait un soleil resplendissant. Cette fois, je suis seule. Je m'approche et je vois comme la veille. Je demande à haute voix :

« Qui êtes-vous ? » Et j'entends une voix très distincte me répondre : « *Légion.* » Je ne comprends pas, et j'exprime ma surprise. Au même moment, je vois un croissant qui se forme à la hauteur des pieds et, dans ce croissant, une multitude de têtes plus ou moins grimaçantes.

« Je lis, écrit en grosses lettres très distinctes, le mot *légion*. Je demande alors : « Mais vous êtes donc des « démons ? Et pourquoi prenez-vous cette forme ?

« — Pour tromper la crédulité publique.

« — Que voulez-vous ?

« — Des hommages. Nous n'avons du reste ici aucune « hostilité. On nous laisse faire librement.

« — Mais, je vais vous dénoncer.

« — Comme tu voudras, seulement, prends garde à « toi. »

« Ma frayeur est extrême. Je retourne à l'église, priant la Sainte Vierge et saint Michel de me soutenir. Le soir, je retourne au Champ, et je vois exactement la même chose ; mais je ne prononce aucune parole. Je souffre horriblement de voir la foi avec laquelle on prie, sans pouvoir dire un mot, car je considère, à tort peut-être, que mon devoir de chrétienne m'impose le silence.

« Je m'éloigne en priant Notre-Seigneur et la Sainte Vierge de me rendre le calme et la paix.

« Je termine mon récit comme je l'ai commencé, en répétant devant Dieu le serment que je n'ai pas dit un seul mot qui ne soit la vérité.

« J. M. »

Pourquoi refuse-t-on obstinément de couper cet arbre mort ? Le sacrifice ne serait pas grand, et l'on verrait cesser peut-être les manifestations fantastiques qui troublent depuis longtemps les esprits échauffés du pays de Vintras.

(*Croix*, Supplément-dimanche, 22 mai 1898.)

A TILLY

Le jeudi 26 mai, la Croix, *émue sans doute de l'orage qu'elle avait soulevé, publiait ce nouvel article:*

Nous avons inséré, sur l'indication d'un savant prélat, la lettre d'une dame, relative à Tilly, qui soulève des réclamations nombreuses; quelques-unes violentes. Nous citons celle d'un catholique du Nord :

Monsieur le Directeur,

Ayant été plusieurs fois à Tilly, et ayant suivi de près cette intéressante affaire, je vous soumets les réflexions que me suggère l'article paru à ce sujet dans votre *Croix*-supplément du 22 courant.

Il est inexact que la scène des apparitions se déroule actuellement autour de l'ormeau.

Depuis plusieurs mois, il n'y a plus qu'une seule personne voyant au champ (Marie Martel) et celle-ci, depuis plus d'un an, voit son apparition, non devant cet arbre, mais à 50 mètres au delà, dans la prairie, à un endroit précis que celle-ci lui a indiqué comme devant être celui où sera plus tard l'autel principal de la basilique du Rosaire.

Les apparitions d'ordre effrayant, dans le genre de celle racontée par votre correspondante, se sont produites plusieurs fois dans le début, mais sont devenues, d'après ce que je sais, fort rares depuis.

Celle qu'elle nous raconte ne laisse guère de doute sur sa nature diabolique, mais il faut observer, à propos de la façon dont elle rapporte ce qui s'est passé, que les personnes qui priaient et chantaient des cantiques à la Très Sainte Vierge ne le faisaient nullement devant l'ormeau, mais devant la statue de la Madone placée dans l'édicule qui se trouve vis-à-vis, statue bénite par l'autorité ecclésiastique, parce que Mgr Hugonin, évêque de Bayeux, a voulu précisément prévenir les inconvénients qui eussent pu résulter de l'absence d'emblèmes religieux.

Si le démon considère les prières faites dans ces conditions comme un hommage qui lui est rendu, il faut qu'il soit d'accommodement fort facile, et j'estime que votre correspondante a eu parfaitement raison de croire que son devoir de chrétienne était de ne pas interrompre des prières qui, évidemment, s'adressaient à la Sainte Vierge et non pas au diable, et il me semble, du reste, que l'expression d'ironie effrayante que le démon montrait au moment de ces prières, doit être attribuée bien plus au dépit qu'à la satisfaction.

A mon avis, la question qui se pose à Tilly est de savoir si, là comme à Lourdes, un côté divin ne se trouve pas mêlé à beaucoup de diabolique.

Puisqu'il paraît avéré que si Bernadette a seule vu la Sainte Vierge, beaucoup d'autres ont en vue la fantasmagorie diabolique : n'en pourrait-il être de même à Tilly? L'autorité ecclésiastique pourra seule résoudre cette question quand le moment en sera venu, mais il me paraît certain que Mgr Hugonin, seul juge compétent dans cette affaire, l'avait jugée digne de son attention, puisque jusque dans ses derniers jours il avait donné pour mot d'ordre à son sujet : Attente respectueuse et prières.

Voyez, Monsieur le Directeur, s'il ne serait pas bon d'insérer cette réponse dans votre excellent journal dont je suis un ardent propagateur.

L'article dont je parle a dû, en effet, d'après moi, donner à vos nombreux lecteurs, une appréciation fausse sur la situation actuelle à Tilly.

Recevez, je vous prie, Monsieur le directeur, mes bien respectueuses salutations.

(*La Croix*, supplément, jeudi 26 mai.)

LES PETITES HANTISES

II

TABLEAUX HANTÉS

Nos aïeux avaient des tapisseries hantées. Aujourd'hui que la tapisserie n'est plus de mode, le tableau la remplace généralement au point de vue des hantises : il la remplace d'autant mieux qu'il contient plus de vie et de suggestion qu'elle, grâce à la netteté de dessin et à la vivacité de couleur par lesquelles une toile l'emporte infiniment sur une broderie.

« Une jeune dame de ma connaissance, rapporte Herbert Spencer, avoue qu'elle ne peut dormir dans une chambre où il y a des portraits suspendus aux murs, et rien n'égale la répugnance qu'elle éprouve alors. C'est en vain qu'elle sait à merveille que les portraits ne se composent que de peinture et de toile : cette connaissance ne parvient pas à mettre en fuite l'idée qu'il y a dans le portrait autre chose encore. » (*Principes de Sociologie*, I, p. 423). La même répugnance existait au plus haut point chez un romancier oublié aujourd'hui, Paul Deltuf, qui mourut fou; il décapitait des portraits avec un rasoir, dans sa folie, probablement pour se venger de leur obsession. (Maxime Ducamp, *Souvenirs littéraires*, II, p. 130-131.)

C'est que dans un portrait, par l'insistance de son attention qu'aide peut-être la matière grasse des couleurs, le peintre transporte et fixe véritablement sur la toile quelque influx du modèle comme de lui-même, quelque chose d'inquiétant et de suggestif, par conséquent. Aussi Edgar Poe ne fait-il qu'exagérer la réalité quand il dit d'un peintre dans le *Portrait ovale* : « Les couleurs qu'il étalait sur la toile étaient tirées des joues de celle qui était assise près de lui. » L'ouvrage achevé, l'artiste resta un moment en extase devant son œuvre, « mais une minute après, comme il contemplait encore, il trembla et il devint très pâle et il fut frappé d'effroi, et criant d'une voix éclatante. — En vérité c'est la Vie elle-même! — il se retourna brusquement pour regarder sa bien-aimée; — elle était morte! »

« Si l'on peint sur un mur une image à la ressemblance d'un homme, » dit Paracelse appréciant la peinture comme Balzac le daguerréotype, « votre esprit a fixé l'esprit de cet homme dans cette figure. » (*De l'Etre spirituel*, ch. IX.) Sans pousser l'envoûtement jusque-là, M. de Rochas n'en a pas moins transporté sur une plaque photographique assez de la sensibilité de Mme Lux (probablement Polaire de la

Scala), pour blesser la personne en égratignant le portrait.

Transfert ou non, l'influence d'un tableau ou d'un portrait n'est certainement pas restreinte à la durée de vie de l'artiste ou du modèle. Le médium de Mac Nab avait été si bien halluciné par un vieux dessin datant de plusieurs siècles, qu'il en donna la ressemblance à la matérialisation connue sous le nom de Clorinde. (Dr Fugairon, *Essai sur les phénomènes électriques des êtres vivants*, p. 160.) Un cas analogue s'est présenté depuis, avec cette nuance que l'original était plus récent (*Annales des Sciences Psychiques*, 1896, p. 179-182). Voici un autre fait. En 1895, lady Burton désirant avoir des communications de son mari défunt, consulta miss X., une voyante dans le cristal. Celle-ci se plaça un soir devant le portrait, peint par Leighton, de sir Richard Burton, qui devait servir au même titre que le cristal, d'intermédiaire aux messages : il apparut en effet des conseils écrits sur le portrait, qui relataient des détails complètement inconnus de la voyante (*Borderland*, 1896 et *Journal de la Society for Psychical Research*, Janvier 1897.)

S'il en est ainsi, on peut s'attendre à voir des tableaux hantés comme il y avait jadis des tapisseries hantées. Dans l'ouvrage intitulé *Illusions*, le psychologue anglais James Sully raconte qu'une dame se trouvant chez des hôtes, il lui arriva ce qui suit : « Durant la nuit et juste en s'éveillant, elle eut la vision d'un homme étrange, en costume moyen-âge, figure qui ne lui était nullement agréable, et qui lui semblait tout à fait inconnue. Le matin en se levant, elle reconnut l'original de son image hallucinatoire dans un portrait suspendu au mur de sa chambre à coucher, portrait qui avait impressionné son cerveau avant le fait de l'apparition, bien qu'elle n'y eût pas pris garde. » (C'est ainsi que dans *Tapestried Chamber* de Walter Scott, un spectre est reconnu à un portrait, d'après un récit que fit à l'auteur miss Anna Seward. « Une chose curieuse est qu'elle apprit ensuite pour la première fois que la maison dans laquelle elle se trouvait avait la réputation d'être hantée, et cela par le même désagréable personnage moyen-âgeux qui avait troublé son demi-sommeil. Le cas me semble typique relativement à la genèse des esprits et aux histoires de maisons hantées. » (*Illusions*, 1881, p. 184-5). Que la dame ait ou non jeté les yeux sur le tableau avant sa vision, il n'en était pas moins hanté, puisque d'autres personnes avaient reçu de lui la même impression.

Quelques histoires de tableaux momentanément hantés se trouvent compliquées de télépathie, ou de prémonition, comme il advint avec la tapisserie du chevalier de Jaucour.

Le 17 mai 1885, un jeune homme partit de Londres pour Calcutta sur un bateau de la Compagnie des Indes, le *Shannon;* il avait laissé chez ses parents, dans la chambre de sa grand-mère maternelle, une peinture du bateau. Un jour, raconte son père, que ma belle-mère « se tenait dans sa chambre avec une de mes filles, âgée de dix-sept ans, soudain la peinture fut enveloppée d'un nuage brillant et pendant un moment le bateau devint invisible. Ma fille, alarmée, s'élança hors de la chambre et m'appela. Malheureusement, j'étais alors sorti. Quand je revins et entrai dans la chambre, on ne voyait plus rien d'extraordinaire. Ma belle-mère, qui mourut environ trois ans après, à l'âge respectable de quatre-vingt-huit ans, était une femme d'un sang-froid remarquable. Après m'avoir raconté ce qui était arrivé, elle dit : « Si le bateau de Jack a fait naufrage, il a fait naufrage aujourd'hui », et elle fit écrire par une de mes filles sur un bout de papier : « Lumière sur le bateau, 2 mai 1885, samedi soir, entre six et sept heures, vue par Grannie et Kattie ». Elle mit le papier dans son livre de prières, et il y est toujours resté depuis. » Le *Shannon* ne devait être à Calcutta que deux ou trois semaines plus tard, mais en réalité il n'y arriva pas, il se perdit corps et biens, et on n'eut jamais de ses nouvelles. (Stead. *Real Ghosts*. 1887, p. 208-9).

Autre incident du même genre. Un jeune capitaine français, Edmond Escourrou, fut tué d'une balle dans l'œil au siège de Puébla, en 1863, Quelques heures avant l'événement, sa mère qui habitait Sèvres dit à un ami de la famille : « Ah! mon cher enfant, j'ai de cruels pressentiments, je dois perdre mon fils. Ce matin en entrant dans la chambre où se trouve son portrait (ce portrait avait été peint par un de ses camarades, M. Thiénot, pendant son dernier congé,) pour le saluer comme chaque jour, j'ai vu, bien vu, un de ses yeux crevé et le sang coulant sur le visage. Ils ont tué mon fils ». La même dame s'expliqua dans la suite avec plus de détails : « C'était le *dimanche des Rameaux* : nous habitions à Sèvres; le matin j'étais allée à la messe, mais je n'avais pu suivre l'office, je me sentais en proie à une certaine agitation, j'éprouvais une inquiétude vague, indéfinissable; j'étais triste. Après le déjeuner (je ne puis préciser l'heure), j'entrai dans une grande pièce qui formait le salon de notre appartement; le portrait de mon fils était accroché au-dessus du piano. L'ayant regardé machinalement, je faillis tomber à la renverse : ce portrait, fort ressemblant à la vérité, me paraissait *animé et bien vivant;* il me semblait que les yeux clignotaient, que les lèvres s'agitaient comme s'il eût voulu me parler. Je fus surtout frappée à la vue d'un œil qui proéminait, et semblait vouloir sortir de son orbite. Cette impression me fit beaucoup souffrir : elle fut tellement vive que les jours suivants quand je rentrais dans cette pièce et regardais le portrait, je croyais voir le visage de mon fils avec la même expression. Pour m'éviter ces pénibles impressions, on couvrit le tableau d'un crêpe. » (*Annales des Sciences Psychiques*, 1891, p. 148-151.)

Dans une œuvre de sa vingtième année, *le Tableau d'église*, Musset a merveilleusement vu comment ce qu'un artiste met de lui-même sur sa toile, peut impressionner un spectateur disposé à l'hypnose. Un jeune officier s'endort en regardant un tableau qui représente le Christ : « Rien ne se fit sentir pendant les premiers moments : mais peu à peu (probablement le sommeil devenant plus profond) je crus voir de nouveau la lumière éclairer la surface polie de la toile. Alors je pus plonger avidement jusque dans l'âme des personnages : de grandes beautés se révélèrent à moi, et un certain regard que l'artiste avait su donner à son Christ me ravit par-dessus tout... Il me sembla tout à coup que les traits de son visage s'éclairaient bien plus que tout le reste du tableau, qui demeurait dans les ténèbres; et bientôt toute sa personne devint si lumineuse que je crus qu'elle était sortie de sa prison de bois. Poussé par une force invisible, je m'avançai vers lui et je touchai sa main; elle saisit doucement la mienne, et aussitôt une mélancolie profonde, semblable à celle qu'il éprouvait, me pénétra jusqu'au cœur. Quel sentiment de pitié et de douleur m'inspiraient les blessures terribles dont son corps était diapré! Il me les fit toucher avec un sourire, et le sang vermeil qui en dégouttait sur ses membres plus blancs que l'ivoire, commença à rougir la terre. Alors une partie de mon propre sang voulut s'élancer de mon cœur et se mêler au sien; un second mouvement me rapprocha de lui... Une étincelle électrique qui s'échappa de sa main me traversa rapidement. » La communication ne cesse pas avec le sommeil, car une voix qui murmure *Maria-Magdalena* révèle ainsi au jeune homme éveillé le suprême secret du Christ, qui serait l'amour : « Je suis l'Universel Baiser », lui a fait dire Verlaine.

Comme le sang est la partie la plus fluide et la plus volatile du corps, Musset a bien senti que les communions du genre de celle qu'il décrit ont surtout lieu par le sang, lorsqu'elles deviennent véritablement matérielles : il est curieux qu'il ait ainsi expliqué d'avance le célèbre prodige de Rose Tamisier faisant saigner le flanc du Christ sur un tableau. (Gaston Mery, *la Voyante*, p. 289.)

Les dires de Musset sont paroles de poète, sans doute, mais tout poète est un sensitif ou un voyant, et d'ailleurs il y a des hommes de science qui disent la même chose en d'autres termes. M. Lodge, par exemple, dans un travail sur la transmission de pensée : « Voici une chambre où une tragédie s'est passée, où un cœur humain a été étreint par la plus poignante angoisse. Reste-t-il encore à présent une trace de cette agonie susceptible d'être appréciée par un esprit dans l'état d'harmonie ou de sensibilité nécessaire? Je n'affirme rien, je dis seulement que la chose n'est pas inconcevable si elle arrive, elle peut prendre plusieurs formes; une vague inquiétude peut-être, ou des bruits imaginaires, ou de vagues visions, ou peut-être un rêve, une représentation de l'événement tel qu'il s'est passé... Et les reliques? Faut-il croire qu'une boucle de cheveux, un vieux vêtement, garde des traces d'une personne morte, conserve quelque chose de sa personnalité? N'en est-il pas ainsi d'une vieille lettre, d'un tableau? Nous disons d'un tableau : *Un vieux maître*. Est-ce qu'il n'y a pas là beaucoup de la personnalité du vieux maître conservée ainsi? L'émotion ressentie en regardant le tableau, n'est-elle pas une espèce de transmission de la pensée d'un mort? Un tableau diffère d'un morceau de musique en ce qu'il y a en lui une véritable incarnation, si je puis ainsi dire. (*Borderland*, 1894, traduction Marcel Mangin.)

Dans l'*Extériorisation de la sensibilité*, M. de Rochas explique avec une netteté parfaite la fixation des effluves. « Si on place, pendant un certain temps, près d'un sujet extériorisé une substance propre à absorber cet agent, la substance se chargera, jusqu'à la limite de sa capacité propre, de l'agent proportionnellement à ce temps et à l'intensité du rayonnement du sujet au point où elle est placée, de telle sorte qu'elle deviendra elle-même le centre d'un champ plus ou moins étendu » (p. 68).

Le sujet extériorisé, c'est celui qui impressionne pour la première fois l'objet dans lequel se conserve indéfiniment, comme en un phonographe ou un cinématographe, une sorte de mirage ou d'écho de la vibration humaine : vienne un autre sensitif, et l'essence vitale ou mentale immobilisée là va s'unir à la sienne, en l'exaltant parfois jusqu'à l'état de transe.

L.

A PROPOS D'UNE VISION

Paris, 1er juin 1898.

Monsieur,

Le dernier *Echo du Merveilleux* (p. 216) enregistre, tout en laissant percer un brin de scepticisme, le récit d'une vision étrange. Celui qui en fut favorisé aperçut, débouchant de la rue Royale sur la place de la

Concorde une grande foule et au milieu d'elle « un général monté sur un cheval blanc, tenant de la main droite une épée nue ». Un génie ailé se tenait derrière le vainqueur qu'il s'apprêtait à couronner de lauriers.

Ainsi présentée, cette vision n'a évidemment rien qui doive particulièrement retenir l'attention. Il en est tout autrement si l'on se reporte à un certain recueil de prophéties que publia M. Adrien Peladan sous le titre : *Nouveau Liber Mirabilis* (Avignon, 1871)

Un long récit (p. 46 à 57) y est consacré à un singulier prodige aérien dont dix-huit à vingt personnes furent les témoins à Vienne, dans l'Isère. On vit, durant deux heures, un étrange tableau se dérouler dans le ciel, à la lueur d'un beau soleil couchant. Sur deux nuages, l'un blanc, l'autre noir, sortes de toile de fond, se profilèrent diverses figures symboliques : écharpes, bonnet phrygien, lions, aigles, couronnes de laurier, villes, femmes, tête chauve, drapeaux... Mais de toutes ces images, la plus remarquable assurément fut celle d'un « *personnage richement vêtu, coiffé d'un chapeau de général et monté sur un cheval blanc* orné d'une couverture brodée à franges d'or » (p. 50). A un moment donné, on vit le cavalier descendre de son cheval et enfourcher un lion blanc que venait de couronner une femme toute pareille à Notre-Dame de Fourvières (p. 54).

M. A. Peladan qui interprète fort congrûment ce phénomène céleste, n'hésite pas à voir dans le personnage à cheval le Grand Monarque lui-même, d'abord spectateur impassible des événements, puis à l'heure déterminée par la Providence, rétablissant la Monarchie que symbolise le lion blanc couronné (p. 56-57).

Je vous envoie cette note, dans l'espoir qu'elle intéressera peut-être ceux de vos lecteurs qui, à l'instar de M. Timothée, se plaisent à rapprocher les prophéties et à les compléter les unes par les autres.

Je vous prie de vouloir bien agréer, Monsieur, l'expression de mes meilleurs sentiments.

QUAERENS

LA POIGNÉE DE MAIN

« ... Souvent de notre manière d'offrir la main ou de presser celle qui nous est tendue on peut déduire notre caractère.»

Baronne STAFFE.

Que de manières polies ou impolies, sympathiques ou antipathiques, etc., de serrer la main ! Il n'est pas de personne ne l'ayant remarqué. Nous allons vous donner le moyen, chers lecteurs et lectrices, de reconnaître les sentiments que peut dénoncer une banale poignée de main. Naturellement, quelquefois ces sentiments vous seront particulièrement relatifs ; vous aurez donc alors, à bien différencier les sentiments qu'on vous oppose et ceux qui sont habituels chez la personne. Si par exemple quelqu'un vous montrait du dédain, il ne faudrait pas en conclure spécialement que ce quelqu'un est habituellement dédaigneux, mais. . qu'il vous dédaigne. De plus si, sans cause plausible, une personne dénonçait d'une fois à l'autre des sentiments différents et même contradictoires, on devrait en déduire que ladite personne est inconstante.

Examinons donc les diverses phases d'une poignée de main.

I. On peut vous présenter la main

1 vivement	2 mollement
3 largement ouverte	4 mi-fermée
5 la paume en dessus	6 la paume en dessous

II. On peut vous donner à prendre

1 la paume entière	2 les doigts

III. On peut vous serrer la main d'une manière

1 forte	2 faible

IV. Au contact on peut reconnaître que la main est

1 charnue	2 maigre
3 dure	4 molle
5 chaude	6 froide
7 humide	8 sèche

V. On peut vous secouer la main d'une manière

1 énergique	2 molle

Tous ces éléments ont une signification ; nous allons les donner.

I

1. *Sentiments* (1) *spontanés*, les sentiments sont vifs, on les contient difficilement.

2. *Sentiments frénés*, les sentiments sont contenus, réserve.

3. *Expansion*, impersonnalité, altruisme.

4. *Concentration*, personnalité, égoïsme.

5. *Franchise*, sincérité, nature en dehors.

6. *Dissimulation*, nature en dessous, personne ayant toujours des arrière-pensées.

II

1. *Confiance*, et par là souvent imprudence.

2. *Défiance*, prudence, retenue.

1. Il va sans dire que par *sentiments*, nous entendons aussi bien les bons que les mauvais.

III

1. *Sentiments forts* mais passifs, par exemple on serait bon sans chercher à faire le bien.

2. *Sentiments faibles et passifs*, sans ressort, sans vie.

IV

1. *Matérialité*, sensualité, goûts matériels, amour du bien-être.

2. *Spiritualité*, ascétisme, mépris des jouissances matérielles.

3. *Tempérament vigoureux*, activité matérielle, besoin intense de travail, d'exercice.

4. *Tempérament mou*, paresse, goût de l'inaction.

5. *Passionnalité*, exubérance, chaleur.

6. *Flegme*, calme, froideur, apparence du moins.

7. *Faiblesse passionnelle*, les passions, s'il y en a, régnent en souveraines, on n'est pas maître de ses sentiments.

8. *Force passionnelle*, on saurait mettre un frein à ses passions, se rendre maître de ses sentiments.

Nos lecteurs feront bien de se remémorer le tableau suivant, qui leur sera, croyons-nous, très utile :

La main du

Lympathique	**Sanguin**	**Nerveux**	**Bilieux**
est	est	est	est
charnue	*charnue*	*maigre*	*maigre*
molle	*dure*	*molle*	*dure*
froide	*chaude*	*froide*	*chaude*
humide	*humide*	*sèche*	*sèche*

Pour tous développements nos lecteurs se reporteront à l'intéressante petite brochure de Papus : *Les arts divinatoires* (Chamuel, éditeur). De plus nous conseillons vivement de se procurer les deux remarquables volumes de M. Decrespe : *La main et ses mystères*, 0 fr. 20 chaque ; Guyot, éditeur. Cet ouvrage est un complément presque indispensable à notre travail.

V

1. *Sentiments énergiques* et essentiellement actifs ; le cœur veut ; par exemple on serait charitable et on ferait la charité.

2. *Sentiments mous*, sans ressort, sans force d'agir.

Pour que l'exposé de notre système soit complet il est indispensable que nous donnions quelques exemples de pratique. Mais avant tout rappelons-nous ceci :

La signification d'un indice ne peut être déterminé formellement que d'après les tendances générales indiquées par les autres indices. Prenons par exemple I,6 dont la signification est dissimulation ; si les tendances morales sont bonnes I,6 signifiera plus spécialement : réserve, impénétrabilité ; si au contraire elles sont mauvaises la signification en sera plutôt : mensonge, fausseté. Les sentiments se nuancent entre eux, jamais ne s'infirment. Il faudra donc juger autant par voies de résultantes que par indices isolés.

I

Une jeune fille vous présente la main mollement, mi-fermée, la paume en dessous. Elle vous donne à prendre la paume entière ou les doigts — comme on veut. Le serrement est faible. On reconnaît sa main charnue, molle, froide et humide. L'action de secouer est molle.

Terriblement froide (IV, 6 ; I, 2, etc.) et égoïste (froideur I, 4), son cœur est incapable d'un bon mouvement. Menteuse (I, 6), molle (IV, 4, 7), nonchalante (I, 2), lymphatique (IV, 1, 4, 6, 7), paresseuse (IV, 4), ayant un grand amour du bien-être (IV, 1), elle demeure impuissante devant un effort d'action (V. 2, faiblesse).

II

M. X. vous offre sa main vivement, largement ouverte, la paume en dessus. Il vous donne à prendre la paume entière. Le serrement est fort. On reconnaît sa main charnue, dure, froide et humide. Il vous secoue la main d'une manière énergique.

M. X. sous des apparences froides (IV, 6), cache un cœur passionnel, aimant avec autant de force (I, 1 ; III. 1 ; V, 1) que de sincérité (I, 5) ; de plus sa main charnue et humide nous le dénonce sensuel. Chez une telle nature (I, 3, 5) ne peuvent indiquer que beaucoup de franchise et de générosité. Ses sentiments sont empreints d'une certaine rudesse (IV, 3 ; V, 1), cependant il est loin d'être violent (IV, 6).

III

Mlle Y. vous présente sa main vivement, mi-fermée, la paume en dessous. Elle vous donne à prendre la paume entière. Le serrement est fort. Au contact on reconnaît sa main molle. L'action de secouer est molle.

Essentiellement passive (I, 1 ; IV, 4 ; V, 2). Vive, irréfléchie (I, 1), sans prudence (II, 1). Egoïste (1, 4), menteuse (I, 6), passionnelle (I, 1 ; III, 1, passivité) et jalouse (égoïsme, passion)... Eh ! que je ne voudrais pas être dans ces griffes !

IV

M. A. vous présente sa main mollement, craintivement — on dirait qu'il va serrer un fer rouge — mi-fermée, la paume en dessous. Il s'y prend de telle façon, que, chose curieuse, quoiqu'on fasse, on ne peut arriver à lui prendre que les doigts. Il vous serre la main faiblement. On lui reconnaît une main osseuse, dure, froide et sèche. L'action de secouer est molle.

Excessivement défiant (II, 2 ; I, 1, 6), froid (I, 2 ; III, 2 ; IV, 6, 8) et égoïste (I, 4, froideur). Envieux (prédominance du tempérament nerveux, égoïsme) et faux (I, 4, 6 ; II, 2, égoïsme). Entêté (IV, 3) mais pas volontaire (III, 2 ; V, 2). Pas recommandable n'est-ce pas ?

V

M. Z. présente sa main lentement, largement ouverte, la paume en dessus. Il vous donne à prendre la paume entière. Le serrement est fort. On reconnaît sa main maigre, dure, froide et sèche. L'action de secouer est énergique.

Nature énergique (III, 1 ; IV, 3 ; V, 1) et froide (I, 2; IV, 6, 8) chez laquelle (I, 3, 5) ne peuvent être que l'attestation de franchise et droiture. Un tel tempérament pourrait aimer avec force (III, 1 ; V, 1), jamais avec passion (froideur, énergie).

VI

M. R. vous offre sa main vivement et largement ouverte. Il vous donne à prendre les doigts. Le serrement est fort. On reconnaît sa main dure et chaude. L'action de secouer est énergique.

Beaucoup de vivacité (I, 1 ; IV, 5) qui n'exclut pas une certaine défiance (II, 2). Mais gare les colères (IV, 3, et I, 1 ; III, 1 ; V, 1) elles sont terribles ! Par elles plus de raisonnement, plus de retenue, tout s'efface devant leur déchaînement ! A part cela un cœur excellent (I, 3 ; III, 1 ; V, 1) qui, de plus, aime passionnément (IV, 5).

Tous ces exemples ont été pris d'après nature. Nous les avons, à dessein, choisis caractéristiques et variés.

Aimables lecteurs et lectrices, vous le voyez, de toute façon il y a du danger en ce monde — même de donner une poignée de main à

ELBÈRE NO.

ÇA ET LA

Le crocodile porte-bonheur. — Un crocodile dans le petit lac du tir aux pigeons!

Telle est la nouvelle inouïe, extraordinaire, abracadabrante, stupéfiante! qui circulait ces jours derniers dans le monde... où l'on sait les nouvelles...

Déjà ces dames parlaient de ne plus laisser les enfants jouer dans le voisinage de nos lacs « bien parisiens », déjà elles tremblaient pour leurs fox terriers, et quelques-uns de nos « fusils » les plus distingués brûlaient de diriger leurs balles sur des sauriens coupables d'hécatombes de poissons rouges...

Mais tranquillisez-vous, gens de Paris, car si la nouvelle est vraie, elle s'adoucit de circonstances atténuantes.

Il y a quelques années, deux de nos intrépides sportsmen étant allés demander à une somnambule le moyen sûr de jouer aux courses le gagnant, celle-ci leur conseilla d'emporter avec eux un crocodile empaillé comme porte-veine! Les joueurs ne reculent devant rien. Le lendemain, nos Parisiens suivirent le conseil, *et, ce qu'il y a de plus fort, gagnèrent la forte somme.*

Au retour, alourdis de poignées de louis et de billets de banque, ils jugèrent à propos de s'alléger du fameux crocodile en le précipitant, hé! parbleu, dans le lac où on l'a repêché ces temps-ci!

Il importait de rassurer les Parisiennes, et surtout d'avertir nos savants qui allaient conclure bien vite à une antique invasion égyptienne!

***

La divination par les épingles. — Une de nos lectrices nous signale un procédé de divination qui, paraît-il, donne souvent de merveilleux résultats. Ce qu'il y a de certain, c'est qu'il est à la portée de tout le monde. Voici en quoi il consiste.

La personne qui opère prend une dizaine d'épingles, plus deux ou trois autres pliées en deux, qui représentent les consultants. Elle les place toutes dans une des mains — gauche ou droite à volonté — de la personne sur laquelle il s'agit de vaticiner, et la prie de les jeter sur la table.

Il ne s'agit plus que d'interpréter la position que les épingles ont prise en tombant. Elles sont ou très rapprochées ou très éloignées les unes des autres, couchées ou piquées sur le tapis, les têtes dans un sens, les pointes dans un autre. Des règles très précises permettent de trouver la signification de ce désordre... piquant, sans jeu de mots.

Du moins, notre aimable lectrice nous l'affirme, et elle ajoute même : « J'ai été stupéfaite des résultats obtenus pendant une séance à laquelle j'assistais chez Mme X... Connaissant intimement les personnes que j'accompagnais, je pus juger que tout ce que disait la devineresse, concernant leur caractère, leurs idées, leurs sentiments, leur famille, leurs affaires d'intérêt ou autres, était d'une exactitude rigoureuse. Quant à ses prédictions, l'avenir seul nous dira ce qu'il faut en penser. »

Un liseur de pensées. — On parle beaucoup en ce moment d'un liseur de pensées qui nous vient d'Amérique, comme master Reese, et qui se nomme Ninoff. Il est d'origine brésilienne.

Il a donné la semaine dernière, au *Figaro*, la primeur de ses expériences de « télégraphie humaine », qui, paraît-il, laissent bien loin derrière elles les exercices analogues déjà connus.

C'est ainsi que, les yeux bandés, M. Ninoff a obéi aux ordres « pensés » qui lui étaient transmis, prenant, par exemple, dans le portefeuille d'un spectateur, un papier au milieu de beaucoup d'autres, et, le papier rendu, en écrivant le texte sous la seule pression de la pensée de son propriétaire; allant chercher dans un endroit déterminé un objet précis; découvrant dans une cachette une enveloppe renfermant plusieurs cheveux et désignant chacune des personnes à qui un emprunt pileux avait été fait, la couleur des cheveux, etc. Tout cela très rapidement exécuté, à la condition que la pensée motrice fût bien concentrée.

Avant de partir pour New-York, où l'appelle un engagement, M. Ninoff donnera quelques séances au Théâtre mondain. Le *Figaro* ne doute pas que son succès soit très vif.

GASTON CROSNIER.

Thomas Martin de Gallardon

(Suite)

« Il passe dans une autre chambre pour prendre son ordonnance et, dans cet intervalle, l'apparition m'a dit : « Vous allez parler au Roi et vous serez seul avec lui, n'ayez aucune crainte de paroître devant le Roi pour ce que vous avez à lui dire. Les paroles vous viendront à la bouche » ; et, en effet, je n'ai point été embarassé dans tout ce que je lui ai dit, depuis le commencement jusqu'à la fin ; et c'est la dernière fois qu'il m'a apparu, toujours dans le même costume que toutes les autres fois, depuis le 15 janvier : car il n'a jamais changé. Le ministre vint me trouver et dit à quelqu'un en lui donnant une lettre : Vous allez mener cet homme-là au 1er valet de chambre du Roi. Nous partons, le carrosse étoit prêt pour nous conduire, mais j'ai dit : « Ça n'est pas la peine, j'irai bien à pied, il n'y a pas loin, il n'y a que la Seine à traverser ». Le ministre part après nous, comme il étoit en carrosse, il est arrivé plutôt que nous. Nous arrivons aux Thuilleries sur les 3 heures. Nous montons jusqu'à l'appartement du Roi. Nous avons trouvé dans tout ce qui étoit en avant et dans les alentours bien des gardes, et personne ne m'a rien dit. Celui qui me conduisoit a remis sa lettre au premier valet de chambre du Roi, qui après l'avoir lue m'a dit : « Suivez-moi ». Mon conducteur est resté là et n'a pas été plus loin. J'entre dans la chambre du Roi au même moment que le ministre en sortoit. Le Roi étoit assis à côté de sa table, sur laquelle il y avoit bien des papiers et des plumes. J'ai salué le Roi, et je lui ai dit : « Sire, je vous salue » ; le Roi m'a dit : « Bonjour Martin », et j'ai dit en moi-même, il sait bien mon nom toujours. — Vous savez sûrement pourquoi je viens. — Oui, je sais que vous avez quelque chose à me dire, et on m'a dit que c'étoit quelque chose que vous ne pouviez dire qu'à moi. Asseyez-vous.

J'ai pris un fauteuil et je me assis vis-à-vis du Roi, il n'y avoit que la table entre nous deux, et quand j'ai été assis, je lui ai dit : « Comment vous portez-vous ? » Le Roi m'a répondu : « Je me trouve un peu mieux que ces jours passés, et vous, comment vous portez-vous ? — Moi, je me porte bien. — Quel est le sujet de votre voyage ? Et je lui ai dit : Le 15 janvier, à peu près deux heures et demie de relevée, comme j'étois dans mon champ à répandre du fumier, il m'a apparu tout de suite, sans que je sache d'où il venoit, un homme qui m'a dit : « Il faut que vous alliez trouver le Roi et que vous lui disiez que sa personne est en danger, etc. » (et le reste comme il est rapporté dans les relations ci-dessus, v. p. 2). Je lui ai dit : « Mais vous pouvez bien en aller trouver d'autres que moi pour faire une commission comme celle-là. » Il m'a dit : « Non, c'est vous qui irez ». Je lui ai dit : « Mais puisque vous en savez si long, vous pouvez bien aller trouver le Roi vous-même, et lui dire tout cela. » Il m'a dit : « Ce n'est pas moi qui irai, ce sera vous et faites attention à tout ce que je vous dis ; et vous ferez tout ce que je vous commande ». Il m'avoit dit une fois que son nom demeureroit inconnu et que celui que l'envoyoit étoit au-dessus de lui ; mais comme j'étois à Paris le 10 mars, il m'a dit : « Puisque l'incrédulité est si grande, je vous dirai mon nom : je suis l'Archange Raphaël, ange très célèbre auprès de Dieu qui ai reçu tout pouvoir de frapper la France de toutes sortes de plaies... » Quand j'ai été de retour à la maison, j'ai dit tout cela à mon frère Jacques, qui m'a dit : « Il faut aller trouver M. le curé et lui dire tout cela. » Nous y avons été le voir et puis encore tous les jours après, tant que j'ai eu de nouvelles apparitions et après plusieurs fois affaires comme ça, M. le curé nous a dit : Je ne veux pas être juge dans ces affaires-là ; je vous donnerai une lettre et vous irez trouver Mgr l'évêque de Versailles. » J'y ai été le 26 de janvier et je lui ai parlé le lendemain. Quand il a eu lu la lettre de M. le curé, il m'a bien regardé, et il m'a bien questionné. Il m'a demandé mon nom, et il l'a écrit, il m'a dit : « S'il revient encore vous lui demanderez son nom et de quelle part il vient, et vous irez dire tout à M. le curé, pour m'en faire part. »

(Après ces détails et autres semblables qui se trouvent dans les relations, Martin a ajouté) :

« Il a été dit encore : « On a trahi le Roi, et on le trahira encore. Il s'est sauvé un homme des prisons. On a fait accroire au Roi que c'est par subtilité, par finesse, et par l'effet du hazard ; mais la chose n'est pas telle ; elle a été préméditée ; ceux qui auroient dû mettre à sa poursuite ont négligé les moyens. Ils ont mis beaucoup de lenteur et de négligence. Ils l'ont fait poursuivre quand il n'étoit plus possible de l'atteindre. Je ne sais par qui ; on ne me l'a pas dit. — Je le sais bien, moi ; c'est la Valette. — Il m'a été dit que le Roi examine tous ses employés et surtout ses ministres. — Ne vous a-t-on pas nommé les personnes ? — Non, il m'a été dit qu'il étoit facile au Roi de les connoître ; pour moi, je ne les connois pas. » Ici le Roi a levé les mains et les yeux au ciel, et il a dit : « Ah ! faut-il ?... » Et il s'est mis à pleurer, et il a continué de pleurer jusqu'à la fin, et moi, quand je l'ai vu pleurer, j'ai pleuré aussi avec lui. Il m'a encore été dit : « Que le Roi envoye dans ses provinces des gens de confiance pour examiner les administrations sans êtreprévenues; sans seulement qu'on sache qu'on a envoyé, et vous serez craint et respecté de vos sujets.

« Il m'a été dit de vous dire que le Roi se souvienne de sa détresse et de son adversité du tems de son exil. Le Roi a pleuré sur la France; il a été un tems qu'il n'avoit plus aucun espoir sur la France; voyant la France alliée avec tous ses voisins. — Oui! il a été un tems où je n'avois plus aucun espoir, voyant tous les États qui n'avoient plus aucun soutien. — Dieu n'a pas voulu perdre le Roi, il l'a rappelé dans ses États au moment où il s'y attendoit le moins; enfin le Roi est rentré dans sa légitime possession où sont les actions de grâces qui ont été rendues pour un tel bienfait? Pour châtier encore une fois la France, l'usurpateur a été tiré de son exil ; ce n'a pas été par la volonté des hommes, ni par l'effet du hazard que les choses ont été permises ainsi, il est rentré sans forces, sans armes, sans qu'on se mette en déffense contre lui. Le Roi légitime a été obligé d'abandonner sa capitale, et croyant tenir encore une ville dans ses États, il a été obligé de l'abandonner. — C'est bien vrai, je croyais rester à Lille. — Quand l'usurpateur est rentré, il s'est formé un gouvernement de gens comme lui, et une forte armée. Il s'est présenté devant ses ennemis qui étoient les alliés du Roi; qu'est-il arrivé ? Du premier coup il s'est trouvé dans une telle défaite, qu'il a été sans ressource, sans asile, sans amis et rejeté de ses sujets. Le Roi est encore rentré dans ses États; où sont les actions de grâces rendues à Dieu pour un miracle si éclatant» ? Le Roi, pendant tout ce récit, pleuroit, je lui voyais couler les larmes sur les joues. Je lui rappelle des particularités qui m'ont été annoncées de son exil. — Gardez-en le secret, il n'y aura que Dieu, vous et moi qui saurons jamais cela. — Il m'a toujours été dit que je viendrois vous parler et que je parviendrois à faire l'affaire qu'il (l'Ange) m'avoit annoncée, et je vois bien qu'il ne m'a pas trompé, puisque me voilà aujourd'hui avec vous. Il m'a été dit que vous ne chanceleriez pas pour croire quand je vous dirois ces choses. — Non, je ne puis chanceler, puisque c'est la vérité. Ne vous a-t-il pas dit comment il falloit que je m'y prenne pour gouverner la France? — Non, il ne m'en a fait aucune mention, que de tout ce qui est dans les écrits, le ministre a les écrits, comme les choses m'ont été annoncées. — Ne vous a-t-il pas dit que j'ai déjà envoyé des ordonnances, pour tout ce dont vous m'avez parlé ? — Non, on ne m'en a pas fait mention. Je me lève, et en me levant, j'ai dit au Roi : Il m'a été annoncé de vous dire que vous êtes trop bon, et que votre grande bonté vous conduiroit à des grands malheurs. Il m'a été dit aussi que puisque vous portez le titre de Roi très chrétien, car je ne sais pas moi, si on vous appelle comme ça, il falloit vous efforcer de faire rentrer le peuple dans la chrétienté. — Si toutefois il revient, vous lui demanderez comment il faudra que je m'y prenne pour gouverner ? — Il m'a été dit, qu'une fois que ma commission seroit faite auprès du Roi je ne verrois plus rien, je serois tranquille. — Rappelez-moi ce que vous avez vu le 26 mars. — Comme je commençois à écrire à mon frère, la même apparition m'est apparue, et m'a dit ces choses en ces termes : Mon ami, je vous avois dit que je ne reviendrois plus vous voir (et le reste comme il est écrit dans la lettre de Martin à son frère). — Je savois tout cela; mais je voulois l'entendre de vous. N'avez-vous rien vu depuis le 26 mars ? — Si, le jeudi d'après comme j'étois sur les 3 heures après-midi dans le jardin, il s'est présenté devant moi, et m'a dit : pourquoi n'allez-vous pas à la visite? Je lui ai dit : j'y vais (etc. comme il est écrit ci-dessus). Le dimanche suivant j'étois sur les 2 ou 3 heures de l'après-midi dans le jardin, il m'a apparu et m'a dit : Il y aura encore des discussions sur cette affaire (et le reste comme ci-dessus, jusqu'à ces mots : rendez témoignage de ce que vous avez vu et entendu. (V. ci-dessus p. 30.)

Le Roi écoutoit tout cela en me regardant et sans me rien dire; ici il me dit : C'est le même ange qui conduisit le jeune Tobie à Ragès, et il me prit la main en me disant : que je touche à la main que l'Ange a serrée, priez toujours pour moi. — Bien sûr que moi et ma famille aussi que M. le curé de Gallardon avons toujours prié pour que l'affaire réussisse. Le Roi lui demanda : Quel âge a-t-il, M. le curé de Gallardon, y a-t-il longtemps qu'il est avec vous? — Il est à peu près dans les soixante ans, c'est un brave homme; il y a à peu près cinq à six ans qu'il est chez nous. — Je me recommande à vous, à lui, et à toute votre famille. — Bien sûr, sire, qu'il est bien à désirer que vous restiez, parce que si vous veniez à partir ou qu'il vous arrive quelque malheur, nous ne risquerions rien aussi nous autres de nous en aller, parce qu'il y a aussi de mauvaises gens dans notre pays : il n'en manque pas. Ici j'ai répété au Roi ce que je lui avais dit des dimanches et fêtes, et des désordres, l'impiété, l'impureté, etc. (Voyez à la première apparition) et je lui ai dit que c'était là le principal. — Je ferai en sorte d'y remedier. — J'ai salué le Roi en lui disant : Je vous souhaite une bonne santé, il m'a été dit qu'une fois ma commission faite auprès du Roi, je vous demande la permission de m'en retourner au centre de ma famille : Comme il m'a été annoncé que vous ne me refuseriez pas. — Puisque vous avez été obéissant jusqu'à présent, je ne veux pas vous rendre désobéissant; j'ai déjà donné des ordres pour vous renvoyer. — Il m'a été toujours annoncé qu'il ne m'arriverait aucune peine ni aucun mal. — Il ne vous en arrivera pas non plus. Vous vous en retournerez demain. Le Ministre va vous donner à souper et à coucher, et des papiers pour vous en retourner. — Mais je serois content, si je retournois à Charenton pour leur dire adieu, et pour prendre une chemise que j'y ai laissée.

(*A suivre.*)

A TRAVERS LES REVUES

L'Initiation. — *Des sorciers et magiciens modernes en Béarn*, par Probst-Biraben; *Galvanométrie et force psychique*, par le Dr Rozier; *L'état psychique d'Alfred de Musset*, par Lefébure.

La Lumière. — *Rôle du neurone dans la conductibilité nerveuse*, par le Dr Lux.

La Paix Universelle. — Un très intéressant article de M. A. Erny sur le *spiritisme de Victorien Sardou*.

Revue Mame. — Une chronique de M. Henry Frichet, sur le Congrès de l'Humanité, qu'organise M. Amo.

Revue spirite. — M. Moutonnier raconte, d'après un journal américain, que la catastrophe du *Maine* fut prédite en novembre 1897:

Que ce soit coïncidence, pur hasard ou manifestation spirite, dit-il, il est difficile en présence de l'évidence de nier les faits qui suivent :

William Burrows est un épicier demeurant rue Olive, 2012, à Saint-Louis, dans l'état de Missouri. Quoique âgé de soixante-cinq ans, il paraît être beaucoup plus jeune et tous ceux qui le connaissent sont unanimes pour rendre justice à son honnêteté, à sa droiture et le croient incapables de forfaire à son honneur. Son principal commis, M. Darling, demeure dans la même maison que son patron. Bien que le spiritisme ne leur soit pas inconnu, cependant ils ne sont ni l'un ni l'autre convaincus de la possibilité qu'ont les esprits de se communiquer à nous. Un jour une amie de la famille Burrows avait apporté, pour en faire l'essai, une planchette fort en usage aux États-Unis et dont la forme est des plus simples, se composant d'une tablette circulaire ayant au centre une aiguille mobile et, sur ses bords, les lettres de l'alphabet avec les deux particules affirmative et négative *oui* et *non*.

Les personnes présentes étaient deux hommes et trois dames; on se mit autour de la table sur laquelle la planchette était posée, mais à peine fut-on assis que l'aiguille commença à osciller vivement et finit par s'arrêter sur la deuxième lettre de l'alphabet.

M. Burrows interpella l'inconnu et lui demanda si c'était la lettre B qu'il voulait désigner? Sur sa réponse affirmative, M. Burrows le pria de continuer. L'aiguille, alors, vint se poser en face de la lettre A, puis deux fois sur la lettre T et successivement sur les lettres L, E, S, V, I, et P. « Vous voulez dire *Battle Svhip* (navire de guerre) demanda M. Darling? L'aiguille se mit à osciller de nouveau, et vint s'arrêter devant la particule affirmative *oui*.

Tous les assistants se mirent aussitôt à rire, car aucun d'eux ne voulait ajouter foi à la réalité d'un esprit se communiquant à eux et peut-être aussi chacun se méfiait-il de son voisin.

Néanmoins, la séance fut continuée, et l'invisible interrogé de nouveau épela le mot Maine. Connaissez-vous un navire de guerre de ce nom, demanda M. Darling à M. Burrows? — Oui, répondit ce dernier, ce navire est ce moment en rade de Brooklyn. — Veuillez continuer, dit alors M. Darling à la planchette. Et l'aiguille dicta la phrase suivante : « Sera détruit, plusieurs vies seront perdues. » Après quoi elle donna la signature « Gidéon Welles ». M. Burrows devint de plus en plus intéressé par la communication et demanda si l'esprit qui se manifestait était bien Gidéon Welles, secrétaire de la marine, au temps du président Lincoln. — La réponse donnée fut affirmative. — Le navire sera-t-il perdu dans la guerre? — Non. — Sera-t-il détruit par les Espagnols? Oui. — Dans les mers d'Espagne? — Oui. — La guerre s'ensuivra-t-elle? — Oui. — Consentez-vous à ce que cette communication paraisse sous votre nom? — Oui. — L'Espagne aura-t-elle des alliés? — A ce moment, la transmission devint confuse; mais tous ceux qui furent présents affirment que l'aiguille a répondu : L'Angleterre sera pour les États-Unis et la Russie pour l'Espagne. M. Burrows ne parut pas satisfait de cette réponse et quitta la chambre en disant que c'était absurde de supposer que la Russie serait contre les États-Unis, et l'Angleterre pour. — Il revint, peu après, s'assurer si la communication était terminée; l'aiguille qui continuait à osciller, mit fin à la séance en disant que tout cela se passerait dans les deux semaines.

M. Darling prit note de la prophétie et la mit soigneusement de côté. Mais quand le temps indiqué fut écoulé, il la détruisit, sans plus y penser.

Ce ne fut que quand la catastrophe du *Maine* eut lieu que M. Burrows et M. Darling se rappelèrent leur séance. Sans doute, se dirent-ils, quelqu'un s'est trompé dans l'indication de la date, mais rien ne nous assure que l'erreur vienne de l'esprit « Welles ». Ils se rendirent donc aussitôt aux bureaux du *Globe Democrat* pour faire part de ce qui leur était arrivé.

Ils firent l'un et l'autre la déclaration des faits purs et simples, sans ajouter de commentaires et sans chercher à expliquer cette étrange manifestation, la signèrent en présence du directeur du journal, en affirmant de la manière la plus positive que l'invisible avait bien parlé de la destruction imminente du *Maine*.

Ils prirent ensuite congé du journaliste en lui disant : « Attendons et voyons si le reste de la prophétie se réalisera. »

Le Gérant: Gaston Mery.

IMP. NOIZETTE ET Cie, 8, RUE CAMPAGNE-PREMIÈRE PARIS

DEUXIÈME ANNÉE. — N° 36. 1er JUILLET 1898 LE NUMÉRO : 50 CENT.

L'ÉCHO DU MERVEILLEUX

REVUE BIMENSUELLE

LA QUESTION DES MÉDIUMS

I

Un de nos lecteurs, professeur très distingué, M. Cyrille Ménard, a eu la curiosité de tenter, avec Renée Sabourault, quelques-unes des expériences qui ont été décrites ici par le Dr Corneille, M. Raymond Duplantier et moi-même.

Il a bien voulu m'adresser le récit de ses impressions, en insistant beaucoup pour que je l'insérasse dans un des plus prochains numéros.

J'avoue que j'y fus d'abord assez mal disposé — un peu, parce que cet article dénotait chez son auteur une inexpérience vraiment trop évidente des phénomènes psychiques; beaucoup, parce que j'avais peur de désobliger M. Sabourault dont la loyauté est au-dessus de tout soupçon. M. Cyrille Ménard, en effet, accuse tout net Renée de supercherie. Il fonde, il est vrai, cette accusation sur des suppositions et des déductions, et non sur des faits; mais le mot y est — et l'article s'intitule même *flagrant délit*. Or, ça m'ennuyait de servir en quelque sorte de caution à un pareil réquisitoire. L'accusation — malgré les précautions oratoires — n'atteint-elle pas, par-dessus la fillette, les parents? Car, comment admettre que M. Sabourault, depuis tantôt deux ans que durent les phénomènes, ne se soit point aperçu d'une mystification, que M. Cyrille Ménard, à la première séance a découverte immédiatement !

J'aurais donc préféré, avant d'insérer l'article, que M. Ménard retournât voir Renée et contrôlât ses impressions premières. Il m'a laissé entendre que c'était inutile, qu'il était sûr de ce qu'il avançait.

J'ai fini par céder à ses instances.

M. Sabourault me le pardonnera. Il paraît que, si je n'avais point agi ainsi, c'en eût été fait de ma réputation d'impartialité.

Voici donc l'article en question.

FLAGRANT DÉLIT

Cher monsieur Mery,

Dans le dernier numéro de l'*Echo du Merveilleux* vous terminiez votre article si suggestif sur Losanne par cette botte vigoureuse portée aux pontifes de la science : « Les savants officiels devraient bien profiter des bonnes dispositions de Losanne pour aller lui dire deux mots. »

A quoi bon, me suis-je dit? Ce pauvre Mery, qui n'est pourtant pas un naïf, se fourre bel et bien le doigt dans l'œil jusqu'au coude; les savants officiels ne suivront pas ce conseil, et ils continueront d'agir comme par le passé pour tous les phénomènes qui ne peuvent se ramener à une formule algébrique plus ou moins quelconque ou s'analyser dans le ventre d'une cornue; ils garderont un dédaigneux silence ou bien ils nieront sans examen, c'est si simple et si commode!

Pour moi qui ne suis ni *savant*, hélas! ni *officiel*, le ciel m'en préserve! mais un curieux très sincère, pourquoi ne ferais-je pas ma petite enquête? Ce diable de Mery, il nous la baille belle avec ses tonnerres, ses chambardements de mobilier, ses ballons mystiques et ses tambours d'enfer ; il faut voir!

Eh bien ! j'ai entendu, mais surtout *vu* des choses, qui me semblent valoir la peine d'être contées aux lecteurs de l'*Echo*, si réellement votre charmante revue, mon cher Mery, qui nous sort tous les quinze jours — et combien agréablement — des banalités et des tristesses de la vie, est avant tout un appareil

« enregistreur » qui catalogue les faits sans se préoccuper d'en tirer telle ou telle conclusion; c'est à cette condition seulement du reste qu'elle méritera l'attention des gens sérieux et qu'elle continuera sa marche ascendante vers le succès.

Nous n'allons pas être d'accord, cher monsieur Mery, mais qu'importe? *Amicus Plato, sed magis amica veritas.*

Donc avec deux amis, qui ne me refuseront pas leur témoignage en cas de besoin, j'ai été reçu à deux reprises différentes par la famille Sabouraut, sur la bonne foi et l'honorabilité parfaite de laquelle il n'est plus permis d'avoir un doute quand on connaît ces braves gens; cela dit une fois pour toutes et pour qu'on ne puisse pas suspecter nos intentions, venons au fait.

Dans une première entrevue — c'était il y a un mois dans l'après-midi — la jeune Renée nous a tracé six grandes pages d'écriture *automatique* (?), où les plus grosses injures s'émaillaient de fantaisies orthographiques non moins carabinées; après tout, c'était pain bénit de la part de Losanne, qui ne s'est jamais piqué de distinction dans son langage, et on a bien le droit dans l'autre monde de partager l'avis de notre oncle sur la grammaire de l'Avenir. Pour finir, Losanne, devenu très bon garçon, nous invita à une séance de nuit qui serait des plus corsées; vous pensez si nous avons accepté avec enthousiasme.

Mardi dernier, fidèles au rendez-vous, nous étions rangés devant le lit mystérieux avec cette dévotion propre aux amants de l'Invisible, nous pourléchant d'avance les babines à l'odeur enivrante du merveilleux. Passons, si vous le voulez bien, sur les préliminaires et le programme rédigé par avance; ce brave Losanne, il faut bien le reconnaître, n'est pas très varié dans son répertoire; pourtant il était bien disposé et nous promettait, toujours *automatiquement* (oh! combien!), un « tas d'affaires ».

Je m'empresse d'ajouter, car j'ai à cœur de rester vrai, que, sauf sur deux points — déplacement sensible du lit et gonflement du matelas — Losanne nous en a donné pour notre argent, je veux dire pour notre curiosité, car il faut rendre justice à la famille Sabourault; au fond ces braves gens qui ne sont pas riches, sont ennuyés de tout ce bruit, et ils ne tiennent pas boutique de merveilleux, au contraire. C'est un grand point dans l'affaire; pour mon compte je me défie tout de suite des médiums qui, pour entrer en scène, commencent par soulager le porte-monnaie des gogos.

Attention! Pan, pan, voilà l'esprit!... C'est ma foi vrai, parole d'honneur: grattements, tambour, coups de poing annoncés, toute la lyre, quoi! Moi qui étais venu un peu sceptique, il faut bien m'avouer vaincu et confesser la vérité.

J'allais me retirer tout songeur quand je fis une remarque qui avait son importance comme on va pouvoir en juger. La position de la fillette dans le grand lit de noyer me tracassait; pourquoi donc s'obstinait-elle à se glisser vers la ruelle et à tenir ses mains sous les couvertures? Du moment que l'enfant était couchée, la position du médium devrait être indifférente à « l'Esprit »; je me risque à demander la permission d'éloigner le lit de la cloison et je prie la jeune Renée, qui ne fait d'ailleurs aucune objection, de se placer au milieu du lit et de sortir les mains; en même temps je constatais que le lit n'était pas bordé du côté de la cloison, pourquoi?

Pourtant je veux bien faire crédit à Losanne de ces irrégularités : s'il continue sa sarabande dans les conditions nouvelles, il faudra bien se rendre à l'évidence.

Eh bien, le croiriez-vous, mon cher Mery, c'est en vain qu'on pique Losanne d'amour-propre, qu'on l'asticote et qu'on multiplie les évocations: n, i, ni, c'était fini. On baisse la lumière et nous attendons patiemment un quart d'heure, une demi-heure... Rien, toujours rien; pas le plus petit concert, même en sourdine; on aurait entendu voler... un juif! Losanne, mon bel ami, vous êtes pincé en flagrant délit de supercherie.

Nous allions nous retirer avec quelque dépit, quand Mme Sabourault a une idée : si on demandait par écrit à Losanne l'explication de ce changement à vue? Bravo! on apporte papier, crayon, et le médium écrit sans lumière. M. V... n'en revenait pas; ce n'est pourtant pas bien malin; avec une heure d'entraînement je me charge d'en faire autant. Et savez-vous ce qu'écrit Losanne? « Je ne puis plus rien faire, c'est M Ménard qui en est cause avec sa manie de chercher la petite bête... Qu'il f.... le camp! (textuel). »

Dame, ce n'était pas très flatteur pour votre serviteur, mais que faire? Il n'y avait pas à barguigner : ce pelé, ce galeux d'où venait tout le mal devait déguerpir et c'est ce que je fis de très bonne grâce en compagnie de M. Sabourault, qui voulut bien, sur ma demande, me raconter la genèse de cette aventure avec un feu et une conviction, qui auraient peut-être fini par triompher de mon scepticisme, si la suite des événements n'était venue confirmer mes doutes.

A peine étais-je sorti que Losanne, débarrassé du mauvais œil, reprenait la série de ses exploits et faisait à nouveau merveille; les murs en tremblaient. Oui, mais quand je suis rentré, un peu brusquement c'est vrai, la petite Renée avait repris position dans la ruelle et ses mains avaient disparu dans les mystérieuses profondeurs de l'inconnu...

Qu'en pensez-vous, cher monsieur Mery, vous le collectionneur consciencieux des faits, le photographe élégant du Merveilleux; est-ce que cela ne vous fait pas un peu rêver et ne trouvez-vous pas qu'une nouvelle enquête s'impose en la dégageant au préalalable de toutes les causes d'erreurs? Si vous vous décidez à tenter l'aventure, voulez-vous être assez bon pour me faire signe? Je serai discret et vous promets de ne pas contrarier les fluides, mais je voudrais *voir*, ne fût-ce que par la serrure.

Et la morale de cette histoire? Mon Dieu, je veux bien accorder que cela ne prouve pas qu'il n'y a rien eu dans le passé et qu'il n'y aura rien dans l'avenir, qui mérite de fixer l'attention des observateurs sérieux; mais cela prouve au moins qu'il faut se tenir sur ses gardes et se défier un peu des petites filles très naïves; les esprits frappeurs sont si malins et ce brave Losanne est si roublard!

Bien cordialement à vous,

CYRILLE MÉNARD.

Sous la forme aimable, il y a en réalité, dans

cet article, deux allégations très nettes que je résume ainsi :

1° L'écriture automatique de Renée est une simple plaisanterie. Ce que l'enfant écrit, c'est elle-même qui le pense.

2° Les bruits produits le sont par l'enfant elle-même, qui triche. Ils ne se produisent plus lorsqu'on a mis Renée dans l'impossibilité de tricher.

Sur le premier point, je ne fais aucune difficulté d'avouer qu'il m'est assez difficile de discuter en connaissance de cause. Vraisemblablement un travail mystérieux et seulement à demi conscient s'opère chez l'enfant. Mais comment, dans ce qu'elle écrit, faire le départ entre ce qui a été tracé automatiquement comme sous la dictée d'un tiers, et ce qu'elle a tiré de son propre fonds? J'abandonne donc la controverse sur ce point. Quitte à y revenir plus tard.

Mais je tiens à exposer, à propos du second point, quelques considérations.

Pour M. Ménard, il n'y a pas de doute : c'est Renée qui par un truc quelconque — il est bien regrettable que M. Ménard ne dise pas lequel — produit les bruits provenant du bois du lit ou de la cloison. La preuve en est que, lorsqu'on écarte la couchette du mur et qu'on oblige l'enfant à tenir les mains hors des couvertures, plus rien ne se produit.

Il pourrait n'y avoir là qu'une coïncidence. J'ai souvent entendu des bruits, le lit et la fillette étant dans la position que leur avait fait prendre M. Ménard. Je dirai plus : j'ai entendu de vigoureux frottements sur le mur, alors que — l'enfant assise et moi placée derrière elle — je lui maintenais les bras avec mes bras et les genoux avec mes mains.

Il pourrait y avoir également, dans l'arrêt subit des phénomènes qu'a constaté M. Ménard, une malice de Losanne. Rien n'est plus taquin que ces « êtres » de l'invisible. Il suffit que vous leur commandiez de se manifester pour qu'ils vous laissent en plan, surtout, lorsque — à l'instar de M. Ménard — on leur donne ces ordres sans ménagement pour leur susceptibilité. Ces observations peuvent faire sourire les ignorants. Toutes les personnes au courant de ce genre de phénomènes savent qu'elles ne sont que justes.

Mais je dédaigne ces répliques. Mon contradicteur pourrait me répondre que je n'oppose à ses affirmations que d'autres affirmations — et qu'il reste sur ses positions.

Je prends donc les faits tels qu'il me les apporte et je lui dis :

Vous n'avez pas le droit de conclure à la supercherie comme vous le faites. Vos prémisses ne vous y autorisent pas. D'ailleurs, fût-il juste, votre raisonnement n'aurait que la valeur d'un raisonnement, et il ne prévaudrait point contre un fait. Or, c'est un fait : vous n'avez pas surpris la supercherie. Vous avez écrit le mot : « flagrant délit ». Vous ne nous avez pas montré la chose. Bien plus, vous vous êtes mis dans l'impossibilité de la contrôler. Et je m'en vais vous en donner, entre autres, deux raisons.

A. Il ne fallait pas tirer le lit et obliger l'enfant à mettre les mains sur les couvertures. Vous ignoriez, en effet, si le dispositif précédemment adopté n'était pas la condition même du phénomène, dont les lois vous sont inconnues. Il fallait laisser le lit et l'enfant dans la position où le phénomène — vrai ou faux — s'était produit, et vous placer, vous, dans un situation qui vous permît d'en surveiller, sans équivoque possible, toute production nouvelle. Si, alors, vous aviez vu ou senti la main de l'enfant frapper le mur ou le bois de la couchette, je ne discuterais pas. Mais vous n'avez pas fait cela. Vous n'avez rien vu. Vous n'avez rien senti.

Vous vous êtes contenté de faire un syllogisme. En réalité vous n'avez rien prouvé.

B. Il peut se faire également que, malgré le dispositif nouveau, les conditions matérielles du phénomène n'aient point été — je crois que c'est le cas — sensiblement modifiées, et que ce soit votre intervention méfiante seule qui ait fait rater l'expérience.

Je m'explique.

Un sujet n'est pas une chose simple, un instrument mécanique que l'on peut manier à son gré. On ne dispose pas, en psychisme, de la matière expérimentale comme en chimie, et il ne suffit pas, pour obtenir tel ou tel phénomène de médiumnité, de prendre tel acide et telle base pour obtenir tel sel, et l'obtenir toujours.

Il faut, comme en certaines expériences de physique on tient compte des conditions atmosphériques, tenir compte des dispositions physiologique et psychologique des assistants, du sujet et de l'opérateur. De même qu'un changement subit de température, un courant d'air, un choc, peut empêcher la production d'un phénomène physique, de même il arrive qu'un changement soudain dans l'ambiance psychique du médium, que la manifestation d'une volonté contraire à celle du sujet ou de celui qui dirige les expériences disperse ou désagrège les forces, détruisant du même coup la possibilité du phénomène.

Il y a plus. Lorsque, tout haut — et en cachant mal sa joie d'avoir cru surprendre une fraude — M. Ménard a exprimé ses doutes, il a donné une émotion, je dirai même : une commotion, à l'enfant. Elle était en confiance tout d'abord; elle avait le désir, par gentillesse ou, si vous voulez même, par gloriole, de satisfaire son visiteur. Elle était dans cet état d'esprit qui — chacun a pu le constater — est nécessaire à la parfaite réussite des expériences. Brusquement, l'intervention de M. Ménard lui a causé un sensation de crainte; je ne sais quoi s'est contracté en elle ; son état psychique s'est trouvé profondément modifié. Les phénomènes ont cessé.

Donc, au hasard de la fourchette, voilà deux raisons principales que M. Ménard aurait dû, tout au moins, examiner avant de conclure — si précipitamment — à la supercherie.

Si, au lieu de « raisonner » M. Ménard avait « observé » il aurait, en outre, remarqué que, dans le cas particulier des grattements d'ongles, la fraude était impossible. Renée a la mauvaise habitude de ronger ses ongles jusqu'à la racine, et, avec la meilleure volonté, il lui serait impossible de donner l'illusion d'un grattement — à moins qu'elle n'eût à sa disposition un instrument *ad hoc*. Mais M. Ménard a dû prendre la précaution de s'assurer qu'elle n'avait point cet instrument. En tout cas, il ne pourra conclure à la fraude, sur ce point, que lorsqu'il nous aura montré la pièce à conviction.....

Est-ce à dire que je croie Renée incapable de « tricher »? Je me garderai bien de donner une pareille assurance. Tous les médiums trichent. C'est une remarque que les expérimentateurs ont depuis longtemps faite. Mais il faut s'entendre sur la valeur exacte du mot *tricher*. Comme il y a fagot et fagot, il y a, en psychisme, tricherie et tricherie.

Mon article tenant déjà une place exagérée, je m'expliquerai là-dessus la prochaine fois. Et je profiterai de l'occasion pour exposer, d'après les travaux de savants éminents et d'après mes remarques personnelles, les précautions générales à prendre dans les expériences de médiumnité. J'espère ainsi éviter à ceux de nos lecteurs qui auraient la curiosité de demander une séance à M. Sabourault la déconvenue qui a si vivement excité la verve de M. Cyrille Ménard.

GASTON MERY.

THEOPHILUS PŒNITENS

Mon cher monsieur Mery, l'*Écho du Merveilleux* a publié, sous la signature H. Louatron, un cas de pacte très intéressant qui, quoique moderne, ressemble tellement à celui de saint Théophile repentant, le cas le plus ancien, du moins dans la littérature chrétienne, que je crois intéressant de le raconter, ne serait-ce que pour comparer et montrer que les choses se sont toujours passées de la même manière.

Je trouve cette histoire dans le recueil des Bollandistes au 4 février, elle est intitulée : *Miraculum S. Mariæ de Theophilo pœnitente, auctore Eutychiano, interprete Paulo Diacono Neapoleos. Ex* III *mss.* Les événements se passent aux environs de l'an 538. Le récit contient beaucoup de longueurs et ne pourrait pas trouver place dans un seul numéro de votre revue, je vais donc me contenter de le résumer et de traduire seulement quelques passages importants.

« Avant l'incursion de l'exécrable nation des Perses dans la République romaine, il y avait dans la ville d'Adana, seconde région de Cilicie, un aumônier (?) (Vice-Dominus) de la sainte Église de Dieu, nommé Théophile, remarquable par la pureté de ses mœurs, qui gouvernait avec modération et dans les meilleures conditions les choses de l'Église et le troupeau raisonnable du Christ; tellement que son évêque se reposait sur lui de tous les soins de son Église et de son peuple. Du plus petit au plus grand, tout le monde lui rendait grâce et l'aimait : car il était la providence des orphelins, des pauvres et des affligés. »

Après la mort de l'évêque, tous les diocésains, clercs et laïques, le choisirent pour lui succéder, et obtinrent l'assentiment du Métropolite. Mais Théophile se jeta à ses pieds et le supplia de lui permettre de conserver sa situation d'aumônier et de choisir un autre évêque qui serait plus digne que lui. Après avoir insisté inutilement, force fut de céder, on nomma un autre évêque.

Sur les instigations de quelques membres du clergé, le nouveau titulaire le destitua et nomma un autre aumônier.

Théophile en conçut une vive irritation, et plus désireux des vaines gloires humaines que des dignités célestes, il résolut de mettre tout en œuvre, même les pires moyens, pour reconquérir sa place.

Il y avait dans la ville un abominable juif adonné aux arts diaboliques. Il fut le trouver chez lui, et requit son aide pour arriver à ses fins. Cet exécrable juif lui proposa de le mener la nuit suivante auprès de son patron, ce que Théophile accepta avec reconnaissance. Le lendemain il fut fidèle au rendez-vous et le juif le prévint de ne pas avoir peur, quoi qu'il puisse voir, et surtout de ne pas faire de signe de croix. Ils se trouvèrent aussitôt au milieu d'une assemblée infernale au sein de laquelle trônait messire Satan. Ce dernier, sur la recommandation du juif, promit d'aider le malheureux ex-économe, à la condition qu'il devienne son serviteur. « Celui-ci répondit : j'ai entendu, et je ferai tout ce qu'il me dira, pourvu qu'il me vienne en aide ; « et il se mit à lui baiser les pieds et à le prier. Le diable dit au juif : « Qu'il renie le fils de Marie et Marie elle-même que je hais, qu'il écrive qu'il les renie complètement et je ferai tout ce qu'il me demandera... » Théophile renia le Christ et sa mère et écrivit son reniement de sa propre main et y apposa son sceau.

Le lendemain, l'évêque, mieux renseigné sur le compte de son ancien aumônier, et éclairé probablement par la providence divine, lui restitua sa charge et le réhabilita devant tout le clergé assemblé. « Mais l'exécrable juif venait le voir souvent et lui disait : « Tu as vu quel profit et quel prompt remède tu as trouvés par moi et mon patron que tu as prié. » Et lui répondait : « C'est vrai, et je te remercie de ton concours. »

Mais au bout de peu de temps, « le créateur de toutes choses et notre Dieu Rédempteur, qui ne veut pas la mort du pécheur, mais sa conversion et son salut, se souvint de sa conduite première... et ne détourna pas son regard de sa créature, mais il lui donna la grâce du repentir. » Théophile versa des larmes amères et se reprocha longuement sa conduite. Le juif venait d'être arrêté et condamné. Enfin le malheureux aumônier, après une suite de réflexions, qu'il serait trop long de rapporter, conclut en disant : « Je sais que j'ai renié le fils de Dieu, né de la sainte et immaculée Marie, mère et toujours vierge, Notre Seigneur Jésus-Christ et elle-même, par l'intermédiaire de ce juif que j'ai mal connu ; j'irai cependant vers cette mère elle-même du Seigneur, mère sainte, glorieuse et sans tache, et je la solliciterai elle seule de tout mon cœur et de toute mon âme, et je jeûnerai et je prierai sans cesse dans son vénérable temple, jusqu'à ce que par elle j'obtienne miséricorde au jour du jugement... »

Après quarante jours et quarante nuits de jeûne et de prières, la sainte Vierge lui apparut et lui dit : « Pourquoi, ô homme téméraire, restes-tu ainsi à me demander secours, toi qui as renié mon fils, le sauveur du monde, et moi? Comment pourrais-je même lui demander de te pardonner les maux que tu as faits? De quels yeux regarderais-je le visage miséricordieux de mon fils que tu as renié?... » Théophile répondit qu'il savait être indigne de pardon, mais qu'il avait confiance en elle, la protectrice du genre humain, et qu'il espérait que son repentir trouverait grâce devant le Seigneur. « Sans le repentir, comment les Ninivites auraient-ils été sauvés? sans le repentir, comment la mérétrice Raab aurait-elle été sauvée? sans le repentir, comment David... etc., etc. » La sainte Vierge finit par lui promettre d'intercéder pour lui et, trois jours après, elle lui réapparut, le visage souriant, et lui dit d'une voix douce : « Homme de Dieu, ton repentir est suffisant... Dieu a reçu tes larmes et m'a accordé ton pardon, à la condition que tu conserves dans ton cœur les commandements du Christ, fils du Dieu vivant, jusqu'au jour de ta mort. »

Trois jours après, la sainte Vierge lui apparut en songe et lui remit le pacte qu'il avait signé ; au réveil il le trouva sur sa poitrine.

Le lendemain, Dimanche, il se jeta aux pieds de son évêque, lui raconta tout ce qui était arrivé, et lui remit le pacte. L'évêque assembla le peuple et lui fit un long discours, montrant ce que peuvent les larmes et le repentir, et surtout l'intercession de Marie, « mère de Dieu, immaculée, toujours vierge, puissante auprès de Dieu en faveur des hommes et véritable espoir des désespérés, qui est le refuge des affligés, qui a arrêté la malédiction de la nature humaine, qui est la véritable porte de la vie éternelle... » Puis, à la prière de l'économe, il brûla le pacte.

Le peuple fondit en larmes, entonna le *Kyrie eleison*, puis l'évêque dit la messe. On vit alors « la figure du vénérable aumônier resplendir comme le soleil. Et tous, voyant cette subite transfiguration, glorifiaient davantage Dieu, qui seul fait de grandes merveilles. »

Théophile se rendit à la chapelle de la sainte Vierge, et trois jours après mourut, ayant embrassé ses frères et donné ses biens aux pauvres. On l'enterra dans cette chapelle.

Incontestablement le cas de Théophile est beaucoup plus grave que celui du propriétaire de M. Louatron, mais il ne faut pas perdre de vue que le pacte est le plus grand péché qu'on puisse commettre, il est par excellence le *péché contre le saint Esprit*, celui qui ne sera jamais pardonné; il est très dangereux de le commettre, même en plaisantant. On ne peut jamais être sûr de trouver les circonstances atténuantes des deux cas cités.

Dr F. Rozier.

LES SUPERSTITIONS

M. Francisque Sarcey ne nous lâche pas. C'est dans la *Dépêche de Toulouse*, qu'a paru le dernier article où il nous a criblé de ses fines épigrammes. Nous ne voudrions pas priver nos lecteurs de ce régal. Voici ce spirituel (!) article. Il est intitulé *Les Superstitions*.

L'une des plus vieilles, c'est la croyance au diable et à la possibilité de conclure un pacte avec lui. Vous lui signez de votre sang une promesse de lui livrer votre âme à un jour convenu, et il s'engage à vous fournir, en retour, sur cette terre, toutes les satisfactions que vous pouvez désirer.

Il faut bien avouer qu'en ces sortes d'affaires le diable faisait un marché de dupe. Car l'âme d'un homme capable de traiter avec le prince du mal lui revenait de droit, et Satan était bien bon de se mettre à ses ordres pour gagner une âme qui lui était dévolue par avance. Il n'aurait eu qu'à attendre, sans se donner tant de mal.

Personne au moyen âge ne faisait cette réflexion si simple. On croyait sincèrement, profondément, à ces pactes infernaux. C'est ainsi qu'au xve siècle se forma la légende de Faust vendant son âme à Méphistophélès. Elle se répandit comme une traînée de feu dans toute l'Europe et servit de thème à tous les dramaturges du temps. En Espagne, Calderon la traita dans une pièce qui est un chef-d'œuvre et qui porte ce titre : *le Magicien prodigieux*; on eut, en Angleterre, le *Faust*, de Marlowe ; en Italie, il y en eut trois ou quatre à la fois, dont le souvenir n'a pas laissé de traces; et, en Allemagne, qui ne connaît le *Faust*, de Gœthe, en qui s'est, pour la dernière fois, et d'une façon définitive, incarnée la légende.

Il semblait que ce ne fût plus là qu'une légende, où se jouait encore l'imagination des lettrés; que toutes ces billevesées n'étaient plus prises au sérieux par la foule, qui n'y voyait qu'un motif de poésie ou de musique. Comment penser qu'en 1898 il pût se trouver encore des âmes capables de trembler à l'idée d'une âme s'abandonnant aux griffes de Satan et signant avec lui un de ces contrats, que l'on appelle aujourd'hui en style notarié : contrats synallagmatiques.

Voilà, n'est-ce pas, une superstition abolie à tout jamais et disparue ? Vous le croyez! C'est qu'alors vous ne savez pas combien les légendes sont vivaces, et quelles profondes racines elles poussent dans la crédulité humaine.

Hier, je lisais le dernier numéro de l'*Echo du Merveilleux*, une revue hebdomadaire rédigée par M. Gaston Mery, dont le titre indique suffisamment les aspirations. L'*Echo du Merveilleux* nous tient au courant des histoires du spiritisme, des prédictions des devineresses, des apparitions de saints, des maisons hantées, etc., etc. Il nous parle aussi de la magie, de la messe noire et des envoûtements et autres fariboles. Je le lis avec une curiosité compatissante.

Il ne nous avait pas encore, que je sache, entretenu d'un pacte conclu entre un de nos contemporains et le diable. C'était une lacune. Elle est comblée aujourd'hui. Je résume en quelques lignes son histoire, que l'*Echo du Merveilleux* relate en tous ses détails et qu'il conte avec un sérieux imperturbable.

Il s'agit d'un incrédule (nommons-le Jacques pour la commodité du récit) qui, causant avec un médecin profondément imbu de la doctrine catholique, en vient à toucher cette question du pacte satanique.

— Et vous croyez à cela, vous, docteur? demande le sceptique en ricanant.

— Oui, j'y crois, et vous-même y croyez plus que vous ne voulez le dire. Vous n'oseriez pas évoquer le diable et lui signer un contrat.

— Moi! ah! par exemple; je signerai tous les contrats que vous voudrez.

— Eh bien! signez donc.

Jacques se fit apporter une feuille de papier blanc et se mit en devoir de tremper sa plume dans l'encre.

— Ah! pardon, interrompit le médecin. C'est avec votre sang que le pacte doit être écrit.

— Va pour mon sang, s'écrie Jacques, toujours ironique.

Il se pique la jambe, y puise du bec de sa plume quelques gouttes de sang, et écrit sous la dictée du médecin la formule des engagements infernaux.

Il n'a pas plutôt tracé la dernière lettre de sa signature, que tout à coup le papier du contrat disparut, s'évanouit.

Voilà un homme stupéfait d'abord, puis épouvanté. Il cherche partout, sur la table, sur le plancher, sur la cheminée, dans ses poches, qu'il retourne fiévreusement. Rien nulle part. Où peut être le fatal papier, sinon dans une main invisible?

Je vous avouerai que, moi, bonhomme, j'aurais tout de suite soupçonné celle de l'adroit docteur, qui me paraît avoir, dans toute cette histoire, joué le rôle d'un joli fumiste. Mais cette idée ne vint point à Jacques.

— Je suis perdu, s'écrie-t-il.

Et il tomba prostré, anéanti. On le porta sur un lit. Il avait une fièvre cérébrale. Il resta longtemps entre la vie et la mort. On consulta M. le curé, qui conseilla les neuvaines, les prières et les exorcismes.

— N'épargnez rien, disait l'infortuné Jacques au comble de la terreur.

Enfin, un jour, après qu'on l'eut théologalement aspergé d'eau bénite, il sentit dans sa main comme une brûlure. Il regarde; c'était son papier, tout roussi, que Satan venait de lui rendre. Une odeur de soufre s'était répandue dans la chambre.

Avec son contrat, Jacques a recouvré la santé; mais il

ne doute plus de l'existence ni du pouvoir de Satan. Il s'est jeté éperdument dans les bras de la religion.

Tel est le récit que nous fait, sans rire, l'*Écho du Merveilleux*, et il l'accompagne de commentaires qui marquent qu'il n'y a pas de doutes à concevoir et que pour lui il n'en sent aucun.

Ce qui m'étonne et m'attriste, ce n'est pas l'histoire en elle-même. Qu'il y ait eu de notre temps un mystificateur et un imbécile, le fait n'est pas si rare qu'on puisse en être surpris. Non, ce qui me chagrine, c'est la certitude où est le journaliste, qui conte gravement ces fariboles, de la crédulité et de la sottise de ses abonnés. Faut-il qu'il les méprise pour leur donner ces bourdes à avaler!

Et le pis de la chose, c'est qu'il n'a pas tout à fait tort en tablant sur la naïveté et la badauderie de ses lecteurs. J'ai donné, par manière de badinage, l'article à lire à deux femmes que je savais d'esprit libre. J'ai bien vu qu'elles étaient impressionnées, qu'elles se disaient tout bas à elles-mêmes :

— Pourquoi pas, après tout?

Je suis convaincu que, si j'avais lu moi-même l'article d'une voix émue et terrifiée, elles auraient frissonné de peur.

Avez-vous lu, dans les *Mémoires de Casanova*, une aventure qu'il conte bien plaisamment? Il avait fait la connaissance d'une vieille dame fort riche, qui croyait de tout son cœur à la sorcellerie. Il s'agissait pour lui de se faire donner une grosse somme. Il l'avait conviée à une évocation d'esprits, et avait préparé tous les rites d'une conjuration magique. Il avait allumé le feu du Sabbat, et, armé d'une baguette, il courait autour du foyer, en prononçant les paroles sacramentelles; et, s'arrêtant, il appela trois fois le diable.

La dame tremblait de tous ses membres; mais voilà que lui-même fut saisi de frayeur; ses cheveux se hérissèrent sur sa tête, il jeta sa baguette et se sauva en criant.

Il avait cru voir le diable; il avait été la victime de sa propre supercherie. Il se demande comment il avait pu céder à ce commencement d'épouvante.

Eh! mon Dieu! c'est que les croyances dont on s'est imprégné en suçant le lait de sa nourrice, croyances ataviques, qui ont été transmises de génération en génération depuis des centaines de siècles, persistent dans l'âme longtemps après que l'on croit s'en être débarrassé.

C'est un virus qui ne s'expulse jamais si bien du sang qu'à la première occasion il ne trahisse sa présence par une plaie ou une pustule maligne.

Oh! qu'il est difficile de ne croire qu'à la raison.

M. Guéroult, dans la *Presse*, déclarait jadis — ainsi que me le rappelle M. H. Louatron, l'auteur de l'article visé par Sarcey — que si on lui annonçait qu'un fait surnaturel, fût-il des plus frappants, s'accomplissait à l'heure même, à côté de chez lui, sur la place de la Concorde « il ne se détournerait même pas pour l'aller voir » et que « si, par hasard, il se trouvait forcé à l'improviste d'en être témoin, il n'hésiterait pas à proclamer que c'est lui qui est subitement devenu fou. »

Nul doute que cet état d'esprit ne soit celui de notre Oncle. Dans ces conditions, à quoi bon polémiquer?

Pourtant, il est un point de sa diatribe qu'il serait, sans doute, curieux de discuter : c'est celui où — avec une grande apparence de bon sens — il prétend que « l'âme d'un homme capable de traiter avec le prince du mal lui revenant de droit, Satan est bien bon de se mettre à ses ordres pour gagner une âme qui lui est dévolue par avance. »

J'insérerais volontiers, pourvu qu'elle fût courte et saisissante, la réponse que, sur ce point spécial, quelqu'un de nos lecteurs voudrait nous adresser.

G. M.

Reportages dans un fauteuil

*** *Le Merveilleux dans Michelet ; la Sorcière et le Sabbat.*

On va fêter le centenaire de Michelet non seulement à Paris — cérémonie au Panthéon, défilé des étudiants et des écoles devant le buste de l'historien révolutionnaire, salves d'éloquence officielles; — mais dans les provinces, et jusqu'au hameau, où la gloire de l'auteur de la *Sorcière* n'avait guère pénétré, sans doute.

Cette fête nationale aura lieu la veille de l'autre, le 13 juillet. M. l'ex-ministre Rambaud, dans une circulaire aux recteurs, datée d'après sa chute mais d'avant son remplacement, — des pâles champs d'asphodèles où vaguent, ombres incertaines, oratorant encore, les ministres défunts mais non ensevelis, — a manifesté le désir que la matinée du 13 fût consacrée, dans les lycées et collèges, écoles normales et même écoles primaires, à conférencier sur Michelet. Les instituteurs recevront un recueil de morceaux choisis dans son œuvre, publié à l'Imprimerie Nationale ; ils devront en donner lecture non seulement à leurs élèves, mais autant que possible devant les autorités et les familles, M. le maire et son Conseil et les pompiers.

Cette anthologie contient-elle quelques pages de la *Sorcière*? C'est peu probable, à moins qu'on les ait triées soigneusement. Michelet croyait au diable; la science officielle le lui pardonne mal. Il a cru à sa Sorcière. Jamais mieux qu'en racontant, avec rage, avec douleur, la lugubre histoire de la serve peu à peu désespérée et damnée, jamais mieux il n'a été lui-même, l'halluciné, le voyant, frère de Carlyle, assiégé de fantômes furieux et lubriques, de visions fumeuses à la Rembrandt, noyées d'ombre, traversées d'éclairs mystiques.

Michelet n'avait vu d'abord dans la sorcellerie que la reprise par un peuple de serfs de l'orgie païenne, de ces œuvres magiques dont parlent avec une certaine retenue Horace, Apulée et Pétrone. Comme orgie humaine, il l'avait blâmée. Mais lors qu'il crut y reconnaître la présence réelle de « celui à qui l'on a fait tort », pense-t-il, selon l'expression hussite, et dans lequel il voit évidemment comme Baudelaire, le

Guérisseur familier des angoisses humaines,

il écrivit un livre passionné pour défendre le sabbat et la sorcière; en haine de l'Eglise aussi, qui la frappa.

Les vieilles sorcières indécentes, les jeunes garçons allant furtivement se mêler aux rondes mystérieuses des nymphes et des satyres *nympharumque leves cum satyris chori*, dans la belle nuit qui baigne les ravins d'ombre et d'azur les clairières — c'était loin du Sabbat du moyen-âge, avec ses ténébreuses horreurs. Le Sabbat existait déjà, d'ailleurs, chez les peuples du Nord. La Gaule surtout était infestée de sorciers, et les empereurs romains, pour en purger cette province de l'Empire, avaient déclaré, longtemps avant le christianisme, une guerre implacable aux Druides. Mais la sorcellerie et le druidisme avaient de si profondes racines dans l'âme gauloise qu'il fallut des siècles pour les extirper. (Il n'est même pas certain que le druidisme soit complètement extirpé.)

Tous les codes des peuples barbares, la loi ripuaire, la loi salique, celle des Burgundes et celle des Allemands édictent une pénalité terrible contre les sorciers et stryges, mais ne les accusent pas encore de commerce avec le diable.

Le plus ancien monument qui fasse mention du Sabbat, ou d'une agrégation nocturne d'hommes et de femmes rassemblés dans un but ténébreux par des incantations magiques est un capitulaire de date incertaine, contemporaine, croit-on, de Charlemagne (Baluze, *Capitularia Regum*, c. 13.) Il donne des renseignements curieux sur les courses aériennes que les sorcières croyaient faire, en compagnie de Diane et d'Hérodiade, *et innumerâ multitudine mulierum*, montées sur des bêtes fantastiques qui les emportaient vers un rendez-vous général.

Que s'y passait-il? Le fragment de capitulaire n'en dit rien, mais on peut croire que c'était déjà l'adoration du démon, accompagnée des énormités et des infamies décrites plus tard si minutieusement par les démonologues.

Si la chose existait déjà, le mot n'existait pas encore. Malgré les savants, qui veulent faire dériver Sabbat de Bacchus (les initiés chantaient *Saboé* aux Bacchanales), il est manifeste que le mot n'est pas antérieur au XIIe siècle. Nul doute qu'il soit d'origine antisémitique. « Le peuple, qui a donné le nom de *sabbat* aux assemblées de sorciers, dit dom Calmet, a voulu par dérision et mépris comparer ces assemblées à celles des Juifs et à ce qu'ils pratiquent dans leurs synagogues le jour du Sabbat. » C'est aussi l'opinion du bibliophile Jacob. (*Les Sorciers et le Sabbat.*)

La plus ancienne description de ces assemblées diaboliques se trouve dans une lettre du pape Grégoire IX adressée collectivement à l'archevêque de Mayence, à l'évêque d'Hildesheim et au Dr Conrad, pour leur dénoncer les initiations des hérétiques stadingiens. (Fleury, *Hist. Ecclésiast*, t. XVII).

—« Quand ils reçoivent un novice, dit Grégoire IX, et quand ce novice entre pour la première fois dans leurs assemblées, il voit un crapaud de la grosseur d'une oie. Les uns l'embrassent sur la bouche, les autres par derrière. Puis le novice rencontre un homme pâle, ayant les yeux très noirs, et si maigre qu'il n'a que la peau et les os; il l'embrasse et le sent froid comme un glaçon. Après le baiser, il oublie facilement la foi catholique.

« Ensuite, ils font ensemble un festin, après lequel un chat noir descend derrière une statue qui se dresse ordinairement dans le lieu de l'assemblée.

« Le novice baise le premier ce chat (comme il a fait le crapaud), puis celui qui préside l'assemblée et les autres. Les imparfaits reçoivent seulement le baiser du maître; après quoi ils ôtent les lumières et commettent entre eux toutes sortes d'impuretés. »

Malgré l'extrême ressemblance avec les cérémonies du Sabbat, l'assemblée nocturne que décrit Grégoire IX appartient à l'histoire de l'hérésie plutôt qu'à celle de la sorcellerie. Le Sabbat proprement dit n'a été bien connu qu'au XVe siècle, à la suite de nombreux procès de sorciers.

Les sorcières qui voulaient aller au Sabbat s'y préparaient par des invocations, se mettaient nues, se graissaient le corps avec un certain onguent qui les rendait invisibles (excepté pour les démons et les sorciers) et qui décuplait leurs forces. La recette s'en retrouve encore dans les livres de magie; mais sans doute est-il plus sage de ne la pas donner.

A l'heure dite, au signal convenu, un ramon ou balai entre les jambes, elles s'échappaient par la cheminée. En haut de la cheminée, ordinairement, elles rencontraient de petits diables qui n'avaient d'autre emploi que de les aider à chevaucher dans l'espace. Suspendue à leur queue, accrochée à leurs cornes, la sorcière arrivait au Sabbat.

La vieille sorcière, très entraînée, n'avait besoin ni d'onguent, ni de l'aide du diablotin. Elles n'avaient qu'à mettre leur balai entre les jambes pour voler dans les airs jusqu'au lieu du Sabbat. Aussi y venaient-elles vêtues.

Voici deux anecdotes, rapportées par Bodin.

Un homme, qui demeurait près de Loches, s'aperçut que sa femme s'absentait la nuit sous prétexte de faire la lessive chez une voisine. Il la soupçonna de débauche et la menaça de la tuer si elle ne lui disait toute la vérité. La femme avoua qu'elle se rendait au Sabbat et offrit d'y mener son mari avec elle.

Ils se graissèrent et furent soudainement transportés dans les Landes, près de Bordeaux. Le mari et la femme se virent là en si belle compagnie de sorciers et de démons que l'homme eut peur, se signa; aussitôt tout disparaît, même la femme de cet apprenti sorcier, « qui se trouva tout nu, errant par les champs. »

Pareille histoire arriva à un brave homme de Lyon. Il avait vu sa femme se lever, se graisser, disparaître; il se sert de la même graisse et des mêmes paroles magiques, et part à sa suite. Mais à l'affreuse vue du Sabbat, il invoque le nom de Dieu : Tout disparaît, il se retrouve seul et nu sur un chemin. Sa femme avoua son crime et fut condamnée.

Les démonologues ne sont pas d'accord sur ce qui se passait au Sabbat. Le fond en était, évidemment la plus affreuse débauche, se traduisant par : l'adoration de Satan, des festins sacrilèges, des danses obscènes, les relations avec les démons.

Satan prenait généralement la figure d'un bouc gigantesque, portant, selon quelques-uns, trois cornes sur la tête, avec une *espèce de lumière* dans la corne du milieu. Parfois il adoptait la forme d'un grand lévrier noir, ou d'un bœuf (noir) couché à terre, ou d'un oiseau noir gros comme une oie. Parfois la forme d'un tronc d'arbre sur lequel un visage s'esquisserait. Mais plus souvent encore il adoptait la forme humaine. De Lancre (*Traité de l'inconstance des démons*) fait de lui ce portrait d'après un visiteur du Sabbat.

« Le diable est, au Sabbat, assis dans une chaire noire, avec une couronne de cornes noires, une au front avec laquelle il éclaire l'assemblée, des cheveux hérissés, le visage pasle et trouble; les yeux ronds, grands, fort ouverts, enflammez et hideux; une barbe de chèvre, la forme du col et tout le reste du corps mal taillez, le corps en forme d'homme et de bouc, les mains et les pieds comme une créature humaine, sauf que les doigts sont tous esgaux et aiguz, s'appointant par les boutz, armez d'ongles, et les mains courbées en forme de pattes d'oye, la queue longue comme celle d'un asne. Il a la voix effroyable et sans ton, tient une grande gravité et superbe, avec une contenance d'une personne mélancholique et ennuyée. »

Dans un des derniers procès de sorcellerie, en 1632, Cordet, qui fut jugé et condamné à Epinal, était accusé d'avoir introduit au Sabbat la ribaude Cathelinotte, et de l'avoir présentée à « maître Persin », homme grand et noir, habillé de rouge, froid comme glace, assis dans une chaise couverte de poils noirs et qui pinçait au front ceux qui lui étaient présentés pour leur faire renier Dieu.

Quand on avait rendu hommage à Satan par un baiser honteux, il marquait ses adorateurs comme un troupeau, avec l'extrémité ardente de son sceptre ou avec une de ses cornes. Cette marque indélébile représentait soit une patte de crapaud, soit un lièvre, soit un chat.

L'adoration terminée, avec mainte autre pratique bizarre et répugnante, on s'asseyait au festin : bons mets délicats selon les uns; crapauds, chair de pendus, charognes variées, selon les autres. On bénissait la table, avec tout un cérémonial sacrilège. Puis, les sorciers repus et échauffés, commençaient la fameuse ronde du Sabbat : danseurs et danseuses nus ou en chemise, un chat attaché au dos, un crapaud cornu sur l'épaule. On criait, en dansant : « Har, har, diable, diable, saute ici, saute là. » Les spectateurs, vieux nécromans, sorcières centenaires, répétaient en chœur : *Sabbat! Sabbat!* Il y avait des coryphées des deux sexes qui faisaient de prodigieuses culbutes et des tours de force incroyables pour animer la luxure chez les spectateurs et donner satisfaction à la malice de Satan. (Bibl. Jacob.)

La ronde continuait ainsi jusqu'aux premières lueurs du jour, accompagnée d'actes de débauche effroyables, que nous nous garderons d'indiquer davantage, notamment le quinzième crime capital, avec le détail si singulier qui le termine, *semen frigidum*.

Le bibliophile Jacob, dont nous avons beaucoup cité le curieux travail, semble croire, comme le crut d'abord Michelet, que le Sabbat était surtout orgiaque organisé par des débauchés, et qu'en mainte circonstance, le rôle du diable appartint à quelque scélérat émérite, qui satisfaisait ainsi ses horribles caprices. Cela est bien vraisemblable.

Mais le Sabbat n'eût-il été souvent que cela — des réunions de débauche sans frein, sans nom, — n'eût-il été jamais que cela, si on pouvait le croire, n'en constituait pas moins un danger social terrible. Le P. Crespet évalue les sorciers à cent mille en France sous le règne de François Ier.

Moins de cinquante ans après, le fameux Trois-Echelles, condamné au feu et qui fut gracié à condition qu'il dénoncerait ses complices, dit au Roi qu'il fallait évaluer à plus de trois cent mille le nombre des sorciers en France. « Il s'en trouva un si grand nombre, « riches et pauvres, dit Bodin, que les uns firent es- « chapper les autres, en sorte que cette vermine a tou- « jours multiplié. » Filasac, docteur en Sorbonne, écrivait en 1609 qu'ils étaient plus nombreux que les filles légères, plus nombreuses elles-mêmes que les mouches, ajoute le bon docteur.

Il faut donc être aveuglé par l'esprit de parti, comme Michelet, pour blâmer la législation terrible du Moyen-Age contre les sorciers. La société était forcée de se défendre par le fer et le feu contre la plus terrible gangrène qui fût jamais. On sait que cette gangrène n'avait pas tout à fait disparu au XVIIIe siècle. A-t-elle tout à fait disparu même aujourd'hui?

GEORGE MALET.

LE SAINT SUAIRE

Dans son numéro du 14 juin, l'*Osservatore Romano* publiait une correspondance de Turin où était relaté l'étrange et merveilleux fait que voici :

En photographiant, au moyen de la lumière électrique, le Saint-Suaire, récemment exposé à la vénération des fidèles, on avait obtenu une admirable reproduction du corps du Christ.

L'*Osservatore Romano* donnait certains détails.

D'abord le roi Humbert, gardien héréditaire de la relique, avait hésité à accorder l'autorisation de photographier, craignant qu'on ne s'en servît dans un but de spéculation.

Puis, sur les instances de l'avocat Secondo Pia, membre du comité de l'Art Sacré, qui s'était offert à exécuter la photographie à ses propres frais, le roi avait fini par accorder cette autorisation.

M. Pia prépara le négatif selon un système spécial le rendant sensible à la teinte jaunâtre du Saint-Suaire, au moyen de puissants réflecteurs électriques.

L'aspect du Saint-Suaire donnait précédemment l'idée des contours plutôt que des linéaments de la figure et du corps du Christ. Au contraire la photographie Pia, au fur et à mesure qu'elle se développait dans le bain montrait un dessin parfait et complet de la sainte face, des membres et de tout le corps, comme si au lieu de reproduire le Saint-Suaire, on avait photographié Jésus-Christ lui-même!

L'*Italia Reale* ne tardait pas à compléter les renseignements de l'*Osservatore Romano*.

L'idée de la photographie du Saint-Suaire est née,

affirmait-elle, dans le sein de la commission qui a organisé les fêtes de l'ostension et avait été confiée à une sous-commission composée de MM. Pucci, Ghirardi, Cattaneo, Mella.

Et l'*Italia Reale* ajoutait :

Un amateur de photographie, très habile et très consciencieux, M. Pia, offrit d'essayer la reproduction photographique, laissant à la commission le soin de décider ensuite ce qu'il y aurait lieu de faire.

Le 25 mai, après l'ostension, M. Pia installa sur un échafaudage, à la hauteur de l'autel, un appareil perfectionné. L'expérience ne réussit pas complètement, car l'éclairage donné par l'électricité manquait de régularité.

On recommença le samedi 28 mai, à 8 heures du soir, en employant une plaque de 40×60. La relique était recouverte de l'enveloppe de cristal, envoyée expressément par la maison royale et suivant le désir de la princesse Clotilde. Sur quatre plaques employées, deux seulement furent impressionnées.

Une surprise extraordinaire était réservée aux personnes qui examinèrent la plaque retirée du bain chimique : sur la photographie du linge vénéré, on apercevait toute la figure du Rédempteur.

La figure apparaissait très noble, élégante au point de vue anatomique, divinement belle, le visage exprimant encore la douleur et la pitié. Les particularités de la barbe, des cheveux, du profil, étaient devenues visibles; les plaies, les coups, les empreintes de la corde avec laquelle le corps sacré avait été lié à la colonne pour la flagellation... En somme après dix-neuf siècles que le monde se représentait la figure du Nazaréen, avec l'aide de la tradition, la photographie du Suaire donnait Son *portrait !*

La nouvelle a volé de bouche en bouche à travers la crainte, le doute, l'espérance, l'étonnement. S. A. R., Monseigneur l'archevêque, la duchesse Isabelle, la princesse Clara, d'illustres prélats, des artistes et d'autres personnes se rendirent dans le cabinet de M. Pia. Un éminent archéologue qui est aussi un artiste doutait jusque-là de l'authenticité du Suaire, il s'écria : — « Ou c'est le Suaire authentique ou c'est Dieu qui l'a peint. »

Pour comprendre comment les empreintes du Suaire sur la plaque photographique ont pu donner beaucoup plus que ne saisissait l'œil des visiteurs et une si parfaite physionomie du Sauveur, on doit réfléchir que le Suaire porte le négatif du corps du Rédempteur. La plaque photographique formant un négatif du négatif a rendu visible une image exacte de Notre-Seigneur Jésus-Christ.

La plaque de verre originale sera exposée bientôt comme une nouvelle et splendide ostension. Les photographies du Saint-Suaire seront publiées à la fin de ce mois. Le travail de reproduction est déjà commencé.

Nous avouons que, malgré notre bon vouloir, et l'enthousiasme des journaux italiens, nous éprouvons, jusqu'à plus ample renseignement, quelque doute à l'égard de ce miracle photographique. Presque invinciblement nous revient, à son sujet, le souvenir d'une certaine Diana Vaughan... Mais n'en disons pas plus.

Attendons.

A PROPOS DE MARIE MARTEL

(Voir les numéros du 1er mai et du 1er juin.)

Monsieur le Rédacteur,

5° Une autre objection contre la possibilité du surnaturel divin à Tilly, dans les apparitions qui durent depuis le 18 mars 1896, consiste à invoquer l'incrédulité notoire des habitants du pays et l'hostilité non moins déclarée de presque tous les membres du clergé diocésain à l'endroit de ces visions multiples et si variées, qu'ils attribuent d'emblée, sans le moindre examen sérieux, les uns à l'hypnotisme, les autres à la comédie, ceux-ci à l'auto-suggestion, ceux-là au diable, que sais-je? enfin.

Retournons encore au Laus pour engager tous ces critiques à plus de réserve et de circonspection. Là aussi, l'incrédulité fut grande et prolongée, surtout parmi la majeure partie des prêtres, même après le premier miracle authentique dûment constaté par procès-verbal canonique du 18 septembre 1665 (et non *novembre*, ainsi qu'il a été imprimé par erreur dans l'*Echo* du 1er juin, en tête de la page 208.)

Aussi pour calmer cette hostilité persistante, nous fait remarquer Mgr Guilbert, évêque de Gap, l'autorité ecclésiastique d'Embrun eut-elle recours à une nouvelle enquête *quatre ans plus tard*, au milieu de l'année 1669, une année après le transfert de l'archevêque d'Embrun, Mgr Georges d'Aubusson, au siège de Metz, et trois ans avant la nomination de son successeur, Mgr Charles Brulart de Genlis.

Mais laissons la parole au cardinal Guilbert :

« Le digne vicaire général se vit forcé d'ordonner une nouvelle enquête, et, afin d'éviter l'éclat, il manda la célèbre bergère.

« Benoîte, accompagnée de sa mère, se rendit donc à Embrun, où elle fut retenue quinze jours. Pendant tout ce temps, ce furent de nouveaux interrogatoires multipliés. L'official se faisait aider par plusieurs pères jésuites du collège. Toutes les réponses de la pauvre fille étaient écrites, chaque fois, afin qu'on pût les comparer et s'assurer si elles s'accordaient. D'une séance à l'autre, Benoîte était tenue au secret et surveillée avec un soin extrême. — Tant de rigueur, toutefois, ne servit qu'à faire éclater davantage la sincérité de son récit et de ses affirmations ; mais l'admiration de ses juges fut au comble, quand ils eurent constaté que, *pendant ces quinze jours, l'humble paysanne n'avait pris aucune nourriture, sans que sa santé en parût altérée.* — Ce fut un nouveau prodige ajouté à tant d'autres ; et Benoîte, heureuse, reprit à pied le chemin de sa chère montagne. »

Eh bien, en dépit de cette nouvelle enquête et de ce nouveau miracle, le nouvel archevêque d'Embrun ne se rendait pas encore :

« Dès avant son élévation à l'épiscopat, il avait entendu beaucoup parler du pèlerinage et de ses prodiges, mais il était loin d'y avoir confiance. Cependant, trois jours seulement après son arrivée à Embrun, il partit pour le Laus. Il y fut reçu, en l'absence de M. Gaillard, par MM. Peythieu et Hermitte, à qui il montra une grande bienveillance, mais sans leur dissimuler ses défiances, car il leur déclara *qu'il ne croyait rien de la dévotion du Laus*. Les deux prêtres se contentèrent de répondre avec respect que, *lorsqu'il aurait tout vu et entendu, il porterait peut-être un autre jugement*, et ils le conduisirent à l'église.

« Le digne prélat entré, avec sa suite, n'eut pas plutôt prié quelques instants, qu'il se sentit étrangement ému, et dit en se relevant : « *Dieu réside véritablement en ce lieu !* » Cette irrésistible impression s'accrut encore par un accident terrible qui aurait dû causer la mort d'un de ses domestiques, qui l'accompagnait. Il ne put s'empêcher d'y reconnaître une protection visible de la Vierge du Laus. »

On était alors en l'année 1672, huit ans après la première apparition de la Vierge bénie du Laus à la vénérable Benoîte Rencurel, dont la béatification paraît prochaine.

Allons, messieurs les adversaires tenaces et opiniâtres de toute apparition de la Vierge Immaculée à Tilly, ne vous pressez donc pas tant de prôner votre opinion, par trop superficielle en vérité ! Attendez, au moins, pour ce faire, le résultat de la première enquête canonique et du premier interrogatoire en règle de Marie Martel, qui ne saurait tarder outre mesure, à l'instar de celui de la voyante des Alpes.

Et alors, à Tilly comme au Laus, *lorsqu'on aura tout vu et entendu, peut-être aussi portera-t-on un autre jugement.*

Un petit Normand.

Errata. — Page 228, 1re colonne, le titre doit être : Le diabolique a Lourdes et non pas à Paris.
Page 229, 1re colonne, il faut lire : le R. L. Jos. Marie Cros (*Jos* et non *Gos*).

UNE POLÉMIQUE

LETTRE OUVERTE A Mgr MÉRIC

Monseigneur,

Si c'est vous le « savant prélat » qui a fait insérer dans la *Croix supplément* des 22 et 23 mai la lettre de Mme J. M., seriez-vous assez aimable pour nous faire connaître, publiquement, le *mois* et l'*année*, aussi exacts que possible, de sa triple vision diabolique ?

Car, si la lettre de cette dame n'a été remise à Mgr Hugonin que quelque temps seulement avant sa mort, plus on la relit dans tous ses détails, et plus il semble aussi que cette triple vision remonte au delà du 15 août 1896, époque depuis laquelle les personnes qui allaient prier sur le plateau de Tilly considéraient la statue de la Vierge, bénite ce jour-là avec l'autorisation expresse de l'évêque, bien plutôt que l'ormeau, désormais caché aux regards des pèlerins dans sa plus grande partie par la petite chapelle assez élevée qu'on venait d'y ériger.

Soyons toujours précis, autant que possible, sur les dates comme sur les faits, laissant à l'Eglise le soin de les juger : telle sera toujours notre devise, et ce sera, en même temps, le plus sage parti.

Veuillez agréer, monseigneur, etc.

Un prêtre du diocèse de Bayeux

OBSERVATIONS AU DIRECTEUR DE « LA CROIX »

24 juin 1898.

Monsieur le rédacteur,

Dans son *Supplément* des 22-23 mai dernier, le journal *La Croix* publiait, à la suite de la malencontreuse lettre signée J. M., une *calomnie* et une *injure*, qu'elle a colportées par toute la France, et qui n'ont pas encore été réparées, au jour où je vous écris ces lignes, malgré les demandes qui en ont été faites à plusieurs reprises à son principal directeur, *le Moine*.

L'accusation calomnieuse, la voici : « *Pourquoi refuse-t on obstinément de couper cet arbre mort* (l'ormeau) ? »

L'injure vient ensuite terminer cet alinéa, plein de fiel et de malveillance, à l'adresse des habitants de Tilly, en les qualifiant ainsi : « *Les esprits échauffés du pays de Vintras.* »

1° La calomnie vise en première ligne l'homme le plus digne de respect, que tous estiment à juste titre dans toute la contrée ; le chrétien on ne peut plus docile aux directions de l'autorité ecclésiastique compétente, et qui depuis le début des visions tilliennes *attend toujours* ses ordres, voire même *ses simples conseils*, pour s'y conformer aussitôt *scrupuleusement* ; en un mot, le propriétaire des champs où ont eu lieu les apparitions, M. Ernest Lepetit.

Eh bien, voilà que, depuis un long mois, cet honnête homme par excellence et ce brave chrétien se trouve, de par la *Croix*, complice de son « *savant prélat* », diffamé partout où pénètre son propre *Supplément* ! Et la *Croix* s'entête à dédaigner la moindre réparation à l'endroit de cet homme qui n'a jamais été coupable de la plus légère *obstination* ni du plus petit *refus* dont on l'accuse, attendu qu'on ne lui a point encore enjoint ni même conseillé quoi que ce soit, par rapport à l'arbre, mort en effet présentement, et à l'abri qui en dérobe toute la base aux regards, pas plus qu'à l'accès de ses champs et à tout le reste.

2° L'autre fausseté, doublée d'une insulte, consiste à laisser supposer que les habitants de Tilly seraient des partisans de Vintras, tandis qu'il n'y en a pas un seul actuellement, et que, de son temps, presque tous l'avaient notoirement et pour toujours désavoué.

Le directeur de la *Croix* aura beau dire qu'il n'aime pas la polémique, qu'il n'en veut pas...

« Fort bien, bon *moine*, lui disons-nous; mais qui donc l'a commencée, cette polémique, si ce n'est vous, d'après « l'indication d'un savant prélat », que tout le monde connaît, et qui vous a mis dans le lacs, après s'être fourvoyé lui-même par suite de son hostilité excessive et insensée?

« Et alors, faut-il que les innocents pâtissent de vos bévues comme de vos accusations imméritées?

« Que feriez-vous donc des exigences du Décalogue, publicistes religieux et soi disant moralisateurs?

« Hélas! que *le parti pris* est donc bien, partout et toujours, le plus ridicule et le plus inique de tous les partis! »

Mais, espérons que la leçon profitera cette fois à la *Croix*, et qu'elle en tiendra compte, sans sa mauvaise humeur habituelle, relativement aux faits qui la gênent et qu'il s'agit de rectifier.

UN VIEIL ABONNÉ DE *la Croix*.

Le Merveilleux et Mgr Le Courtier

SAINT JUDAS LE DIFFAMÉ

Monsieur le Directeur,

Ce dont je viens vous entretenir est peut-être un peu vieux, mais l'étude du surnaturel étant — pardonnez cette comparaison équestre — comme un colosse de Rhodes qui enjamberait le passé et le présent, pourquoi hésiterais-je plus longtemps à vous faire aussi ma petite confidence.

Avez-vous connu Mgr Le Courtier, évêque de Montpellier, lequel mourut chanoine de Saint-Denis?

Vous parla-t-il jamais du saint extraordinairement miraculeux qu'il découvrit un jour dans un petit coin des Bollandistes, seul refuge accordé à sa pieuse mémoire?

Si oui, je vous passe la plume : vos lecteurs ne pourront qu'y gagner. Si non, souffrez que je poursuive. Voici :

Le saint dont il est question n'eut jamais ni fidèles ni autel, ayant eu, du temps qu'il vivait, la malechance de s'appeler Judas et d'être, en même temps que le traître du même nom, apôtre de Jésus-Christ.

Confondu dans la suite, avec son exécrable homonyme, saint Judas (le bon) hérita, sur la terre chrétienne, de la réprobation qui s'attache au forfait de Judas (le mauvais).

Aussi, lorsque Saint Judas (!!!) fut invoqué pour la première fois, séparé du traître et révélé aux fidèles trop empressés à le maudire, par Mgr Le Courtier, il donna des grâces si inattendues, si surprenantes, que Mgr Le Courtier n'hésita pas à lui donner le titre peu ordinaire de : Patron des choses désespérées! Jusqu'au jour où il put bénir, en France, la première chapelle placée sous son vocable.

Qu'est devenue, depuis 1869, la dévotion envers le saint pour qui *rien n'est impossible*? Je l'ignore, étant, dois-je l'avouer, monsieur, un assez mauvais chrétien.

Dans tous les cas, on vit à l'époque de fort merveilleuses choses se produire par son intercession, et je pourrais, comme preuves à l'appui, extraire plusieurs faits d'une assez volumineuse correspondance échangée, alors, entre Mgr Le Courtier et mon père, faits dont l'authenticité se trouve attestée par les plus honorables témoins.

Saint Judas se révèle bien comme le dispensateur des grâces impossibles, et, pour ne vous en citer qu'un exemple parmi cent autres, il est relaté qu'un condamné évita, par la toute-puissance du saint, la peine capitale pendant le court trajet de la geôle à l'échafaud — il est vrai que ce fut en mourant doucement en chemin ; mais le fait n'en donna pas moins à réfléchir lorsqu'on le relia à plusieurs autres d'un caractère non moins grave, non moins saisissant.

C'est tout, monsieur, et, puisque tout à l'heure j'ai fait le premier pas dans la voie des aveux, je vous confesserai que je me suis peu attaché à une explication scientifique ou psychique de la chose.

Les savants n'aiment pas, vous le savez, qu'on leur parle de miracles, et les spirites sont parfois... amers lorsqu'il s'agit de l'Eglise.

C'est pourquoi évitant les formules des uns, je me

suis gardé d'aller heurter les guéridons des autres; me contentant de croire à la possibilité d'assistance supra-terrestre d'un patron des choses désespérées — *desperatis in rebus advocate.*

En ce qui me concerne personnellement, je n'ai jamais eu à expérimenter la toute-puissance de ce saint. Vous, monsieur, devez être dans le même cas, ce dont je vous félicite. Mais si quelqu'un de vos lecteurs devait recourir à la redoutable spécialité de saint Judas, grand bien lui fasse!

Souhaitons-le de tout cœur.

Croyez, monsieur, à ma sincère estime.

ROGER L'OURS.

Mlle Lina à la Bodinière

Nous savions bien que l'événement nous donnerait vite raison quand nous disions que nos lecteurs ne tarderaient pas à connaître, autrement que par ouï-dire, les expériences que nous tentions, tous les mois, dans l'atelier de M. Ener.

Mardi, 21 juin, M. Jules Bois a fait, à la Bodinière, devant une assistance aussi nombreuse que choisie, une conférence fort intéressante sur les dernières découvertes de M. le colonel de Rochas, au cours de laquelle il a reproduit, avec Mlle Lina, quelques-uns des phénomènes d'extériorisation de la sensibilité, que nous avons décrits dans notre dernier numéro.

Notamment, M. Jules Bois a emmagasiné dans une statuette de cire la sensibilité du sujet, et il a donné ainsi la preuve expérimentale de la possibilité de ce maléfice, qu'on appelle l'envoûtement.

Il a ensuite, par suggestion, fait prendre à Mlle Lina des poses correspondantes à certains sentiments donnés. Mais ce n'était là qu'un avant-goût des autres expériences par suggestion musicale, sur lesquels, vraisemblablement, il reviendra dans une conférence prochaine.

Il semble, en effet, que l'on soit sur la voie de découvertes fort curieuses, dans cet ordre d'idées.

On sait déjà cette anecdote que nous contait récemment M. le colonel de Rochas.

Le colonel de Rochas effectuait ces expériences de suggestion musicale devant un groupe d'amis. Parmi ces amis, un compositeur sceptique prétendait que Mlle Lina ne faisait que reproduire dans ses poses une leçon apprise. Il se mit au piano et improvisa. Au cours de son improvisation, il joua un vieil air de danse polonaise, certainement inconnue de toutes les les personnes présentes. Quel ne fut alors son étonnement de constater que Mlle Lina reproduisait exactement les gestes et les attitudes des paysannes polonaises qu'il avait vues danser dans sa jeunesse.

L'expérience renouvelée a donné des résultats tout à fait surprenants. Chez les peuples primitifs, la danse était une sorte de langage, qui traduisait par des gestes exacts et spontanés des sentiments et même des idées. Peut-être, en jouant devant Mlle Lina, mise en état d'hypnose, des airs anciens reconstitués, arriverait-on à retrouver les attitudes et les mouvements des danses anciennes correspondantes? En tout cas, il y a là tout un champ nouveau à explorer.

Très prochainement, nous tenterons une expérience avec de la musique religieuse. Si elle réussit, nous la décrirons en détail à nos lecteurs, en attendant que nous puissions les faire profiter du même spectacle.

A LA SOCIÉTÉ DES SCIENCES PSYCHIQUES

NOUVELLES DE ROME

A la dernière séance qui, par suite des incidents que l'on sait, avait été retardée de quinze jours, et qui a eu lieu mercredi, 23 juin, M. le chanoine Brettes a rendu compte de son voyage à Rome, où il s'était rendu pour défendre les intérêts de la Société, déférée au Saint-Office sous l'inculpation de complicité d'hérésie.

Le Saint-Office n'a pris encore aucune décision, mais tous les cardinaux avec qui M. le chanoine Brettes a pu s'entretenir ont fait au président-fondateur de la Société des sciences psychiques l'accueil le plus favorable.

Le cardinal Parocchi, tenu par le serment au secret le plus rigoureux sur toutes les affaires soumises au Saint-Office, s'est montré naturellement très réservé, mais les cardinaux qui ne sont pas membres de cette Congrégation, et notamment le cardinal Steinhuber, préfet de l'Index, et le cardinal Satolli, préfet des Etudes, ont clairement fait entendre à M. le chanoine Brettes qu'il n'avait aucune inquiétude à concevoir.

Ces éminents personnages lui ont même nettement exprimé leur surprise de ce que le cardinal Richard ait cru devoir poser au Saint-Office des questions qu'il est impossible de résoudre autrement que par l'affirmative, celle-ci par exemple : « Est-il permis à des prêtres de faire partie d'une société scientifique où ils rencontrent, pour les combattre au besoin, des laïques ne faisant pas profession de catholicisme et professant même, sur certains points, une doctrine en opposition avec celle de l'Eglise? »

Outre cette question, il y en avait, en effet, une seconde. Elle était relative aux garanties à prendre par l'Ordinaire pour la publication d'une revue où seraient exposés parallèlement des doctrines catholiques et autres, et elle était motivée par le projet formé par M. le chanoine Brettes de publier tous les trois mois un bulletin des travaux de la Société.

La réponse des cardinaux a été, sur ce point, aussi nette que sur l'autre. Elle a, d'ailleurs, été la même. Car, que l'on discute par la parole dans une assemblée, ou que l'on discute par la plume dans un recueil, il n'y a pas, au fond, une bien grande différence. L'essentiel, c'est que ceux qui sont catholiques le soient.

On se souvient que, lorsque l'*Echo du Merveilleux* se fonda, des envieux cherchèrent à insinuer qu'il tombait sous le coup des dernières instructions de l'Index. Nous avons toujours dédaigné de répondre à ces insinuations trop intéressées pour être intéressantes. Mais, puisque l'occasion s'en présente, il n'est peut-être pas indifférent de constater que les déclarations que M. le chanoine Brettes a rapportées de Rome nous donnent complètement raison.

La fin de la séance a été consacrée à la lecture et à la discussion d'un travail du Dr Audollent sur le fluide vital.

LE MOT ET LA CHOSE

Nous recevons cette lettre, qui nous semble contenir des réflexions très justes.

Le 22 *juin* 1898.

Monsieur le Directeur,

A plusieurs reprises, il a été question, dans votre intéressante revue, de la *photographie* de la PENSÉE. Dans le numéro du 1er juin, je trouve encore cette phrase : « Est-ce qu'on ne photographie pas aujourd'hui l'irradiation de la pensée? » Assurément, de nouvelles et plus décisives expériences sont nécessaires pour qu'on puisse tirer de faits si étranges les conclusions philosophiques qu'ils comportent. Votre but d'ailleurs, est plutôt d'exposer les faits que de discuter les principes.

Je me permets, toutefois, de vous soumettre quelques considérations sur l'importance desquelles je me fais peut-être illusion : Il se trouvera parmi vos lecteurs plus d'un philosophe pour me désabuser, s'il y a lieu.

Dans ces questions si troublantes de la photographie de l'invisible, je voudrais que l'on employât des termes précis, ne donnant place à aucune équivoque. Or, nulle expression ne me paraît plus malheureuse que celle de photographie de la *Pensée*.

Essentiellement immatérielle et spirituelle, la pensée par elle-même ne saurait impressionner une plaque photographique et se fixer, s'extérioriser par une image matérielle.

Peut-être en est-il autrement des *représentations* que crée l'imagination, représentations qui sont l'acte non d'une faculté essentiellement spirituelle comme l'intelligence, mais d'une puissance dont l'exercice est, de l'aveu de tous, immédiatement dépendant des organes cérébraux. Or, ce sont ces seules représentations que l'on est parvenu à fixer, — et d'une façon bien imparfaite, — sur la plaque photographique. Prenons l'exemple de la bouteille dont il a été question dans l'*Echo du Merveilleux*.

Est-ce bien une *pensée* que l'opérateur a demandé au sujet de concevoir fortement? Je ne le crois pas et j'estime que le sujet aurait eu beau fixer son intelligence sur *l'idée générale* et *abstraite* de bouteille, aussi longtemps et aussi énergiquement que l'on voudra, jamais la plaque photographique n'eût reproduit l'image d'une bouteille.

Ce que l'on réclame du sujet de l'expérience, n'est-ce pas de se représenter fortement, par *l'imagination*, l'image *concrète* de l'objet vulgaire dont il s'agit? Si bien que la photographie est la reproduction, non d'une pensée mais d'une image créée par l'imagination, de ce que les anciens philosophes nommaient « *phantasmata* ».

Cette distinction a de l'importance : au lieu d'une photographie de la pensée, que le philosophe spiritualiste ne saurait admettre, — ce qui fait rejeter *à priori*, par beaucoup, comme des impostures, des expériences fort dignes d'attention, — nous sommes en présence de faits extraordinaires, étranges, insoupçonnés, mais dont rien n'établit l'impossibilité et dont l'explication doit être librement et résolument cherchée.

Un mot seulement à ce sujet : si l'essai d'explication qui suit paraît téméraire, en tout cas il n'offre rien de subversif... et son auteur n'y tient pas outre mesure.

Chacun sait comment se fait, dans l'organe de la vision, pour prendre un exemple particulier, la représentation des objets extérieurs. C'est grâce à l'image produite sur la rétine par les rayons lumineux, émanés de l'objet, que le sens de la vue, mis en action, atteint, d'une façon réelle mais mystérieuse, l'objet lui-même. Or, ce qui différencie l'imagination des sens externes, c'est qu'elle possède la puissance de reproduire l'image des objets, en *l'absence* même de ces objets. Et si grande est cette puissance que les représentations de l'imagination acquièrent parfois une telle netteté, une telle intensité qu'elles produisent une véritable hallucination et font croire à l'existence, en dehors de nous, des objets imaginés.

Eh bien! cette image *interne* ne pourrait-elle pas se comparer à l'image *externe* qui se produit sur le verre dépoli de mon appareil photographique ou sur la rétine de mon œil? Dans le second cas, la lumière est l'agent; dans le premier un fluide cérébral, analogue à la lumière, produit *l'image* de l'objet *absent*, et ce fluide est capable d'impressionner, à travers la boîte cranienne, une plaque photographique. L'image produite par l'imagination serait alors extériorisée; d'ailleurs, les représentations de l'imagination ne nous paraissent-elles pas toujours extérieures à nous-mêmes?

Mais il y a loin de ces phénomènes à la photographie de la pensée, ce qui me ramène à mon point de départ : Il faut veiller avec soin sur l'exactitude de la terminologie, en pareille matière.

Agréez, monsieur le Directeur, l'expression de mes sentiments respectueux.

P.-M. P.

ESSAI SUR GOG ET MAGOG

C'est une opinion fort accréditée parmi les exégètes que le plus grand nombre des oracles sacrés de la Bible concernent la fin du monde moderne, les victoires et l'apothéose de l'antéchrist, sa défaite et son châtiment; enfin le second et triomphal avènement de Jésus-Christ.

Parmi ceux-ci je n'hésite pas à ranger la célèbre vaticination dirigée contre Gog du pays de Magog.

Jusqu'à nos jours elle a dérouté les commentateurs. Rabbau-Maur, évêque de Mayence sous Louis le Débonnaire, après avoir orné de gloses lumineuses les passages les plus obscurs de l'Ecriture, se perd en conjectures fantaisistes sur l'indéchiffrable révélation d'Ezéchiel et il conclut en priant Dieu d'accorder à plus sage que lui l'intelligence et la grâce de comprendre.

Plusieurs commentateurs presque contemporains, entre autres MM. Bacuez et Vigouroux, dont le *manuel biblique* est encore en usage dans les grands séminaires, témoignent d'un semblable embarras.

Et pourtant la prophétie est manifestement d'une très haute importance puisqu'elle remplit deux longs chapitres du grand Inspiré d'Israël, le 38e et le 39e, et puisqu'elle est répétée au 20e chapitre de l'Apocalypse.

En examinant le texte avec soin et en l'éclairant à la lumière des événements actuels, on est fondé à s'étonner que les hésitations durent encore.

Voici, en effet, comment débutent — à peu près identiquement — les chapitres 38 et 39 d'Ezéchiel.

« *Fils d'Adam, dresse-toi hardiment en face de Gog, du pays de Magog, autocrate de Russie, de Moscou et de Tobolsk, et prophétise contre lui!* »

On objectera que cette traduction n'est pas conforme au sens du latin de la Vulgate qui peut se traduire ainsi :

« *Fils de l'homme, tourne ta face contre Gog, du pays de Magog*, prince de la tête *de Mosoch et de Thubal, et prophétise contre lui!* »

Je sais quel respect les chrétiens doivent à la Vulgate, et je n'ignore point que son sens doit être préféré, dans les cas douteux, à celui de la version des Septante, à celui même du texte original qu'on n'est jamais sûr de posséder dans son intégrité.

Mais ce respect ne doit point aller jusqu'à admettre les leçons qui contiennent d'évidentes absurdités. Ainsi l'a expressément recommandé Léon XIII.

Or, je défie les interprètes les plus expérimentés et les linguistes les mieux rompus aux difficultés de l'expression d'expliquer en termes intelligibles les mots « prince de la tête » qui désignent, dans la Vulgate, le chef de Mosoch et de Thubal.

Au contraire, les mots *autocrate de Russie* non seulement sont clairs par eux-mêmes mais ils illuminent tout le reste de la prophétie.

Le mot *Rôss* « Russie » est d'ailleurs dans les Septante et dans deux traductions antérieures à la Vulgate; celles de Théodotion et de Symmaque.

L'erreur des rédacteurs de la Vulgate s'explique sans peine. Le mot *rôch*, en hébreu, signifie *tête*, et, par extension, tout ce qui domine : *sommet*, *commencement*, *chef*, *etc.* Il est écrit plus de mille fois dans la Bible. Le mot *Rôss* ne s'y lit que dans Ezéchiel, et, jusqu'au XIe siècle de notre ère, il n'a présenté aucune signification, la Russie demeurant totalement inconnue du monde civilisé, du moins sous son nom. L'écriture de ces deux mots est presque pareille; il n'y a qu'une mutation d'un point sur l'*i*. Le « schin » qui termine le mot *rôch* (tête) est figuré avec le point à droite. Le « scin » qui termine le mot *rôss* est figuré avec le point à gauche. Dans les vieux manuscrits hébraïques il n'y a même pas de point du tout.

Les Septante, fort rapprochés de la tradition, puisqu'ils ont fait leur version 150 ans avant Jésus-Christ et 400 ans environ après la mort d'Ezéchiel, ont transcrit en grec le mot tel qu'il était dessiné en hébreu, s'en remettant à la postérité lointaine du soin d'en authentifier la signification. Les rédacteurs de la Vulgate, chrétiens pieux mais illettrés d'Afrique, ont préféré à la transcription littérale, mais alors vide de sens, une périphrase encore plus incompréhensible. En effet, aucune tête n'a de prince et aucun prince ne commande à des têtes.

Ce non-sens de la Vulgate se complique, d'ailleurs de l'inexactitude du mot prince — *princeps* — apposé au mot tête.

En parlant de l'autocrate de Russie, la Bible ne se sert pas, en effet, du mot *mélek* — roi — ni d'aucun de ses dérivés. Elle lui donne le titre de *nesci* qu'elle ne décerne qu'à lui seul, preuve certaine que le Tzar sera investi d'une souveraineté d'un caractère particulier et sans analogie parmi les hommes. Le chaldéen traduit par *neboud* qui présente aussi, dans cet idiome, une physionomie très spéciale. Un traducteur latin rend l'idée par le mot *prælatum* qu'on ne peut rendre en français que par la périphrase : « Maître sans contrôle au spirituel et au temporel. »

Personne, je l'espère, ne me reprochera d'attribuer à *Rôss*, *Mosoch* et *Thubal* les consonances modernes de *Russie*, *Moscou* et *Tobolsk*. De même je ne puis traduire *Gallia* que par *Gaule* et *Firenza* que par *Florence*.

Je serais contraint à une trop longue digression s'il me fallait exposer à quelle date *Mosoch*, sixième fils de Japhet, a fondé la ville à laquelle il donna son nom, comme Tiras, son frère aîné, père des Thraces, a fondé Tiraspol. *Tobol*, cinquième fils de Japhet, a porté ses pénates jusqu'au milieu de la Sibérie. Quant à *Rôss*, son nom n'est pas prononcé au dixième chapitre de la Genèse et il ne l'est que dans Ezéchiel, mais une tradition orientale constante attribue dix fils à Japhet, trois de plus que Moïse n'en a catalogués : le neuvième fut *Tchin*, père des Chinois, et le dixième *Rôss*, qui fixa le patrimoine de ses enfants sur la terre alors sans maître située au nord-ouest du domaine de *Mosoch*, dans les plaines qui forment l'Ingrie et qui ont aujourd'hui pour capitale la ville de Saint-Pétersbourg.

C'est aussi une tradition orientale, appuyée sur les plus fortes probabilités, que *Magog*, second fils de Japhet, est le père des Mongols et que ceux-ci se sont mélangés, dès la plus haute antiquité, avec les Scytes, enfants de *Chus* qui fut lui-même fils aîné de Cham.

Les Scytes et les Mongols, *spurcissimæ gentes*, dit un auteur du moyen âge, étendent leur demeure depuis le Kamtschatka jusqu'au nord et à l'ouest de la mer Caspienne. Ils sont restés longtemps exclusivement cantonnés sur les deux versants de l'Altaï, après la terrible défaite que leur infligea Alexandre le Grand 350 ans environ avant notre ère.

Ce sont là les véritables Touraniens et il importe de ne pas les confondre avec les fractions de l'humanité que la science universitaire, c'est-à-dire vaine et superficielle, a classées sous cette dénomination infamante. Leur fonction sociale semble avoir toujours consisté à être les dévastateurs de la terre et les tourmenteurs du reste du genre humain.

Avant Alexandre de Macédoine ils avaient bien des fois inondé et ravagé le monde. Depuis ce grand homme on ne mentionne que trois de leurs excursions sanguinaires : la première vers l'an 450 de notre ère avec Attila, la seconde, vers 1200, avec Gengis-Khan ; la dernière vers 1400 avec Tamerlan. Ils ont, du reste, fréquemment changé de nom, se faisant appeler tantôt Huns, tantôt Avares, tantôt Turcs, tantôt Tartares. C'est sous ce dernier vocable qu'ils ont toujours inspiré le plus d'horreur, à ce point que les mythologues antiques l'avaient identifié avec celui de l'enfer.

C'est une tradition constante en Occident qu'ils sont réservés pour former le gros de l'armée de l'antéchrist, et mon article a pour but d'établir qu'ils obéiront alors à l'autocrate de Russie, de Moscou et de Tobolsk.

J'ai dû m'étendre longuement sur la justification de ma traduction du premier verset d'Ezéchiel et sur les bases historiques de l'interprétation que je propose aux lecteurs de l'*Écho du Merveilleux*. Je laisse à leur sagacité le soin de suppléer à ce qui manque à la démonstration et je les prie, à cet effet, de lire attentivement les deux chapitres qui font l'objet de cette étude.

Il ne me reste plus qu'à leur donner quelques indications pour aplanir leur route.

Les versets 5 et 6 du chapitre 38e portent que l'autocrate de *Rôss* entraînera comme auxiliaires dans son œuvre de dévastation toutes les armées de Gomer et de Togorma, toutes les troupes des Perses et des Ethiopiens.

Gomer, fils aîné de Japhet, a toujours passé pour le père des Scandinaves, c'est-à-dire des Cimbres habitant les contrées du Nord, — *latera Aquilonis*, — spécifie le texte sacré. Togorma est considéré soit comme le père des Arméniens, soit comme celui des Germains septentrionaux, les Courlandais, les Livoniens et les Prussiens ou Borusses. Qui peut nier que la Russie, déjà maîtresse de la Courlande, de la Livonie et des trois quarts de l'Arménie, n'exerce sur les trois royaumes de Scandinavie une influence telle qu'il lui suffirait d'un signe pour les faire accéder à son alliance?

La Perse se meut dans son orbite. La Russie domine sur la Bactriane et la Sogdiane qui formaient jadis des provinces de cette Perse. Quant aux Ethiopiens, qui aurait supposé, il y a seulement dix ans, qu'ils auraient jamais rien de commun avec les antiques hyperboréens d'Hérodote? L'alliance étroite entre les deux peuples est cependant un fait accompli depuis hier.

Les chercheurs ne doivent pas surtout perdre de vue, en méditant les poèmes d'Ezéchiel, que les enfants de Magog doivent apporter la plus forte contribution à l'expédition dévastatrice. Qu'ils considèrent que la Russie s'est déjà annexé tout le Turkestan proprement dit, avec sa capitale Samarkande, c'est-à-dire la moitié de l'empire tartare. Le czar blanc est tellement populaire dans l'autre moitié, c'est-à-dire dans le pays des huit bannières, comprenant les deux versants de l'Altaï, que ses habitants attendent impatiemment l'occasion de rompre à son profit les liens de vassalité qui les retiennent à la Chine. La Chine elle-même, inépuisable réservoir d'hommes, presque capable, à elle seule, de fournir les 200 millions de guerriers dénombrés dans l'Apocalypse, peut, d'un jour à l'autre, tomber au pouvoir de l'autocrate.

Que les antisémites ne s'émeuvent point s'ils s'aperçoivent que l'effroyable tentative de Gog doit se terminer par la victoire éclatante, surnaturelle, d'Israël. Grâce à Dieu, Israël ne veut pas dire « Juif ». Les enfants d'Abraham, selon la chair, sont dégradés du rang d'enfants de Dieu et n'ont plus aucuns droits au beau titre d'Israélites. — Les catholiques sont, depuis dix-neuf cents ans, les seuls, les vrais Israélites, et c'est pour eux exclusivement qu'ont été faites toutes les promesses de la Bible.

Que les patriotes, — puisque le patriotisme est devenu une spécialité et même une vertu qu'on diplôme. — ne me vitupèrent point si j'écaille légèrement leur idole moscovite. Je suis patriote, moi aussi, sans être de la carrière, et je suis prêt à « jurer » entre les mains de Déroulède lui-même que je déplore la perte de l'Alsace-Lorraine. Je ne fais pas de politique, mais je sais que la saine politique commande de se tenir constamment sur ses gardes, parce que l'allié utile d'aujourd'hui peut devenir l'ennemi dangereux de demain.

Et puis en proposant une interprétation rationnelle d'une prophétie concernant la destinée finale de la Russie, je ne prétends point que le règne de l'antéchrist soit une éventualité prochaine. Je ne prétends pas le contraire, non plus.

P. DE CHARLIAC.

ÇA ET LA

Une pluie de pierres. — Depuis le 17 juin, un étrange phénomène se produit sur le terrain communal de Lièvremont, petit village du canton de Montbenoît, dans le Doubs.

Deux jeunes bergers affirment, depuis ce jour-là, voir tomber du ciel des pierres de différentes dimensions. Les unes sont sèches, les autres mouillées, celles-ci rondes, celles-là plates.

Atteints par elles, ils n'en sont nullement incommodés

alors que les grandes personnes en sont meurtries. Le plus singulier de l'affaire, c'est que la chute ne se produit que quand les jeunes bergers sont là. Des personnes sérieuses, telles que le patron de la ferme de Chetevret, affirment, pour en avoir été les témoins oculaires, la véracité du fait.

Quoi qu'il en soit, grande est la stupéfaction produite au pays par cet événement. Chacun veut se rendre compte par lui même et profite des heures où les jeunes bergers sont sur les lieux, vaquant à la garde de leurs troupeaux. C'est ainsi que lundi, trente personnes parties de Liévremont se sont rendues au lieu où le phénomène se produit.

Entourant les bergers, et les yeux au ciel, ils attendaient la chute de cette manne d'un genre nouveau. La chute d'aérolithes n'est pas un fait sans exemple. Maintes fois nos astronomes en ont signalé et prédit même. Il n'y aurait donc rien de bien surprenant qu'une chute analogue soit constatée sur le territoire de Liévremont comme elle aurait pu se produire ailleurs.

Quant à la nécessité de la présence des bergers pour que le phénomène apparaisse, c'est un point plus extraordinaire et sur lequel on me permettra de ne pas me prononcer.

*
* *

Deux colombes. — Extrait d'une lettre d'une de nos abonnées d'Egypte :

« J'ai tenté d'obtenir, à l'intention de l'*Echo du Merveilleux,* sans l'avoir pu encore, le récit authentique d'un fait mystérieux arrivé, il y a deux ou trois mois, à Beyrouth : le père d'une dame de Port-Saïd, se trouvant pour affaires à Beyrouth, a écrit à sa fille que deux jeunes gens, se trouvant à la chasse, avaient, à deux reprises, vainement poursuivi deux belles colombes blanches et tiré sur elles. A la troisième fois, les colombes leur dirent : « Ne tirez « plus, nous sommes les messagères célestes venant annon- « cer à l'Orient les maux qui vont fondre sur le monde : « peste, famine, guerre. »

« Des deux jeunes gens, rentrés en hâte à Beyrouth, l'un est devenu muet, l'autre a rapporté les paroles des messagères. Réfugiés dans une église, ils refusent d'en sortir.

« D'autre part, un journal annonce que la manne est tombée à Bagdad; mais ce doit être le phénomène dit « manne d'Orient », et qui n'offre aucun caractère d'identité avec ceux connus de la manne de Moïse. »

*
* *

Le Congrès spiritualiste de Londres. — Le Congrès spiritualiste de Londres, dont nous avons plusieurs fois parlé, s'est ouvert la semaine dernière.

Parmi les communications qui ont obtenu le plus de succès, il faut, en première ligne, citer celle de M. de Rochas, sur « les frontières de la physique ». Elle a été accueillie avec un grand enthousiasme, et a provoqué les plus vifs compliments de tous les assistants.

Le Dr Encausse (Papus) a également obtenu un gros succès avec son rapport sur les différences de l'occultisme et du spiritisme. Il a, à plusieurs reprises, enlevé les bravos de la salle en discutant en anglais avec ses contradicteurs.

Le même jour, M. Gabriel Delanne a développé les théories des spirites français sur « les vies successives ».

A citer encore la communication vraiment stupéfiante du Dr George Langsdorff, de Saint-Pétersbourg, sur un médium politique, son propre fils, qui aida puissamment la police secrète russe par ses facultés médianimiques.

Ce médium fit arrêter à l'étranger plusieurs nihilistes, et amena l'avortement de plusieurs complots. Il annonça que le Palais d'Hiver allait sauter dans une demi-heure au tsar Alexandre III, et proposa de désigner l'endroit où était le fil électrique qui allait tout faire sauter en mettant le feu à la mine. On prit cela pour une rêverie, les officiers se moquèrent du médium, qui ne voulut pas rester davantage dans ce palais; le tsar arriva en retard avec le prince de Bulgarie, et il arriva... juste pour voir sauter le palais dans lequel il aurait dû être depuis quelques minutes. Il se jeta dans les bras du médium qu'il combla de prévenances. Le pauvre garçon est, depuis, devenu fou (!?).

*
* *

Lecture de pensée. — Ninoff qui, par ses expériences de télégraphie humaine, pique en ce moment la curiosité parisienne, a amené avec lui un sujet tout à fait intéressant.

Il s'agit d'une jeune personne à laquelle on bande les yeux et qui reste sur la scène. Par moments, on lui fait tourner le dos au public pour prouver qu'elle ne voit pas la personne qui se trouve dans la salle. Un monsieur descend parmi le public. Vous dites à l'oreille de ce monsieur le morceau de musique que vous désirez entendre, et immédiatement la jeune personne l'exécute sur la mandoline.

Y a-t-il là un truc qui nous échappe? Ou est-ce réellement d'une lecture de pensée qu'il s'agit?

GASTON CROSNIER.

Thomas Martin de Gallardon

(Suite)

— Cela ne vous a-t-il pas fait de peine d'être à Charenton? y avez-vous été bien? Pas du tout de peine, et bien sûr que si je n'y avois pas été bien, je ne demanderois pas à y retourner. — Eh! bien, puisque vous desirez y aller, le Ministre vous y fera conduire de ma part.

Je suis retourné rejoindre mon conducteur qui m'attendoit et j'ai été avec lui à l'hôtel du Ministre (1).

Martin selon la permission qu'il en avoit obtenu de Sa Majesté, est retourné à Charenton où il a passé la nuit; il a fait ses adieux et témoigné toute sa reconnoissance à M. le Directeur de la maison de santé, lequel a eu toutes les peines du monde à lui faire accepter vingt-cinq francs pour son voyage.

Le lendemain matin 3 avril il est venu voir à Paris le médecin en chef de l'hospice de Charenton; et dans cette circonstance il s'est montré tout aussi simple, tout aussi naïf qu'avant d'avoir vu le Roi; il n'a pas cherché le moins du monde à s'en faire valoir (2).

De chez M. Royer Collard, Martin s'est rendu chez

1. D'après une observation particulière, il paroit que l'entretien de Martin, avec Sa Majesté, a duré environ cinquante-cinq minutes.

2. Le rédacteur de cette relation qui a vu Martin à Gallardon l'a retrouvé le même, n'aiant aucun empressement pour parler d'une autre où il joue un rôle si remarquable, en sorte qu'il falloit qu'on l'interrogeat pour en tirer quelque lumière.

le Ministre qui lui a fait délivrer ses papiers et l'a forcé de recevoir une gratification de la part du Roi. Martin refusoit de l'accepter, mais le Ministre lui ayant dit qu'on ne pouvait en aucune sorte refuser un don de sa Majesté, il s'est rendu à cette raison.

Le 6 avril, Martin est venu à Chartres, et s'est présenté à M. le Préfet, il paroit qu'il avoit une lettre de M. le curé de Gallardon qui témoignoit que cette affaire ne pouvoit plus être désormais regardée autrement que comme miraculeuse. Martin a raconté à M. le Préfet avec autant de naïveté que de sincérité ses apparitions et toutes les circonstances de son voyage de Paris; sa conduite au ministère de la Police, à la maison de Charenton, sa comparution devant sa Majesté, et tout ce qui s'en est suivi.

M. le Préfet a recommandé à Martin la plus grande discretion (1), et celui-ci de son côté après lui avoir fait son rapport a ajouté qu'il ne pouvoit lui en dire davantage, que les particularités qu'il avoit révélées au Roi étoient un secret qu'il avoit refusé de faire connaître au Ministre, et que rien au monde ne la lui feroit divulguer d'après la promesse qu'il en avoit faite à sa Majesté.

Ce brave homme après cette dernière visite, a repris ses travaux et sa vie simple et champêtre, évitant de parler indiscrètement de ce qui lui est arrivé, et se défaisant adroitement, mais sans mensonge des curieux du pays qui veulent le questionner.

On a encore appris par une voie certaine que le Roi est convenu que Martin lui avoit dit des choses cachées et qui n'étoient connuës que de Dieu et de lui, et qu'il a témoigné que Martin n'était ni fou ni aliéné.

Enfin, M. de Breteuil, Préfet d'Eure-et-Loir, déclare, pour ce qui le regarde, « que Martin s'est toujours « expliqué dans les mêmes termes, avec beaucoup de « netteté et de simplicité; il n'a cessé de montrer à « Chartres comme à Paris une confiance et une tran- « quillité imperturbables, s'exprimant sans timidité « mais toujours avec respect, et surtout avec l'air de « la vérité.

Suivent les Certificats.

Après avoir lu avec attention l'article ci-dessus et des autres parts, j'ai reconnu que le tout étoit véritablement conforme à ce que j'ai vu et entendu, et rapporté à différentes fois et à toutes les personnes dénommées, d'après les déclarations que Martin m'en a faites depuis le 15 jauvier 1816, en foi de quoi j'ai signé le 13 mai 1816. Signé La Perruque, curé de Gallardon, et après le certificat du curé de Gallardon on lit encore :

J'ai lu attentivement, avec M. le curé qui m'a aidé, toutes les pages de cet écrit, et j'ai reconnu que tout étoit bien véritable comme je l'ai vu et entendu, et éprouvé à toutes les différentes fois; il y a même moins que plus. Fait à Gallardon le 13 mai 1816. Signé Thomas Martin.

Pour copie conforme à l'original.

Signé : Comte de Breteuil.

1. « Martin, a remarqué à ce sujet M. le curé de Gallardon, ne « crut pas être obligé de garder le secret sur tout ce qui s'étoit « dit et passé entre lui et le Roi, mais seulement quand au seul « article dont le Roi lui dit : il n'y aura que Dieu, vous et moi, « qui saurons jamais cela. »

Extrait d'une lettre à un ami écrite par une personne qui a vu Martin le soir même de son entrevue avec le Roi.

2 avril 1816.

Tout est terminé d'aujourd'hui la conviction est entière, et la scène arrosée de larmes, la mission est complètement remplie et comme elle devait l'être... le bon homme part demain matin pour son pays, la paix et la tranquillité dans l'âme, comme toujours mais plein d'amour et de vénération pour celui qu'il ne connaissoit pas auparavant.

Adieu, je vous embrasse, etc.

(*A suivre.*)

A TRAVERS LES REVUES

La Revue du Spiritisme (juin) contient un intéressant article sur les dépositions du Dr Damiani devant le Comité de la Société dialectique de Londres, dépositions faites en 1869.

Le Dr Damiani cite plusieurs faits de communication et de médiumnité curieux.

La Revue des Revues s'occupe de « La sorcellerie en Bavière ». On y constate une fois de plus que c'est surtout à partir du XVIe siècle que la croyance aux sorciers et les procès de sorcellerie sévissent.

« Nulle part, même en Bretagne, même en Irlande, les apparitions ne sont aussi nombreuses qu'en Bavière. C'est d'hier que date l'apparition, à la bienheureuse Maria-Anna Lindmayr, de son amie Maria Becher et de la mère de cette dernière, qui laissèrent sur sa personne des stigmates produits par contact, lesquels demeurèrent, sinon visibles, au moins douloureux pendant des semaines. C'est en 1859, le 10 novembre, que dans le couvent des Religieuses de Sainte-Claire, une sœur, récemment décédée, apparut à la supérieure, tout entourée de fumée, en la priant d'intercéder pour elle et laissa, comme irréfutable témoignage de son passage, l'empreinte de sa main sur la porte.

« C'est en Bavière également que le professeur Bautz vient de trouver, après d'incessantes recherches, l'emplacement précis et définitif de l'Enfer, lequel n'est pas, comme l'ont témérairement affirmé des gens mal renseignés, dans la planète Mars, ni dans la Lune, ni dans le Soleil, mais bien au centre même de notre globe. Car les volcans ne sont autre chose que ses soupiraux et les tremblements de terre sont produits par les mouvements de ses vagues de flammes, devenus plus actifs quand il arrive une fournée nouvelle de damnés. Le sismographe, cet instrument si impassible en apparence, n'enregistre donc rien moins que les convulsions et les tortures des hôtes de l'Enfer. Dans le Purgatoire, au contraire, que le Dr Bautz connaît tout aussi bien, les âmes en peine vont entendre le service divin, célébré communément par les âmes des prêtres morts et, de temps en temps aux jours de grandes fêtes, par des anges envoyés exprès. »

Le journal égyptien EL-MOKTATAF (REVUE DES REVUES) signale une superstition assez curieuse qui a cours en Egypte non seulement chez les fellahs et les Arabes, mais aussi chez les chrétiens.

« Chaque fois qu'un enfant naît dans une famille, ses parents croient qu'au même instant un autre enfant, aux traits absolument semblables, vient de naître à la Karina, la déesse-djinn. *Karina* veut dire rivale. La Karina voue une haine implacable à l'enfant des hommes. Elle veut tous les bonheurs pour son enfant, tous les malheurs pour l'autre. Si l'enfant des hommes tombe malade, s'il meurt, c'est toujours l'œuvre de la Karina. Pour défendre les enfants contre cette ogresse, on a coutume de les armer d'amulettes qu'ils portent suspendues au cou ou attachées à la taille, aussi le métier d'écrivain d'amulette est-il l'un des plus lucratifs en Egypte. Sarruf cite le cas d'un de ses amis qui, dans l'espace de quinze jours, perdit quatre enfants atteints d'une maladie contagieuse, tandis que leur mère était enceinte d'un cinquième enfant. On était au désespoir dans la famille, lorsque vint à passer par le Caire un célèbre derviche du Maroc. On l'appela en consultation. Il se fit apporter une poule noire, alluma un brasier dans lequel il jeta de l'encens, récita une prière, puis coupa le cou à la poule. « Homme et femme, dit-il, maintenant vous pouvez être sans crainte pour votre enfant « futur, car j'ai tué la Karina. » L'enfant naquit, se porta à merveille et tout son entourage persista à voir l'œuvre de la terrible djinn dans ce petit drame de famille occasionné par la rougeole. »

La ZEITSCHRIFT FÜR SPIRITISMUS rapporte un fait curieux d'hallucination arrivé à un certain M. D. Elle tient le récit du fils de M. D.

Un soir — racontait souvent le vieillard à son fils — où je m'étais trouvé en compagnie de joyeux amis (j'avais alors vingt ans), je les quittai dans la nuit vers 11 heures pour rentrer chez moi. Chemin faisant j'avais toujours dans la pensée la mine, pâle d'une manière frappante, de mon ami G... et j'avais déjà pris la résolution de retourner sur mes pas pour aller le rejoindre, lorsque (quelle fut ma surprise!) je l'aperçus lui-même tout à coup devant moi sur le trottoir à la distance d'environ vingt pas. Comment avait-il pu venir si près de moi, lui que j'avais laissé à l'hôtellerie quelques instants auparavant? N'avais-je pas suivi pour revenir, et en grande hâte, car il faisait froid, le chemin le plus court? Je lui criai : « Hé! Georges, où vas-tu donc si vite? » Il ne se retourna pas. Je pressai le pas pour le rejoindre, croyant à une plaisanterie de sa part; mais tous mes efforts dans ce but furent inutiles, et toujours entre nous deux il y avait la même distance. Quel motif, pensais-je, peut-il bien avoir, pour s'amuser ainsi à mes dépens? Enfin, il prit un chemin sur la gauche, qui était aussi le mien. Je m'élançai sur ses pas, pour ne pas au moins le perdre de vue. Je l'appelai plusieurs fois par son nom, car je songeais en moi-même : Si je m'étais trompé! Si je l'avais pris pour un autre! Mais non, c'était bien lui, car il retourna la tête : il me regardait d'un air triste, puis il se reprit à courir, courir encore devant moi, quand tout à coup, à mon grand étonnement, il s'arrêta à la porte de ma maison. Ce même regard étrange que j'avais remarqué en lui me frappa encore. Comme pour m'adresser une exhortation, un avertissement d'avoir à m'éloigner, il étendit la main vers moi et disparut... par la porte.

Un froid glacial parcourut mes membres, une peur secrète me cloua sur place et m'empêcha d'entrer dans ma maison; cependant, je rassemblai toutes mes forces et je partis rejoindre les amis, dans l'espoir d'obtenir d'eux le mot de cette énigme. Des acclamations bruyantes accueillirent mon retour dans cette assemblée de joyeux compagnons. Georges se trouvait parmi eux. « Toi ici! lui criai-je, drôle, t'es-tu bientôt assez moqué de moi? » Et je lui racontai ce qui m'était arrivé. Il me regardait d'un air ébahi, ne sachant ce que je voulais lui dire, et m'affirmant ne rien savoir de ce qui m'était arrivé. « Le vin, me répondit-il, t'aura porté à la tête; allons, mon brave, viens t'asseoir ici, et quand tu videras un verre, tâche à l'avenir d'être plus raisonnable. Par un si beau clair de lune, te faire une plaisanterie pareille, il faudrait en vérité être fou! » Cependant, les autres camarades m'assurèrent que Georges, pendant le dernier quart d'heure qui venait de s'écouler, ne s'était exprimé, d'une façon très évidente, que par monosyllables, et s'était même endormi, durant quelque temps, d'une manière inouïe.

Enfin il résulta des affirmations réitérées de mon aventure, que je ne rentrai pas cette nuit-là chez moi et que je la passai sur le canapé de Georges.

Lorsque tous deux nous allâmes, le lendemain matin, visiter ma maison, et que nous entrâmes dans la chambre à coucher, nous trouvâmes celle-ci, à notre grand étonnement, dans le plus mauvais état : le plancher s'était effondré, et sur mon lit une poutre était tombée qui m'eût infailliblement tué pendant mon sommeil, si j'étais rentré chez moi.

La Revue anglaise LIGHT (11 juin) parle d'une maison hantée « Bayall Manor House » à Pembury, petit village à la limite de Tunbridge Wells. C'est un vieux manoir du temps du roi Jean, au toit couvert de mousse, aux portes et aux fenêtres béantes, aux fossés comblés. Depuis quelque temps des gémissements, des bruits étranges s'y font entendre, et les paysans prétendent avoir vu des fantômes s'y promener. Un certain nombre de gentlemen résolurent de vérifier la chose et se rendirent de nuit, armés de grosses cannes, dans le manoir. A peine y arrivaient-ils qu'un bruit pareil à celui d'objets très lourds traînés sur le planchers se fit entendre. Malgré cela ils entrèrent dans la maison, mais à côté de la chambre où ils étaient, retentirent alors des coups successifs, accompagnés de gémissements épouvantables, de telle sorte que les gentlemen battirent en retraite et qu'on n'est pas encore édifié sur la nature des bruits de cette nouvelle « maison hantée ».

Le manque de place me force à citer simplement le *Progrès spirite*, le *Voile d'Isis*, l'*Echo du Public*, la *Constannia* de Buenos-Aires, le *Moniteur de l'Hygiène publique* du docteur Dupouy.

H. V.

Le Lotus bleu, sous ce titre, *Visions prophétiques*, relate certains faits curieux dont voici le principal.

Mme Thunot avait un fils qui était intime avec le prince Louis-Napoléon, et qui faisait partie comme lui de la Société des *carbonari*. C'était en 1848 ; il y avait une grande effervescence populaire et comme on n'avait alors que la télégraphe Chappe et que les nouvelles de Paris n'arrivaient pas facilement, Mme Thunot vivait dans l'anxiété, sachant que son fils était une tête exaltée. Elle savait qu'il commandait un bataillon de mobiles destinés à soutenir le gouvernement contre les entreprises démagogiques. Un matin qu'elle était à la messe à Saint-Louis, avec sa vieille amie Mme Duranto, veuve d'un capitaine de frégate, au moment de l'Elévation, elle jeta les yeux sur le Crucifix qui surmonte le maître-autel, et tout d'un coup elle jeta un grand cri en tombant à la renverse et en murmurant : « Mon fils est mort... mon fils est mort ! » et elle s'évanouit. Grande rumeur ; le curé de Saint-Louis, M. Bertrand, la fait porter dans la sacristie et à force de soins on la fait revenir à elle. Alors le curé lui demande ce qui lui est arrivé, et ce que signifient les paroles qu'elle a exclamées ; alors elle raconta *qu'elle avait vu* son fils à la place du Christ avec une plaie saignante au front et qu'elle avait pensé que son fils était tué. On la calma tant que l'on pût et on la ramena chez elle. Le lendemain elle montrait une dépêche qu'elle avait reçue de sa fille qui était la femme d'un capitaine de vaisseau, et qui lui disait que, pendant les journées de juin, à l'attaque d'une barricade, son frère avait reçu une balle au milieu du front, mais que comme il avait le front fuyant, la balle n'avait pas pénétré et avait glissé sur l'os ; que le médecin lui avait assuré qu'il n'y avait pas de danger. Quelques années plus tard, après le coup d'Etat, son fils s'étant brouillé avec l'empereur à qui il reprochait d'avoir violé ses serments de carbonaro disparut subitement, et depuis personne n'en a plus entendu parler, et, chose bien singulière à noter, cette fois Mme Thunot n'eut aucune intuition de cette catastrophe.

Dans l'hiver de 1859-1860, Mme Thunot monta un jour chez mes parents toute bouleversée et poussant des « hélas ! Ah ! mon Dieu ! Ah ! mon Dieu ! Monsieur et madame de L., qu'allons-nous devenir ? » Mes parents la calmèrent un peu et lui demandèrent le motif de son émotion si vive. Voici ce qu'elle leur dit :

« J'étais au coin du feu pensant à mon fils que plusieurs personnes prétendent avoir été assassiné par ordre de Napoléon III, et cherchant, dans mon esprit, par qui et où ce crime pouvait avoir été commis. Tout d'un coup, *je vis* une salle immense qui se terminait au fond par une espèce de scène, comme dans les théâtres, avec, au fond, une grande porte à deux battants. La salle était remplie de monde ; hommes, femmes, enfants, toutes les classes de la société y étaient représentées : sur tous les visages on lisait un trouble, une anxiété inexprimables. Voilà que la porte de la scène s'ouvre subitement, et Napoléon s'avance, pâle comme un spectre et semblant écouter fixement une voix qui lui parlait d'en haut... Tout à coup un cri immense de désespoir s'élève dans la salle et sur la scène qui s'effondre avec un bruit formidable entraînant Napoléon dans ses débris ; alors tout le monde qui était dans la salle sembla frappé du même coup. C'était un carnage affreux ; tous, hommes, femmes, enfants étaient tombés, poussant une clameur immense, dans une mer de sang qui s'élevait à hauteur d'homme dans la salle, puis tout à coup, ma vision s'est dissipée me laissant dans une angoisse inexprimable...

Les événements de 1870 sont venus confirmer le récit de cette excellente femme. Et comme les personnes à qui elle a raconté ses visions ne sont plus, comme elle, de ce monde, je crois obéir à un devoir sacré en transmettant ces documents authentiques avant que moi-même, qui en ai été le dépositaire, je disparaisse à mon tour.

Nous avons saisi à nouveau l'Administration des Postes des réclamations de ceux de nos abonnés qui se sont plaints de ne recevoir l'Écho qu'avec quelques jours de retard, et même quelquefois de ne pas le recevoir du tout. Le Directeur général nous a fait savoir qu'il avait ouvert une enquête. Ceux de nos abonnés qui, à l'avenir, auraient à se plaindre du service, sont priés, s'ils jugent à propos de nous en prévenir, de joindre à leur lettre la bande du numéro arrivé en retard, que l'Administration des Postes nous réclame, pour faciliter ses recherches.

Le Gérant : Gaston Mery.

IMP. NOIZETTE ET Cie, 8, RUE CAMPAGNE-PREMIÈRE PARIS

DEUXIÈME ANNÉE. — N° 37. 15 JUILLET 1898 LE NUMÉRO : 50 CENT.

L'ÉCHO DU MERVEILLEUX

REVUE BIMENSUELLE

LA QUESTION DES MÉDIUMS

II

« Tous les médiums trichent, ai-je dit dans mon dernier article. Mais il faut s'entendre sur la valeur du mot. Comme il y a fagot et fagot, il y a, en psychisme, tricherie et tricherie. »

Je voudrais m'expliquer aujourd'hui sur cette proposition.

Je connais, pour ma part, quatre sortes ou apparences de fraude. Pour la clarté de ma démonstration — je ne tiens pas autrement à cette classification — je commence par les énumérer :

1° La fraude proprement dite, consciente et préméditée.

2° La fraude consciente et impulsive.

3° La fraude nécessaire.

4° La fraude inconsciente.

1° *La fraude consciente et préméditée*, c'est celle du mystificateur qui, grâce à des appareils ou à sa dextérité, joue au médium, mais n'est qu'un prestidigitateur. Cette fraude-là ne peut tromper que les naïfs. Elle ne résiste point à une surveillance attentive. Elle est, d'ailleurs, en dehors de la science. Il serait oiseux de s'y arrêter.

2° *La fraude consciente et impulsive* est déjà d'un tout autre ordre. Le médium n'en est plus responsable qu'à demi. Dans certains cas, il n'en est même plus responsable du tout.

« Qui de nous, écrit le Dr Dariex, est toujours maître de ses impressions et de ses facultés? Qui de nous peut à son gré se mettre dans tel état physique et tel état moral? Le compositeur de musique est-il maître de l'inspiration? Un poète fait-il toujours des vers d'égale valeur? Un homme de génie a-t-il toujours du génie? Or, quoi de moins normal, de plus impressionnable et de plus variable qu'un sensitif, un médium, alors surtout qu'il se trouve avec des étrangers qu'il ne connaît pas ou qu'il connait à peine, qui seront ses juges et qui attendent de lui des phénomènes anormaux et rares dont la production n'est pas sous la dépendance constante et complète de sa volonté? Un sensitif, placé dans de telles conditions, sera fatalement amené à simuler le phénomène qui ne se produit pas spontanément, ou à rehausser par supercherie l'intensité d'un phénomène en partie véridique.

« Plus d'un parmi ceux qui ont poursuivi avec persévérance l'expérimentation psychique pourrait dire qu'il a été parfois énervé, agacé par l'attente du phénomène qui ne se produit pas, et qu'il s'est senti comme l'envie de mettre un terme à cette attente en donnant lui-même le coup de pouce. Ceux-là peuvent se rendre compte que si, au lieu d'être des expérimentateurs consciencieux, toujours maîtres d'eux-mêmes, incapables de tromper et uniquement préoccupés de science et de vérité, ils étaient, au contraire, des impulsifs suggestibles, dont l'amour-propre est en jeu et chez qui la probité scientifique n'est pas la première préoccupation, ils s'abandonneraient sans doute, et plus ou moins involontairement, à donner parfois le coup de pouce, c'est-à-dire à produire artificiellement le phénomène qui ne se produit pas naturellement. »

Mais comment surprendre et surtout comment éviter ce genre de fraude? demandera-t-on.

Les moyens de l'éviter, c'est de ne point manifester une impatience ou des doutes, qui, en exacerbant le propre dépit du médium, ne feraient que l'inciter davantage à truquer.

Bien mieux, si on le sent vexé de son insuccès, il faut le calmer par des paroles de sympathie, lui être le plus possible bienveillant. On lui donnera ainsi la force et le souci de résister à la suggestion qui l'obsède.

Peut-être cependant le médium, l'attente devenant trop longue, essaiera-t-il, consciemment, mais en quelque sorte malgré lui, de tricher.

Dans ce cas, avec un peu d'attention, vous surprendrez facilement le coup de pouce — surtout si, au lieu de vous récrier au premier mouvement suspect, — vous continuez à ouvrir l'œil. Le coup de pouce se répète-il, redoublez encore de surveillance et gardez vos réflexions pour vous jusqu'à la fin en la séance.

Le plus souvent vous vous en trouverez bien, car vous vous apercevrez vite que, dans beaucoup de cas, ce qui vous semblait une fraude n'était que l'indispensable mise en train.

Et j'arrive ainsi à ce que j'ai appelé :

3° *La fraude nécessaire.* J'en ai fait déjà, maintes fois, la remarque : il faut, dans nombre de cas, *amorcer* les phénomènes. Les sceptiques, quand on leur parle de cette nécessité, se mettent à sourire. Elle n'a pourtant rien d'anormal. Plongez l'un des bouts d'un tube de caoutchouc dans un tonneau plein d'eau et laissez tomber l'autre bout sur le sol, il ne se produira rien. Aspirez un instant par le bout resté libre, l'eau coulera, jusqu'à ce que le tonneau soit vidé. Certains phénomènes psychiques ne se produisent que si on leur donne ainsi un premier élan.

Très souvent, chez Renée Sabourault, il ne suffit pas de demander à « Losanne » de produire tel ou tel bruit déterminé, il faut produire soi-même ce bruit, qu'il imite et qu'il continue.

Avec Eusapia Paladino, le même fait exactement se produit. Elle se plaint parfois de n'avoir pas assez de « force » à sa disposition et elle en demande aux assistants.

Mais, supposez qu'au lieu d'avoir devant soi des expérimentateurs au courant de cette nécessité, le médium se trouve en présence d'incrédules ou d'ignorants, il essaiera, — à leur insu probablement, pour éviter leurs moqueries — d'amorcer lui même l'expérience.

J'ajoute que cette « fraude nécessaire », cette « mise en train » n'est point toujours volontaire. Prenons un exemple : il s'agit, je suppose, d'obtenir un « coup » sur un point déterminé de la table devant laquelle se trouve le médium, et hors de la portée de sa main. Suivant les lois psychologiques, ainsi que le remarque M. Ochorowicz, la main va toujours automatiquement dans la direction de nos pensées. C'est une action réflexe et inévitable, s'il n'y a pas d'obstacles matériels qui s'y opposent. L'ordre d'aller jusqu'au point désigné est en effet donné par le cerveau du médium, en même temps à la main dynamique et à la main corporelle, puisqu'à l'état normal elles ne font qu'une. Il s'ensuit que, *visiblement*, la main physique commence ce que, *invisiblement*, la main fluidique continue. En un mot, la main du médium va d'instinct dans la direction de l'objet sur lequel elle doit agir pas son prolongement dynamique. Surprendre ce mouvement initial et le taxer de supercherie, ce serait donc doublement faire preuve d'ignorance, d'abord, parce qu'il est utile à la production du phénomène et ensuite parce qu'il n'est qu'à demi conscient.

4° Il y a enfin *la fraude inconsciente.* M. Ochorowicz en cite plusieurs exemples qu'il a constatés avec Eusapia Paladino. En voici un :

« Un jour, écrit-il, le lendemain d'une séance fatigante, Eusapia nous appelle inopinément, M. Lodge, M. Myers et moi, dans l'autre chambre, « car, dit-elle, on y entend des coups dans la table. » Nous arrivons. Eusapia se met à côté d'une grande table renversée, et nous entendons les coups frappés ; seulement, il ne fut pas difficile de remarquer que c'était elle-même qui frappait à l'aide de sa bottine. Lorsque je lui fis cette observation, elle recula un peu, tout en niant le fait.

— « C'est étrange, tout de même, dit-elle, *quelque chose pousse mon pied vers la table. Sentite! Sentite...* » Elle était tellement sûre du « phénomène » qu'elle insista, afin que je lie son pied avec le mien à l'aide d'un cordon. Et quand cela fut fait, je sentis qu'elle tirait le cordon en tordant son pied; elle le tournait de façon à pouvoir frapper la table avec son talon.

« C'était évident pour tout le monde, sauf pour elle-même, et elle haussa les épaules, lorsque je lui dis que ça n'avait pas d'importance et que ce n'était pas la peine de continuer. Ces messieurs crurent à une plaisanterie de sa part, tandis que c'était sincère. J'ai vérifié d'ailleurs à Varsovie, à l'aide des appareils électriques, qu'il suffit à Eusapia Paladino de rester quelques minutes immobile pour perdre le sentiment de ses pieds; et alors elle exécute divers mouvements déréglés, sans s'en douter. On devinera facilement que, durant une séance, ces mouvements paraîtront suspects, d'autant plus qu'alors *ils suivent les représentations motrices qui gouvernent à un moment donné l'imagination du médium.* »

On voit, par ces quelques considérations, qu'il ne faut jamais trop se hâter, dans les expériences psychiques, de crier à la supercherie. L'apparence, en ces matières, est souvent trompeuse et le fait ne prouve pas toujours l'intention. J'ajoute que, volontairement, j'ai omis, dans ces remarques, les causes d'erreur pouvant provenir des influences intelligentes et invisibles qui, à certains moments, s'emparent du médium.

Mais dans ces conditions, m'objectera-t-on, comment faire pour arriver à des certitudes?

A cela, je répondrai : en observant le plus possible et en comparant les faits aux faits. C'est en forgeant que l'on devient forgeron; c'est à force d'expérience et d'habitude, à force de tâtonnements aussi, que l'on parvient à distinguer, dans les phénomènes psychiques, le vrai du faux, le conscient de l'inconscient.

Il vaudrait infiniment mieux, je l'avoue, qu'il existât des règles fixes d'expérimentation, une méthode spéciale, scientifique, c'est-à-dire conforme à la nature des phénomènes. Mais malheureusement, cette méthode n'existe pas encore, car elle ne pourrait guère être fondée que sur les lois des phénomènes. Et ce sont précisément ces lois que nous ne connaissons point et que nous voudrions découvrir.

Patience cependant, messieurs les incrédules! Nous sommes sur la voie. Nous en savons plus aujourd'hui sur la force psychique qu'on en savait par exemple au temps de Galvani sur l'électricité... Et puis, comme dit l'autre, Paris ne s'est pas construit en un jour.

GASTON MERY.

La découverte de M. Ménard

ET LA FAMILLE SABOURAULT

Mon cher monsieur Mery,

Ce n'est pas sans surprise que j'ai lu, dans le dernier numéro de l'*Echo du Merveilleux*, l'article dont M. Ménard vous a demandé l'insertion avec tant d'insistance, et je comprends toute l'hésitation que vous avez éprouvée à le publier; car il ne tend à rien moins qu'à taxer la famille Sabourault de supercheries indignes d'honnêtes gens.

A l'en croire, M. Ménard pourrait renouveler le mot de César : *Veni, Vidi, Vici*. A lui tout seul, et en une seule séance, il aurait en effet constaté le « flagrant délit ». C'en serait donc fait des phénomènes psychiques!

Du côté des médiums, il n'y aurait plus que des farceurs et du côté des psychistes que des gobeurs. Maintenant que M. Ménard a vu, a constaté et a parlé, la famille Sabourault n'a plus qu'à remiser dans ses placards ses tonnerres en zinc, ses tambours, ses crochets à gratter et autres accessoires, et à chercher un autre métier pour leur jeune fille.

Mais, fort heureusement, votre correspondant, pour témoigner de sa bonne foi, dont je suis absolument convaincu — je me hâte de l'ajouter — avait pris la sage précaution de se faire accompagner de deux de ses amis dont il invoque discrètement le témoignage; et comme le « M. V... » qu'il cite et « qui n'en revenait pas », n'est autre que moi-même, je me crois autorisé à prendre la parole à mon tour, convaincu que vous ferez, mon cher monsieur Mery, avec les scrupules que je vous connais, bon accueil à mon témoignage, aussi bien pour l'édification de vos lecteurs que dans l'intérêt de la réhabilitation de la famille Sabourault.

Non seulement je crois que c'est mon droit d'intervenir aux débats; mais, mieux encore, je considère que c'est un devoir pour moi; car c'est moi qui ai présenté M. Ménard à la famille Sabourault, et non pas lui qui se serait fait accompagner de deux amis dont il pourrait invoquer le témoignage, ainsi que l'on serait disposé à le penser d'après son récit.

La voici donc, la vérité, toute la vérité et rien que la vérité.

Disons tout d'abord que la seconde et dernière séance à laquelle nous avons assisté ensemble ne date pas de la dernière semaine de juin comme semblerait l'indiquer l'article paru dans le numéro du 1er juillet; elle a eu lieu, il y a plus de trois mois et — en passant — qu'il me soit permis de trouver un peu étrange que M. Ménard ait pris aussi largement le temps de la réflexion avant d'initier le public à sa découverte. Et, puisque M. Ménard veut bien assurer les lecteurs de l'*Echo du Merveilleux* qu'il a à cœur de rester vrai, — ce dont je ne doute nullement, je m'empresse de l'affirmer — je lui rendrai le service de rectifier encore quelques écarts de mémoire et quelques lacunes qui ont leur importance; car, en semblable matière, l'on ne doit rien négliger.

C'est au moment de la rentrée de M. Ménard — que nous avions prié, à la demande du médium, de se retirer — que le lit s'est avancé de 6 à 10 centimètres, après des craquements intenses, et c'est après cette manifestation que M. Ménard, qui a la corpulence d'un homme doué d'une grande force musculaire, il est bon de le faire remarquer, a cherché à mouvoir ce lit et qu'il n'a pu y parvenir qu'en déployant beaucoup de force, tant ce meuble est lourd.

Pourquoi avoir négligé de rapporter ce détail qui a pourtant une très grande valeur, car il démontre l'impossibilité absolue pour la petite Renée de pousser le lit en appuyant soit un bras, soit une jambe contre la cloison, et il explique aussi la fameuse découverte (!) d'un lit non bordé du côté de cette cloison?

En effet, Renée était couchée, non pas dans son lit placé dans un cabinet trop exigu pour nous contenir tous les six, mais dans la chambre de ses parents et dans leur lit qui est tout en bois, avec un sommier élastique. Or, Mme Sabourault est une femme d'apparence chétive et serait absolument incapable de déployer la force nécessaire pour déplacer ce lit de manière à pouvoir le border par derrière. Elle se contente donc, sans doute, de laisser un espace suffisant entre la cloison et le lit pour y engager draps et couvertures, mais insuffisant pour y pénétrer afin de le border du côté qui n'est pas en vue.

Pourquoi, aussi, n'avoir pas dit que, pour répondre à son objection que Renée tenait les bras sous la couverture, je lui avais fait remarquer que, même sous la couverture, son corps était parfaitement indiqué? Renée se tenait couchée sur le dos et l'on distinguait, en effet, fort bien le tronc, les deux jambes légèrement écartées l'une de l'autre, et les bras allongés et placés contre le tronc. J'ai fait remarquer de plus que, pendant les manifestations, le corps de Renée restait dans une immobilité complète et que le moindre mouvement de ses membres s'apercevrait?

Pourquoi encore avoir passé sous silence qu'après avoir écarté le lit de la cloison, M. Menard avait tenté, en grattant avec ses ongles contre le bois du lit, d'imiter les grattements qu'il venait d'entendre et qui semblaient être produits avec les griffes d'un animal féroce, mais qu'il n'était pas parvenu à les reproduire avec la même intensité, il s'en fallait?

Pourquoi enfin, à propos de son objection que Renée, ayant les mains sous la couverture, pouvait elle-même gratter le bois du lit et taper dans la cloison sans qu'on s'en aperçût, ne pas avoir reproduit la réfutation des plus concluantes que j'y ai opposée et que vous avez opposée vous-même, mon cher monsieur Mery, à savoir que Renée a la manie, bien répandue chez les enfants, de se ronger les ongles jusqu'au sang et que ses doigts se terminent par un bourrelet de chair la mettant dans l'impossibilité absolue de gratter avec ses ongles?

Voilà pour les faits; passons maintenant aux raisonnements.

M. Ménard se défend d'avoir voulu porter atteinte à l'estime de cette intéressante et honnête famille. J'en suis bien convaincu, M. Ménard, qui est lui-même père de famille, me paraissant animé de trop bons sentiments pour qu'il en soit autrement. Mais, malheureusement, il y a parfois un fort écart entre l'intention et le résultat, et c'est ce dont M. Ménard ne me paraît pas s'être rendu compte.

En effet, comment concilierait-il la bonne foi de M. et de Mme Sabourault avec l'existence d'un lit truqué, non bordé intentionnellement, avec des appareils placés sous la couverture et à portée de la main de Renée pour produire les grattements du bois de lit et de la cloison, puisqu'il sait qu'elle ne peut gratter avec ses ongles? Il faudrait conséquemment en déduire que la mère, qui fait le lit et couche elle-même son enfant, est de connivence avec elle et lui place sous la couverture les instruments fabriqués *ad hoc*... par l'imagination de M. Ménard.

Comment expliquerait-il la nécessité, et l'existence par conséquent, de truquages au domicile des Sabourault avec la similitude des phénomènes qu'il sait s'être produits récemment chez Mme F... qui avait dû coucher Renée dans son lit pour obtenir les phénomènes annoncés, et, précédemment, chez le Dr Corneille où la mère n'avait pas accompagné la fillette? M. Ménard pense-t-il que Mme F... aurait laissé truquer son lit par Mme Sabourault et que celle-ci aurait osé et aurait pu y introduire les instruments de travail de sa fille? Pense-t-il aussi, qu'en l'absence de la mère, le Dr Corneille aurait truqué lui-même le lit de l'enfant, à peine âgée de dix ans à cette époque, pour se faire tromper lui-même?

Enfin M. Ménard n'hésite pas à déclarer qu'il a pris Renée en flagrant délit de truquage. Ainsi que vous l'avez très judicieusement relevé, M. Ménard ne peut sérieusement prétendre qu'il a pris Renée en flagrant délit de fraude en se basant uniquement sur ce que sa mère n'aurait pas bordé le lit du côté de la cloison. Je lui concède volontiers que l'on peut considérer ce fait comme un indice ; mais ce n'est pas ce que l'on peut appeler un flagrant délit. Ah! il en eût été autrement s'il avait pris Renée ayant en main son instrument à gratter.

Je défie donc M. Ménard de se tirer de ce dilemme : ou, pour lui, il suffit que le lit où était couchée Renée ne soit pas bordé, pour en conclure qu'elle fraude et, alors, il incrimine également la bonne foi de la mère; ou bien il reconnaît cette mère incapable de se prêter à une semblable comédie et, alors, que devient sa fameuse découverte?

Encore un mot, malgré la longueur de cette lettre dans laquelle pourtant je n'ai pas tout dit.

M. Ménard prétend qu'après une heure d'entraînement, il se chargerait d'écrire dans l'obscurité comme le fait Renée lorsqu'elle est en trance. Si j'avais du temps à perdre, je serais bien tenté de lui porter encore ce défi, même après tout le temps qu'il voudrait pour s'entraîner.

Mais au lieu de se livrer à cet exercice inutile, je lui conseillerais d'employer plutôt son temps à se familiariser avec les phénomènes psychiques en les étudiant dans les ouvrages sérieux qui ne manquent pas; car, par les réflexions qu'il émet, par les étonnements qui lui échappent, l'on voit qu'il n'a aucune expérience des études psychiques, et c'est là la meilleure excuse que l'on puisse faire valoir en sa faveur.

Croyez, mon cher monsieur Mery, à tous mes meilleurs sentiments.

VARAIGNE.

Mon cher Mery,

Je ne puis laisser sans réponse l'article paru dans le dernier numéro de l'*Echo du Merveilleux* sous la signature de M. Ménard et sous le titre « Flagrant délit ».

Certes vous l'avez encadré de réflexions parfaitement judicieuses et, pour les lecteurs non prévenus, votre réponse suffit.

Mais, à l'*Echo du Merveilleux*, vous êtes chez vous et, par conséquent, tenu à de certains ménagements, du moins dans la forme; je suis plus à l'aise pour dire à vos lecteurs ce que je pense de l'article de M. Ménard, et je vais le faire, selon ma coutume, en toute franchise.

Il appert nettement de cet article que M. Ménard se fait une très haute idée de sa propre intelligence, de son propre discernement et qu'il considère volontiers le commun des mortels comme moins bien doué que lui sous ce rapport : il suffit que M. Ménard *ait cru* apercevoir une supercherie (dont il n'apporte pas la preuve) sa seule affirmation suffit pour établir un jugement sans appel et réduire à néant les longues et patientes observations de gens comme MM. Duplantier, de Grammont, Brincart, etc., sans parler de moi!

M. Ménard est allé une fois chez Renée Sabourault; il nous rend compte de sa visite en un long mémoire dont je ne retiens que l'essentiel : il a bien entendu des bruits variés, coups, grattements, tambour, etc., se produisant dans le lit de la fillette ou dans la cloison voisine, mais, comme on ne lui en donne point à garder, il a fait cette intéressante remarque que les phénomènes sonores se produisent seulement lorsque Renée est contre la ruelle et que ses bras sont sous ses couvertures; il en conclut avec une logique digne de Sarcey et une analogue ignorance des phénomènes occultes que nous sommes tous des simples d'esprit.

C'est trop se hâter. Il n'est pas de matière où la circonspection soit davantage de mise et où il y ait une semblable opportunité à savoir suspendre son jugement.

Lorsque M. Duplantier me fit l'honneur de me convier à me rendre avec lui à Yzeures, je me gardai bien de me former à l'avance et à priori une opinion quelconque; bien m'en prit. Nous y passâmes, en nombreuse compagnie, quatre nuits consécutives sans rien entendre, ou presque rien. Chose étrange! A peine quittions-nous la place pour aller prendre quelque repos ou quelque nourriture, immédiatement le vacarme recommençait; la famille Sabourault nous l'affirmait et les dires des voisins en faisaient foi. L'hypothèse de la supercherie non seulement se présentait à l'esprit mais elle s'imposait presque; pour beaucoup d'entre nous elle ne faisait pas de doute.

Certains indices me portèrent à ne pas me prononcer avant une nouvelle enquête; je poussai la naïveté jusqu'à passer de nouvelles nuits chez la famille Sabourault lorsqu'elle changea de domicile et se fixa à Poitiers.

Vaine persévérance, je continuai à ne rien entendre. Mais la sagesse des nations l'affirme, la vertu est toujours récompensée. La persévérance est une vertu, Monsieur Ménard; la mienne reçut enfin son salaire : un soir, comme à dessein, devant une élite de gens titrés (je dis titrés par l'Université), Mlle Renée s'éleva en l'air six fois de suite avec la chaise qui la portait et chacune de ces lévitations dura en moyenne 15 secondes.

Parlez-moi d'un médium qui sait tricher comme cela.

Le charme était rompu, Renée vint chez moi, j'obtins d'elle tout ce que je voulus: phénomènes sonores à distance, 3, 4 ou 5 mètres; lévitations de tables énormes; déplacement d'objets sans contact à 1 mètre 50 derrière la jeune fille et à son insu; enfin tout ce que j'ai décrit ici même jadis.

J'aurais même obtenu bien davantage et Renée serait aujourd'hui un médium de tout premier ordre si Mme Sabourault, obéissant à des considérations que je pardonne à sa sollicitude maternelle, ne m'avait enlevé prématurément son extraordinaire petite fille.

Renée Sabourault, élevée par des gens singulièrement honnêtes, est d'une nature franche, modeste et docile; pendant les quinze jours qu'elle a passés chez moi et où je l'ai observée constamment, elle n'a jamais triché et *toutes* les expériences tentées ont réussi.

J'en conclus que lorsqu'elle est convenablement dirigée et dans un milieu sympathique elle ne triche pas, et elle ne triche pas parce qu'elle réussit. Elle réussit même à de grandes distances parce qu'un vouloir habile dirige sa médiumnité et qu'une chaîne sympathique lui aide.

Dans un milieu hostile, sceptique, ou même tatillon et inquisiteur de parti pris, comme tous les médiums, elle ne réussit pas.

C'est là l'éternelle vérité qu'il faut constamment rabâcher, et qui semble ne jamais être comprise : pour que la médiumnité se manifeste, il faut que le médium *soit en confiance;* pour qu'il soit en confiance, il faut l'aborder avec un esprit bienveillant et non prévenu.

C'est la raison pour laquelle M. Sarcey, à coup sûr, et M. Ménard, très probablement, ne verront jamais de phénomènes médiumnimiques intéressants.

Leur tort c'est de s'en prendre au médium au lieu de s'en prendre à eux-mêmes.

Dr CORNEILLE.

EUSAPIA PALADINO

LES SÉANCES DE MONTFORT-L'AMAURY

Nous avons signalé l'apparition du remarquable ouvrage de M. Guillaume de Fontenay : *A propos d'Eusapia Paladino* (1).

---

1. *A propos d'Eusapia Paladino. Les Séances de Montfort-l'Amaury.* Société d'éditions scientifiques, 4, rue Antoine-Dubois, Paris.

Figure I. — Cliché n° 13.

Mlle A. Blech. Eusapia. M. Blech.
Mme Blech. Mme Z. Blech.

Grâce à l'obligeance de l'auteur nous pouvons reproduire aujourd'hui, outre des extraits des comptes rendus des séances de Montfort, trois clichés photographiques qui mettent définitivement hors le doute le phénomène de la lévitation.

Séances du 26 juillet 1897.

Après avoir minutieusement décrit les précautions prises pour éviter les causes d'erreur et pour placer convenablement l'appareil photographique, l'auteur indique l'ordre dans lequel vont se ranger les expérimentateurs et continue ainsi :

« Nous sommes à peine installés de la sorte que la table se met à osciller, et de bonnes lévitations commencent. Est-il besoin de faire observer que nous sommes en pleine lumière? Une forte lampe à pétrole, modèle colonne est allumée sur la table : abat-jour de salon, jaune, très fanfreluché, n'abattant rien du tout par conséquent, plus une bougie qui attend dans le coin de la pièce, près de la chambre noire On voit clair comme à midi, ou peu s'en faut. Les mouvements de la table s'accentuent; je me hâte de quitter la place avec ma chaise, je découvre la plaque, et ma longue mèche allumée, la main sur l'obturateur, j'attends qu'un bon phénomène se produise. Ces dames aussi se reculent, ramènent leurs jupes en arrière, s'efforçant de ne rien cacher des pieds de la table. Celle-ci s'agite, toutes les mains s'élèvent; Mme Z. Blech retire même complètement les siennes en se jetant vivement en arrière.

« La main gauche d'Eusapia tenue par la main droite de M. Blech, reste appliquée sur la face supérieure de la table qui s'élève et quitte le sol des quatre pieds. C'est le moment. Désobturation rapide. Eclair lumineux. Réobturation. Tout est fini depuis longtemps quand le fracas de la table qui retombe sur ses pieds se fait entendre.

« Eusapia, sous l'éblouissante clarté (elle s'y attendait), n'a pas un spasme, pas un semblant de crise. *Au contraire*, elle est enchantée. Elle demande que l'on recommence. Telle est bien notre intention.

« En photographie, il ne faut jamais se fier à un cliché unique, de quelques précautions que l'on se soit entouré, et *puis une maladresse*, un accident sont bientôt arrivés.

« Le châssis double est retourné sur son autre face, une nouvelle charge d'explosif est disposée sur le flambeau; une seconde fois la table s'agite, les mains s'éloignent; une seconde lévitation se produit, supérieure à la première, et un second cliché (figure 1, cliché n° 13), est obtenu dans des conditions toutes semblables. Tout le monde est *enchanté*, car autant que l'on peut en juger, les éclairs ont jailli en plein phénomène, et les clichés devaient être intéressants.

« Eusapia semble radieuse. On lui demande si c'est assez. John (*John est le Lorsane d'Eusapia*) répond : *non*, par deux coups énergiques des pieds 1 et 2.

« Je change le châssis; une nouvelle plaque est

Figure II. — Cliché n° 14.

Mlle A. Blech. Eusapia M. Blech.
Mme Blech. Mme Z. Blech.

découverte et, contrôle supplémentaire, Mlle A. Blech pose sa main gauche, les doigts écartés, sur les genoux du médium, (figure 2, cliché n° 14). Dans ces nouvelles conditions, une troisième lévitation, plus belle encore que les deux autres (plus horizontale surtout) est obtenue et photographiquement enregistrée. »

Comme on peut le constater, le phénomène est saisi en pleine phase de lévitation et il est visible que les pieds d'Eusapia n'y sont pour rien.

Le récit de la séance continue en ces termes. Nous citons encore ce passage, parce qu'il relate des faits en tous points comparables à ceux qu'on a obtenus avec Renée Sabourault.

Figure III. — Cliché n° 22.

Mme Z. Blech. Eusapia M. Flammarion.
M. Blech. Mlle A. Blech.

« A ce moment John manifeste sa joie par des mouvements de la table tout à fait désordonnés. On demande si c'est assez. Trois coups frappés avec assurance dans le bois répondent affirmativement. L'appareil est laissé en place avec une nouvelle plaque toute prête à être impressionnée pour le cas où quelque autre phénomène intéressant réclamerait une constatation photographique, on recouvre de la lanterne rouge une bougie placée sur le piano et l'on baisse la mèche de la grosse lampe.

« Les places de tout à l'heure ne sont pas changées si ce n'est que Mme Z. Blech se met au bout de la table vis-à-vis le médium et que je prends la place laissée vacante auprès de M. Blech.

« Dans le cabinet, on a disposé une guitare debout contre le sopha ; la sonnette et la boîte à musique sont placées sur une chaise et enfin le guéridon porte le plateau de mastic sur une serviette pliée.

« Dès que la chaîne est reformée les phénomènes prennent une allure de satisfaction et d'activité tout à fait caractéristique. On demande à John s'il est content. Il témoigne de sa joie par des *oui* énergiques et par des coups frappés au bois de la table puis à la caisse de la guitare sur le rythme du début de la marche de cavalerie. Mais, détail à noter, le mouvement se ralentit et expire dès la troisième ou quatrième mesure comme si la force productrice s'épuisait vite et ne pouvait fournir, sans se reprendre, un effort de quelque durée. Ensuite John pince fortement les cordes de l'instrument puis il laisse la guitare et fait jouer la boîte à musique... »

Séance du 27 juillet

Voici maintenant un extrait du compte rendu de la séance du 27 juillet, à laquelle assistait M. Flammarion, qui a pu constater *de visu* le phénomène de la lévitation, dans d'excellentes conditions de contrôle.

« Le cabinet, la table, étant installés comme la veille, la mise au point de 5 millimètres fut conservée, et la distance mesurée au ruban (comme vérification fut bien trouvée de 5 mètres. Seulement, pour obtenir les ombres portées latérales, le flambeau fut placé sur l'échelon supérieur d'une échelle double, que nous installâmes à 50 centimètres environ, à gauche de la chambre noire et un peu en arrière. M. Flammarion prit le contrôle de gauche, sa main gauche tenant la main gauche d'Eusapia, et sa main droite s'assurant des genoux du médium. Il avait un pied sur ceux d'Eusapia. Mme Z. Blech contrôlait à droite, M. Blech était assis près d'elle, et Mlle A. Blech faisait face à son père auprès de M. Flammarion.

« Dans ces conditions-là, plusieurs bonnes lévitations se produisirent. Une seule fut enregistrée (figure 3, cliché n° 22). »

GUILLAUME DE FONTENAY.

LE MOT ET LA CHOSE

Alger, le 4 juillet 1898.

Monsieur le Directeur,

Je reçois à l'instant l'*Écho du Merveilleux* avec un petit article qui me vise : *Le mot et la chose*. L'article est très bien rédigé, soit dit en passant. Je ne veux pas me laisser entraîner à une polémique peut-être cherchée qui ne se traduirait que par du temps perdu : je désire seulement me disculper auprès de vous.

L'auteur de l'article ne veut pas qu'on dise « la photographie de la pensée » parce que la photographie ne reproduit que des images concrètes et non des idées abstraites.

On le sait de reste. Mais le mot pensée comprend dans la langue ordinaire toutes les opérations de l'esprit : il désigne aussi bien le fait de *visualiser* un objet que celui de suivre un raisonnement. Quand on dit : pensez une carte, pensez un objet, il s'agit d'images et cependant on se sert du mot penser sans qu'il y ait l'ombre d'équivoque. Il en est de même ici, d'autant plus que la photographie a son champ d'action bien délimité et bien connu : elle ne reproduit assurément que des images, et on ne saurait s'y tromper.

Maintenant, qu'on ne puisse jamais parvenir à enregistrer par quelque instrument les idées abstraites, cela n'est pas certain.

Toutes les pensées sont des mouvements, et il n'y a pas de raison *à priori* pour qu'un mouvement quelconque ne laisse point de trace appréciable quelque part. La psychométrie (lettres, mèches de cheveux, couronnes aimantées, etc.) est fondée là-dessus. Il faut remarquer seulement que nous pensons surtout aux choses concrètes par le moyen des images et aux choses abstraites par le moyen des sons. Dans le dernier cas nous nous parlons intérieurement notre pensée avec des mots, ce qui est très fréquent ou plutôt très habituel ; que le phonographe mental reste encore à trouver, peu importe : on ne fait pas tout en un jour.

Pardonnez-moi, monsieur le Directeur, cette petite apologie et agréez, etc.

L.

Reportages dans un fauteuil

*** *Le merveilleux dans la jeunesse de Chateaubriand.*

Le merveilleux tient une place considérable dans la vie et dans l'œuvre de l'illustre écrivain dont on vient de fêter le cinquantenaire. Déjà ses yeux d'enfant étaient amusés de fantômes, terrifiés par des spectres. Le château de Combourg était hanté. Parmi ces hôtes surnaturels du vieux manoir féodal venait ou revenait d'abord un certain sire de Combourg, à jambes de bois, défunt depuis quatre siècles. Détail particulièrement horrifique : parfois sa jambe de bois se promenait toute seule, accompagnée d'un chat noir. L'enfant, tapi dans son donjon, l'entendait toquer de marche en marche dans l'escalier de la tourelle.

On se rappelle, dans la première partie des *Mémoires d'outre-tombe*, la description si saisissante des soirées d'hiver à Combourg. « Le souper fini, les quatre convives revenus de la table à la cheminée, ma mère se jetait en soupirant sur un vieux lit de jour de siamoise flambée; on mettait devant elle un guéridon avec une bougie. Je m'asseyais auprès du feu avec Lucile; les domestiques enlevaient le couvert et se retiraient. Mon père commençait alors une promenade qui ne cessait qu'à l'heure de son coucher. Il était vêtu d'une robe de ratine blanche, ou plutôt d'une sorte de manteau que je n'ai vu qu'à lui. Sa tête demi-chauve était couverte d'un grand bonnet blanc qui se tenait tout droit. Lorsqu'en se promenant il s'éloignait du foyer, la vaste salle était si peu éclairée par une seule bougie qu'on ne le voyait plus; on l'entendait seulement encore marcher dans les ténèbres: puis il revenait lentement vers la lumière, émergeait peu à peu de l'obscurité, comme un spectre, avec sa robe blanche, son bonnet blanc, sa figure longue et pâle. Lucile et moi nous échangions quelques mots à voix basse quand il était à l'autre bout de la salle; nous nous taisions quand il se rapprochait de nous. Il nous disait en passant : « De quoi parliez-vous ? » Saisis de terreur, nous ne répondions rien ; il continuait sa marche. Le reste de la soirée, l'oreille n'était plus frappée que du bruit mesuré de ses pas, des soupirs de ma mère et du murmure du vent.

« Dix heures sonnaient à l'horloge du château : mon père s'arrêtait; le même ressort qui avait soulevé le marteau de l'horloge semblait avoir suspendu ses pas. Il tirait sa montre, la montait, prenait un grand flambeau d'argent surmonté d'une grande bougie, entrait un moment dans la petite tour de l'ouest, puis revenait, son flambeau à la main, et s'avançait vers sa chambre à coucher, dépendante de la petite tour de l'est. Lucile et moi, nous nous tenions sur son passage; nous l'embrassions en lui souhaitant une bonne nuit. Il penchait vers nous sa joue sèche et creuse sans nous répondre, continuait sa route et se retirait au fond de la tour, dont nous entendions les portes se refermer sur lui,

« Le talisman était brisé; ma mère, ma sœur et moi, transformés en statues par la présence de mon père, nous recouvrions les fonctions de la vie. Le premier effet de notre désenchantement se manifestait par un débordement de paroles : si le silence nous avait opprimés, il nous le payait cher. »

C'était le moment où Mme de Chateaubriand racontait aux deux enfants tremblants et ravis des histoires de chevaliers et de revenants, le *Moine pèlerin*, le *Sire de Beaumanoir* et *Jehan de Tinténiac*. On chercherait vainement dans les *Mémoires d'outre-tombe*, ces beaux récits « qui occupaient tout le temps du coucher de ma mère et de ma sœur, » dit Chateaubriand. Mais ils existaient dans le manuscrit de 1834, dont on sait que Chateaubriand donna des lectures chez Mme Récamier. Sainte-Beuve, qui fut l'un des auditeurs, les signale. Jules Janin, qui n'était pas du petit cercle d'élus, mais sut écouter à la porte, écrivait dans la *Revue de Paris*.

« Onze heures venues, le vieux seigneur remontait dans sa chambre; on prêtait l'oreille; son pied faisait gémir les vieilles solives ; puis enfin tout se taisait, et alors la mère, le fils, la sœur poussaient un cri de joie... Ils se racontaient des histoires de revenants. Parmi ces histoires, il y en a une que M. de Chateaubriand raconte dans ses *Mémoires* et qui sera citée un jour comme un modèle de narration. Voici quelques lambeaux de cette histoire; voici le pâle squelette du revenant de Chateaubriand.

« La nuit, à minuit, un vieux moine, dans sa cellule, entend frapper à sa porte. Une voix plaintive l'appelle ; le moine hésite à ouvrir. A la fin, il se lève, il ouvre : c'est un pèlerin qui demande l'hospitalité. Le moine donne un lit au pèlerin, et il se repose sur le sien; mais à peine est-il endormi que tout à coup il voit son hôte au bord de son lit, qui lui fait signe de le suivre. Ils sortent ensemble. La porte de l'église s'ouvre et se referme derrière eux. Le prêtre à l'autel célébrait les saints mystères. Arrivé au pied de l'autel, le pèlerin ôte son capuchon et montre au moine une tête de mort : « Tu m'as donné une place à tes côtés, dit le pèlerin; à mon tour je te donnerai une place sur mon lit de cendres. »

Ce résumé de Janin, véritablement un peu pâle, fait regretter davantage que la légende du pèlerin mystérieux ait disparu des *Mémoires*. Après ces merveilleuses histoires, Mme de Chateaubriand et Lucile n'osaient dormir : le petit chevalier de Chateaubriand, aguerri par ses nuits solitaires dans la tourelle, devait regarder sous leur lit, dans les cheminées, derrière les portes, visiter les escaliers et les corridors voisins.

Une nuit, elles entendirent distinctement des pas lourds dans l'escalier de la tour : épouvantées, elles se cachent sous leurs draps. Le pas approche, on dirait le bruit sec de la jambe de bois du vieux sire de Combourg, enterré depuis quatre siècles. Le pas mystérieux approche toujours, s'arrête à leur porte — pensez un peu si le cœur leur battait — puis passe, s'engage dans un escalier dérobé et se perd dans les profondeurs du château. Elles n'osaient en parler le lendemain à M. de Chateaubriand le père ; mais il avait aussi entendu le marcheur nocturne.

Une autre nuit, ce fut M. de Chateaubriand lui-même qui vit un spectre (ou peut-être un voleur). Sa porte s'était doucement ouverte ; il tourne tout à coup la tête et voit un être qui le regarde avec des yeux hagards et étincelants. Il tire du feu de grosses pincettes toutes rougies et va s'élancer, mais le visiteur sinistre a déjà disparu. C'est M. Edmond Biré qui a retrouvé ces deux anecdotes dans le manuscrit de 1826 et les met en appendice de sa parfaite édition des *Mémoires d'outre-tombe*.

Quand il quittait par grand hasard Combourg pour visiter ses sœurs mariées, l'enfant retrouvait des légendes et des spectres presque aussi beaux. Voici quel était celui de Lascardais, le château de Mme de Châteaubourg.

Le régisseur, M. Livoret, était entré en fonctions peu après la mort de M. de Châteaubourg père, qu'il n'avait jamais vu. Il était seul au château. La première nuit, il voit entrer dans son appartement un vieillard pâle, en robe de chambre, en bonnet de nuit, portant une petite lumière. L'apparition s'approche de l'âtre, pose son bougeoir sur la cheminée, ravive le feu et s'assied dans un fauteuil. M. Livoret tremblait de tout son corps. Après deux heures de silence, le vieillard se lève, reprend sa lumière et sort de la chambre en fermant la porte.

Le lendemain, le régisseur raconta son aventure aux fermiers, qui, sur sa description, reconnurent leur défunt maître. Le fantôme s'attacha au malheureux intendant : tournait-il la tête, sur le chemin, dans un bois, il voyait l'ombre du seigneur ; s'il avait à franchir un échalier dans un champ, le fantôme se mettait à califourchon sur l'espalier. Un jour, le misérable obsédé s'étant hasardé à lui dire : « Monsieur de Châteaubourg, laissez-moi », le revenant répondit : « Non ». Ce M. Livoret n'était pas un homme illettré et naïf, mais un ancien jésuite, professeur de collège, d'esprit positif et froid. Un intendant de carrière, un intendant moins récemment entré en fonctions fût tombé aux pieds de l'ombre en disant : « Reprenez tout. »

L'enfant merveilleux n'était pas effrayé de ces récits. Lorsque — dit-il — mon père me disait : « Monsieur le chevalier aurait-il peur ? », il m'aurait fait coucher avec un mort; lorsque sa mère lui disait : « Mon enfant, rien n'arrive que par la permission de Dieu ; vous n'aurez rien à craindre des mauvais esprits tant que vous serez bon chrétien, » elle le rassurait mieux que tous les arguments de la philosophie. Son succès fut si complet que les vents de la nuit dans la tour inhabitée ne servaient que d'ailes à ses songes et son imagination surexcitée ne trouvait nulle part assez de nourriture et « aurait dévoré la terre et le ciel. »

GEORGE MALET.

LE PÈRE PAUL

Un de nos lecteurs de Belgique, M. Edouard van Speybrouck, vient de publier, au profit d'une bonne œuvre, un ouvrage très captivant sur le Père Paul, le célèbre thaumaturge belge (1). En France, on ignore généralement ce qu'était le Père Paul. Aussi, sommes-nous heureux de pouvoir aujourd'hui, grâce à M. Edouard van Speybrouck, le faire connaître à nos lecteurs.

Voici d'abord l'histoire de sa vie à grands traits :

Père Paul naquit à Moll, commune de la province d'Anvers, le 15 janvier 1824, et reçut au baptême le nom de François. Il était fils de Vincent Luyckx et d'Anne-Catherine van Balen.

Le jeune François Luyckx fréquenta d'abord l'école primaire de Milleghem-Moll, et voici à ce sujet ce qu'on raconte : la plupart des élèves habitaient assez loin de la demeure où l'instituteur tenait école ; or, quand il faisait beau, celui-ci ne trouvait souvent rien de plus naturel que de venir à la rencontre des enfants, jusqu'à l'endroit nommé de *Rei-Boomen*, où l'on voit encore une rangée d'arbres, et là, tous s'asseyaient à l'ombre des grands chênes, pour entendre la leçon du maître.

François fut envoyé ensuite au collège de Gheel, pour y faire ses humanités. Cette célèbre institution était située à six kilomètres de la maison paternelle ; il lui fallait donc faire tous les jours douze kilomètres pour suivre les cours !

Dès son jeune âge, François s'était senti appelé à l'état religieux, et fut heureux lorsque, le 25 juin 1848, il vit s'ouvrir devant lui les portes du monastère des Bénédictins, à Termonde.

Le 24 août suivant, il reçut l'habit de Saint-Benoît. Dès lors, il se prépara de loin au grand jour où il pourrait à jamais renoncer aux folles espérances du monde, et s'unir définitivement à la grande famille du Patriarche des moines d'Occident. Après une année d'épreuves, il fut admis le 30 septembre 1849, à la Profession, et à se lier au Sauveur par les vœux de pauvreté, de chasteté et d'obéissance.

En 1856, il se rendit en Italie pour continuer ses études théologiques au célèbre collège des Bénédictins de Parme, et ce fut dans cette ville que, pour la première fois, il monta tremblant les degrés de l'autel, afin de sacrifier pour les vivants et les morts.

Il revint dans sa patrie en 1859, résida à Termonde jusqu'en 1869, année où il fut chargé du rétablissement de l'abbaye d'Afflighem, et fonda, en 1879, le monastère de Steenbrugge dont il fut supérieur jusqu'en 1886, et qu'il quitta en 1887, pour rentrer à Termonde.

Dès sa première résidence à Termonde, le bon peuple flamand comprit que la Providence avait suscité au monastère un homme d'une vertu extraordinaire, et la renommée du Père Paul s'étendit rapidement.

On peut évaluer à plus d'un million le nombre de personnes qui eurent recours aux bons offices et aux conseils de Père Paul. Du caractère le plus doux et le plus bénin, il accueillait à bras ouverts, tous ceux qui s'adressaient à lui ; mais il fut surtout le protecteur et l'ami des pauvres et des éprouvés, un mot le démontre : une dame des environs du monastère étant dangereusement malade, on demanda au bon religieux si déjà il était allé la voir.

— Non, répondit le Père, je ne vais chez les riches que s'ils le demandent ; pour les pauvres, c'est différent.

Il semblait que ce fût un besoin inné de sa nature charitable, de venir en aide au prochain. A son gré, on ne lui demandait jamais assez, et souvent, sur le point de quitter ses visiteurs, il s'enquérait avec une insistance touchante, s'ils n'avaient plus rien à lui demander...

Un jour, ayant reçu, par l'obligeante entremise d'un ami, une lettre d'un savant de ses connaissances, lecture faite, Père Paul déposa le pli avec un geste de désappointement, disant :

— Le cher ami ne demande rien !

A un de ses amis d'Oostcamp, il disait textuellement :

— Demandez-moi tout ce que vous voudrez, je vous l'obtiendrai, et, quand je serai au Ciel, demandez toujours, j'aurai alors tout le temps de m'occuper de vous, et mon pouvoir sera plus grand encore.

A toute heure de la nuit aussi bien que pendant le jour, on pouvait faire appel à son dévouement. Il n'accordait du reste au repos qu'un temps des plus restreint. Couché sur un grabat, il reposait la tête sur une planchette ; ou bien, très souvent, dormait debout, le dos appuyé au mur... Il voulut un jour enseigner à une de ses connaissances ce dernier mode de passer la nuit :

— Vous verrez comme on dort bien ainsi ! disait-il en riant.

Sa modestie et sa profonde humilité étaient aussi étonnantes que les privations et les pénitences dont il semblait faire ses délices, mais auxquelles on ne peut songer sans frémir. Comment, en effet, pour ne dire que cela, peut-on se faire à l'idée d'un homme se ceignant les reins d'une chaînette en fils de fer munie de cent pointes ?

Lui qu'on voyait commander aux éléments, guérir tant de malades, dévoiler les secrets de la nature et de la conscience humaine, et prédire tant d'événements, se dérobant à toute louange, il se plaisait à répéter : « Nous ne savons rien, absolument rien ! »

Au diocèse de Gand, le bruit de ses prodiges étant parvenu à l'Évêché, Monseigneur fit comparaître devant lui ce moine dont on parlait tant, et lui demanda, avec une certaine sévérité, de quoi il se mêlait et quels étaient ses talents. Père Paul tranquillisa le chef de son diocèse, en répondant :

— Monseigneur, je ne suis rien et ne sais rien.

Presque jamais il ne parla, même aux religieux ses frères, des prodigieuses et continuelles faveurs obtenues par son intervention ; aussi, fût-ce un spectacle digne de tenter le pinceau d'un Philippe de Champagne, le peintre des miracles de saint Benoît, que de voir, au lendemain du décès du bon Père, l'étonnement général des Bénédictins, aux récits des faits merveilleux rapportés de toutes parts par la multitude des favorisés.

1. Titre : *Quelques traits de la vie du Très Révérend Père Paul de Moll, bénédictin*, 1824-1896. Le volume : 2 francs. Franco : 2 fr. 50. Ecrire à l'auteur à Bruges.

Les moines connaissaient bien la grande popularité de Père Paul, car les neuf dixièmes des visiteurs au monastère ne demandaient à voir que lui ; mais ils ne se doutaient pas du pouvoir immense de leur humble confrère. Et pourtant sa renommée s'étendait, non seulement au pays, mais à l'étranger. Elles étaient nombreuses, les visites et les lettres reçues de France, d'Angleterre, d'Allemagne, de Hollande, d'Italie, d'Amérique et d'autres pays encore, où le Père comptait parmi ses *clients* de grands personnages et même des plus illustres... En fait de prodiges à inscrire à l'actif du bon Père, cet art de tenir ses œuvres sous le boisseau n'était peut-être pas un des moindres.

Certes, on ne pouvait remettre en meilleures mains, les intérêts de la province bénédictine, lors du rétablissement de l'ancienne et célèbre abbaye d'Afflighem et de la fondation du monastère de Steenbrugge. Sans autres ressources que la Providence, Père Paul se mettait à l'œuvre, ne demandant jamais rien à personne ; mais distribuant, à profusion, des faveurs que tout l'or du monde ne pourrait procurer. La reconnaissance fournissait le nécessaire.

A Termonde, on se rappelle la foule qui journellement assiégeait le monastère, dès 5 heures du matin. Père Paul recevait, à la file, les gens accourus de toute part. On passait là comme à un guichet où chacun reçoit son compte. Des malades, des paralytiques, des aveugles étaient guéris instantanément, ou recevaient la prescription d'une prière ou d'une neuvaine à saint Benoît, avec la garantie d'un succès certain. Les centaines de béquilles abandonnées sur l'invitation du Révérend Père, et appendues aux murs de l'église, donnaient une idée des innombrables faveurs obtenues.

Père Paul semait littéralement les prodiges sous ses pas. On eût dit que des pouvoirs surhumains lui étaient dévolus à discrétion, et qu'il en usait sans mesure et à tout propos. Dernièrement, un avocat en faisait la remarque : « Vraiment, il faut croire, disait-il, que ce Père faisait des miracles par habitude et en guise de passe-temps... C'était un thaumaturge fin-de-siècle... jamais on n'a constaté chez d'autres des faits aussi stupéfiants, aussi continuels ! »

Il suffisait d'avoir été une fois en rapport avec lui, pour se sentir tout soulagé de ses misères, et emporter de cette visite, comme une provision inépuisable de bien-être. On pouvait surtout s'en rendre compte les jours où le Rév. Père tenait ses consultations à Anvers, chez l'un ou l'autre de ses amis. La foule faisait queue jusque dans la rue, et sur les figures de ces personnes, dont le nombre dépassait le plus souvent la centaine, se lisait la tristesse, l'inquiétude ou le découragement que l'espoir ne parvenait pas encore à dissiper. Mais quel changement à l'issue de la courte visite ! les visages étaient rayonnants et les cœurs tout à la joie ; on avait obtenu, ou l'on avait la certitude d'obtenir, dans un délai fixé, les faveurs tant désirées. La clairvoyance du Père n'était jamais en défaut, et il se montrait mieux renseigné des vrais besoins de ses visiteurs, que bien souvent eux-mêmes.

La mission de Père Paul ne se bornait pas à guérir toute espèce de maladies corporelles ou spirituelles ; on venait le consulter sur les cas les plus divers. Les jeunes gens lui demandaient son avis sur leur vocation, et d'un mot le Père les fixait, en leur faisant connaître la Volonté de Dieu, et en attestant la véracité de ses dires, par quelques révélations qui stupéfiaient par leur exactitude, ou par quelque prodige.

C'étaient des gens en peine auxquels le Père promettait de prier pour la réussite de leurs affaires, et assurait que *tout irait bien* ; ou qui recevaient des conseils précieux pour se tirer d'un mauvais parti.

Parfois même, de mauvais drôles venus par moquerie, et qu'il terrassait d'un mot, pour les agenouiller ensuite au Tribunal de la Pénitence, où il leur rappelait les fautes les plus cachées ou oubliées.

A d'autres, il prédisait un avenir meilleur et relevait les courages abattus.

Le R. P. Paul

Et comme si cet immense travail ne suffisait pas à sa dévorante activité, Père Paul visita, très souvent, nombre d'autres localités. Bruges, Gand, Anvers, Bruxelles, Louvain entre autres, lui sont redevables d'innombrables bienfaits. Peu de couvents des villes et des bourgades parcourues, qui ne reçurent maintes visites. Il faut entendre son éloge de la bouche des religieux et des religieuses, pour se faire une idée de la joie provoquée dans ces maisons de prières, à l'annonce d'une visite de celui qu'on appelait le Saint.

— S'il est utile, disait une Révérende Mère Supérieure de couvent, de recevoir la bénédiction d'un prêtre, que ne peut-on attendre de la bénédiction d'un aussi grand saint que le Père Paul !

Les Institutions charitables, les hôpitaux, les prisons même, n'étaient pas oubliés. Père Paul trouvait partout des cœurs à consoler, des malades à guérir, des malheureux à soulager, des amis à obliger, et tout cela, il le faisait avec un naturel et une bonhomie tels que s'il se fût agi des actes les plus ordinaires et à la portée de tous. Ses paroles étaient de la plus charmante simplicité : « Vous êtes malade, je prierai un peu pour cela, demain ce sera fini. » Ou bien : « Soyez tranquille, ne vous inquiétez pas, *tout ira bien*, vous serez étonné de tout ce qui vous arrivera d'heureux ! »

On peut dire que presque toutes les misères humaines pouvaient trouver en Père Paul un soulagement réel ; et, d'après le témoignage d'un grand nombre, cette puissante protection se continue depuis la mort du Révérend Père.

***

Notre cher et tant regretté Père Paul mourut à l'abbaye de Termonde, le lundi 24 février 1896, à 11 heures moins cinq minutes du soir.

Ses obsèques solennelles eurent lieu à l'église de l'abbaye, le jeudi.

Comme pour tous les saints, la vénération du peuple fut la gloire de ses funérailles. La Presse n'ayant pas été informée du décès, aucun article nécrologique ne put livrer à la publicité la nouvelle du douloureux événement ; néanmoins, une foule énorme vint assister au service funèbre et accompagna le Père à sa dernière demeure. Jamais ne s'effacera de la mémoire des témoins, combien ces funérailles furent émouvantes.

***

Père Paul raconta lui-même à diverses personnes, comment il reçut du Ciel sa mission extraordinaire :

« Au commencement de ma vie religieuse, disait-il, « étant malade au point de me voir condamner par « la Science, j'eus une vision : Notre Seigneur m'ap- « parut, accompagné de la Sainte Vierge, de saint « Joseph et de saint Benoît. Tandis que Marie me te- « nait la main, le Sauveur posant sa main sur ma « tête me dit :

« — Soyez guéri, désormais vous vivrez pour la « consolation d'un grand nombre de personnes.

« Et aussitôt je fus guéri. »

Au lecteur de juger si la prédiction s'est réalisée, et si la vie de Père Paul se résume bien dans l'épigraphe de ce livre : *Transiit benefaciendo*,

Nous laissons la parole aux faits.

Voici quelques-uns des faits dont le récit, dans le livre de M. Edouard van Speybrouck, n'occupe pas moins de 200 pages.

L'enfant de la femme d'un batelier, sœur d'une de nos religieuses, était rachitique. Le père du petit malheureux incurable s'en fut demander à Père Paul la guérison de son enfant, et celui-ci guérit.

Ce batelier se plaignant ensuite de la grande quantité de rats qui infestaient son bateau, Père Paul lui raconta qu'un autre batelier, aussi, était venu lui demander d'être délivré des rats, et que ceux-ci moururent aussitôt. Mais, ajouta le Père, ce batelier n'est pas revenu me le dire.

Le lendemain, au bateau du premier batelier, on constata ce fait plus qu'étrange : un grand nombre de gros rats se trouvaient étendus morts à fond de cale, mais par couples, un rat posé transversalement sur l'autre, en forme de croix !

Le fils unique de parents riches avait atteint l'âge de sept ans et était resté muet. Une servante ayant, en 1892, amené l'enfant à Termonde, Père Paul dit à celle-ci :

— Cet enfant pourra bien parler, si ses parents font une neuvaine.

— Je prierai aussi, dit la servante.

Père Paul s'adressa alors à l'enfant :

— Dites donc avec moi : Jésus, Marie, Joseph.

Et, lentement, l'enfant répéta : Jésus, Marie, Joseph.

Depuis quelque temps déjà, la fille d'un médecin de campagne était sourde d'une oreille, et de l'autre elle n'entendait que peu ou point.

Accompagné de sa mère et d'une amie, elle se rendait auprès de Père Paul à Termonde. Pendant le trajet, par une cause ou l'autre, la surdité de l'oreille la moins affectée, devint complète également.

Admises en présence du Père, l'amie lui dit :

— Révérend Père, guérissez, s'il vous plaît, cette demoiselle de sa surdité, c'est si gênant d'être sourde !

Père Paul appliqua ses mains sur les oreilles de la sourde, et, à l'instant même, la demoiselle entendit, mais si parfaitement, qu'elle perçut les paroles dites à voix basse à plusieurs pas de distance. La surdité n'est plus survenue.

Père Paul dit à cette demoiselle :

— Vous aurez de l'amour de Jésus.

Et depuis, la demoiselle a parfois constaté à l'église des faits extraordinaires, dont elle décrit, comme suit, quelques exemples :

Le 2 août 1894, un jour d'Adoration, j'eus le bonheur de voir, pour la première fois, dans l'Hostie de l'ostensoir, Notre-Seigneur attaché à la croix.

Le Jeudi-Saint de l'année 1896, en faisant mon Adoration, je vis, sur le voile qui recouvrait le Ciboire, une grande Hostie : peu après, cette Hostie se changea en une face très aimable.

Le jour de la fête du Sacré-Cœur, en 1896, je vis sur le voile du Ciboire, Notre-Seigneur tendant les bras, l'un de ses bras était plus élevé que l'autre, et les mains étaient couvertes. Le cœur était rouge et la face très aimable.

Nous avions au jardin une volière de tourterelles. En 1893, Père Paul s'approchant de la volière, me dit :

— Tiens ! n'avez-vous donc pas de tourterelles blanches?

Depuis lors, tous les petits sont éclos le plumage blanc, et nous n'avons plus que des tourterelles blanches.

A la campagne, non loin de Termonde, demeurait une extatique, pénitente de Père Paul, dont la maison se trouvait à proximité d'une ligne de chemin de fer. Or, un matin, étant chez elle à l'ouvrage, cette personne se sentit irrésistiblement poussée dehors et entraînée rapidement jusque près de la voie ferrée, où elle s'agenouilla, comme malgré elle.

A ce moment même passa un train. L'extatique vit baisser la glace d'un compartiment de troisième, et Père Paul lui donner de là sa bénédiction.

Une connaissance de Père Paul, habitant Gand, fit, en 1893, l'acquisition d'un groupe en ciment : le corps du Christ mort sur les genoux de sa Mère (pieta).

Père Paul bénit ce groupe et, aussitôt, raconta-t-il lui-même, les larmes coulèrent abondamment des yeux de cette Vierge.

Une jeune orpheline presque entièrement paralysée et qui, par suite de maladie nerveuse, avait perdu l'usage de la parole, fut amenée par nos religieuses à Termonde, le 19 mars 1878, jour de la fête de saint Joseph. On fut obligé de porter la pauvre malade à la gare, et les religieuses ne savaient comment elles s'y prendraient à Termonde, pour se rendre au monastère avec le paralytique, car à cette dernière gare ne stationnent pas de voitures publiques. Père Paul n'avait pas été prévenu.

Or, à leur arrivée en gare de Termonde, et à leur grand étonnement, les religieuses virent un cocher s'approcher d'elles, et leur dire, la chapeau à la main :

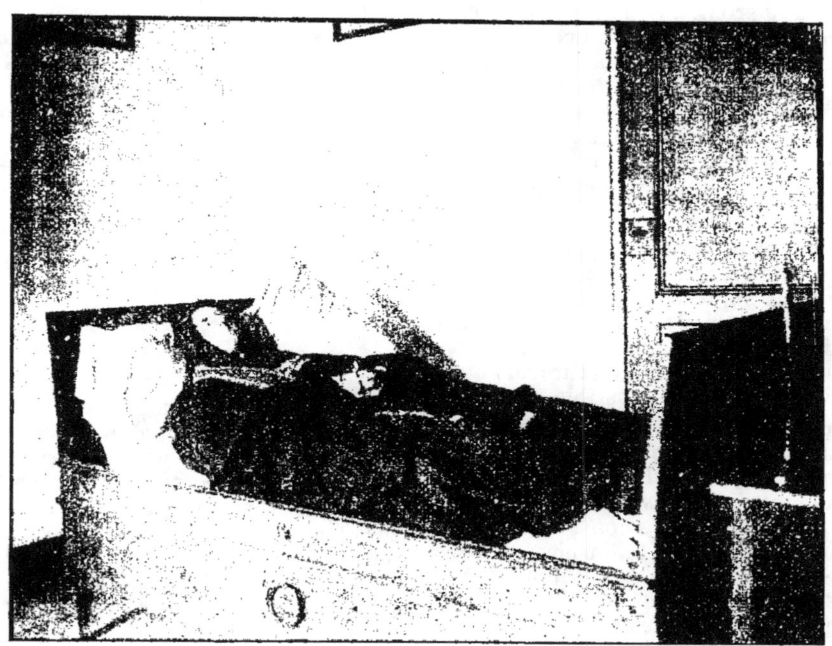

Le R. P. Paul sur son lit de mort

Le prodige s'est renouvelé souvent, et, parfois, il se reproduit depuis la mort du Révérend Père.

Pendant une couple d'heures, le jeudi 20 septembre 1894, nous fûmes témoin du même fait, en présence de Père Paul, qui recueillit alors pour nous deux de ces larmes dans un petit tube en verre. Il nous dit ensuite d'emplir d'eau le dit tube, afin d'empêcher les larmes de sécher.

Le vendredi 9 juillet 1897, nous eûmes la curiosité de soumettre ce petit tube à une jeune fille extatique demeurant à Stabroeck, et très connue à Anvers depuis vingt ans, pendant son extase.

Prenant en main le tube, l'extatique s'écria :

— Oh!... traenen van Maria! (Oh!... des larmes de Marie!)

Attendons patiemment que l'Eglise décide, elle qui seule pourra déterminer la nature de ce grand prodige.

Quelque temps après la mort de Père Paul, en déplaçant le groupe, on y vit, collé par derrière, une étiquette portant le monogramme (PP., tracé à l'encre par le Révérend Père.

Mes sœurs, ma voiture vous attend pour vous conduire au monastère ; je viendrai vous reprendre cet après-midi.

Père Paul, ayant vu la malade, assura qu'elle guérirait. Puis il dit aux religieuses :

— Faites deux neuvaines et, si la guérison ne s'obtient pas encore, commencez une troisième neuvaine.

Un matin au commencement de la troisième neuvaine, tout à coup la malade se mit à marcher et à parler. Cette guérison s'est maintenue.

EDOUARD VAN SPEYBROUCK.

Dans notre prochain numéro nous inaugurerons, sur la demande de quelques-uns de nos abonnés, une rubrique nouvelle, sous laquelle nous publierons les questions concernant le merveilleux, que nos lecteurs nous poseront, ainsi que les réponses qu'ils voudront bien nous adresser.

VALEUR DU PACTE

RÉPONSES A M. SARCEY

Nous avions sollicité une réponse à l'article de M. Sarcey, reproduit dans le dernier muméro de l'*Echo*. Nous en avons reçu une cinquantaine. Nous ne pouvons les donner toutes. En voici quelques-unes :

Mon cher Monsieur Mery,

Dans le dernier numéro de l'*Echo du Merveilleux*, vous publiez une lettre de M. Sarcey; une phrase de cette lettre vous a frappé : « L'âme d'un homme capable de traiter avec le prince du mal lui revenant de droit, Satan est bien bon de se mettre à ses ordres pour gagner une âme qui lui est dévolue par avance. »

Il est très facile de répondre à cette objection, d'autant plus que cette âme ne lui appartient que provisoirement, mais non définitivement. (1)

1° Un homme ne peut devenir capable de traiter avec Satan que parce qu'il sait que Satan consentira à l'aider; s'il ne devait en recevoir aucun avantage, on ne voit pas bien pourquoi il penserait à se donner à lui. Il est donc de l'intérêt du diable de promettre son aide et de tenir sa promesse pour attirer d'autres hommes, et le plus grand nombre possible.

2° Satan est très fin, très rusé et sait beaucoup de choses. Il sait entre autres que l'homme n'est jamais abandonné, quelque pervers qu'il soit. Un ange gardien est attaché à chacun de nous et ne se décourage jamais; il profite de toutes les occasions, de toutes les déceptions de son protégé, pour lui inspirer de bons sentiments et du repentir. Son action a quelquefois une force étonnante; mais je ne veux pas allonger cette réponse, que vous demandez courte, en expliquant plus longuement ces faits. Je me bornerai donc à dire que Satan sait très bien qu'à partir du moment où le pacte est signé, l'ange accablé de douleur, s'en va; tout est désormais fini, le signataire s'est soustrait lui-même à la protection divine et se trouve être désormais la chose de Satan, son esclave (2).

3° Un péché commis a une bien autre importance qu'un péché projeté. Sans doute on pèche en pensées aussi bien qu'en actes, mais s'il est criminel de former le projet de tuer un homme, par exemple, on est bien autrement coupable quand on a réalisé ce projet. L'acte commis pèse alors de tout son poids et entraîne une responsabilité formidable. Si le projet n'a pas été exécuté, même par suite de circonstances indépendantes de la volonté de celui qui l'a conçu, il n'y a pas eu de gage donné à l'esprit du mal.

4° Celui qui est aidé par le diable fera certainement du mal, ce qui lui est toujours agréable, et en outre il en attirera d'autres dans le même gouffre que lui, par son exemple et ses conseils. En un mot il servira le diable comme il aurait servi Dieu, mais le joug est infiniment plus lourd.

5° Le diable aime à se faire adorer et vous ne sauriez croire combien de moyens, quelquefois bizarres, il emploie pour cela. Le pacte est bien certainement le meilleur, celui qui lui offre le plus de garanties.

Il y aurait encore beaucoup à dire sur ce sujet, mais je ne crois pas que ce soit bien nécessaire; les raisons que je viens de donner suffisent à faire comprendre que Satan est très intéressé à accepter et même à provoquer le pacte, et à favoriser les pactisants.

Quant à ceux qui croient que le diable n'existe pas, je n'essaierai pas de le leur montrer pour entraîner leur conviction, je souhaite même qu'ils ne le voient jamais.

D^r^. F. ROZIER.

1. Tant que le pacte n'est pas signé, bien entendu.
2. On pourrait objecter à cette théorie que M. Br. et Théophilus pœnitens ont été remis en possession de leurs pactes et ont pu les détruire; le pacte n'entraîne donc aucune conséquence irrémédiable. Ces deux cas sont exceptionnels : M. Br. n'était pas consentant puisqu'il ne croyait faire qu'une plaisanterie; Théophile a pu être rappelé par Dieu qui lui a envoyé le repentir, parce que toute sa conduite passée plaidait pour lui, ce qui est loin d'être le cas des pactisants ordinaires, puis pour d'autres raisons qu'il serait trop long d'exposer. Et encore, il n'a pu réussir que très difficilement et par l'intermédiaire de la Sainte Vierge sur la puissance de laquelle il y aurait aussi beaucoup de ehoses à dire.

Le 4 juillet 1898.

Monsieur le Directeur,

Pour répondre à la boutade de notre oncle « que l'âme d'un homme capable de traiter avec le prince du mal lui revenant de droit, Satan est bien bon de se mettre à ses ordres pour gagner une âme qui lui est dévolue par avance », il faut d'abord s'entendre sur ce mot « Satan » et considérer que ce n'est pas une individualité, mais un terme désignant la collectivité des esprits du mal.

Il y a deux grandes divisions des esprits, ou entités qui vivent sur des plans dont la majorité des hommes n'a pas conscience : les esprits de lumière et ceux de ténèbres.

Si on les considère d'un point de vue plus général, ce sont les deux grandes forces de l'évolution, son courant positif et son courant négatif.

Les premiers entraînent le monde vers la spiritualité, les seconds vers la matérialité, et ce par l'appât des jouissances diverses qui sont l'apanage de cette dernière.

L'homme doit à un moment de son évolution choisir consciencieusement l'un des deux courants; par le premier il va vers l'immortalité, par le second vers l'annihilation (la seconde mort des Ecritures) mais il peut toujours jusqu'au moment du choix définitif — et si bas qu'il soit tombé — reprendre par un violent effort l'ascension vers les forces de lumière. De là les efforts des esprits noirs pour retenir leurs recrues afin de créer, pour ainsi dire, de la matérialité et retarder le plus possible la désintégration qui les attend.

Quant au curieux phénomène qui fait sourire ce bon Sarcey, les traces de brulûres relevées sur le pacte, cela n'étonnera aucun étudiant de l'occultisme. En effet, pour faire passer un objet matériel de notre plan de conscience sur celui qui lui est immédiatement supérieur et que nous appellerons si vous voulez plan physique, il est nécessaire d'appliquer à cet objet des forces capables de le désintégrer jusqu'à un certain point; de même, par exemple, que le calorique est employé pour faire passer l'eau à l'état de gaz. Or ces forces sont corrélatives sur ce plan de celles que nous connaissons ici-bas sous les noms de chaleur, électricité, etc.

Si bien manipulées que soient ces forces, cela ne va pas sans laisser quelquefois des traces, si, comme dans le cas présent, l'opération est double : le papier désintégré étant ensuite reconstitué sur notre plan plus dense, par le retrait brusque de la force, qui le maintenait dans son extrême division moléculaire.

Veuillez agréer, monsieur le directeur, mes sincères salutations.

LASCARIS.

« Ne damnons personne! » dit à Suzon le bon curé de Béranger. M. Sarcey qui ne doute de rien (sauf du surnaturel) damne intrépidement tout homme « capable de traiter » avec le prince des Enfers, Mais si l'homme raisonnable, à l'exemple de Solon, sait attendre la mort de son semblable pour le qualifier d'heureux, le bon catholique ne doit pas même affirmer la damnation d'une personne, avant comme après son trépas : j'excepte uniquement le cas où ce fait aurait été exceptionnellement connu grâce à une révélation surnaturelle approuvée par l'Eglise. Nous avons, il est vrai, l'habitude de nous exprimer affirmativement ou négativement, au sujet d'autrui, d'après des probabilités dont la valeur équivaut quelquefois pratiquement, à la certitude pour ce qui concerne la vie actuelle.

Voici une chanteuse de café-concert qui souille tous les soirs la mémoire et l'imagination de centaines d'auditeurs : sera-t-elle damnée? Nous n'en savons rien! Sera-t-elle un jour béatifiée? Nous n'en savons rien. Rochefort sera-t-il damné? Nous n'en savons rien Et M. Sarcey, lui-même, le pauvre ignorant! C'est encore moins certain!

Feuilletez la vie des saints : vous y trouverez les noms de plusieurs personnes dont la vie a été souillée d'abord par le vice et même par le crime, et qui ont eu une haine farouche à l'égard de la religion catholique. Qu'un de ces criminels ait signé un pacte démoniaque : cela n'eût été qu'un crime de plus. Ce crime est d'une gravité effrayante : mais personne ne doit en conclure que l'âme d'un homme capable de le commettre revienne *de droit* à Satan; car personne ne peut savoir ce que fera cette volonté humaine, et quelles grâces de conversion lui seront offertes. Satan, ne pouvant le savoir, raisonnera comme nous par approximation s'il juge avantageux de conclure un pacte formel. — Des pactes ont-ils été conclus? Je n'ai pas encore trouvé de documents authentiques, signés en toutes lettres de témoins croyables, qui me permette de l'affirmer.

TIMOTHÉE.

Monsieur Mery,

La réfutation de l'assertion de M. Sarcey se trouve dans l'article de M. Sarcey lui-même; car il dit plus loin : « Ces croyances persistent dans l'âme longtemps après que l'on croit en être débarrassé. »

La conséquence de cette seconde assertion est qu'une âme peut toujours être sauvée tant qu'il lui reste assez de foi pour influencer sa volonté dans le sens du bien et du vrai. Le diable le sait fort bien, et il préfère une signature. Il a des notions et un pouvoir qui nous sont inconnus, et nous ne pouvons pas juger s'il se donne du mal pour octroyer les faveurs par lesquelles il achète une âme. Mais pour être imbécile, il est loin de l'être, et si quelqu'un fait un marché de dupe en lui vendant son éternité pour si peu, ce n'est certes pas lui.

Les dupes sont ceux qui, oubliant l'Évangile où l'existence du diable est attestée cent fois, en sont néanmoins arrivés à la nier.

L'Évangile est vrai ou ne l'est pas; et il est plus qu'imprudent de traiter de fariboles les choses qui y sont certifiées. Espérons pour M. Sarcey, qu'il n'en est pas encore à nier l'Evangile; mais il est diablement illogique. Il devient tout à fait incohérent lorsqu'il s'écrie : « Oh! qu'il est difficile de ne croire qu'à la raison. » Il pourrait ajouter que c'est même impossible quand ce qu'on prétend être la raison, est si peu raisonnable, et si mal raisonné.

M. Sarcey est sans doute de ceux qui disent ne pas croire aux miracles, et ne s'aperçoit pas qu'il nous en découvre un qui n'est pas banal : n'est-il pas en effet miraculeux de voir un homme de tant d'esprit ayant perdu toute notion de logique? C'est le miracle de l'aveuglement qui se produit fréquemment chez les gens qui s'admirent trop; nous montrant que chez ceux qui abandonnent le Saint-Esprit, il n'y a plus d'esprit sain; bien qu'il leur reste de l'esprit. Mais pour de l'esprit qu'il faut payer par tant d'incohérence, j'aime mieux être traité par M. Sarcey d'abonné naïf et badaud de l'*Echo du Merveilleux;* que lui-même, d'ailleurs, ne dédaigne pas de lire.

Agréez, Monsieur, mes salutations très distinguées.

H. L.

ÇA ET LA

La bonne dame d'Harfleur. — Nous avons déjà entretenu nos lecteurs de la bonne dame d'Harfleur, Mme de Mondétour, qui a opéré nombre de cures remarquables par la simple imposition des mains.

Or, des guérisons étonnantes ayant eu lieu, paraît-il, depuis quelques mois, les médecins de la région se mirent en campagne et réussirent à faire ouvrir une instruction contre Mme de Mondétour. L'instruction se termina, au bout de deux mois, par un non-lieu, après la comparution de soixante témoins guéris par la simple imposition des mains. Il n'y avait donc pas exercice illégal de la médecine.

Les Esculapes, en désespoir de cause, auraient conclu à un cas de folie mystique!

Une des grandes particularités de l'état psychique de Mme de Mondétour est de voir constamment ce qu'elle nomme ses *Anges guides*.

Ils lui indiquent le siège du mal et la partie à toucher qui est souvent bien éloignée de ce siège. Depuis quelque temps elle agit par le souffle en même temps que par l'imposition des mains et, chose extraordinaire, tantôt ce souffle répand une odeur de vanille, tantôt de rose, tantôt de tubéreuse, etc... et les malades, nous dit-on, sont unanimes à le constater.

Il y a quelques mois, lorsqu'elle sentait elle même ces odeurs, que les malades ne percevaient pas encore, et qui se manifestaient assez rarement, elle était prise de syncopes qui la laissaient dans une grande prostration pendant quelques heures.

Le rêve de Mme de Mondétour, rêve généreux, serait de pouvoir transformer un vaste établissement voisin de chez elle en une sorte d'hospice pour les enfants malades.

***

Saint Judas le diffamé. — A propos de l'article de notre collaborateur Roger l'Ours sur saint Judas le diffamé paru dans le dernier numéro de l'*Echo*, notre ami M. Ch. Chauliac nous écrit ce qui suit :

« Le saint Judas dont parle M. Roger l'Ours (page 252-53) est saint Judes apôtre, invoqué depuis des siècles sous le vocable de patron « des causes désespérées » dans l'église Saint-Sernin de Toulouse qui possède le corps de saint Judes, lequel était *cousin* du Christ.

« Dans une curieuse prière à saint Judes composée au moyen âge, et que je possède, il est dit que saint Judes, cousin du Christ, n'a pas grand chose à faire au ciel, son nom de Judes le faisant confondre avec le traître Judas Iscariote et c'est pour cela, ajoute naïvement la prière, qu'il s'occupe très vite d'exaucer les prières qu'on lui adresse, même pour les causes désespérées, heureux qu'il est de voir qu'il n'est pas complètement oublié de tous et jaloux d'utiliser son influence.

« Le culte de saint Judes est très vivace à Toulouse et dans tout le midi de la France. On va en pèlerinage à la châsse de saint Judes dans l'église Saint-Sernin et de nombreux cierges brûlent constamment devant ses reliques. Je possède beaucoup de documents sur ce sujet et aussi une statue de saint Judes patron des causes désespérées, copiée sur l'antique statue existant à Saint-Sernin. M. Roger l'Ours se trompe donc en attribuant à Mgr Le Courtier l'érection de cette dévotion que le moyen âge à léguée aux Toulousains. »

***

Le miracle de saint Janvier. — Le miracle de la liquéfaction du sang de saint Janvier se produit, à ce qu'assurent quelques personnes, chaque année lors de la procession avec le chef et le sang du saint.

Elle a eu lieu cette année à Naples, le 30 avril. *La Croix* du 7 mai la relatait en ces termes :

« La procession est sortie de la cathédrale de Saint-Janvier pour se rendre à l'église de Santa-Chiara où le miracle de la liquéfaction du sang s'est opéré au bout de quarante-cinq minutes de prières.

« Après un *Te Deum* les reliques ont été rapportées en procession solennelle à la cathédrale.

« Sur le parcours, toutes les maisons étaient splendidement illuminées, et dans la soirée on a tiré des feux d'artifice sur plusieurs places publiques.

« Le lendemain dimanche, le miracle s'est opéré de nouveau, même au bout de deux minutes; seulement, on a remarqué qu'un caillot de sang restait au milieu de la masse bouillante; il en fut de même dans la matinée du 3 mai. »

Or, la tradition veut que lorsqu'un caillot se voit dans le sang bouillonnant de saint Janvier, ce soit d'un présage funeste.

Il est donc curieux de remarquer, si le fait rapporté plus haut est exact (ce que nous ne pouvons affirmer), que les émeutes de Milan eurent lieu, en effet, peu de temps après.

***

Statue animée. — D'un de nos lecteurs, M. H. L...

« Notre-Dame de Nanteuil, près Montrichard, sur la rive droite du Cher, est l'objet d'un pèlerinage suivi depuis le XIIe siècle.

« En 1792, lorsque commencèrent les persécutions religieuses, les traits de la statue exprimèrent une tristesse profonde. Pendant un jour entier, des larmes coulèrent de ses yeux. Le prodige dura même pendant les derniers mois de 1792. La nuit, quand la foule des pèlerins inondait la chapelle, les larmes brillantes de la Vierge suffisaient à éclairer l'enceinte. Toute la ville de Montrichard et les habitants du pays voulurent se rendre compte du prodige; les plus incrédules furent convaincus de la réalité. »

***

La lecture de la pensée. — Le célèbre liseur de pensée Ninoff, si applaudi à la Bodinière et dans les salons, s'est surpassé devant nous, au cours d'une brillante soirée donnée jeudi dernier par M. et Mme Hugo d'Alési, le peintre paysagiste bien connu des Compagnies de chemin de fer, dans leur bel appartement de la place Pigalle.

Voici l'une des curieuses expériences qu'il a réussies, guidé mentalement, sans contact, par l'un ou l'autre des assistants.

Sur l'ordre mental d'un médecin bien connu, le Dr A... Ninoff est allé chercher à l'autre bout du vaste atelier un volume, l'a ouvert à la page voulue et en a désigné une ligne. L'expérience avait été arrêtée et ses conditions écrites, par le Dr A... et quelques personnes « Ninoff ira chercher le tome 5 du dictionnaire Larousse, il l'ouvrira à la page 105 et lira la seconde ligne de la première colonne. » Toute cette expérience compliquée a parfaitement réussi, sauf que Ninoff n'a pas lu la ligne, l'a seulement marquée de l'ongle.

Peut-être aurons-nous occasion de revenir sur ces curieuses expériences.

***

Le téléphote ou télectroscope. — On annonce qu'un maître d'école polonais (Autriche), nommé Szczepanik, aurait inventé un appareil merveilleux qui ne serait autre chose qu'un téléphone visuel, transmettant au loin des vibrations susceptibles d'impressionner la rétine.

Ces vibrations, émanées de l'objet éclairé, paysage par exemple, seraient enregistrées par un récepteur spécial, en sélénium, puis transmises par un fil électrique jusqu'à l'appareil destiné à reproduire le paysage tel qu'il a été pris par le récepteur. Sous toutes réserves jusqu'à plus ample information.

***

L'emplacement de l'enfer. — Un de nos abonnés nous adresse la note suivante qu'il nous prie d'insérer :

« On lit dans l'*Echo du Merveilleux* du 1er juillet, page 259, que le professeur Bautz a découvert par ses recherches l'emplacement précis et définitif de l'enfer, qui se trouve au centre de la terre.

« Cette assertion existe déjà dans la « Cité Mystique » de Marie d'Agreda, (liv. I, chap. VII). Il est dit dans ce livre si riche en révélations, ce qui suit :

« Dieu créa conjointement avec le ciel empyrée, la terre
« pour y former l'enfer en son centre; car, dans le même
« instant qu'elle fut créée, il se trouva, par la divine dispo-
« sition au milieu de ce globe, des cavernes fort profon-
« des et spacieuses, capables d'y contenir l'enfer, les lim-
« bes et le purgatoire. En même temps il fut créé dans
« l'enfer un feu matériel et toutes les autres choses qui y
« servent à présent à tourmenter les damnés. »

« Puisqu'il y a accord entre ce livre révélé et les déductions du professeur Bautz il serait très intéressant pour les lecteurs de l'*Echo*, de connaître la nature et les procédés de recherches qui ont conduit à cette conclusion. »

***

Chez Ener. — Jeudi 7 juin, on a continué, dans l'atelier de M. Ener, les expériences de suggestion musicale dont nous avons déjà parlé. Elles ont donné, avec Mlle Lina, des résultats absolument remarquables. Nous aurons l'occasion de revenir sur ces expériences, dans un prochain numéro.

GASTON CROSNIER.

Thomas Martin de Gallardon

(*Suite*)

Lettres du sieur Martin, laboureur de Gallardon, écrites à M. l'abbé La Perruque, son ancien curé aujourd'hui résidant à Versailles.

Dimanche, 28 janvier 1821.

Monsieur le curé,

Je vous écris pour vous donner connoissance d'une chose qui m'est arrivée mardi dernier étant à charrue. J'ai entendu une voix qui m'a parlé, sans avoir vu personne et on m'a dit : *fils de Japhet, arrête, et fais attention aux paroles qui te sont adressées.* Au même moment mes chevaux se sont arrêtés, sans que je n'aie rien dit parce que j'ai été bien surpris. Voilà les paroles qu'on m'a dit.

Dans cette grande région, il est planté un grand arbre, et sur la même souche il en est un autre qui est inférieur au premier. Ce second arbre a deux branches dont l'une des deux a été fracassée, et aussitôt après elle s'est desséchée par un vent furieux, et ce même vent ne cesse pas de souffler. A la place de cette branche il en est sorti une autre branche jeune, tendre, qui la remplace, mais ce vent qui est toujours agité s'élèvera un jour avec de telles secousses qu'il détruira ces arbres avec leurs branches, qu'il n'en restera à aucun rejeton, et après cette catastrophe épouvantable, les peuples seront dans la dernière désolation. Prie, mon fils, que ces jours soient abrégés; invoque le Ciel que ce vent fatal sortant du nord-ouest, soit barré par des carrières puissantes, et que ses progrès n'aient rien de fâcheux. Ces choses sont obscures pour toi, mais d'autres les comprendront facilement.

Voilà, Monsieur, ce qui m'est arrivé mardi 23 janvier, vers une heure après midi. Je ne comprens rien à cela. Vous me marquerez si vous comprenez quelque chose. Je n'ai parlé à personne de tout cela, pas seulement à ma femme, car je ne veux pas qu'il en soit mention, car le monde est méchant. J'étois résolu de garder tout cela sous silence, mais je me suis décidé à vous écrire aujourd'hui, parce que cette nuit je n'ai pu dormir, et j'ai toujours eu ces paroles dans la mémoire, et je vous prie de garder le secret parce que le monde s'en moqueroit.

Monsieur, on m'a traité de fils de Japhet, je ne connois personne dans notre famille qui porte ce nom. On peut bien s'être trompé, on m'a peut-être pris pour un autre. Monsieur, j'attends de vous une réponse le plutôt possible. Vous la remettrez au père Armand. Ne la mettez pas à la poste, car on pourrait la décacheter comme on l'a déjà fait, et moi je vous l'envoie aussi par le père Armand. Comme cela, ça sera sûr. Monsieur, en attendant de vos nouvelles, je prie le Seigneur qu'il ne vous arrive rien de fâcheux. Je me fie à vous, ne parlez de ces choses à personne, pas même à Mme Grangé, et j'attends de vous une réponse dimanche soir, 4 février.

Signé : THOMAS MARTIN.

Du 8 février 1821.

Monsieur,

J'ai reçu dimanche votre lettre; je vous avois défendu de parler de ce que je vous ai marqué, j'ai eu tort, parce que cela ne peut pas rester caché; il faut nécessairement que cela passe devant les grands et les premiers de l'Etat, pour qu'on voie le danger dont ils sont menacés, parce que ce vent dont je vous ai parlé avant peu va faire de terribles désastres, car ce vent tourne toujours autour de l'arbre. Si on n'y fait pas attention, avant peu il va être renversé. Dans le même moment, l'autre arbre avec ce qui sort de lui éprouvera le même sort. Hier la même parole est venue me parler, et je n'ai rien vu, et il faut nécessairement le faire savoir. Mais il faut le confier à ceux qui n'en feront pas grand bruit. Vous connaissez des gens savans qui pourroient bien vous dire tout comme vous pourrez vous y prendre. Si Versailles n'étoit pas si loin de Gallardon, j'aurois été vous voir pour vous dire tout ce qui m'a été dit. Mais c'est trop loin, j'ai mon ouvrage à faire, et il n'est pas possible de quitter. Toutes ces choses m'inquiètent beaucoup, et je ne sais pas comment entendre parler et ne rien voir en plein jour. Je remets tout entre les mains de Dieu.

Signé : THOMAS MARTIN.

Du 21 février 1821.

J'ai eu une grande frayeur ce matin. Il étoit neuf heures; j'ai entendu un grand bruit auprès de moi et je n'ai rien vu, mais j'ai entendu parler après que le bruit a été apaisé et on m'a dit : *Pourquoi avez-vous eu peur? Ne craignez point, je ne viens pas pour vous faire aucun mal, vous êtes surpris d'entendre parler et de ne rien voir; ne vous étonnez pas; il faut que les cho-*

ses soient découvertes; il ne vous arrivera rien. Je me sers de vous pour vous envoiez, comme je suis envoié. Les philosophes, les incrédules, les impies ne croient pas que l'on voie leurs démarches, mais il faut qu'ils soient confondus. Ne craignez point qu'on dise que vous avez quelque maladie qui vous fasse agir ainsi. Je vous déclare que vous n'avez aucune maladie et que les docteurs en médecine les plus habiles ne sauroient rien trouver en vous. Vous avez été jusqu'à ce jour exempt de toute maladie, et c'est pour cela que je me sers de vous Demeurez tranquille et continuez à être ce que vous avez été. Vos jours sont comptés, et il ne vous en échapera pas un seul. Je vous défens de vous prosterner devant moi, parce que je ne suis qu'un serviteur comme vous.

Je ne peux point vous marquer ce qu'on m'a dit, parce que l'annonce n'est pas bonne et je crains que tout ce qui m'a été dit arrive. Il faut toujours prier et ne pas se lasser de prier pour apaiser la colère de Dieu, pour qu'il nous pardonne et enfin qu'il nous délivre des maux que nous sommes menacés. La première fois j'étois à labourer aux vallées de Marolle, la seconde fois au chemin d'Armenonville à Marolle, et aujourd'hui au chemin d'Epernon.

Monsieur, je suis bien en peine comment ces choses se passeront. On m'a dit que celui qui a porté le coup à Charles Ferdinand d'Artois, voilà comme on me l'a nommé, a été bien trompé, car celui qui lui a fait faire le coup lui avoit toujours promis qu'on ne lui feroit rien, et qu'il ne déclare rien; et il avoit toujours cette espérance jusqu'au moment d'être exécuté, qu'il croyait que c'étoit une feinte pour lui faire découvrir qui lui avoit donné ce conseil; et ce même jour il ne devoit point en échaper.

Monsieur, voilà ce qui m'a été dit; je ne sais point quelle est la personne qui me parle. Il a la voix assez forte et bien claire. J'ai eu la pensée de parler, mais je n'ai pas osé à cause que je ne voiois personne.

Signé : Thomas Martin.

Gallardon, 26 février 1821.

Monsieur,

C'est samedi dernier 24 février que j'ai eu une grande frayeur, car j'ai entendu un grand bruit autour de moi; mais il n'a pas duré long-tems, et cette même voix m'a dit que le crime étoit à son comble et je n'ai encore rien vu. J'étois à labourer auprès de la Justice, et vous voiez qu'il n'y a pas d'endroit qu'on ne me trouve. Monsieur, vous me marquez que je ne vous ai rien marqué dernièrement, parce que l'annonce n'étoit pas bonne. On m'a dit : « Qu'il n'y avoit pas « d'endroit que les iniquités étoient plus grandes « (qu'en France), que la nation étoit couverte de tou- « tes sortes de crimes, qu'ils ont porté leurs mains « sacrilèges sur l'oint du Seigneur, qu'on a porté le « venin et le désordre dans toutes les nations, et toute « la nation est coupable plus ou moins des crimes « qui ont été commis, et qu'elle commet encore tous « les jours. On m'a dit que Charles Ferdinand a suc- « combé sous le fer meurtrier dans les jours que se « commettent les plus grands désordres, et cette année « les crimes sont toujours les mêmes et encore plus « grands, et que le coup étoit mortel sur le champ' « mais qu'il a encore vécu outre le cours de la na- « ture, ce qui a paru surprenant à tous ceux qui ont « été les témoins, parce qu'on m'a dit qu'il avoit été « frappé de la même manière qu'Henri IV, et qu'il « n'a pu achever la parole qu'il vouloit prononcer et « que son dernier soupir a été de se recommander à « Dieu notre divin sauveur. »

Monsieur, je ne sais pas si les désordres sont aussi grands à Versailles comme dans notre pays. Hier ils ont commencé à deux heures et ont fait leur vacarme tout durant vêpres. On a dit qu'ils vont à Epernon, et qu'ils doivent partir à midi. Vous pensez bien qu'on n'aura que faire de chanter ni messe, ni vêpres pour eux, durant que le Saint Sacrement sera toute la journée exposé.

Monsieur, voilà ce que je vous marque pour le présent.. Je ne puis pas entrer dans de plus grands détails.

J'ai l'honneur d'être, etc...

Signé : Thomas Martin.

(*A suivre.*)

A TRAVERS LES REVUES

Dans la très intéressante Revue des traditions populaires, Mélusine (mai-juin), nous extrayons d'un article sur la fascination, le passage suivant qui indique sommairement comment chez divers peuples on croit se préserver des sortilèges.

Chez les Gallo-Romains, pour se préserver des sortilèges, il fallait s'asseoir en chantant. Le son et la mélodie des instruments neutralisent les effets des opérations des démons, « ce qui paroit trouver son fondement dans le premier livre des Rois, où il est dit que toutes les fois que l'esprit malin agitoit Saül, David avec sa harpe en moderoit les vexations et l'Eglise emploie les cloches contre les hostilitez de cet ennemy. » « Les Sorcieres confessent, que, si pendant qu'elles sont reportées du Sabbat par leurs demons, quelque Cloche vient à sonner, aussitost ces porte-faix iettent là leur charge en terre, et s'enfuyent tout estonnez, et saisis de frayeur. » La sonnerie des cloches durant la nuit de sainte Agathe préserve de certains maléfices. En Allemagne, en Bohême et dans le canton de Glarus, les cloches, les fragments de cloches et la graisse dont on enduit au sommet de ces dernières, l'anneau qui supporte le battant, préservent des maléfices et des maladies ; dans l'Oberpfalz, leur son fait tomber des nuages les sorcières. Les coups de fusil et tous les bruits violents préservent également de ces dernières ; dans certaines parties de l'Allemagne, durant la nuit de Walpurgis, les hommes se rassemblent sur une hauteur, particulièrement dans un carrefour, et font claquer, en cadence et en croix, des fouets ; dans l'Oberpfalz, quand le bétail, au printemps, arrive au pacage, le berger fait, à trois reprises, claquer son fouet au nom de la Trinité ; aussi loin que s'étend le son, les sorcières n'ont aucun pouvoir ; ailleurs le berger souffle dans sa corne ; les sorcières ne peuvent, durant une année, venir dans le rayon parcouru par le son. Chez les Romains, le son de la cloche faisait fuir les ombres.

A Proaza, Asturies, on suspend au cou des animaux à l'instant où ils naissent, une clochette : lorsqu'on veut les fasciner, elle se brise en deux morceaux et l'animal reste indemne. Dans la province de Naples, on attache au cou des enfants une clochette de cuivre jaune dite de *Saint Antoine*, parce que les frères quêteurs de cet ardre allaient jadis de maison en maison faisant sonner la cloche de cuivre jaune qu'ils tenaient à la main et disant :

Sant' Antuono auto e potente,
Che passasti lu levante e lu ponente,
Libera 'sta devota
De lu ffuoco 'nfernale e ffuoco ardente.
Da mala lengue e da la mala gente.
Mamma de la Potenza,
Dance salute, forza e pruvedenza,
Et lu santu timore di Dio!

En Albanie et en Turquie, on se préserve des sorts en tirant des coups de pistolet. Dans la Haute-Albanie, les femmes qui habitent les montagnes placent dans leurs cheveux, de chaque côté du visage, des chaînettes auxquelles sont appendues de petites pièces d'argent qui sonnent lorsqu'elles marchent ; en Grèce les pièces de monnaie utilisées comme ornements sont souvent disposées de manière à s'entrechoquer ; peut-être trouverait-on trace d'une idée analogue chez les nombreuses peuplades d'Europe, d'Asie et d'Afrique, où les femmes font entrer dans leur costume une certaine quantité de *crepundia*. Dans la Grande Russie, on préserve du mauvais œil les chevaux en insérant dans leur harnachement des clochettes et des grelots. Au Montenegro, le son des cloches fait fuir les sorcières ; à l'aube de la Saint-Georges, on souffle dans des sifflets d'écorce de frêne ou de figuier, dans tous les endroits où le son parvient, les sorcières ne peuvent nuire. En Chine, afin que les cloches, le plus commun de tous les talismans, portent bonheur, on leur sacrifie des chèvres ; leur puissance est telle que l'on porte, à la place de la cloche elle-même, son image brodée ou peinte sur les vêtements. A Sierra-Leone, les noirs attachent aux chevilles de leurs enfants, pour préserver ceux-ci du mauvais œil, de petits grelots ; au Congo, on porte des clochettes au cou.

La Revue Spirite (juillet) reproduit sous le titre de *Les Frontières de la Physique*, la communication faite par M. de Rochas au Congrès international de Spiritualisme le 22 juin dernier, à Londres. Voici quelques passages de cette intéressante lecture :

Est-il plus difficile d'admettre les raps et les mouvements des tables que la danse de l'assiette dont M. André a rendu compte à l'Académie des sciences dans la séance du 2 novembre 1885?

Le samedi 13 juin 1885, vers 8 heures du soir, il était à table, dans une chambre attenante à la tour d'un phare, dans la partie nord-ouest de cette tour ; tout à coup, il vit une bande brumeuse d'environ deux mètres de large, se détacher de l'arête supérieure de la muraille à laquelle il faisait face, et obscurcir soudainement cette dernière, en même temps que sous la table, à ses pieds, se produisait un bruit sec, sans écho ni durée, et d'une violence extrême. La sonorité a été celle qu'aurait produite le choc formidable, de bas en haut, d'un corps dur contre la paroi inférieure tout entière de la table, laquelle, à sa grande surprise, n'a pas bougé, non plus que les divers objets qui la garnissaient.

Après cette détonation, son assiette pivotait et exécutait sur la table plusieurs mouvements de rotation, sans aucun bruit de frottement, ce qui prouve qu'à ce moment l'assiette avait quitté la table, sans toutefois s'en éloigner sensiblement. L'assiette et la table restèrent intactes,

Ces phénomènes dont on a vainement essayé de donner une théorie, se produisent quelquefois dans mosphère complètement sereine sans faire aucun bruit et peuvent persister pendant plusieurs jours.

La lévitation du corps humain n'est pas plus inexplicable que le transport par l'électricité de lourdes masses et même de corps humains vivants qui n'en éprouvent souvent aucun dommage. M. Monteil, secrétaire de la commission archéologique du Morbihan cite parmi les effets d'un coup de foudre qui s'est produit à Vannes, le 5 décembre 1876, à 10 heures et demie du soir, la dislocation d'une muraille, la projection au loin de pièces de bois et enfin le *transport d'une malade infirme, de son lit sur le parquet de sa chambre à une distance de 4 mètres, bien que cette chambre se trouvât à près de 300 mètres du lieu où la foudre avait directement exercé son influence.*

Daguin parle même de personnes transportées à 20 ou 30 mètres.

On a observé fréquemment le déshabillement complet de gens foudroyés et le transport à une assez grande distance de leurs vêtements ; l'épilation de leur corps entier, l'arrachement de la langue ou des membres.

M. de Rochas cherche ensuite à expliquer les phénomènes dont les « sujets » sont les agents.

Chez certaines personnes qu'on appelle des *sujets*, l'adhérence du fluide nerveux avec l'organisme charnel est faible, de telle sorte qu'on peut le déplacer avec une facilité extrême et produire ainsi les phénomènes connus d'hyperesthésie et d'insensibilité complète, dus soit à l'auto-suggestion, c'est-à-dire à l'action de l'esprit du sujet lui-même sur son propre fluide, soit à la suggestion d'une personne étrangère dont l'esprit a pris contact avec le fluide du sujet.

Quelques sujets, encore plus sensibles, peuvent projeter leur fluide nerveux, dans certaines conditions, hors de la peau, et produire ainsi le phénomène que j'ai étudié sous le nom d'*extériorisation de la sensibilité*. On conçoit sans peine qu'une action mécanique exercée sur ces effluves, *hors du corps*, puisse se propager grâce à eux et remonter ainsi jusqu'au cerveau.

L'extériorisation de la motricité est plus difficile à comprendre et je ne puis, pour essayer de l'expliquer que recourir à une comparaison.

Supposons que, d'une manière quelconque, nous empêchions l'agent nerveux d'arriver à notre main ; celle-ci deviendra un cadavre, une matière aussi inerte qu'un morceau de bois, et elle ne rentrera sous la dépendance de notre volonté que lorsqu'on aura rendu à cette matière inerte la proportion exacte de fluide qu'il faut pour l'animer. Admettons maintenant qu'une personne puisse projeter ce même fluide sur un morceau de bois en quantité suffisante pour l'en imbiber dans la même proportion; il ne sera point absurde de croire que, par un mécanisme aussi inconnu que celui des attractions et des répulsions électriques, ce morceau de bois se comportera comme un prolongement du corps de cette personne.

Ainsi s'expliqueraient aussi les mouvements de tables placées sous les doigts de ceux qu'on appelle des *médiums*, et en gédéral tous les mouvements *au contact* produits sur des objets légers par beaucoup de sensitifs, sans effort musculaire appréciable. Ces mouvements ont été minutieusement étudiés par le baron de Reichenbach ; il les a décrits dans cinq conférences faites en 1856 devant l'Académie I. et R. des sciences de Vienne.

On comprend même la production de mouvements nécessitant une force supérieure à celle du médium par le fait de la chaîne humaine qui met à la disposition de celui-ci une partie de la force des assistants.

Mais une hypothèse aussi simpliste ne rend pas compte de tous les phénomènes et on est amené à la compléter ainsi qu'il suit :

L'agent nerveux se répand le long des nerfs sensitifs et moteurs dans toutes les parties du corps. On peut donc dire qu'il présente dans son ensemble la même forme que le corps, puisqu'il occupe la même portion de l'espace, et de l'appeler la *double fluidique* de l'homme, sans sortir du domaine de la science positive.

De nombreuses expériences qui malheureusement n'ont eu en général pour garant que le témoignage des sujets, semblent établir que ce double peut se reformer en dehors du corps, à la suite d'une extériorisation suffisante de l'influx nerveux, comme un cristal se reforme dans une solution quand celle-ci est suffisamment concentrée.

Le double ainsi extériorisé continue à être sous la dépendance de l'esprit et lui obéit même avec d'autant plus de facilité qu'il est maintenant moins gêné par son adhérence avec la chair, de telle sorte que le sujet peut le mouvoir et en accumuler la matière sur telle ou telle de ses parties de manière à rendre cette partie perceptible au sens du vulgaire.

C'est ainsi qu'Eusapia formerait les mains qui sont vues et senties par les spectateurs.

Le manque de place nous force à citer seulement le nom des Revues suivantes que nous avons reçues : *Die ubersinnliche Welt* (Le monde supra sensible) de Berlin; *Light*, de Londres ; la *Constancia*, de Buenos-Aires ; la *Tromba Apocalyptica*, de Modène ; le *Messager de Liège*, le *Phare de Normandie*, la *Radiographie*, l'*Hyperchimie*, la *Paix universelle*, la *Science Française*, *Matines*, l'*Initiation*.

H. V.

LES LIVRES

Les Quotidiennes (vie), *avec quelques lettres anonymes*, par Alexandre Hepp (Ernest Flammarion, éditeur).

Ces brèves observations, écrites au jour le jour, sur les hommes et les choses, ont paru pendant l'année 1897. On pourra parler de cette année-là à l'auteur des *Quotidiennes*. Il la connaît. Non pas comme le voyageur, emporté par le rapide, qui, de son coin, distrait, oisif, regarde seulement les paysages se succéder dans le cadre de la portière, mais comme celui qui, le crayon en main, fixe le détail entrevu, l'impression éphémère, le fugitif tableau, et veut chercher dans ce qu'il rencontre l'occasion de penser.

Les Quotidiennes sont un livre extraordinairement varié, vivant et frémissant.

***

Légendes et Contes du Maine, par Georges Soreau et Marc Langlais (Henri Gautier, éditeur).

Voici comment les auteurs présentent leur œuvre au public :

« C'est un livre sans prétention. Après avoir recueilli les légendes éparses dans divers ouvrages qui les traitaient plus ou moins longuement, et joint les contes populaires transmis par la tradition, nous les avons rajeunis, présentés sous une forme nouvelle, sans contrôler l'exactitude des faits, n'ayant point l'intention de produire une œuvre d'historien et d'érudit, désireux seulement de condenser ces récits en quelques volumes de lecture facile. »

Le Gérant : Gaston Mery.

IMP. NOIZETTE ET Cie, 8, RUE CAMPAGNE-PREMIÈRE PARIS

DEUXIÈME ANNÉE. — N° 38. 1er AOUT 1898 LE NUMÉRO : 50 CENT.

L'ÉCHO DU MERVEILLEUX

REVUE BIMENSUELLE

UN LISEUR DE PENSÉES

On parle beaucoup à Paris, depuis quelques semaines, d'un liseur de pensées, nommé Ninoff. A deux ou trois reprises l'*Echo*, toujours à l'affût de l'actualité, a d'ailleurs mentionné ses expériences ; mais il l'a fait sans enthousiasme et avec une sorte de défiance. Ninoff — qui avait donné ses séances dans les journaux, dans les théâtres, voire dans les cafés du Bois — ne nous apparaissait, à première vue, que comme un prestidigitateur, fort habile assurément, mais par là même n'ayant aucun titre à intéresser les explorateurs du merveilleux. Je le reconnais sans ambages : nous portions sur lui un jugement téméraire. Ninoff n'est nullement un prestidigitateur. Là où on serait enclin à supposer un *truc* il y a très réellement un *don*.

NINOFF Cliché Eoci.

Nombre de sceptiques après avoir assisté à l'une de ses séances, se sont avoués convaincus. Je vais citer quelques exemples : Tout dernièrement, Ninoff se trouvait chez Mme la comtesse Greffulhe. M. Melchior de Vogüé qui était présent se montrait particulièrement incrédule. Il proposa de conduire lui-même une expérience. Mentalement, il donna l'ordre à Ninoff, qui ne connaît pas un mot de musique, d'aller chercher une partition et d'indiquer sur cette partition tel passage déterminé. Ninoff alla chercher la partition, et désigna le passage, sans la moindre hésitation. Une autre fois, dans le même salon, se trouvait M. l'amiral Sallandrouze de la Mornais, non moins incrédule que M. de Vogüé. Tout d'abord, les expériences ne réussirent point, par suite de la présence d'un médecin dont la volonté s'efforçait de contrecarrer la production des phénomènes. Ce médecin parti, il n'y eut plus aucun accroc. L'amiral Salandrouze de la Mornais invita mentalement Ninoff à s'agenouiller ; Ninoff s'agenouilla. Il lui demanda de lire ce qui était écrit sur une de ses cartes enfermée dans son portefeuille; Ninoff lut sans une erreur.

Chez le docteur Apostoli, en présence du docteur Lebon, des expériences analogues furent effectuées avec le même succès.

Chez Mme Dolffus, on assista à l'expérience que voici : Hors de la présence de Ninoff, Mme Dolfus avait caché dans son corsage une lettre, reçue de Bruxelles. « Ninoff, lui dit-elle, quand il arriva, je pense à quelque chose, à quoi? » — « Vous pensez, madame, au contenu d'une lettre, signée Victor Napoléon, que vous avez cachée dans votre corsage. » C'était exact.

Je pourrais citer bien d'autres exemples. Partout où il a été invité, Ninoff a lu, avec la même sûreté, dans la pensée de ses hôtes. Le fait n'étant pas douteux, l'intéressant était de rechercher comment il pouvait se produire, d'essayer d'en déterminer le mécanisme. Je suis donc allé trouver Ninoff et je l'ai *interviewé*.

— Voici, me dit-il, comment je procède. Il ne faut pas croire que je puisse, à toute heure du jour et sans préparation, lire dans la pensée du premier venu. Non. Avant de tenter une expérience, il faut, en quelque sorte, que je me *vide,* que je fasse table rase, dans mon esprit, dans ma volonté. Ces jours-là, je ne mange ni ne bois. La digestion troublerait tout. De plus, je m'isole, je m'annihile, je m'efforce — l'expression est bizarre, mais la chose est réelle — de tuer ma volonté à force de volonté. Je fais, en somme, ce que font les fakirs; mon cerveau devient ainsi une chose inerte et malléable, sur laquelle s'impriment les volontés étrangères. Je suis en un mot un médium; mais un médium conscient.

— Vous vous rendez donc compte de ce qui se passe en vous. Je suppose que je pense le mot *chapeau.* Comment l'idée de chapeau se transmet-elle en vous?

— Cela dépend. Si, au moment où vous pensez *chapeau*, c'est l'image d'un chapeau que vous avez dans l'esprit, c'est cette image-là qui se reflète dans le mien, et alors je vous dis : vous pensez *chapeau.* Mais il pourrait se faire que, dans ce cas, je vous dise : vous pensez *coiffuré*, ou *panama*, ou *gibus*, parce qu'alors je suis obligé d'interpréter l'image. Si, au contraire, au moment où vous pensez *chapeau*, c'est l'image du mot écrit que vous avez dans l'esprit, c'est sans hésitation que je vous dis : vous pensez *chapeau.*

— Mais lorsqu'on vous demande de dire la signature de telle lettre contenue dans le portefeuille d'une personne prise au hasard, comment faites-vous pour la deviner?

— Le problème est un peu plus compliqué; mais il est le même au fond, car je ne puis deviner ce qu'il y a dans le portefeuille, que si la personne à qui il appartient pense à l'objet au moment où l'on m'interroge.

— Est-il toujours nécessaire qu'on ait, présente à l'esprit, l'image que l'on veut vous transmettre, au moment où l'on vous interroge?

— Quand il s'agit de personnes que je vois pour la première fois, oui; quand il s'agit de personnes que je connais, ce n'est pas toujours nécessaire. Il se produit alors en moi un travail analogue à celui que l'on fait lorsqu'on recherche dans sa mémoire une date ou un nom que l'on a oublié. Je recherche dans la mémoire des autres comme je rechercherais dans la mienne, mais il faut pour cela qu'il y ait, entre cette personne et moi, comment dirais-je, une affinité, une sympathie... Sans cela rien ne se produit.

Ninoff analysa quelques instants encore ses sensations, puis je lui demandai :

— Croyez-vous que, en principe, cette lecture de pensées soit possible pour tous les hommes?

— En principe, oui, car ce n'est au fond qu'une question de volonté et d'entraînement. En fait, non, car il est nécessaire d'avoir, outre la volonté, le don. Il y a des gens qui étudieraient pendant vingt ans la musique, et qui ne parviendraient pas à sortir de leur gosier une note juste. Il en est d'autres qui, sans avoir rien appris, chantent merveilleusement, d'instinct, comme le rossignol. Il en est ainsi des lecteurs de pensées. Il faut qu'ils soient *doués.* Mais le don ne suffit pas; il faut y ajouter l'étude, l'application constante, l'apprentissage. Je ne me suis pas, pour ma part, réveillé lecteur de pensée, un beau matin. Oh ! non...

— Comment l'êtes-vous devenu?

— Je faisais mes études de médecine... Depuis

longtemps j'avais la toquade de deviner les pensées de mes camarades... Il y a du phosphore dans le cerveau... Quelqu'un même a dit : « la pensée, c'est du phosphore. » Je m'imaginais que, par le seul rayonnement, ce phosphore pouvait transmettre nos pensées... Je passe. Ce serait trop long de m'expliquer là dessus... Je m'exerçai. J'arrivai à des résultats d'abord très douteux, puis de plus en plus nets. Quand je me crus sûr de moi, je proposai à mon père de donner une séance chez lui. Il y consentit, tout en se moquant de moi. Les invités firent comme mon père. La séance fut absolument ratée. Je ne me décourageai pourtant point. Je partis. Je donnai des séances dans des milieux plus sympathiques. En Amérique, en Angleterre, en Belgique, les plus grands savants ont voulu me voir et, sans rien comprendre à mon cas, se sont déclarés convaincus de la sincérité de mes expériences. Je suis venu à Paris. Là aussi de grands savants ont désiré me voir. Je me suis rendu à leurs désirs. Je leur ai fait mes expériences. Ils les ont trouvés convaincantes. Mais, j'ai le regret de le dire, il m'a semblé qu'en France les savants n'osaient trop haut avouer qu'ils croyaient à ces sortes de phénomènes. Pour tout dire, j'ai trouvé que beaucoup d'entre eux avaient bien plus la peur du qu'en dira-t-on que le désir de la vérité...

— A qui le dites vous, Monsieur Ninoff.

GASTON MERY.

ZOLA ET MLLE COUÉDON

L' « Ange » de Mlle Couédon nous a gardé rancune de la remarque que nous avons faite relativement à l'une de ses prédictions qui ne s'était point réalisée. Nous ne faisons preuve pourtant — en soulignant cette erreur — que d'impartialité. Tous les prophètes, même les plus grands, se sont parfois trompés. On n'a pas pour cela douté de leur don de prophétie.

Aujourd'hui, nous devons constater que, de longs mois avant l'événement, Mlle Couédon avait prédit la disparition de M. Zola.

A plusieurs reprises, en effet, l'*Echo du Merveilleux*, notamment dans les numéros du 15 février et du 1er mars 1898, a relaté les prédictions de la voyante annonçant cette fuite à l'étranger.

Dans la séance du 10 février, Mlle Couédon avait dit en parlant de Zola :

En France il ne pourra rester
Quand il l'aura quittée
Il va contre vous aller...
Vous l'avez trop vanté.
La honte vous est donnée.

Dans la *Libre Parole* du 21 février dernier, j'écrivais :

« Je suis allé hier trouver la Voyante, pour tenter d'avoir quelques renseignements plus précis sur cette fuite prédite du *Père J'accuse* à l'étranger.

L' « Ange » m'a répondu (je résume au hasard des souvenirs) que Zola se couvrirait de plus en plus de honte, et que cette honte rejaillirait sur nous tous. Zola, alors, sentira « le pied lui manquer », il sera obligé de « quitter ». De loin — d'Italie vraisemblablement — avec un *autre* que l' « Ange » ne nomme point, il complotera.

« L'affaire Dreyfus n'est qu'un commencement. Cette affaire va en engendrer une nouvelle. Des foules vont s'ameuter, etc., etc. »

On ne pourra pas dire, cette fois, que la prédiction a été faite après coup. On peut se reporter aux textes.

Nous allons pouvoir juger de la bonne foi de nos adversaires.

Avec une insistance malicieuse, M. Sarcey plaisanta l' « Ange Gabriel » pris en défaut dans ses prédictions sur la date de la chute du Ministère Méline.

M. Sarcey va-t-il, avec la même insistance, publier que, en ce qui concerne la fuite de M. Zola, l' « Ange Gabriel » avait dit vrai ?

G. M.

LE SAINT SUAIRE

Pour faire suite à notre article du 1er juillet, nous donnons ci-dessous quelques renseignements nouveaux publiés dans le *Matin* du 23 juillet :

Un portrait en pied du Christ, voilà certainement de quoi séduire un peintre à la recherche d'un sujet peu banal.

Un de nos compatriotes, M. Albert Battandier, en ce moment en Italie, a eu la bonne fortune de voir deux clichés photographiques obtenus récemment sur le saint suaire religieusement conservé à Turin.

En voici la description exacte : On aperçoit distinctement sur le cliché négatif la figure du Christ, plutôt allongée, ayant une apparence hiératique et dont les traits sont assez clairs pour qu'un peintre puisse en tirer un portrait. On aperçoit, sur la poitrine, les marques très accusées des coups, qui ont fait comme autant de déchirures sur la peau. Les mains sont croisées à la hauteur du bassin, et on distingue nettement, au poignet, la place des clous. Les mains sont longues, effilées, aristocratiques. On voit encore des traces de coups sur les jambes, mais les pieds se perdent un peu dans les replis du suaire.

La partie postérieure du corps, fixée sur le cliché positif est moins claire que la précédente. Cependant on y voit nettement les blessures produites à la tête par la couronne d'épines, et les épaules sont zébrées de traces sombres qui sont les marques de la cruelle flagellation subie par le sauveur du monde.

Ces taches couvrent tout le dos et descendent même plus bas. Le reste est plus effacé.

La photographie de Turin n'est pas une révélation, mais elle est au moins le meilleur et le plus exact des dessins que l'on possède de la figure et de la personne du Christ. L'impression que fait cette photographie est, paraît-il, très profonde, et on sent qu'à travers les incertitudes des ombres on se trouve en présence de celui que l'on a appelé « le plus beau des enfants des hommes ».

Resterait maintenant la question, bien autrement difficile à décider, de savoir si cette impression de la personne du Christ sur le saint suaire est miraculeuse, comme l'indique la tradition, ou si elle a été faite, dans un âge reculé, par des chrétiens pieux, pour mieux indiquer l'usage auquel avait servi cette sainte relique.

Dans le premier cas, le document aurait une importance unique; dans le second, il pourrait en avoir, cela dépendant de l'époque à laquelle aurait été peinte la figure et les éléments que l'artiste aurait eus à sa disposition.

Enfin, comme dernier détail, il est impossible de faire coïncider ce que dit Catherine Emmerich des suaires du Sauveur avec la pièce de lin conservée à Turin. Bien plus : quand elle décrit le miracle qui fit apparaître sur le saint suaire la figure de l'Homme-Dieu, elle le décrit dans des circonstances telles que celles-ci ne peuvent aucunement s'appliquer au saint suaire de Turin ni à aucun suaire connu.

Il paraît qu'un de nos peintres les plus en renom se dispose à faire le voyage de Turin pour y chercher les éléments d'une vaste toile qu'il destinerait au prochain Salon.

LE
MISSIONNAIRE ET LE FAKIR

Mon cher Directeur,

L'histoire du gri-gri racontée par le Père Labat dans un de vos derniers numéros de l'*Echo du Merveilleux* m'a remis en mémoire un fait de mon enfance que peut-être vous trouverez intéressant de conter à vos lecteurs. Le voici, j'en ai été témoin ainsi que mon père et ma mère; cela se passait aux environs de Pondichéry.

Nous étions en pique-nique chez le Père Valatte, missionnaire apostolique, évangélisant dans une *aldée* (village situé près d'un bois). L'ombre et la fraîcheur si recherchées dans les pays chauds, n'avaient pas été un des moindres attraits de cette excursion, projetée depuis longtemps.

Comme cela se fait dans ces genres de parties nous avions apporté de nombreuses provisions, connaissant d'avance la pauvreté évangélique du missionnaire.

Sous le multipliant aux innombrables branches, nous avions installé les nattes blanches et fines destinées à nous servir de table et de siège tout à la fois.

Comme on apportait le kari brûlant et le riz cuit à l'eau et au sel, l'un de nous s'écria :

— Nous avons oublié les mangues !...

On chercha dans les paniers; pas de mangues. Cependant ce fruit exquis était indispensable à la fin d'un bon repas.

Comment faire? Le Père Valatte envoyait des boys dans toutes les directions, lorsque tout à coup, un Indien, sorte de fakir, surgit du bois sans que nous l'ayons entendu venir.

Un collier d'amulettes au cou, un cordon de gri-gri à la ceinture, pour tout costume le *langouti* obligatoire, le front rayé de cendres, il fit quelques pas en se courbant trois fois.

— *Salam! Salam! Salam!*

— *Salam !* que veux-tu?

— *Aï coudou mangapalon* (je t'apporte le fruit du manguier).

— Où ça !

— *Iniki djaldi* (maintenant, tout de suite).

Et, sans attendre la réponse, il se mit à creuser un trou avec ses mains, y planta une petite branche verte qu'il avait dissimulée jusque-là. L'ayant bien consolidée en terre, il commença à tourner autour d'elle avec des attitudes bizarres.

Le Père Valatte qui, plusieurs fois, avait voulu chasser le mendiant, suivait avec une certaine appréhension ces pratiques qu'il devait supposer diaboliques.

— Laissez-le donc faire, cela nous amusera, du moins, si cela ne produit rien, dirent quelques invités. Et le Père sembla se résigner. Pendant ce débat, le fakir tournait autour de sa branche en psalmodiant des invocations brèves, dures, gutturales, qu'il accompagnait de gestes qui semblaient demander la protection du ciel, de l'espace, des esprits.

Pas une minute, il n'abandonna sa plante, lui parlant, l'enveloppant, la caressant presque, faisant le geste de tirer de sa poitrine à lui, le fluide nécessaire à la pousse de la branche.

Blottie dans les jupes de ma mère, je regardais avec un certain effroi le rameau vert qui grandissait visiblement et avait atteint presque un mètre.

Le Père Valatte très agité se promenait avec sa robe blanche et marmottait : « Non, non, je ne peux laissez faire cet homme. Ça sent le roussi, vous ne trouvez pas, vous autres, que ça sent le roussi ? »

Le fakir marquait son impatience à chaque réflexion du Missionnaire ; il lui jetait des regards de travers, sa présence était visiblement nuisible à la réussite du sortilège.

Mais tout à coup le Père Valatte disparaît dans sa payotte.

La branche est devenue un arbuste, les feuilles sont longues et vertes, nos yeux fixés dessus attendent l'apparition de la pousse qui deviendra le fruit. Les gestes du fakir sont de plus en plus pressés, ses paroles aussi, il est haletant.

Soudain, le brave Père revient ; hors de lui, une bouteille à la main, pleine d'eau bénite avec laquelle il asperge généreusement plante et fakir, en criant des mots latins.

L'Indien surpris jette un cri et se sauve en agitant ses bras.

Les domestiques nous racontèrent qu'il tomba presque mort aux premières maisons de *l'aldée* et qu'avec son eau bénite le Père Valatte pouvait le tuer.

La plante, comme frappée de la foudre, gisait par terre.

J'étais pour ma part fort mécontente de l'interruption de cette scène bizarre qui nous privait, nous, les enfants, d'une bonne gourmandise sur laquelle nous avions un instant compté.

J'étais trop jeune pour me rappeler les conclusions que nos amis et le Missionnaire tirèrent de ce fait dont je me suis bornée à vous faire tout simplement le récit.

Recevez, mon cher confrère, l'assurance de mes meilleurs sentiments.

INDIA.

Reportages dans un fauteuil

*** *Les Bêtes démones.*

Il a beaucoup été question des pactes avec le Diable dans les derniers numéros de *l'Écho du Merveilleux*. La plus curieuse forme du pacte, et la moins connue, est assurément celle du pacte qui se conclut par l'intermédiaire d'un animal féroce.

Dans le dernier numéro des *Missions catholiques*, le R. P. Trilly, qui publie d'intéressants souvenirs d'une mission chez les Fangs, rapporte *de visu* plusieurs cas de *nagualisme* au Gabon.

Qu'est-ce que le nagualisme?

L'abbé Brasseur dit, dans ses *Antiquités Mexicaines :*

Les missionnaires ont trouvé un grand obstacle à la conversion des indigènes dans le nagualisme (de *nágual*, génie familier, démon). Tout enfant recevait le nom correspondant au jour astrologique qui l'a vu naître. On le vouait au protecteur visible ou invisible de toute sa vie, à celui qu'il devait regarder, selon l'expression de l'évêque de Chiapos, comme les catholiques regardent leur ange gardien. Le maître ouvrait à l'enfant une veine derrière l'oreille ou dessous la langue, en tirait, à l'aide d'une lancette d'obsidienne, quelques gouttes de sang, qu'il offrait au démon comme une marque de servage et le signe d'un pacte contracté avec le nagual. Ensuite, le maître désignait au père de l'enfant la caverne où, arrivé à l'âge de raison, celui-ci devait se rendre, afin de ratifier en personne le contact avec son *nagual*.

Le P. Burgo a dit, dans sa *Description de Saint-Domingue :*

A son entrée dans la vie, le néophyte est voué à un animal quelconque. Au jour désigné, l'initiateur vient chercher son disciple pour lui présenter l'animal qui lui a été indiqué au jour de sa naissance, et dont il doit partager le sort et la fortune. Au milieu de la nuit, il offre un sacrifice au démon, qui fait venir son nagual sous la forme de l'animal dont il porte le nom, lion, serpent ou crocodile, mais qui se montre alors si doux, si privé, si docile, que le jeune homme ne peut s'empêcher de le caresser et de lui parler comme à un ami intime. Cette entrevue pleine de tendresse est comme le sceau du pacte conclu avec le démon. Dès ce moment, leur sort est tellement lié que, par une permission de Dieu ou par un châtiment positif du ciel sur ces hommes aveuglés, ils sont abandonnés entièrement à l'ennemi du salut. Ils se livrent à lui avec une volonté si complète que Satan leur fait sentir le contre-coup des blessures reçues par l'animal, leur ami et nagual.

Le Père raconte à l'appui cette curieuse anecdote :

Le P. Diégo était un religieux de beaucoup de courage et de sang-froid ; malgré son âge avancé, rien ne l'intimidait. Il reprenait sans crainte, quand ils commettaient quelque chose de répréhensible, tous ceux qui l'entouraient.

De ce nombre fut un Indien, coupable d'une faute très grave. L'indigène en éprouva un vif ressentiment.

Pour se venger, il alla se poster dans une rivière qui

sort du lac, et que le religieux devait traverser pour aller confesser un moribond.

Le P. Diégo prit un des chevaux du couvent et partit tranquillement en récitant son office. A peine fut-il entré dans la rivière avec sa monture qu'il se sentit arrêté, son cheval faisant de vains efforts pour avancer. Ayant baissé la tête pour reconnaître la cause de cette résistance, il aperçut un caïman qui cherchait à entraîner l'animal au fond de l'eau.

A cette vue, le P. Diégo lança son cheval avec tant de vigueur qu'il entraîna le caïman hors de la rivière. Les ruades de la monture et quelques coups de bâton ferré forcèrent le caïman à lâcher prise, et le religieux continua son chemin, laissant le saurien étendu sur le rivage.

En arrivant au lieu où il était attendu, son premier soin fut de raconter ce qui venait d'arriver. Mais, au moment où il achevait de confesser son malade, on lui annonça que l'indigène, puni quelques jours auparavant, venait de mourir, — des suites, avait-il dit, des coups qu'il avait reçus du cheval du P. Diégo. Le religieux alla aux informations: on trouva le caïman mort sur le bord de la rivière, et l'on constata que l'indigène portait effectivement les marques des blessures dont son *nagual* avait dû périr.

Voici maintenant l'aventure racontée par le P. Trilles dans le dernier numéro des *Missions catholiques*.

En ce village d'Ougok, nous avions été reçus par un vieux chef qui, très libéralement du reste nous avait offert la moitié de sa case, se réservant un seul coin de la grande chambre d'entrée. Nos catéchistes couchaient, les uns près de lui, les autres avec moi, dans la petite chambre où reposait ordinairement le vieillard.

La nuit s'était écoulée tranquille, quand soudain, vers les deux heures du matin, je suis réveillé par un froissement de feuilles sèches tout près de moi. J'écarte les plis de ma moustiquaire; j'écoute: rien; je me serai trompé. Je referme ma moustiquaire et me dispose à dormir de nouveau: le même bruit se renouvelle; n'y tenant plus, je saute en bas et frotte une allumette. Horreur.... jugez de mon effroi: un énorme serpent noir, de l'espèce la plus dangereuse, long de près de trois mètres, se tenait immobile, levé dans un coin, la tête dressée, les yeux brillants, sifflant de fureur, prêt à s'élancer. Instinctivement, j'avais déjà sauté sur mon fusil, mettant l'animal en joue. Le coup va partir; déjà les enfants, réveillés en sursaut, ont poussé un cri de terreur folle; mais, au même instant, l'allumette s'est éteinte, mon arme a été relevée d'un coup sec, et la balle s'est perdue en l'air.

« — Ne tire pas, *minissé*, ne tire pas, je t'en prie, s'est écrié le vieux, qui a soudain surgi à mes côtés (c'est lui qui a relevé mon fusil), ne tire pas. En tuant le serpent, c'est moi que tu aurais tué: ne crains rien, le serpent est mon *Elangéla*. »

Cette scène s'était passée bien plus vite que je ne saurais le retracer ici. Et déjà le chef s'était jeté à genoux près du reptile, l'entourant de ses bras, le serrant sur sa poitrine. L'animal se laissait faire tranquillement, sans révolte, sans manifester ni colère ni frayeur. Le vieux l'emporta ainsi, le coucha près de lui dans l'autre case, et me recommanda bien de ne plus avoir peur.

C'est égal, fortement impressionnés, comme vous le pensez bien, les enfants et moi, nous ne dormîmes plus de cette nuit-là, et j'attendais le jour avec impatience pour demander à mon hôte de plus amples explications.

« — C'est mon *Elangéla!* s'était-il écrié, et les enfants me disaient, de leur côté :

« — Prends bien garde, *minissé*, c'est le Bon Dieu qui nous a protégés tous. Le vieux coquin avait envoyé son animal pour nous tuer, sois-en sûr. C'est son *Elangéla!* »

Le serpent du vieux chef était un nagual.

N'est-il pas curieux dans des pays si éloignés de l'Amérique de trouver un culte et des coutumes identiques.

Sur la manière dont se célèbre au Gabon ce contrat singulier et sinistre entre l'homme et la bête féroce qui vient au nom du grand fauve *quœrens quem devoret*, on peut consulter l'ouvrage de le Garrec, *Sous le ciel d'Afrique*.

L'initiateur a pris ses mesures; il donne un signal: d'abord, aucun bruit n'y répond, mais bientôt, à la vive clarté de la lune, on voit s'avancer un nouveau personnage vers l'endroit de la forêt où il est attendu. Tantôt c'est une masse énorme, avec une tête monstrueuse; tantôt une forme féline, qui rampe plutôt qu'elle ne marche; parfois aussi, un corps long qui se déroule et ondule.

L'animal, quel qu'il soit: hippopotame, panthère ou serpent, oublie sa férocité ou sa timidité native pour se prêter à l'opération à laquelle on veut qu'il prenne part. Alors a lieu l'échange du sang. Comment cela se fait-il? Nous n'avons pas à le rechercher. Ce qui est hors de doute, c'est qu'on fait couler le sang de l'animal et celui de l'initié, et qu'on inocule à l'un le sang de l'autre.

L'oreille de la panthère est fendue (au serpent on fait une blessure équivalente) pour être le signe du lien qu'elle contracte avec l'homme; à celui-ci, on ouvre le bras, où il est à son tour marqué du signe de la bête.

Ces signes, par parenthèse, sont les mêmes qui ont été reconnus et décrits par les démonologues chez les sorciers du moyen âge.

Le R. P. Trilles atteste qu'il a connu plus tard chez les Fangs maint personnages dans le cas de son vieux chef, habitués à recevoir familièrement chez eux une panthère à l'oreille fendue ou un vautour. Le jour venu, rentrés, dans la brousse ces animaux mystérieux reprenaient toute leur férocité. Tuait-on une panthère portant le signe, on apprenait aussitôt la mort de quelque féticheur. Le féticheur mourait-il, on trouvait sa bête familière morte dans la brousse.

Malgré tant d'attestations, cet étrange chapitre de l'histoire du Satanisme dans les races noires, rencontrera bien des incrédules. On est habitué chez nous à de moins farouches intermédiaires avec le noir seigneur, qui, d'ailleurs, compte pour le moins autant de fidèles dans nos salons que chez les Fangs.

Pourtant on retrouverait plus d'un personnage suspect escorté d'une bête familière, dans l'histoire du merveilleux, depuis le Mage de la miniature du vieux manuscrit *Hortus deliciarum*, à qui un corbeau chuchote à l'oreille. Et n'avons-nous pas assisté récemment à un essai d'implantation du nagualisme? Telle jolie Parisienne qui s'amusait, en causant, à rouler et dérouler autour de son bras sa couleuvre familière cachait peut-être dans son cœur obscur autant de superstition perverse que n'importe quel nègre du Gabon.

GEORGE MALET.

Les Expériences de M. de Rochas

M. de Rochas continue ses expériences avec son remarquable sujet Mlle Lina.

On sait que ces expériences consistent dans la recherche des gestes justes, correspondant :

Fig. 1 Cliché Ener.

1° A un sentiment déterminé, énoncé verbalement.

2° A une simple impression musicale.

Nous reproduisons aujourd'hui trois photographies représentant des poses ainsi obtenues.

Les figures 1 et 2 se rapportent au premier ordre d'idées.

Figure I. — Mlle Lina étant endormie, M. de Rochas, sur la demande d'un peintre qui cherchait à rendre une sainte Thérèse, a, en quelques phrases précises, indiqué l'état d'âme de la sainte s'absorbant dans une vision de la Vierge.

Figure II. — On pourrait l'intituler « le langage des fleurs ». M. de Rochas a mis une fleur dans la main de Lina et lui a dit : « Sentez ce parfum. Ecoutez cette fleur. Elle vous raconte combien elle est heureuse, quand elle boit la rosée du matin, quand elle voit se lever le soleil, quand elle entend chanter les oiseaux. »

A mesure que M. de Rochas parle, on voit se refléter dans le visage et dans les attitudes du sujet, toutes les impressions qui lui sont suggérées. C'est d'abord vague, indécis; puis cela se précise, jusqu'au moment où la pose exacte est trouvée. Alors, le sujet reste immobile, figé. C'est une véritable statue.

Figure III. — La figure 3 se rapporte au deuxième ordre d'idées : la recherche des gestes correspondant à une simple impression musicale.

La photographie que nous reproduisons est un instantané pris au milieu des attitudes diverses provoquées par la musique d'une danse bretonne où le pas est accompagné d'un balancement très accusé des bras.

Mlle Lina n'avait certainement jamais vu danser cette danse.

Tout récemment chez une grande dame américaine du quartier de l'Etoile, Mme la comtesse de B...,

Fig. 2 Cliché Ener.

Mlle Lina a reconstitué ainsi sans hésitation des danses du Nouveau-Monde qu'on lui jouait sur le piano...

Un détail est à remarquer dans cette photographie :

l'expression de la bouche. C'est celle d'une paysanne naïve et un peu mélancolique, qui diffère totalement de celle des autres photographies.

M. de Rochas fonde de grands espoirs sur cette

Fig. 3 Cliché Ener.

découverte des sons provoquant des gestes sur les sujets somnambuliques. Il se propose de développer ses idées à ce sujet dans un livre appelé, certes, à un grand retentissement.

Constatons en attendant le grand avantage pratique que l'art du ballet peut retirer des expériences de M. de Rochas. Notre ballet moderne est encore dans sa période empirique. Que se passe-t-il pour qu'un ballet soit joué? Il faut que quelqu'un en trouve le sujet, qu'un autre en écrive la musique, qu'un troisième enfin en soit le « dessinateur », selon l'heureuse expression de M. Dauriac, c'est-à-dire qu'un artiste trouve les pas, les attitudes, les expressions, les gestes par lesquels les danseuses « dessineront » en effet dans l'espace la pensée de l'auteur, le rythme du musicien.

Or, la maître de ballet trouve bien des attitudes et des pas gracieux, mais trouve-t-il ceux qu'il faut, ceux qui correspondent exactement à l'idée du ballet et à sa musique? Nous n'en savons rien... et lui non plus. Ce que nous constatons, hélas! c'est qu'un ballet est presque toujours obscur, si on ne nous l'a pas expliqué d'avance. Un sujet hypnotique serait en revanche un merveilleux maître de ballet, le professeur parfait, si j'ose dire, puisqu'il n'aurait pas de volonté propre, d'idée ou de système préconçus, et que ses poses seraient moulées automatiquement selon le drame et selon la musique. On a toujours reproché, disait dernièrement le *Gaulois*, à la psychologie d'être close dans les laboratoires et de n'avoir point d'influence pratique.

Les expériences de Mlle Lina sont là pour démentir ce préjugé, et voici que le progrès de nos plaisirs s'allie avec la science et avec la grâce.

MADAME DE THÈBES

Mme de Thèbes, à qui nous avions demandé, sur la prière d'un grand nombre de nos lectrices, un petit cours de chiromancie pratique, nous adresse de Vichy la lettre suivante:

Hôtel des Ambassadeurs.

Cher Monsieur Mery,

Vous me demandez un petit cours de chiromancie pour vos lecteurs, surtout pour vos lectrices. Je suis en ce moment à Vichy pour étudier les signes des maladies de foie dans les paumes des mains de mes chers contemporains: aussitôt cette étude faite je vous enverrai un petit cours à l'usage des mères de famille; cela vers le 1er ou le 15 septembre.

Tous mes sentiments les plus distingués.

A. DE THÈBES.

LA PROPHÉTIE DE PRÉMOL

Les lecteurs de l'*Echo du Merveilleux* nous sauront peut-être gré de leur faire connaître cette remarquable prophétie, qui confirme toutes les autres que nous avions publiées dans notre petite brochure *Guerre et Revolution*, parue en 1896. A cette époque, elle n'était pas encore venue à notre connaissance.

La Prophétie de Prémol a déjà été étudiée par l'auteur du *Liber Mirabilis*, M. A. Péladan, puis par M. le chanoine Roubaud, du Var. Nous n'avons pas voulu nous inspirer de ces deux études, afin de pouvoir donner ici une interprétation entièrement personnelle. Nous avons simplement suivi la clef donnée par M. Péladan, car elle nous paraît en général exacte.

1. *L'Esprit me conduisit dans les régions célestes et me dit : « Il est écrit que l'Archange Michel combattra le Dragon, et il le combattra devant le Triangle de Dieu. »*

L'Archange Michel représente la monarchie des Bourbons, le Dragon la Révolution. Ce Dragon aura deux fils : la République de 1848 et celle de 1870. Pour le triangle de Dieu, le Prophète le définit lui-même dans le verset suivant.

2. *Puis il ajouta : « Ouvre les portes de l'entendement : l'Archange et le Dragon sont les deux esprits qui se disputent l'Empire de Jérusalem, et le Triangle, c'est la gloire du Très-Haut. »*

Jérusalem représentant Paris, l'empire de Jérusalem signifie la France.

3. *Et avant que le commencement de la fin, prédit par les Prophètes, n'arrive, il y aura un combat sur chacun des deux côtés du Triangle, c'est-à-dire trois temps.*

Chaque temps signifie une époque et se compose d'une période monarchique et d'une durée révolutionnaire. Le premier temps va de Clovis à Bonaparte ; le deuxième de Napoléon Ier (1804), à l'avènement de Napoléon III (1851) ; le troisième commence à Napoléon III et finira avec la République actuelle, à la venue du grand monarque.

4. *Et après ces trois temps, l'Archange et le Dragon feront la paix et le Triangle de Dieu brillera de tout son éclat sur la terre, et la paix sera aux hommes de bonne volonté.*

5. *Et ces temps seront inégaux, mais ils seront marqués par les nombres de Dieu ; et ces nombres sont simples et caractéristiques, et parmi les simples il en a choisi quelques-uns.*

Les nombres de Dieu sont 3 et ses multiples.

6. *Ouvre les portes de l'entendement, car tu vas connaître les signes du Seigneur. Amen.*

7. *Or, reprit l'Esprit, depuis le commencement de Jérusalem, c'était l'Archange qui régnait sans partage.*

Première époque de la monarchie chrétienne, de Clovis à Louis XVI.

8. *Et voilà que le treizième jour a lui et que le Dragon chasse l'Ange du Temple et immole l'Agneau sacré et couronné.*

Un jour, dans la prophétie, signifie un siècle ; une heure, une année. La première monarchie a duré treize siècles (481-1793). — Ce verset signifie la Religion chassée de France et Louis XVI assassiné.

9. *Mais le Dragon ne fait que passer, répandant le trouble, la terreur et le sang, et fauchant de sa queue le lys sur la route.*

Cette dernière expression s'applique aux diverses personnes de la famille royale sacrifiées à la guillotine.

10. *Le torrent impétueux laisse souvent un limon bienfaisant sur les champs qu'il ravage, et le fils du laboureur profite alors des larmes de son père. Ainsi passera le Dragon.*

11. *Onze heures lui sont comptées, et voici venir de nouveau l'Archange sur la nue, et qui envoie l'Aigle pour dévorer le serpent.*

Au bout de onze ans (1793-1804), l'Ange de Dieu suscite Napoléon pour mettre fin à la Révolution.

12. *Et le deuxième temps commence, me dit l'Esprit, et onze heures sont données au vol de l'aigle.*

Les onze années de l'Empire (1804-1815).

13. *Et voici le lys qui renaît aux champs : mais l'heure sonne et la serre de l'Aigle vient l'arracher.*

Première restauration, qui dure à peine une année.

14. *Et pas encore une heure, et la tempête précipite l'Aigle sur le rocher.*

Pas encore une année — cent jours — et la Coalition renverse Napoléon et le déporte sur le rocher de Sainte-Hélène.

15. *Et le lys refleurit de nouveau pendant trois fois cinq heures, jusqu'à ce que le coq le coupe de son bec et le jette sur le fumier.*

Les quinze années de la Restauration. Avènement de Louis-Philippe, le coq. On remarquera que le Prophète n'est pas précisément aimable pour les Orléanistes, puisque le mot *fumier* symbolise le gouvernement de Louis-Philippe, et que plus loin ce monarque sera comparé à Baal et au Veau d'Or.

16. *Or, le Dragon dévorera le coq lorsqu'il aura chanté deux fois trois fois trois heures sur son fumier.*

Cela donne dix-huit heures, les dix-huit années du règne de Louis-Philippe.

17. *Et le coq ne serait pas dévoré s'il quittait le fumier, car après trois fois deux fois deux heures, l'Ange l'avertit et lui crie : « Malheur, trois fois malheur ! » mais il ne veut pas entendre.*

Avertissement du ciel donné à Louis-Philippe par la mort du duc d'Orléans, après douze ans de règne (1842).

18. *Ainsi l'homme se joue des prophéties, et périra parce qu'il n'aura pas cru aux envoyés du Seigneur.*

19. *Ainsi arrivera le Dragon après les quarante-trois heures de l'Archange.*

Ainsi reviendra la République après quarante-trois ans de gouvernement monarchique (1805-1848).

20. *Et encore trois fois trois heures, et le Dragon sera écrasé à son tour. Et ce sera le commencement du troisième temps.*

Les trois années de République (1848-1851). Le prophète nous marque le commencement du troisième temps, afin de bien fixer nos interprétations dans ce qui va suivre.

. . . .

(Ici se trouve une séparation dans le manuscrit de la prophétie, car le voyant va donner une autre forme à ses révélations. Il remonte même en arrière d'une partie des événements qu'il avait annoncés.)

. . . .

21. *Or, le lys venait de reparaître, après la chute de l'Aigle sur le rocher.* (Nous remontons donc à 1815.) *Et l'Esprit me montra les douze apôtres, placés sous les douze signes du Zodiaque, bénissant Dieu et chantant ses louanges.*

22. *Et l'arc-en ciel s'élevait au-dessus de leurs têtes, comme une auréole commune soutenue de la main des Anges.*

23. *Et Judas était au centre du cercle, au milieu des apôtres, blasphémant, et les monstres de l'enfer étaient sous ses pieds.*

24. *Et voilà que l'Esprit Saint me dit que le Triangle de Dieu allait parcourir les signes et se reposer sur la tête des Apôtres, et que chaque repos serait une époque marquée par le nombre de Dieu et par celui de l'Apôtre, et que grands*

bruits et révolutions se feraient sur la terre, jusqu'au jour où il arrêterait sa marche.

25. *Mais malheur, trois fois malheur lorsqu'il passera sur la tête de Judas, car c'est alors qu'il y aura des pleurs et des grincements de dents et que la terre criera merci, jusqu'au jour où il fera entendre sa voix du haut du Sinaï pour assembler les brebis du troupeau.*

26. *Malheur, trois fois malheur encore à ceux que ne toucheront pas les signes du Seigneur, car pour eux le jugement sera terrible.*

27. *Et mes yeux étaient obscurcis par la splendeur du Triangle de Dieu, car il était plus resplendissant que le Soleil, et je ne voyais qu'une mer de lumière et je n'entendais rien.*

Ces sept versets contiennent la clef de la prophétie dans ce qui va suivre. Pour calculer les dates, il faut observer que chaque apôtre a son numéro d'ordre, de 1 à 12, et Judas le numéro 13. Enfin le Triangle répond au nombre 3. Pour obtenir chaque date indiquée, il faut additionner: 1° le nombre du Triangle, 3; 2° le nombre de l'apôtre sur lequel s'est arrêté le Triangle; multiplier ce chiffre par 1, 2, 3, 4, etc., suivant que l'année obtenue par le calcul complet s'est écoulée sans amener l'événement annoncé; 3° pour compléter le calcul, ajouter à ce quotient la date de la première année du temps dont la prophétie s'occupe.

Chaque fois que le Triangle s'arrête sur Judas, c'est signe de grands malheurs.

Le Sinaï semble indiquer le Concile qui mettra fin au schisme issu des grands événements.

28. *Lorsque tout d'un coup j'entendis comme un bruit effroyable, et je vis les nuages s'amonceler et la foudre éclater.*

29. *Le Triangle n'était pas encore au milieu de l'arc, mais il n'avait plus qu'un pas à faire, le nombre de son repos était un des nombres choisis.*

30. *Un coup de tonnerre ouvrit les nues et j'aperçus Jérusalem abîmée sous une effroyable tempête, et ses murs étaient tombés sous les coups du bélier; et le sang ruisselait dans les rues, car l'ennemi s'en était rendu maître.*

31. *Et l'abomination de la désolation régnait dans la cité.*

Au verset 29, le triangle s'arrête au cinquième apôtre; il faut donc prendre 5, y ajouter 3, ce qui donne 8. Au verset 21, le voyant nous donne son point de départ, 1815. Or, il nous faut ajouter sept fois le nombre 8 à 1815 pour trouver $7 \times 8 = 56 + 1815 = 1871$, date de la capitulation de Paris et des horreurs de la commune.

Si nous répudions cette interprétation et prenons comme point de départ celui indiqué au verset 20, nous trouvons $1851 + 6 (5 + 3) = 1899$, ce qui nous indiquerait, pour l'année prochaine, le sac de Paris et la venue des grands événements. Au verset 75, nous trouvons encore 1899 donné comme date de cette époque terrible.

32. *Et bien des signes avaient eu lieu auparavant à chaque repos du Triangle.*

33. *Et voilà que j'aperçus le Patriarche qui sortait du temple envahi par les enfants de Baal, et qui fuyait emportant avec lui l'Arche Sainte, et il courait vers la mer où se couche le soleil.*

Le Patriarche est Charles X, chassé des Tuileries par les orléanistes. Il emporte avec lui l'Arche Sainte, c'est-à-dire le principe de la Légitimité, étant lui-même le dernier roi de la race légitime, et fuit vers Cherbourg, au couchant de Paris.

34. *Et l'Esprit me dit : « Le Soleil se couche à l'Occident et se lève à l'Orient, la nuit succède au jour, et le jour à la nuit. Ainsi l'a ordonné le Verbe de Dieu.*

35. *Et cela arrivera une fois sur chaque côté du Triangle, avant qu'arrive le règne de Dieu.*

Nous n'avons pu interpréter ces deux versets : nous les livrons à la sagacité de nos lecteurs, persuadé qu'ils sauront en faire jaillir la lumière.

36. *Que ceux qui ont des oreilles l'entendent, et qu'au jour où la lumière viendra, ils sachent la reconnaître.*

37. *Car un flambeau doit venir qui n'est pas le Soleil, et qui viendra du côté où se lève le Soleil et disparaîtra du côté où il se couche.*

Le Précurseur du Grand Monarque, arrivant d'un pays de l'Est.

38. *Et il viendra après les ténèbres et il éclairera le Monde, et quand il aura disparu, la Lumière restera toujours.*

Il mettra fin à la dernière Révolution et mettra de l'ordre dans le monde : après lui aura lieu le règne glorieux du Grand Monarque.

39. *Car en vérité, je vous le dis : A peine l'Arche sera-t-elle attaquée par les vers, que vous briserez le chandelier qui porte le flambeau. Et la lumière restera.*

A peine les principes révolutionnaires, qui ont éclos de nouveau en 1830, commenceront-ils à saper la monarchie des Bourbons, que le duc de Berri sera assassiné, mais le principe de la Légitimité conservera toujours son représentant. (Puisque le comte de Chambord est mort, sera-ce Naundorff ou le Suédois de Mlle Couédon ?)

40. *Cela aura lieu quand, après avoir quitté Judas, le Triangle aura recommencé à parcourir les signes. Car alors les temps réduits commenceront et vous ferez pénitence pour être aimés de Dieu.*

Ce Monarque apparaîtra après les grands événements (marqués par le signe de Judas). Alors commencera la Restauration politique et religieuse qui doit préparer le monde à la venue de l'Antechrist.

41. *Et voilà que je vis les vainqueurs de Jérusalem remplacer l'Arche par le Veau d'Or; et ils se prosternaient à ses pieds et ils l'adoraient.*

Le prophète revient à l'avènement de Louis-Philippe.

42. *Son ventre seul était d'or et le reste était chair, et le ventre était son bouclier.*

Ce serait donc, d'après le prophète, le règne de Louis-Philippe qui aurait initié la France à la corruption de l'or et de la chair, corruption bien réelle maintenant.

43. *Et des traits étaient lancés contre lui, mais ne pouvaient l'atteindre.*

Les différents attentats contre le roi-citoyen.

44. *Et il n'y avait pas un signe de plus (3 ans + 1, ou 4 ans) qu'une peste effroyable ravageait la cité, et le fléau de Dieu s'appesantissait sur la terre.*

Le choléra de 1832.

45. *Et la corruption allait croissant et s'étendait en marais sur la plaine, et les hommes se changeaient en reptiles et se baignaient et vivaient dans les eaux fangeuses.*

Voici une description sévère de la corruption orléaniste.

46. *Et d'autres se changeaient en oiseaux et prenaient leur vol vers la montagne, pour fuir les eaux montantes; et ils y attendaient, la rage dans le cœur, la venue du dragon qui doit boire le lac.*

Les républicains attendent et préparent la chute de Louis-Philippe. Ce verset peut s'appliquer aussi aux proscrits de décembre, attendant la chute de Napoléon III.

47. *Et je les vis se grossissant sur la montagne; et l'Esprit me dit: « En vérité, je vous le dis, le jour où le Triangle s'arrêtera sur la tête de Judas, les aiglons se précipiteront de la montagne pour dévorer les habitants de la plaine.*

Le coup d'Etat: 1804 (époque) + 3 (3 + 13) = 1852.

48. *Malheur, malheur! car ce jour approche, et le nombre de Judas l'annonce avec le nombre de Dieu!*

On peut aussi ici interpréter: la guerre de 1870. En effet, en partant de la dernière époque, 1851, on y ajoute le nombre de Judas, augmenté de celui du Triangle, soit 3 + 13 ou 16; on y joint le nombre de Dieu, 3, et on obtient 19 qui, ajouté à 1851, donne 1870.

50. *Et le Triangle parcourait les signes, et l'Esprit me disait: « Toute chair périra et l'Idole périra aussi, et non seulement sa chair, mais encore son ventre, car le temps approche que le ventre s'affaissera dans la pourriture de la chair, et que la main le fuira! »*

51. *Et cela arrivera à la voix du Sinaï, et ce sera le premier signe après les épouvantements de Judas.*

Ces deux versets prédisent l'extinction des d'Orléans, qui arrivera en même temps qu'après les grands événements, lorsque le duc d'Orléans aura rempli son rôle de précurseur et que le Concile dont il a déjà été parlé aura proclamé la nullité de leurs droits au trône de France.

51 (*suite*). *Et ce premier signe sera le commencement de la fin, car la fin approche, mais que la terre ne tremble pas. Dieu sera béni, amen.*

Ce signe sera donc le commencement de la fin de nos tribulations.

52. *Et l'Esprit Saint souffla sur mes yeux, et j'aperçus le Veau d'Or au milieu de ses serviteurs. Et il avait deux cornes.*

53. *Celle de droite était fort grande, et l'on brûlait l'encens autour d'elle.*

Le duc d'Orléans, fils du roi.

53 (*suite*). *Et celle de gauche ne faisait que pousser.*

Le comte de Paris.

54. *Et ces deux cornes étaient des cornes d'abondance, et ces deux cornes contenaient toutes les espérances.*

55. *Et le Triangle s'était arrêté, et il n'avait plus que trois signes à parcourir avant de passer par Judas.*

Ce serait 1842, date de la mort du duc d'Orléans, mais alors en prenant 1830 comme point de départ. 1830 + 9 + 3 = 1842 (trois signes avant Judas font neuf signes).

56. *Voilà que la grande corne se brise contre le pavé des murailles, et que l'épouvante règne dans la Cité.*

Le pavé des murailles signifie bien la route de la Révolte, le long de l'enceinte de Paris.

57. *Puis je vis une colombe noire, qui tenait une croix renversée, descendre sur la petite corne et la couvrir de ses ailes.*

La colombe noire serait la veuve du duc d'Orléans, princesse protestante, ainsi que l'indique la croix renversée.

58. *Cependant une autre grande corne sortait rapidement du front du Veau d'Or. Et la colombe s'envola.*

Cette autre grande corne indique le fils du comte de Paris, le duc d'Orléans actuel. Le Veau d'Or signifie ici la famille d'Orléans.

59. *Et le Veau d'Or secouait la tête comme pour s'assurer de sa nouvelle défense. Et il se croyait puissant et fort. Mais l'Esprit des ténèbres était en lui.*

60. *Et l'Esprit me dit: « La grande corne est brisée et c'est un présage, mais l'homme ne croit pas.*

61. *« Et l'autre grande corne ne pourra défendre l'Idole contre ses ennemis. Elle sera renversée et brisée, et ses débris seront dispersés.*

62. *« Et la petite corne tuera le second-né du Dragon. Et cela aura lieu au premier signe après Judas, quand la colombe aura redressé sa croix et que la lumière viendra de l'Orient. »*

Le comte de Paris mourra sans avoir rien pu faire; le duc d'Orléans détruira la République actuelle tout de suite après les grands événements, au moment où les protestants se convertiront et que le Grand Monarque qui lui succédera viendra de l'Orient.

63. *Mais le Triangle avait fait deux pas, et un tremblement de terre secoua Jérusalem jusque dans ses fondements, et renversa l'Idole que ses adorateurs abandonnèrent en lui criant Raca.*

Deux pas plus trois font cinq. En effet, février 1848 est arrivé cinq ans accomplis après la mort du duc d'Orléans, en août 1842.

64. *Car le premier-né du Dragon* (*République de 1848*) *s'était levé des entrailles de la terre, et son regard fascinait les hommes. Et son souffle embrasait tout.*

65. *« Encore un signe et le Dragon périra à son tour, me dit l'Esprit, car l'Archange Michel le combat en tous lieux, et déjà il n'a plus qu'un seul repaire. »*

Encore un signe: 1 + 3, soit 4 ans: 1848 à 1852. Le seul repaire est la France qui, de tous les Etats de l'Europe bouleversés par l'agitation révolutionnaire à cette époque, est seule restée ce temps-là en République.

66. *Et il sortira de ses flancs, comme Jonas du ventre de la baleine, le captif qui doit lui écraser la tête.*

Napoléon III, le captif de Ham, président de la République.

67. *Encore un signe et le Dragon périra! Oui, mais encore un signe, et il dévastera la terre, tant que le Triangle restera sur Judas.*

68. *Et il ne s'arrêtera que devant la lumière qui le chassera comme elle chasse les ténèbres; or, l'aurore commencera quand le Triangle quittera Judas.*

Ces deux versets se rapportent encore à la fin de la République actuelle et à l'avènement du Grand Monarque.

69. *Et le Triangle ayant fait un pas, je vis la tempête qui agitait au loin les vagues de la mer.*

Coup d'Etat de 1852. Voir le verset 65.

70. *L'Archange planait sur les nues, et le Dragon se tordait en tronçons sur la terre.*

71. *Et je vis, sur le sommet de Jérusalem, un ver luisant d'un éclat remarquable.*

Le ver luisant est Napoléon III.

72. *Ah! Seigneur! vos secrets sont impénétrables! Que signifie ce chandelier à sept branches, que je vois s'avancer avec ses sept torches, dont la lumière semble éclipser l'éclat du point qui brille au sommet du temple, et forcer le ver à rentrer sous terre?*

Ce sont les sept nations allemandes de l'invasion de 1870: Saxe, Hesse, Mecklembourg, Bavière, Wurtemberg, Bade, Prusse.

73. *Mais que vois-je? La torche la plus grande et la plus ardente tombe et s'éteint, et les autres s'en réjouissent et se disputent la place.*

Voici donc encore une prophétie qui présage la chute de l'Empire d'Allemagne.

74. *Et voici les branches du chandelier qui s'entrechoquent, et les étincelles voltigent sur les épis. Grand Dieu! l'incendie dévore les moissons, l'orage gronde et la foudre éclate avec fracas.*

Guerre de 1870-71.

75. *Et je vois les tronçons épars du Dragon qui se réunissent! Ah! Seigneur, votre Triangle se repose maintenant sur Judas! Seigneur! Seigneur! arrêtez votre colère! Par quels signes voulez-vous donc manifester votre puissance?*

Quelle est cette date où le Triangle s'arrête sur Judas, date évidente de l'époque terrible des grands événements, ainsi que le confirment les versets suivants? Prenons l'époque où nous sommes et dont l'année initiale est 1851. Le chiffre de Judas est 13, auquel il faut ajouter 3, chiffre du Triangle, ce qui donne 16. 1851 + 16 font 1867, année où il n'y a rien eu; en 1883, ou 1867 + 16, tout a été calme; ce sera donc 1899 (1883 + 16), ou seize ans après, en 1915. Du train dont vont les choses, nous penchons pour 1899.

76. *L'Archange est remonté vers les cieux, et le Dragon lève la tête et fait entendre des sifflements affreux.*

77. *Et les loups affamés se précipitent de la montagne et viennent dévorer les moutons, qu'ils déchirent jusque dans les étables.*

78. *Et les hommes épouvantés s'enfuient de tous côtés, emportant leurs trésors, et ils sont accablés de leurs trésors et tombent sur les chemins!*

79. *Quel carnage, ô mon Dieu! Le sang coule à flots dans le lit du Jourdain! Il roule des cadavres, des crânes brisés et des membres épars.*

80. *Et les vagues de la mer, teintes de sang, s'en vont aux rivages lointains épouvanter les nations.*

81. *N'est-ce pas assez, Seigneur, d'une pareille hécatombe pour apaiser votre colère? Mais non. Quel est donc ce bruit d'armes, ces cris de guerre et d'épouvante qu'apportent les quatre vents?*

82. *Ah! le Dragon s'est jeté sur tous les Etats et y porte la plus effroyable confusion.*

83. *Les hommes et les peuples se sont levés les uns contre les autres. Guerre! guerre! Guerres civiles, guerres étrangères!*

84. *Quels chocs effroyables! Tout est deuil et mort, et la famine règne aux champs.*

85. *Jérusalem! Jérusalem! sauve-toi du feu de Sodome et Gomorrhe et du sac de Babylone!*

Ces dix terribles versets nous détaillent la Révolution prochaine. Nous y voyons la persécution (77), le désordre et le pillage (78), la Seine ensanglantée (79), une guerre terrible sur mer (80), la guerre générale (81-83), suivie de la révolution générale (82-83) avec la famine (84), et enfin la destruction de Paris par le pillage et le feu (85).

86. *Eh quoi, Seigneur, votre bras ne s'arrête pas? N'est-ce donc pas assez de la fureur des hommes pour tant de ruines fumantes?*

87. *Les éléments doivent-ils encore servir votre colère? Arrêtez, Seigneur, arrêtez. Vos villes s'abîment d'elles-mêmes.*

Les éléments déchaînés ajoutent à la fureur des hommes. Destruction de plusieurs villes.

88. *Grâce, grâce pour Sion! Mais vous êtes sourd à nos voix, et la montagne de Sion s'écroule avec fracas.*

Destruction de Rome.

89. *La croix du Christ ne domine plus qu'un monceau de ruines.*

90. *Et voici que le roi de Sion attache à cette croix et son sceptre et sa triple couronne, et secouant sur les ruines la poussière de ses souliers, se hâte de fuir vers d'autres rives.*

Le Vatican seul échappe à la destruction. Fuite du Pape.

91. *Toi, superbe Tyr, qui échappes encore à l'orage, ne te réjouis pas dans ton orgueil.*

92. *L'éruption du volcan qui brûle les entrailles approche.*

93. *Tu tomberas bien plus avant que nous dans le gouffre.*

Tyr est l'Angleterre, dont le châtiment sera encore plus terrible que le nôtre.

94. *Et ce n'est pas encore tout, Seigneur. Votre Eglise est déchirée par ses propres enfants.*

95. *Les fils de Sion se partagent en deux camps : l'un, fidèle au Pontife fugitif, et l'autre qui dispose du gouvernement de Sion, respectant le sceptre, mais brisant les couronnes.*

96. *Et qui place la tiare mutilée sur une tête ardente, qui tente des réformes que le parti opposé repousse, et la confusion est dans le sanctuaire.*

97. *Et voilà que l'Arche Sainte disparaît!*

Ces quatre versets annoncent le schisme qui doit accompagner tous ces événements, décrivent l'antipape, et le dernier nous dit que la Religion catholique a pour ainsi dire disparu. Remarquez combien, dans l'esprit du prophète, la race des Bourbons est liée au catholicisme, puisqu'au verset 33, l'Arche Sainte signifie la Légitimité.

98. *Mais mon esprit s'égare et mes yeux s'obscurcissent à la vue de cet effroyable cataclysme.*

99. *« Mais, me dit l'Esprit, que l'homme espère en Dieu et fasse pénitence, car le Seigneur tout-puissant est miséricordieux et tirera le monde du chaos, et un monde nouveau commencera. »*

100. *Or, l'Esprit-souffla sur mes yeux et le Triangle de Dieu avait quitté Judas, et il se trouvait au premier signe.*

Courte durée de l'époque terrible : moins de quatre ans, intervalle d'un signe à l'autre en y comptant le Triangle de Dieu.

101. *Et je vis un homme, d'une figure resplendissante comme la face des anges, monter sur les ruines de Sion.*

102. *Une lumière céleste descendit du ciel sur sa tête, comme autrefois les langues de feu sur la tête des apôtres.*

103. *Et les enfants de Sion se prosternèrent à ses pieds, et il les bénit.*

104. *Et il appela les Samaritains et les Gentils, et ils se convertirent tous à sa voix.*

Avènement du Grand Pape (101) que le Ciel inspire (102), qui fait cesser le schisme (103) et qui opère la conversion des hérétiques et des infidèles (104).

105. *Et je vis venir de l'Orient un jeune homme remarquable, monté sur un Lion.*

106. *Et il tenait une épée flamboyante à la main, et le Coq chantait devant lui.*

107. *Et sur son passage, tous les peuples s'inclinaient, car l'Esprit de Dieu était en lui.*

Arrivée du Grand Monarque, qui prend Lyon pour capitale (?) Il est tout-puissant. Le duc d'Orléans, son précurseur, le reconnaît et le sert.

108. *Et il vint aussi sur les ruines de Sion, et il mit sa main dans la main du Pontife.*

109. *Ils appelèrent tous les peuples qui accoururent, et ils leur dirent : « Vous ne serez heureux et forts que dans un même amour. »*

110. *Et une voix sortit du Ciel, au milieu des éclairs et du tonnerre, disant : « Voici ceux que j'ai choisis pour mettre la paix entre l'Archange et le Dragon, et qui doivent renouveler la face de la terre. Ils sont mon verbe et mon bras, et c'est mon Esprit qui les guide. »*

111. *Et je vis des choses merveilleuses.*

112. *Et j'entendis les cantiques s'élever de la terre vers les cieux.*

Union merveilleuse du Grand Pape et du Grand Roi, renaissance religieuse et politique, paix universelle.

Dans les deux dernières strophes, la vision cesse sur l'aperçu rapide du dernier incendie qu'allumera l'Antechrist. Les voici :

113. *Puis j'aperçus à l'horizon un feu ardent. Et ma vue se troubla, et je vis et n'entendis plus rien.*

114. *Puis l'Esprit me dit : « Voici le commencement de la fin qui commence. » Et je m'éveillai épouvanté.*

On ne pourra nier à cette prophétie une élévation et une beauté vraiment bibliques. De plus, sa concordance exacte avec toutes les autres est une preuve de plus de son authenticité, et nous espérons que cette étude, malheureusement un peu longue mais impossible à condenser plus que nous ne l'avons fait, aura intéressé nos lecteurs.

Baron DE NOVAYE.

A PROPOS DE MARIE MARTEL

(Voir les nos des 1er mai, 1er juin et 1er juillet.)

Monsieur le Rédacteur,

Permettez-moi de clore aujourd'hui la série des principales objections qui ont été faites jusqu'à ce jour contre la possibilité d'une intervention surnaturelle d'ordre divin dans les phénomènes de Tilly-sur-Seulles.

Il s'agit, cette fois, du grand et terrible argument, que l'on croit des plus redoutables, et absolument invincible, mais qui, tout bien examiné, n'offre pas plus de résistance que les cinq précédents, dont nous avons démontré la faiblesse et la fragilité, l'un après l'autre.

A-t-on assez dit et répété que la raison suprême pour laquelle l'immaculée Vierge Mère de Dieu ne pouvait apparaître sur le plateau de Tilly, c'est qu'elle était honorée sérieusement et de temps immémorial à quelques lieues de là, au bourg de la Délivrande? Par conséquent, que ce n'est pas Elle qui peut se montrer au champ Lepetit; car ce serait provoquer la ruine du vieux pèlerinage normand, récemment rajeuni et plus que jamais ravivé : d'abord par le couronnement solennel de la statue miraculeuse en 1872, ensuite, par l'érection en basilique mineure de la chapelle qui contient cette image vénérée, dans le courant du mois d'août 1895? En effet, conçoit-on la Très-Sainte Vierge travailler Elle-même à détruire son œuvre antique redevenue prospère, aux abords de la charmante plage du pays caennais? Non, cela ne se comprend pas; donc, cela ne saurait être, et cela n'est pas. — Et alors? — Eh bien, c'est le diable ou quelqu'un des siens.

Voilà ce qui est devenu le langage courant de la foule des prêtres et des laïques de la contrée.

Hâtons-nous de dire cependant que ce beau raisonnement ne semble point concluant et péremptoire à tous, la Sainte Vierge étant bien libre, après tout, d'apparaître là où bon lui semble, sans demander préalablement l'avis de personne, et surtout sans nuire pour cela à la dévotion qu'on lui témoigne ailleurs.

C'est aussi notre sentiment. Mais, en outre, appuyons-le d'une façon inébranlable sur des faits et des précédents notoires, faciles à contrôler ou défiant la discussion.

Avant de remonter aux apparitions du Laus, en quoi, s'il vous plaît, messieurs les adversaires de toute vision possible de la Sainte Vierge à Tilly, en quoi le pèlerinage si célèbre et si fréquenté depuis un demi-siècle de Notre-Dame de Lourdes a-t-il nui à celui de Bétharram, distant de la grotte bénie de quatre lieues à peine? Bien au contraire, est-ce que ce sanctuaire ancien et vénérable n'est pas aujourd'hui mieux connu et plus visité qu'il ne le fut autrefois, même aux époques les plus mémorables de son histoire?

Et Notre-Dame de la Salette, en quoi a-t-elle été funeste à Notre-Dame de Fourvières, comme le redoutait tant le cardinal de Bonald, archevêque de Lyon, dont l hostilité contre l'Apparition du 19 septembre 1846 fut si longue et si... insensée — disons le mot — qu'il alla jusqu'à charger un prêtre interdit d'écrire tout ce qu'il supposait capable d'entraver à jamais le nouveau pèlerinage, objet de son vif déplaisir?

Enfin, retournons au Laus, guidés par la *Lettre pastorale* de son évêque, Mgr Guilbert, en date du 25 janvier 1872, dont nous allons citer encore, comme réponse victorieuse, le passage suivant :

« Ce fut à quelques années de là (de la date du 18 septembre 1665, dix-huit mois après la première vision du Laus), que l'archevêque Georges d'Aubusson, alors ambassadeur à Madrid, ayant été atteint d'une grave maladie, en attribua la guérison à Notre-Dame du Laus; et l'illustre prélat, pour témoigner sa reconnaissance, fit construire, à ses frais, le grand portail de l'église, où sont encore gravées ses armes.

« Néanmoins, tous les adversaires n'étaient pas pour cela réconciliés. *Ils étaient nombreux, surtout dans le clergé* d'Embrun, qui ne voyait pas sans peine déchoir le célèbre et royal pèlerinage de sa métropole au profit d'un pauvre village ignoré.

« M. Javelli qui avait succédé en 1669 à M. Lambert, leur disait en vain, pour les calmer : « Si l'affaire du Laus est de Dieu, nous ne saurions l'empêcher de réussir; si elle vient des hommes, elle tombera d'elle-même. »

Cette réflexion pleine de sagesse nous servira à nous-même de conclusion relativement à Tilly.

Si quelques-unes au moins des apparitions de cette localité sont réellement de Dieu, personne ne saurait les empêcher de réussir, malgré les oppositions les plus formidables et les plus autorisées en apparence; tandis que si elles viennent d'ailleurs, alors, il aura toujours été plus sage d'attendre à cet égard la décision de l'autorite compétente, que nous serons toujours les premiers à accueillir avec respect, quelle qu'elle soit.

UN PETIT NORMAND.

P. S. — Dans l'écho du 1er juillet, nous avions dit que *presque tous* les habitants de Tilly avaient désavoué Vintras, de son vivant, même à l'époque où il faisait des dupes.

La vérité entière, que nous sommes prié de rétablir — ce que nous faisons bien volontiers — c'est que *jamais* Vintras n'a réussi à faire un seul prosélyte à Tilly. Une pauvre fille se laissa, il est vrai, entraîner quelque temps; mais bientôt, quand elle vit ce qu'on voulait d'elle, elle décampa.

LE 26 JUILLET A TILLY

Le 26 juillet, jour de la fête de sainte Anne, a été encore une belle journée à ajouter à celles dont les habitants de Tilly-sur-Seulles ont été favorisés depuis bientôt trois ans.

On se rappelle que ce jour est l'anniversaire des dernières apparitions aperçues de l'école des sœurs.

Il y a deux ans, le 26 juillet 1896, une réponse fut donnée aux voyantes anxieuses de cette école. Une neuvaine avait été faite dans le but de demander à la Très-Sainte Vierge, par l'entremise de sainte Anne, de vouloir bien manifester ses volontés.

Les sœurs, les enfants en grand nombre, avaient reçu le matin la Sainte Communion, et avaient généreusement offert, à l'intention de la neuvaine, le sacrifice de leurs visions.

La réponse ne se fit pas attendre. Dans la soirée, toutes les voyantes purent contempler à loisir l'ensemble d'une majestueuse basilique qui se montrait à leurs yeux émerveillés. Elles restèrent là comme clouées au sol, sous le charme de la nouvelle apparition.

C'était leur 26e et dernière vision — car, depuis, ni les religieuses ni les enfants n'ont été témoins d'aucune autre apparition.

Cette date du 26 juillet avait ramené à Tilly un grand nombre d'étrangers. En outre, on savait que Marie Martel devait se rendre au champ Lepetit. Aussi, l'après-midi, une véritable foule, parmi laquelle plusieurs prêtres, était-elle réunie près de la chapelle, attendant l'arrivée de la voyante.

A 5 h. 1/2 seulement, Marie apparaît à l'entrée du Champ; plusieurs personnes vont à sa rencontre pour lui parler et lui remettre des demandes à adresser à la vision. Marie vient se placer en face de la statue de la Vierge. Elle s'arrête là un instant et se met à prier; ensuite elle gagne, dans la pâture, le lieu ordinaire de ses visions. Elle s'agenouille.

Comme à l'ordinaire, elle commence la récitation du chapelet. Après avoir récité trois dizaines, elle tombe en extase. Elle invoque sainte Anne et la Reine du Très Saint Rosaire, puis elle parle, mais très bas. Ses paroles sont couvertes par le bruit des voix de toute l'assistance récitant le chapelet.

Cependant on entend : « Mère prieure, priez pour nous... Faites que les religieuses voient!... Pour aujourd'hui montrez-vous à tous... Ne la punissez pas, je vous en supplie. »

L'extase a duré vingt-trois minutes. La voyante a

maintes fois invoqué sainte Anne, qu'elle a vue. Elle vu aussi nombre de petits anges et un autre beaucoup plus grand, habillé tout en bleu. Elle a vu enfin une étoile qui était très brillante.

Chose étrange, pendant cette extase, Mme H... mère avait vu également de petits anges accompagnés d'un plus grand, vêtu de bleu.

Marie Martel retournera au Champ le 15 août.

Y.

Vision et possession étranges

AU SU-TCHUEN

Les faits étranges qui vont suivre sont extraits textuellement d'une lettre récente, de Mgr Marc Chatagnon, des Missions Etrangères de Paris, vicaire apostolique au Su-Tchuen méridional, en Chine, d'après le compte rendu du P. Boucheré, missionnaire en cette région depuis trente ans.

« Voici, dit le P. Boucheré dans son rapport, une histoire si étrange que j'hésite à vous la raconter. Les Vies des Saints rapportent une foule d'apparitions d'âmes du purgatoire, mais je n'ai souvenance d'en avoir lu aucune de ce genre. Chacun en pensera ce qu'il voudra, mais le fait ayant été publié et ayant duré près d'un an, me paraît hors de doute. Le voici :

« Une famille de cultivateurs nommée Tchâng, établie dans la sous-préfecture de Yên-tchéou, assez loin de la ville, s'était convertie il y a huit ou dix ans, mais pas tout entière, comme il arrive souvent. Sur quatre frères, trois seulement, avec leurs femmes et leurs enfants, embrassèrent la religion chrétienne. L'aîné et le plus jeune de ses fils étaient restés païens; même, l'aîné avait semblé redoubler d'ardeur pour les écoles. Il s'était mis à jeûner et à réciter de longues prières comme certains sectaires païens. Il persévérait ainsi depuis plusieurs années, lors que sa sœur, morte il y a longtemps, mais dans la religion catholique, lui apparut une nuit.

« Jusques à quand, lui dit-elle d'un air sévère, t'obstineras-tu à refuser tes hommages au vrai Dieu? Saches « que celui que tu sers est un démon qui te fera périr « misérablement, si tu continues. »

« Il fut effrayé, mais n'abandonna pas ses superstitions et ses austérités. La défunte alors s'empara d'une personne vivante de la famille, la femme du catéchiste, frère cadet du vieux païen, bonne chrétienne du reste. Pour le coup, on ne douta pas que ce fût le démon. Le catéchiste accourut à Gên-Chéou pour me demander du secours. C'était peu après la persécution de 1895, qui a fait tant de ravages dans mon district. Je ne savais de quel côté me retourner. Je le renvoyai, me contentant de lui recommander les armes ordinaires contre le démon, savoir : l'eau bénite, le signe de la croix, la prière.

« Le catéchiste revint plusieurs fois me chercher. Je différais toujours. Le cas était extraordinaire : la possession qui ressemblait sous certains rapports à celle du démon, s'en distinguait sous d'autres. Comme pour le démon, l'invasion était subite et imprévue. Pendant la crise, le corps de la patiente était complètement au pouvoir de l'envahisseur, qui passait par sa bouche. Après, aucun souvenir de ce qu'elle avait dit ou fait, ni de tout ce qui s'était passé.

« Mais ce qui semblait devoir faire rejeter tout à fait l'action du démon, c'était l'aspect de la patiente, ses gestes, ses paroles, toutes ses actions. En elle, rien de désordonné, de bizarre et d'étrange, comme dans les possessions diaboliques. L'expression de son visage était celle d'une indicible souffrance. Elle ne parlait que pour exhorter son frère aîné à se convertir, et les autres chrétiens à mieux pratiquer leur religion, à se montrer plus fervents. Les signes de croix semblaient lui faire plaisir.

« L'évêque, disait-elle, vous a recommandé cette année « de mieux observer le dimanche; pourquoi le violer si « facilement? Vous venez de subir une persécution, c'est « pour vos péchés que Dieu l'a permise, afin de vous tirer « de votre tiédeur. Les païens aussi seront châtiés s'ils ne « se convertissent... »

« Ce fut au bout de huit ou dix mois que je pus enfin aller voir mon catéchiste et sa pauvre femme sujette à des phénomènes si étranges.

« Après la messe, je visitai dans le voisinage une famille de nouveaux convertis, pour les confirmer dans la foi. Je revenais tranquillement à la maison qui me sert d'oratoire, lorsque je vois tous mes néophytes en émoi :

« — Père, hâtez-vous, la pauvre bru vient d'avoir une « attaque. Venez la délivrer s'il est possible. »

« Comme j'entrais dans la cour, je vois le catéchiste qui, aidé de son plus jeune frère, apportait la patiente devant moi, complètement évanouie, mais sans aucune raideur, au contraire. Sitôt qu'elle fut déposée à mes pieds je lui commandai de se tenir à genoux, ce qu'elle fit; puis je l'aspergeai d'eau bénite :

« — Père, me dit-elle, je ne suis pas un démon. »

« Et son visage avait une expression de douleur surhumaine. Je me fis apporter mon crucifix et le lui donnai à baiser; elle y colla ses lèvres avec amour. Enhardi par sa docilité, je me hasardai à lui dire :

« — Mais tu étais bien ignorante et peu fervente de ton vivant.

« — Aussi, me répondit-elle, j'ai été en grand danger « à l'heure de ma mort. Le souverain juge semblait près de « me condamner à l'enfer, lorsque ma sainte Vierge me « transporta en purgatoire.

« — Si tu es en purgatoire tu dois savoir pour qui j'ai « dit la messe ce matin?

« — Je remercie bien le Père de l'avoir célébrée pour « moi, j'en ai éprouvé un grand soulagement, ainsi que « du bréviaire qu'il a récité hier soir à mon intention. »

« Tout cela était exact, et je n'en avais parlé ni à elle, ni à personne. Je lui fis une foule d'autres questions sur la doctrine chrétienne dans laquelle je la savais fort ignorante, sachant à peine le *Pater* et *l'Ave*. Elle répondit à tout fort pertinemment; impossible de la prendre en défaut. Enfin je congédiai la patiente.

« On l'emporta. Un quart d'heure après, revenue à elle-même, elle se présentait devant moi, paraissant n'avoir aucune conscience de ce qui s'était passé, avec son air habituel de paysanne grossière et sans grande intelligence.

« Depuis lors, plus d'attaques. Toute cette famille est devenue chrétienne et plus fervente qu'auparavant. »

(*Annales de la propagation de la Foi* — Juillet 1898.)

NOTRE COURRIER

Voici les questions que l'on nous a prié de poser à nos lecteurs.

QUESTIONS

1. — *Existe-t-il une règle fixe permettant d'interpréter les rêves?*

C. R.

2. — *Par quels signes extérieurs peut-on reconnaître un médium?*

A. DE C.

3. — *Il existe, paraît-il, à Paris, une stigmatisée. Quelqu'un l'a-t-il vue et pourrait-il parler d'elle aux lecteurs de l'Echo?*

X.

4. — *Est-il vrai que le cœur de Martin de Gallardon, conservé dans un reliquaire, se gonfle à la veille de certains événements?*

ABBÉ D.

5. — *Les plus grands sceptiques sont parfois accessibles à de très puériles superstitions. Sait-on si M. Sarcey l'incrédule n'a pas quelques-unes de ces crédulités-là?*

UN CURIEUX.

Dans notre prochain numéro nous publierons les réponses de nos lecteurs que nous demandons aussi courtes et substantielles que possible.

ÇA ET LA

Treize à table. — Depuis quelque temps demeure à Venise, dans un superbe palais, un archi-millionnaire américain. Ce personnage opulent est, paraît-il, très hospitalier, et se complaît à inviter à dîner les notabilités vénitiennes et étrangères.

Le jour anniversaire de l'indépendance des Etats-Unis, il avait ainsi convié plusieurs personnes, entre lesquelles un prince romain, une dame d'honneur de la reine d'Italie, etc. Dans l'après-midi, il reçut visite d'un de ses compatriotes qu'il invita par surcroît à dîner pour le soir.

Au moment où tous les convives se mettaient à table, l'Américain s'aperçoit qu'avec le dernier invité, on allait se trouver au nombre de 13. Il était trop tard pour découvrir un nouveau commensal; et, parmi les Italiens et Italiennes présents, plusieurs étaient fort superstitieux. L'amphitryon pria alors ses douze convives de se mettre à table, et leur déclara qu'il aurait l'honneur de les servir.

Les invités de M. X... se sont accordés à proclamer que celui-ci était un maître d'hôtel accompli, et que jamais ils n'avaient été servis avec tant de zèle, de dextérité et de respect. Si jamais ce milliardaire est ruiné, voilà pour lui un gagne-pain tout trouvé.

***

Miroirs magiques. — Extrait du discours prononcé par le Dr Papus, à l'issue du Congrès de Londres :

« J'ai profité de mes moments de liberté pour faire une enquête personnelle sur l'état des diverses sociétés d'initiative qui ont leur siège en Angleterre et sur les faits de pratique les plus nets que j'ai pu observer. De cette enquête, je détacherai seulement les quelques notes suivantes sur les miroirs magiques nommés « Cristal ».

« Chaque cristal a la forme d'un œuf de poule ou de pigeon, selon le prix et la matière dont il est constitué. Chaque bout de l'œuf est coupé pour former une surface plane. On regarde dans ces miroirs, soit par transparence en dirigeant le petit bout vers une lumière, soit par réflexion en entourant le miroir d'une étoffe sombre. Plusieurs expériences curieuses furent faites avec des membres de l'Occult Science Circle. M. le Dr Richard Harte me présenta une personne ayant certains pouvoirs psychiques pour la guérison des maladies, mais ayant la faculté de provoquer la vision dans le miroir à toute personne qui regarde en même temps que cette voyante. J'amenai avec moi un spiritualiste très capable, M. Murray, et l'expérience réussit en tous points et en plein jour pour tous deux. Cette personne n'est en rien une professionnelle de la médiumnité, c'est une femme du monde qui nous a demandé de ne jamais livrer ni son nom, ni son adresse, dont acte. »

***

Suicide d'une chienne. — Un fait curieux vient de se passer à Bayonne. Il y a quelques jours, plusieurs petits chiens furent jetés dans la mer derrière les rochers de l'Atallaye; une heure après, une chienne, la mère sans doute, vint en aboyant au port des pêcheurs, et, s'étant mise à l'eau, nagea vigoureusement vers la haute mer jusqu'à environ deux cents mètres, se dirigeant du côté où sa progéniture avait trouvé la mort. Les douaniers de service, voyant cette bête sur le point de disparaître, envoyèrent des jeunes gens du port la chercher avec une barque. Un quart d'heure après, la chienne était ramenée à terre.

Trompant la surveillance de ceux qui la caressaient, on la vit une seconde fois se jeter à l'eau. Rattrapée de nouveau, elle fut ramenée sur la berge et attachée près du poste des douaniers. Tandis que les marins devisaient sur l'entêtement de cet animal, la chienne se détacha et, pour la troisième fois, se jeta dans les flots. Pour la troisième fois, une barque alla la chercher, mais ce fut peine inutile : la pauvre bête, voyant le bateau se diriger vers elle, mit sa tête sous l'eau et disparut sous les yeux de ses sauveteurs.

***

Curieuse propriété du scorpion. — Nous avons signalé, il y a quelques mois, le suicide d'un cheval. Nous racontons aujourd'hui comment une chienne s'est noyée volontairement. Un lecteur de l'*Echo du Public*, habitant l'Egypte, a vu se tuer des scorpions.

« Le scorpion, dit-il, se suicide.

« En Egypte, j'ai fait *moi-même* l'expérience suivante : voyant un scorpion, je renverse sur lui un verre ordinaire formant cloche. Aussitôt emprisonné, le scorpion tourne deux ou trois fois autour de sa cage, essaie vainement de grimper aux parois, puis, désespéré, lève la queue et s'enfonce son dard sur la tête. Il s'agite alors convulsivement une minute et meurt.

« J'ai lu qu'il agit de même dans un cercle de feu, mais je n'ai pas vérifié l'expérience. »

***

La mort du député sorcier. — On connaît la mort épouvantable de M. Chaulin-Servinière, le député de Mayenne, dont on a trouvé le corps broyé sur la ligne du Mans. M. Chaulin-Servinière croyait au merveilleux. Dans le numéro de l'*Echo* du 15 février 1897, nos lecteurs pourront retrouver un très curieux article sur lui, intitulé : *Un député guérisseur de sorts.*

Notre éminent confrère Alexandre Hepp, l'auteur des *Quotidiennes*, rappelait dans l'article qu'il lui consacrait ces jours derniers, dans le *Journal*, que cette mort violente lui avait été prédite.

« Nous nous rencontrions souvent chez des amis, raconte M. Alexandre Hepp. On aimait sa verve malicieuse, la brusquerie voulue par où il s'accommodait une façon de chic militaire, sa rondeur de bon convive et d'homme en toutes choses heureux. Un soir qu'on constatait précisément, peut-être bien avec, chez quelques-uns, une pointe d'involontaire dépit, cette condition privilégiée, il dit :

« — Ne vous pressez pas... Ça porte la guigne de parler de ces choses-là... Sait-on jamais? D'ailleurs, regardez ma main... On m'a prédit que je finirais de mort violente, par accident... Ce serait bien ennuyeux. »

« Et il souriait tranquillement, avec un air de ne pas « couper » dans toutes ces indiscrétions sur la Destinée.

« On vient de ramasser son corps en miettes sur la ligne du Mans. Il est très vraisemblablement tombé par la portière mal assujettie de son wagon. On l'enterre aujourd'hui. Et malgré moi, obstinément, je songe à cette étrange prédiction. La voilà accomplie ; l'impossible s'est réalisé, les lignes brisées, les croix fatales de Desbarolles et de Mme de Thèbes ont eu raison. »

***

Un envoûtement. — On écrit de Marseille, le 25 juillet dernier :

« Un fossoyeur du cimetière Saint-Pierre, M. Auguste Allemand, demeurant boulevard Aillaud, n° 5, a fait ce matin à huit heures, dans notre « Campo Santo », une étrange découverte.

« A la tête de la tranchée n° 20, carré 7, sa surprise a été grande de trouver exposé sur le sol un cœur humain en putréfaction, dans lequel une main inconnue avait planté une vingtaine d'épingles en forme de croix. Le commissaire de police du quartier a ouvert une enquête. »

GASTON CROSNIER

Thomas Martin de Gallardon

(*Suite*)

SUPPLÉMENT ET RAPPORT EXACT DE LA VOIX A MARTIN

« Si on ne fait pas attention à ce qui est annoncé, l'arbre avec ses branches sera détruit et les puissances étrangères viendront ravager et détruire la nation. Il se fera une guerre cruelle entre les rois eux-mêmes pour diviser et faire le démembrement de la France, et le calme étant un peu revenu, le reste de la nation sera esclave et dépendant d'une nation étrangère. La voix lui a encore dit : Il n'y a qu'un sixième de la France qui soit réellement attaché au roi ; un quart est pour l'insurpateur, et le reste qui est le plus nombreux ne voudroit aucun souverain ; et ce sont ceux-là qui travaillent le plus pour faire périr le roi et sa famille. »

Ce supplément a été tiré de la bouche même de Martin à M. le curé de Saint-Symphorien d'Edimont sur l'invitation de Mme la vicomtesse de Montmorenci, née de Laines.

Gallardon, le 22 mars 1821.

Monsieur,

Vous ne devez pas avoir trouvé mauvais que je ne vous aie pas envoié ce que j'ai déjà dit de vive voix à M. le curé de Saint-Symphorien d'après la lettre de Mme la vicomtesse de Montmorenci. Cela m'a été dit le 21 février. Monsieur, ma crainte ne diminue pas de ce que je vous ai marqué. J'aurois encore d'autres choses à vous marquer, mais je laisse tout à la volonté de Dieu. C'est une chose surprenante d'avoir vu une main écrire avec son doigt sur une muraille, de connoître toutes les lettres et de ne pouvoir les assembler. Cela m'est arrivé le 10 mars et je n'ai vu personne, je n'ai vu qu'une main.

On a écrit de Versailles à M. le curé d'Hymerai au sujet de toutes ces choses, et lui est dit : que c'est le diable qui me foit tout cela, et je ne sais pas si le diable dit de prier le bon Dieu pour qu'il n'arrive rien de fâcheux. Il a dit Charles franche-terre que tous ceux qui croioient cela étoient Jansénistes. — Je ne vous marque rien de plus, il faut prier de votre côté aussi pour découvrir ce que veulent dire ces lettres. Mais je crois qu'il faudroit des gens savans pour deviner ce que cela veut dire.

Monsieur, je suis, etc...

Signé : THOMAS MARTIN.

De Gallardon, 2 avril 1821.

Monsieur,

Je n'ai pas pu vous faire passer cette lettre, car le père Armand n'a pas été à Paris. Je vous avois marqué que j'avais vu une main tracer des lettres, je ne vous marquois pas quelles lettres, mais les voilà : On a fait une croix bien grande, et à la suite les lettres. Il y avoit une R M P G Q H L V D. Je ne sais pas si je les mets bien à leur rang — après les lettres marquées, la même main a passé par-dessus, les a effacées. Je ne sais pas si vous connoitrez quelque chose, je ne peux rien comprendre. J'étois dans la grange à faire des échalas. Rien autre chose à vous marquer.

Monsieur, j'ai l'honneur d'être, etc...

Signé : THOMAS MARTIN.

Du 12 avril 1821.

Monsieur,

J'ai aussi marqué à M. Legros qu'il faisoit des projets pour savoir comment s'y prendre pour se saisir des princes, et mardi dernier (10 avril), la même voix m'a dit qu'il étoit grandement tems que le roi ouvre les yeux sur le sort de son royaume et de lui-même, qu'on emploie tous les moiens possibles, pour que le peuple prenne en haine le roi et les princes de sa famille. Il faut toujours prier pour que les méchans ne réussissent pas dans leurs entreprises.

Je suis votre dévoué, etc.

T. M.

(*A suivre.*)

A TRAVERS LES REVUES

L'Étoile belge publie la correspondance suivante de Munich :

A propos de la maladie de ce malheureux roi Otto, de Bavière, dont je vous ai déjà parlé et qui suit son cours sans laisser voir la moindre amélioration, un journal du royaume publie le fait suivant :

Malgré ses souffrances, le roi avait conservé jusqu'à ces derniers jours un appétit qui ne laissait rien à désirer, quand tout à coup il se signala par un jeûne inquiétant. Le roi criait et se plaignait pendant des heures entières, quelquefois même il en arrivait à de réels accès de colère. Aussi quelle ne fut pas la surprise de son docteur et de son gardien, lorsqu'ils pénétrèrent, hier matin, dans sa chambre, et aperçurent le monarque ayant les larmes aux yeux, absorbé dans la contemplation d'une petite cassette d'argent que personne n'osait toucher et dont le malade ne quittait jamais la clef, qu'il portait suspendue à son cou. Dès que ce dernier remarqua qu'on l'épiait, il se mit à sourire et, s'adressant à son docteur, il lui dit le plus naturellement du monde: *La comtesse L... a passé une meilleure nuit, elle est hors de tout danger!* Alors, il referma soigneusement la cassette d'argent, qui ne contenait que quelques fraises desséchées, eut une très bonne journée et dîna bien.

Ce simple fait se rapporte à un épisode romanesque de la jeunesse du malheureux roi, épisode qu'il n'a jamais oublié. En 1867 (?) la cour de Bavière avait organisé un joyeux pique-nique dans une forêt des environs de Munich. Parmi les convives se trouvait la jeune comtesse L... âgée de dix-sept ans et d'une beauté éblouissante; le prince royal en tomba immédiatement amoureux, ne la quitta plus pendant toute la durée du déjeuner et disparut ensuite avec elle dans les profondeurs du bois. On finit par remarquer leur longue absence; la mère de la jeune fille s'inquiéta la première. Les domestiques envoyés à leur recherche découvrirent les jeunes gens en train de manger les fraises qu'ils avaient cueillies et dont ils avaient rempli leurs chapeaux. Un instant plus tard, ils furent séparés pour toujours, le prince Otto retourna à Munich avec son père (?), tandis qu'on envoyait la belle comtesse au couvent de la Miséricorde qu'elle n'a pas quitté depuis. Et aujourd'hui, après une séparation de vingt-neuf ans, *le pauvre roi « devenu fou »* (?) *a eu l'intuition de la maladie de cette femme qu'il avait aimée pendant sa jeunesse. Des informations spéciales prises au couvent de la Miséricorde ont en effet prouvé que la personne en question, dangereusement malade en même temps que lui, gardait sa cellule depuis trois semaines.*

Le Progrès spirite qui reproduit ce récit y ajoute les observations suivantes:

On remarquera que nous avons semé quelques points d'interrogation dans ce récit du correspondant *berlinois* de l'*Étoile Belge*. Le pique-nique dont il parle ne peut avoir eu lieu en 1867, puisqu'il prétend que le père du prince Otto y assistait. Or, on sait que le roi Louis II, frère aîné de ce jeune prince, monta sur le trône en 1864, à la mort de Maximilien II, leur père. Donc, celui-ci ne pouvait être avec ses enfants en 1867. Ce n'est pas lui qui a pu ramener le prince Otto à Munich, mais bien plutôt son oncle et tuteur *Luitpold*, actuellement régent du royaume.

Nous dirons encore un mot au sujet de l'état mental du roi Otto. Est-ce bien de folie qu'il est atteint? Médium comme le fut son frère, Louis II le roi martyr, il vient de donner une nouvelle preuve de sa clairvoyance médianimique à propos de la maladie de la comtesse L... Cette faculté remarquable cadre mal avec ce que nous savons de la folie réelle. Certaines âmes, au-dessus du vulgaire par des sentiments peut-être exagérés dans leur élévation ou leur délicatesse, souvent mal comprises de ceux qui les entourent, sont trop facilement rayées de la liste des esprits qui se prétendent sages. Fou, le roi Louis! fou, son successeur, le roi Otto! N'est-ce pas bien singulier? Qui lira, dans les âmes angoissées de ces malheureux souverains, la raison de ce manque d'équilibre qui n'est peut-être qu'apparent et qui, pour beaucoup, reste enveloppé du plus troublant mystère?

Les Annales des sciences psychiques (mai-juin 1898) publient un article : *Les Visions dans le cristal*, collection d'expériences dont quelques-unes sont intéressantes en voici deux :

III. — Miss Rose écrit : — Ma première expérience de « crystalgazing » ne fut pas agréable, comme on le verra par la description suivante que je donne aussi exactement que je puis me rappeler. Je demandai à mon amie, miss Angus, la permission de regarder dans son cristal, et après l'avoir fait un petit moment, je le lui rendis, disant que ce n'était pas très satisfaisant : j'avais bien vu une chambre avec un feu clair, un lit entouré de rideaux et des personnes allant et venant, mais je ne pouvais distinguer qui elles étaient; je remis donc le cristal à miss Angus, en la priant de regarder pour moi. Elle dit de suite : « Je vois un lit avec un homme dedans qui paraît très malade, et une dame en noir à côté. » Sans en dire plus long, miss Angus continua de regarder, et au bout de quelques instants je lui demandai à voir encore; quand elle m'eut passé la boule, je reçus un véritable coup, car, très clairement, dans une lumière éclatante, je voyais là sur un lit un vieillard paraissant mort; pendant quelques minutes je cessai de regarder, et quand je recommençai, une dame en noir apparut, un long objet noir fut tiré d'une ombre épaisse, et il s'arrêta devant un trou noir surmonté de rochers. J'étais alors avec des cousins à moi, et c'était un vendredi soir. Le samedi, nous apprîmes la mort du beau-père d'un de mes cousins : dans le fait, je savais que le vieillard était très malade, mais je ne pensais pas du tout à lui alors que je regardais dans le cristal. Je puis dire aussi que je ne reconnus pas dans la physionomie de l'homme mort celle du vieux gentleman dont je signale le décès. En regardant de nouveau le samedi, je vis une fois de plus le lit entouré de rideaux et quelques personnes.

VI. — Je puis ajouter en peu de mots une expérience du 21 décembre 1897. Un monsieur était arrivé d'Angleterre dans la ville d'Ecosse où habitait miss Angus. Il dîna avec sa famille à elle, et vers dix heures un quart ou dix heures et demie du soir, elle proposa de regarder dans le verre pour voir une scène ou une personne à laquelle il penserait. Il évoqua mentalement l'image d'un bal auquel il avait assisté recemment et celle d'une jeune personne à qui on l'avait présenté alors. Il ne put, toutefois, « visualiser » clairement la figure de la personne, et miss Angus ne parla que d'une salle de bal vide, avec un parquet luisant et beaucoup de lumières. Le monsieur fit un nouvel effort, et se rappela sa danseuse d'une manière assez distincte. Miss Angus décrivit alors une autre chambre, pas une salle de bal, meublée confortablement et dans laquelle une jeune fille, avec des cheveux bruns relevés sur le front, et vêtue d'une blouse blanche montante, était en train de lire, ou d'écrire des lettres, sous une lumière qui brillait dans un globe de verre sans abat-jour. La description des traits, de la tournure et de la taille s'accordait avec les souvenirs de Mr. —; mais il n'avait jamais vu cette Géraldine d'une heure qu'en toilette de bal. Lui et miss Angus prirent l'heure à leurs montres (il était 10 h. 30), et Mr. — dit qu'à la première occasion il demanderait à la jeune personne comment elle était habillée et ce qu'elle faisait le 21 décembre à cette même heure. Le 22 décembre il la rencontra à un autre bal, et sa réponse confirma l'image du cristal. Elle avait écrit des lettres en blouse blanche montante, sous un bec de gaz flambant dans un globe de verre sans abat-jour. Elle était entièrement inconnue à Miss Angus et Mr. — ne l'avait vue qu'une seule fois. Mr. — et la jeune personne de l'image dans le cristal confirmèrent tout ceci par écrit.

Le Spiritualistische Blætter racontent des apparitions de fantômes d'animaux.

A. Schonberg, dans l'étable d'un propriétaire, on voyait chaque soir — depuis dix ou douze ans — un coq sauter de ci de là sur le dos des vaches et sur les objets qui se trouvaient alentour.

Toutes les filles de ferme étaient effrayées par ce coq fantôme que l'on n'avait jamais pu saisir. On se décida dernièrement à faire venir la police... qui fit le guet cherchant à découvrir le mauvais plaisant qui, depuis si longtemps, mettait impunément en jeu cette apparition extraordinaire ! Après de vaines recherches, les gendarmes, ayant tiré sur l'animal, s'aperçurent avec stupéfaction que celui-ci n'en était pas autrement troublé : Il se contentait de changer de place. — Et depuis ce temps, sans doute, le fantôme continue ses petites promenades dans l'étable.

Un autre cas d'apparition d'animaux est relaté dans le même numéro. Il s'agit d'un fantôme de chien qu'un médium voyant aperçoit souvent aux alentours d'une certaine maison. Le chien pose ses deux pattes de devant sur l'appui d'une fenêtre et paraît regarder dans l'intérieur de la chambre. Le médium vint un jour auprès de l'apparition et distingua nettement le ton gris et l'aspect nébuleux du pelage.

Dans le Moniteur de l'hygiène publique, du Dr Dupouy, il est question de la *Photographie transcendante* d'après une brochure de M. Finot.

Voici le récit de quelques expériences.

Puisqu'il y a *matérialisation* des esprits, puisqu'il y a le dégagement des rayons lumineux, rien de plus simple que de les fixer sur les plaques sensibles d'un appareil photographique.

Les expériences commencèrent d'abord infructueuses puis couronnées d'un grand succès. Tel fut au moins l'avis de tous les spirites, lorsque la nouvelle se répandit des expériences photographiques faites par M. Beattie, à Bristol, en 1872 et 1873.

D'après Wallace (*Miracles and Modern Spiritualism* page 204,) « les expériences de Beattie sont seules *absolument décisives* ». « Confirmées peu de temps après par Slater et le Dr Williams, elles établissent d'une façon scientifique et indéniable la réalité objective des formes humaines invisibles. » Cette théorie de Wallace paraît être acceptée comme dogme absolu par tous les représentants autorisés du spiritisme.

M. Aksakoff et, après lui, nombre de spirites, se basant sur les épreuves de Beattie, ont conclu :

Qu'il y a certaine matière invisible à notre œil et qui est ou lumineuse par elle-même ou qui reflète sur la plaque photographique les rayons de lumière, à l'action desquels notre rétine est insensible.

C'est une *matière*, car autrement comment expliquer nous dit Aksakoff, qu'elle est tantôt peu compacte, tantôt si dense qu'elle couvre l'image des assistants ; elle est douée en outre d'une grande énergie photochimique, car ses impressions apparaissent dans un délai de temps beaucoup plus court qu'il n'en faut pour le développement des figures normales.

Nous nous trouverions donc en présence de vraies *formations matérielles*, qui resteraient invisibles à l'œil ordinaire. Ces phénomènes existent, nous disent les spirites, car, autrement, comment expliquer que l'appareil photographique, impartial et impassible, nous en apporte le témoignage irrécusable ?

Et si les expériences de Beattie, contrôlées par des gens de bonne foi, faites par des photographes, accompagnés par des médecins, — en se servant chaque fois de plaques neuves, — ne vous suffisent point, nous avons, nous disent-ils à l'appui de notre thèse, des arguments que nous apportent les savants eux-mêmes. Les voici :

Les expériences de Beattie ne vous suffisant point, nous vous présentons celles d'un savant hors ligne, du célèbre Dr-professeur Wagner. L'éminent zoologiste russe, tenant à prouver « que l'individualité psychique se dégageant du sujet hypnotisé peut prendre une forme *invisible* pour l'expérimentateur, mais *réelle* en *elle-même* », eut également recours à la photographie.

Or, l'appareil, aussi impartial que sensible aux phénomènes que notre œil n'aperçoit point, montra un jour une chose plus que stupéfiante : une main invisible et insoupçonnée apparut tout à coup sur la plaque photographique.

Rétablissons les détails de l'opération. Voilà d'abord Mme de Pribitkoff, le médium favori du professeur Wagner. A côté d'elle se trouvaient des amateurs en photographie spirite : de Jocoby et de Guédéonoff, capitaine de la garde impériale, et le professeur Wagner lui-même. Le médium étant plongé dans un profond sommeil hypnotique, trois coups retentissent dans le plancher et indiquent qu'il est temps de fermer l'objectif.

Les deux premières plaques n'offraient que le portrait du médium endormi sur sa chaise ; mais la troisième apporte l'image de Mme de Pribitkoff, et au-dessus d'elle une main mystérieuse.

La main, nous assurent Wagner et tous ses témoins, n'appartenait à aucune des personnes présentes. Dans une longue lettre que publia le grand journal russe *Novoïé Vremia,* il explique la position de tous les assistants et analyse la main qui ne ressemblait aucunement à l'une des deux mains de Mme de Pribitkoff, tout en ayant le cachet caractéristique d'une main de femme.

On continua la série des séances, mais on n'obtint plus rien. Cette *matérialisation* d'un organe humain ou, si vous préférez, l'apparition d'une partie détachée du corps, certifiée par l'appareil photographique, a mis en émoi tout le monde spirite. On en a parlé longtemps, et on ne cesse de citer le cas Wagner comme un des articles de l'Evangile spirite.

La « manche » d'où se dégageait la main mystérieuse joue dans l'Eglise spirite, le rôle d'une relique sacrée, incontestable et incontestée. Cette manche qui n'était portée par personne, ne pouvait, par conséquent, venir que du dehors, du monde astral. Autrement il faudrait supposer que le professeur Wagner aurait préparé une plaque avant la séance avec la complicité de tous les assistants.

A côté des photographies obtenues par Beattie et Wagner, il y a des milliers d'autres matérialisations photographiées. Si nous nous arrêtons tout simplement sur les premières, c'est qu'elles ont eu le plus grand retentissement et qu'ensuite nous sommes en état de les reproduire dans cet ouvrage. C'est pour le même motif que nous signalons les photographies obtenues par M. Mumler, dont le procès devant le tribunal de New-York a fait dans le temps tant de bruit.

Photographe de son métier, il fut un des premiers qui obtint des épreuves photographiques des esprits (en 1869). Arrêté de ce chef sous l'inculpation d'escroquerie, il fut acquitté avec éclat. Mumler passait dans les ateliers des photographes, ses anciens confrères, et entre autres chez M. W.-H. Slee, et y obtenait des « matérialisations » photographiées avec des plaques et des appareils qu'on mettait à sa disposition.

Trois experts délégués par le tribunal, MM. J. Gurney, Silver et Slee, déclarèrent tous à l'unanimité qu'il n'y avait point de « tricherie ni de subterfuge », tout en se déclarant impuissants à expliquer les raisons de l'apparition des images fantomales.

Mumler appelé chez le banquier Livermoore, de New-York, y développa trois portraits de sa femme défunte dans *trois poses différentes,* en moins de dix minutes. Plusieurs témoins, et dans leur nombre le juge Edmonds, déclarèrent que des images se sont produites et ont été reconnues alors que les personnes qu'elles représentaient *n'avaient jamais été photographiées de leur vivant.*

H. V.

LES LIVRES

Librairie Chamuel, 5, rue de Savoie.

Traité élémentaire de Science occulte, *mettant chacun à même de comprendre et d'expliquer les théories et les symboles employés par les anciens, par les alchimistes, les astrologues, les E∴ de la V∴, les Kabbalistes.*

5e édition, augmentée d'une 3e partie sur l'histoire secrète de la terre et de la race blanche, sur la constitution de l'homme et le plan astral, avec nombreux tableaux et figures, par Papus

---

Nous avons saisi à nouveau l'Administration des Postes des réclamations de ceux de nos abonnés qui se sont plaints de ne recevoir l'Écho qu'avec quelques jours de retard, et même quelquefois de ne pas le recevoir du tout. Le Directeur général nous a fait savoir qu'il avait ouvert une enquête. Ceux de nos abonnés qui, à l'avenir, auraient à se plaindre du service, sont priés, s'ils jugent à propos de nous en prévenir, de joindre à leur lettre la bande du numéro arrivé en retard, que l'Administration des Postes nous réclame, pour faciliter ses recherches.

Le Gérant : Gaston Mery.

IMP. NOIZETTE ET Cie, 8, RUE CAMPAGNE-PREMIÈRE PARIS

Deuxième Année. — N° 39. 15 AOUT 1898 Le Numéro : 50 Centimes.

L'ÉCHO

DU

MERVEILLEUX

REVUE BIMENSUELLE

A PROPOS DE TILLY

LA LETTRE J.-M.

Aujourd'hui, 15 août, il est probable qu'il y aura foule au champ Lepetit. Marie Martel, paraît-il, sera favorisée de sa dernière vision.

S'il en est ainsi, à partir de demain — la série des phénomènes étant close — chacun pourra tenter de faire un examen d'ensemble. Le moment est donc venu d'éclairer le public sur les procédés bizarres et tortueux de certaines personnes qui (dans un but que j'ignore, et que j'aime mieux ignorer, car je le soupçonne vilain) se sont efforcées, pendant ces derniers mois, de jeter le discrédit sur les apparitions de Tilly.

Il s'agit encore de la lettre J.-M, et de l'attitude de M. l'abbé Méric, dont vous a déjà entretenu le *Petit Normand.* Cette lettre, volontairement tendancieuse. a été, comme on sait, communiquée à la *Croix*, par M. l'abbé Méric qui l'avait fait précéder de ces simples mots : *On nous écrit,* destinés à laisser croire aux lecteurs qu'elle avait été adressée au directeur de la *Croix*, pour être publiée.

Or voici dans quelles circonstances — et nous défions qu'on nous démente — cette lettre est venue à la connaissance de M. l'abbé Méric.

La lettre J.-M. a été apportée à Mgr Hugonin, évêque de Bayeux, quelques semaines avant sa mort. Il la fit joindre au dossier de Tilly. Quelques jours plus tard, l'auteur de cette lettre — une dame — se présenta chez Monseigneur. Elle ne put être reçue. Elle envoya alors à Mgr Hugonin une seconde lettre, explicative de la première, qui fut, comme la précédente, jointe au dossier.

Au moment où l'évêque de Bayeux partit pour sa tournée de confirmation, il confia ce dossier aux soins de M. l'abbé Drouet, du grand séminaire de Bayeux.

Or, un jour qu'il causait de Tilly avec trois prêtres dont nous connaissons les noms, M. l'abbé Drouet sortit du dossier la lettre J. M., et la leur lut. Les trois prêtres émirent quelques observations sur la teneur de cette étrange épître et manifestèrent quelques doutes sur son authenticité.

Ils en parlèrent dans leur entourage. M. l'abbé Méric apprit ainsi l'indiscrétion qui avait été commise. Il s'arrangea pour qu'elle fût commise de nouveau à son profit. On m'assure que ce n'est pas M. l'abbé Drouet, mais M. l'abbé M..., qui permit à M. l'abbé Méric de copier le document.

M. l'abbé M... ignorait, d'ailleurs, l'usage qu'on voulait en faire. Comment eût-il pu supposer M. l'abbé Méric capable d'abuser de la confiance qu'il lui témoignait, au point d'aller porter à un journal, comme étant adressée à ce journal, une lettre confidentielle écrite à l'évêque de Bayeux?

C'est pourtant ce que M. l'abbé Méric a fait.

S'il le niait, nous pourrions invoquer le témoignage de la *Croix* elle-même.

Ce journal ne tarda pas, en effet, à s'apercevoir

de l'espèce d'indélicatesse morale à laquelle on l'avait associé. Et, dans son supplément du 26 mai — quatre jours après la publication — il déclarait que la fameuse lettre n'avait été insérée que « sur l'indication d'un savant prélat ». Puis, comme si cette déclaration ne lui avait pas paru suffisante pour établir que sa bonne foi avait été surprise, la *Croix* publiait une lettre « d'un catholique du Nord » qui, point par point, détruisait les assertions de la lettre J. M.

Si, malgré ces évidences, M. l'abbé Méric voulait nier encore l'emploi abusif qu'il a fait d'un document qu'il n'avait, à aucun titre, le droit de distraire du dossier de Tilly, nous pourrions lui opposer que si, en faisant cette publication, il avait eu une intention droite et non un but détourné, il aurait, avec la lettre principale, publié la lettre explicative.

Mais ce n'est pas tout encore.

Où il apparaît nettement que, en ce qui concerne la question de Tilly, le parti-pris de M. l'abbé Méric cache une arrière-pensée, c'est dans la façon dont il entend qu'on traite cette question dans certaine revue qu'il a récemment fondée. Là, M. l'abbé Méric est le maître. C'est lui, et non un autre, qu'il faut rendre responsable de la direction. Or, dans cette revue, M. l'abbé Méric a reproduit la lettre J. M., mensongère comme il le sait, et il a omis volontairement de la faire suivre, à défaut de la lèttre explicative, de la rectification publiée par la *Croix*. Après cela, me semble-t-il, le lecteur doit être fixé sur l'autorité qu'il faut attacher à l'opinion de M. l'abbé Méric en ce qui regarde les événements du champ Lepetit.

Ces procédés sont ordinaires à M. l'abbé Méric. On sait avec quelle éminente franchise il s'est déjà comporté vis-à-vis de la Société des Sciences psychiques, dont il n'avait accepté d'être élu président que pour donner plus d'éclat à sa démission survenue le lendemain. J'ai raconté tous ces faits dans la *Libre Parole*. M. l'abbé Méric m'a répondu en m'assurant qu'il était l'auteur de quatorze volumes et en insinuant que je lui manquais de respect. Il va, sans doute, me répondre par des arguments aussi péremptoires.

Malheureusement, M. l'abbé Méric serait-il l'auteur de cinquante volumes, cela n'empêcherait pas la vérité d'être la vérité. Quant à la déférence qui est due à cet ecclésiastique, je serais désolé d'y avoir manqué. Mais, si cela était, je me consolerais en me disant que, certainement, j'ai été moins irrespectueux à l'égard de M. l'abbé Méric, en ne dévoilant sur cette affaire que ce qui strictement intéresse les amis de Tilly, qu'il ne l'a été, lui, vis-à-vis de Mgr Hugonin en publiant une lettre confidentielle qui avait été adressée à ce dernier.

GASTON MERY.

Nous avons découvert dans un vieil ouvrage, paru en 1738, et aujourd'hui introuvable, le récit détaillé d'un procès de sorcellerie. C'est l' « histoire de Louis Gaufridy, prêtre brûlé comme sorcier, par arrêt du parlement de Provence, en 1611. » Ce récit, très dramatique, d'une documentation certaine, intéressera, nous en sommes persuadé, très vivement nos lecteurs. Nous en commençons aujourd'hui la publication.

LA VOYANTE NAPOLITAINE

Les journaux, depuis une quinzaine, ont inséré un nombre considérable de notes contradictoires sur une jeune fille de Naples, en qui les uns veulent voir une véritable inspirée, les autres une mystificatrice ou une malade.

En attendant les renseignements précis que nous ne manquerons pas de recevoir d'ici peu, voici quelques-unes des informations qu'on a publiées sur son compte :

Du *Figaro*.

On nous écrit de Naples :

Tout le monde est ici en proie à la plus vive émotion par suite des prédictions de Mlle Almerinda Ettorre, dont la famille appartient à la bonne bourgeoisie. L'appartement qu'elle occupe dans la petite rue Zuroli est pris d'assaut par les curieux.

Mlle Ettorre, qui est instruite, musicienne et peintre, a dit ces jours derniers que, pendant qu'elle peignait un Christ, elle a senti que l'image passait dans son esprit en lui révélant qu'elle mourrait le 9 août.

A sa mort, suivant sa prédiction, se produira un terrible tremblement de terre, le soleil s'éclipsera et une grande croix noire sera dans le ciel. Puis, elle ressuscitera le lendemain et mettra au monde le Messie, qui, couvert d'un voile blanc, sera visible à tous. Le Messie, revenu ainsi dans le monde, poussera un grand cri qui retentira dans l'univers entier, et c'est en entendant ce cri que le Pape s'en ira dans le ciel.

La foule des crédules attend donc la mort du Pape pour vérifier la véracité de la prédiction.

Hâtons-nous de dire que Mlle Ettorre est atteinte d'hystérie, et que sa sœur aînée a été enfermée comme folle dans une maison de santé.

Du *Corriere della Sera*, de Naples :

Elle a vingt-neuf ans, elle est belle! Une tête d'ange aux cheveux blonds qui, aux caresses du soleil, semblent une auréole; elle semblait réellement une créature divine. Voici notre entrevue.

— Et c'est bien vrai, c'est de vous, de votre cœur que sortira l'Enfant Jésus?

— Oui, il est ici, dans mon cœur. Si vous sortiez de cette chambre, si je restais seule, il se présenterait à moi sous des traits humains et serait avec moi Pourquoi suis-je presque toute la journée seule dans cette chambre?

Pour le voir et l'adorer. Il se cache dans mon cœur quand il entre quelqu'un. Il faut que nous soyons seuls lui et moi.

— Alors, le Pape mourra?

— Oui.

— Et après?

— Après, nous aurons un secrétaire général de Jésus sur la terre; il n'y aura plus de papes, et ce secrétaire sera choisi par Jésus lui-même en lisant dans le cœur de ses ministres les plus méritants.

Et le Nazaréen qui sortira de votre cœur sera visible à tous?

— Oui, un jour seul. Et dans cette maison.

— Et je pourrai voir l'Enfant Jésus?

— Oui, mais il faudra vous confesser et communier. Ce jour-là, pour le voir, la préférence sera réservée aux journalistes.

Je mourrai le 5 août, je ressusciterai le 6, et le 15 je monterai au ciel.

Le Dr Bianchi a déclaré qu'il s'agissait d'un cas d'hystérie commune.

Du même journal, quelques jours plus tard :

La lumière commence à se faire sur le cas mystérieux de la prétendue voyante Almerinda Ettorre de Naples. La police serait sur la trace de l'organisation d'une vaste propagande évangélique pour laquelle on aurait déjà employé ailleurs le même système. On aurait simplement essayé d'exploiter le cas d'hystérie d'une malheureuse jeune fille et la misère de sa famille. On remarque la présence dans la maison de la voyante d'un chef de l'église anglicane.

Attendez-vous à des révélations piquantes sur le dessous de cette singulière affaire.

Suivons le conseil du rédacteur du *Corriere della Sera*. Attendons.

BISMARCK OCCULTISTE

Je trouve dans un volume déjà ancien : *Les propos de table du comte de Bismarck pendant la campagne de France*, par E. Seinguerlet (M. Dreyfous, 1879), quelques anecdotes sur le défunt chancelier qui, me semble-t-il, ont leur place toute marquée dans l'*Echo du Merveilleux*.

Si Napoléon Ier se considérait comme un instrument de la Divinité, comme chargé d'une mission sur la terre, Bismarck, plus modeste, affectait seulement de croire au rôle présidentiel de l'Allemagne. Aux convives réunis à sa table, il s'adressait en ces termes : « Si je ne croyais pas à une destinée divine qui a appelé la nation allemande à accomplir une œuvre grande et bonne, je renoncerais sur l'heure à mon métier de diplomate, ou pour mieux dire, je ne l'aurais jamais choisi. » — On peut se demander si ces paroles n'ont pas inspiré cette phrase du rescrit impérial du 2 août : « Nous sommes profondément ébranlé, s'écrie Guillaume, par la mort de l'homme que le Seigneur Dieu avait créé pour être l'instrument qui devait réaliser l'immortelle idée de l'unité et de la grandeur de l'Allemagne! »

Ceci n'est que de la religiosité ou du mysticisme, comme on voudra l'appeler. Voici qui est déjà mieux.

Bismarck possédait quelques données d'astrologie et savait en faire parade à l'occasion.

« Vous paraissez le double plus jeune, monsieur le conseiller intime, disait-il au vieux Abeken, un jour que ce dernier avait sacrifié quelques mèches de sa coiffure. Vous vous êtes fait couper les cheveux au bon moment, lorsque la lune est dans son croissant... Il en est des cheveux comme des arbres. Quand les racines doivent survivre, on abat l'arbre dans le premier quartier; quand elles doivent pourrir, on l'abat dans le dernier. Il est des gens, des savants, qui n'y croient pas, mais l'administration forestière se guide là-dessus, tout en n'en convenant pas. »

Un occultiste n'eût pas mieux dit. M. Papus n'a-t-il pas écrit ceci dans les *Arts divinatoires* : « L'astrologie nous enseigne que notre satellite, véritable ganglion sympathique de la terre, règle la croissance de tout ce qui pousse ici-bas. Si donc vous voulez que vos cheveux croissent, ne les coupez jamais que pendant la période croissante de la lune. Si par contre vous vous voulez retarder la poussée trop rapide de vos ongles, coupez-les la lune décroissante. »

M. E. Seinguerlet était évidemment peu familiarisé avec ces données astrologiques, car il fait suivre son récit de ces lignes peu respectueuses pour des traditions aussi vénérables : « Cette croyance à la puissance de la Lune doit être des plus robustes chez M. de Bismarck, car elle a résisté à l'évidence. Il semblerait qu'un homme en possession d'un moyen aussi simple qu'efficace de faire croître les cheveux dût être doté d'une superbe chevelure. Eh bien, non! M. de Bismark, comme chacun sait, est absolument chauve, et il l'est devenu à un âge où il est bien rare qu'on le soit. »

Cette croyance à l'action de la lune sur la pousse des cheveux et des arbres était déjà bien étrange de la part d'un homme aussi positif que le chancelier. Que dira-t-on lorsqu'on apprendra qu'il eut toutes les superstitions, même les plus vulgaires?

« Au lendemain de Gravelotte, on se livrait à table à des projets de démembrement de la France.

« — Ne parlons pas de la peau de l'ours, s'écria M. de Bismarck ; j'avoue que, sous ce rapport, je suis superstitieux.

« A Reims, au moment du dîner, M. de Bismarck-Bohlen compte les couverts.

« — Serions-nous treize à table?

« — Non!

« — Ah! tant mieux, car le chancelier ne l'aime pas.

« Le 14 octobre, le comte de Bismarck en entrant dans le bureau demanda aux employés :

« — Quelle date avons-nous aujourd'hui?

« — Le 14, Excellence.

« — C'est l'anniversaire de Hochkirch et d'Iéna; c'est un jour où il ne faut pas conclure d'affaires.

« Il était question une fois d'une négociation qui n'avait pas réussi.

« — C'est la faute du vendredi, s'écrie M. de Bismarck d'un ton de mauvaise humeur. Oh! les négociations du vendredi!

« Après la campagne de Sadowa, quand le roi, pour récompenser son ministre des services qu'il lui avait rendus, lui offrit le titre de comte, M. de Bismarck hésita à l'accepter, il résista... De son propre aveu, le chancelier n'avait pas voulu accepter le titre de comte parce que toutes les familles nobles de la Poméranie qui l'avaient reçu s'étaient éteintes dans un espace de temps relativement court.

« — Je pourrais citer, dit-il, dix, jusqu'à douze familles auxquelles cela est arrivé. Le pays ne le comporte pas. Je me suis donc vivement défendu d'abord d'accepter ce titre, mais j'ai fini par céder. Cependant j'ai toujours des inquiétudes. »

Ces inquiétudes, le chancelier put les mettre de côté : Au lendemain de la campagne de France son malencontreux comté était érigé en principauté. Ce jour-là, Bismarck enfin délivré d'un si grave souci, dut respirer plus à l'aise. — Son cerveau fut-il, pour cela, désormais exempt de toute préoccupation relativement à la fatale échéance? L'anecdote suivante permet d'en douter :

« Dans la soirée où fut conclue à Versailles avec les plénipotentiaires bavarois la convention qui assurait au roi de Prusse la dignité impériale, M. de Bismarck, en buvant une seconde bouteille de champagne à l'honneur de cet heureux événement, vint à parler de sa mort.

« Le chancelier prétendit connaître très exactement la date de celle-ci, et, comme ses auditeurs se récriaient, il ajouta d'un ton sombre : « Je le sais; c'est un chiffre mystique. »

Que voulait-il dire par là? Nous ne le saurons peut-être jamais.

Toutefois, il est assez curieux de constater que la date fatale 1898 résulte jusqu'à un certain point de la date de la naissance (1815) et de la date du mariage (1847) de Bismarck, si l'on veut bien faire sur ces nombres les calculs que M. Saturninus a indiqués dans le *Voile d'Isis* du 27 novembre 1895 comme applicables à certains personnages illustres. Le procédé consiste à prendre, par l'addition théosophique, le total des chiffres de l'année de naissance, à l'ajouter à cette même année, à faire l'opération analogue sur la date obtenue et ainsi de suite... et à ajouter, à un moment donné, le total de la date de mariage.

Dans le cas présent, voici ce que nous obtenons par ce procédé :

1815 a pour total 15 (en effet 1815 = 1 + 8 + 1 + 5 = 15).

15 + 1815 = 1830	dont le total est	12
12 + 1830 = 1843	— —	15
15 + 1842 = 1857	— —	21
21 + 1857 = 1878		

20 (total de la date de mariage) + 1878 = 1898, date de la mort.

QUÆRENS.

Reportages dans un fauteuil

*** *Le Cinquantenaire du Spiritisme et les esprits frappeurs de jadis.*

Il y a tout justement un demi-siècle que deux gamines américaines, Kate et Margaret Fox, filles d'un méthodiste d'Hydesville, comté de Wagner, furent grandement effrayées par des coups mystérieux frappés dans le mur de leur chambre. Les spirites s'apprêtent un peu nonchalamment à célébrer le cinquantenaire de ce toc-toc initial, d'où devait sortir un si beau tapage.

On connaît la suite de l'aventure des petites Fox. Attribués d'abord à la malice des voisins ou des fillettes elles-mêmes, les bruits singuliers, narguant toute surveillance, continuèrent leur train et même redoublèrent. Les enfants s'y étaient accoutumées. Elles les attribuaient au « vieux gentleman » (c'est la périphrase par laquelle on désigne poliment le diable en langue anglaise) ou plutôt à quelque lutin de sa noire famille. Elles en riaient.

— Faites cela, monsieur Pied-Fourchu ! s'écriait Kate frappant dans ses mains.

Le Frappeur invisible imitait le bruit. On imagina d'entrer en conversation avec lui, en lui demandant de désigner par des coups les lettres de l'alphabet qu'il voudrait dire. Un coup pour A, deux pour B., etc. M. Pied-Fourchu s'y prêta complaisamment et put révéler ainsi qu'il était un colporteur du nom de Rosna, assassiné quelque trente ans auparavant et enfoui dans le cellier de la maison, où, en effet, on découvrit un squelette. En même temps l'esprit du colporteur indiquait la manière de s'y prendre pour causer très aisément avec lui et ses frères : s'asseoir autour d'une table sur laquelle on posait les mains. Quelques semaines après, toutes les tables des Etats-Unis tournaient, et force têtes autour. Les pratiques du spiritisme se répandirent avec la rapidité de l'éclair sur le territoire de l'oncle Sam. Des commissions furent nommées pour examiner ces nouveaux phénomènes : le célèbre chimiste Maple, le professeur Robert Hare, de l'Université de Pensylvanie, commencèrent une série d'expériences dont la conclusion fut que les phénomènes spirites « n'avaient rien de commun avec le « hasard, la supercherie ou l'illusion. »

Mais n'avaient-ils rien de commun avec le « Vieux gentleman » comme le pensait la petite Kate ? La question fut passionnément discutée. Plusieurs prédicants de diverses confessions assurèrent qu'il n'y avait pas incompatibilité entre les pratiques spirites et les enseignements du Christianisme. Les spirites se réclamaient de la Bible, chantaient des psaumes et des cantiques dans leurs réunions. Le spiritisme, dans sa première période, fut biblique.

Au fort de la discussion, les législatures des Etats du Nord se saisirent de la question et la résolurent pour la plupart dans un sens très libéral. La législature de l'Alabama, presque seule, proscrivit sévèrement les pratiques spirites, décrétant une amende de cinq cents dollars (2.500 francs) contre tout citoyen qui s'y livrerait. Le gouverneur de l'Etat opposa du reste son veto à ce bill, et il n'en fut plus question. Dans l'Alabama comme dans tous les autres Etats de l'Union, les spirites purent organiser leurs cercles, leurs meetings, leur propagande : l'Amérique était conquise.

Le spiritisme a donc bien pris naissance en Amérique, il y a cinquante ans. Mais tant s'en faut que ce fut *le coup d'essai* des esprits frappeurs, des bruits pareils aux bruits mystérieux d'Hydesville s'étaient mille fois produits ; généralement, il est vrai, suivis de phénomènes plus effrayants : voix, apparitions. Ainsi, en 1135 — pour ne pas remonter plus haut ! — l'esprit qui frappait les murs « comme avec de grosses pierres » dans la maison du prévôt Nicolas, au Mans. Puis il éteignit les chandelles, se plut à embrouiller le fil de dame Anica, femme du prévôt, souilla les viandes de cendre et de suie, et enfin brisa les meubles. Exorcisé, il finit par parler d'une voix faible et demanda des messes. Voyez Mabillon, *Anecdot,* page 130 de l'édition in-folio.

Mais en plusieurs circonstances tout s'était borné à des coups, à un toc-toc impatient et l'on avait eu l'idée, comme les méthodistes d'Hydesville, d'entrer en pourparlers avec l'auteur de ces bruits, en lui demandant de répondre à une question par un nombre de coups déterminé, pour l'affirmative et la négative, et même de former des mots, en frappant les lettres selon leur rang dans l'alphabet.

Dom Calmet cite un manuscrit intitulé *Humbra Humberti, — hoc est historia memorabilis D. Humberti Birkii mira post mortem Apparitione,* dont l'auteur était un Père Prémontré de l'abbaye de Toussaints dans la Forêt-Noire, homme fort savant et fort sage. Et voici ce qu'il racontait :

L'Humbert Birk en question était un bourgeois d'Oppenheim, mort en novembre 1620. Le samedi qui suivit ses obsèques, on commença d'ouïr des bruits singuliers dans sa maison. Son beau-père soupçonnant qu'il revenait, dit : — « Si vous êtes Humbert, frappez trois coups. » On entendit trois coups solennels :

— Est-ce à moi que vous voulez parler ?

— Silence.

— A votre femme ?

Trois coups affirmatifs. Mais la veuve, aussitôt mandée, se sauva en criant de peur.

Pendant six mois environ, l'ombre éplorée d'Humbert Birk hanta les murs de sa maison, effrayant tout le voisinage. Enfin il se tut. Mais au bout de l'an, après son anniversaire, il revint, frappant beaucoup plus fort qu'auparavant. Il fit comprendre qu'il voulait un prêtre.

Le prêtre vint (c'était un Prémontré de la même

abbaye que l'auteur du manuscrit). Il dit à Humbert de frapper la muraille : la muraille fut frappée, assez doucement. Il lui dit : « Allez chercher une pierre et frappez plus fort. ». Après un léger intervalle, comme si, en effet, l'ombre fût allée chercher une pierre, on entendit un coup retentissant. Le prêtre dit tout bas à son voisin : « Qu'il frappe sept fois » ; aussitôt sept coups.

Humbert Birk parvint ensuite à faire comprendre qu'il voulait trois messes, et qu'on fît des aumônes à son intention. Ce qui fut fait, après quoi tout rentra dans le calme.

Nous croyons savoir que, plusieurs années avant l'événement d'Hydesville, un prêtre brabançon eut une communication curieuse au moyen de coups frappés cette anecdote, restée secrète par la volonté du prêtre, qui vivait encore il y a peu d'années, sera sans doute publiée prochainement. Il était persuadé qu'il avait conversé avec le diable.

Homme éminent, ce prêtre avait fondé un institut, très prospère aujourd'hui, pour l'éducation des filles. Dans une maison de cet ordre, une fillette très sage, très appliquée, pleine de bonne volonté, mais d'esprit lourd, restait malgré tous ses efforts à la queue de sa classe. Elle en était amèrement humiliée. Brusquement tout change : l'enfant savait et comprenait bien ses leçons, ses compositions étaient excellentes, un rayonnement d'intelligence transfigurait son petit visage. La maîtresse était charmée : — Voyez, disait-elle, ce que peut l'application, la persévérance.

Un soir, la supérieure faisant sa ronde dans les dortoirs, entend un bruit de voix étouffées. Elle s'approche : les voix dont elle ne distingue pas les paroles partent d'un lit, dont elle tire brusquement les rideaux. Elle ne voit que le petit phénomène, l'enfant passée en un jour du dernier au premier rang de sa classe.

— Avec qui causiez-vous ? lui demanda-t-elle sévèrement.

— Mais, ma Mère, avec personne.

— J'ai entendu deux voix...

Et la supérieure regardait sous les rideaux et sous le lit. Mais rien, aucun mouvement dans les couchettes voisines.

— J'exige que vous me disiez avec qui vous parliez.

— Ma Mère... Je crois bien que c'était avec le diable.

— Avec le .. Petite malheureuse! vous êtes folle.

— Non, ma Mère.., Je crois bien que c'est Lui. J'étais si honteuse d'être toujours la dernière. J'avais beau m'appliquer. Alors j'ai dit : « Je me donne au diable s'il veut m'aider ! » Et, le soir, il m'a semblé entendre une voix qui me répétait ma leçon ; je comprenais très bien. Le lendemain, j'ai été première dans la composition. Depuis j'entends toutes les nuits la même voix qui me parle, qui m'explique les devoirs, ce qu'a dit la maîtresse en classe. Je comprends bien mieux, je me rappelle tout.

Incertaine, épouvantée, la Supérieure écoutait cette confidence extraordinaire, que l'enfant lui faisait d'un air ingénu. Elle la fit lever, l'emmena dans sa chambre et manda M. l'aumônier, devant qui la petite répéta ses aveux. On lui fit comprendre avec précaution la gravité de sa faute. Bien entendu, c'était une illusion maladive, elle n'avait pas vu le diable ; mais le seul fait de l'avoir appelé, de s'être offerte à lui était un crime affreux. L'enfant sanglota bientôt de contrition et de frayeur ; repentante, confessée, une médaille bénite au cou, elle regagna son petit lit, où la voix mystérieuse ne se fit plus entendre. Mais le lendemain même, elle retombait au bas bout de la classe ; le fugitif rayon d'intelligence s'était effacé de ses yeux.

L'enfant avait-elle vraiment été le jouet d'une illusion maladive ? Le prêtre qui a raconté cette histoire, vieille de plus d'un demi-siècle, était peut-être le même qui le lui dit, pour ménager son esprit d'enfant, mais il ne le pensait pas. Ce pourrait être la matière d'un curieux chapitre, dans cette question des pactes diaboliques qui a été traitée ici d'une manière si intéressante. A quel âge peut-on valablement contracter le pacte ? Quel degré de conscience y faut-il ?

GEORGE MALET.

Les Bêtes démones et l'Anti-Nagualisme

I

M. George Malet a publié, dans l'*Echo* du 1er août, de très curieuses anecdotes sur le nagualisme, sorte de pacte étrange conclu entre un homme et un animal.

La dernière de ces anecdotes, bien que récente, rappelle étonnamment un épisode du roman de P. Christian fils, intitulé *La reine Zinzarah* (1893 ou 1894). Il s'agit d'une croyance bohémienne. Le héros du roman, Parisien fourvoyé dans une bande de Romanichels, voit se dresser la nuit un énorme serpent noir qu'il tue d'un coup de fusil, au grand désespoir de la jeune reine.

Entre elle et le serpent que vous venez de tuer, dit le

père de Zinzarah, existait une alliance mystérieuse. Il renfermait en lui l'une des âmes de Zinzarah, son âme du Mal. C'est pourquoi ma fille vivait si parfaite avec sa seule âme du Bien... L'une étant morte, il faut que l'autre la suive, c'est inévitable et mon enfant sera bientôt morte (p. 102-3).

Comme toute chose, le nagualisme a son contraire, mais pour tâcher d'éclaircir cette nouvelle face du sujet, peut-être sera-t-il bon de risquer une théorie telle quelle du nagualisme lui-même. M. George Malet, si compétent en pareilles matières, voudra bien excuser les fautes de l'auteur.

Dans les vieilles croyances des populations voisines du Mexique, notamment au Guatémala, le mot *nagual* désigne à la fois la bête qu'on associe à chaque enfant et le prêtre chargé d'accomplir les rites de cette union, qui va bien plus loin que celle des érastes de l'antiquité et des frères d'armes du moyen-âge. Un évêque de Chiapa (Guatémala) écrivait en 1702 : « A l'instant où l'enfant qu'il endoctrinait venait l'embrasser, le *Nagual* prenait tout à coup un aspect effroyable, et sous la forme d'un lion ou d'un tigre paraissait enchaîné au jeune néophyte » (Eusèbe Salverte, *Des sciences occultes*, 2e édition, p. 221-2.) Des coutumes analogues existent encore chez les indigènes, qui les tiennent aussi secrètes que possible.

Le principe de cette bizarre superstition paraît être l'état de *rapport* magnétique qui s'établit parfois entre l'homme et l'animal, entre la Romaine ou la Parisienne et sa couleuvre, entre Samuel Bernard et sa poule noire, à laquelle il ne survécut pas, entre la sorcière et son chat.

M. Durville cite le cas d'une dame que les boas du Jardin des Plantes attiraient irrésistiblement jusqu'aux barreaux de leur cage, et celui d'un enfant hypnotisé par un perroquet dont il imitait la danse (*Traité expérimental du Magnétisme*, II, p. 151-5). M. de Rochas rapporte que Mme Lux, endormie magnétiquement avec un chat sur les genoux, dit peu après « qu'elle avait à la bouche un goût de viande qui lui répugnait » ; le chat mangeait en effet de la viande. Il ajoute au sujet d'une autre dame ayant à l'habitude une petite chienne sur elle : « Lorsqu'elle est extériorisée et qu'elle a chargé la chienne de sa sensibilité, non seulement elle éprouve tout ce que je fais subir à la chienne, elle prétend même ressentir ses sentiments et suivre ses pensées, qui seraient analogues à celles d'une personne, mais beaucoup moins précises. » Le Dr Luys ayant mis une couronne aimantée sur la tête d'un chat, puis d'un sujet, et sur la tête d'un coq, puis d'un sujet, « les sujets ont pris les allures et le cri des animaux dont on leur avait transmis ainsi l'état psychique. » (De Rochas, *L'Extériorisation de la sensibilité*, p. 160 et 222-3.

Par là s'expliquent les contes qui parlent de sorciers ou de géants cachant leur âme dans une bête ou une plante, les mythes des femmes-cygnes, etc.

La légende populaire de la sorcière avec son chat, du sorcier avec ses reptiles, dit Jules Bois, n'est pas un racontar de commère ; elle symbolise le compagnonnage de la bête et de l'homme résigné à la bestialité. Une part de l'âme du sorcier descendait en l'humble et fraternel camarade ; tuer l'un revenait parfois à exterminer l'autre, en tous cas à l'atteindre sûrement. Les Indiens de la province de Saint-Domingo concluaient des alliances avec les alligators des rivières et les créatures rampantes des forêts. (*Le Satanisme et la Magie*, p. 83).

Mêmes alliances à Batavia, où l'on croit que les femmes mettent souvent au monde, en même temps qu'un enfant, un petit crocodile que la sage-femme porte à la rivière (A. Lang, *Mythes, Cultes et Religion*, p. 56 et H. Spencer, *Principes de sociologie*, I, p. 296.) Mêmes alliances encore en Australie où chaque famille a son animal conjoint, son kobong, et où tuer le kobong c'est tuer un membre de la famille. (Tylor, II, p. 306.)

Ici le nagual ou kobong est en relation avec toute une famille, et on comprend que de la famille cette relation ait pu s'étendre à la tribu, qui est la famille agrandie. On trouve, en effet, la coutume de prendre un animal pour protecteur et parent d'une tribu répandue à peu près partout. C'est le totémisme, qui, bien entendu, ne comporte plus le rapport magnétique, celui-ci ne pouvant guère être qu'individuel ou familial, tout au plus. Aussi les Peaux-Rouges, qui ont (ou avaient) à la fois un protecteur général dans l'animal-totem et un protecteur particulier dans l'animal-médecine, commencent-ils pour choisir le dernier par se mettre dans l'état d'hypnose, favorable à celui de rapport : ils jeûnent à l'écart et se procurent ainsi la vision de la bête qui sera leur fétiche (Tylor, *La Civilisation primitive*, t. II, p. 528.)

II

L'animal ne peut pas toujours être considéré comme un ami ou un aïeul, surtout l'animal de proie, qui ne ménage guère ses prétendus parents. Ceux-ci le savent bien. Les Bakwains de l'Afrique du Sud, par exemple, tout en faisant aux oreilles de leurs bestiaux le signe de la gueule du crocodile, craignent singulièrement le crocodile, qui est leur père. (Frazer, *Le Totemisme*, p. 19.) Le voir, fait mal aux yeux, être mordu par lui, ou touché de l'eau fouettée par sa queue, organe dont le contact attire la victime, nécessite l'expulsion de la tribu. (Livingstone, *Missionary Travels*, p. 254-5.)

C'est que le magnétisme de l'animal peut dominer

fâcheusement celui de l'homme. Les anciens se sont préoccupés au moins autant que les sauvages de cet antagonisme « fluidique » (qui est pour beaucoup sans doute dans le culte du serpent).

Ainsi, il fallait aborder la hyène à gauche pour ne pas être fasciné ou renversé par cet animal (à patte droite hypnotique), dont l'ombre rendait les chiens muets, et il fallait voir un loup le premier pour ne pas perdre la voix, c'est-à-dire pour n'être pas hypnotisé ou fasciné (Théocrite, Virgile, Pline, etc.), croyance qui se retrouve dans le Zend-Avesta. Cette prise du regard donnant la supériorité, les chasseurs de vipères l'utilisent encore, dit-on, pour immobiliser le dangereux reptile (*Initiation*, octobre 1897).

Pierre Loti raconte dans un de ses premiers ouvrages, *Le roman d'un spahi,* que certaines familles d'indigènes admettent, au Soudan, juste l'opposé du nagualisme.

Fatou (une petite négresse) ne pouvait apercevoir un *ngabou* (un hippopotame) sans courir les risques de tomber raide morte; — c'était un sort jeté jadis sur sa famille par un sorcier du pays de Galam, — on avait essayé de tous les moyens pour le conjurer. Elle avait dans ses ascendants de nombreux exemples de personnes ainsi tombées raides, au seul aspect de ces grosses bêtes, et ce maléfice les poursuivait sans merci depuis plusieurs générations.

C'est, du reste, un genre de sort assez fréquent dans le Soudan : certaines familles ne peuvent voir le lion; d'autres, le lamentin; d'autres — les plus malheureuses, celles-là, — le caïman. Et c'est une affliction d'autant plus grande, que les amulettes mêmes n'y peuvent rien.

On s'imagine les précautions auxquelles étaient astreints les ancêtres de Fatou dans le pays de Galam : éviter de se promener dans la campagne aux heures que les hippopotames affectionnent, et surtout n'approcher jamais des grands marais d'herbages où ils aiment à prendre leurs ébats.

Quant à Fatou, ayant appris que dans certaine maison de Saint-Louis vivait un jeune hippopotame apprivoisé, elle faisait toujours un détour énorme pour ne pas passer dans ce quartier, de peur de succomber à une terrible démangeaison de curiosité qu'elle avait d'aller voir le visage de cette bête, dont elle se faisait faire tous les jours par ses amies des descriptions minutieuses — curiosité, comme on le devine sans peine, qui tenait, elle aussi, du maléfice (p. 186-7).

On voit, à la curiosité de Fatou, que l'attirance persiste à travers la répulsion.

L'ennemi de famille des Soudaniens correspond à peu près au kobong de l'Australie, inversé dans le sens hostile. Stanislas de Guaita, qui savait tout, a signalé un cas très net d'anti-nagualisme non plus familial, mais individuel. C'est l'histoire d'une sorcière et d'un chien qui avaient une haine mortelle l'un pour l'autre, avec d'étranges yeux absolument pareils. « Chez l'un comme chez l'autre, l'œil droit était de couleur grise; l'œil gauche, en sa partie supérieure, était d'un bleu très clair, verdâtre; la partie inférieure était brun foncé. » (*La Clef de la Magie noire*, p. 684-8. On peut lire toute l'histoire dans la *Magie pratique* de Papus.) De Guaita prétend que la sorcière s'extériorisait sous la forme de son ennemi, de sorte qu'il y aurait encore eu là une sorte d'attraction et de lien fluidique, comme toujours, aussi bien chez Fatou avec l'hippopotame que chez les Bakwains avec le crocodile.

Pour le sauvage, toutes les bizarreries du nagualisme et du totémisme finissent par prendre une forme darwinienne, puisqu'il en vient à faire d'un animal l'ancêtre de sa race. On ne s'étonnera donc pas si le darwinisme a pu recevoir par une sorte de récurrence, dans la cervelle d'un poète contemporain, l'empreinte atavique et sauvage.

Villiers de l'Isle-Adam, car c'est de lui qu'il s'agit, s'est amusé à soutenir que souvent le type d'un animal, ou de plusieurs animaux, prédomine sur une physionomie humaine; ce serait la fusion du nagual et du nagualiste :

— Vous-même, Bonhomet, pourriez-vous me dire si l'être extérieur, apparent, que vous nous offrez, qui se manifeste à nos sens, est réellement celui que vous savez être en vous?...

— Oh! oh! m'écriai-je avec une crispation nerveuse, car il me sembla qu'un caïman venait de tressauter en moi. (*Claire Lenoir*, XIV.)

Ainsi s'exclame et se définit lui-même le multiple Tribulat Bonhomet, « docteur, philanthrope et homme du monde », cette merveilleuse canaille dont la création, ou plutôt la constatation géniale, par Villiers, est au *Tartufe* de Molière ce que le *Faust* de Gœthe est à celui de Marlowe.

L.

LE PACTE DIABOLIQUE

Mon cher Mery,

Je ne lis qu'aujourd'hui les réponses qui ont été faites à l'objection un peu prudhommesque de M. Sarcey : « Satan est bien bon de se mettre aux ordres d'un homme pour gagner son âme qui lui est dévolue d'avance. »

N'ayant trouvé dans aucune de ces réponses de réfutation bien décisive, je demande la permission d'ajouter une cinquante-et-unième lettre aux cinquante déjà reçues.

Et tout d'abord je pourrais dire que l'esclave attaché par une chaîne de fer est autrement esclave que celui qui a donné seulement sa parole de ne pas s'enfuir ou même que celui qu'on retient par la main. Mais cet argument a beau être topique, il ne peut évidemment convenir qu'aux âmes vulgaires des sarcéyens, gens qui ne perçoivent clairement que les vérités terre à terre lourdement exprimées. Les fidèles de l'*Écho du Merveilleux* ont, Dieu merci! des aspirations plus nobles et ils tiennent à approfondir les raisons mystérieuses des phénomènes qui s'accomplissent dans le monde extra-humain où leur esprit aime à se hausser.

Leur curiosité est légitime, et je serais heureux si mes explications sont de nature à la satisfaire.

Selon mon faible jugement, le pacte diabolique n'est pas autre chose que la contre-partie et la contrefaçon du vœu religieux et monastique. C'est le troisième degré de l'initiation infernale, comme le sacrement de l'ordre est le troisième degré de l'initiation céleste dont le baptême et la confirmation sont les deux premiers; comme l'amour est le troisième et dernier degré du sentiment affectif dont la sympathie et la bienveillance sont les deux premiers.

Satan, singe de Dieu, n'a pas disposé la route qui conduit en enfer autrement que celle qui conduit au ciel; on y trouve les mêmes relais, et à chaque relais les mêmes cérémonies, sauf que les unes sont l'envers des autres.

Assurément Dieu n'a pas besoin que les vierges se lient à lui par un engagement solennel, et ceux et celles qui mourront sans s'être laissé effleurer par le démon de la luxure, n'ayant rien promis, auront droit aux mêmes récompenses que ceux et celles qui auront promis et tenu.

Cependant il est avéré que rien n'est plus agréable à Dieu que cet engagement.

Ceux et celles qui le prennent entrent d'emblée dans la voie angélique toute semée de dons surnaturels, donnant comme un avant-goût des délices paradisiaques. J'en prends à témoin tout moine ou toute nonne ayant seulement dix ans de profession. N'est-il pas vrai qu'aucun n'a écoulé cette période sans avoir éprouvé, plus ou moins fréquemment, ce qu'on peut qualifier de « communication directe avec la divinité » ou bien de « perception immédiate des mystères éternels »? Dieu, en un mot, possède ses voués et il imprime sur eux ou en eux, à son heure et à sa volonté, les marques de cette possession.

Les mortels liés à Dieu par un vœu perpétuel, et, particulièrement, par le vœu de chasteté, sont désormais sa chose. Ce sont les marches vivantes de l'échelle sacrée dont les pieds reposent sur le globe terrestre et dont les deux extrémités sont ancrées aux premiers anneaux de l'empyrée. Par cette échelle la créature raisonnable s'essaie incessamment à monter jusqu'à son créateur et, d'autre part, des anges en descendent constamment pour prêter main forte aux défaillants. Et les hommes et les anges s'appuient, dans cette ascension et dans cette descente, sur les marches vivantes consacrées par les vœux à ce magnifique office d'intermédiaires.

Les personnes vouées à Dieu sont donc utiles à elles-mêmes, aux anges et à leur prochain.

De même les malheureux qui se lient au démon par un pacte formel entrent d'emblée dans le monde que je qualifierai de sous-naturel. Ils forment aussi des degrés vivants, mais les degrés de l'échelle souterraine qui conduit une trop grande part de l'humanité vers la cité de la géhenne et des supplices sans fin.

Satan les possède comme Dieu possède les prédestinés, et si Dieu imprime sur ceux-ci la marque de sa possession par l'extase ou par la vision béatifique, Satan imprime sa possession sur ceux-là par les convulsions, l'amertume du cœur et la désespérance de l'âme.

Par eux, par la puissance qu'il leur attribue, par la néfaste faculté d'attirance dont il les investit, Satan entraîne dans l'abîme une multitude d'âmes indifférentes qui peut-être auraient choisi la voie qui monte de préférence à la voie qui descend.

Les esclaves du démon sont donc nuisibles à eux-mêmes et à leur prochain. Ils ne sont utiles qu'à Satan.

Les vœux monastiques sont généralement des contrats bilatéraux, c'est-à-dire qu'en échange de la liberté et des plaisirs du monde les personnes vouées attendent de Dieu les effusions spirituelles dont il a coutume d'inonder ses élus. Dieu ne comparaît pas personnellement au contrat; ses promesses sont implicites, mais on sait qu'il les tient libéralement et cela suffit aux croyants.

Le pacte diabolique est généralement aussi un contrat bilatéral. Mais comme la défiance réciproque préside à la convention, le diable, presque toujours, comparaît en personne, appose sa signature à côté de celle du pactisant et stipule des promesses précises qu'il tiendra, d'ailleurs, le moins possible.

Néanmoins il se rencontre parfois des âmes d'élite qui se donnent à Dieu, par pure abnégation, sans aucune arrière-pensée de récompense, par amour absolu du Bien et du Beau suprêmes. Celles-là ont atteint déjà en ce monde le sommet de la perfection et Dieu les confirme, vivantes, dans sa grâce, de telle sorte qu'elles deviennent, pour ainsi dire, incapables de pécher. Il en a agi ainsi à l'égard de Jérémie, de saint Jean-Baptiste, de saint Augustin, de saint François d'Assise et de quelques autres.

De même, certains cœurs pervers se donnent tout entiers à Satan, sans rien lui demander en retour par pure délectation du mal. Ceux-là sont des damnés sur terre, promenant l'enfer avec eux-mêmes.

Rien n'est plus difficile que de rompre les vœux monastiques. Il y faut l'intervention directe du vicaire de Jésus-Christ, qui ne s'y résout que pour des raisons d'une importance exceptionnelle.

Rien de plus difficile aussi que de rompre le pacte diabolique; alors surtout qu'il constitue un contrat unilatéral, qu'il est l'effet de la perversité naturelle du contractant ou seulement de la sottise. Le cas si curieux de M. Br. était, par conséquent, autrement grave que celui de saint Théophile pénitent, car celui-ci pouvait invoquer comme excuse le désir de se venger d'une injustice, sentiment répréhensible en soi, mais naturel à l'homme. Cependant, comme l'a éprouvé M. Br., la miséricorde de Dieu est sans limites.

Je pourrais, mon cher Mery, multiplier les similitudes et développer la démonstration à l'infini. Mais je pense qu'en voilà assez pour rassurer ceux de vos lecteurs à qui l'argumentation de M. Sarcey aurait semblé spécieuse.

De nos jours malheureusement il faut être armé de science et de syllogismes pour riposter même aux plaisantins de table d'hôte ou aux dialecticiens de café d'arrondissement. Pour mon compte je regrette fort la façon dont un vieux chevalier entendait la discussion du temps du roi saint Louis.

Le bon roi avait convoqué des rabbins à une conférence contradictoire avec des théologiens catholiques. Le vieux chevalier, se trouvant parmi les spectateurs, demanda à prendre le premier la parole et s'adressant au chef des juifs:

— Ne crois-tu pas que Jésus soit le fils de Dieu et que Marie, sa mère, soit restée vierge?

— Non certes!

Le vieux chevalier brandit alors sa béquille et en déchargea un tel coup sur la tête du mécréant que celui-ci tomba évanoui.

Et comme on faisait quelques reproches au vieux chevalier, il se contenta de répondre qu'à moins d'être très grand clerc il fallait bien se garder de discuter avec les juifs et les blasphémateurs, que le meilleur moyen de faire entrer la vérité dans les têtes dures c'était de les casser.

Je ne rapporte pas cette anecdote pour Notre Oncle.

Tous ses neveux se révolteraient contre un traitement aussi peu en rapport avec nos mœurs, s'il lui était infligé.

Notre Oncle est d'ailleurs assez bien doué et sa tête n'est pas aussi dure qu'elle le paraît au premier abord. S'il lit attentivement cet article, peut-être en tirera-t-il quelque profit et lui prendra-t-il fantaisie d'étudier un peu sérieusement la métaphysique à laquelle il demeure trop étranger.

Le voilà au soir de sa vie. Cette science en laquelle il est capable encore de faire quelques progrès le reposera sûrement de la science positive et stérile de l'école, qui obscurcit les intelligences naturellement claires et aboutit à ne faire penser que des platitudes et à ne faire écrire que des niaiseries.

Recevez, mon cher Mery, etc.

Paul de Charliac.

A M. de Charliac, sur Gog et Magog

Monsieur de Charliac,

Veuillez me permettre de vous féliciter pour votre essai sur Gog et Magog. Malgré votre jeunesse, vous démontrez encore que, grâce à une précoce érudition et à un talent remarquable pour la dialectique, vous pourrez rendre de très grands services à la cause de l'Eglise dans la polémique contemporaine.

Votre traduction du texte d'Ezéchiel est parfaitement acceptable. Sans le savoir, vous êtes d'accord avec un commentateur français, M. l'abbé Bigou. Pour cet exégète, l'Antechrist, le prince qui dominera sur tous les peuples, c'est l'empereur de Russie, le quatrième (*selon lui*) de la prophétie de Daniel (1). L'Antechrist viendra dans la Palestine faire un effroyable massacre des Juifs (convertis) regorgeant de richesses par suite de leur « conquête providentielle » du capital des chrétiens (2). M. Bigou admet qu'il y aura une conversion du monde, au lendemain de la mort de l'Antechrist, puis un triomphe qui durera de longs siècles pour l'Eglise, enfin, après mille années, une dernière séduction du monde par Satan avant le jugement dernier (3). Cette dernière hypothèse, base d'un néo-millénarisme contestable, est soutenue par l'auteur avec beaucoup d'habileté. Mais il ne dit rien du rôle futur des Turcs et de celui des Chinois.

Vous, au contraire, avez parfaitement mis en lumière ce rôle que joueront les Touraniens (Turcs et Tartares) sous la conduite de l'Antechrist. Vous avez aussi compris que les Chinois peuvent être ses alliés.

Quant à Gomez, des commentateurs le considèrent comme le père des Gaulois Kymris aussi bien que des Scandinaves : la France, d'après la prophétie d'Orval, n'aura plus de croyance au temps de l'Antechrist, ainsi que les autres nations. Cette lamentable époque suivra un grand triomphe de l'Eglise.

Après des recherches assez longues, j'en suis venu à croire (d'après Nostradamus, les prophéties

1. *L'Avenir*... p. 66-63. Paris, librairie de l'œuvre de Saint-Paul, 1887, in-12.
2. *Ibid.*, p. 186, d'après Ezéchiel.
3. *Ibid.*, p. 216 217, d'après l'Apocalypse (XX). La tradition chrétienne ne dit pas que l'Antechrist sera un Russe, mais un homme né d'un Turc ou d'une Juive, ou réciproquement, en Palestine.

de Bertina Bouquillon, de sœur de la Nativité, d'Anne Emmerich, etc.), que les jeunes gens qui ont vingt ans comme vous ne mourront, s'ils arrivent à la vieillesse, qu'après la naissance de l'Antechrist. Le rôle du grand monarque attendu et très prochain, ce sera de donner à l'Eglise assez de force pour enfanter l'ordre des apôtres des derniers temps, qui achèveront une première conversion universelle des hommes et prépareront les disciples capables de combattre ceux de l'homme de péché. Celui-ci, s'il faut prendre à la lettre ce qu'annoncent les *Centuries* de Nostradamus, doit lutter, triompher et périr dans la seconde moitié du XXe siècle :

VIII, 77.— *Vingt et sept ans durera sa guerre...*
X, 72. — *L'an mil neuf cent nonante neuf sept mois*
Du ciel viendra un grand roi d'effrayeur
Ressusciter le grand Roy d'Angolmois,
Avant après Mars régner par bonheur.

Il ne faut d'ailleurs pas confondre cette date de la mort de l'Antechrist, marquée, selon M. Bigou, par la résurrection de ses martyrs, et suivant Nostradamus, tout au moins par celle d'un grand nombre de chrétiens choisis, avec la date de la fin du monde (au sens ordinaire). De même, il ne faut pas confondre les guerres des jaunes au temps de l'Antechrist avec une autre guerre des jaunes qui est bien plus rapprochée, car elle doit avoir lieu après les vingt-cinq années de paix universelle qui suivront, d'après le secret de la Salette, les ébranlements de demain (1).

Sur ces grandes luttes des derniers temps, M. de Saint-Yves d'Alveydre, dans sa *Mission des Juifs* (2) assure que d'après les prédictions druses et musulmanes, avant le règne du Christ à Jérusalem il y aura des massacres de Juifs par les Musulmans, une lutte de la Russie contre la Chine, excitée par l'Angleterre, qui perdra les Indes; et que les princes de Mosch et de Tobol (Moscou et Tobolsk), dont parle Ezéchiel, domineront alors en Asie. L'éminent théosophe chrétien omet de constater que les révélations de saint Méthodius et de sainte Hildegarde ont pu être mises à profit par les Druses et les Mahométans. Mais la concordance de ces traditions avec votre hypothèse n'en est pas moins digne de remarque.

La Russie a certainement une grande mission. Son alliance avec la France pourra être bientôt interrompue par suite du triomphe de nos radicaux-socialistes, mais être renouée par suite d'autres événements (3). Les guerres, les fléaux qui nous attendent, l'action prochaine de la Russie, seront une série de faits préfigurant ceux du temps de l'Antechrist.

Je suis, avec la plus haute considération,

Votre tout dévoué serviteur,

TIMOTHÉE.

Nous prévenons nos lecteurs qu'on peut s'abonner SANS FRAIS *et directement à l'*Echo du Merveilleux *dans tous les bureaux de poste.*

---

1. Prophéties de saint Méthodius, de sainte Hildegarde, etc.
2. Calmann-Lévy, in-8°, p. 902.
3. Lire Chauffard : *La Révolution* (Avignon, Aubanel, 1893, in-12) sur le rôle prochain d'un czar adversaire des révolutionnaires (p. 233-235).

L'HOMME QUI TOURNE

Pendant la Révolution, la ville de Romans fut témoin de quelques traits de la justice de Dieu, qui ne contribuèrent pas peu à calmer l'effervescence d'irréligion qui régnait là comme ailleurs, et à préserver cette cité des scènes de sang et d'impiété qui en épouvantèrent tant d'autres. Le souvenir de ces événements s'est perpétué jusqu'à nos jours, et la tradition s'en est fidèlement conservée parmi la population de la ville et des environs, tant elle avait été frappée des coups terribles de la main de Dieu sur les profanateurs.

I

Le plus extraordinaire de tous ces faits, celui qui est demeuré le plus profondément gravé dans les souvenirs populaires tant à cause de sa nature prodigieuse que de sa longue durée, c'est le châtiment dont fut frappé Jean-Louis Ducros, connu sous le nom de l'*Homme qui tourne*. Cet homme habitait un vallon solitaire au quartier des Balmes, sur la lisière des bois du Voizarier, au nord-ouest et à une lieue environ de la ville.

La tradition n'est pas très précise sur les méfaits dont se serait rendu coupable Jean-Louis Ducros, et qui lui auraient attiré le châtiment exemplaire dont il fut frappé. Il règne une certaine divergence sur ce point dans les récits populaires, on l'a mêlé mal à propos à différentes profanations sacrilèges qui furent commises à Romans, mais auxquelles il paraît n'avoir eu aucune part. Voici la version qui nous semble la plus plausible, eu égard à l'autorité d'où elle émane, et qui lui donne la valeur d'un témoignage de première main : c'est celle de M. Charignon, ancien curé de Peyrins, venu dans cette paroisse en 1840, à une époque où le souvenir de Ducros était encore très vivace, et où la plupart, non seulement des vieillards, mais des hommes d'un âge mûr, l'avaient connu.

Ducros était tout d'abord un honnête homme et un bon chrétien. Il faisait partie de la confrérie des pénitents de Peyrins, et il en aurait même été quelque temps recteur. Quand arrivèrent les jours néfastes de la Révolution, il fut pris du vertige qui avait tourné tant de têtes, et il se lança à fond de train dans la démagogie. Il avait de la faconde et une grande fougue de caractère. On le vit présider les séances du décadi dans l'église profanée, et pérorer du haut de la chaire, transformée en tribune à l'usage des jacobins du lieu. Ses discours roulaient sur les sujets politico-religieux qui faisaient la matière ordinaire des déclamations des orateurs de ce temps-là. Bien souvent il fit entendre, du haut de cette chaire dont il avait autrefois recueilli les enseignements avec respect, d'abominables blasphèmes et d'indignes moqueries contre la religion. L'ancien recteur des pénitents était devenu un impie forcené. C'est lui qui aurait fait brûler les ornements sacrés, dont il aurait fait un autodafé, avec le bois des croix brisées, sur la place de l'église. Un jour, se trouvant à déjeuner chez le père F..., riche propriétaire du village, il aperçut un crucifix appendu auprès du lit. A cette vue, il entra dans une fureur indescriptible; il prit le crucifix et le brisa en mille morceaux. Non content de cela, et pour marquer sans doute sa reconnaissance pour les bons procédés dont il venait d'être l'objet, il menaça les habitants de les dénoncer. Ce ne fut qu'à force de supplications, de prières et de caresses, qu'on parvint à le calmer et qu'il consentit à ne rien dire.

Cependant l'ordre et la paix commençaient à renaître en France, et déjà le Concordat avait été signé. Les églises rouvertes se remplissaient de fidèles, d'autant plus empressés à venir assister aux fêtes de la religion qu'ils en avaient été privés depuis plus longtemps ; de toutes parts, les prêtres dispersés par la persécution sortaient de leurs cachettes ou revenaient de l'exil, et ils étaient accueillis avec enthousiasme par les populations, qui avaient eu tant à souffrir de leur absence. Les anciennes confréries se reformaient et les manifestations de la foi et de la piété chrétienne se donnaient libre carrière. Ce fut le jour de la Toussaint 1801 que l'on inaugura le rétablissement du culte à Peyrins, au milieu des transports de joie de tous les habitants. Les pénitents avaient repris, pour la première fois depuis la Terreur, leur costume traditionnel, et ils remontaient joyeux dans la vieille tribune, où ils avaient coutume de se tenir autrefois pour réciter leur office et accompagner le chant de la messe. Elle était située au bas et au-dessus de l'entrée principale de l'église; il n'y avait, pour y arriver, qu'un mauvais escalier en pierre, interrompu à mi hauteur par une porte qui ouvrait sur un autre escalier en bois, par lequel on accédait au sommet. Ducros, comme les autres, a revêtu l'aube blanche, revenant ainsi, et sans doute de bon cœur, aux pratiques de la religion qu'il avait abjurée d'une façon si scandaleuse pendant les mauvais jours; et c'est ce qui lui valut d'être châtié par Dieu dans sa miséricorde, et non pas de la manière terrible et foudroyante dont furent frappés de mort, à Romans, quelques-uns de ses émules en impiété. Il devait sans doute se trouver tout confus de reparaître ainsi au milieu de ses anciens confrères, qu'il avait si profondément affligés par sa conduite passée. Il veut donc, lui aussi, monter à la tribune avec les autres; il gravit sans peine les premiers degrés en pierre; mais, arrivé à la porte, qui n'était point fermée à clé, il ne peut l'ouvrir; un autre pénitent l'ayant ouverte, il veut se mettre à sa suite; mais il lui est impossible d'avancer : il sent une main glaciale se poser sur sa poitrine.

Par trois fois il tente de franchir le seuil de la porte fatale, et, à chaque fois, il est repoussé par une force invincible. Comprenant alors qu'il se trouve en présence de la puissance de Dieu même, de ce Dieu qu'il a bravé avec tant d'audace pendant des jours d'aberration et de folie, et que c'est sa main qui l'arrête à l'entrée du saint lieu à cause de ses crimes, il tremble de tous ses membres, une pâleur mortelle se répand sur son visage; il se dépouille de cette robe de pénitent, qu'il est indigne de porter. Deux de ses confrères, qui le voient dans cet état, l'aident à descendre; arrivé en bas, il se laisse tomber à demi anéanti sur un banc, en s'écriant : « La main de Dieu est sur moi! » Ayant recouvré ses forces, il sort de l'église et rentre chez lui.

Sa femme, le voyant arriver tout éperdu, l'œil hagard, l'interroge, le presse de questions; elle n'obtient pour toute réponse et pour toute explication, que ces brèves mais significatives paroles, qu'il avait déjà fait entendre le matin en se sentant frappé : « La main de Dieu est sur moi. » Le soir venu, il refuse de souper et va se coucher; mais bientôt il se lève, comme poussé par une force secrète et inéluctable ; il se met à marcher et à tourner autour de l'appartement, qui servait à la fois, comme cela se voit à la campagne, de cuisine, de salle à manger et de chambre à coucher. Il tourne ainsi, non seulement pendant toute la nuit et pendant toute la journée du lendemain ; mais, à partir de là, son supplice, assez semblable à celui des malheureux esclaves de l'antiquité, condamnés à tourner la meule, ne devait plus finir qu'avec sa vie.

Un phénomène aussi extraordinaire ne pouvait manquer d'attirer l'attention. La nouvelle s'en répandit bien vite dans les environs, et dès lors, le pauvre patient devint un objet de curiosité pour toute la contrée. De plusieurs lieues à la ronde, on venait voir l'*Homme qui tourne*, et sa maison était devenue le but d'un vrai pèlerinage ; chaque jour, elle était assiégée par une foule d'étrangers. La vue de ce malheureux, tournant sans cesse sans pouvoir s'arrêter, et le motif connu de tout le monde pour lequel il était ainsi châtié, était bien propre à raviver la foi chez ses nombreux visiteurs, et à leur inspirer de salutaires réflexions. S'il se trouvait parmi eux des incrédules, un tel spectacle était bien de nature à leur donner à réfléchir. L'aspect désolé de ces lieux déserts ajoutait encore à l'impression profonde que devait produire sur les spectateurs la vue de ce monument vivant de la justice divine. Les sœurs de Sainte-Marthe, qui commençaient alors à se former en corps de communauté, sous la direction de Mlle du Vivier, y conduisaient les jeunes orphelines qu'elles élevaient, lorsque venait le moment des premières communions, afin de leur inspirer l'horreur du sacrilège. Les enfants de l'école des garçons, située alors sur la place Jacquemart, y venaient aussi en nombre le jeudi, jour de congé, et le lendemain, encore tout pénétrés du spectacle qu'ils avaient eu sous les yeux, ils en parlaient avec animation à leurs camarades.

Hâtons-nous de le dire, dès qu'il se sentit frappé de la main de Dieu, Ducros était rentré en lui-même, et les sentiments qu'il manifesta dès lors ont toujours été fort édifiants: « Ne faites pas ce que j'ai fait, disait-il à ses nombreux visiteurs ; vous voyez ce qu'il m'en coûte. Je suis heureux, ajoutait-il, que le bon Dieu m'ait frappé de la sorte. Sans cela je serais damné pour toujours. » Ses dispositions étaient celles d'un vrai pénitent, et on peut croire qu'il a tiré bon parti de sa terrible expiation. Les prêtres de la ville venaient tour à tour lui offrir les secours de son ministère, qu'il ne refusait jamais. Il leur témoignait, au contraire, que leur visite lui était bien agréable. M. l'abbé Caillet, grand-oncle de M. le Curé actuel de Saint-Barnard, était allé plusieurs fois le confesser, et il racontait lui-même qu'il était obligé de tourner avec lui pour entendre sa confession. M. Grégoire, vicaire à Saint-Barnard, mort curé de Saint-Jean-de-Valence, le faisait asseoir sur une chaise et l'y maintenait de force, pendant qu'il le confessait ; le pauvre pénitent se soulevait à tout instant pour reprendre sa course, et le confesseur était obligé de lui donner de temps en temps de solides coups de poing sur les épaules pour le faire rester en place, et d'abréger le plus possible ses questions et ses avis, pour ne pas prolonger son tourment. M. l'abbé Vinay fut l'un de ceux qui le virent le plus souvent. Ce fut M. Guyon, aumônier des Dames de Saint-Just, qui l'assista à ses derniers moments. On raconte que sa femme aurait été obligée de le maintenir dans son lit pendant que le prêtre le confessait et lui administrait l'extrême onction; il aurait voulu encore se lever et continuer sa course.

Il circule une foule d'anecdotes sur Ducros ; mais il est difficile de les contrôler, tous les témoins étant morts. C'est ainsi que l'on raconte que, pour varier sa promenade, il sortait quelquefois pour tourner autour de son puits, situé à quelques pas de la maison. On dit aussi qu'on lui avait fait une sorte de cabestan, ou tournant mobile, fixé au milieu de l'appartement, avec des barres ou traverses de bois sur lesquelles il s'appuyait en marchant. Enfin, on ajoute qu'il avait deux heures de répit par jour, et qu'il en profitait quelquefois pour venir jusqu'en ville. C'est ce qui permettait aussi, lorsque arrivait le temps pascal, de l'amener en voiture jusqu'à l'église des Récollets, devenue depuis 1811 la chapelle du Grand-Séminaire, pour y faire la sainte communion. Ce point paraît acquis à l'histoire de l'*Homme qui tourne* ; car il est attesté par une solide tradition.

Mais voici qu'un témoignage authentique et précis sur les diverses particularités du châtiment de Ducros, d'autant plus irrécusable qu'il est plus impartial, et dès lors, fort précieux à recueillir : c'est celui de sa propre fille. Nous le devons à l'aimable obligeance de M. l'abbé Grenier, curé d'Hauterives, qui a bien voulu nous faire part du résultat de ses entretiens avec Marie-Julie Ducros, lorsqu'il l'avait pour paroissienne à Mours, où il l'a enterrée quatre ans après son arrivée dans cette paroisse. Nous laissons la parole à notre vénéré ami :

« Le 12 janvier 1880 s'éteignait à Mours, à l'âge de 87 ans, la veuve Feuger, née Julie Ducros, fille de celui qui, durant près de dix-sept ans, a tourné dans sa maison, sise aux Balmes, quartier de Romans. Pendant les quatre dernières années de sa vie, j'ai vu fréquemment cette pauvre femme, qui était voisine du presbytère et presque toujours seule. Quoique plus qu'octogénaire, elle avait conservé toute sa lucidité d'esprit. L'infirmité de l'âge ne lui permettant pas de travailler, elle passait son temps à prier et à égrener son chapelet. Je savais par les voisins qu'elle n'aimait pas qu'on lui parlât de son père ; que quand on faisait allusion au châtiment connu de tout le monde, elle demeurait silencieuse et sombre. Il fallait donc tout d'abord s'assurer sa confiance : c'est ce que je fis, et petit à petit, j'en arrivai à l'interroger sur son père. Voici ce que j'ai pu lui faire avouer en plusieurs fois :

« Je me souviens qu'étant bien petite, âgée à peine « de sept à huit ans, on me mettait sur les épaules de « mon père, à cheval sur son cou ; je tenais une as- « siette de soupe, et je la lui faisais manger pendant « qu'il tournait. Plus tard, mes parents étant pauvres, « on m'avait placée comme domestique. Le soir, « quand la journée était finie, il fallait souvent venir « pour aider mon père à tourner. Quand il ne tour- « nait pas, il souffrait horriblement, et dès qu'il tour- « nait, il était soulagé. Il n'avait guère que deux « heures sur vingt-quatre où il était un peu tran- « quille. Quelquefois il sommeillait en tournant ; « alors, pour qu'il ne s'arrêtât pas, mes frères et moi « nous nous servions d'un gros bâton que nous ap- « puyions contre ses épaules, et nous le poussions « ainsi afin qu'il eût moins de peine. »

« Ce secours du bâton a été employé habituellement sur les dernières années. Les enfants, domestiques dans le voisinage, venaient, à tour de rôle, rendre ce service à leur père.

« Les sentiments de Ducros étaient devenus très chrétiens. Il parlait peu, pleurait fréquemment et remplissait ses devoirs religieux. De temps en temps, on lui portait la sainte communion.

« Il était l'objet de la curiosité publique. Plusieurs vieillards de Mours m'ont raconté que, chaque dimanche, après vêpres, ils allaient voir l'*Homme qui tourne*. On s'y rendait de Mours, de Romans, de Peyrins et d'ailleurs.

« On a essayé, m'a dit sa fille, de le conduire à la Louvesc. Heureux de partir, il se mettait en route avec confiance. On plaçait sur la voiture avec lui de toutes jeunes enfants habillées de blanc, afin que la présence de ces petits innocents apaisât la colère de Dieu. Mais à peine avait-on parcouru une petite distance, que les souffrances devenaient très fortes, et il fallait se hâter de revenir à la maison, pour reprendre sa marche habituelle.

« Pour faciliter ce mouvement, on avait enlevé les pauvres meubles qui étaient contre les murs. C'est là, autour de cette misérable pièce qu'on voit encore aujourd'hui, qu'il tournait sans cesse. On a parlé d'un pilier autour duquel il aurait tourné en marchant : sa fille m'a dit que la maison n'avait pas de pilier à cette époque; que son père tournait près des murs, afin de décrire une circonférence plus grande, ce qui lui était moins pénible.

« Ducros a tourné ainsi durant quatorze ans. Les trois années qui ont précédé sa mort, il ne pouvait plus se tenir debout. Obligé de s'aliter, sa tête devint énorme, comme *un benon*, dit sa fille. Il souffrait horriblement, et ses souffrances ne cessèrent pas jusqu'à sa mort. Son supplice a donc duré en tout dix-sept ans.

« Mais pour quel méfait a-t-il été ainsi puni du ciel? Sa fille n'a jamais voulu l'avouer. A toutes les questions qui y faisaient allusion, elle répondait invariablement : « Mon père était un brave homme. » Toutefois un fait ne permet pas de douter qu'elle ne sût très bien, comme tout le monde, qu'un sacrilège était la cause du terrible châtiment qu'il eut à subir.

« Un jour, que j'étais absent, une femme vint demander *à offrir* à saint Eusèbe, c'est-à-dire à vénérer les reliques de ce saint qui se trouvent dans l'église de Mours. Sa belle-fille, un peu habituée aux choses de l'église, comme femme du sonneur, prit elle-même la relique et la donna à baiser. La vieille Feuger l'apprit et se mit dans une telle colère, qu'elle voulait quitter la maison. Elle prononça ces paroles bien significatives : « Malheureuse, ne sais-tu pas ce qui est arrivé à mon père pour avoir touché à ces choses? » Elle en trembla toute la journée.

« Ainsi donc, pour sa fille, il était hors de doute que Ducros avait commis quelque sacrilège. Elle avait dû l'entendre dire quelquefois dans la famille, et le souvenir lui en était resté profondément gravé ».

Ducros est mort le 6 juin 1818, à 6 heures du soir, à l'âge de soixante-six ans. Dans l'acte de décès, il est qualifié « cultivateur, époux de Marie Robin, domicilié dans la commune de Romans, quartier des Balmes. » La déclaration devant l'officier de l'état civil est faite par Pierre Ducros, son fils, cultivateur, âgé de trente-huit ans. C'était l'aîné de ses cinq enfants.

La justice de Dieu, qui recherche les crimes jusque dans les enfants, paraît s'étendre encore sur une petite-fille de Ducros, qui vit au village de..... dans un état voisin de l'idiotisme. Cette pauvre créature offre ce trait caractéristique, qu'elle ne peut demeurer dans aucune église, et si elle s'avise d'y entrer, elle est obligée d'en sortir immédiatement. Sur les observations qu'on lui fait qu'elle doit aller à l'église, assister à la messe, faire ses pâques, elle répond que la lumière des cierges l'éblouit et lui fait tourner la tête, et qu'elle ne peut en supporter la vue. Tout le monde voit dans cette singulière disposition, ou plutôt indisposition morale ou physique, un reste de la punition infligée à son grand-père.

La main de Dieu s'était appesantie sur la première génération de la famille de Ducros. Deux de ses filles se sont noyées, l'une dans l'Isère, étant encore jeune; l'autre dans le puits de la maison qu'elle habitait, rue du Mouton, où elle serait tombée accidentellement, d'autres disent précipitée par une main criminelle, dans la nuit du 9 juin 1838, à l'âge de cinquante-neuf ans. Celle-ci s'appelait Marie-Françoise (vulgairement Mion) et était mariée.

La maison qui a été le théâtre du châtiment extraordinaire que nous venons de raconter se voit encore, dans l'état où elle devait être à l'époque où le pauvre patient y accomplissait son expiation, sauf l'ornière que ses pas avaient tracée dans le sol, le long des murs, que l'on a fait disparaître en le nivelant. Elle est située au nord-est et à un kilomètre et demi environ de la nouvelle école des Balmes. Depuis longtemps elle est sortie de la famille du malheureux Ducros; elle a même cessé d'être une maison d'habitation : on y tient des bestiaux. On voit au devant, et entièrement détaché des bâtiments, le puits autour duquel on raconte qu'il venait tourner quelquefois. Quoique rien n'y rappelle plus le souvenir de celui qui en piétina le sol pendant de longues années, et qu'elle soit de très modique apparence, cette maison est encore l'objet de la curiosité publique, et l'on voit souvent des étrangers venir visiter ces lieux où Dieu avait appesanti sa main d'une manière si frappante sur une âme qu'il voulait sauver.

Abbé CYPRIEN P..., *chanoine*.

NOTRE COURRIER

QUESTIONS

6. — *Le démon ne peut tuer (sans quoi il ne manquerait jamais de mettre de suite à mort quiconque serait en état de péché mortel). Mais comment expliquer alors l'homicide des sept maris de Sara* (histoire de Tobie) *et celui des baigneurs des thermes de Néocésarée* (vie de Grégoire de Néocésarée, *par saint Grégoire de Nysse*) *par le démon?*

ANCINETTE.

7. — *Est-il question, dans la Bible, d'un seul cas de pacte?*

ANCINETTE.

8. — *Quel est l'astre, à cinq rayons, qui se couche, en plein ouest, vers huit heures et demie du soir, et dans lequel il est facile d'observer, avec une simple lunette, de très singuliers phénomènes? Qu'y aperçoit-on avec un puissant télescope?*

LE BOULANGER-VAUQUELIN.

RÉPONSES

1. — *Existe-t-il une règle fixe permettant d'interpréter les rêves?*

C. R.

On pourrait donner cette règle générale : considérer le songe comme un symbole et l'expliquer en conséquence.

Ex. : Vous rêvez que vous tombez d'un toit : accident, chute, ruine, etc. Vous voyez en songe un facteur : lettre, nouvelle. Un chat qui vous caresse : flatterie perfide.

Mais le mieux est d'avoir une bonne « Clef des Songes ».

Le songe a d'autant plus de valeur qu'il est plus net, que le dormeur est en bonne santé, a l'esprit en repos et n'a pas fait d'excès la veille. On pourrait même ajouter qu'en lune croissante (N. L. à P. L.), les songes sont plus lucides qu'en lune décroissante (P. L. à N. L.).

ELBÈRE NO.

Il n'existe pas de règle fixe permettant d'interpréter les rêves; nous n'avons que des données empiriques et, en général, de peu de valeur. Toutefois, il peut exister des individus ayant « le don », c'est-à-dire capables de saisir le rapport existant entre certains rêves et certains événements futurs.

On peut diviser les rêves en cinq grandes classes :

1° La véritable vision.
2° Le rêve prophétique.
3° Le rêve symbolique.
4° Le rêve net et cohérent.
5° Le rêve confus.

Pour bien comprendre le mécanisme de ces différentes catégories, il est nécessaire d'admettre tout au moins trois principes dans la constitution humaine :

1° Le corps physique; 2° le corps psychique ou astral; 3° le corps spirituel.

Le corps astral étant le siège des désirs, des passions et de la mentalité, le corps spirituel sera le siège de la volonté et des facultés supérieures. Mais ce corps est encore très peu développé chez la plupart des hommes, et n'a que très peu d'action sur ses véhicules inférieurs.

Dans la véritable vision, l'esprit voit par lui-même sur un plan élevé de la nature, ou bien une entité plus avancée lui fait connaître un événement qu'il lui importe de savoir, ou bien encore lui montre une noble et glorieuse vision qui l'encourage et le fortifie. Cette vision directe est très rare et suppose un organisme recevant les impulsions de sa nature supérieure.

Le rêve prophétique est dû à *l'action* de l'esprit désirant préparer sa nature inférieure à un événement futur.

Le rêve symbolique est une variante moins heureuse du précédent; c'est un essai de traduction imparfaite, dans le but d'imprimer sur le cerveau physique une information concernant l'avenir.

Le rêve net et cohérent est quelquefois le souvenir d'une expérience sur le plan astral, pendant que le corps psychique erre hors de son corps endormi. Le plus souvent, c'est une simple dramatisation d'une impression produite par un son ou un attouchement physique, ou par une idée quelconque qui le frappe en passant.

Le rêve confus est le plus fréquent de tous; il a des causes diverses: l'action irraisonnée et automatique du cerveau physique, la reproduction d'un courant d'idées accidentelles, un vain effort de dramatisation d'un esprit peu développé, le flux sans cesse agité des désirs, stimulé par une influence malsaine du plan astral, etc.

Terminons en disant qu'une partie de ces renseignements est extraite d'une étude de M. Leadbeater, intitulée « Sur les Rêves ».

LASCARIS.

Il n'y a pas de règle fixe pour interpréter les songes.

Je crois avoir lu tout ce qui a été écrit sur l'onéirocritie, nulle part je n'ai trouvé exposé une théorie générale de l'explication des rêves.

Tout ce que j'ai pu faire, c'est de réunir un grand nombre de recettes s'appliquant à des cas particuliers, mais dont il semble impossible de faire la synthèse.

Si cela peut intéresser vos lecteurs, voici en gros la méthode que je suis quand on vient me consulter.

Je commence par m'enquérir des signatures astrales du consultant. Des influences sous lesquelles il se trouve découle pour moi le sens général qu'il faudra donner à l'interprétation. C'est ainsi, par exemple, que si le consultant est sous l'influence de Mars, je m'attacherai à découvrir surtout dans les incidents de son rêve ce qui, de loin ou de près, semblera en concordance avec cette influence, le reste ne pouvant être qu'accessoire.

L'orientation de mon interprétation étant ainsi fixée, je reprends une à une les images dominantes du songe, et isolément j'essaie d'en dégager la signification.

J'opère alors avec ces interprétations isolées comme la cartomancienne opère avec les cartes que le consultant a tirées de son jeu.

C'est en les combinant, en les rapprochant ou en les comparant que le sens définitif du rêve m'apparaît.

Il y a évidemment ici une question de tact, d'habitude, d'intuition; mais, comme dit l'autre, c'est en forgeant qu'on devient forgeron.

Il va sans dire que tous les rêves ne sont pas sujets à interprétation. C'est ainsi qu'il faut négliger ceux qui sont faits dans le premier sommeil et qui peuvent n'être que le résultat des préoccupations de la journée, ou même seulement du travail de la digestion, ceux qui ne laissent qu'un souvenir imparfait, tous ceux qui, en un mot, n'ont pas laissé à l'esprit une impression nette et troublante en s'imposant à lui comme une réalité.

Au surplus, si les lecteurs de *l'Echo du Merveilleux* ont la curiosité de vouloir se rendre compte de ma méthode, qu'ils veuillent bien m'adresser le récit d'un de leurs rêves, je me ferai un plaisir de leur en envoyer l'interprétation.

Mme DE MIRBEL.

---

5. — *Les plus grands sceptiques sont parfois accessibles à de très puériles superstitions. Sait-on si M. Sarcey l'incrédule n'a pas quelques-unes de ces crédulités-là?*

UN CURIEUX.

M. Francisque Sarcey a répondu lui-même à cette question dans un article du *Rappel*, dont voici l'essentiel :

Il me semble bien qu'à cette interrogation, je suis plus qualifié que personne pour apporter une réponse.

Mon Dieu, non, monsieur le questionneur, je crois pouvoir assurer que je n'ai aucune de ces crédulités-là, comme vous dites.

C'est que, voyez-vous, je n'ai pas beaucoup d'imagination et que je n'ai pas de nerfs du tout. Il en faut un peu pour avoir les superstitions dont vous parlez. Défaut ou qualité, je raisonne toujours et ne me laisse point emporter au sentiment.

C'est une vieille habitude chez moi de ne croire qu'à ce qui est scientifiquement prouvé; toute assertion qui n'a pas été vérifiée par les hommes compétents n'existe pas pour moi; je ne l'admets ni ne la nie, je l'ignore; elle m'est indifférente.

Tenez! *l'Echo du Merveilleux* nous conte, dans le dernier numéro, des histoires étranges dont le P. Boucher, missionnaire en Chine, dit avoir été témoin oculaire au pays du Tcham; d'autres que conte le P. Trilby, missionnaire au Gabon. Voulez-vous l'histoire du P. Trilby. Je la lui emprunte en l'abrégeant:

A Ougock il dormait dans la chambre d'un vieux chef avec son catéchumène. Il est réveillé par un bruit singulier. Il frotte une allumette, horreur! il voit en face de lui un énorme serpent noir de l'espèce la plus dangereuse, qui sifflait de fureur. Il saute sur son fusil et met l'animal en joue. Il va le tuer, quand le vieux chef se jette sur lui et relève le canon de l'arme.

— Ne tire pas, lui dit-il, car en le tuant, c'est moi que tu aurais tué. Ce serpent est mon Elangila.

Et aussitôt il se baissa vers le reptile, l'entoura de ses bras et le serra sur sa poitrine. Et *l'Echo du Merveilleux* nous conte gravement que, dans certains pays, les initiés passent ainsi des contrats avec une bête qui n'est autre que le démon.

« Dès ce moment, écrit le P. Diégo, leur sort est tellement lié que, par une permission de Dieu ou par un châtiment positif du ciel sur ces hommes aveuglés, ils sont abandonnés entièrement à l'ennemi du salut. Ils se livrent à lui avec une volonté si complète que Satan leur fait sentir le contre coup des blessures reçues par l'animal, leur ami et leur *élangila* (alias leur *nagual*). »

Et à l'appui de cette croyance, il ajoute qu'un jour, traversant un gué, son cheval fut saisi par un caïman. Il se retourna, et, d'un violent coup de bâton, fit lâcher prise à la bête qu'il laissa étendue sur le rivage. Quelques jours après, on lui apprit la mort d'un indigène dont le caïman était le *nagual*.

Le P. Diégo alla aux informations; on trouva le caïman mort sur le bord de la rivière, et l'on constata que l'indigène portait effectivement les marques des blessures dont son nagual avait dû périr.

A Dieu ne plaise que je conteste la vérité de cette histoire! A Dieu ne plaise que je l'admette! je n'en sais rien et voilà tout, et comme je suis sûr que je n'en saurai jamais rien, comme après tout il m'est fort indifférent qu'un caïman puisse être un nagual, n'ayant aucune envie de prendre jamais un caïman pour camarade, je ne me prononce pas sur ce fait, pas plus que sur une demi-douzaine d'autres, tout aussi extraordinaires, rapportés avec un sérieux imperturbable par *l'Echo du Merveilleux*. Je dirais volontiers comme le Normand de la légende : « P't'être bien que oui, p't'être bien que non, ou plutôt je ne dirai rien du tout, car je m'en fiche.

M. Gaston Mery, qui dirige *l'Echo du Merveilleux*, me reproche de ne point croire aux prédictions de Mlle Couédon. Il me fait remarquer que l'ange Gabriel avait prédit par la bouche de la voyante qu'Emile Zola quitterait la France, et la prédiction s'est réalisée.

Eh bien ! après? il avait prédit aussi que M. Méline ne ferait pas les élections, et il les a faites.

Ça ne prouverait qu'une chose, c'est que l'ange Gabriel se trompe quelquefois, comme tous ceux qui se mêlent de prophétiser.

Mais qu'il tombe juste ou fasse erreur, que m'importe à moi? Est-ce que le don de prophète se peut démontrer scientifiquement? Est-ce que l'expérimentation est possible? Non, assurément. Pourquoi donc irai-je m'en casser la tête? Ce n'est pas mon affaire. On a bien assez d'occupations dans le monde sans perdre son temps à ces billevesées.

C'est comme toutes ces histoires de seconde vue, d'extériorisation, d'esprits évoqués, de télépathie, que sais-je? Je ne m'en préoccupe pas plus que des problèmes de physique poursuivis par les savants de profession. Je n'y connais rien; ce n'est donc pas de ma compétence. Quand les gens qui cherchent apporteront des résultats certains, il me diront : « La preuve est faite; nous pouvons, à notre gré, renouveler les expériences, et nous en avons formulé les lois »; j'accepterai ces vérités, comme j'ai accepté celles de M. Pasteur, les tenant pour certaines, sans les avoir vérifiées moi-même.

Si c'est là du scepticisme, je suis, en effet sceptique et très sceptique et je le suis sur toute chose et partout, de la même façon.

Eh! non, je ne crois pas à l'influence néfaste du vendredi ou du nombre treize, parce que cette influence ne m'a pas été démontrée, et qu'elle est indémontrable.

J'ai été passionnément joueur : jamais je n'ai cru sérieusement à la veine ou à la déveine. Jamais je n'ai mis dans ma poche un sou percé ou un fer à cheval ramassé dans la rue. Je sais qu'il y a des gens qui gagnent plus souvent que d'autres; c'est qu'ils jouent mieux et avec plus de sang-froid. Je perds (ou plutôt je perdais) presque toujours. Mais je me rendais parfaitement compte pourquoi je perdais. L'absence de fétiche n'y était pour rien.

J'ai toujours pensé que la logique devait être la maîtresse de notre vie, la règle de nos pensées, de nos actions et même de nos sentiments. Il est contre la logique de subordonner sa conduite à des croyances qui n'ont pas été scientifiquement contrôlées. Aux jeunes, il est permis, encore, de se laisser séduire par la folle du logis. A mon âge, on est plus sensé et plus froid. On ne croit qu'à bon escient. On s'est dépouillé de toutes les superstitions : pour moi, je n'ai même jamais eu cette peine.

Je puis lire tous les quinze jours *l'Echo du Merveilleux* sans que mon cerveau en soit atteint.

Il est à l'épreuve du surnaturel.

FRANCISQUE SARCEY.

ÇA ET LA

Bismarck et le nombre trois. — Sait-on que l'implacable politique qui s'est éteint à Friedrichsruhe ne connut dans le cours de son existence que deux choses pour gouverner les hommes, « le fer et le feu », eut toute sa vie la plus grande vénération pour le nombre *trois* qui, en occultisme, est le symbole de la vie, le nombre parfait, et signifie Dieu dans toutes les religions?

Cette vénération curieuse repose d'ailleurs sur des motifs véritablement singuliers et dignes d'être rappelés.

Le prince de Bismarck a servi trois maîtres; il a combattu dans trois guerres qu'il a fomentées; il a signé trois traités de paix ; il arrangea la rencontre des trois empereurs et établit la Triple Alliance ; il eut trois chevaux tués sous lui dans la guerre franco-allemande.

Il eut trois noms : Bismarck, Schœnhausen et Lauenbourg, et il acquit trois titres : comte, prince et duc. Les anciennes armes de sa famille sont un trèfle accompagné de trois feuilles de chêne, et la devise séculaire des vidames de l'évêché d'Halberstadt, dont il descend, est : *In Trinitate robur*, la Force dans la Trinité.

Toutes les caricatures, tant allemandes qu'étrangères, le représentent avec trois cheveux sur la tête; il eut trois enfants : Herbert, William et Marie; et sous sa domination s'étaient rangés trois partis politiques : les conservateurs, les nationaux-libéraux et les ultramontains.

***

La mort d'Anna Brieu. — Nos lecteurs se souviennent sans doute de Mlle Anna Brieu, le sujet du Dr Ferroul, dont la fameuse expérience de lecture à travers les corps opaques, que *l'Echo du Merveilleux* raconta en son temps, souleva dans le monde savant des discussions si passionnées.

Mlle Anna Brieu vient de mourir à Toulouse.

***

Un quartier hanté (?). — Depuis la veille de Noël 1897, tout un quartier de la commune de la Trinité-Victor, près Nice, est en émoi.

Ce soir-là, des pierres furent lancées sur la toiture de la maison de M. G... Les recherches pour découvrir le coupable furent infructueuses.

Dans la même soirée, un nouvel incendie éclata, accompagné d'une pluie de pierres, comme dans le premier.

Depuis cette époque les habitants du quartier entendent de temps à autre, à la même heure, les pierres tomber sur leur toiture et briser les tuiles.

Le dimanche 24 juillet, on entendit le bruit d'une explosion, et, peu de temps après, une meule de blé devint la proie des flammes.

Le lendemain, nouvelle explosion suivie d'une pluie de pierres.

La gendarmerie est sur les dents. Les recherches, jusqu'à présent, sont restées infructueuses. On se demande si l'on ne serait pas en présence d'un ou de plusieurs fous échappés des cabanons de Saint-Pons.

Nous publierons les détails qui nous parviendront sur cette mystérieuse affaire. Il est peu probable qu'il s'agisse de phénomènes semblables à ceux de Valence-en-Brie ou d'Yzeures.

***

Fausses apparitions en Allemagne. — Le bruit s'était répandu, il y a quelques jours, à Pétersdorf, faubourg de Gleiwitz, que la Vierge honorait de ses apparitions une vieille fille Joséphine Bresko. Cette femme, qui tombait fréquemment en extase, recevait des visites si nombreuses, que l'ordre public en fut troublé. L'autorité a mis un terme à cet état de choses en faisant enfermer Joséphine Bresko. La vieille fille s'est empressée de dénoncer les personnes qui l'avaient instiguée à jouer cette comédie.

***

Cas de télépathie. — Ce cas a été communiqué au professeur Lombroso par le Dr Mercandino, et concerne une vision télépathique d'une dame X..., dont la sincérité, dit-il, est au-dessus de tout soupçon.

Au mois de juin dernier, le fils de cette dame, César, et son neveu, Gustave, entreprirent une course de montagne; ils devaient partir à pied de Lanzo et entreprendre de nuit l'ascension du Civrario pour descendre le matin dans le val de Suse. Mme X... se coucha inquiète et vers deux heures du matin se réveilla en sursaut et eut la vision suivante : Gustave était couché, pâle et défait, sur le flanc dénudé de la montagne; il gémissait et refusait d'aller plus loin. César faisait son possible pour le réconforter; il lui fit boire tout le contenu de sa gourde et manger morceau par morceau une tablette de chocolat; Gustave continuait à gémir et refusait d'aller plus loin. Puis, au bout d'un instant, la vision disparut. Le lendemain, au retour de César, Mme X... lui dit de prime abord : « Gustave a donc eu le mal de montagne? — Comment le sais-tu ? » répliqua-t-il. Il raconta alors toute la scène qui avait eu lieu à 2 heures du matin, telle que l'avait vu sa mère, et il avoua qu'il se disait en lui-même : « Si maman pouvait me voir! Reverrai-je encore ma maison et les miens? »

Les deux jeunes gens ont confirmé ce récit par une déclaration écrite.

***

Le merveilleux dans Chateaubriand. — Pour faire suite à l'article de George Malet sur le merveilleux dans Chateaubriand, citons cet extrait des *Mémoires d'outre-tombe* :

« De la concentration de l'âme naissaient chez ma sœur des effets d'esprit extraordinaires : endormie, elle avait des songes prophétiques; éveillée, elle semblait lire dans l'avenir. Sur un palier de l'escalier de la grande tour, battait une pendule qui sonnait le temps au silence ; Lucile, dans ses insomnies allait s'asseoir sur une marche, en face de cette pendule : elle regardait le cadran à la lueur de sa lampe, posée à terre. Lorsque les deux aiguilles, unies à minuit, enfantaient dans leur conjonction formidable l'heure des désordres et des crimes, Lucile entendait des bruits qui lui révélaient des trépas lointains. Se trouvant à Paris, quelques jours avant le 10 août, et demeurant avec mes autres sœurs dans le voisinage du couvent des Carmes, elle jette les yeux sur une glace, pousse un cri, et dit : « Je viens de voir entrer la mort. » Dans les bruyères de la Calédonie, Lucile eût été une femme céleste de Walter Scoot douée de la seconde vue; dans les bruyères armoricaines, elle n'était qu'une solitaire avantagée de beauté, de génie et de malheur. »

GASTON CROSNIER.

Histoire de Louis Gaufridy

PRÊTRE BRULÉ COMME SORCIER, PAR ARRÊT DU PARLEMENT DE PROVENCE

Les hommes donnent naturellement dans le merveilleux. il n'est pas difficile de tendre des pièges à leur crédulité, quand on leur raconte des Histoires extraordinaires; ainsi les récits qu'on leur fait des aventures des Sorciers, les descriptions du Sabbat, trouvent facilement créance dans les esprits. Voici ce que disent là-dessus les Démonographes.

Histoire du Sabbat. — Le récit que l'on va faire, servira à faire voir jusqu'à quel excès est allée l'illusion dans cette matière et doit précéder naturellement cette petite histoire; le préambule pourra être divertissant, et il porte par ses circonstances ridicules, un préservatif contre la crédulité.

Le Démon épaissit l'air, et en prend autant qu'il faut pour cacher le lieu où s'assemblent les Sorciers; ceux-ci lorsque l'heure du Sabbat est venue, ne s'endorment point à cause d'une marque qui a la vertu de les tenir éveillés, quand il faut se trouver au Sabbat.

Le Diable n'est pas magnifique dans ses équipages, et dans les voitures qu'il fournit; aux uns il donnera un balai, ou un bouc, ou un cheval; il suffira aux autres de s'oindre d'une certaine composition, et de prononcer certaines paroles pendant cette cérémonie; ces paroles ne sont pas absolument nécessaires, car tel s'est oint sans les prononcer qui s'est trouvé au Sabbat. Il y en a qui n'étant pas curieux de la propreté de leurs habits passent par le tuyau de la cheminée, d'autres par la fenêtre. Que coûterait aux Diables de donner au Sorcier pour voiture un Hypogriphe(1), qui aurait l'encolure d'un cheval d'Espagne, qui ferait des courbettes en l'air, et qui irait plus vite que le vent?

Comme il peut arriver qu'une personne ne puisse quitter la maison pour aller au Sabbat; parce que si elle s'en absentait dans de certains temps, il lui en arriverait quelque dommage; par exemple si un mari ne trouvait pas sa femme, une mère sa fille, un père son fils, un maître son domestique, ils pourraient soupçonner le mystère, et les forcer à le leur révéler; le Diable attentif pour prévenir ce désordre, prend soin de former une figure qui représente parfaitement le Sorcier, elle reste à la maison, pendant que l'original est au Sabbat; le Diable fait parler, agir, marcher la figure, afin qu'on ne puisse pas s'y méprendre; y a-t-il rien de plus étrange!

Voilà tous les Sorciers assemblés; le Diable pour qui la fête se fait, commande au Sabbat avec une autorité absolue, personne n'ose lui résister, son empire est tout à fait despotique; la principale forme qu'il prend, sa figure favorite, c'est celle d'un grand bouc, avec un visage d'homme, armé de trois ou quatre cornes; il a une longue queue, sous laquelle on voit un autre visage d'homme fort noir, et fort laid; on a placé là ce visage, afin de recevoir les baisers des Sorciers. On compare le Diable à Janus, avec cette différence, que les deux visages de ce maître Diable n'ont pas la même situation que ceux de faux Dieu; il donne un poux d'argent à chacun de ceux qui lui ont baisé

1. Cheval ailé.

le visage subalterne. Le Diable ne devient d'une grandeur énorme, qu'après qu'il est sorti fort petit d'une cruche, où il rentre après la cérémonie.

Il ne faut pas qu'on s'attende ici à voir des fictions ingénieuses, elles ne sont certes que pour effrayer.

Quelquefois il se transforme en un grand levrier noir, ou un bouc bien cornu, comme nous avons dit, ou en un tronc d'arbre, ou en un oiseau noir, comme un corbeau de la grandeur d'une oie, ou en petits vers qui courent, et serpentent de tous côtés, ou enfin en cendres, qu'on a bien soin de recueillir, parce qu'elles ont des propriétés admirables pour faire des maléfices.

De toutes ces figures, la plus ordinaire et qui le caractérise davantage, c'est celle d'un bouc.

Voici comme le décrit un Démonographe fameux : son trône est une chaire noire, il a deux cornes au col, une autre au front, avec laquelle il éclaire l'assemblée, les cheveux hérissés, le visage pâle, et troublé, les yeux grands, ronds, fort ouverts, enflammés, et hideux, une barbe de chèvre, la forme du col et de tout le reste du corps mal taillée, le corps partie en forme d'homme, et partie en forme de bouc, les mains et les pieds comme ceux d'une créature humaine, excepté que les doigts sont tous égaux, pointus par les bouts, armés d'ongles, et ses mains courbées en forme des pieds crochus d'oiseaux de proie; la queue longue comme celle d'un âne, avec laquelle il couvre ce que la pudeur qu'on ne soupçonnerait pas dans un Diable, veut qu'il couvre. Il a la voix effroyable, il garde une grande gravité, mêlée d'une extrême fierté, à travers tout cela, la contenance est celle d'une personne mélancolique, ennuyée. Il associe quelquefois à son empire un autre Diable, qui a avec lui une ressemblance admirable, on les prendrait pour deux jumeaux. Pourquoi le Diable qui est le maître de prendre une belle et charmante figure, paraît-il sous des formes affreuses? Pourquoi prend-il plaisir à confirmer la mauvaise opinion qu'on a de lui? En vérité il n'entend rien dans l'art de séduire; avec sa figure effroyable, il ne nous annonce rien que de sinistre; il semble nous dire : soyez sur vos gardes contre moi. Ne serait-ce point la fausse imagination des Démonographes, qui nous le présente sous cette figure hideuse? Car on ne voit point que lorsqu'il voulut tenter Jésus-Christ dans le désert, il parut sous une figure horrible, et qu'il eût ces cornes épouvantables qu'on lui prête.

Qui croirait que dans cette assemblée il y eût un Maître de cérémonies? Qu'on dise après cela que le démon n'aime pas l'ordre; cependant il y a un Sorcier qui exerce cette charge, qui a un bâton doré, et range les personnes.

Le Diable commence l'exercice par vivifier tous ceux qui assistent au Sabbat, pour voir s'ils ont les marques par lesquelles il les a enrôlées à son service; il imprime ces marques à ceux qui n'en ont point, elles paraissent ou aux paupières, ou au palais, ou au fondement, ou à l'épaule, ou aux parties les plus secrètes; et aucune partie du corps n'en est à l'abri; cela dépend du Diable, qui est l'esprit du monde le plus bizarre, et le plus capricieux. Ces marques représentent ou un lièvre, ou un crapaud, ou une chauve-souris, ou un hibou, ou un chat, ou un petit chien noir, et sont toutes si insensibles, que de quelques instruments qu'on les perce, le Sorcier n'en souffre aucune douleur. On leur attribue encore un autre privilège, c'est que pendant que le Sorcier les a, il ne peut rien révéler de ce que les Juges lui demandent. Le Diable qui veut perdre le Sorcier quand il est entre les mains de la Justice, efface ces caractères. Voilà pourquoi on ne les a pas trouvés à plusieurs Sorciers.

Outre ces marques, le Diable donne encore à chaque Sorcier un nom de guerre.

A quoi s'occupent les Sorciers au Sabbat? Ils chantent pour témoigner leur joie, surtout s'il leur arrive de nouveaux confrères, ils renoncent à la Religion. Le Diable y engage les prosélytes, en leur représentant une grande mer noire, dans laquelle il feint de les précipiter, s'ils ne lui obéissent point. Les Sorciers mangent d une pâte de millet noir préparé, ou se font sucer par le Diable le sang du pied gauche; ils ont après cela la force de ne point révéler les mystères du Sabbat. Qui pourrait jamais deviner que cette opération pût communiquer cette vertu? Ils font dans ce lieu une provision de poison. Comment n'a-t-on pas dit que la Marquise de Brinvilliers avait là des pourvoyeurs?

Les Sorciers donnent aux enfants qu'ils ont menés au Sabbat, un breuvage qui leur trouble tellement l'esprit, qu'ils voient toutes les horreurs de cette assemblée sans en être effrayés. Il y a une pharmacie étalée au Sabbat où l'on débite une composition, qui a la vertu de transporter, et de transformer le Sorcier où, et comment il veut.

De petits Diables sans bras jettent des Sorciers et des Sorcières dans le feu, et les en retirent sans leur avoir fait souffrir aucun dommage; afin de leur persuader que le feu de l'Enfer ne leur fera pas plus de mal, et qu'il n'a pas plus de force et d'activité que celui du Sabbat; que ce n'est proprement qu un enfer en peinture : voilà comme ils s'étourdissent sur la crainte de l'Enfer où ils courent à grands pas. Si vous me demandez pourquoi ces Diables n'ont point de bras, je vous dirai que c'est un mystère qu'on ne m'a pas révélé : exercez-vous là-dessus, et faites part au public de vos découvertes.

On voit plusieurs Sorciers qui se font un mérite de raconter leurs malices, qu'on écrit ensuite sur des archives : plus ils se sont signalés par des méchancetés funestes, et des tours diaboliques, et plus ils sont applaudis, et regardés avec estime.

(*A suivre.*)

Dans notre prochain numéro nous donnerons, comme nous l'avons annoncé, la version de l'entrevue de Martin de Gallardon avec le roi, d'après M. l'abbé Perreau, vicaire général de l'archevêché de Paris et ancien secrétaire de la grande aumônerie de France.

A TRAVERS LES REVUES

L'Initiation du mois de juillet contient un intéressant résumé de l' « Histoire de l'ordre de la Rose-Croix » par C. Kiesewetter (traduit par Ch. Barlet). En voici quelques passages :

Quand l'Europe chrétienne commença à s'affranchir du joug des Barbares, la jeunesse studieuse de tous les peuples accourut vers l'Espagne, pour apprendre, au pied des « grands maîtres », la science secrète. Parmi ces étudiants se trouvaient *Gerhard de Crémone* (vers 1130) qui, le premier, traduisit en latin Aristote et Ptolémée; puis le célèbre médecin *Arnauld* de Villeneuve (vers 1243) et *Pierre* d'Aban (mort en 1403); enfin le célèbre missionnaire et historien universel, *Raymond Lulle* (mort en 1336) et le *Pape Sylvestre II*.

Tous ces hommes étaient profondément adonnés aux sciences occultes, qui leur valurent la renommée de magiciens. Ils cherchaient naturellement à étendre leurs connaissances, leurs notions de la constitution cosmique, et cela, dans l'état des choses, ne pouvait se faire que sous la forme des sociétés secrètes.

Les écrits mêmes des hommes que nous venons de nommer fournissent la preuve de l'existence de pareille société. Ainsi, on la trouve dans la *Theoria* de Raymond Lulle, qui fait partie du *Theatrum Chymicum Argentoratrum* (1613), par le passage qui cite une certaine société secrète : *Societas physicorum*, et qui mentionne un certain *Rex physicorum*. Dans le quatrième volume du même *Theatrum chymicum*, qui comprend le *Rosarium* d'Arnauld de Villeneuve, écrit vers 1230, on trouve encore les traces d'une semblable société fonctionnant déjà un siècle avant Raymond Lulle; il y est en effet question des *Filii ordinis*.

Un comte de Falkenstein, évêque de Trèves, est le premier chef connu des Rose-Croix. En effet M. Kiesewetter possède un manuscrit dont voici le titre : *Compendium totius philosophiæ et Alchymiæ Fraternitatis Rosæ Crucis, ex mandato Serenissimi Comitis de Falkenstein. Imperatoris nostri, Anno Domini* 1374.

Vers l'an 1378, un chevalier de noble race du nom de *Christian Rosencreuz*, de retour d'Orient, fonda une société secrète en un lieu inconnu. Rosencreuz, qui dans ses voyages chez les Arabes et les Chaldéens avait recueilli de grands secrets, fut le chef de cet ordre qui avait pour but la Chimie transcendante ou la production de la *Lapis philosophorum*.

La société débuta avec quatre membres, pour s'élever ensuite à huit qui habitaient en commun un édifice construit par Rosencreuz en l'honneur du *Sancti Spiritus*. A ces membres, Rosencreuz dicta ses secrets sous le sceau du serment de fidélité et de secret, et ils furent consignés dans des livres spéciaux. Lors même que dans la suite des manuscrits du même genre furent obtenus, ces manuscrits restèrent encore le noyau, la souche, de la bibliothèque de l'Ordre. Ma collection renferme toute une série de manuscrits remontant jusqu'à l'an 1400, environ, qui portent la date de leur millésime et le nom de l'Imperator par l'ordre duquel ils ont été rédigés.

On croit que Rosencreuz mourut à l'âge de cent six ans. La Société dura cent vingt ans, ne comprenant toujours que huit membres.

Après ce temps, la porte de la maison *Sancti Spiritus* fut ouverte (elle était située, très probablement, en quelque endroit de l'Allemagne du Sud), et l'on y découvrit un caveau. Sur la porte était inscrit : *Post annos CXX patebo*. Le caveau avait sept côtés et sept angles; chaque côté était de cinq pieds de large sur huit pieds de hauteur. Il était éclairé par un soleil artificiel. Au milieu se trouvait, en guise de pierre tombale, un autel circulaire avec une petite plaque de laiton portant l'inscription : *A. C. R. C. Hoc universi compendium vivus mihi Sepulchrum feci :* et en cercle, autour : *Jesus mihi omnia*. Dans le milieu, quatre figures dans un cercle avec l'inscription : *Nequaquam vacuum. Legis jugum. Liberta Evangelii. Dei gloria intacta*. Les frères avaient partagé le caveau en trois parties distinctes : la voûte ou le ciel, les parois ou côtés, et le plancher ou sol. Le ciel et le sol étaient divisés en triangle en correspondance avec les côtés; chaque côté était partagé en dix rectangles, revêtus de figures et de sentences destinées à éclairer l'initiation. Chaque côté était muni d'une porte donnant accès à une armoire où étaient renfermées différentes choses telles que les livre secrets de l'Ordre et d'autres manuscrits qui devaient être communiqués aux profanes. Dans ces armoires se trouvaient aussi des «miroirs aux propriétés diverses, des clochettes, des brûle-parfums, des chants d'un art admirable : tout cela disposé de façon que même après plusieurs centaines d'années, quand l'Ordre entier serait disparu, il pût être restauré au moyen de ce caveau.

Enfin, sous l'autel, après avoir enlevé un plateau de laiton, les Frères trouvèrent encore le corps de Rosencreuz intact et sans trace de corruption. Il tenait à la main un livre écrit en lettres d'or sur parchemin marqué du T. (*Testamentum Fratrorum Rosæ et Auræ Crucis*), le Testament de l'ordre.

Au xve siècle l'activité du Rose-Croix ne se manifeste que par des écrits alchimiques.

Au commencement du xvie siècle, Paris vit de nouveau surgir une société secrète fondée en 1507 en cette ville par le célèbre *Henri Cornélius Agrippa de Nettenheim;* elle avait beaucoup d'affinité avec la Rose-Croix, car *Irenaüs Philaletha*, rose-croix, qui écrivait vers 1650, désigne expressément Agrippa comme Imperator.

Les Rose-Croix de nos jours ont été réorganisés par *Paracelse*. Celui-ci, dans ses grands voyages en Asie, avait été certainement mis au courant des doctrines secrètes de l'Inde; il fit un grand nombre de disciples parmi les gens instruits ou les savants de l'Europe entière; malheureusement on ne peut plus déterminer suffisamment son union avec les ordres de Rose-Croix de l'ancien système.

Paracelse incline l'ordre vers les doctrines de Luther. A cette époque les Rose-Croix acquièrent une certaine célébrité.

Vers 1590 et pendant les années suivantes, l'alchimiste français *Barnaud* voyageait en Allemagne à la recherche des maîtres hermétiques *Rosæ Crucis*, pour entrer en leur société.

En 1601, ce même Barnaud fit imprimer une lettre latine à tous les Rose-Croix de France par laquelle il leur recommandait chaleureusement le roi Henri IV et Maurice de Nassau. — D'où il faut conclure que Barnaud était entré en relation étroite avec les Rose-Croix, que peut-être même, il était devenu Imperator de l'ordre, et aussi qu'Henri IV et Maurice de Nassau n'étaient pas étrangers à cette fraternité.

L'empereur Rodolphe II avait pour médecin des Rose-Croix, Gérard Dorn, Thaddée de Hayeck et Michaël Maier. Ce dernier fait pénétrer l'ordre en Angleterre vers 1620, grâce au concours de l'alchimiste Fludd. A la même époque, il est florissant en Hollande.

En l'an 1622, il existait à La Haye une société de Rose-Croix qui habitaient un palais magnifique et vivaient dans l'abondance. Ils possédaient, en outre, des maisons à Amsterdam, Nuremberg, Hambourg, Dantzig, Mantoue, Venise et Erfurt. Les frères portaient pour signe de reconnaissance un cordon de soie noire à la boutonnière supérieure. D'après un des manuscrits qui sont en ma possession, les frères recevaient ce cordon « après avoir obtenu quelques *Extases*; ils « s'engageaient par serment solennel de malédiction, « de se laisser étrangler par ce cordon plutôt que de « rompre le silence, ou de faire tort à Dieu ou à leur « prochain. » — « Un autre *Signum* propre à les « faire reconnaître en public est le suivant : quand « les frères se rassemblent, chacun d'eux porte un « ruban bleu auquel est attaché une croix d'or avec « une rose; ils le reçoivent lorsqu'ils sont acceptés. « Ce ruban, ils le portent autour du cou, sous la robe, « de façon qu'il n'apparaisse qu'un peu à la vue. Dans « les réunions, cette croix est sortie et portée au côté « gauche. — Un troisième *Signe* consiste dans une « tonsure de la largeur d'un louis d'or qu'ils portent « généralement entre le sommet de la tête et le front. »

Puis survient une nouvelle période d'accalmie. Puis l'ordre se fond avec les Martinistes et des Illuminés sous l'influence de Jacques Bochme. En 1792 les derniers Rose-Croix authentiques dissolvent leur association.

La Revue spirite donne une bibliographie curieuse des romans occultiques et un curieux extrait du *Chronicon monasterii Senoniensis in Vosago ordinis Sancti Benedicti* (abbaye de Senones dans les Vosges) du nom de Richer sur une maison hantée en 1170.

Le manque d'espace me force cette fois à mentionner simplement les revues suivantes que nous avons reçues :

Le *Phare de Normandie*, le *Progrès spirite*, l'*Hyperchimie*, les *Annales de Loigny*, le *Messager*, la *Radiographie*, la *Science française*, le *Moniteur de l'hygiène publique*, la *Paix universelle*, l'*Echo du Public*, la *Revue théosophique* (Lotus bleu), l'*Humanité intégrale*, *Light*, *Constancia* (de Buenos Aires), la *Tromba apocaliptica* (de Modène), l'*Idée théosophique* (de Bruxelles), die *Übersinnliche Welt* (Berlin), la *Rivista di Studi psichichi* (Turin), *Matines*, la *Revue de Bretagne et d'Anjou*, la *Légitimité*, les *Pyrénées thermales*, etc.

H. V.

LES LIVRES

Contes et nouvelles du pays de Tréguier, par M. Quellier. — J. Maisonneuve éditeur, Paris.

Les *Contes et Nouvelles*, que M. Quellier publie, quelques mois après les poésies de *Breiz* récemment couronnées par l'Académie française, sont le tome Ier d'une série promise dès aujourd'hui par la librairie Maisonneuve, sous le titre *Conteurs et Poètes de tous pays*.

La Bretagne est la province de France la plus fertile en traditions populaires; c'est elle qui devait bien ouvrir cette série d'ouvrages empruntés à des thèmes de littérature orale. Et le Breton naturellement désigné pour une inauguration à la fois littéraire et traditionniste, c'était le fondateur du dîner celtique, le promoteur de l'idée bretonne à Paris.

Dans *les Contes et Nouvelles du pays de Tréguier* revivent les types les plus purs d'une race encore intègre. Le chanteur Manouz, le fou de Perros, le triste et tendre Kloarek, Móna, tous ces idéalistes se sont assis tour à tour au doux foyer de la Maison des Conteurs. La démence de Conpaïa, le départ de l'âme de Trolann, cela nous transporte en un surnaturalisme exquis et rare. Et tout le livre de M. Quellier est écrit dans une langue à la fois simple et distinguée, qui paraît un don des croyants et une qualité des grands écrivains de Bretagne.

Le Gérant : Gaston Mery.

IMP. NOIZETTE ET Cie, 8, RUE CAMPAGNE-PREMIÈRE PARIS

www.ingramcontent.com/pod-product-compliance
Lightning Source LLC
LaVergne TN
LVHW082353160826
845678LV00008B/1824
* 9 7 8 2 3 2 9 7 4 3 3 4 9 *